好父母胜过好老师大全集

周成龙　主编

第一卷

吉林大学出版社

图书在版编目(CIP)数据

好父母胜过好老师大全集/周成龙主编. －－长春:
吉林大学出版社,2011.9
ISBN 978－7－5601－7737－3

Ⅰ.①好⋯ Ⅱ.①周⋯ Ⅲ.①家庭教育 Ⅳ.①G78

中国版本图书馆 CIP 数据核字(2011)第 190079 号

书　名:好父母胜过好老师大全集
作　者:周成龙　主编

责任编辑、责任校对:黄凤新　王　洋　　　　　封面设计:世纪鼎　周腾蛟
吉林大学出版社出版、发行　　　　　　　　三河市华丰印刷厂　印刷
开本:710×1030 毫米　1/16　　　　　　　2011 年 11 月　第 1 版
印张:50　字数:700 千字　　　　　　　　2014 年 5 月　第 3 次印刷
ISBN 978－7－5601－7737－3　　　　　　　　定价:298.00 元

社址:长春市明德路 501 号　邮编:130021
发行部电话:0431-89580026/28/29
网址:http://www.jlup.com.cn
E-mail:jlup@mail.jlu.edu.cn

前　言

　　出色的孩子背后一定有出色的父母，孩子出色的最大资本就在于有好父母！

　　家庭是孩子人生的第一站，也是人生的第一所学校，真正的好父母懂得通过自己的言传身教给孩子最好的、最全面的教育。父母更需要做孩子的朋友，做孩子的老师，做孩子人生的引路人。父母的教育影响并决定着孩子的一生。

　　前苏联教育学家苏霍姆林斯基有句名言："没有教不好的学生，只有不会教的老师。"同样，我们也相信：没有教不好的孩子，只有不会教的父母。

　　把孩子教"好"，并非单纯地让孩子争得第一、获得奖赏、在某个领域出人头地，也与财富、地位、名声没有什么必然的联系。不是每个孩子都要成为科学家或教授，对不同的孩子，"好"的标准也应该是不同的。

　　"好"孩子，就是把自己做到最好的孩子，把孩子"教好"，就是让孩子成为"最好的他自己"。而不是让孩子成为爱因斯坦或比尔·盖茨。孩子只需要在今天比昨天进步一点儿，明天比今天多些进步，这就够了！

　　让孩子成为最好的他自己，是非常高的、终其一生的要求，所以，这只能作为教育孩子的一个目标和追求，向这个方向靠拢，孩子就会越来越好！

　　说到教育孩子，父母几乎一律讲方法。教育讲方法有错吗？没有，错的是方法的滥用和套用。我们知道，同样的结果，产生这个结果的原因未必是一样的。反之亦然，同样的原因，不一定发展成为同样的结果。有因就有果，但"果"未必一样。这是我们在教育孩子的问题上忽略的一个重要的问题。

　　每个孩子在成长过程中都是伴随着需要而成长的。如果我们可以了解并满足孩子的需要，教育孩子就没有想象中那么困难。为此，我们编撰了《好父母胜过好老师大全集》一书，目的就是为父母提供教育孩子的良好方法。

好父母胜过好老师大全集

第一卷 目录

父母与孩子的沟通圣经

一、设身处地地为孩子着想 …………………………………………（3）

  让孩子与父母贴得更近 ……………………………………（3）

  尊重与信任孩子 ……………………………………………（6）

  要对孩子所热衷的活动感兴趣 …………………………（8）

  做孩子最好的玩伴 ………………………………………（11）

  读懂孩子的心 ……………………………………………（14）

  蹲下来看儿童的世界 ……………………………………（16）

  不要掩饰你的爱 …………………………………………（17）

  和孩子一起用幻想的方式实现他们的愿望 …………（19）

二、孩子的培养更注重于身教 …………………………………（22）

  用行为告诉孩子该怎么做 ………………………………（22）

  孩子正在看着你 …………………………………………（24）

  对孩子要信守承诺 ………………………………………（25）

  遭遇挫折更能使孩子清醒 ………………………………（28）

  酸甜苦辣都是营养 ………………………………………（29）

  最好的教育不是耳提面命 ………………………………（31）

  以爱育爱 …………………………………………………（33）

  把美德化为习惯 …………………………………………（35）

  淡化教育痕迹，做到不教而教 …………………………（37）

  不要以"权威"的身份出现在孩子的面前 ……………（38）

微笑比言语真诚得多 ……………………………………（40）

三、让孩子从角色中释放 ……………………………………（42）

让孩子相信自己一定能行 …………………………………（43）
不要小看了自己的孩子 ……………………………………（45）
不将过高期望强加在孩子身上 ……………………………（47）
让孩子自己作决定 …………………………………………（51）
让孩子成为他自己 …………………………………………（53）
分数不代表一切 ……………………………………………（55）
成功与出身无关 ……………………………………………（57）
成长比成绩重要 ……………………………………………（59）
"成功更是成功之母" ………………………………………（61）
良好的学习习惯比高分数更重要 …………………………（63）
给孩子独立的机会 …………………………………………（64）
打开孩子身上的枷锁 ………………………………………（67）
放开手去看孩子完成我们认为可能不能完成的任务 ……（69）
尊重孩子的努力 ……………………………………………（71）
让孩子体验错误行为的自然后果 …………………………（73）
输得起的孩子才是最成功的孩子 …………………………（75）
寻找机会让孩子看到一个全新的自己 ……………………（77）

四、语言上的沟通技能 ………………………………………（79）

赞赏是对孩子最好的鼓励 …………………………………（79）
永远都不要低估你的话对孩子一生的影响 ………………（82）
不要否定孩子的未来 ………………………………………（84）
及时称赞孩子做对的事情 …………………………………（86）
别让"比较"伤了孩子的自尊心 ……………………………（88）
永远用温和的态度对待孩子 ………………………………（91）
爱不应作为交换的条件 ……………………………………（93）
学会向孩子道歉 ……………………………………………（95）
说教产生距离和怨恨 ………………………………………（97）
哪怕98％是表扬与鼓励,也要给批评留2％的位置 ………（98）
批评孩子忌粗暴专制 ………………………………………（100）

好父母胜过好老师大全集

权威需要简短：少说更有效 …………………… （102）

针对孩子的感受作出反应，而不是针对其行为 ……… （103）

以肯定和赏识替代否定和贬低 ………………… （105）

用温和的建议走进孩子的心灵 ………………… （107）

唠叨要有技巧 ……………………………………… （109）

停止对孩子的大声嚷叫和训斥 ………………… （110）

五、一停二看三听 ……………………………………… （112）

用兴趣诱导孩子学习 …………………………… （112）

多挤出时间陪孩子 ……………………………… （116）

给孩子表达的时间和空间 ……………………… （118）

用沟通走入孩子的内心世界 …………………… （120）

对感受要宽容，对行为要严格 ………………… （122）

不要把孩子看作麻烦的制造者 ………………… （124）

从倾听中认识孩子的朋友 ……………………… （126）

听孩子说完他的理由 …………………………… （128）

耐心对待孩子的问题 …………………………… （129）

允许孩子争辩 ……………………………………… （131）

说出孩子的感觉有助于理解 …………………… （134）

善听孩子的弦外之音 …………………………… （136）

六、监护者的职责 ……………………………………… （138）

给孩子一个良好的示范 ………………………… （138）

没有不称职的孩子，只有不称职的父母 ……… （142）

为人父母需要执照 ……………………………… （145）

要孩子知道，责任是不可推卸的 ……………… （147）

不要让孩子背上你的梦想 ……………………… （150）

父母也要有良好的自制力 ……………………… （153）

如果孩子没有秘密，那么孩子永远不能长大 … （155）

要想改变孩子，先要改变自己 ………………… （158）

父母要为自己的言行负责 ……………………… （162）

要宽容不要纵容 ………………………………… （164）

警惕"暗示生短" ………………………………… （166）

第
一
卷

目
录

孩子需要属于自己的生活空间 …………………… (167)

给孩子创造良好的成长环境 ………………………… (169)

维系良好的家庭气氛 ……………………………… (172)

七、冲突是为了成长而不是伤害 ………………… (174)

不能对孩子的话惟命是从 ………………………… (174)

允许孩子直接对父母表达自己的情绪和不满 ……… (176)

心平气和,变对抗为对话 …………………………… (179)

愤怒时做一下深呼吸 ……………………………… (182)

纪律是替代惩罚的有效手段:鼓励、允许、禁止 ……… (184)

孩子讨厌父母强势的安排 ………………………… (186)

对于盲目的船来说,所有风向都是逆风 …………… (188)

当出了问题时要回应,而不是反应 ………………… (190)

允许孩子以更多元的方式发泄 …………………… (191)

在伤害孩子之前预先修正自己的行为 ……………… (193)

明确表达强烈不同意的立场 ……………………… (195)

惩罚孩子会剥夺他从内心对错误行为的反省过程 …… (197)

父母与孩子的
沟通圣经

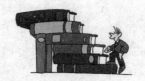

一、设身处地地为孩子着想

设身处地为孩子着想是父母与孩子沟通的第一步。想想我们自己是不是也希望别人能够明白我们内心的感受，希望得到别人的帮助呢？其实，子女也同样有这样的愿望。

与孩子沟通时，父母们早已经习惯了把自己的思维和主观愿望强加到孩子身上，站着对孩子说话，对孩子发号施令，而很少考虑到孩子内心的真正想法。当父母的愿望与孩子的想法产生碰撞时，父母就会对孩子大失所望，把自己的愿望强加给孩子，根本不会考虑孩子的感受。

假如父母"弯下腰"，弯到与孩子一般高时再开口说话，情况又会怎样呢？

最起码，孩子会认真地听你说话，这一点很重要。假如说你在说话，而孩子却心不在焉，那么即使你说得再多，道理再正确，又能起什么作用呢？

让孩子与父母贴得更近

对孩子要少下命令，命令只有在其他方式不适用或失败时才用。要像一个善良的立法者一样，不会因为去压迫人而高兴，而因为用不着压迫而高兴。

——英国教育家　斯宾塞

做孩子最愿意接近的父母，就在于商量的魅力。通过商量，使父母学会从孩子的角度思考问题。两代人的沟通，最重要的是相互理解、相互尊重。而实现相互理解、相互尊重的方法就是学会商量。

父母与孩子之间的相互商量十分重要，这样你才能获取孩子的真正想法，让孩子愿意接近你。与孩子商量能够让他感觉到受尊重。据马斯洛的需要层次理论来讲,受尊重的需要是人们较高层次的需要。一旦这种需要无法获得满足时,人就会产生沮丧、失落等多种负面情绪。

孩子也是一样,他们也有受尊重的需要。假如父母喜欢与孩子商量,孩子就会十分乐意与父母交流,反之,孩子则会产生逆反心理,封闭自我。

让孩子接近你,就要学会与孩子商量。在孩子的教育过程中还有尤为重要的一个方面,那就是对孩子提出的要求,父母不能满足或不应满足时,父母不应粗鲁而简单地拒绝:不行!不准你去!或者在父母提出的要求,孩子不同意的时候,你也不应简单地采用命令方式:这事已决定了!

父母学会与孩子共同商量,既可以增加相互之间的理解,同时,也避免了家庭中一些无谓的争吵;尤为重要的是它可以让孩子说出自己的想法,与你有效地沟通。

孩子渐渐长大了,他们开始有了只属于自己的秘密,不想让父母知道。而父母为了管教好孩子,却往往喜欢入侵孩子的空间,偷看孩子的信件、日记。父母们的出发点是好的,但做法却很糟,这样做只会拉开亲子间的距离,让孩子产生对立情绪。

虽然父母与子女间的关系十分亲密,但是他们的地位应该是平等的,谁也不应该侵入对方的秘密生活。但生活中,父母却经常在无意中破坏了这种平等,因此,也往往在无意中切断了与孩子之间的信任纽带。

美国成功学家卡耐基说过,用"建议",而不是"命令",不但能维护对方的自尊,而且能使他人乐于改正错误,并与你合作。

星期六一早,托尼的儿子与同学出去玩了。托尼一个人来到儿子的房间,发现儿子的书桌上杂乱无章,就走过去想整理一下。托尼打开儿子的抽屉,在抽屉里,托尼突然发现了一个黑色的笔记本。儿子在笔记本的第一页上写道:"自从我上中学以后,我的心里就逐渐变得空虚与孤独,父母除了关心我在学校里的表现外,就是把我关在屋里学习,每天当我伏在桌前,永不停止地写那些永远写不完的该死的作业时,我就有着说不出的痛苦。"读完儿子的日记,托尼内心感到了一种强烈的震撼。他原以为自己和儿子是亲密无间的,可万万没有料到儿子与自己竟有这么大的代沟。傍晚,儿子回到家里,又关上房门独处。晚餐的时候，儿子突然问："爸，妈，你俩谁动了我的东西了？""没有啊。"托尼假装糊涂地说。儿子见父亲的态度如此坚定，什么也没有说，闷闷不乐地走开了。过了两天，儿子上学出门后，托尼又偷偷溜进儿子的房间，打算从儿子的日记里洞察他内心的秘密，令托尼吃惊的是，抽屉上不知何时安了一把小铜锁。他突然意识到自己犯了一个低级错误。晚上，当儿子回到家后，托尼鼓足勇气对儿子说："儿子，爸爸犯了一个错误，你能原谅爸爸吗？"儿子沉默了一会儿，冷冷地说："不就是偷看日记的事嘛，我不想再谈这件事了。""如果你原谅爸爸，就请你把锁打开吧，别把爸爸当贼似的。"儿子气呼呼地把钥匙抛给托尼说："这是钥匙，你该满意了吧？"

几天以后，当托尼无意中再一次来到儿子的房间时，又鬼使神差地想看儿子的日记。可是令托尼失望的是，儿子的抽屉虽然没有上锁，可那日记本不知何时已无影无踪了。有一天，儿子突然对托尼说："爸爸，你是不是很失望？""你为什么这样说？""因为我把日记扔了，并发誓不会再写日记了。"托尼惊愕地醒悟到：他已经失去了儿子的信任。

乐于与孩子商量的父母是民主的父母，这样孩子才会喜欢上你。在这样的家庭氛围中，孩子会逐渐养成民主的习惯，都愿意主动与父母进行沟通，这样的亲子关系是十分令人羡慕的。

父母应该怎样运用商量来让孩子喜欢自己呢？

①多些商量，少些命令。父母不管要求孩子做什么事，一定要注意多用商量的口吻，而不要用命令的口吻。商量的语气对孩子来说十分重要，孩子会认为你尊重他，关心他的感受，从而对你产生好感与信任，促进亲子沟通。

②凡事都要学会商量。不管什么事，尤其是孩子的事情，父母都不要自作主张，要学会与孩子商量，取得孩子的同意与认同。

③孩子的事情一定要与孩子商量。随着孩子不断地成长，孩子的事一定要放手让孩子自己去选择，父母不可替孩子包办，即使父母有自己的想法，也要通过商量的方式，把自己的意见传达给孩子，让孩子权衡利弊后再作出选择。

④与孩子约法三章。对于孩子的问题，尤其是孩子的不良行为，父母一定要与孩子商量后制定规则，并约法三章，使孩子遵守。但是，

父母千万要注意,不要自作主张制定规则让孩子遵守,这样的规则对孩子来说没有任何的约束意义。

尊重与信任孩子

我们平等地相爱,因为我们互相了解,互相尊重。

——列夫·托尔斯泰

生活中,父母们总是喜欢依据自己的意愿来为孩子做选择:让孩子学钢琴,让孩子学舞蹈,让孩子学理工科,让孩子考大学……几乎很少有家长会询问孩子的志愿,尊重孩子的兴趣和理想,因此亲子之间常出现矛盾。父母抱怨孩子不理解自己的苦心,孩子指责父母干涉自己的自由,于是关系越闹越僵。

在父母教育孩子的时候,是通过双方的语言交流与情感交流来进行的。父母与孩子的相互尊重与信任是成功家教的重要因素。

一部分教育专家在家庭调查中发现,孩子对父母有着特殊的尊重与信任,他们往往把父母看成是自己学习上的启蒙老师、德行上的榜样、生活上的参谋、感情上的挚友。他们也非常希望能得到父母的尊重与信任,像朋友一样与父母平等地交流。

他们看来,只有父母的尊重与信任,才是最真实、可靠的。父母的尊重与信任意味着关爱、重视与鼓励,这是真正触动他们心灵的动力。从教育效果上来看,尊重与信任是一种富有鼓舞作用的教育方式。

父母的尊重与信任,可以促使孩子感到他们与父母处在平等的地位上,从而对父母更加地尊重、敬爱,更加地亲近、服从,内心的话也乐于向父母倾吐。这既增进了父母对孩子内心世界的了解,又使父母教育子女更能有的放矢,获得更好的效果。

相反,假如父母对孩子持不尊重或不够信任的态度,就无法了解孩子的愿望与要求,孩子的自尊心与自信心必然会因此而受到伤害,他们对父母的信赖也势必减弱。

因此,父母应该尊重与信任孩子,从而更有效地帮助孩子健康、快乐地成长。

父母带着女儿到餐厅用餐,服务生先问母亲点什么,接着问父亲点什么,之后问坐在一边的小女儿:"小姑娘,你要点儿什么呢?"女孩说："我想要水果沙拉。""不可以，今天你要吃三明治。"妈妈非常坚决地说。"再给她一点生菜。"女孩的父亲补充说。服务生并没有理会父母的话，仍旧注视着女孩问："亲爱的，你都喜欢什么水果呢?""哦，西红柿、苹果，还有……"她停下来怯怯地看一眼父母，服务生一直微笑着耐心等着她。女孩在服务生的目光鼓励下说："还有多放一点沙拉酱。"服务生径直走进厨房，留下目瞪口呆的父母。这顿饭小女孩吃得很开心，回家的路上，她还在不停地说啊笑啊，最后，她走近爸爸妈妈，开心地说："你们知道吗? 原来我也能够受到他的重视。"可以想象，这个服务生给女孩带来了平等和自尊，更给女孩的父母上了意义深远的一课。那就是，孩子有自己的兴趣爱好，孩子的选择同样需要被尊重。

有一位父亲，他是一个普普通通的工人，他一直希望能把自己的女儿培养成才。有一次，一个客人在看到他的女儿时，顺嘴夸了一句："这个孩子手指修长，一看就是块弹钢琴的料。"这位父亲动心了，他决定将女儿培养成钢琴家。第二天，他就去银行提出了所有存款买了一架昂贵的钢琴，又请了老师来教女儿。可是那个 6 岁的小姑娘根本就不喜欢弹钢琴，她希望能和小伙伴一起参加舞蹈班，可父亲却不愿意尊重她的选择，一定要她练钢琴。每次，小女孩都是哭着坐到琴凳上。有一次她妈妈劝她爸爸说："既然她不喜欢，就别逼她了!"可小女孩的爸爸却气呼呼地说："不行，她懂什么? 我说了算!"一天，爸爸出去了，留小女孩一个人在家练钢琴，小女孩由于气愤，拿起一瓶胶水把琴键给粘上了。做完了之后，她突然觉得很害怕，爸爸一定不会放过她的。于是 6 岁的小女孩收拾了个小包决定离家出走，就在一条繁华的马路上，她被一辆汽车撞倒，双腿粉碎性骨折，她永远也不能再站起来了。

从该案例我们可以总结出，实际上，孩子从懂事开始，便有了自己的思想，与大人一样，渴望被理解、被尊重以及被信任。但是，有部分的父母往往都忽略了这一点。

教育的奥秘在于坚信孩子"行"。每个孩子心灵深处最强烈的需求与大人一样，就是渴望受到尊重与信任。父母要自始至终给予孩子前进的信心与力量，哪怕是一次不经意的表扬，一个小小的鼓励，都会让孩子激动很长时间，甚至还会改变整个面貌。

在教育史上，有一个著名的"暗含期待效应"实验。其原理就是尊重与信任，这种效应被广泛运用于当今的家庭教育中，要求父母要从对孩子的尊重与信任出发，培养孩子们的积极性，让孩子在他人的尊重与信任中不断地进步。

对孩子尊重与信任，能够激发孩子内心的动力，让孩子体会到被尊重与认可的快乐。他们会在父母充满信任和友好的目光与言语中，一步一个脚印地走向成功，实现他们心中的理想。

怎样才能做到尊重与信任孩子呢？

①培养孩子的自信心。有位哲人说："自信心是每个人事业成功的支点，一个人若没有自信心，就不可能有所作为。有了自信心，就能把阻力化为动力，战胜各种困难，敢于夺取胜利。"

②正确对待孩子的缺点。当孩子存在错误的时候，不要用偏激的言辞去斥责，而要循循善诱，晓之以理，与孩子一起分析事件的来龙去脉，指出孩子犯错误的原因及造成的危害，然后，帮孩子改正错误。

③与孩子一起面对挫折。孩子缺乏经验与技术，有时失败了，或存在什么失误，这是很正常的现象。当孩子遇到挫折与失败时，父母应多进行安慰与鼓励，帮助他们找出原因，使他们的自信心得到充分的保护。

④对孩子宽严相济。要做孩子的朋友，既对孩子严格要求，善于从日常生活中发现问题，随时给孩子引导和指引；又把孩子作为平等的伙伴，与孩子一起学习一起玩，尊重孩子的一切；还要给孩子确实到位的帮助，让孩子心里踏实，心理安全，健康长大。

⑤切忌对孩子说"你懂什么"之类的话。这是很多父母经常挂在嘴边的一句话，殊不知，这是伤害孩子自尊心、自信心的"恶语"。每当孩子听到它，自然会泛起难言的苦涩：父母都不信任我，我还有什么前途呢？甚至会因此而自暴自弃，一蹶不振。

要对孩子所热衷的活动感兴趣

身为父母，千万不能太看重孩子的考试分数，而应该注重孩子思维能力、学习方法的培养，尽量留住孩子最宝贵的兴趣与好奇心。绝对不能用考试分数去判断一个孩子的优劣，更不能让孩子有以此为荣辱的意识。

——英国教育家　斯宾塞

孩子们通常有自己的社会活动，比如学校组织的风筝大赛、校际篮球比赛、打乒乓球等等。一些家长可能会认为，这只是毛孩子的游戏，关我什么事儿呀！其实这种想法是完全错误的。教育学家建议父母们，要积极参与孩子的这类活动，因为你的参与就是对他们的肯定。

斯科特先生从未忘记参加有孩子参与的每一项活动：市篮球联赛、运动会、学生音乐会、话剧表演——即使儿子只是演一棵树。斯科特先生是一个牙科医生，对运动一窍不通，对音乐也不大感兴趣，但他还是努力抽出时间去为儿子加油。因为他说，希望自己在孩子成长过程中尽量陪着他。最近一段时间，儿子迷上了制作遥控飞行器，为此，他甚至办了寄宿，专心地在学校里研究试验。每天，他都会给斯科特先生打电话，报告自己的新进展：他的飞行器反应更灵活了、飞得更远了……一天，儿子打来电话："爸爸，明天下午就开始比赛了，来替我加油吧！"爸爸兴高采烈地回答："太棒了！我明天一定准时去。"第二天，斯科特先生把诊所停业一天，上午跑到书店里找了很多遥控飞行器方面的书，又给儿子买了一组昂贵的飞机模型，下午准时赶到学校。遗憾的是，儿子那天并没有取得好名次，面对专程赶来的爸爸，孩子有点惭愧。斯科特先生拿出自己准备好的礼物——书和模型递给了儿子，然后用玩笑式的威胁口吻说："小子，看到了吗？这么贵的书和礼物都买了，你要是敢因为一次小小的失败就放弃，那我绝对饶不了你！"儿子大笑着接过礼物："什么放弃呀！等着吧，下次第一名就是我！"这时，他已经完全振作起来了。

腾出时间陪孩子一起做孩子所热衷的事情，是无比重要的。如果你希望孩子养成持之以恒的品质，掌握其他与工作、生活相关的技能，你就要在参与孩子活动的过程中，用你自己的兴趣、可依赖性及独特的指导，为孩子树立榜样，只有这样才是明智的。

孩子的兴趣不是你的兴趣，你很容易就被自己忧虑的事霸占住了。然而，真心实意地认可孩子，就是要对孩子的朋友、游戏、嗜好都感兴趣。当你对孩子所做的事情感兴趣的时候，他们就会发光、发亮。

生活中，我们往往会发现有的父母粗暴地强制孩子放弃某些兴趣、爱好，强迫孩子去做他们根本不感兴趣的事。这类父母的做法是十分不明智的。只要孩子的兴趣、爱好不是有害的或是不良的，我们就要加以鼓励与保护，并且尊重孩子的兴趣、爱好。因为孩子的兴趣、爱好是引导孩子获取知识、培养能力、开发智力的有利条件。

父母与孩子的沟通圣经

父母要对孩子的个人嗜好感兴趣。要务必记住,孩子的兴趣之苗一旦破土而出,就一定要精心呵护,而不要让其因"杂草"淹没而枯萎,更不要随意破坏。因为"兴趣是最好的老师",兴趣可使孩子的智能得到最大限度、最持久的发挥。

有位父亲记得和儿子共同制成一个花架时所共享的那份得意心情。他说:"4个月前我们拿着锯和木板动手开工。完工后我们互相对望,嚷道:'哇!我们做好了!'"有位爸爸和儿子想将他们家老而旧的摩托车改头换面,他们花了近3个月的时间一起工作,预想着有一天儿子能把它作为自己的车去驾驶。家庭计划可以是多方面的,如开展家庭读书读报活动、学习写作计划,为报刊撰稿、参观博物馆或定期进行乡土旅游与异地旅游、开展家庭小收藏活动、建一座游戏室或屋外的储藏间等。

在参与孩子的活动过程中,家长可以教育孩子如何将某一任务分成几个小任务,循序渐进地完成它,接受指导以及正确衡量、制订并执行资金预算。从而开发孩子的想象力,培养孩子的合作精神,促进各种感官的协调配合等。

西晋时,左思的父亲左熹一心想让儿子学书法,因而,不惜重金聘请名家来指导。可左思对此却不感兴趣,学无所成。接着,左熹又让儿子学琴,结果学了好长时间竟弹不出一支像样的曲子。这时,左熹从失败中懂得了尊重孩子兴趣的重要性,他根据儿子性格内向、记忆力好,对文学有特殊偏好的特点,因材施教,让儿子学赋诗。从而左思如鱼得水,进步神速,不出几年,写得一手漂亮文章,最终成为西晋著名的文学家。

人们对有兴趣的事情往往容易全身心地投入,最容易见成绩;反之,则难得成就。人最可悲的是一生对什么都没有特殊兴趣与爱好,孩子最不幸的是父母凭主观意志扼杀其兴趣与爱好。

然而,生活中总有很多的父母无视孩子的兴趣与爱好,强行剥夺孩子的兴趣,其结果必然会束缚孩子的发展。

由此可见,孩子的发展应当是全面的。父母培养孩子首先要发现孩子的特长与爱好,不要学"泥人张",要学"根雕家"。根雕家的艺术原则是发现、尊重根形的特点,然后经过艺术加工,使其特点更为突出、更为生动,最后成为精品。

孩子们需要用一种方式去释放他们的激情,对于孩子的兴趣、爱好,父母应该首先选择尊重、接受,然后选择参与利用他们的兴趣爱好,这样不仅能与孩子之间有良好的关系,而且更能从中找到合适的教育方法。

如何做,才能让孩子感觉到你重视他们的兴趣呢?

①承认孩子有爱好的权利。在遇到此问题的时候,做父母的就是要承认孩子可以有自己的爱好与兴趣。作为孩子的权利,父母不应该随便干涉。

②尊重孩子的喜爱与兴趣。在当今多彩多姿的生活里,人的个性与兴趣得到较充分的发展,在服饰等各方面,都有了较大的自由,更是五彩缤纷。发型、服装只要不是极为怪异,音乐不是下流低级,就应该允许孩子自己选择,当然在承认与尊重的前提下,父母还是可以进行适当的引导,培养孩子高尚的趣味和情操。

③不要随便干涉孩子的爱好。当父母在准备干涉孩子的兴趣、爱好之前,不妨先听听孩子的意见,尊重他的选择。今天的父母都希望自己的孩子多才多艺,成为一个优秀的孩子。那么,假如让孩子学,一定要仔细观察,再选择一种比较适合孩子性情及兴趣的才艺。千万不要让孩子一下子接触得过多,或强迫孩子学习没有兴趣的东西,破坏了孩子以后学习的信心与欲望。

做孩子最好的玩伴

　　小孩子在家里,一定要有相当的东西玩,相当的事情做,要晓得不玩不做,是不会发展的。做父母的总是说小孩子的不好,其实是因为不知道怎样教小孩子。

——教育家　陈鹤琴

我们都知道爱玩是孩子的天性,所以很多父母并不太过分限制孩子去玩。但是能放下手中的报纸和香烟,蹲下身来和孩子一起玩的父母并不多。大多数父母都认为,玩是孩子的事情,和自己没有关系。而且和孩子玩,也是件不可理解的事情。

很多孩子都喜爱并需要父母做他们的游戏伙伴,和他们一起游戏和交往。父母和孩子一同游戏,一方面能满足孩子情感上的需要,另一方面在和孩子交往的过程中,能够促进孩子的心理发展。

特别是当今家庭中,父母经常奔波于外面赚钱,很少有时间与孩子共处,假如能借玩耍的机会与孩子相处,那么对于促进亲子间的感情,是大有好处的。

另外,与孩子一起玩耍,不仅仅可以增进彼此的感情沟通,更重要的是,玩耍是孩子接受新事物、学习新知识的最好方式。

孩子是需要玩伴的。3岁时,我的女儿对阿拉伯数字特别感兴趣,我没有枯燥地去教,而是采取了一边玩一边学的方法。每天晚饭后,我便带女儿下楼散步,进行一项特殊的认数游戏——读车牌。此项游戏虽是我的偶然发明,对女儿却是十分有效,自从把识数图片上枯燥单一的数字转换为马路上流动多变的车牌号码后,女儿认数、读数的积极性一下子被调动了起来。附近马路上往来的各式汽车每天变换无穷,不断启发着她认读的乐趣。每当一辆汽车从眼前奔驰而过时,女儿就以最快速度辨认出车牌中包含的数字,然后显摆似的跑来告诉我,俨然成为了一种不断挑战速度和准确率的读数游戏。经过一段时间的训练,连最难认的6和9都能轻易分辨,不会混淆了。

就这样,在游戏中欢笑,在游戏中学习,在游戏中成长,女儿一直保持着纯真美好的童心,我也被她的天真无邪感染,重新发现了生活的美丽。其实,在孩子的心中,一切都是游戏,生活和游戏只有融为一体,成长才会变得充满惊喜。所以,对家长而言,首当其冲的不是说教,而是要给孩子更多的空间和自由,抽出时间做孩子的玩伴。解决了"玩"的问题,自然也就解决了"教"与"学"的问题。

笛卡尔是现代实验科学方法论的创始人,他的思想对于整个世界的影响都很大,直到今天,人们都还能感觉到这位哲学家的思想光泽。

笛卡尔一生取得的显著成就,与童年时父亲对他的特殊教育是分不开的。与其他的父亲一样,笛卡尔的父亲也望子成龙,但他更愿意与儿子一起玩耍。

笛卡尔小时候很喜欢玩一种搭房子游戏。笛卡尔的父亲认为,在搭房子的过程中,孩子必须手脑并用,肌肉得到了锻炼,手眼得到了训练,孩子的动手能力大大增强,手巧而心灵,潜力得以充分的发挥。而且由于在着手之前,孩子的脑子里面就应该先有个形象,所以在这种游戏中同样锻炼了孩子的形象思维能力。

因此,每当笛卡尔玩起搭房子的游戏时,父亲都会给他很多的帮助。他时常引导笛卡尔,对搭建的对象充分地加以想象,告诉他想象得越具体越好。有时他会利用现有的模型、图画去加深笛卡尔头脑中的形象。父亲不但积极地为笛卡尔的"工作"创造条件,还给他讲一些有关结构建筑的基本知识与基本方法,告诉他将木块铺平,怎样去延伸它们,怎样才能达到合理的受力效果等等。

在游戏中,笛卡尔逐渐对前后、左右、上下、中间、旁边等空间有了认识,逐渐形成了高矮、长短、厚薄、轻重、大小等观念。在这个过程中,他也学会了有计划、有步骤地进行设计,既有了成就感,也增添了无穷的乐趣。

孩子们的好玩、无拘无束、友善的天性给这个黑暗和严肃的世界带来了能量和光。与其想方设法让声音安静下来,让活力消停下来,还不如以赞许的目光来欣赏这纯洁无瑕的童趣。

一位知名幼教专家曾说过:"玩就是学习,学习就是玩。"的确,对孩子来说,玩是最快乐的事,而且,孩子每天都是一边玩一边学,在玩中学习。游戏,成了孩子学习的一种方式,孩子在玩的过程中锻炼了肢体、发展了动作、促进了记忆、开发了智力、培养了情绪、认识了世界。

真正科学的家教,是将知识融入孩子的游戏之中,把着眼点放在认识事物、传授和巩固知识上。让孩子通过这些游戏,逐步加深对事物的认识、了解,并且巩固这方面的知识。

怎样与孩子一起玩呢?

①父母应以专注的神态很投入地与孩子一起玩。当你真正投入时,孩子才会真正地开心,应付的态度会使孩子感到扫兴,甚至引起一些不愉快。

②父母应以朋友的身份、平等的态度与孩子一起玩。有时孩子对玩的技巧尚未掌握,父母应耐心地与孩子继续玩下去,假如不耐烦地说"你真笨"、"教不会",孩子马上就会不高兴,或许以后再也不与父母玩这个游戏了。

③父母可以与孩子比赛,在比赛过程中父母应了解孩子的心理。对于自信心不足的孩子,父母在比赛时应"落后"一点,以增强孩子的自信心,提高孩子的成就感;对于好胜心太强的孩子,父母应胜他一筹,要在游戏过程中锻炼孩子对失败、挫折的心理承受力。

④利用影像设备将父子同乐、母子同乐的镜头摄下来。留作以后欣赏、回忆,培养亲子感情。

读懂孩子的心

教学的艺术不在于传授本领,而在于激励、唤醒、鼓舞。

——德国教育家　第斯多惠

父母要读懂孩子的心,不容易。但不管怎样,父母都应该用打骂之外的方法去进入孩子的心,只有这样做,才能真正成为孩子成长道路上的导师。

父母与孩子之间交往日益减少,必然导致父母得不到孩子足够的信息。可父母的担心并不因沟通的减少而减少,尤其是孩子不断地成长,父母非常想了解孩子每个阶段的真实想法与内心的渴望,因此当孩子神秘兮兮地写些什么,他们便满怀担心与焦虑。但父母的"窥视"一旦被孩子发现,又往往会产生信任危机。

轩轩是某教育心理研究所托管的小学一年级学生,他很活泼但十分顽皮,许多孩子都不喜欢他。学校里任课老师多次反映,说轩轩在学校常常管不住自己,作业不能自觉完成,作业质量较低;且常常调皮捣蛋影响其他同学的学习。自从来研究所半个多月的时间中,轩轩晚上临睡前总是哭哭闹闹不肯睡,老师很无奈,只得陪他挤在一张床上想方设法哄他睡,直到他睡着为止。不仅他晚上睡不好,且常常一大早就会醒过来,睡眼惺忪地提着裤子找老师。夜里哭闹不仅使轩轩自己睡眠不足,影响了白天在校学习的精神状态,而且也使同住的两位年轻女老师常常不能睡一个安稳觉。老师们为此专门进行了讨论,一致认为:值班老师每天陪他睡在一张床上显然是不合适的,这会养成他的依赖性,不利于培养男孩子应该具有的勇敢、坚强、独立的精神。因此,老师们开始采取了比较强硬的态度:坚持不陪轩轩睡一张床上。轩轩好像也就屈从了。一天晚上,其他孩子都已经熟睡了,但轩轩又走出房门缠住值班的一位女老师,要老师陪他一起睡。老师坚持既定方针:决不迁就纵容,坚持要轩轩自己去睡。轩轩纠缠了将近两个小时,直到晚上10点30分左右,他的眼睛终于睁不开了,老师这才将他抱到床上睡了。但是到了半夜里,轩轩突然醒过来,敲开了值班老师的房门大哭不止，说他做了恶梦，感到害怕，睡不着。半夜的哭声划破了夜的寂静，吵醒了两位值班的年轻女老师和研究所其他托管的孩子，还把隔壁邻居也吵醒了。两位老师觉得轩轩太娇气、太过分，狠狠地批评了他，强制他回房间睡觉。第二天早晨轩轩不肯起床，起床后不吃早饭。其他孩子早饭后要读书了，轩轩不肯去读书；老师拉他去上学，他将老师的手咬了一口。等老师送其他孩子读书后回来，轩轩将门反锁不让老师进门。把两位年轻女教师气得七窍生烟，进门后狠狠地批评了轩轩，直至他哭泣不止……

每一个孩子都是独一无二的，我们要理解他们，爱护他们。不能简单地就断言轩轩是无理取闹，或认为他有生理、心理疾病。记得我女儿小时候哪怕在白天也不能离开大人一步，否则就惊恐万状，而邻居的孩子则可以一个人在家里独自呆上一天！这就是孩子与生俱来的禀赋和气质。轩轩就是属于那种幼稚、胆小、内心缺乏安全感、依赖性很强的孩子。他在学校里受老师批评又多，回到家里因自己不善与其他孩子和睦相处而要受到其他孩子的挤兑、冷落和欺负，所以，他比任何孩子都需要得到加倍的呵护。

人们总喜欢用"天真无邪"来形容孩子，认为孩子没有什么心理活动。其实不然，心理学家认为，孩子具有复杂的心理活动，而且由于心理抵抗力差，容易出现这样或那样的心理问题，家长要细心观察，及时了解孩子的心理活动，并引导其向健康的方向发展。

实际上，孩子的心性与父母的期望有一段距离的，父母与孩子往往置身于两个不同的世界。主观强加，是教育的败笔，沟通、交流才有可能解读孩子的心。

孩子的天性不可抹杀，但也不能任由其自由散漫。我们得蹲下身来，以孩子的视角看问题，读懂孩子的心思，才能博得他们的信任，也才有可能循循善诱。

父母怎样做，才能了解孩子的心呢？

①经常与孩子交流思想。父母与孩子间加强思想上的交流不仅可以让父母了解孩子的真实想法与真正动机，也可使孩子体谅父母的疾苦，逐步学会为父母分忧解难，学会承担一部分家庭责任。

②学会观察孩子。俗话说：眼睛是心灵的窗户，言为心声……孩子的语态动作或多或少都可以反映出孩子一定的思想；同时孩子的课

本、作业本、听课笔记本上的涂涂画画也是他们心灵的独白，父母可以从中了解到不少信息。更重要的是父母应该有意识地观察孩子经常交往的朋友。

③扩大信息来源。经常到学校去走走，向班主任老师了解孩子在学校表现怎样。另外，孩子的玩伴、同学都可以是了解的对象，必要时还可和孩子朋友们的父母建立经常联系，这样就不愁不了解孩子的思想与行为了。

蹲下来看儿童的世界

人的内心里有一种根深蒂固的需要——总想感到自己是发现者、研究者、探寻者。在儿童的精神世界中，这种需求特别强烈。但如果不向这种需求提供养料，即不积极接触事实和现象，缺乏认识的乐趣，这种需求就会逐渐消失，求知兴趣也与之一道熄灭。

——苏霍姆林斯基

在教育孩子的时候，父母往往是站在自己的高度，从自己的角度去看待孩子的言行，而忽略了孩子们所处的位置与高度。要知道，成年人的世界与孩子的世界是不一样的。

有这样一个故事：

一天，一位女士领着好友五岁的女儿炎炎去逛商店。正当她在玩具柜台前精心挑选炎炎喜爱的玩具时，炎炎却哭着闹着要回家，引来了不少顾客不满的目光。这位女士又气又急，一边哄着炎炎，一边蹲下身子为她擦拭脸上的泪痕。就在这一瞬间，女士突然发现，矮小的炎炎，还没有柜台一半高，她眼里哪有什么琳琅满目的玩具，而是一只只来回摆动的大胳膊、一个个带棱见角的挎包把炎炎细嫩的小脸蛋磕碰得红肿红肿的。女士心疼地把她抱起来，炎炎顿时乐得手舞足蹈。哇！原来她看到了漂亮的布娃娃！

是呀，在孩子眼里，蹲下来，是多么简单呀。对于大人，不能总站着，居高临下地审视孩子，滔滔不绝地训斥孩子，而应该蹲下身，和孩子站在同一视平线上，用孩子的眼光看世界，才能真正了解孩子。而作为一个教师，在与孩子相处时，也不妨蹲下身子，走进孩子的眼里，和孩子一起去感受这个五彩缤纷的世界。

在物质生活方面,当今的孩子享受着比较稳定而宽裕的生活,而他们的父母却从动荡而艰辛的生活中走来,现如今还有的父母正经历着下岗;在文化背景方面,今天的孩子生活在知识、经济时代与信息时代,而父母们却大部分成长在计划经济时代,不同的生活经历与文化背景使父母与孩子拥有了不同的价值观,彼此看问题的方式存在着很大的差异;另外,父母们生活在一个多子女时代,谁在家庭中的地位都不显要,而今天很多孩子则为独生子女,个个金贵。这种生活经历、文化背景、家庭地位的巨大差异,决定了两代人在价值观与审美观等方面的差异,也给教育带来了空前的困难。

因此,成熟的父母,应当是善于了解孩子、善于与孩子沟通的父母,即善于发现孩子在想什么、在做什么。当孩子做出大人不能够了解的事情时,父母不应当马上训斥或者质问,而是平心静气地蹲下来,站在孩子的位置与角度,了解孩子的真实想法与感受。

怎样才能真正了解自己的孩子,与孩子更好地交流呢?

①先提高自己的素质。父母可以多听一些教育讲座,多看一些家教书刊,多学习一些儿童心理学、教育学等方面的知识。只有具备了知识基础,父母才可能了解您的孩子在不同的成长阶段所具有的心理特点,也才真正能够做到有的放矢地去与孩子交流,真正了解您的孩子。

②换位思考。父母总是站在自己的角度去思考问题、看待问题,对待孩子的时候也是这样,往往以自己的看法代替孩子的看法,因而造成教育的不必要的错误。其实最简单的方法就是试着换位思考:假如我是孩子的话,我会怎么做呢?

③注意孩子的细节。不要忽略关于孩子言行的细节。所谓言必有原,行必有因,抓住各种良机,学会在小事中理解孩子。比如孩子哭或闹,不听大人的话,可能都需要您耐心地了解其中的原因。

不要掩饰你的爱

爱是一个口袋,往里装产生的是满足感,而往外掏产生的是成就感。

——教育专家　卢勤

没有爱的世界是那样地阴暗，没有爱的世界是如此地悲惨，没有爱的世界是极其冷酷的。作为父母，不要掩饰自己的爱，应当通过自身不懈的努力，让孩子感受到父母深深的爱。

父母深深的爱，犹如大江大河的源泉，当孩子的生命面临干涸的时候，给孩子寄予希望；父母深深的爱，犹如不灭的灯塔，当黑暗袭来的时候，给孩子带去了光明；父母深深的爱，犹如激昂的旋律，当孩子意志消沉的时候，给孩子不断地鼓舞；父母深深的爱，犹如激越的号角，当孩子烦恼袭来的时候，给孩子坚强的力量。

事实也是如此，假如让孩子时时刻刻成长在爱心中，那么孩子就会生活在快乐与满足中，就会用一种深深的爱意去感悟生命，迎接挑战，健康地成长。

父母的爱要向孩子表达出来，这样做有助于培养孩子美好的心灵和铸就高尚、完善的人格。

李嘉诚的父亲就是这样对待儿子的——爱要表达出来。

李嘉诚的家族治学风气非常浓，知书识礼，李嘉诚的父亲知识涵养俱佳，德高望重，致力于教育。但是，1943 年冬天，对于 14 岁的李嘉诚来说是沉痛的，他那慈祥温和的父亲，永远离他而去了。但面对人生，李嘉诚却没有退却，而是鼓足了勇气去面对现实，以一种豁达的心态担负起家庭的重任，接受人生的各种各样的挑战。

李嘉诚回忆说："难忘的是父亲的拥抱。我至今还清楚地记得，稳健而富有涵养的父亲，与我亲密接触时，往往会忍不住紧紧拥抱我，并把我举得很高很高；父亲还时常对我说，'你是父亲的骄傲，有你这样一个儿子我是多么的自豪'。父亲把他满腔的爱心都倾注在我的身上，并培养我成为一个自信的、有主见的人。"

父母的爱是奔腾的热血，是跳动的诗句，是陪伴孩子一生旅程的花朵。父母爱的教育是飘入孩子耳朵的一个清音，是拂过孩子眼睛的一抹新绿，是流过孩子心灵的清澈溪流。

用爱去关爱孩子，就能发现孩子身上的闪光点，保护孩子的自尊心，从而树立了孩子的自信心。在父母的教育中，不要把你们的爱掩饰起来，应把对孩子的爱放在首位，从而充分地挖掘每个孩子的潜力。

每个父母都应该懂得：爱是教养孩子的基础。没有爱就没有资格去谈教育孩子。因此，千万不要把你们的爱掩饰起来。

与孩子沟通是一门科学，而让孩子感受到爱则是一门艺术。研究表明,把"爱"强加于孩子,极易扼杀孩子的天性与童真,导致孩子性格上的缺陷和心理上的障碍。教育专家认为,对孩子过度的爱与对孩子采取棍棒教育如出一辙,只不过后者的伤害是从肉体到心灵,前者的伤害是从心灵到肉体。

为了孩子的健康成长,每一位父母都应该正确适度地爱自己的孩子,让孩子体验爱的真正力量,引导孩子走向成功。

父母不要掩饰自己的爱,把自己的爱表达出来吧!

①身体接触。身体接触是最易于使用的爱的语言:常被人握着、拥抱与亲吻的孩子,比那些被人长期甩在一边且无人碰触的孩子容易发展出健全的感情生活。

②时刻关注。时刻关注就是给予孩子全身心的关注。这种关注向孩子传达的信息是:孩子自身很重要,我喜欢与你在一起。这会使孩子觉得他对父母来说是世界上最重要的人。他觉得真正被爱,因为他完全拥有父母的爱。

③赠送礼物。赠送礼物是表达爱的有力方式。在赠送礼物时,效果往往会延续到好几年以后。最有意义的礼物会变成爱的象征,而那些真正传达爱的礼物,则是爱之语的一部分。赠送孩子的所有礼物,最终都会成为展示父母的爱的东西。

④行动支持。父母对孩子的行动支持,不仅是对孩子表达爱的一种方式,还是给孩子以身作则的人生示范。父母为孩子所做的服务行动,最高目的在于帮助他们成为成熟的人,并学会借由服务的行动去爱别人。而服务不单包括帮助自己爱的人,也要帮助那些根本无法回报或偿还这些慈爱的人。

和孩子一起用幻想的方式实现他们的愿望

我们为孩子的美丽和幸福感到极大的欢乐,这欢乐使我们的心灵博大到躯壳难以容纳的程度。

——爱默生

为何承认幻想要比干脆地拒绝伤害要小呢?因为这样父母能详细地回应孩子,父母能理解你的感受。当他们感到被理解的时候,他们也会感到被爱。当孩子站在一个优雅的时装店橱窗前,赞赏着一件昂贵的漂亮童装时,如果你对孩子说:"孩子怎么啦?看什么呢?你知道我们经济状况不佳,不可能买得起这么贵的东西的。"孩子会怎么想?父母的话不可能让孩子产生爱的感觉,它们只会让孩子觉得生气与失望。

很不幸,这样的回应也不会让孩子得到那套童装,但是其他的回应至少不会对孩子造成伤害,不会导致怨恨,因此,也就更有可能加深爱的感觉。

当孩子要求什么东西,而我们必须拒绝的时候,我们至少可以承认她希望拥有它的愿望。至少承认她在幻想中拥有我们无法在现实中给予她的东西。这是一个伤害比较小的拒绝方法。

安妮的妈妈这样说:"你希望能买一些玩具回家。"

安妮:"能吗?"

妈妈:"你说呢?"

安妮:"我猜不能!为什么不能?我真的很想要一个玩具!"

妈妈:"但是你可以要一个气球或者一个冰激凌,你选你要哪个。"

安妮可能会选择一样,也可能会哭,无论是哪种情况,妈妈都应该坚持自己提出的两个选择。

她可以再次说出女儿想要玩具的愿望,并表示理解,但是应该坚持限制:"你希望你能带至少一个玩具回家,你十分想要,你哭了,说明你多么想要那个玩具,我多么希望今天能买得起它给你啊。"

怎样和孩子一起用幻想的方式实现愿望呢?

作出限制时,有些表达方法会引起反抗,而另一些方法则会得到孩子的合作,比如:

①父母承认孩子的愿望,并用简单的话说出来:"你希望今晚能去看电影。"

②父母明确指出对某个具体行为的限制:"但是我们家的规矩是'不是周末的晚上不能看电影。'"

③父母指出愿望至少能部分实现的途径:"你可以星期五晚上或星期六晚上去看电影。"

父母帮助孩子说出一些作出限制时可能导致的不满,然后表示同情:

①"很显然你不是很喜欢这个规矩。"

②"你是不是希望没有此项规矩。"

③"你希望规矩是这样的:'每天晚上都能看电影。'"

④"当你长大了,有了自己的家庭,你肯定会改了这个规矩。"

并非总是需要这样来说出限制,这样的表达也并非总是切实可行的。有时需要先说出限制,然后再对孩子的感受做出回应。当孩子要朝妹妹扔石头的时候,妈妈应说:"不准朝着她扔! 朝树扔!"通过指出树的方向,她可以成功地让孩子改变石头的方向。然后她可以回到孩子的情绪上来,建议一些没有伤害的表达情绪的方式:

①"你或许很生气,以致想朝妹妹扔石头。"

②"你可能是气坏了,在你的心里,你可能很恨她,但是不应该伤害她。"

③"假如你想扔石头,你可以对着树扔。"

④"假如你乐意,你可以告诉她,或者向她表示,你是多么的生气。"

表达限制时,语言不要刺激孩子的自尊。限制的语言越简洁、越客观,孩子越容易接受。

①"不是周末的晚上不能看电影"比"你知道不是周末的晚上,你不能去看电影"引起的不满要少。"该睡觉了"比"你还小,不该熬夜熬得这么晚,上床去"要更容易接受些。"今天看电视到此为止了"比"你今天已经看了够多的电视了,关掉电视"好。"不要互相嚷嚷"比"你最好不要再冲他喊了"更容易让孩子服从。

②当限制地指出某个物体功能的时候,孩子更愿意接受。"椅子是用来坐的,不是用来站的"比"不要站在椅子上"效果好。"积木是用来玩的,不是用来扔的"比"不要扔积木"好,也比"对不起,我不能让你扔积木,太危险了"效果好。

二、孩子的培养更注重于身教

俗话说，孩子的培养在于言传身教，而身教胜于言传。这个道理相信很多家长都懂，只是在日常生活中常常因为不太注意而忽略了，往往是无意识地就给孩子带去了一些不良的行为习惯。

父母是孩子最早接触的人，而且是接触时间最长的人，因此，对孩子的影响也最大。家庭教育对孩子，尤其是对幼儿而言，主要不是靠"言教"而是靠"身教"，父母的表率作用对孩子的成长有着特殊的意义。人们说："孩子是父母的影子"，"孩子是父母的一面镜子"。

用行为告诉孩子该怎么做

世界上最好的东西不在于模仿，而是在于教导。

——列夫·托尔斯泰

正如俄国伟大的文学家托尔斯泰所说："教育孩子的实质在于教育自己，而自我教育则是父母影响孩子最有力的方法。"因此，父母给孩子做榜样的关键，是自己先要弄清楚什么是好，什么是坏，并努力把好的东西作为榜样教给孩子。

我们都知道父母是孩子的第一任老师，尤其是父亲对孩子的影响非常大。现实生活中，孩子很容易就把父亲当成自己的偶像，所以父亲的言行举止，在不知不觉中，就会影响到孩子的性格和人品。

一位刚上幼儿园小班的男孩，午睡时，总把脱下的外衣叠得很整齐。当老师表扬他时，他说："我爸爸每次睡觉时，总把衣服一件件叠得很整齐，放在一边。"可见，父亲的言行在无形中成了孩子学习的榜样，这就是无声胜有声。家长如果要求孩子有良好习惯，就必须以身示范。

澳门特首何厚铧的父亲何贤，人称澳门"黄大仙"，乐善好施，没有架子,对需要帮助的人,无论是否相熟、是否相识,有求必应。他因此也结交了很多朋友。当他去世以后,前来鞠躬悼念的人士,有西装革履的社会名流,也有穿着短裤、拖鞋的市井平民,三教九流,络绎不绝,万人空巷。即使在何贤逝世多年之后,仍常有素不相识的人向何贤的家人致谢,感谢何贤生前帮人渡过难关。父亲这些乐善好施的行为,对何厚铧起着潜移默化的作用,使他成年后,为人处事都能做到急人所难。

1989年的一个晚上,澳门的计程车司机,因不满意电召计程车只能在港澳码头候客的规定,在大批香港旅客抵达澳门时,进行罢驶行动(根据电召计程车专营规章规定,电召计程车不能在公共场合停车候客)。如此一来,近千名香港旅客滞留码头,而当时政府相关部门都已下班,对出租车司机罢驶事件置之不理。一下子,现场群情激愤,鼓噪起来。

在这关键时刻,一位身着西装,手持手机的魁梧男子和几位随行人员悄悄抵达码头——他就是人称"铧哥"的何厚铧。他打量过四周乱成一片的环境后,用手机调度了澳门新福利公共汽车公司的多辆小型巴士,通宵达旦地营业,将所有旅客疏散至市区各处,迅速化解了一场风波,得到了各方的好评。

常言道:有其父必有其子。父母对孩子的影响力最重要的特点,就在于它的"渗透性"和"随机性"。在一个家庭中,父母对孩子的教育无时不在,无处不在。在日常生活中,许多父母习惯于明示教育,直接给孩子指点,而且不分时间、地点,告诉他应该怎样,不该怎样,以此规范孩子的行为。虽然这是一种重要的手段,但这种直接的、外显的方法,随着孩子年龄的增大,慢慢会使孩子觉得父母唠叨,产生逆反心理,影响教育的效果。而最直接、最有效的教育方法莫过于身教,用自己的行为来影响孩子。

如何用言行教育孩子?

①对孩子而言,父母就是一本没有字的生动教材。父母爱读书,经常看书,孩子也会爱看书。

②父母的一言一行,都会潜移默化地教给孩子,要教育孩子具有较高的社会公德,家长自己就应该成为这样的人。

孩子正在看着你

教育孩子的实质在于教育自己，而自我教育则是父母影响孩子最有力的方法。

——俄国文学家　托尔斯泰

好父母胜过好老师大全集

孩子往往缺少辨别是非的能力，他们总是在无意识地模仿父母的行为，无论是好的还是坏的。因此，为人父母者一定要注意自己的一言一行，因为孩子正看着你呢。如果你希望孩子成为一个品德高尚的人，那就为他做出一个表率吧！

谁都想做个好父母，也知道给孩子做个好榜样是多么的重要。然而，有时候，父母很不想在孩子身上看到的行为，不经意间却发生在自己身上，结果，好父母无意中就做了孩子的坏榜样。

父母与孩子接触时间最早、最多、最长，因而是孩子学习的最直接、最具体的榜样。模仿是孩子最早的学习方式，父母怎样待人、怎样做事、怎样学习等行为，对孩子而言，就是一本没有字的生动教材。因此，父母的良好习惯，是培养孩子良好习惯的主要前提，父母待人热情、诚恳、文明礼貌，孩子就不会对人冷漠、粗鲁；父母爱读书，经常看书，逛书店，孩子也会爱看书。父母的一言一行，都会潜移默化地教给孩子。在孩子面前，父母从思想品德到生活小节，都不是一件小事。要教育孩子具有较高的社会公德，父母自己就该努力成为这样的人。

因此，父母给孩子做榜样的关键，是自己先要弄清楚什么是好，什么是坏，并努力把好的东西作为榜样教给孩子，用自己的行为去感化孩子。

有位公司老总的妻子非常重视儿子的前途，她总是不停地劝告儿子要努力读书，对人要有礼貌，要讲信用，要正直等。

而这位老总父亲却是早上离开家去公司，晚上回来则看书。

望子成龙、爱儿心切的妻子终于忍不住埋怨：

"你别只顾你的公事和看书，你也该好好地管教管教你的儿子啊！"

这位老总父亲眼不离书，说：

"我时时刻刻都在教育儿子啊！"

每当听到父母抱怨孩子时,事实上,父母应先反问自己:让孩子好好学习,我好好学习了吗?让孩子天天向上,我天天向上了吗?让孩子刻苦用功,我刻苦用功了吗?让孩子排前几名,我上学的时候排前几名了吗?让孩子必须有出息,我有出息了吗?让孩子遵纪守法,我遵纪守法了吗?假如连自己都做不到,或者不想做的事,而要求孩子做到或者去做,那么,这样的教育会成功吗?

一个孩子的学习态度怎样,道德品行怎样,与父母的榜样作用有着直接的关系。有人说,在大多数情况下,有什么样的父母,就有什么样的孩子。父母爱学习,孩子就爱学习;父母爱劳动,孩子就爱劳动;父母乐于助人,孩子就乐于助人;父母能够干出一番事业,孩子就能干出一番事业。这样的看法虽然有点太绝对化了,但却在一定程度上证明:父母是孩子的老师,言传身教是最好的教育。

父母怎样给孩子做榜样呢?

①父母要以身作则。父母榜样作为一种具体的形象具有强烈的暗示与感染力。父母不仅是一种权威,同时是孩子言行举止标准的提供者,父母的表现在很多情况下成为孩子的参照。父母要使孩子的言行有所遵循,切不可言行不一。言行相悖比对孩子放任自流效果更坏。古人云:"以教人者教己",要求在孩子身上形成的品质与良好习惯,父母都应具备。

②父母要以身示教。在家庭教育中,父母常常会对孩子说应该这样做,不应该那样做来规范孩子的言行。可是这种空洞的说教所起的作用往往微乎其微。父母的一言一行、一举一动,孩子都会看在眼里,对父母产生崇敬,并以父母为榜样模仿效法。在日常生活中,父母要谨言慎行,以身示教,凡是要求孩子做到的,自己首先必须做到。

对孩子要信守承诺

君子无信而不立。言而有信、说话算数是君子的标志,也是一种情操。为人讲究诚信是一切人性优点的基础,是立身之本。它能让孩子保持正直、光明磊落、挺直脊梁地做人,还能给孩子以力量和耐力。

——古人云

在日常生活中,有些父母为了诱导孩子做某件事,总是轻易地许诺孩子某些条件,但是事后却没有兑现。这就非常不利于家庭教育的开展。孩子在希望落空后,就会认为父母是在欺骗自己,他就会从父母身上得到一些经验,那就是:不守信的许诺是允许的,大人的言行也经常是不一致的,说谎是允许的等等。一旦这些经验转化为孩子说谎的行为时,父母恐怕要后悔莫及了。

在教育孩子的过程中,有一部分父母常用"承诺"的方式来解决孩子的问题,这种现象是极为普遍的。坦白地说,这是一种懒惰的表现,妥协或敷衍的教育方式,只会给家庭教育制造更多的问题。

假如父母对孩子的承诺没有实现,之后是很难再让孩子相信父母的话。其实,父母有时对孩子的承诺是真心诚恳的,如答应孩子周末去看场电影或其他什么休闲活动,但由于碰巧有事而没有实现。对于父母来说,或许没什么大不了,因为完全有合理的解释,但失信于孩子却事关重大。更糟糕的是,假如当初承诺时是随口说说,而后又随意违背承诺,会给孩子留下"言而无信"的不好印象,长此以往,父母说话的真实性在孩子的心中自然会大打折扣,而孩子也会学父母,对承诺如戏言,并会为没有实现找种种借口,从而养成不好的习惯。

由此,父母应在开始对孩子许下承诺的时候,首先就应该想清楚,自己能不能做得到呢?假如做不到,就不要轻易去答应孩子,答应后则要尽力去遵守诺言。当然,有时的确有困难而无法履行诺言,也要向孩子说明缘由,并致歉意及再约定履行事宜,如:"真的很抱歉!我临时有重要的事在忙,无法去看电影,我们再约下星期六晚上,好吗?"记住,再约定的事情就不能再违约了,一定要慎重地确定自己真正能够做到。

有这么一个故事给了我们一个很好的启示:

宋庆龄从小深受父母重承诺的熏陶,她在过生日时许下心愿,自己也要做一个守信用的人。

有天,父母要带她和两个姐妹去朋友家做客,家人都穿戴整齐准备出发了,可宋庆龄依然坐在钢琴面前弹琴,好像做客的事跟她无关一样。

母亲喊道:"孩子们,我们快走吧!"

宋庆龄不由自主地站了起来,但很快又坐下去了。父亲问道:"庆龄,你怎么了?是不是还没准备好啊?"

宋庆龄有些着急地说:"今天我不能去伯伯家了。"

"为什么不能去,孩子?"

"爸爸,妈妈,我昨天答应了小珍要教她叠花,她今天会来我们家。"宋庆龄说。

"我还以为什么重要的事呢!下次再教她吧!"父亲说。

"不行,小珍来我们家会扑空的。"宋庆龄叫了起来。

"要不,你回来后到小珍家去解释一下,向小珍道个歉,明天再教她也没关系。"妈妈出了个主意。

"不行,妈妈!您不是经常教育我要信守诺言吗?我答应了别人的事情,怎么可以随意改变呢?"宋庆龄坚定地摇着头。

"哦,我明白了,我们的庆龄是一个守信用的孩子,"妈妈会心地笑了,"那就让庆龄留下吧!"

于是,父母带着其他孩子去做客了。父母回家后,却见宋庆龄一个人在家里。"庆龄,你的朋友小珍呢?"父亲问道。

"小珍没有来,可能她临时有什么事吧。"小庆龄平静地回答。

妈妈心疼地问:"小珍没有来啊?那我们的庆龄不是很寂寞吗?"

宋庆龄却回答:"不,妈妈,虽然小珍没有来,但是我仍然很高兴,因为我信守了诺言。"

由此可见,宋庆龄父母的教育是成功的。父母要教育孩子,答应别人的事一定要兑现,如果因为某些原因没有兑现,或者经过弥补仍然没有做到,就应该诚恳地向对方说明原因,并表示歉意。

信守承诺是一项非常重要的教育,说到就要做到。无论是对孩子还是对自己,特别是对自己,父母要为自己的言行负责,做一个信守承诺的父母很重要,因为孩子从承诺中获得安全感、信赖,日后成长必能成为一个重信诺、负责任的人。

如何兑现你对孩子的承诺呢?

①父母要说话算数。父母一旦答应了孩子的事一定要兑现,兑现有困难的事不要轻易许诺。假如父母经常言出不行、说话不算话,就会降低在孩子心目中的可信度,孩子对父母的崇信、敬仰和爱戴,就会由于失信次数而递减。再者,假如作为父母常常说话不算话,孩子也会下意识地效仿,对自己说出的话不负责任,便会成为他的一种不良习惯。

②不要对孩子说谎。给孩子期望,然后没有完全的把握满足其愿望,最后让他(她)失望,孩子从高高的顶峰一落千丈,幼小的心灵肯定是承受不了的。

遭遇挫折更能使孩子清醒

应知天地宽,何处无风云？应知山水远,到处有不平。

——著名革命家　陈毅

挫折本是生活的组成部分,每一个人都会遇到,不是遇到这种,就是遇到那种;不是遇到大坎坷,就是遇到小挫折。人的一生不可能是一帆风顺的,对此,我们要有一种达观的态度,而父母往往一厢情愿地让孩子把事情做得非常美好,非常顺畅,仿佛到处都是一片光明,这是不切实际的幻想。

丢掉幻想,站在坚实的大地上,才会在挫折面前思想开朗,心情坦然,镇定自若。世界上的一切事物都是相对的,挫折也一样,它能给人以打击、痛苦;它也能使人奋进、成熟。"自古雄才多磨难",古今中外那些在政治上、科学上、文学艺术上有所建树的人,那些对人类作出了较大贡献的人,几乎无不经历过挫折和失败。

大化学家汉弗莱·戴维在分解钾、钠等碱金属时,经过了几个月紧张、危险的实验,在最后一次实验中引起了爆炸,炸伤了他的脸,左眼也失明了。但却换来了最后的成功。之后他说:"感谢上帝没有把我造成一个灵巧的工匠,我的最重要的发现是由失败给我的启发。"

戴维是从失败之树上摘取胜利之果,伴随着不断的失败,他得到了成功。把挫折当成是"镇静剂"。

挫折是一种"兴奋剂",它可以激发人的进取心,促使人为改变境遇而奋斗,它能够磨炼人的性格与意志,增强人的创造能力与智慧。同时,挫折也是一种"镇静剂",它可以使头脑发热的人冷静下来,这对于父母教育孩子来说十分重要。

在这个世界上没有一帆风顺的人,而遭遇挫折后采取逃避的方式将会一事无成。遭遇挫折能够使我们认识到问题的症结所在,在哪里可以及时解决潜在的问题。从这一角度来看,没有失败、没有挫折,就无法成就伟大的事业。

挫折是孩子成长中的朋友，虽然它给孩子带来了不愉快的回忆，但是它带给孩子的思考与反省则具有无穷的价值。因此，父母应教育孩子做一个充满信心的人，不要惧怕挫败，而是善于从挫败中汲取经验教训，探索通往成功的新路。

遭遇挫折，应怎样保持清醒的头脑呢？

①把孩子的精力转移到有益的活动中去。将不良情绪导往比较崇高的方向，使其得到升华，这是尤为积极有效的办法。善于采取升华这种积极的方式，就能像贝多芬说的一样："通过苦难，走向欢乐"。

②"失之东隅，收之桑榆"。在挫折面前，用理智来驾驭恶劣情绪。通过分析，假如发现原先的目标是无法实现的，可以放弃原有的目标，选择新的奋斗方向。

酸甜苦辣都是营养

凡是有益于我前进和成功的，不论是讥笑还是辱骂，一概纳之；凡是有碍于我前进和成功的，不论是颂歌还是美言，一概弃之。

——牛顿

酸甜苦辣都是营养，长大不仅仅是快乐的过程，也有很多痛苦伴随。重要的是面对痛苦、不幸时要勇敢，从中汲取坚强、乐观的"营养"，奋发向上。

举世公认的科学巨人牛顿，他发现的万有引力定律，他建立的成为经典力学基础的牛顿运动定律等一系列辉煌成就来之不易，因为牛顿是在受辱中发愤而起的。

牛顿13岁时，带了一架小风车去学校。同学们都围拢过来看。有个同学说："哟，这风车做得还怪灵巧呢！"牛顿自己也笑嘻嘻地说："我的风车做得如何？造得巧吧？"

正当一帮同学羡慕牛顿时，一个同学怪声怪气地说："是啊！造得巧！"其实，这位同学说的是反话，由于他平时学习成绩好，一直在牛顿之上，今天看到牛顿在他面前表演，心里很不是滋味，还带点嫉妒之意。兴奋中的牛顿并没有听出这个同学话中有话，傻乎乎地接着说："对，很巧，这是昨天晚上我一个人做出来的！"

听到牛顿越来越神气的话语，那位成绩好的同学提高了嗓门说："是啊，这个小风车的外形造得还不错，可它为什么会转动？你懂得这其中的原理吗？"

"你懂得这其中的原理吗？"这几个字像一阵刺骨的冷风吹在牛顿的脸上，不知是发冷，还是发疼，他尴尬极了，一句话也说不出来。

那位同学看牛顿脸红了，劲头更足了，说："哼！说不出来吧，可怜！自己做的东西自己讲不出原理，这说明什么呢？说明你只不过是个木匠！"牛顿被这番话羞得无地自容，哭丧着脸走开了。

事情过后，牛顿经常琢磨：这个同学为什么欺侮我呢？还不是我自己不争气。不懂原理怎么能更好地发明创造呢？

从那时起，他凡事都特别肯动脑筋。看到磨面的风车，他就去看个究竟；看到太阳光下的人影，他就想办法制出"太阳钟"；黑夜里，他仰望星空，想到了苍茫宇宙；刮风天，他又思索起怎样测量风速的问题。

当牛顿取得重大成就时，他从未忘记少年时所受的羞辱。他说："要是那时候不受到朋友们的侮辱，恐怕我一辈子就是一个不懂原理的木匠了！"

牛顿的一生给我们什么启示呢？

或许有的人会认为，牛顿也太过分了，人家就说他一句吗，干吗一辈子都那么认真呢？但假如仔细想想就会发现，牛顿不愧为大智者。

一般来说，想讽刺他人的人，总想千方百计地找准对方的弱点，不这样他的话就没有力量。牛顿恰恰正是被击中了弱点，才无言以对、默默离开的。可贵的是，他敢于正视这一现实，并能在受辱中发愤。能做到这一点，没有大海一般的胸怀是不可能的。

如何让孩子也能在痛苦与挫折中奋起呢？

①陪孩子一起受"苦"。当今孩子上重点中学，外语、奥数等特长一样不能少，给孩子造成了很大压力，孩子小小年纪受了不少苦。比如学习钢琴，父母往往是从功利的角度要求孩子必须学，可能根本不考虑孩子的兴趣、意愿，也可能根本无法理解孩子在学习钢琴时受到的痛苦。实际上，假如父母的条件允许，可以与孩子一起学，不要仅仅为考级而学，这样的学琴氛围可能会让你与孩子都能享受到许多的

乐趣。

　　②与孩子一起尝各种味道。孩子越小,越可能对于受到的侮辱、痛苦不知怎样处理,假如没有得到父母及时的引导和化解,可能会在心中留下童年的阴影。因而,父母要在生活中启迪孩子的心灵,可以在品尝食物时教给孩子对各种味道的认识和理解。一般情况下,孩子不喜欢苦味,相对喜欢甜的东西,父母应告诉孩子"良药苦口",让孩子明白,在孩子长大的过程中,酸甜苦辣都要品尝。

　　③给孩子讲一些故事。当孩子面对痛苦、挫折不知所措时,父母可以用孩子能够理解的方式讲讲故事,譬如讲一讲牛顿,让孩子从中明白一个道理,每个人的生活不可能一帆风顺,关键是不要轻易放弃,做天才与强者是不会被苦难打败的。正如法国作家巴尔扎克说过,世界上的事情永远不是绝对的,结果完全因人而异。苦难对于天才是一块垫脚石,对有才能的人是一笔财富,对弱者是一个万丈深渊。

最好的教育不是耳提面命

　　每个父母都不应该低估对孩子责骂产生的后果。

——哈佛大学医学院教授　马丁·H·泰切

　　家教专家指出:责备孩子的声音越小,孩子听得也就越认真,教育的效果也就会越好。

　　在现实生活中,有一部分父母,时刻不忘自己的权威,动辄对孩子破口大骂,似乎只有这样才能表现出自己的父母地位。其实,这是完全错误的做法。

　　还有一些父母批评孩子时表情严肃,声音很大,以为嗓门越大,孩子越会记忆深刻,效果也就会越好。殊不知,这是家庭教育的误区,这样不仅不能收到预期的效果,还有可能引起孩子的逆反心理,结果是事与愿违。

　　母亲见女儿小博练小提琴的姿势不对,就提醒女儿,谁知女儿很不服气。可能由于情绪不是很好,母亲就突然来气,数落起小博来:上课时,老师让你看老师的姿势,你的眼睛却往别处看,结果总是不能正确模仿;学琴的人那么多,可外面有人进来,只有你分神扭头去看;说了多少遍琴头要抬高,还是拉不了半分钟就低下去了;许多事情你能够做好可就是偷懒不做……

小博见母亲责备也不吭声，依然不紧不慢地练，但她眼里含着泪水。与大部分在火气中的父母一样，小博假如说一句道歉的话，母亲的火气或许就会消了，可小博不吱声，母亲就觉得那是一种无声的抗议。因此，越发烦躁，想起最近小博的种种表现，顺便就提起来责备小博了，火气越来越旺。

结果自然是小博没心练琴，效果不好，而母亲也越来越觉得这样控制不了情绪的责备有点过分，结果一个自己在责备孩子，一个自己在责备自己……最后小博哭了，母亲也难受得流泪了。

孩子很容易犯错，并且还会经常犯同样的错误，父母的批评指责是必要的。但态度一定要诚恳，假如大声训斥，甚至拳打脚踢，结果可能收效甚微或适得其反。

责备孩子时要掌握好一定的技巧

①指责要适时与适度。孩子有了缺点、错误应及时给予责备，趁热打铁，不可拖拉。在责备孩子时，态度要严肃，语气要平和，摆眼前的事实，讲错在什么地方，不要翻老账，拉三扯四地就会喧宾夺主。孩子听烦了，就会当作耳边风，事与愿违，达不到目的。

②以说明过失的后果代替责骂。假如孩子不慎抓破了小朋友的脸，有的父母开口便责骂孩子：谁让你去抓人家的？看我不打你的手。这样一来，反而强调了孩子的过失行为，孩子的注意力就会全部集中在与你的责备相对抗上，根本不会想到反思自己的行为，也就达不到教育的目的。遇到这种情况，父母可以用说明过失后果的方式来调动孩子的情绪体验，比如，可以对孩子说："你把你小伙伴的脸都抓破了，流了血，假如是你是不是会很疼呢？"从而唤起孩子的同情心，这样他才能反思自己的过失行为，并逐步地改正。

③语速应缓慢，以低于平常的声调责备。有的父母一见孩子犯了错误，先不问青红皂白自己先激动起来，连珠炮似的数落孩子，孩子经常因惧怕而一句也没听清楚，更没听进去，说了也白说。假如说话时的语速放慢些，低而有力，让孩子听清楚你所表达的态度，则更有利于孩子明白自己的错误所在。

④可以用表扬他人的方式来责备孩子。对于孩子一些不构成直接损害的行为，用这种责备方式可以保护孩子的自尊心。孩子都有被

好父母胜过好老师大全集

表扬的欲望,这种向上的内驱力经常会抵消了由于责备而带给孩子的自卑心理,对于年幼的孩子尤其有效。

⑤要让孩子明白你是爱他的。有的父母责备孩子之后,往往忽略了这一环节,把孩子冷落到一边,经常使孩子将委屈的情绪转移到父母的责备上,而产生抵触情绪。由此,父母应在孩子有悔过表现的时候,如:伤心、流泪、反省时,通过替孩子擦眼泪、搂抱、抚摸等举动,告诉他你是为他好,是爱他的,引导他说出对过失的认识。这样,你的责备不仅使孩子认识到了错误,也增进了与孩子间的感情。

以爱育爱

爱就是融化冰雪的春风,它在顷刻吹暖了心灵里最纯真的感谢。

——美爱因斯坦

每个做父母的对孩子都很有爱心。父母都记得孩子的生日是哪一天,但至少有一半的孩子不知道父母的生日是哪一天。父母都十分重视给孩子过生日,但又有几个孩子重视父母的生日呢?

现在的很多孩子不知道孝敬父母,但父母却对孩子十分有"孝心"。父母对孩子倾注了满腔的热情,父母对孩子的爱"无可挑剔";而孩子对父母的爱却仿佛都从人间蒸发了。

实际上,父母都很希望自己的孩子懂得爱、发现爱,做一个好孩子。那么,如何才能发现呢?其实,爱在于点点滴滴,爱在日常生活当中,爱就在我们的周围,关键看我们能不能发现。父母要培养孩子一双能够发现爱的眼睛,有一颗灵敏的心来感受生活。这时就需要父母的点拨,让孩子想到在这些行为的背后,有一颗颗关爱的心,让他去体谅大人为什么这样做,让他懂得爱、珍惜爱、学会爱。一个有爱心的孩子,就是一个真正的人。

曾有一篇文章讲述的是一个数学老师在上课时,天突然下起雨了。下过雨之后,老师就发现一位奶奶拿着伞在门口等着,原来奶奶是来给孩子送伞的。老师一下子就动了感情,一下雨,会有多少爱心在体现啊!越来越多的爷爷、奶奶、爸爸、妈妈来送伞,孩子拿着五颜六色的伞,一个个兴高采烈。

这时,数学老师布置了一篇作文题目叫《雨天的收获》。孩子们起初感觉很奇怪，不知道怎样下笔。老师就引导他们说："下雨天会给人们添了许多的麻烦，增添了很多担心，但是下雨一下子让人的亲情洋溢，互相关心。"同学们在老师的引导下，突然感觉到生活是这么美好，原来这么多的爱就在身边。

这一天放学时，同学们都有了自己的伞，有一个小女孩拿了大点的伞坐在那里不动，老师说："你为什么不走啊？"小女孩说："老师你没有伞，我和你打一把伞走。"老师感动了，老师觉得这个孩子真是很细心，不但想到了自己，还想到了别人。

其实，文章中讲述的是一件很小的事，但说明的却是一个很感人的道理：孩子们是在爱中成长，在爱中学会爱的。其实，这样的小事在我们的生活中有许多，哪一个孩子的成长不是父母千辛万苦去照料，哪一个孩子生活的方方面面没有父母家人的呵护，这是说也说不完的。

孩子的心灵是最纯净的，他们能从点点滴滴的生活小事中感受到父母的爱心，从而渐渐唤醒内心关爱父母的意识。

如何培养孩子心中有爱呢？

①不要让孩子吃独食。从小让孩子吃独食，会让他感觉他吃好东西、拥有好东西是理所当然的，假如孩子习惯了被奉献，只知道索取，就很难在今后的生活中考虑他人的感受。一个不懂得关爱他人、关爱父母的孩子将来很难成为一个有爱心的人。

②不要"有求必应"，更不要"无求先应"。对孩子提出的需求，父母应先思考一下是否合理，假如不合理，则坚决否定，并且要告诉孩子为什么不合理。父母不要预先为孩子承诺得太多，一手包办孩子的成长，面面俱到，不要总想着孩子没有这个、没有那个。假如父母总是包办代替，时间长了，孩子会觉得一切东西都来得太容易了，也不懂得珍惜。

③父母要为孩子做出榜样。假如家中有老人，有好吃的先给老人吃，逢年过节给老人送礼物；假如老人离得较远，经常给老人打个电话。要让孩子看到父母不仅对自己有爱，对长辈也有爱。

把美德化为习惯

尊重他人的、有责任感的孩子,产生于爱和管教适当结合的家庭中。

——詹姆斯·多伯森

培养一个真正的人应从培养孩子的良好习惯开始。一直萦绕在学校教育和家庭教育领域的重大问题:"德育为何成了一壶烧不开的水?"

德育,简而言之,是培养孩子品德的教育。品德是一个极为复杂的整体结构,从所涉及的心理过程来讲,道德的发展一般包括道德认知、道德情感、道德意志与道德行为四个方面,换言之,就是我们经常说的"知"、"情"、"意"、"行"四要素。一般而言,德育的具体实施可以以任一要素为起点。

一个人良好的道德品质的形成最终必然落实到优良的外在行为上,衡量德育效果的真正标准,不是看其偶然出现的行为,更不是听其口若悬河的演讲,而是看其是否养成了良好的道德习惯。从这个意义上讲,德育的目的,简言之,就是养成良好的习惯。但在我国德育的传统中,学校比较重视对孩子进行道德知识的灌输与教育,以此来提高孩子的道德认识。德育的考核也重在考察孩子对道德知识的掌握。这种将德育学科化、知识化、课程化的做法虽然在某些方面说明了对德育工作的重视,但从德育本身的特点来看,这一形式却很难达到实现德育目标的目的。

长此以往,在某些学生的意识里,道德似乎成了一门知识,靠死记硬背与高谈阔论便可以得到高分数,而实际的道德行为与他们的道德认识之间存在着巨大的反差。这就是知行脱节、知行不一的严重现象。

曾有一个形象的比喻:德育为何成了一壶烧不开的水——水的沸点是100℃,可我们的德育往往在50℃左右就停了下来。例如当孩子认清一个道理并开始做好事了,或者开始守纪律了,人们就以为德育的目的已经达到了,教育已经成功了。事实上,这绝不是德育的最终目的,而只能算是前50℃的教育。它绝不应该成为教育的终点,而应该被视为一个重要的教育契机。抓住孩子偶然出现的道德行为,将其反复训练成道德行为习惯,才是德育的真正目标,是德育的后50℃。

良好习惯是健康人格之根,是成功人生之基,因此,养成教育不仅仅是学校德育工作的重点内容,也是家庭教育的基础工作。老师与父母应该承担起最基本也是最重要的责任——培养孩子的良好习惯。但要认识到,习惯不是一般行为,而是一种定型性行为,是经过反复练习而养成的语言、行为、思维等生活方式,它是人们头脑中所建立起来的一系列的条件反射。可以说,形成良好习惯的过程就是一个人健康人格不断发展完善的过程。

总之,教育是做出来的而不是说出来的,要烧开教育这壶水、德育这壶水,就要把美德变为习惯。

父母在培养良好习惯的时候要遵循哪些原则呢?

①尊重孩子的权利。习惯培养的最低起点,应是父母与孩子商量,并认真对待孩子的意见。最理想的状态是孩子自己提出一些意见,并与父母一起做个决定。充分尊重孩子的权利,让他们在习惯养成中发挥主人作用,自己决定养成哪些好习惯,改正哪些坏习惯,自己决定采用哪些方法,并主动学会与父母合作,这应当成为习惯培养的第一原则。当然,父母的引导与帮助是完全必要的,但只有唤醒孩子心中沉睡的巨人,沟通才能起效。

②和孩子相互学习、共同成长。今天的孩子是在信息时代长大的,他们吸吮着改革开放的新鲜乳汁成长,他们身上有很多父母并不一定具备的优点与习惯。因此,科学的态度是我们要向孩子学习,与孩子相互学习共同成长。向孩子学习,需要父母与教师反省自己,看自己有哪些好习惯值得保持,看自己有哪些坏习惯需要矫正。

③重在培养人格化习惯。习惯的养成是需要技能的,而技能必然包含着一系列的指标与规范,但习惯培养应当以人格化为追求而不能单纯地技能化。具体说,就是在习惯培养过程中,应当以健康人格为核心目标,注意观念与情感的培养,使孩子对每一个好习惯都知其然知其所以然,从而晓之、信之、践之。

好父母胜过好老师大全集

淡化教育痕迹，做到不教而教

为无为，则无不为。

——老子

尽管"不争"是老子的名言，很多人读了还是会摇头："这是个竞争的时代，不争怎么行？"假如谈到教子"不争"，不少人也会疑惑："都说会哭的孩子有奶吃，不会竞争的孩子将来怎样生存？"

因此，在孩子的世界里，我们见到了太多太多的争。

一争宠爱。谁不知老师的权威？教师喜欢哪个学生，哪个学生就如坐春风。况且，孩子在家受宠惯了，万一在学校失宠怎么受得了？因此，父母们竞相向教师示好，争取教师对自己的孩子偏爱几分。

二争职位。谁不知学生的地位有差别？假如孩子当上学生干部，不但有助于自信心的养成与能力的锻炼，各种机会也会增多。因此，有一部分孩子跃跃欲试，父母也倍加地热心，还会出现贿选的现象。

三争分数。谁不知道分数的厉害呢？无论中考还是高考，一分之差便可能决定是否如愿进入理想的学校。因此，为了自己能够超过其他的同学，有一部分学生在大考之前放"烟幕弹"，称自己"大考大玩"，希望同伴也去玩而自己悄悄用功以求胜出。有的明明会做一些难题却说自己不会，拒绝帮助其他的同学攻克难关等。

"处无为之事，行不言之教"，这也是老子首次提出"无为"的概念。必须指出，老子的"无为"之说并非无所作为，而是要按照自然界的无为的规律去做事，像圣人那样，用无为的手段达到有为的目的。

或许也可以这样说，无为的思想用现代的话来说就是科学发展观。无为就是不强为、不妄为，就是按规律去做。今日教育出现的问题，很多都与违背规律的强为、妄为有关。无数个走上歧途甚至绝路的孩子，都是父母或老师太有"作为"的悲剧作品。

自由是天才成长的真正摇篮。在人类历史上，很多科学巨匠的成功，都得益于父母的无为无不为。

父母如何做到不教而教呢？

①和孩子签个"君子协定"。有关孩子的事，父母应问清孩子的想

父母与孩子的沟通圣经

法、理由，让孩子自己决定，不要加以干涉。比如，孩子要参加学校的足球队，父母可能会担心孩子由于训练活动影响学习，但又要尊重孩子的意愿，可以与孩子来个"君子协定"，双方共同拟定注意条款，并要督促孩子认真遵守。

②在孩子考试时"闭嘴"。很多父母在孩子考试期间都很爱唠叨，左打听右打听孩子考试考得如何，使孩子感到压力很大。假如父母在这时少一点"关心"，能减缓孩子的心理压力。同时，孩子考试时，父母不问成绩，反而可能会让孩子觉得奇怪，爸爸妈妈为什么不关心我了呢？当他主动告诉你时，你就成功了。

③与孩子交换角色。在孩子心中，总会对父母有一种期望，希望父母是什么样的，父母是什么样的才令他幸福；同样的，在父母心中也对孩子有一种要求，希望孩子做到什么样才满意，但往往双方会忽略对方的感受，可以在适当的时候与孩子交换角色，让父母与孩子彼此相互加深理解。

不要以"权威"的身份出现在孩子的面前

人人都说孩子小，谁知人小心不小。你若小看小孩子，便比小孩还要小。

——陶行知

管教孩子固然没有错，但是不分场合、口不择言地呵斥孩子，显然就不对了。父母经常提出要尊重孩子的口号，然而真正实施起来，却有一定的难度，因为多年养成的传统习惯，让父母很难放下"权威"的架子，成人主义是横亘在两代人之间的鸿沟。

有多数父母都认为训斥自己的孩子是天经地义的事，他们从来没有考虑过孩子的感受。并且还总是武断地认为，这样做是为了让他们懂事，训斥的方法最适合教育孩子。

印象里，美国一直是个自由的国家，可是一位中国母亲，却感到这是一个令人拘束的国度，尤其是她认为，在美国，连教育自己的孩子也不自由。

原来，她经历了一件非同寻常的事情。丈夫的一位同事麦克，邀请他们一家到自己家里去做客。麦克还亲自上门来接他们。这位中

好父母胜过好老师大全集

国母亲怕麦克等久了，边化妆边大声斥责儿子欣欣，让他快换衣服。麦克听到后，几次欲言又止，但都强忍了下来。

到了麦克家，他的女儿杰西抱着布娃娃迎上来，大声打招呼："麦克，有客人到了。"说完，向其他人点点头，就到自己房间去了。这把中国母亲吓了一跳，觉得麦克的家庭教育可不怎么样，孩子竟这么没礼貌。

可是麦克不以为然，只是一个劲儿地逗欣欣说话。欣欣本来就有点"人来疯"，经他一逗，更没了分寸，当麦克把水果端上来时，他一点也不客气，伸手就拿。

"别动！"母亲大喝一声，转而笑着对麦克说，"欣欣平时也不太喜欢吃水果的。"说完，狠狠地瞪了欣欣一眼。

欣欣不吭声了，整个就餐过程中都老老实实地，像个小大人似的不言不语。可没老实多久，欣欣又惹出一件事，令母亲大发雷霆。

杰西比欣欣小不了多少，两个孩子吃完饭，就热火朝天地玩在了一起。不知怎么，欣欣看中了杰西手里的布娃娃，抓在手里不放。杰西也不示弱，死死拉住布娃娃的腿，脸憋得通红。两个孩子的吵闹声惊动了大人们。

麦克笑呵呵地看着他们。欣欣的妈妈却以为他这个主人不好意思发作，便拉过欣欣，劈头盖脸地训斥："真没出息！和小妹妹争！"欣欣哇地一声哭了出来。

麦克终于忍不住了，走到欣欣爸爸的身边，严肃地对他说："你太太的做法让我感到惊愕，每个孩子都是天使，两个天使在做游戏，她怎么可以这样做？我想报警，我认为她这是在虐待孩子。"

欣欣母亲大吃一惊，当妈妈的管教自己的孩子也错了？

事实上，训斥除了能让孩子心里感到委屈外，并无明显的收获。每一个孩子都是有自尊的，常常你的恶劣口气就已让他们反感了，哪里还会在意你说话的内容呢！

为什么父母与孩子就不能像朋友一样平等相处、互尊互爱呢？为什么父母就不能与孩子"一般见识"呢？这是因为，有些父母尊重孩子的思想太少，而做父母的权力思想太多。孩子需要的是指导者、协商者，不应该是命令者。

假如我们总是站在成人的立场，用成人的思维方式为孩子分析问题，告诉他们应该怎样去做，就会使他们去亲身体验某件事。假如父母坚决认为自己知识渊博，总是滔滔不绝地向孩子灌输，也就限制了孩子自己去积累知识的机会。而且这种认为孩子这也不行、那也不行的态度，会极大地打击他们的积极性，使他们丧失自信。取而代之的应该是：抛弃我们的经验与成人主义，把孩子看成一个大人。那么，就会收到意想不到的教育成果。

父母对孩子发号施令，独断专行，只会让孩子的内心产生更加强烈地叛逆。小时候，孩子或许会屈服于家长的威严，但是，一旦他们长大了，就很有可能事事都与父母对着干，处理问题也特别容易激化。

有研究表明，假如父母是脾气不太好的人，特别是在对待孩子的问题上，过于严厉，往往不会收到很好的教育成果。在这种环境下长大的孩子，脾气都很暴躁，走入社会上很难与人相处。

凡事都应有个度，物极必反。父母的严厉应适可而止，尊重孩子，才是保持权威的最好办法。而放弃成人主义，与孩子平起平坐，才能保持良好的亲子关系，才能让教育子女的任务变得简单起来。

怎么样才能让亲子关系和谐起来呢？

①要沟通，不要粗暴管制。许多父母就失败在这个管制上面，他们常常把孩子看成是私有物品，很少认为孩子是独立的个体、也应该有自己的尊严与权利。大部分父母的教育，都仅局限于管制水平。这种观念上的不平等，是造成亲子关系紧张的关键因素。

②要放手，不能简单地管教。舍得放手，并不是说孩子的一切都可以撒手不管，而是要给孩子体验生活、经历生活的机会，让他在这些经历中建立起征服生活的能力与勇气。

微笑比言语真诚得多

不要一味对孩子进行批评、责骂和说教，而应多给他们一些笑容。

——教育专家 孟昭兰

微笑不仅仅是一种简单的面部表情，更是一种传神而亲切的心语交流；微笑不仅仅是一种外在的仪表姿态，更是一种高尚而博大的人生境界。微笑能指引着我们撞击出心灵深处最美最绚的爱意；微笑又如一曲轻柔动人的乐曲，能使我们的心灵自由惬意地旋转……

人与人的交流离不开微笑，心与心的沟通需要微笑，对于怎样与孩子沟通，我们更加依赖微笑。微笑的诱惑使我们陶醉，使我们倾心。

父母的微笑犹如冬日的太阳，温暖、关爱着孩子，拉近了亲子的距离，架接着亲子友谊的桥梁。这种和谐、愉悦的家庭氛围，不仅能给全家带来快乐，更加有利于孩子的身心健康与成长。

父母的微笑能够带给孩子力量和信心。无言的微笑传达着一份信任与理解，蕴涵着一种真诚与关爱，代表了一份支持与赞许，可谓此时无声胜有声啊！这微笑印在父母的脸上，更融入了孩子们的心中。久而久之，在耳濡目染中孩子也会带着微笑面对现实多彩的生活，无论感到愉悦或失意，无论人生之路平坦或坎坷，无论学业（事业）成功或失败，相信孩子们只要心怀微笑，平和地直面生活，他们的人生就是富有的，因为生活中还有微笑这一种特殊的礼物陪伴；也相信所有的问题在微笑中也都会烟消云散的。

父母的微笑是与孩子沟通的有力臂膀。当孩子淘气、不听话、犯错误时，请我们的父母试着微笑地对孩子说理教育，相信这一微笑教育的效果可定胜于严厉的训斥。这一微笑使孩子觉得自己不好意思了，逆反心理也自然无从谈起，这时自觉理亏的孩子也自然很容易听进父母的教诲之言，您说这教育的效果能差吗？父母用宽容、理解的微笑不仅教育了孩子，更用这微笑赢得了孩子的心、赢得了孩子的敬重。

父母的微笑、平和的心态是培养孩子阳光般性格和心灵的重要保障。孩子是父母的一面镜子，言传身教自然意义重大。

父母的微笑能够带给孩子无限的快乐，生活的快乐、学习的快乐、进餐的快乐、睡觉的快乐……微笑所带来的快乐无处不在。因此，请相信微笑的诱惑，请给予孩子微笑的教育。请对孩子保持那最真诚、最美丽的微笑吧，为自己保持一份年轻的心态，为自己保持良好的父母形象，为自己保持一种权威的姿态，更为孩子营造一个快乐、健康成长的氛围、空间，使孩子也保持一份微笑。

微笑的父母最有魅力，也最有亲和力和感染力。每天生活在笑容中的孩子幸福活泼，聪明伶俐。每天给孩子一副笑脸，这是父母教育孩子时应当遵守的一个原则。

父母与孩子的沟通圣经

那么如何让你的微笑感染孩子呢？

①练习在你的声音里加入微笑。最容易的办法是当你说话时就微笑，孩子即使不能看到你，也一样可以听到你的微笑。

②与孩子分享你乐观的思想。你越快开始与孩子分享乐观的思想，你就会越快发现这些孩子的脸上，永远伴着微笑。如一首歌所唱，永远保持你的光明面。

③用你整个脸微笑。一个美丽的微笑并不单属于嘴唇而已，它同时意味着眼睛的闪烁、鼻子的皱纹及面颊的收缩。一个成功的微笑是包括整个脸的，并且让人看起来很高兴。

④把眉头舒展开来。当你做到时，它就变成一个微笑。不过，这需要长时间的练习。

⑤运用你的幽默感。任何人都有幽默感，你也不例外。你跟孩子一样，能够欣赏一个好的笑话。然而，这不是指那种低格调的笑话，或是让孩子开心的恶作剧，指的是好的、真正有趣的故事。

⑥大声地笑出来。而当你感到要捧腹大笑时，不要压抑它，就让它笑出来，你会享受它，孩子也会。

⑦站在镜子面前，练习用整张脸微笑，避免皮笑肉不笑。一开始可能觉得很滑稽而大声笑出来，假如这样是最好不过了。

三、让孩子从角色中释放

学习成绩的好坏是父母关注孩子成长的主要"指标"，很多父母为了提高孩子的学习成绩，费尽心思，劳心劳力，其中甘苦无需言说。然而，孩子的成绩与父母的付出是不能等同的，如果仅以孩子的成绩作为目标，父母必然会常常因为希望落空而苦恼。就算孩子很听父母的话，十有八九也会把孩子培养成一个学习机器，只会读书，不会思考。

让孩子相信自己一定能行

自信是成功的第一秘诀。

——比尔·盖茨

每位家长都希望把自己的孩子教育成才，而教育学家告诉我们，要想成功地教育孩子，首先就要给孩子塑造"好孩子"的感觉，只有孩子坚信自己"行"，他才能够成才。

如果家长想知道这种心理暗示的作用有多大，那么就请看下面这个故事：

有一位热爱音乐的青年，在音乐创作的道路上摸索了很久，进步却很小。因此他经常怀疑自己是否有音乐天赋，对未来前途感到十分迷茫。后来他决定去拜访柏辽兹，希望这位他最崇拜的大作曲家指点迷津。青年人演奏了一首自己创作的曲子后，诚恳地问："柏辽兹先生，您认为我适合从事音乐创作吗？"

柏辽兹听出来，青年人的演奏虽然很熟练，却缺少某种灵气，很显然，他对音乐的理解还停留在很浅的层次，甚至可以说根本缺少灵感。一个学过多年音乐创作的人，仅仅达到这个水平，可不是缺少天赋吗？因此，柏辽兹坦率地说："年轻人，我毫不隐瞒地对你说，你根本没有音乐才能。我之所以痛快地对你下结论，是为了让你趁早放弃，另寻出路，免得浪费时间。"

青年人一听，此言正好证实了自己的疑惑。他大失所望，带着羞愧不安的心理向柏辽兹告辞，然后垂头丧气地走了出去。

柏辽兹话刚出口，便感到懊悔：这对青年人的自尊心和自信心是一个多么大的打击呀！再说，自己的那番话未免太绝对了，一个人的天赋有欠缺，可以用勤奋弥补，即使达不到极高的境界，也会有所作为的，为什么要叫人家放弃呢？因此，他决定采取补救措施，挽回青年人的自信心。

柏辽兹赶快打开窗户，看见那个青年人正垂头丧气地走在街道上。于是他从窗口探出头，叫住青年人说："我不改变刚才对你的评价。但是，我认为有必要补充一句：大师们当年对我也是这么说的。记住，你和我当年一模一样，是的，一模一样！"

青年人一闻此言，顿时精神大振，重新树起了信心。多年后，他经过刻苦努力，终于成为一个知名的作曲家。

柏辽兹是这个年轻人最崇拜的人，因此，从柏辽兹口中说出的每句话都可能带给年轻人深远的影响。当柏辽兹断言年轻人没有音乐才能时，年轻人立刻失去了信心，而且很可能因此放弃自己在音乐方面的理想。幸好柏辽兹很快纠正了自己的错误，他的那句"和我当年一模一样"给了年轻人这样的信念：我和大作曲家年轻时是一样的，那么他的现在就是我的未来，只要刻苦努力，我也可以成为著名的作曲家！年轻人不断努力，最后他成功了！

这个故事给我们的最重要的启示就是：一个人即使不是真正的天才，但只要他找到了天才的感觉，就一定能够成才。赏识教育专家周弘为了鼓励双耳失聪的女儿婷婷成才，为了帮女儿找到天才的感觉，为了让她相信自己"一定行"，就费了不少苦心。

婷婷的智商是105，而天才儿童的智商底线是130，但周弘却告诉女儿说："智商只能测记忆力，无法测悟性、灵感，而你正是这方面的天才。"另外，他又制造了"海伦·凯勒转世"的故事鼓励女儿、教育女儿。

海伦·凯勒是19世纪美国的一位又盲又聋的伟大女性。她6岁半时一个字不会说，18岁时却会5国语言，轰动全世界。一天，周弘看《海伦·凯勒传》时，无意中发现海伦的生日是1880年6月27日，脑子一闪，精神为之一振。女儿婷婷的生日是1980年6月29日，天下竟有如此巧合的事！他按捺不住心中的喜悦，赶快把这件事告诉自己的女儿。

"婷婷，太好了，告诉你个好消息。我一直在纳闷，你为什么这么聪明，这么有灵性，原因终于找到了。原来你是海伦的'转世'啊！"

"为什么这么说？"女儿不解地问。

"你看，你的生日跟海伦相差整整100年，一天不差。"

"真的吗？"婷婷瞪大了眼睛。

"白纸黑字，一点也没错。"周弘把书递给婷婷。

婷婷接过书一看，有点失望。

"她是6月27日，我是6月29日，相差两天。"

周弘不慌不忙地解释道："据我了解，一天不差，海伦妈妈生她时是顺产，你妈妈生你时难产，刚好耽误了两天。"

顿时，婷婷兴奋得两眼放光，仿佛海伦的血液在自己的血管里奔腾,海伦的灵魂在自己的脑海里游荡,感觉找到了!

长大后,婷婷自己讲,海伦给了她无穷的力量,小时候做事遇到困难时,就常常想象自己是海伦·凯勒。

这个故事也许对许多家长有所启发。为什么现在有的孩子明明不笨,但学习成绩却不好,许多家长百思不解,彻夜难眠。其实最根本的原因是找不到感觉。

有了天才的感觉,是成为天才的第一步。"天才的感觉"实际上就是一种暗示,这种暗示一旦埋入孩子的心中,就会渐渐发芽,成长为信心的大树。

既然周弘这位只有初中文化水平的父亲,都能用"虚拟计"把天生聋哑的女儿培养成美国名牌大学的研究生,那么家长们为什么不能试试正确运用这种方法把孩子培养成才呢?

比如,你的孩子数学不好,每次考试都不及格,这时你就可以改掉往日训斥孩子的做法,温和地对他说:"爸爸、妈妈的数学都很好,根据遗传原理,你一定也具有数学天分,所以加把劲,你就一定会考好!"这样做,孩子最初可能会有点怀疑,但你常常这样告诉他,孩子慢慢就会相信:我真的行。一个"行"字消除了孩子对数学的恐惧感,唤起了孩子的求知欲,帮助孩子找到了学习的乐趣,孩子就会因此真的"行"了。

[虚拟计妙解]:持之以恒地相信孩子行,就是不断地给孩子积极的暗示,这样无形中就会鼓起孩子的自信心和学习的热情,久而久之,孩子就真的会变成一个很"棒"的孩子。

不要小看了自己的孩子

人人都说小孩小,谁知人小心不小。你若小看小孩小,便比小孩还要小。

——陶行知

孩子最不情愿别人称呼他"小孩子",他们总是盼望着能够快快长大,像大人一样独自去处理某些事情。所以,家长的暗示对孩子有着莫大的作用。父母相信孩子能承担责任,他就会努力去承担;相信他是个好孩子,他就会努力去做父母想要他做的事;认为他是懂事,是能保护家人，能帮助他人的人，他就自诩是英雄；认为孩子还小，什么事都不会做，孩子当然也自认自己什么事也不必做；认为他成事不足，他自然败事有余……因为"沟往哪里挖，水就向哪里流"是最自然不过的事情了。

大卫是个很任性的 5 岁男孩，父母常抱怨他不珍惜玩具，没有责任感。妈妈常对邻居说，大卫是个除了吃吃喝喝，什么都做不好的小家伙儿。不过，一次意外的机会让她彻底改变了这种想法。

那一年，大卫家搬到了一个新的城市，大卫也进了一所新的幼儿园。两个月后，幼儿园要开家长会，大卫妈妈也在被邀请之列。去幼儿园的路上，妈妈开玩笑地对大卫说："儿子，妈妈还没有完全适应这个城市，在你们幼儿园里，妈妈更是一个人都不认识，到时候你可要帮我啊。"

小大卫一本正经地说："没问题，妈妈。我认识那里所有的老师和小朋友，包括每天接送小朋友的爸爸妈妈。"

妈妈看他认真的样子觉得很新鲜，但她也只是笑笑，没有放在心上。

到了幼儿园，大卫开始履行他的承诺，他负责地陪妈妈到会议室，又严肃地把妈妈介绍给校长和其他老师，又认真地向妈妈介绍了幼儿园的每一个小朋友，最后告诉妈妈小朋友们的名字以及哪位是他们的爸爸或妈妈。

接着，大卫把妈妈带到一个沙发面前，给她端来了一杯水，"妈妈，你先坐在这儿，我去趟厕所，一会儿就回来。"

因为妈妈在无意之中给了大卫"大人"的感觉，大卫油然生出自豪的感觉，真的变得懂事起来。

从生活中的各种小事向孩子证实："你越来越能干了！"、"你的力气越来越大了！"、"你越来越会照顾妈妈了"……从一点点的小事建立起孩子的自信心，朝"自信"的方向挖掘、赞美、鼓励、肯定，而不是用事实证明孩子的无能："你看你，搞得一团糟！"、"越帮越乱，还是走远一点！"、"你还小，长大再说！"……

教育家陶行知先生有首著名的《小孩不小歌》："人人都说小孩小，谁知人小心不小。你若小看小孩小，便比小孩还要小。"

每一个孩子都有自己独立的思想，都是一个独立的个体，虽然他们在家长的眼中是个小孩，但却有着丰富的思想和不凡的举止，家长

好父母胜过好老师大全集

们不要忽视小孩的行为和感受。每个孩子身上都有这样那样的不足，同时每一个孩子身上又有各自不同的闪光点。家长要留心观察他们的一举一动，细心洞察他们心理的微妙变化，把每一个小孩当大人一样去对待，小孩带给你的会是无穷的惊喜，教育也将会收到意想不到的效果。

陶老先生说得没错，小孩其实并不小，关键在于家长是否小看了自己的孩子。

还记得爱迪生和他孵蛋的故事吗？看到母鸡孵小鸡，竟然自己蹲到鸡窝里孵蛋，大家都嘲笑他"笨蛋"、"神经病"。而他的母亲却不这样认为，反而认为儿子动了脑筋，其"傻帽"行为是对科学的实践和探索。在众人面前，爱迪生的母亲说道：我知道我的孩子，他只是好奇。我相信我的孩子他是在思考，他将来一定会成为教授。正是因为他的母亲以欣赏和发现的眼光看待自己的孩子，保护着他一直持续着自己独特的思维方式，她不嫌弃孩子给自己惹出的麻烦，而且是尽自己的能力给孩子以帮助和引导。我们不能怀疑正是由于从小有母亲的启发和诱导，爱迪生后来才成为了世界大发明家。

作为家长，应当从内心深处做到真正尊重孩子的正当、合理的愿望和要求，而对待孩子的"过失"，只要其动机是好的，就不应"人前教子"，相反应因势利导，要不失时机地抓住其"闪光点"加以开发和引导，帮助孩子做出适当的选择以达到教育目的。

正如教育家陶行知先生所说："人人都说小孩小，谁知人小心不小。你若小看小孩小，便比小孩还要小。"记住：孩子不会与你想象中的完全一样，有时他们的言行举止常常会超出父母的想象。如果刻意贬低孩子，只能使孩子产生自卑感和自不如人的心理。要学会欣赏自己的孩子。孩子有优点就是有优点，让孩子知道父母以他为荣，他的奋斗和努力才有方向、目标、价值。

父母与孩子的沟通圣经

不将过高期望强加在孩子身上

一个人被激励的程度的大小，不但取决于他期望达到目标的价值的高低（效价），也取决于实现该目标可能性的大小（期望值）。如果儿童认为，你对他所期望的是他根本无法实现的，这种期望便是无效的或低效的。

——美国心理学家　弗鲁姆

父母对孩子的前程都充满了美好的期待，他们都希望自己的孩子能出人头地，希望自己的孩子出类拔萃。在充满压力与注重成就的当今时代，父母无不忧心忡忡地迫切想为孩子提供一切优良的条件。

因此，他们煞费苦心、千方百计地为孩子创造条件，不顾孩子的禀赋，以自己认定的模式塑造孩子，让孩子只许成功，不许失败，给孩子带来极大的压力。当然，过高的期望除了给孩子平添极大的痛苦外，也给父母带来了无限的懊恼。

孩子是父母的希望，是家庭的未来，任何一位父母都希望自己的孩子有出息，希望自己的孩子健康成长，成为有用的人，这本身无可厚非。期望是一种有信心的等待，父母对孩子寄予期望，是一种信任，有利于孩子增强自信心、进取心，是进步的动力。同时，假如孩子也对父母爱戴，愿意以实际行动取悦于父母，让父母满意，这就会促使孩子自觉地、经常地将自己的实际表现同父母的期望找差距，并努力达到平衡。

父母对孩子抱有期望，就不会放纵孩子或袖手旁观，就会努力为孩子创造条件，及时督促，具体帮助，加强指导，不断激发孩子的上进心。父母的期望是一种积极的态度，对孩子来说是一种促使孩子努力向上的精神环境，是潜在的动力。而对孩子不抱有任何期望，是一种不负责任的态度，客观上对孩子起着压抑的作用，这是不可取的。

但是，期望过高，脱离孩子的实际，不仅不会起到积极的作用，反而会起到消极的作用。

在孩子的世界里，沉重的学业压力、日益复杂的学习环境、逐渐增加的家庭问题和多变社会中的人际关系，使孩子承受的压力也越来越大。

近一半的孩子"常常感到对不起父母"，并"一想到考不上重点中学，心里就害怕"。有的孩子甚至出现做噩梦、难以集中注意力等病理反应，还有21%的孩子称"我感到活得累"。

很多父母对孩子的期望过高，希望在孩子的身上实现自己当年的理想与宏愿，然而，当过高的期望与孩子的实际状况产生矛盾时，孩子常常会产生逆反心理。

施晓慧是个14岁的小姑娘，对于父母对她的期待，她在日记里这样写道：

我的父母对我的期望很高，这使我十分苦恼。

小时候，妈妈把我送进了重点小学，凭借一点儿聪明才智，我每次考试都能高居榜首。之后，我考上了师大二附中的尖子班，在这个高手云集的地方，我的心理压力逐渐大了起来，考试成绩不像小学时那么如意了，我开始尝试到失败的痛苦。这时，我是多么希望得到父母的鼓励呀！

一次考试后，我神情沮丧地回到了家。一到家，妈妈洋溢着满脸的希望，焦虑地追问起来："考得如何？"我深知妈妈希望得到的是我充满自豪的回答，但我今天却给予不了，我心中深深地自责起来。我告诉妈妈考得不好，妈妈原来阳光灿烂的脸一下子堆满了乌云，只低低地应了一声："考得不好，下次再努力吧。"接着便回厨房去了。

我忽然感到非常的委屈，也十分伤心。妈妈嘴上虽然没有责怪我，但我知道她心里对我是极不满意的。我便发誓，下次一定要考好，这样才能对得起妈妈。

很快又一次考试来到了，对我而言，就好像世界末日降临一般。

妈妈不断地对我说："你要考不好，同学就会看不起你，老师也会看不起你，你周围的一切人都会看不起你。"就这样，我的压力更大了，对考试产生了恐惧感。眼中看到的只是考分，我的一切都是为了考分，我好像只是为了考分而活着。

作为父母希望孩子学习好、考高分，这一愿望固然没错，但结果却不一定能如愿以偿，正确的做法应是正视现实，客观地看待孩子的能力。假如期望过高往往会造成孩子学习上的逆反心理。

望子成龙的心情是可以理解的，但是，动机与具体的教育措施是两回事。父母要做的，首先是把自己虚幻的、不切实际的期望值降低，让孩子切切实实从基础学起，功课一门一门地学，同时，有特长发展一下当然好，没有也不必大失所望。

假如期望过高，孩子经过努力满足不了父母的期望，会丧失上进心，产生一定的自卑感，心理上会有一种失败的压抑感，对孩子身心发展是很不利的。因此，父母对孩子的期望，一定要适当。

硬让孩子在不适当的年龄下，通过不适当的方法去完成超出他们身心发展的事情，其实是在害孩子。

造成无效学习，孩子在填鸭式的教育下，可以学会弹钢琴，认得一

父母与孩子的沟通圣经

些字,然而孩子不见得理解那些字所代表的含义,或并未学习到音乐的节奏感。

造成情绪障碍,太多的学习压力或挫折,会使孩子很容易紧张、担忧,没有信心,特别是当孩子一旦对学习产生了厌倦感,再进一步学习,就会产生心理障碍。严重的还可能会产生"强迫症"。

损害人格的发展,孩童期正是孩子发展信任、自主、进取、勤奋等人格的时期。在这个时期,催促孩子去做超过他们身心发展与能力的事情,会使他们产生过多的不信任感、羞愧、内疚、自卑与无能感。同时,由于孩子感到所学习的东西太难了,需要依赖父母教才会,并且自己往往不如成人做得好,久而久之,就会使孩子过分依赖父母的指导,从而损害孩子正在萌生的自主感。

损害亲子关系,当父母不断催促、强迫孩子去学习的时候,亲子关系会变得很紧张,很容易产生冲突。

怎样才能实现外部期望向内部期望的转化呢?

①期望应该是强烈的、持久的、一贯的。这表现在不论孩子在获得成功的时候,还是遭受失败的时候都不改变对孩子的期望。

②期望的表达方式应该带有隐蔽性,即用似乎无关的言行暗含着期望。

③期望中应包含着对孩子的信任,要十分重视孩子自信心的培养。因此,一定要让孩子感到他行,他一定能成为我们希望的那种人,期望才能奏效。

④要让孩子获得成功的体验。自我期望建立在自我认识的基础上,它实际上是人对自己行为结果的预测性认知。

⑤期望与指导相结合。父母对孩子不能空施期望,还要精心培养孩子的科学学习方法与良好的学习习惯,纠正孩子各种不良的行为习惯,使孩子不断地获得进步。

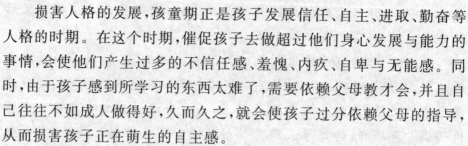

好父母胜过好老师大全集

让孩子自己作决定

为了使一个孩子能够成为明智的人，就必须培养他有自己的看法，而不能要他服从我们的看法。

——法国思想家　卢梭

生活中，我们常常发现，有的家长粗暴地强制孩子，放弃某些兴趣爱好，强迫孩子去做他们根本不感兴趣的事情。孩子都有自己的兴趣与喜爱，不能勉强也不应勉强。

"生命的价值在于选择。"但做父母的往往忘记这一点，他们不让孩子去作选择，总是忍不住要替孩子作选择。因此，孩子只能按照父母的决定去做。那么，这些决定越正确，其窒息感就可能越强。他们感受到这一点，于是想对父母说不，但他们又一直被教育听话，所以连"不"也不能说了，只好用被动的方式去叛逆。

这是因为，孩子已有了自主的意识，已不再愿意什么事情都听父母的了，他们有了自己作决定的需求。假如孩子的这种需求长期不被满足，自主意识就会被抑制，自信心也会受到打击，影响孩子对自己的评价，很可能导致孩子产生消极的自我评价，而这一点可能会深植于他的内心。长大后，孩子可能会缺乏判断力与选择的能力，缺乏责任感，凡事依赖，缺乏主见。到那时父母再想训练孩子自己做主就更难了。

要改善这一点，最好的方式就是"适当放手"，让孩子自己作决定，即父母给孩子制宁一个基本的底线——认真生活不做坏事，然后放手让孩子去决定自己的人生，只是在必要的时候才去指导孩子。

一个能够为自己的人生作决定的孩子，他的生命力是汪洋恣肆的，尽管因为年轻，他会遇到一些挫折，但那些挫折最终会与成就一起，让他感觉到自己的生命是丰富多彩的。

有关研究表明，总是由父母作决定的孩子，长大后常常缺乏判断力与选择的能力，而且缺乏责任感，甚至不知道怎样对自己负责。因此，建议父母给孩子自己作决定的机会，让孩子学会怎样作决定。

在福建省的一个小镇，有一位平凡的父亲——安启东。他含辛茹苦十几载，终于把自己的孩子送进了高中。在 2003 年的 8 月，邮递员

父母与孩子的沟通圣经

送来了一所著名大学的录取通知书。安启东暗自松了一口气,自己的辛苦总算有回报了。可是,以566分的高分考取了重点大学的儿子,并不满意目前考取的学校,他一直想读清华大学。

儿子知道自己家庭贫困,再复读一年家庭的压力会更大,所以整个暑假,他始终没有考上大学的那种兴奋劲。

父亲感到很奇怪,追问之下,才知道儿子的心思。要强的儿子,希望踏入一所更好的学府,继续深造。这固然是好,但这对于一个并不富裕的家庭来说,是一个沉重的负担。

经过一段时间的苦苦思索,安启东决定支持孩子的选择。他郑重地对儿子说:"孩子,你要是有把握明年高考的成绩会比今年更好,那你就复读,爸爸支持你。"

看着爸爸鬓角依稀的白发和粗糙的双手,儿子流泪了。他实在不忍心让家里再为自己受苦了。

看着懂事的儿子,安启东欣慰地笑了:"儿子,别担心,我和你妈妈的身体都还硬朗着呢。只要你愿意学、愿意考,我们永远都支持你。"

功夫不负有心人,在2004年的夏天,安启东的儿子以优异的成绩,考取了自己梦想中的学府——清华大学。

这位父亲的伟大,不在于他能无怨无悔地辛苦劳作,而在于对儿子意愿的尊重。当儿子的想法和自己的不同时,他没有强迫儿子改变意愿。即使儿子的想法会使整个家庭陷入困顿,他也没有因生活的重压,而试图去改变。这种对孩子想法、观点的尊重,才是真正的爱,才称得上是真正的教育。

教育孩子自己作决定时应推崇什么方法呢?

①解放孩子的手、嘴与大脑。做父母的应该了解孩子在生活中的权利与职责,孩子作为家庭中的一员,有不同意父母的意见的权利,在对他们有影响的决定上,有发言权,同时,孩子也有提出不同意见和发挥自己才能的职责。观念明确了,父母就要解放孩子的手、嘴与大脑,让孩子行使自己的权利,让孩子敢想、敢说、敢做,而不是一味地顺从父母。

②给孩子自己作决定的机会。只要不是原则性的问题或危险的事,父母都可以放手让孩子自己作决定,而且要多提供机会,让孩子自己作决定,并且是真正地自己作决定,父母千万不要左右孩子。要给

孩子以单独思考、学习及玩耍的时间与机会,这样,孩子才能成长为一个独立、有主见的人。

③尊重孩子的意愿。做父母的应尊重孩子,把孩子当作家庭中平等的一员来对待,要尊重他在家庭中的地位,任何涉及到孩子的事情,应尊重或听取孩子的意见。

④给孩子自己的小天地。无论家庭的居住条件怎样,父母都要给孩子一块属于自己的小天地、小角落。在这个角落里,可放置玩具架及小筐、纸盒等容器,每天给孩子一些自由支配的时间,让他自己作决定,自由地带小伙伴玩耍,自己取放玩具,做一些力所能及的劳动。

让孩子成为他自己

你真的没有什么事情可做了,你唯一能做的就是让你成为你自己。

——心理学家　罗杰斯

一个人本来有区别于任何人的最重要的生命标志,这个标志就是"自己"。这个自己是人的本质,是一个个体与社会所形成的独特系统,是自然赋予个人的独特性,是环境派生出来的并融于环境的完美系统。一个人只有拥有了自己,他才可能成为自然中的一部分,社会中的一部分,他才是强大的、独立的、完善的,并且真正地能与自然界,能与社会融为一体,他才不会孤独。

任何一个孩子都是一个独立的个体,不是父母的附属品。他们有自己的思想、人格与尊严,而这些都不是父母所能主宰的。由此,他们是独立的人,他们的个体权利应当受到父母的保护。著名的教育家陈鹤琴就提出:"儿童不是'小人',儿童的心理与成人的心理不同,儿童时期不仅作为成人之预备,也具有他的本身价值,我们应当尊重儿童的人格,爱护他的烂漫天真。"

有一位著名的经济学教授,只要是他教过的学生,很少有能顺利拿到学分的。其原因就是教授平时不苟言笑,教学方式特别古板,而且布置的作业,既多又难,教育学生更是喋喋不休,长篇大论。所以学生们不是选择逃课,就是浑水摸鱼,总之,谁也不愿多听老夫子讲一句。可这位教授是国内目前首屈一指的经济学专家,他的论文在经济学研究领域占有举足轻重的地位。叫得出名字的几位财经人才,全都出自于他的门下。

一天,一名学生紧跟在教授身边,二人交谈得非常开心,有说有笑,同学们都惊呆住了。后来,就有人问那名学生:"为什么要和那种八股教授套近乎呀?"那名学生回答:"你们听过穆罕默德唤山的故事吗?穆罕默德向人们宣称,他可以叫山移到他的面前来,可他一连呼唤了三次,山却仍然屹立不动;穆罕默德又说,山既然不过来,那我自己走过去好了!教授就好比是那座山,而我就是穆罕默德,既然教授不能给我想要的学习方式,我只有去适应教授的教学方式了。反正,我的目的是学好经济学,是要入宝山取宝,宝山不过来,我当然是自己过去喽!"

后来,这名学生毕业后没几年,就成为金融界的权威人物,而他的同学们,都还停留在原地"唤山"呢!

让孩子成为他自己,这是多么深刻的哲学思想,也是多么深刻的教育理念!放眼观察周围,有多少人能真正地成为他自己?相反,您却会看到很多人没有自己,做什么都"一窝蜂":人家的孩子学钢琴,自己的孩子也得学钢琴;人家的孩子是个小画家,自己的孩子至少也得成个小书法家。这种盲目跟进的现象在现实生活中几乎俯拾皆是。

也有一部分父母,把孩子当成工具,让孩子来实现他们未完成或不可能完成的梦想,要求孩子为自己挣一些面子。事实上,这也是不尊重孩子的表现,因为孩子的生命不是为父母而存在的,而是为他本身而存在的,父母不过是陪孩子走一段人生之路而已。

当我们回想一下自己的成长之路,这么多年来,我们是否想过"我是谁"这个简单的问题,我们是否问过自己"我从何处来、我又要到何处去"这样的问题。同样,当我们做了父母,我们是否能用平等的观点看待孩子,教会孩子多想想"我是谁",给孩子"自己做自己的上帝"的机会呢?

几千年来,大部分父母总是鼓励自己的孩子上进、上进、再上进,却很少有父母教会孩子评估自己的实力,教会孩子给自己定一个实际一些的目标。实际上,正确评估自己,真正勇于面对自己的不足,快乐踏实地做好自己喜欢又有益于社会的事情比什么都重要。

怎样让孩子成为他自己,作出他自己的选择?

①认识到自己的家庭与别人家庭存在的区别。人与人之间是有区别的,家庭与家庭之间也是有一定区别的。一些父母爱与别的家庭比较,总觉得人家能做到的事情,自己的家庭也应该做到;人家拥有的东西,自己的家庭也应该拥有。这样比下去,就很难有属于自己的空间,很难让孩子成为他自己。

②给孩子作出不同选择的机会。选择也是儿童的权利之一,父母遇到与孩子相关的事情时,要学会与孩子商量,给孩子选择的机会。

③尊重孩子的个性与选择。让孩子选择自己喜欢的活动,而不是根据父母的兴趣、爱好作选择,因为那样会容易使孩子丧失个性。聪明的父母是尊重孩子个性的父母。

分数不代表一切

现在的父母,往往把孩子的分数看得很重,但多少事实证明,天才与庸才的孩子的差距,不是分数而是能力。把分数视为一个普通的数字吧,即使孩子的成绩不行,但他还可以通过其他方式表现自己。

——世界首富比尔·盖茨的母亲玛特琳·盖茨

父母总在告诉孩子好成绩是多么的重要:只要你好好学习,就能考得好分数;只要考得好分数,就能得到好名次;只要得到好名次,就能取得好成绩;只要取得好成绩,就能考到好学校;只要考到好学校,以后就能找到好工作。为了父母美好的愿望,孩子只有好好学习,拼命向分数的极点冲刺。

"分分分,学生的命根。"这是孩子在读书的时候自己编写的歌谣,这充分说明了分数的重要性。无论在学校还是家里,老师与父母都是用分数来评价孩子是不是好学生,学校每个学期评"三好学生"的标准也是靠分数。分数难道真的就那么重要吗?分数难道就代表一切吗?

高分不一定有高的能力,低分能力未必就一定低;分数不代表能力,名次不代表一切。很多人都拥有自己最擅长的方面,善于利用自己的特长,也一样能取得成就。

有一个10岁的男孩,在一次电击事故中失去了左臂,但他很想学散打。最终，小男孩拜一位散打高手做了师傅，刚开始学习散打。他学得不错，可已练了三个月了，师傅还是只教他一招，小男孩很不理解。

他终于忍不住问道："师傅，我是不是应该再学学其他的招术呢？"

师傅回答说："不错，你的确只会一招，但你只需要会这一招就足够了。"

小男孩还是不很明白，但他很相信师傅，因此，就继续照着练了下去。

几个月后，师傅第一次带小男孩去参加比赛。小男孩自己都没有想到居然轻轻松松地赢了前两轮。第三轮稍微有一点艰难，但对手不久就变得有些急躁了，小男孩连着用那一招，又赢了。就这样，小男孩迷迷糊糊地进入了决赛。

决赛的对手比小男孩高大、强壮很多，也似乎更有经验。有一时间，小男孩显得有点招架不住，裁判担心小男孩会受伤，就叫了暂停，打算终止比赛，判对手赢，然而师傅不答应，坚持说："继续下去！"

比赛重新开始后，对手放松了戒备，小男孩立刻使出他的那一招，制服了对手，由此赢得了那场比赛，赢得冠军。

在回家的路上，小男孩与师傅一起回顾每场比赛的每一个细节："师傅，我怎么仅凭这一招就赢得了冠军？"

师傅答道："有两个原因：第一，你已完全掌握了散打中最难的一招；第二，对付这一招唯一的办法是对手抓住你的左臂。"

在这个故事中，小男孩的最大劣势变成了他最大的优势。每个人都有优势与劣势，在优势面前不要得意，在劣势面前也不要悲观。只要扬长避短，正确面对，就能把劣势变成优势，获得成功。

人的优势与劣势是有一定的转变规律的，有的时候，劣势反而会变成优势，这就看怎样把握了。

分数不代表一切。学习，要靠自觉。父母重视考试分数是可以理解的，因为分数毕竟是学习状况的一种重要反映。但不能一味地把自己的爱好与理想强加到孩子的身上，我们有自己的优势，有自己擅长的学科，要注意发展特长。

父母要清楚分数又能代表什么呢？

①不以孩子的考试成绩与名次判断孩子的优劣。任何考试与比

赛总会有第一,也必然会有最末,孩子的考试成绩与名次虽然能在某方面说明孩子的学习状况,但仅仅是阶段性的、暂时的,并不代表孩子永远都是第一或最末。孩子总是在不断进步的,要相信孩子下次会表现得好一些,更好一些。

②与老师单独交谈。作为监护人,父母有权知道孩子的学习状况,老师也有责任向父母如实介绍,但是否公开学生的分数仍应尊重学生的意愿。事实上,小学和初中阶段的学生,真正重要的是学习态度与学习方法,并非分数。建议老师与父母分析学生状况应单独交谈,在尊重孩子的基础上,共同引导孩子健康成长。

③与孩子一起总结。作为父母,在孩子每次考试测验之后,不要总是仅仅关心最后的分数,而应该关心孩子的学习态度与学习方法,也可以与孩子一起总结,一起分析孩子考试时失误的原因或考试优异的经验。这样的效果会是积极健康的。

成功与出身无关

一个人的出身如何并不重要,关键在于他自己选择了成功与致富的道路。

——戴尔·卡耐基

我们虽不能选择自己的出身、自己的家人,但我们不能因为出身比他人低微就自认比他人低一等。好的出身固然很重要,但更多的时候,多一点经历与挫折未必不是一件好事情。人生是丰富多彩的,我们有多种多样的生活方式,也有各种各样的经历与挫折。挫折虽然给我们带来很多生活中的不便,但只要善于利用,黑暗之后就会迎来光明。

出身不好或许是一种不幸,但在不幸之中却可充分锤炼我们的意志、自信。出身不好也有可能让我们在生活中经历很多的苦难,但苦难对于我们也许是一笔难得的财富。

出身低微的人不要责怪你的亲人没有给你一个好的出身,因为虽然他们没有给你带来好的出身,可他们教会了你生活的能力与奋斗的勇气。而勇于追求自己的命运,这才是追求成功的本领。出身良好并不等于必然成功。

由此可见，假如命运让你的出身比别人低微，让你一出生就面对逆境，不要放弃自己，要换个角度去看待，正是因为有这样的考验，你才可以比别人获得更多的历练，成为命运的主宰。出身低微不要紧，只要能下定决心朝自己的目标与理想努力，就可能得到想要拥有的一切。

出身良好的人，可能要比一般人少付出许多，少走许多的弯路，而能更快地走向成功。相对的，出身低微的人，因为外在条件的限制，可能很难成功。但是不要羡慕那些出身好的人，这不仅仅是因为人和人是不一样的，只是作为一个人来讲，出身低微决定了要走的路可能要比出身良好的长。出身好的人有他们自己的生活方式，不好的也有自己的生活方式。

在现实生活中，很多父母往往感到非常困惑，因为没有足够的钱，就无法给孩子一个好的未来。听起来这样的父母很崇高，想一想其实很愚蠢，孩子的前程以及能够换来这前程的教育，是用钱买不到的。

如果父母在生活中遭遇某些困难时，如何面对孩子呢？

①不隐瞒家中的实际情况。当父母的生活面对一些困难，如父母下岗，家庭生活难以保障时，怎么面对孩子。有的父母十分担心，由于害怕家庭生活困难会导致孩子自卑，因此，他们宁肯自己吃得更差一些，不买衣服也要给孩子吃好的、穿好的。甚至担心孩子自尊心受不了，不让孩子知道经济困难等家中真实的情况。其实，父母应该从小就把孩子视为家庭中的重要一员，从孩子入学起，就让其了解家庭的真实情况，使他明确自己在家庭中的责任义务，教会他要为家作出自己的贡献。假如孩子只知道索取，就会成长为一个自私的人。

②让孩子发表意见。家庭中的大事讨论的时候，应让孩子参加并发表意见，这样能增强孩子的"重要感"，培养孩子的独立能力。譬如家庭中召开民主会议时，不要因为孩子小、看法幼稚就剥夺了他的发言权。

③教孩子"人穷志不穷"。很多父母由于自己曾经遭受穷苦便不想让孩子再经历，因此单方面地死撑着，也不愿意让孩子吃苦。其实，许多穷苦人家的孩子，在不得不挑起家庭的重担，不得不为个人前途艰苦奋斗时，反而成长得更好更强。正如俗语所云：穷人的孩子早当家。不要忘记，穷且益坚是培养孩子拥有良好品质的关键。

成长比成绩重要

虽然全国的父母从来没有在一起开过会,但是全国的父母每天却说着非常相似的话:要好好学习,只要学习好,其他的什么都不用管。

——中国青少年研究中心的副主任　孙云晓

在孩子成长过程中,父母是重要的因素,与父母在一起的孩子身心才会健康。她说,家长在教育孩子时,原则性的问题不能放松,不能让步,但是生活上的小问题就不要管那么多了,有时候让他们犯点小错也没关系。

家庭是孩子最早接受教育的地方,但是,很多父母的教育似乎只局限于对孩子学习成绩的追求上。有一部分父母甚至为了保证孩子成绩好而放弃了孩子的身体健康,一项刚刚完成的全国城市青少年儿童生活习惯调查显示,35.5%的父母认为"孩子的学习是最重要的,有时间才可以做运动",还有11.3%的父母认为"为了学习,孩子少睡点没关系"。

这样的父母把孩子当成了学习的机器,让孩子不停地奔走于各种辅导班之间。因此,孩子不再是孩子,而成了"学习的机器"。他们不再有童年,不再有星星与月亮,不再有蓝天与白云……取而代之的是读不完的书山与做不完的题海,更有比明星赶场还紧张的各类培训班与补习班。他们从小到大只听过一句话——"作业做完了吗?",或者"考得怎么样啊?"。在父母眼里,他们是一群没有自主意识的"学习机器"。

一位长期在父母管制之下的孩子,曾在一篇作文中这样写道:

爸爸,我不是学习的机器。

自从我上初中以来我的课余时间一下少了很多。每天都被您管得很严,晚上10点30分以前不准睡觉,把我弄得筋疲力尽,但是还得咬着牙坚持下来。因为我心里明白您这是为了我好,您是为了能让我考上高中才被迫这么做,我理解您的心情。

上了初三您对我的学习管得更严了,我每天除了做老师留的作业以外,还要做您留的作业。这样我在家的时间就是无休止地做作业,压得我喘不过气来,但是您还是嫌我没有把时间充分利用起来,把我睡觉的时间又往后推迟了一小时。这样本来就精力不佳的我，更要咬紧牙关坚持了。您也常常鼓励我只要咬一咬牙坚持下去，考上高中以后就可以放松了。

就这样我又坚持了一个月，我的体重一下减了6斤，您也看出我身体坚持不住了，就买了一些补品给我吃，想让我尽快恢复体力，好让我有充沛的精力去迎接新一轮的复习。星期六，我打开录音机想听一听我喜欢的音乐，放松放松，但是您却怒气冲冲地将录音机关上，然后冲我大声喊道："你都快要中考了，还这样浪费时间，还不快去复习你的功课！"说完把录音机锁进了柜子里。只有当您看到我拿着书念时，才会露出笑容。

爸爸，我想对您说："我是人，不是学习的机器，请多给我一些休息的时间吧。"

·········

这是一篇感人肺腑的文章，相信每一位父母读后都会产生不同的感触。对此，一位老教育工作者曾痛心地说："现在某些父母，根本不是在教育孩子而是在摧残孩子，拼命地给孩子施加压力，使孩子变成了学习的机器。殊不知，当孩子在重重的压力之下，找不到家的感觉时，我们的教育就彻底失败了。"

不少教育专家也指出，家庭教育是孩子最早接触的教育，会影响人的一生，但是许多父母却把家当成了教室的延伸，把孩子当成了实验室中的学习机器，"家庭教育的误区正在伤害着我们的孩子"！

由此可知，很多父母在教育自家孩子的时候，侧重点并不在于孩子的"德、智、体、美、劳"全面发展，而仅仅在于孩子的学习成绩。在这种教育误区的影响下，很多孩子的心灵被渐渐地扭曲，直至于走向人生的极端。

在这种指导思想的影响下，很多父母为了提高孩子的成绩，想尽了一切办法，稍有疏忽就加以惩罚。使孩子们成天在名次与高分的包围下，整天奋战在题海之中，长此以往，不仅压抑了孩子的个性，也扼杀了孩子的创新能力，使孩子变成了一个个高分低能的学习机器。

然而，这一悲哀的造成，又有谁能承认是自己的责任呢？

如何把孩子培养成才呢？

①"成人比成功重要"，在孩子的各种教育中最重要的是道德教

好父母胜过好老师大全集

育,社会不仅要的是会做题的孩子,更要会做人的孩子。

②"成长比成绩重要",要看孩子做事的过程而并非只看结果,成绩不是最重要的,重要的是他是否掌握了做事的方法。

③"经历比名次重要",孩子要学会"自己的事情自己做,家里的事情帮着做,大家的事情抢着做",多经历才会有经验,才能长本事。

④"付出比给予重要",家长不能一味地溺爱孩子,让孩子经常做一些家务,等体会到付出的辛劳,才能更珍视父母的爱。

"成功更是成功之母"

失败总是有的,如果你能正确地解释它,它对人也有积极的作用,甚至可以说失败也是一种教育。

——刘京海

俗话说:失败乃成功之母。但老是失败会导致孩子自信心的丧失,因此从这个意义上说,成功更是成功之母。对缺乏自信心的孩子,让他们不断尝到成功的喜悦,多一点成功的体验,比批评和教育更有效。发明大王爱迪生说他小时候,"成功的喜悦告诉我,我可以创造一切。"可见成功体验对孩子的魅力和价值。

长期以来,人们对成功的理解,总是片面地将升学率作为学校教育成功的唯一标志,将考高分、进名牌大学作为学生成功的唯一标志,造成了许多家庭、学校和学生的悲剧。传统的缺乏人性化的应试教育,将正常的义务教育扭曲为选拔教育,而选拔教育本质上是淘汰教育,从而导致了一大批被淘汰者——"差生"的产生。这些原本可以奋发向上的优秀孩子,一旦背上这样的黑名,很容易变得自暴自弃。这些"坏孩子"由于长期遭受到歧视,内心充满了失败感甚至仇恨,已给社会的安定带来了巨大的隐患。

有一个姓李的小男孩,一天在厕所里遇到了校长。校长叫出了他的名字,还夸他作文写得不错。男孩大受震动:全校有几千名学生,校长怎么会认识我呢?这说明我的作文真的很好,还有点儿名气。从此,这个男孩子信心大增,对作文的兴趣越来越浓。之后,他当了一名中学的校长,并成为一名作家,写出了《戚继光传》等作品。

成才的人往往是受了某个人的提醒,说他某方面好,然后他发现自己、认识自己。一个孩子假如认定自己是一个很有用的人，一个对社会很有帮助的人，一个很强大的人，那么好了，这个孩子就很可能走上成才之路。反过来也一样，假如一个孩子天天被骂做傻瓜，他可能渐渐相信自己真是一个傻瓜，或许就走上了混日子的道路，从此与成功无缘。

教育过程第一重要的是成功要大于失败。当体验较多的是成功的时候，孩子的自我概念、自我约束就比较强，他的自信力也比较强，并由此化为一种积极、健康的人格，而这正是成功的关键因素。

多少年来，我们习惯于一个成语：失败是成功之母。不错，失败是成功之母。但是，与失败相比，成功是更重要的成功之母！

什么是成功呢？

古今中外，每个人都渴望成功，而"望子成龙"、"望女成凤"更是一代又一代父母的梦想。但是，当很多人实现了追求的目标的时候，却痛苦地发现，这成功早已吞噬了自己的幸福。这教训也许给人启示：成功固然离不开适当的外在形式，但更取决于内心的实质感受。换言之，成功的真正内涵是幸福。

以分数与名次等所谓的统一标准评优劣，必定让大部分人成为失败者。人是千差万别的，成长的基础与背景各不相同。所谓素质教育绝非齐头并进，而是让人在各自不同的基础上都获得发展，而发展就是成功。最大的成功是人能够可持续发展，直至释放出生命的全部能量。

成功的道路千万条，但对于自身仅有一条最佳的路，即最适合自己发展的路。对于一个肯奋斗的人而言，成功在于选择，而选择在于自知。成功者就是选择了最适合自己的路，失败者则是选择了最不适合自己的路。权衡能力也是一种选择能力，两利相权取其重，两害相权取其轻。

怎样化"坏孩子"为"好孩子"呢？

①希望。父母与老师要相信孩子，对孩子有美好的期望，使孩子也对自己产生期望，从小拥有梦想。

②机会。父母与老师要让孩子有成功的体验。反复成功的孩子越来越好，反复失败的孩子越来越差。

③鼓励。父母与老师既要给孩子创造成功的机会，也要及时给予

好父母胜过好老师大全集

鼓励性的评价,使孩子信心越来越足,行为越来越自觉。

良好的学习习惯比高分数更重要

每个人都至少拥有八种智能,八种独立而又平等的智能,而每个人的智能结构是不一样的。

——教育学教授　霍华德·加德纳

良好的学习习惯比分数名次更重要,父母们一般都十分重视孩子的学习成绩,希望孩子考高分,得个高名次。因为父母知道,假如孩子的名次能够一直保持在班级最前面,他将来升学甚至考大学的希望就大一些,这是可以理解的。但是实际上他的学习习惯比他的分数更可靠,比名次更重要。

这是一个真实的故事:有三个读高三的女孩子,在高考的当天她们拒绝参加高考,离家出走,躲了起来。三家的父母都急坏了。事后三个女孩子都很后悔,父母也很后悔,什么原因呢?

因为这些父母都犯了大部分父母很容易犯的错误。有一次,某个女孩子好不容易考到了95分,回家满心欢喜地对父母说:爸爸妈妈我这次考了95分。她以为爸爸妈妈一定会表扬她,这是第一次啊!没想到她爸爸眼睛一瞪:95分你就翘尾巴了?为什么仅考了95分而没考100分呢?

诸如此类的质问使孩子丧失了信心。在她心里,她尽最大努力也不一定达到父母所要求的理想水平,她怎么能不沮丧呢?有这样心理状态的孩子,学习能学好吗?

一般而言,人有八种智能:语言智能、音乐智能、空间智能、数学逻辑智能、身体运动智能、人际交往的智能、自我认知的智能、自然的智能。

因为人的智能是有一定差异的,这种差异就决定了有的孩子在有些方面表现很突出,但是在有些方面虽然很努力,成绩也会很不如意。

因此,作为父母要了解孩子的学习能力是有差异的,他或许尽到最大的努力也不一定达到您的要求。这个问题值得做父母的好好反思!反思什么呢?对孩子来说最重要的是什么,是热爱学习吗?

孩子只要爱学习就有希望,而且爱学习的孩子才能体验到学习的

父母与孩子的沟通圣经

快乐,才能够持久地学习。父母要真想让孩子好好地学习就要保持一个宽松的环境。就是说,孩子只要尽到了最大的努力就可以了,孩子的学习态度、学习习惯、学习兴趣比分数更重要。相信孩子只要有了好的学习习惯,只要热爱学习就一定能够发展下去,而且我们在研究孩子的人格发展时发现,认知需要就是说"爱学习"是他最重要的、最稳定的内在动力。

聪明的父母、有远见的父母都不要计较孩子偶尔的得失,而是鼓励他去善待生活,去发展自己的兴趣,这将使你的孩子能成为一个长期奋斗、不懈努力,向着自己理想目标前进的孩子。

父母如何让孩子爱学习呢?

①改变观念,认识到学习习惯的重要性。有了好的学习习惯就一定会有好的成绩,而且是取得好成绩最稳定的因素。因为学习是一个过程,在这个过程当中靠着许多的习惯来支撑。习惯是人的一种稳定的行为,它就是学习好的最重要的保证。因此,父母要特别关心孩子的学习习惯。

②了解孩子的智能特点。作为父母要特别关注自己孩子的智能特点,父母对孩子要有一个清醒的认识,不要逼迫孩子,否则打击孩子的自信心,可能就得不偿失了。因此,最好的方法是采取扬长补短,父母要帮助孩子体会学习的快乐,让孩子享受学习的乐趣。

③教会孩子对自己的未来负责任。父母除了创设良好宽松的环境,指导孩子体会学习中的快乐,帮助孩子在学习中获得成就感,还要告诉孩子,学习不是为了父母,不是为了老师,而是为了自己的未来发展,自己要为自己的未来负责任。

给孩子独立的机会

谁若不能主宰自己,谁就永远是一个奴隶。

——德国诗人　歌德

依赖性强、自理能力差,是许多孩子的通病。很多父母一边抱怨孩子的独立性差,一边勤奋地替他们打点着一切。亲爱的父母们可曾想过,孩子独立性差,是不是与你们的"勤劳"有关呢?

心理学研究表明：两三岁的孩子已经开始产生了强烈的要求自己做事的意识。又有研究显示：小班年龄的孩子自信心发展迅速。当两三岁儿童要求自己做事的愿望得到满足，配合以适度的帮助、支持，使其独立行动的能力得到提高时，他们的自信就会得到良好的发展。因此，在幼儿园《快乐与发展》课程小班阶段特别强调了"学会做自己能做的事情，感受独立做事的快乐和满足；会自己选择活动，遇到挫折困难不害怕，会寻求帮助……"等一系列以增强幼儿自信心、发展幼儿独立性为核心内容的目标。

在此方面，家长应该如何做呢？

首先，我们必须高度地信任孩子，鼓励孩子做力所能及的事。

当孩子有了第一次"我自己做……"、"我会……"的表示时，您切不可小视孩子，更不可拒绝孩子。因为，这种表示正是孩子独立意识和自信态度的萌芽，千万不可以"扼杀"。此时，您最好采用欣喜和鼓励的语言，如"好啊！你来试一试"、"太好了，我家宝宝又有新本领了！"……父母的及时肯定，给予孩子的信号是：爸爸妈妈喜欢我这样。长此下去，孩子的独立意识和自信态度就会得到保持，而且即使在做事时真的遇到了困难，孩子也不会退缩。反之，过分地庇护孩子、替代孩子，等于亲手为孩子挖了一个温柔的陷阱，掉进这个陷阱的孩子连尝试错误的机会都没有，何谈获得成功的体验，更无从树立自信。

其次，在能力上给予孩子必要的指导和最适宜的帮助。

一般情况下，孩子缺乏独立性，常常是父母事事包办产生的后果。许多父母在孩子小的时候，就对孩子的所有事情大包大揽，不给孩子自理、自立的机会。孩子从小就没有学会洗衣做饭等生活技能，上学以后，学习压力更大，事情更多，也就更不愿意做这些事了。而且他们已经习惯了接受父母的包揽，一旦父母不在身边，或拒绝再为他们提供"服务"，他们就会感到无法接受，心理上就会有受挫的感觉。

在孩子成长的过程中，存在着一个十分温柔的陷阱，这是那些过分爱孩子、不会爱孩子的父母亲手挖掘的。他们辛勤地包办了孩子的一切事情，孩子的能力一直没有机会得到锻炼，因此，他也就失去了自立的可能。父母爱怜孩子，孩子依恋大人，这是人类的一种天性。但是，假如父母对孩子过于溺爱，会让他们对父母过于依恋，导致独立性的缺失与自我生存能力的弱化。

在世界上所有的爱中，父母之爱的酒杯是盛得最满的。有人说，

父母与孩子的沟通圣经

爱的缺失造就了罪恶,然而,"超载"的爱也不是一件好事,也会直接把孩子变成生活的奴隶。

多多是一个非常好动的孩子,从上幼儿园以来,我们发觉他学到了很多,也真正地让我们感觉到他的成长:

多多的爷爷奶奶去世得早,连我这个做媳妇的都没照过面,他外公外婆又不跟我们住在一起,所以说我们从小就要培养多多的独立能力。但是毕竟孩子还小,就拿他洗脸刷牙来说吧,早上时间紧,大家都各忙各的,而多多忙完了会拎着两个湿漉漉的袖子朝我面前一站,毛巾好像受了多大的委屈被撂在一边,我真是哭笑不得。有好多次想自己上去帮帮孩子,这时,孩子的爸爸总在一旁制止我:"你就让孩子自己来,衣服湿了又怎么样呢? 你每次都不忍心放手,就意味着你永远都放不了手。爸爸的表情非常之严肃,我只能望而却步,眼睁睁地看着他搞得一团糟,而他爸爸总是对孩子报以肯定。就是从那时开始,多多慢慢地独立了,他现在的个人卫生都是自己独立完成的,从不让大人操心,而且完成的质量也是相当好的。现在想想还多亏了当时爸爸的"忍心"才有了多多今天独立的一面。

这只是多多生活中的一个例子,以此来鼓励孩子勇敢地去尝试新的事物,不怕困难,坚强面对! 我们对多多的要求不高,我们总是以一颗平常心去教导孩子如何面对周围的一切,希望他有的也是一颗平常心。

"望子成龙,望女成凤",人之常情。但是我们认为最重要的是要让我们的孩子:健康快乐,诚实善良,坚持不懈!

孩子的成长谁也代替不了,将来的风风雨雨必须要亲自经历,未来的路也必须是靠自己走出来。所以,我们应该给孩子的成长创造条件、创造锻炼的机会,而不是凡事包办代替、做孩子的"代言人",因此,这需要父母理智的爱。

给孩子独立的机会,是家庭教育的重要课题,树立独立自主的意识,培养自己的动手能力,对他们的一生都具有很重要的意义。不具有独立意识的人,在真正走向社会时,会面临更多的困难与挑战,在工作与生活上会受到更多的挫折。依赖心理是一种消极的心理状态,会影响个人独立人格的完善,制约人的自主性、积极性与创造力。

假如你是有远见的父母,那么就不要娇惯你的孩子。他们从小吃的苦、遭的罪,都是将来巨大的财富。让孩子独立地去发展,给孩子一片属于自己的天空。教授孩子学会生存生活技能,给孩子独立生活、锻炼的机会,这才是真正的爱。

要培养一个自立的孩子,父母为何不尝试把爱藏起一点儿呢?

①父母要有清醒的头脑,相信孩子的能力。孩子只有在逆境中不断地锻炼,才能学会坚强、学会自立。当然,对孩子而言,他们需要爱,父母的爱会滋润他们健康成长。现在的孩子不怕"没人爱",而是怕"爱过剩",父母必须学会控制自己的情感,把爱藏起一点儿来。

②父母要保持理智的心态,从生活的点点滴滴做起。不管孩子做得好不好,都不要急于否定或者代替他们去做,独立意识就是从独立做小事开始培养的。

③父母要学会正确表达爱的方式。爱的表达方式是多种多样的,孩子需要直接的爱,但更需要科学的爱。为了孩子将来能自食其力,做一个自立的人,在父母培养他们的时候,就要把我们的爱藏起一点儿在心底,让孩子适当地吃点"苦"、受些"累",经历一些挫折,这是人生的必修课,我们切不可忽视这重要的一课,不要等到自己"无能为力"时,再想着去改变什么。

打开孩子身上的枷锁

家庭关系紧张,父母专制,不尊重孩子的人格,不讲民主等因素直接影响孩子的学习与人生。

——教育家　爱德华

许多父母总是在抱怨当前的所谓应试教育的压力让人喘不过气来,逼孩子去疯狂地竞争。但实际上,父母不是无可奈何的,是可以有选择的。

一位母亲的真实故事:

在我的家里,有一架钢琴,她像一位高贵而失声的公主,寂寞地伫立在客厅一角。多年来,成为我心中隐隐的痛。

女儿4岁多的时候,是个令人陶醉的小天使。她爱说、爱笑、爱唱歌、爱跳舞,一听到音乐就会跳起来。1986年,我的第一本书刚刚出版,扣税后收到1837元稿酬,几乎是从未有过的一笔大收入。为了女儿,我们连稿费加储蓄倾其所有,托人买回一架珠江牌钢琴。天真好奇的女儿充满惊喜,总在钢琴那儿弄出一些声响。

说真心话,我们与许多学琴儿童的父母一样,并不敢奢望孩子将来成为钢琴家,而只盼着培养孩子的音乐修养。当然,如果孩子万一走上音乐之路,那也是求之不得的事。为此目标,我们又从微薄的工资中挤出钱来,请了钢琴教师。每周两个晚上,孩子去老师家学琴。

刚开始的时候,女儿既紧张又兴奋,挺快就掌握了简单练习曲的弹奏方法,回到家里也愿意练习。然而,现实渐渐击碎了我们的梦想。随着进度加快,女儿感到了学琴的难度,不大愿意去老师家,也不再主动练琴。其实,这完全是正常现象。可是,我们却犯了急躁的毛病,总训斥孩子不努力,怕吃苦。结果,加重了孩子的恐惧心理,反而分散了已经较弱的注意力。

一天晚上,劳累了一天的妻子又带女儿去老师家学琴。由于注意力不集中,女儿没记住上节课的要领,一上琴难免错误百出。那位中年女教师表示了明显的不满意,敏感的女儿愈发战战兢兢,更难以达到新课的要求。回到家,女儿被扯到琴凳上,在妈妈的厉声训斥中,不知所措地弹着琴。我清清楚楚地看到,一颗接一颗的泪珠从女儿的脸上滚落下来,摔碎在象牙一般洁白的琴键上。当女儿明确表示不愿意弹琴了,我们尊重了她的意见,停止了钢琴课。从此,我家的钢琴成了寂寞的钢琴。

转眼十几年过去了,我的女儿已经大学毕业。她酷爱读书,喜欢写作,但她却依然不愿弹钢琴。我问及她童年学琴的感受时,她脱口而出两个字:"恐怖!"她又说:"没学会钢琴是个遗憾,但没有失去自由值得庆幸,它给了我选择与发展的机会。"

有一位老师经常说他学校里的一个故事:

有一个学生,成绩非常好,总是考年级第一名,他的家长要求把孩子转入城关重点中学读书,这个学校的老师与校长不同意,都说第一名考上重点大学没有问题。可家长并没有听从老师们的意见,还是一意孤行地把他的孩子转入了重点中学。在重点中学,他孩子的学习成绩非但没有上升,反而倒退了许多,因为压力和孩子产生的自卑。

不管周围的学习环境如何,认真努力了,就一定能取得好成绩。好学校固然有利于学生的学习,但也会产生一些负面影响,比如枯燥、郁闷、自卑等,是非常不利于学习的。有很多成功的人士书还没有读完就被迫退学,但他们还是凭借自己的努力奋斗取得了让我们羡慕的"成绩"。

人是环境的产物,孩子自然也不例外,因此,要给孩子提供一个健康、快乐的成长环境是至关重要的。

曾经有一位母亲问:"为什么孩子总爱和大人顶嘴?"

实际上,顶嘴也是一种成长,要学会与孩子讲道理,讨价还价也可以,其实,谈判也可以说是一种民主的教育。最重要的是不要提前给孩子的成长道路设置限制,更不能"一厢情愿"地规定孩子成长的空间,因为教育孩子是一种解放,而不是枷锁。

为何不让孩子快乐地成长,让教育真正解放孩子呢?

①把孩子从重点学校的压力下解放出来。重点学校固然在课程教学方面存在一定的优势,但未必每个孩子都适合去重点学校。如果孩子在重点学校读书有困难的话,父母不必非要出大把的钞票让孩子去受罪。考试是重要的,学历也是重要的,但比考试和学历更重要的是人格,是使人能够获得真正幸福的健康人格。

②把孩子从分数和名次中解放出来。应试教育在目前的中国还存在,因此彻底摆脱分数与名次的压力还有些难度。所以父母要端正观念,并与孩子逐步形成共识;只要努力了,即便没有考好也不必太在意。奋斗者的脚下总是有路可走的。

③尊重孩子的想法,对前途的选择要符合孩子的实际情况。要真正解放孩子,最重要的是尊重孩子,只有彻底尊重了他们,才能使他们远离枷锁。

放开手去看孩子完成我们认为可能不能完成的任务

滴自己的汗,吃自己的饭,自己的事情自己干。

——教育家　陶行知

假如提出让孩子从小养成独立自强的好习惯的建议,世界上没有一位父母会拒绝接受;但说到让父母在孩子小的时候就试着放手,恐怕大部分父母都会觉得不放心。然而事实就是这样,假如父母不放手,孩子就永远也"站"不起来。

父母与孩子的沟通圣经

有一个小孩叫子涵,子涵小朋友的绘画和动手能力不是太好,因此,在每次活动中我对他的关心都多于其他小朋友。可是,一年多来他的动手能力并没有明显提高,为什么呢? 最近一次手工活动我对此有所感悟。那天,我们进行了一次折纸活动——叠小鸭,小朋友都十分感兴趣,子涵也非常投入。可是,他歪着脑袋,翘着手指,翻过来翻过去,怎么也弄不好,急得他满头大汗。我看他叠得很累,就走过去帮他叠好了,可看样子他很不高兴,我就说:"涵涵,老师帮你叠好了你为啥还不高兴?"他嘟着嘴说:"我自己会叠。"然后又小声说:"我本来马上就叠好的,是你要帮我的。"真是一语惊醒梦中人。猛然间我意识到:我本想做一个指导者、帮助者,而事实上我却做了一个干预者、破坏者。其实孩子真正需要的是自己动手、自己操作,是在活动过程中的一种主动体验,并不是被动地接受学习。

现在的孩子大多是独生子女,大人们总是不放心,事事都要包办代替,他们只能被动地接受,这让他们很不情愿。我们只有大胆放手,让孩子自己干,让他们积极主动地参与活动,才能更好地促进他们的发展。

孩子自己抢着做事经常会适得其反或事倍功半,但不能由此就不许孩子动手,成人要尊重孩子坚持自助的愿望。这需要时间与耐心,不可操之过急。毕竟孩子年龄比较小,在训练他们自我服务技能、自理生活的过程中,要注意自己的策略,懂得说服孩子的艺术,让孩子轻轻松松、开开心心地得到锻炼。对于孩子尝试自己能解决的问题的时候,成人不要替他们干。尽管成人自己做,结果会更完美,但孩子自己动手完成后肯定会感到自豪与自信,这对孩子的健康成长极有帮助。因此,父母要期望、鼓励与提供时间、机会给孩子自己做事。

生活中一些父母随时准备在孩子一有困难时就提供直接帮助的做法,常常会剥夺孩子有价值的学习与建立自信心的机会。我们要记住孩子的学习产生于得到结果的过程中。即使结果本身不是特别令人满意,但是只有当孩子有了错误的经验,才能有机会去寻求真知。假如一个孩子一直有机会自己做事,他的自助技能会更为扩展。我们应该在每个活动中都鼓励孩子自助。这样,孩子很快会对支持其独立愿望的环境做出反应。这个孩子将会更积极地适应环境、适应社会,自助技能也自然而然扩展了。

你不妨观察一下你的孩子的独立性如何,是搏击长空的雄鹰还是

好父母胜过好老师大全集

温室里的花朵？每个父母都希望孩子成长为一株迎风而立的大树，而不是经不起风吹雨打的小草。因此，要在实际生活中让他们经过锤炼，学会独立生存！

父母应如何让孩子从小养成独立生存的技能、自理自己的日常生活呢？

①父母首先要更新观念。孩子的人生之路最终还是由他们自己去走，身为父母帮得了一时帮不了一世，只有让他们学会为自己服务才能为他人服务，只有离开父母的怀抱，才能锻炼出苍鹰的矫健翅膀，翱翔于天空之中。

②从小在孩子心里播下爱劳动的种子。激发孩子自助的兴趣，使孩子养成良好的生活习惯。不要过度关注孩子，而应给予孩子充分的活动自由。要与孩子建立亲密关系，让孩子充分感受到爱。

③耐心地培养孩子自己动手的习惯。要鼓励或间接指导孩子做简单的事，让他们体会到依靠自己双手取得成功的喜悦。不要总是一味地代劳，凡孩子力所能及的事情尽量放手让他们自己动手做。

④要肯定与鼓励孩子每个小小的进步。哪怕孩子独立完成一件微不足道的事，父母也要给予鼓励，以培养孩子的兴趣。多给孩子提供一些自我服务的机会。

⑤定下一些规则，全家上下一起遵守。假如孩子依赖、懒惰成性，鼓励或者示范可能都不起作用，这时可以定下一些规则，假如孩子不听劝告，父母可以不理睬他的抗议。确立规则时不要带有责备的语气，也不要重复唠叨，只要以行动来证实就可以了。

尊重孩子的努力

当父母学会如何用语言向孩子表达对他们发自内心的理解与接受时，往往父母就掌握了一项非常有用的工具，可以产生令人惊讶的效果。

——《哈佛才子》刘亦婷的母亲　刘卫华

尊重孩子的努力，孩子得到了一片希望，孩子的心里就会感觉很踏实。给孩子一个微笑，孩子得到了一片灿烂的天空，孩子的心里会有说不出的甜蜜；为人父母，要给予孩子的是什么？是给予孩子努力成果的肯定。

　　每个孩子都希望得到肯定，特别是父母的肯定，这是激发他们奋发图强的最大动力。就广义的层面来讲，"肯定"是对某件事物或某人的言行，表示一定程度的支持和赞同，而给予适当的善意响应。而这种响应对于天真无邪的孩子，往往具有巨大的正面效果，除了激发建立孩子的自信心，乐于表现自我分享创作成果，更可以端正学习态度，保持学习的热情。

　　有一个叫韩明的男孩，6岁时写出第一首诗，受到妈妈的肯定，并珍藏起来。从此信心倍增，由写诗到写散文一直到小说，不管妈妈有多忙，只要儿子有新的作品，妈妈就是他最忠实的听众、第一读者。为此，大大发掘了儿子的潜能，帮助儿子爱上了写作。每逢生日与节日，韩明都要为爸爸妈妈送上一份节日祝福，用上华丽的词语与多彩的画面，爸爸看完后，没有表情地把卡片扔在一边，而妈妈看完后，热情地向儿子致谢，并把贺卡保存起来，接下来的贺卡就有了区别，妈妈的总比爸爸的精彩漂亮，这时爸爸很是纳闷，认为儿子偏心。

　　看完这个故事，我们都知道，父母亲不经意的一句话、一个不悦的表情，都会深深地影响孩子稚嫩的心灵。在孩子的成长过程中，父母对孩子身心发展的影响很大。故事中，妈妈用尊重孩子的努力换来儿子的真诚。既然这样，父母为什么不能尊重孩子的努力成果呢？当孩子有好的努力成果时，假如父母给予适时的肯定及鼓励，都能增强孩子的自信心，并朝着正确的方向更加努力，对日后的学习态度及人格发展也有所影响。

　　作为父母，应该在孩子的成长道路上，多给一些肯定，多给孩子塑造机会，多灌输你是最棒的、你一定行的等等类似的自信观念，那孩子一定展翅高飞，越飞越远，自由自在地搏击自己的人生。

　　虽然激励孩子的努力莫过于给予一个适时强而有力的肯定，但孩子因其心智无法分辨好坏善恶，因此，父母对小孩肯定的程度，若表达错误或给予不当信息时，又可能对孩子造成负面的学习效果。因此，给予肯定不可滥用，一定要用得准确、恰当。

　　怎样肯定孩子的努力成功呢？

　　①接纳与赞美。父母要学会接纳孩子的感受，孩子有他自己的亲身体验，有他自己的喜怒哀乐。聪明的父母，会用赞美来取代嫌弃，用

肯定来取代批评。赞美,其实并不是一种"管"的方法。赞美是一种肯定,表示做得好;而管是一种否定,表示他做得不够好或完全不对。与"管"相比,赞美的效果会更好,赞美能使孩子养成良好的习惯。

②正确表扬。表扬的真正目的是帮孩子学会分辨是非,找到改进自己行为的办法。需要明确的是,表扬孩子是表扬孩子的行为与孩子的每一个进步,表扬时应该具体指明孩子的良好行为,以鼓励他继续保持下去,同时父母表扬孩子的语气要真诚温和。恰当的表扬可以改变孩子人格、改变孩子的一生。

③细心观察。观察孩子不仅仅在于用眼睛去看,也可以通过平时的谈话了解孩子的想法。观察是有目的、有计划、有系统的。是对孩子的语言、兴趣、行动等进行观察,根据了解孩子的真实情况,掌握孩子的心理,针对孩子出现的心理偏差来采取正确的措施。

让孩子体验错误行为的自然后果

> 我们不能为了惩罚孩子而惩罚孩子,应当使他们觉得这些惩罚正是他们不良行为的自然后果。
>
> ——卢梭

在孩子道德与品行的教育中,应多采用自然惩罚的办法,而尽量少使用人为的惩罚。怎样区分自然惩罚与人为的惩罚呢?前者是依据等值、等同的原则,对一种错误行为的回应,目的是让孩子在这种回应的经历中,增加这方面的不可替代的经验。后者是由父母或老师根据孩子的错误行为,人为决定的惩罚回应。

曾有一个美国孩子叫威尔逊,他是一个马虎的男孩子,经常丢三落四。有一天,他回到家高兴地对妈妈说:"妈妈,我们明天要去夏令营!"

妈妈说:"哦,是吗?那你要把东西带好呀!"

男孩说:"放心吧,我自己来准备,一定能准备好。"

妈妈看到儿子开始把衣服、鞋子、水壶等东西收拾起来,当他收拾好了,他让妈妈来看,以表示自己很能干。妈妈过来一看,发现儿子没有准备手电,而且衣服带得也不够。但是妈妈很有智慧,她只是提醒了孩子:"儿子,夏令营可是有晚上的活动,而且可能出去会凉一点。

你自己再考虑考虑带的东西够不够。"儿子信心满满地说："你放心吧，我全都准备好啦！"妈妈不说话了。

儿子走了，过了几天从夏令营回来了。妈妈问儿子："玩得如何啊？夏令营过得开心吗？"儿子说："挺开心的，可就是衣服带得不够，冻得够呛。真没想到山里面这么冷！我还忘了带手电，想跟他人借，可是他们都得用，我就只好跌跌撞撞地，差一点出麻烦。"

妈妈说："是吗？这可以说是个教训呀，以后假如再有这样的活动你应该知道怎么办了吧。"

儿子说："以后我再出去活动就要像爸爸一样先列一个清单，好好想想，再问问别人，到底需要什么东西，要准备充分一些才对。"

听到孩子的这番话，作为父母，你难道不感到欣慰吗？

让孩子自己承受行为过失或者错误造成的后果，感受因此产生的不愉快甚至痛苦的心理惩罚，这就是自然惩罚法。

自然惩罚法，是法国教育家卢梭提出的一种教育方法。就是当孩子在行为上发生过失或犯了错误的时候，父母不应该给孩子过多的批评，而是让孩子自己承受行为过失或错误直接造成的后果，使孩子在承受后果的同时感受到不愉快甚至是痛苦的心理惩罚，从而引起孩子的自我悔恨，自觉弥补过失，纠正错误。

在运用惩罚方法上，要善于运用"自然后果惩罚法"。孩子是在体验中长大的，不是在说教中长大的。教育家陈鹤琴曾经说过，教育有一个原则，孩子进一步，大人就退一步，凡是孩子自己能做的，大人就不要替他去做。孩子进一步，大人退一步，孩子就长大了，这就叫成长，这就叫教育。自然后果惩罚法就是让孩子去体验，自己在体验中进步。

如何运用自然惩罚法，让错误成为孩子成长的催化剂？

①让孩子对自己的行为负责。"自然惩罚法"的目的是让孩子体会到他们的行为所带来的自然后果，从而知道要对自己的后果负责任。在这种方法运用的过程中，父母要尽量减少对孩子行为的干涉，让孩子自己选择，他会在实践中尝到自己选择的后果。

②父母可以提醒孩子，但不要教训孩子。父母可以与孩子讲清道理，让孩子懂得某种行为可能带来的后果。当孩子出现某种不良的行为时，父母可以提醒他，但不要教训他，因为过失所造成的后果将会给

孩子适当的教训。

③父母要态度坚决,同时又要充满爱心。有的父母在运用这种方法时,只记得要惩罚孩子,因此,往往放弃了父母应该具备的爱心。当孩子没有按照事先说好的去做时,父母不是让自然后果去惩罚孩子,而是过于严厉,对孩子大声斥骂。

④自然惩罚法并不是对孩子的所有行为都适用。一般来说,只有当过失后果不会损害孩子身心健康时,父母才可以让孩子尝尝这种后果带来的惩罚,假如过失造成的后果可能给孩子带来心理上的折磨,父母最好不要用,因为孩子的自尊、自信比什么都重要。

输得起的孩子才是最成功的孩子

我想胜败乃兵家常事,临阵偶然失利,情有可原。

——洪昇

现在的父母有个奇怪的现象,什么都替孩子干,认为孩子的任务就是念书。我组织夏令营,一个很小的孩子看着煮鸡蛋发呆,我说:"你不爱吃鸡蛋吗?""爱吃!""那你怎么不吃呢?""这鸡蛋跟我们家鸡蛋长得不一样!""你们家鸡蛋长什么样?""我们家鸡蛋是白的、软的,这鸡蛋太硬咬不动!"后来一问才知道,这孩子从小就没见过家人煮鸡蛋、剥鸡蛋的过程,都是切成四块摆好了放在面前吃。父母能替孩子做事,但代替不了孩子的成长。孩子在学会处理各种事的同时,才能学会面对困难。过度保护的孩子长大后很怕失败,他承受不了失败。要让孩子自己走好脚下的路,输得起的孩子才是最成功的孩子!

孩子"输不起"一般会有两种表现:一些孩子面对挫折、失败,他会采取回避,逃避困难。另外一种,性格急躁的孩子一旦在游戏中输了,就会大发脾气,哭闹以示宣泄。在幼儿园,老师们常会遇到因为抢不到"发言权"而委屈哭泣的孩子。

家长们的急功近利。以为只要孩子能考上大学就万事大吉,孩子其他的需求根本不去管。而人的成长有多方面的需求,不是单打一智力的发展。现在有很多孩子学习成绩虽然很好,可是因为心理发生了问题,结果最终也考不上大学。这些孩子不是没有能力,而是因为非智力因素限制了他们的发展。我常常对家长说,孩子的成人比成功重要,成长比成绩重要,经历比名次重要,付出比给予重要,鼓励比指责重要。要让孩子成为一个人格完善的人,而不仅仅成为一个成绩好的学生,就要让孩子有丰富的人生经历,既要有成功的经历,也要有失败的经历。家长要对孩子一生负起责任,那就要想明白你培养的是一个孩子,而不是一架考试的机器。反过来说,心态很好、充满自信的孩子,也一定会成为各方面都优秀的孩子,也一定能考出好的成绩,考上好的大学。

虽然说好强是孩子正常的心理,但是,假如孩子的得失心过重,每一次输赢都让他耿耿于怀的话,这就会影响到他与人相处的能力。面对"输不起"的孩子,父母需要费点心思,帮助孩子排除这种心理障碍,让他逐渐跨越输赢的问题,体会做每件事所带来的各种情感经验。父母在引导孩子怎样面对输赢的时候,有两大原则需要注意。

在平时的生活中,一部分父母常常喜欢将孩子的成功当作自己的"门面",赢了就夸孩子聪明、能干,输了就指责或埋怨孩子笨,这种教育方式最不可取。这样做很容易让孩子走向两个极端,要么失败了就爬不起来,要么就争强好胜、非赢不可。

作为孩子的启蒙教师,父母在孩子个性形成过程中起着十分重要的作用。引导"输不起"的孩子,父母首先要平衡自己的心态,正确看待孩子的失败。当孩子在学习与游戏中受挫时,父母应该教育他克服沮丧与悲观的思想,帮助孩子分析失败的原因,建立积极的心态对待暂时的受挫。

幼儿阶段父母应该尽可能地协助孩子体验成功,建立自信为主。但是失败在生活中又是不可避免,让孩子将之视为另一种情感体验,在孩子情绪低落的时候,父母要积极鼓励,帮助孩子建立自信,积极面对挫折。

比如,当孩子在绘画课上没有得到老师的表扬时,父母就可以善意地告诉他,"我们不可能每次都将事情做到最好,上一次的唱歌比赛,老师就表扬你很棒,虽然这次画画比赛没有得到老师的表扬,但只要我们努力,一定也能做到最好的。"父母这样说,既告诉了孩子失败与受挫是他成长过程中不可避免会要遇到的事情,同时也鼓励他积极面对。

如何教育"输不起"的孩子呢？

①增加孩子挫折时的承受力。虽然要尽可能协助孩子成功,但父母在平时的生活中不要过分刻意地为孩子排除一些在正常环境中可能遭遇到的困难,当孩子遇到挫折时,父母不要立刻插手,不妨留给孩子自己面对失利的空间与机会。孩子克服挫折的能力与动机,往往来自于遭遇过的挫折,当他的经验足够丰富的时候,就可以得到更多的成就感与自信心。

②集体活动中提高耐挫力。在集体游戏中,孩子会经历一些挫折与失败,这些失败的痛苦经历让他更好地认识自己,发现自己的缺点与别人的长处,发展他的内省智能。他一方面要学会怎样欣赏他人,与同伴友好相处,共同合作;另一方面在同伴之间的相互交流与指导中,克服困难、解决问题。在集体中的这些磨炼有助于提高幼儿的耐挫力。

③游戏中平衡输赢的心态。父母与孩子游戏时不要经常故意输给孩子,适当的时候玩一些输了也有奖励的游戏,通过这种办法,平衡孩子输不起的心态。当然奖励的前提是说出输的原因。

寻找机会让孩子看到一个全新的自己

一句话,我找到了自己的最佳才能区,这是上帝赋予每个人的特殊能力,是任何人代替不了的。什么是最佳才能区呢? 就是自己最愿意做、做起来感到最轻松的事情,这种最擅长的能力就是最佳才能。我之所以能有今天的成绩,主要是因为我认识了自己,认识自我才是自我发展的开始。

——郑渊洁

生活中,有很多人不了解自己,而一个不了解自己的人,是无法享受积极而快乐的人生的。"不识庐山真面目,只缘身在此山中。"世界上最难了解的人不是别人,恰恰就是我们自己。

不自知大多有两种表现:要么过分自信,要么过分自卑。一般情况下,往往是父母对孩子过于自信,总认为孩子是自己的,总想给孩子报考比孩子实际水平更好的学校,总想对孩子提出过高的要求,而孩子常常过于自卑。

自知才能自信，自信才能自强，自强才有健康的人生。而且，一个不自知的人首先在心理上是不健康的。

古希腊人曾经把"能认识自己"看作人的最高智慧；阿波罗神殿的大门上写着一句话箴言，"认识你自己"；中国也有俗语，"人贵有自知之明"，这些都是在说明自知的重要性，同时也告诉人们，心理健康离不开自知。

心理健康问题至今已受到人们的极大关注。心理健康的标准中有这样一项内容：了解自己，有自知之明。不仅正确认识自己的优点、弱点，而且能正确估计自己的能力、个性爱好与情趣，据此妥善安排自己的工作、学习和生活，进而在学业、谋职以及恋爱等诸方面作出正确的抉择，以增加成功的机会。

由此可见，自知对人的一生是十分必要的，从能力到爱好，到将来的工作、学习、生活，都少不了自知。假如父母希望将来孩子能够幸福生活，能够有好的学业、好的工作与好的爱情与婚姻，都需要从小开始培养孩子自知的能力。

怎样帮助孩子认识自己呢？

①对孩子的赞扬要实事求是。有些父母往往过分夸赞自己的孩子，经常对孩子说"最棒"、"第一"，由于孩子的年龄小，他们常常不能正确认识自己，假如父母们再不实事求是，那么，您对孩子的赞扬、鼓励就可能变成了"捧杀"。

②及时发现孩子的特有素质。成功固然要奋斗，但也离不开特有的素质。父母们不要赶时髦，不要人家孩子怎样就希望自己孩子怎样。要看看孩子的兴趣是什么、特长是什么，在孩子最有特质的那个方面培养孩子。

③用笔做记录。父母可以与孩子一起拿出几张纸与一枝笔来，然后，在一张纸上写下最不想做的事。只要你感到做这些事心情不愉快，有被勉强的感觉，就统统列举出来，直到你列不出来为止。然后，在另外一张纸上写出你最想做的、最愿意做的事情，找出自己喜欢做的事情。告诉孩子能够成功做事的人不盲目追随父母为他们树立的生活目标，或老师、邻居、朋友、亲戚认为值得做的事情，而是找到最适合自己的事情。

④让孩子每天认识自己多一点。由于年龄的原因,孩子对自己的兴趣、长处等往往有很粗糙的认识,父母要注意引导孩子多认识自己一点。可以每天或隔几天帮助孩子总结自己的学习、生活,从中发现自己的特点,包括优点和缺点,这样能使孩子更充分地认识自己,做到自知。当然,父母可以和孩子一起共同寻找彼此的优点、改正缺点,增强彼此的了解。

四、语言上的沟通技能

自尊心是指对自己的尊敬,也就是为自己感到骄傲。一位美国的心理学家巴巴拉·伯杰博士曾说过:"要想具有较强的自尊心,孩子必须感到自己既能讨人喜欢,又有足够的能力,他必须深信自己的价值,能够应付自己与周围的问题。"

孩子的自尊是在日常生活中逐渐培养起来的,身为父母,在孩子面前所说的每一句话、所做的每一个举动,都有可能深深地影响孩子的心理健康,父母要像爱惜眼睛一样爱惜孩子的自尊心。

赞赏是对孩子最好的鼓励

孩子的成长需要欣赏,没有欣赏就没有教育。

——莎士比亚

中国的父母相信对孩子一定要严管,因此当孩子在学习或生活方面做得不尽如人意时,他们就会抱怨,就会责骂孩子。然而这样做究竟有何益处呢?孩子会说:反正我就是没出息了,怎么做也没有用。因而自暴自弃,一蹶不振。这样的结果一定不会是父母们希望看到的.因此做父母的应该试试赏识教育,肯定孩子的长处和点滴进步,你会发现孩子在一天天的进步,你的赞赏创造了奇迹。

纽约的黑人贫民窟环境肮脏、充满暴力,而在这儿出生的孩子,耳濡目染,他们从小逃学、打架、偷窃甚至吸毒,长大后很少有人从事体面的职业。然而,这里却诞生了美国纽约州历史上第一位黑人州长。

罗杰·罗尔斯就是那个创造奇迹的孩子。罗杰·罗尔斯读小学时是个非常调皮的孩子,就像他的同学一样。他们不与老师合作,旷课、斗殴,甚至砸烂教室的黑板。老师、校长想过很多办法来引导他们,但是仍没有用。

这一年,小学来了一位新的董事兼校长——皮尔·保罗。皮尔·保罗想尽办法来改变这些孩子们,他发现这些孩子都很迷信,于是在他上课的时候就多了一项内容——给学生看手相。他试图用这个办法来鼓励学生。

轮到罗尔斯时,皮尔·保罗校长说:"我一看你修长的手指就知道,将来你是纽约州的州长。"幼小的罗尔斯大吃一惊,因为长这么大,除了奶奶说过他可以成为五吨重小船的船长外,从来没有人相信他今后能有什么成就。而这一次,皮尔·保罗先生竟说他可以成为纽约州的州长。他记下了这句话,并且相信了它。

从那天起,"纽约州州长"就像一面旗帜,引导罗尔斯在以后的40多年间按州长的身份要求自己。罗尔斯的衣服不再沾满泥土,说话时也不再夹杂污言秽语,罗尔斯不再逃课、不再与老师作对。他开始挺直腰杆走路……终于在51岁那年,他成了纽约州的州长。

在就职的记者招待会上,面对记者对他为什么能取得如此成就的疑问,罗尔斯只说了一个名字:皮尔·保罗。

按照中国"近朱者赤,近墨者黑"的说法,罗尔斯确实创造了一个奇迹。而这个故事也再次印证了赏识教育法中的一个观点:赏识导致成功。

强者来自父母的不断赞美,做父母的应该勇于承认差异,并鼓励孩子逐步缩小差异,不要一味地抱怨这不好那不行,对孩子进行百害而无一益的伤害,把本来活泼可爱的孩子变成没有理想、没有志气、庸庸碌碌过一生的人。

有这样一对父母,他们都是受过良好教育的人,他们的孩子非常聪明可爱,可就是有点贪玩不爱学习,于是这对父母就每天训斥孩子"没有用处,简直是个废物"!弄得孩子信心大失。有一次,这个孩子考了一个不错的分数,他兴高采烈地把试卷拿回家去,结果爸爸说:"这真是你自己做的吗?"妈妈斜着眼看他:"不但学习不好,小小年纪还开始说谎了!"结果孩子垂头丧气地走了,从此以后果然没有再考过好的分数。那对父母就像是得胜的预言家,对着孩子唠叨着:"早就说过你不行吧! 看你那点出息!"

这是一对多么可悲的父母。心理学家的研究表明:这类父母之所以认为自己的孩子"不是那块料",实际上是自己没有识才的眼光与水平。自卑的父母都望子成才,由于不懂,甚至不相信自己能育子成才,因此就用"不是那块料"的恶棒,把自己与子女都毁掉了。要知道,即使是荆山之玉,尽管很美,也需要识别、雕琢,否则也不会成材的。

不管你相不相信,孩子都是越夸越好,越骂越糟的。当你在责骂孩子时,你就是在向他不断施加心理暗示:你不行的,你不会成功的。试想一下,幼小的心灵怎能抵得过这样的"咒语",在这样的情况下,孩子不变成庸才才怪。相反,如果你能常常热情地鼓励孩子,孩子就会下意识地按照父母的评价调整自己的行为,直到达到父母的期望为止。

这里有一个关于著名成功学家拿破仑·希尔的故事。

希尔小时候曾被认定为是一个坏孩子。玻璃碎了,母牛走失了,树被莫名其妙地砍倒了,每个人都认定是他干的,甚至连父亲和哥哥都认为他是个无可救药的坏孩子。人们都认为母亲死了、没有人管教是拿破仑·希尔变坏的主要原因。既然大家都这么认为,他也就无所谓了,于是变得更加肆无忌惮。

有一天,父亲说给他们找了一个新妈妈,大家都在猜测新妈妈会是什么样的。而希尔却打定主意,根本不把新妈妈放在眼里。陌生的女人终于走进家门,她走到每个房间,愉快地向每个人打招呼。当走到希尔面前时,希尔像枪杆一样站得笔直,双手交叉在胸前,冷漠地瞪着她,一丝欢迎的意思也没有。

"这就是拿破仑,"父亲介绍说,"全家最坏的孩子。"

令希尔永生难忘的是继母当时所说的话。她亲热地把手放在希尔肩上,看着他,眼里闪烁着光芒。"最坏的孩子?"她说,"一点也不,他是全家最聪明的孩子,我们要把他的本性诱导出来。"从此以后,拿破仑正如他的继母所说的那样,成了全家最聪明的孩子。

继母造就了拿破仑·希尔,因为她相信他是个好孩子。

这就是赏识给孩子带来好的影响的最佳例证,也是对"补强计"又一次成功的运用。

要使"补强计"发挥最大的效用,那么就要运用得恰如其分,无限地夸大也是不妥的,赏识要有多少说多少。

因此,我们给家长们提出如下建议:

(1)用赏识的眼光观察孩子

在日常生活中,务必注意孩子的行为举止、好恶,在他与别人玩耍、交谈、阅读时观察他,你就会发现你的孩子虽不爱弹琴却喜欢绘画,虽没耐心却有创意,虽不善言辞却很热心,总有他优秀的一面,记下孩子的性格倾向,从而诱导他。

当父母用赏识的眼光来看待自己的孩子时,会发现他们魅力四射。

(2)创造机会鼓励孩子

赏识不是停留在口头上的赞美,而是一种行动,父母应多给孩子创造发挥他们才智的机会。比如家里人过生日时,鼓励孩子们表演节目;每周一个晚上轮流朗诵短文并发表心得;每月办一次派对,邀请孩子的朋友参加,每人献出一个绝活……

此外,随时找机会让孩子帮你忙,洗碗、拖地、收衣服……越做越有信心,孩子才不会退缩在自卑自闭的角落里。

(3)多给孩子一点时间

赏识就是一种宽容,既然给孩子机会,就需耐心等待孩子发挥潜力。有些父母嫌孩子做不好事,干脆自己来,孩子也乐得坐享其成,而让自己的"天资"睡着了。另一些父母,当孩子一时达不到自己的要求时,就一味地指责、批评,孩子的潜能就被压抑住了。

(4)不要吝惜你的赞美

当孩子取得一定的成绩时,给他赞美和鼓励的掌声,因为即使是个天才,也同样需要成功的体验来积累信心。

永远都不要低估你的话对孩子一生的影响

语言作为工具,对于我们之重要,正如骏马对骑士的重要,最好的骏马适合于最好的骑士,最好的语言适合于最好的思想。

——但丁

好父母胜过好老师大全集

或许父母从未想过,自己随便说出来的一句话,会对孩子的心灵产生多么重大的影响。你所使用的语句可能让孩子更加乐于合作,更加自信,但也可能令他们感到挫败与失去信心。

所以,作为父母应该多说能解决问题并让孩子快乐的话语,而应该永远拒绝那些伤害孩子的话溜出自己的嘴。

提及对孩子的伤害事件,父母首先想到的就是被人勒索、抢劫、欺负、性侵害以及被父母或教师体罚等。但对孩子来说,他们怕的"软"伤害远胜过这些"硬"伤害,在他们的心里,排在首位的是软性的"语言伤害"。

常常遭受"语言伤害",孩子的心灵就很容易被扭曲,即使成年之后也会出现较多的行为障碍与个性弱点,难以适应社会。为了孩子能健康地成长,父母要对自己不良语言的严重后果给予高度的关注,不要认为区区几句过头话不会对孩子造成多大的危害,气急之下就口不择言地说很多刺激孩子的话语,对孩子造成心理上的伤害,却浑然不知。

要清楚,这种心灵的伤害甚至比肉体的伤害更为严重。父母作为孩子的"第一任老师"与"最亲近的朋友",千万不要成为这样的伤害者,让孩子感觉"最亲近我的人伤我最深",从而疏远、躲避父母。

作为一位母亲与祖母,曹丽枚也曾有过这样的尴尬与冲突。

有一次,她与女儿带着5岁的外孙到西班牙度假。在一家商店里,外孙非要买滑板,但妈妈说:"你已有两个了,不能再买了。你这个孩子,怎么这样贪得无厌啊!"

小男孩一下就坐在地上尖叫起来:"我偏要,现在就要买!"

曹丽枚说:"作为一个孩子的精神心理专家,我感到非常羞愧,我就走出去了。"

在外面站了一会儿,曹丽枚认为自己应该做些什么,于是就进去对外孙说:"我知道你很伤心,很生气,有的时候生活就是这样让人沮丧。不过我倒有一个好主意,你愿意试试吗?"

小男孩感觉外婆很理解他,又想尽力帮助自己,也就停止了尖叫。

曹丽枚说:"你想要滑板,可我与你的妈妈都不愿意买给你。但我们可以到其他的商店看看,有没有商店愿意把它作为礼物送给你。"

因此,小男孩高高兴兴拉起外婆的手来到另一家商店,外婆把他介绍给售货员,问是否可以满足孩子的愿望。售货员说:"不,我们不

父母与孩子的沟通圣经

可以。"

两个人走了四家商店，结果都碰了钉子，到了第五家商店，小男孩说："外婆，我不买滑板了，我还是玩家里的那个吧。"

遇到上述故事里的情况，一般情况下，很多父母的反应都是会说"你不应该尖叫"、"不准哭"。但是作为一个孩子，出现这些情绪是很正常的。父母应尊重孩子的情感，允许他们表达，否则，就会造成对孩子心灵与情感的伤害。

总而言之，"良言一句三冬暖，恶语伤人六月寒"，同样的是语言，功效却会截然不同。父母们假如想要科学地教育孩子、关爱孩子，就应该多用"良言"，禁用"恶语"，以免对孩子造成"语言伤害"，酿成无法挽回的过错。作为父母，为了孩子，从现在开始，改变自己的说话方式吧！

如何才能避免对孩子造成情感伤害呢？

①要清醒地认识到"语言伤害"的严重程度，要在思想上高度重视。

②要多鼓励孩子，采用积极性语言教育孩子。父母要时时刻刻注意不对孩子说伤害他们的话，特别是在"恨铁不成钢"或气急的各种各样的情况下，更要保持理智，控制好自己的情绪，努力做到和风细雨、循循善诱。

③讲究批评的艺术，要以提醒、启发来代替指责、训斥。如用"我相信你可以做得更好"鼓励孩子有更加努力的动机，用"没关系，慢慢来，尽力而为"帮助孩子调整焦虑、紧张的情绪，等等。

④要做好自我调整。以平常心来看待自己的孩子，根据孩子的生理、心理特点，因材施教。

不要否定孩子的未来

如果一个人不能认可自己的存在，就不能在自己心灵里成为主宰者，就不能在生活中确立自己的地位，就不能在人生的道路上自豪地抬起头来走路。

——前苏联教育家　苏霍姆林斯基

做父母的大都希望自己的孩子出类拔萃，但如果孩子无法满足父母的期待时,许多父母便会感到悲观失望,灰心丧气,从而常常在不经意间对孩子的未来加以否定。

比如,有的父母在孩子不听话,屡教不改,或者不认真读书、不做功课时,气急了,就会说出一些令人泄气的话来:"你是一个十足的废物!"、"你将来还会成个什么有用的人? 鬼都不信!"、"你还想有什么作为,做梦!"

父母一时的气话,但却足以造成孩子终身的伤害,因为它截断了孩子对自己将来的希望与美好的憧憬。一个人对前途失去了信心,一个没有前途的孩子,他还能用功读书吗? 读了书干什么呢?

曾有一个学生即使成天一言不发,可他的内心世界却特别的温驯、细腻。下面的一篇作文,就是他这种心迹的表露。

我是一个小小少年,父母都说少年是没有烦恼的,可他们不了解,我也有自己的烦恼,但我并不把烦恼说出来。大家都认为我是个不爱生气的孩子,可是每当一件烦心的事涌上心头,我就会悄悄地落泪。

这次考试我的成绩很不理想,我的心里负担很重,怕亲戚朋友们笑话,更怕父母当着亲友的面说我,给我个下不来台。往往最怕什么就偏偏来什么。放学回家后妈妈唠叨个不停,我克制着自己,忍受着无情的责备,可爸爸却偏要火上浇油。他们俩对付我一个,令我有口难辩。说实话,我也付出了,每天我都在认真地学习,可……爸妈,我想对你们说,我的心已不止一次地被你们伤害。

面对这些,我一滴眼泪都未曾掉过,一点苦都没向你们倾诉过。我怕你们伤心,我这么体谅你们,你们难道就不能维护一下我的自尊心吗? 每次当我的成绩理想的时候,你们会说:"这有什么,成绩还是不太好……"成绩不好的时候更是一顿批评。我不止一次在想:难道上了七年的学,我就没有成功过一次吗? 我什么时候能听到你们这样说:嗯,还可以,别骄傲,下次再拿好成绩! 成绩不好的时候我能听到:别灰心,加油干,咱们会追上去的!

"恨铁不成钢,急死亲爹娘",这句话有一定的道理。高投入的目的是为了高产出。可是,很多父母遗憾地发现,自己是高投入低产出,甚至产出了相反的东西,于是,做父母的便恼怒起来。

父母的恼怒常常先用语言发泄,由于恼怒就什么都说,越说越狠。譬如,孩子做了错事,造成很大的麻烦,有些父母会说:"你呀! 从小不学好,长大了就是进监狱的料!"有的孩子考试成绩很糟,父母则说:

"你简直就是个猪脑子,天底下还有比你更笨的孩子吗?"

每个孩子都有属于自己的理想,但理想的成功的确需要有一个渐进的过程,换言之,就是从有一个初步设想到牢固树立的过程。在它的萌发之初,需要点拨与引导,需要精心地呵护,对孩子的理想,不理不睬是错误的,拔苗助长也是错误的。对孩子刚萌发的理想之苗,动辄就以参天大树般的要求,这与拔苗助长有什么区别。假如父母们都用这样的态度来对待孩子的理想之苗,那么,也许孩子永远也不可能树立稳固理想。

父母应如何看待孩子的未来呢?

①当孩子对父母的安排表示反感时,父母应该充分考虑到孩子的爱好与兴趣。你可以说:"告诉妈妈你最擅长哪项活动?"

②当孩子对父母表达自己的爱好与理想时,应该告诉孩子:"你的理想真的不错,我支持你,相信通过你的努力一定会实现的!"

③对孩子的理想之苗,父母要一点点地培养扶持。要细心浇灌滋润,不要一见小苗,就立即倾盆大雨,或者恨不得让它明天就成为一棵大树,这是很不切合实际的。

及时称赞孩子做对的事情

人的一生会听到许多的评价,但是父母的评价是孩子成长的第一块基石。哪怕孩子有一点进步,都要给予鼓励、夸奖。父母尊重和欣赏孩子,孩子就会变得自信,自信才能健康成长。

——教育专家 卢勤

称赞,与青霉素相似,绝不能随意用药。使用强效药有一定的标准,需要谨慎、小心,标准包括时间与剂量,需要谨慎小心是由于可能会引起的过敏反应。对于精神药物的施用也有同样的规则。最重要的一条规则就是:只能夸奖孩子的努力与成就,不要夸奖他们的品性与人格。

当孩子做完一项家务之后,对他说"辛苦了",或者"孩子做得多么棒啊"。只有这样的评论才是平常的、自然的,而夸他是个多好的孩子几乎毫无相干,也不适宜。赞美的话语应该让孩子看到他的成绩的真实情况,而不是他品格的扭曲变形。

　　小朱莉非常努力地把院子打扫干净了,她用耙子把树叶耙拢,把垃圾运走,并且把工具重新摆放好。妈妈非常感动,对她的努力与成绩及时表示了感激与欣赏——

　　妈妈:"院子原先太脏了,我不相信一天就可以把它收拾得这么干净。"

　　朱莉:"我做到了!"

　　妈妈:"院子里原先都是树叶与垃圾,还有其他的东西。"

　　朱莉:"我把它们都打扫干净了。"

　　妈妈:"一定费了你很大的劲!"

　　朱莉:"是的,我确实费了很大劲。"

　　妈妈:"现在院子好干净啊,看着都开心。"

　　朱莉:"它现在很漂亮。"

　　妈妈:"你愉快的笑容告诉我你很自豪,谢谢你,亲爱的。"

　　朱莉(灿烂地笑着):"不客气。"

　　朱莉妈妈的话让朱莉为自己的劳动感到很高兴,为自己的成绩感到很骄傲。晚上,她迫不及待地等父亲回来,就是为了向他显示一下干净的院子,好在心里再次重温一下对出色工作的骄傲。

　　当一个人听到别人赞美自己出色、像天使一样可爱、慷慨大方、谦恭有礼的时候,是一件十分尴尬的事。她觉得需要至少否认部分赞美。在公共场合,她无法站起来说:"谢谢,我接受你的赞美,我是出色的。"私下场合她也无法这么说,因此她必须拒绝这样的赞美。她无法在心里坦白地对自己说:"我是出色的"、"我是很好的"、"我是坚强的"、"我是慷慨的"或者"我是谦逊的"。她或许不仅仅是反对这些赞美,很有可能还会对赞美她的人产生不好的想法:如果他们觉得我这么棒,那么他们一定不是很聪明。

　　称赞包括两个部分:我们对孩子说的话,以及孩子听了我们的话后在心里与自己说的话。

　　我们的话应该明确表明我们很喜欢、很欣赏他们的努力、帮助、工作、体谅、创造或者成就。我们的话应该让孩子能对自己的品格有一个现实的看法。我们的话应该像一块有魔法的帆布,这块帆布虽然不能给孩子提供帮助,但是,能让他们给自己画一幅正面的画像。

　　孩子的心理尚未成熟,他们在完成某项活动后的"成功与喜悦"只是一种自我认识,与其在活动中达到的实际水平并无直接的关系,而与父母、老师、同学等"重要人物"对其的评价密切相连,哪怕是极其微小的进步,假如父母能给予表扬性的评价,孩子就会体验到成就感,从而增强自信心。

当孩子办好一件事就给予真挚的赞美,比其他任何方式都更能激励他热爱生活与获取成就。

积极性对孩子能力的培养起着不可替代的作用,它不可由外界强行注入,而是从孩子的内心迸发而出。

父母该怎样才能调动孩子的积极性呢?

①要给予具有希望的表扬。表达中要充满欣喜与赞赏,言辞中要传达对孩子努力的承认、尊重与理解。

②对孩子的表扬不仅要多,还要具体可信。称赞时,要做明确、详尽的描述,这需要一点努力才能做到,但是孩子能从这些信息与赞赏中受益,远比那些对品格的评价要有效得多。

别让"比较"伤了孩子的自尊心

从来不对孩子说,他比别的孩子差。

——美国学者　戴维·刘易斯

在家庭教育中,父母千万不要用"人家孩子怎样、怎样"来衡量自己的孩子。因为每个孩子都有自己的个性特点,绝不可以用一个标准来要求他们。要根据自己孩子的特点因材施教。要记住每个孩子身上都有值得发掘的潜能。

每个人在情感上都是需要表扬和激励的,特别是孩子受到父母的表扬和激励时,就会勇气大增,信心也会大增。所以,当孩子学习生活中遇到一些怎么也学不会的事物时,家长不要过于心急,可以详细分析一下自己的孩子是否具有这方面的才华或是天赋。如果没有的话,可以针对孩子的特点学习另外一种适合他的事物。

大部分父母都有这么一个习惯,喜欢拿自己的孩子与别人家的孩子来比较,总觉得自己的孩子没有人家的孩子优秀,不知不觉地会用其他孩子的优点来比自己孩子的缺点,嫌自己的孩子不够优秀。"你

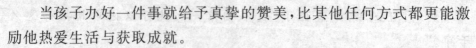
好父母胜过好老师大全集

看你的同学 XX 多好，每次都考第一名。"、"你瞧 XX 多听话，从来不让爸爸妈妈操心。"等话语也往往出自父母的嘴里，说得多了，孩子的内心就会受到伤害，使得他认识不到自己的优点与长处，树立不了自信心，而且对父母表扬过的同学十分憎恨。无形中，孩子的心灵也就被扭曲了，这样的后果是极为惨重的。

毫无疑问，做父母的，没有谁不爱自己的孩子，常常拿别人家的孩子与自己的孩子相比，也是出于善心，希望孩子能以他人为榜样，学习别人的优点，超越别人，为父母争光、争气。

但是，有时候善心也会做出坏事，爱孩子，就不要拿自己的孩子与别人的孩子做比较。拿自己的孩子和大人物的童年做比较，拿自己的孩子和别人的孩子去比，希望自己的孩子能像大人物童年时或别人家的孩子那样刻苦、那样聪明。用心虽说是好的，但往往由于对孩子要求过高，而教育的效果并不理想，有时还会引起孩子的反感。

有句老话："人比人，得死；货比货，得扔。"这话虽然说得很直白，却有一定的道理，可惜往往不被人们所重视。试想一下，人的个性差异如此之大，有些事不是谁都做得了的。因此，最好不要拿自己的孩子和那些出类拔萃的人物相比。就是别人家的孩子，他们的长处与优点，也不是自己的孩子都能学得来的，最好别与他们相比较。

丁丁从小喜欢画画，可是不知是没有天赋还是什么其他的原因，画得并不是很好。但丝毫没有动摇丁丁学画的心。妈妈觉得孩子如此喜欢一样东西也是件好事，所以，很支持丁丁学画。经常帮他买一些水彩、纸什么的。丁丁很懂事，学习很努力，并非会因为学画而耽误了学习。

不过，这天发生的事情却让丁丁很难过……

学校要举行艺术节，丁丁把自己的绘画作品拿去参加绘画比赛了。尽管他知道自己画得不好，但只要自己的绘画作品能展示给同学们看，那就是一件让人兴奋的事情了。

比赛结果很快出来了，丁丁自然没有得到任何奖项。说是心里没有抱什么获奖希望，可还是不免有点失落。丁丁回到家里很想和妈妈说说心中的烦恼。谁知妈妈竟然没有给他任何的安慰，反倒是说了他一番。

原来，妈妈同事的孩子正好也参加了这次比赛，而且拿到了一等奖，妈妈觉得自己在同事面前没有面子，因此把一些气撒在了丁丁身上。

妈妈的话是那样地伤害着丁丁："我真不知道你一天到晚在画些什么,居然连一个名次都没有拿到……"

"你看看人家明明,是年前才开始正式学画的都拿了一等奖,你看看你自己,学画都有好几个年头了……"

由此可见,父母常常拿自己的孩子与别人作比较,对孩子造成的影响是很严重的。被父母经常作比较的孩子,一般会有许多的负面情绪,如不开心、没有安全感、愤怒与嫉妒等,即情绪受困扰。在行为表现方面,被父母用作比较的孩子觉得得不到父母注意,因为父母似乎喜欢别的孩子比自己多,因此,孩子会有许多故意吸引父母注意的行为,但这些行为一般都是父母不喜欢见到的。基于上述的情况,于是出现父母的反应,认为孩子顽劣不值得疼爱,从而更加会多一些比较,造成恶性循环。

实际上,要想消除这种现象,父母最好的办法是不要把自己的孩子与别的孩子比较,而是关注自己孩子每一个微小的进步。毕竟,每个孩子都有属于自己的特点。

父母怎样才能不让"比较"伤害孩子呢?

①用欣赏的眼光去看待孩子。人生在世,从没有哪两个人是一样的,各人有各人的天赋,各人有各人的性格,各人有各人的能力。假如父母只与高标准的攀比,看不到自己孩子的优点与长处,而只看到孩子的缺点与短处,便很容易使自己的教育收不到应有的效果,甚至会失败。

②正确的态度应该是,根据自己孩子的特点进行教育。例如,自己的孩子脑子迟钝一些,教育孩子笨鸟先飞,多卖些力。孩子有了进步就应多鼓励。只要孩子付出了努力,已经尽其所能,父母就不要再提出过高的要求。

③多强调孩子的优点。强调孩子的优点不仅可以让孩子更加的自信,从而还能以更高的标准来要求自己。此时,缺点就会在不知不觉中被克服了。

永远用温和的态度对待孩子

你的教鞭下有瓦特,你的冷眼里有牛顿,你的讥笑中有爱迪生。你别忙着把他们赶跑。你可不要等到坐火轮、点电灯、学微积分,才认识他们是你当年的小学生。

——陶行知

教育专家指出:父母的态度不仅影响孩子自己对生活的看法,还会影响孩子智力与能力的发展,影响孩子的行为与道德发展。

父母给孩子的成长提供了大量的实践材料。孩子各种各样的行为都会受到父母态度的影响与强化。孩子处理事物的方式,对待人际关系的方式,年龄小的孩子主要受父母态度的影响与强化。孩子的自尊、自信、自主性、意志力等都受父母态度的影响。

大部分的父母会认为,他们对孩子的态度是孩子行为的结果,而不是孩子智力与能力较差的原因,甚至认为他们对孩子的评价十分的公正。是父母的态度在先,还是孩子的才智水平在先? 这两者的关系远比人们认识的要复杂得多。

父母的态度与孩子的才智水平互为因果关系。父母或父母的态度对孩子的智力与能力是有巨大影响的。即使孩子真的差一些,父母也要以较好的、温和的态度对待孩子,更多地给孩子以积极的评价,那么孩子的态度常常是积极的,对周围事物的看法也是乐观与自信的。孩子会认为他人希望自己在智力上有所成就,而往往就变为现实。消极态度与评价只能使孩子的信心更差,使孩子更为不敢和不会去努力,其结果使孩子的智力与能力更差。

父母对孩子的态度不仅影响着孩子的智力发展与学习,同时,也影响孩子其他能力与人格的发展。如孩子的社会适应能力、人际交往能力、自主能力、独立能力等等。人的这些能力是在童年时代奠定下的基础,父母对待孩子的态度,对孩子在这些方面能力的形成有巨大影响。父母是用温和的态度鼓励孩子去与其他孩子交往,还是限制孩子的交往;父母是有意让孩子在某种环境受到挫折,得到锻炼,还是把孩子保护起来,害怕孩子受到挫折;当孩子受到挫折是帮助、鼓励孩子,还是讽刺、嘲笑、忽视孩子,甚至让孩子在挫折面前逃避,都将对孩子造成重大的影响。

胡丽的孩子今年上初二,上小学的时候也是十分聪明、乖巧,学习成绩不冒尖但也不算坏,胡丽从来也没有多费过心,别人也都夸她的孩子聪明、懂事。胡丽也曾很骄傲、自豪。可是等孩子上初中后,学习成绩就一落千丈,逆反心理也特别强。

胡丽仔细反思,孩子的问题到底出在什么地方呢?感觉是自己对孩子的态度出了问题,对孩子的态度越差孩子的成绩也就越下滑。胡丽找到了真正的原因,就决定改正自己的态度,对孩子保持温和的态度。

此后,不论孩子做什么,胡丽总是用耐心温和的态度对待孩子。

两个月过去了,奇迹出现了,孩子与胡丽都有了很大的变化,孩子不再与她作对了,有什么事还会主动请教她,也知道关心人了,不再发脾气了。星期天胡丽去值班的时候,还会嘱咐她说:"妈妈你放心吧,在家我会管好我自己的,路上要小心。"另外,孩子写作业也比以前快多了,也知道努力了,每次周末回家都会让爸爸给他辅导物理、数学等科目。

父母对孩子持有消极、粗暴的态度,就会影响孩子的行为向不良或不健康的方向发展,父母对孩子持有积极、温和的态度,就会影响孩子的行为向健康的方面发展。只有在父母温和的态度下,在父母的鼓励与帮助下,孩子在社会能力方面才能建立起较好的自我评价与自我意向,建立起自信,从而很好地发展出自主能力、独立能力与其他社会能力,为一生奠定良好的基础。

父母应如何操纵温和的态度呢?

①父母要控制情绪,平衡心态。千万不要失去控制对孩子大吼大叫,应冷静地分析一下孩子的意见是否正确。假如是正确的,就要给予支持,假如是错误的,父母应在商讨的气氛中用温和的态度给孩子仔细分析,切记不要一味地否定孩子的意见,不然会使孩子养成沉默寡言的孤僻性格。

②要学会对孩子的错误"冷处理"。父母打骂孩子常常是自己急时,因此,要学会"冷处理"。所谓"冷处理"就是在自己着急、上火、生气的时候尽量不要教育孩子,自己先消消气,等自己的心情平静了,再去教育孩子。而当孩子也处于生气、激动时,也不适宜进行教育,应该

等孩子平静下来后，再用温和的态度进行教育。这样才能防止粗暴型教育，才能冷静地、客观地处理孩子的种种问题。

③不要让自己的坏情绪感染到孩子。父母还应注意自己日常生活中的情绪对孩子的影响。不要在孩子面前表现出消极的情绪，那样会使孩子处在一种不和谐的家庭环境中，受到父母的消极情绪影响而导致情绪上也发生变化。

爱不应作为交换的条件

对孩子的爱没有条件。

——孙云晓

在当今生活中，常常听到有些父母抱怨孩子不懂事，说："我白疼你啦！"特别当孩子学习成绩不好或是考试考砸时，有些父母只会说："我们为你付出了那么多，你怎么就考得这么差！"因此，当孩子考试得了高分，争得头名时，父母就欣喜若狂，"爱"也就比比皆是了；一旦孩子名落孙山时，代之以"爱"的就是讽刺与挖苦，因为这太让他们做父母的失面子了。这或许就是功利之爱，反映出了家庭存在的一个误区：父母给孩子的爱是有条件的，孩子要用好的成绩来与父母来交换爱。

说句不易让人接受的话，这样的交换是对爱的亵渎，是一种扭曲的爱。换言之，要让孩子以高分数、高名次来换取父母的爱，这不是真爱，真爱是没有任何条件的。但是，只有真正的爱，才能让孩子刻骨铭心，终身受益，而虚假的爱、功利的爱很有可能引发危机，成为一种隐患。

小晴的妈妈对小晴的要求十分严格，无论在学习上还是在生活上都要孩子做得十全十美，要做到最好，还要做得更好！

小晴倒也很体谅母亲的苦心，在各方面都很自觉，每天不但按时完成老师布置的作业，而且还认真地把妈妈额外交给的作业一一完成。除了学习方面的努力，小晴也用心地学习钢琴。因为，妈妈说过，一个会弹钢琴的女生才是最优雅的女性，小晴觉得母亲的话没有错，妈妈所做的这一切都是为了自己好。可是，人的精力是有限的，现在升上初三了，学习更紧张了，每天有做不完的作业，而小晴又必须每天抽出一大段时间来练琴，她的身体自然吃不消了。最近，小晴越发消瘦了，这都是过于劳累的表现。妈妈却没有意识到这一点，还是不停地嘱咐孩子："要坚持，这都是为了你的将来更好！"

这天，小晴在练琴的时候，实在是太困了，不知不觉睡着了。妈妈看到了这一幕，立刻生气地拍醒她："你这孩子，这么一点苦都熬不住？这样下去，今后怎么能在社会上立足呢？你怎么就不明白我的苦心呢？"

小晴使劲地睁开眼睛，继续练起琴来……

父母生了孩子，就有了爱的责任，这爱的唯一目标，应该是把孩子培养成一个健康的人，而每个人都是千差万别的，万万不可用统一的分数或名次来衡量。父母当然希望自己的孩子是最好的，希望他们学有所成，出人头地。可是，当孩子已努力了，却仍然不尽如人意时，父母该怎么办呢？

怎样的爱才是无私、无畏的真爱，怎样的爱才能给予孩子更多的帮助呢？

如何才能让我们更多的父母放弃功利之爱而呈现给孩子更多的真爱呢？

①给孩子无私的爱。当您给孩子提供各种好条件的时候，首先要想一想：您是否有私心，您是否希望孩子借着这个条件达到您所需要的某个目标。当然，要父母根本没有目标也是不可能的，关键是父母要端正心态，要考虑好，假如孩子没有达到您所设定的目标，您将怎样去对待他。

②给孩子理智的爱。有句话说：爱孩子是母鸡都会做的事。要父母爱孩子很容易，但要父母给孩子理智的爱却很难。有的父母，常常在爱的旗帜下给孩子提供了过度保护的一切：不允许孩子有自己的朋友，怕孩子受他人欺负；不允许孩子有零花钱，怕孩子上当受骗；不允许孩子使用火柴与剪刀，怕孩子伤了手指……当您无条件地给孩子施加爱时，也要记住这爱离不开理智。

③给孩子需要的爱。媒体报道一些少年伤害父母的案件，这些案件不禁让人思索的是：为什么父母给孩子那么多爱，孩子却不领情，反而还会做出败坏人伦的事情呢？经分析发现，多数案件都是由于父母给了孩子窒息的爱。因此才有孩子发出感慨："我爸爸妈妈爱我爱得我都想去死！"因此，建议父母们给孩子切实需要的帮助与爱，而不是

用您无边的爱让孩子窒息。

学会向孩子道歉

　　父母错了，或违背自己许下的诺言时，如果能向孩子说一声对不起，可以帮助孩子建立自尊，同时能培养孩子尊重他人的习惯。

　　　　　　　　　　　　——美国心理学家　罗达·邓尼

　　家庭是一个小型的社会，父母与孩子之间是平等的。当孩子做错事的时候，父母都要求孩子承认错误；当父母错怪孩子的时候，为什么就不能向孩子道歉呢？

　　父母在孩子面前承认错误，表明父母赏识与尊重孩子，这样不仅可以让孩子学会做人的原则，同时还能让孩子对父母产生由衷的敬意，这样，父母的威信才会真正树立起来，亲子关系也会进一步融洽。

　　只有当孩子感到父母真正是言行端正，才能产生由衷的敬意，父母的威信才会真正地树立起来。同时，道歉还要注意在心平气和的时候，道歉的主旨要明确，态度要诚恳，所说的道理要中肯。这样，必会有深刻的教育效果。

　　曾有一位妈妈苦恼地说："星期天，我在打扫房间时发现鱼缸被打破了，由于儿子平时比较好动，我就认为是儿子淘气的时候打碎的，就严厉地批评了他。他当时非常委屈，一直说不是他打碎的。我认为儿子在狡辩，就打了他一下。晚上，孩子的爸爸回来了，说鱼缸是他拿东西时不小心打碎的。我才意识到自己错怪了孩子，可是，我是一个非常爱面子的人，我对儿子说：'即使不是你打碎的，但是，你平时太淘气，以后要多注意。'出乎意料的是，儿子接下来有很长一段时间不愿意与我说话。我很清楚当时我没有向他道歉，伤害了他的自尊心，但是，我放不下父母的架子，而且，现在也不知道怎么跟儿子谈这件事。"

　　美国教育家斯特娜夫人说："一个勇于承认错误、探索新的谈话起点的父母，远比固执、专横的父母要可爱得多。"事实上，能够向孩子道歉的父母大部分是孩子信赖的人。

　　父母做错了事，违背了自己曾经许下的诺言时，如果能向孩子说一声"对不起"，不但可以帮助孩子建立自尊，同时，也能使孩子养成尊重他人的习惯。

但是，在现实生活中，有些父母，明明知道是自己错了，反而训斥孩子，这些父母错误地认为：向孩子道歉会形成纵容的作用，并且有损自己做父母的尊严。其实，这些想法是不正确的。当孩子一旦感到父母的命令不合理、不公平对待时，他们往往会表现出反抗行为，在感情上与父母疏远，甚至在遭到训斥时与父母顶撞。相反的，如果父母能够承认自己的不对，并向孩子道歉，孩子便会产生对父母的信任，同时，他们也学会了承认错误并知道这不是羞耻的事。

父母向孩子道歉的好处是使孩子心理健康，建立起强烈的自信心和自尊心，他们能学会更加妥善地处理生活上的各种压力，承受能力更强，变得更容易接受成人的教育和指导，容易将自己的思想、感情告诉父母，不至于把苦闷情绪压抑在心里。而那些经常生活在父母专制下的孩子，心理上则会出现许多问题。

父母应该怎样向孩子道歉呢？

①敢于向孩子道歉。父母要把自己当成是与孩子平等的人，在犯错误时，要敢于向孩子道歉。

有关教育专家提到："当父母发现自己对孩子的态度过分气愤、严厉的时候，或从孩子的言行中，明显感觉到他自尊心受伤的时候，就应向孩子道歉，抚平孩子心灵的创伤。"敢于向孩子道歉的父母不仅不会失去自己的威信，同时还会获得孩子的信任与尊敬。

②父母要敢于自我反省。英国教育家斯宾塞说："父母们夸大了子女的不正当行为给他们带来的苦恼，总认为一切过错都是由于子女的不良行为所致，而与他们自己的行为无关。但是我们稍作公正的自我分析之后，可以发现父母发出的强制性指令，主要是为了自己的方便行事，而不是为了矫正错误。"

其实，教育和被教育是一个互动的过程，父母在教育孩子的同时，自己也在学习，获得快乐。很多父母在孩子身上找到了自己童年的快乐，心态也变得更豁达、更乐观，做事更有目标。由此，假如父母能够多从自己身上找问题，亲子沟通也就会变得简单多了。

③给孩子写一封道歉信。假如你认为当面向孩子道歉有失你的面子，那么，不妨试着给孩子写一封道歉信。

给孩子写道歉信，更能体现出父母的情感。有一部分孩子甚至会把这封信珍藏起来，作为父母送给自己的礼物。

好父母胜过好老师大全集

实际上,向孩子道歉并不是一件很丢脸的事,相反,这正表现出了父母的一种豁达,而豁达正是沟通的一种润滑剂。

④敢于向孩子承认自身的错误。任何一个人都会犯错误,假如父母曾犯过错误,不妨把自己所犯的错误告诉孩子,并以此来教育孩子。这样,孩子不仅不会看不起父母,反而会更加尊敬父母,感受到父母的诚恳。

说教产生距离和怨恨

儿童需要管教和指导,这是真的,但是如果他们无时无刻和处处事事都在管教和指导之下,是不大可能学会自制和自我指导的。

——林格伦

许多家长有一种误解,认为教育孩子就是"说"孩子,"训"孩子。有一个词语——"说教",或许就是从"说"孩子产生的。

提到"说教",有一部分父母可谓是达到了极致,能够早上说,晚上说,见了孩子面就说,孩子已表现不错了仍找茬说;做作业前说,做作业时也说,做完作业还接着说,发了作业更说;考试前说,考试时说,考不好大说,考好了往高标准说。父母不厌其烦,滔滔不绝,自然难免老调重弹,啰哩啰嗦。那么孩子呢?是否洗耳恭听,认真接受,立即改进呢?大部分不是。父母越说越起劲,孩子越听越烦,有的想躲开,有的顶上几句:"别说了,知道了,知道了。"、"烦不烦人啊!"、"我改就是了!"效果不会好,然而父母下次照说不误。

教育专家们认为,世上是不可能有绝对完美的人,不存在十全十美的孩子,也不存在十全十美的父母。假如父母在说教孩子的同时,苛求完美,就会变成碎嘴婆子,没完没了,让孩子心烦意乱,导致父母说什么孩子都听不进去的后果。

曾有位母亲担心孩子不用功读书,不仅在家从早到晚提醒孩子学习的事情,而且在与孩子一起上街的时候,也不忘随时随地地进行现场教育。看见扫大街的清洁工人,告诉孩子你将来要是不好好学习的话,就连这样的工作你都找不到;看见乞讨的,你要是不好好学习,将来也会这个样子。此后,孩子再也不愿与她一同上街,而且孩子变得越来越自卑。孩子本想主动去学习,但母亲越说也就越不想学,家也成了让他很痛苦的地方。

孩子往往会拒绝与父母对话，原因是他们讨厌说教，他们感觉父母的话太多了。

在日常生活中，父母的语言，对于跟孩子有意义的交流来说是不适当的。要想与孩子沟通，减少父母的失望，我们需要学习用关心的方式与孩子交谈、沟通。

怎样才能达到说教的效果呢？

①以委婉的方式取得认同：孩子回来，假如发现孩子有异于平时的举动，这时，父母可以用间接的方式询问，让孩子说出自己的心事。假如孩子不肯说，不妨写便条、书信婉转了解，避免正面的冲突、动不动就责备孩子。等了解情况再发表你的看法。有时可以引述过去的经验，或对他说："我了解你的心情。"这样才能让孩子认同你的看法、想法。

②以同情与理解的态度接纳孩子：孩子有时会与父母商量，希望父母同意让他参加某些活动，这时父母需要放下架子，与孩子站在对等的立场，为他解决问题；千万不要以强制的手段，或断然拒绝，毫不考虑她的感受。要清楚，孩子也有自尊心，希望你接纳他的看法与想法。

③让孩子明确知道你的想法：看到孩子做错了一件事，或听到孩子说错了一句话，父母一般会很生气地斥责。但是，这样的效果反而不好。假如你改变了口气，对孩子说："听着，只要给我三分钟就可以了。"、"我只说一分钟，好吗？"撤除他的防卫线，然后告诉他："假如你可以不要……我相信你一定可以做到！""刚刚讲的那句话……你不会让我失望，对不对？"尊重的态度，和缓的语气，孩子会感觉到他被期待、被尊重，也会下定决心改正偏差行为。

哪怕 98% 是表扬与鼓励，也要给批评留 2% 的位置

孩子是在犯错误中长大的。

——著名心理学家　皮亚杰

长时间以来，教育界在反思尊重孩子的过程中，又走进了重表扬、

轻批评的误区，甚至出现了所谓的"无批评教育"。其实，教育确实以表扬为主，正面引导，这是符合每个人的成长规律。可是，以表扬为主，并非以表扬为唯一的全部的方法。与孩子沟通要讲究分寸，适当为益，过之或不足都不能取得理想中的效果。父母需要看到，与表扬相对的批评，与奖励相对的惩戒，对于每一个人特别是成长中的孩子具有特殊的意义。

批评、惩罚教育可以称为教育惩戒，其核心内容是父母承认自己的过失并对过失承担起相应的责任，其方法则是以尊重的态度，唤醒有过失的孩子心中沉睡的巨人，靠自己的力量战胜自己。批评、惩戒的原则是尊重，即之所以惩戒人，是因为人的美好而非丑恶，是相信人而非鄙视人。

父母应该对孩子的错误行为，进行入木三分的剖析，实施"厌恶疗法"，让他们学会自我审丑，从而唯恐避之不远。让他们在有充分心理准备的基础上，出一身冷汗，如坐针毡。可以说，这样的教育惩戒对于一个孩子将刻骨铭心、终生受益。

与孩子沟通的艺术是爱的艺术。作为沟通的艺术之一，教育惩戒与体罚、心罚是截然不同的，这是由于它不是出自恨或虐待狂之心，而是出自博大而深沉的爱。

当今与孩子沟通，一大毛病就是"缺钙"，而病因之一就是缺乏教育惩戒，缺乏真正的唤醒。

教育惩戒的目的，是培养孩子"面对挫折不被压垮的能力"，或者说是培养孩子的一种"压弹"素质。

关于"压弹"素质，毕业于哈佛大学的心理学博士岳晓东教授，有很多独到的见解。在 2004 年 8 月《少年儿童研究》杂志的专家视点中，他介绍道："压弹"是国际心理学界正兴起的一个全新的概念，它结合应激心理学与健康心理学的最新研究成果，以一种新的视野来看待个人的应激反应。"压弹"原本是物理学的一个概念，泛指物体接受压力时的反弹，运用到心理学曾有人把它译作"抗逆"或"反弹"。

岳晓东教授认为，"压弹"既保持了其原有的物理学含义，又表达了个人面对生活压力与挫折的反弹能力。从整体意义上来讲，在当今的生活中，"压弹"是个人面对生活逆境、创伤、悲剧、威胁及其他重大压力的良好适应。换言之，面对生活中的逆境，人既要有耐挫能力，也需要排挫能力。父母应该提倡对孩子进行"压弹"教育，就是促进其自我成长与人格完善。

如何对孩子教育惩戒或"压弹"教育呢?

①父母要建立亲子间的信任。由于没有信任也就没有教育。作为父母要为人师表,这样与孩子沟通,才具有权威性。如古人云:其身正,不令而行;其身不正,虽令不从。

②强化规则意识,培养孩子养成遵守规则的习惯。当今社会的重大特征是由人治走向法治,而法制社会必定是规则社会。人之优劣实际上就区别于是否遵守规则。因此,家应有家规,并且严格坚守,方能培养出高素质的人才。批评、惩罚孩子应依规则行事,切不可随心所欲。规则即轨道,出轨既生祸,这应当成为共识。

③给孩子陈述的机会。面对孩子的错误,父母不必惊惶失措,而应视为成长的良机。其实,在孩子犯错误时,往往是最容易教育的时机,因为人人都有向上心,已在悄悄地起作用了。关键在于因势利导,促使孩子内心的矛盾向真善美转化。假如这样做了,就能引导其明辨是非及原因,激励其强烈的自信心与责任感。

批评孩子忌粗暴专制

批评没有能力达到艺术的高度。艺术进入了一定高度,除了它自己,其他表现形式都无法企及的境界。

——杰依·查普曼

自古以来父母对孩子最为拿手的批评方法就是打骂。"打是亲骂是爱,不打不骂是祸害","树不修不成料,儿不打不成才","棍棒底下出孝子",这些都是历史上相传的教子经验。当孩子犯错误的时候,一部分脾气暴躁的父母在恨铁不成钢的恼火情况下,一下子失去理智,对孩子进行打骂,想借此来促使孩子改正错误。

可事实上,打骂这种粗暴的教育方法,不但不能达到父母预期期望的效果,而且还会使孩子形成说谎、冷漠、孤僻、仇视、攻击等种种心理问题,而这,往往会成为孩子日后不良的行为,甚至是走上犯罪道路的根源,也可能导致孩子出走、自杀等终生遗憾的事情发生。

很难想象生于富裕家庭里的小良,一谈起父母来居然感受不到半点亲情。记忆里的父母都忙于自己的工作,父亲从没带他出去玩过,对他的教育不是呵斥就是贬低、讽刺,粗暴的父亲需要的是儿子的顺从和听话,母亲一般都是护着儿子,为了他的事情,父母的关系也变得紧张。

高考结束以后,小良落榜了,暑假里整天在家待着,除了上网、打游戏等,就无其他的活动安排,意志日渐消沉,精神逐渐颓废,自己懒得与同学联系,同学的邀请也基本是采用回避,作茧自缚式地把自己困在里面。对于小良异常的言行举止,母亲看在眼里,疼在心里,比谁都着急,却又无计可施。

心理学实践证明,存在心理问题的孩子,大多数是由于父母采取了"单向教育",他们不了解孩子的内心,刻板地说教、粗暴地打骂、无情地强制、精神的虐待,不仅恶化了亲子之间的关系,还让孩子丧失了安全感与归属感,从而影响孩子的身心健康与个性的健全发展。

因此,当孩子犯错误时,父母应耐心细致地作好孩子的思想工作,告诉他哪儿出了问题,怎么错了,同时还要告诉他,一样的错误不要重犯,要及时地纠正,要吸取教训。切莫用简单粗暴的方式对待孩子,只有这样,孩子才能健康地成长。

父母如何才能避免粗暴专制地对待孩子呢?

①要尊重孩子的人格。父母不要忘记,孩子也有他自己的情感和人格。批评并非是横眉立目、训斥、挖苦,它是以理服人,而不是以威压人。

②要让孩子知道自己为什么挨批评。如果只是一味地责骂,只不过是伤害孩子。对孩子说明他的错误何在,才能使他们充分地反省,改正错误。

③要让孩子明白,怎样做才不会再犯相同的错误。批评的目的,不在批评本身,单纯地批评,并没有多大的意义。因此,父母在批评子女时也要告诉孩子怎样做,最好是能让孩子自己去思考、去做决定,而父母只是给予启发而已。

④要一分为二,不要全盘否定。父母批评孩子的时候爱犯的一个毛病就是全盘否定。因为孩子犯了错误就把孩子说得一无是处,这对教育孩子也是无益的。孩子小,有缺点、犯错误是正常的,绝不要一见孩子犯了错误就攻其一点,不及其余。

权威需要简短:少说更有效

言行在于美,不在于多。

——梁元帝

如果有人跟你说,"你说起话来像父母",这可并不是什么赞美,因为父母有一个名声,他们喜欢重复自己,夸大显而易见的事实。当他们这么做的时候,孩子就不会再听他们的话,心里大喊:"够了!"

每一位父母都应该学习回应孩子的简洁的方法,这样,小事故才不会变成大灾难。下面的事件就是简短的评论战胜长篇大论的例子。

阿尔的妈妈在车道上跟客人说再见,八岁的阿尔跑过来,眼泪汪汪地控诉他的哥哥:"只要我有朋友在这里,特德总是找借口作弄我们,不停地打扰我们,你必须制止他。"

要是在过去,阿尔的妈妈会冲着特德嚷:"我跟你说过多少次了,不要去烦你的弟弟!少给我找麻烦,如果你再犯,我要限制你一个月的活动。"

但是这次,她只是看着特德说:"特德,你自己选择,你可以像以前一样听我的教训,或者自己处理你弟弟的控诉。"特德大笑起来,回答说:"好的,妈妈,我会走开。"

下面的对话显示了同情的、简短的回答是如何阻止了一场琐碎无效的辩论的。

黛安,十二岁,是一个素食主义者。一天,当她坐下吃晚饭时,她开始抱怨:"我饿死了,晚饭在哪儿?"

妈妈:"唔,你一定很饿了。"

黛安:"哦,茄子,我不喜欢吃茄子。"

妈妈:"你失望了。"

黛安:"奶酪不够。"

妈妈:"你想在茄子上多放一点奶酪。"

黛安:"哦,我想这样就可以了。不过你平常做得比这好吃。"

黛安的妈妈没有反过来抱怨说:"你知道我必须为你准备特别的食物,至少你应该感激一下。"而是表达了黛安的情绪,避免了一场争吵。

父母怎样做到说教要简单明了呢？

①说教得过多产生不到好的效果，孩子不会听得进你的话。要尽量用简短的话表述自己的意愿，话越短效果越好。

②纠正问题要采取柔和的方法而不是一味地说教。说教只会令孩子感到备受挫折，孩子会感到害怕甚至可能会激烈地反抗。相反，应该注重"引导、分散注意力或暂时忽略"等方法。

③行动胜于言语。假如你说什么孩子都听不进去，就有必要采取行动了。

针对孩子的感受作出反应，而不是针对其行为

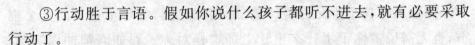

> 如果你实在地说出你的感受，那就有意思了。
>
> ——拉里·戴维

与孩子沟通要建立在尊重的基础之上，另外，还要有一定的技巧：需要同时照顾孩子与父母的自尊；要先说出表示理解的话，然后再提出建议或意见。

埃里克，九岁，怒气冲天地回到家。他的班级本来打算去野餐，但是下雨了。他的父亲决定用一种新的方法劝导他。以前他总是说一些让事情变得更糟的话："天气不好，哭是不起作用的。以后会有玩的时间。又不是我让它下雨的，你为什么要冲我发火呢？"但是，这一次，埃里克的父亲却没有这么说，他心里想：我的儿子对错过了野餐反应很强烈，同时也很失望，他用怒气向我表现他的这种失望，我可以帮助他的，只要对他的感受表示理解与尊重。因此，他对埃里克说："你看上去很失望。"

埃里克："我当然很失望了。"

父亲："你已准备好了一切，该死的天却下雨了。"

埃里克："是的，正是这样。"

这时，出现了短暂的沉默，然后埃里克说："哦，不过我们可以以后出去玩。"他的怒气看起来消失了，在下午余下的时间里，他都很合作。一般，只要埃里克生气回家，一家人都会很心烦，迟早他会激怒家中的每个成员，直到深夜他终于睡着了，家里才能重回宁静。可这次却不

同了。

　　这个方法有什么特别之处呢？它在哪些方面产生了作用呢？

　　当孩子处于强烈的情感中时，他们听不进任何人的话，也不会接受任何意见或安慰，无法接受任何建设性的批评。他们希望父母能够理解他们心里在想些什么，希望父母明白在那个特别的时刻他们的心情。而且，他们希望不用完全说出自己的遭遇，父母也能够理解他们。他们的情绪只会透露一点点，父母必须猜出剩下的部分。

　　假如一个孩子跟父母说："老师冲我嚷嚷。"父母不必再问更多细节，也无需说："你干了什么事让老师这样对你？假如老师冲你嚷嚷，那你一定做了什么。你做了什么？"父母甚至不必说："哦，我很抱歉。"父母需要向她表明，我们理解她的痛楚、她的尴尬与气愤。

　　父母怎样知道孩子的心情呢？父母应看着他们，听他们说话，还可以利用自己的情感经历。父母知道孩子在人前感到羞愧时的感觉，父母要告诉孩子我们理解他们的感受。下面的任何表达都会起到作用：

　　"那一定很尴尬。""那一定让你很生气。""那个时候你一定很恨老师。""那一定很伤你的心。""对你来说真是糟糕的一天。"

　　但是，不幸的是，当遇到孩子行为不当时，父母往往意识不到是由于不安的情绪导致了那样的行为。在纠正他们的行为前，一定要先处理他们的情绪问题。

　　既然让孩子说出自己的感受很难，那么，假如父母能够学会倾听在他们愤怒的外表下所隐藏的担心、失望与无助，将会有很大的帮助。父母不要只针对孩子的行为作出反应，而是要关注他们心烦意乱的情绪，帮助他们应付难题。只有当孩子的心情平静时，他们才能正确地思考，才能做出正确的举动，正确的举动就是集中精神，集中注意力，才能够听得进他人的话。

　　"这样想是不对的"这句话并不能平息孩子强烈的情绪，或者父母试图说服他们"没有理由那么想"也是无用的。禁止并不能使强烈的情绪平息，但是假如听他们说话的人接受他们的想法，并表示同情和理解，那么，他们情绪的强烈程度就会减弱，身上锐利的尖刺就会消失。

好父母胜过好老师大全集

如何针对孩子的感受作出反应呢?

①正确说出孩子感受的确十分重要。这让父母理解孩子的行为有了根本的依据。这对很多父母来说都挺关键的,因为孩子内心其实很多年来都是不被别人接纳的,让父母去无条件接纳孩子的情绪,往往是很难做到的,假如找到了原因,很多时候接纳与沟通会容易得多,也真诚得多。

②假如开始说的不对,其实也没有什么关系。孩子的语言与表情能让你知道自己说的有问题。这个时候继续做出努力就行了。

③找出问题的关键所在。对于小孩子,或者孩子情绪尤为失控时,或许他不能帮助你找到他问题的关键所在,其实也没有关系,让他知道所有的情绪都是有原因的,都是可以被接受的。这是万能的,很多时候这就足够了。

以肯定和赏识替代否定和贬低

人性最深刻的原则就是希望别人对自己加以赏识。

——美国心理学家　威谱·詹姆斯

父母的语言,是孩子成长的营养元素,爱的语言多了,定会结出"爱"的果子;恶的语言多了,会结出"恶"的果子。肯定的话,是孩子成长过程中的正信息;否定的语言,是孩子成长过程中的负信息。

陶行之在育才学校当校长时,曾发生过这样一件事:一天,他在校园里看到男生王友用泥块砸本班的男生,陶行之当即喝止了他,并让他放学后到校长室去。

放学后,王友早早站在校长室门口准备挨训。陶行之走过来,一见面却掏出一块糖果送给王友,并说:"这是奖给你的,由于你按时来到这,而我却迟到了。"

王友惊愕地接过糖果。之后,陶行之又掏出一块糖果放到他手里,说:"这第二块糖果也是奖给你的,由于当我不让你再打人时,你立即就停住了,这说明你很尊重我,我应该奖你。"

王友更加地惊愕了,他眼睛瞪得大大的,不知道校长在想什么。

陶行之又掏出第三块糖果放到王友的手里:"我调查过了,你用泥块砸那些男生,是因为他们不守游戏规则,欺负女生;你砸他们,证明你很正直善良,且有跟坏人作斗争的勇气,应该奖励你啊!"

王友感动极了,他流着泪后悔地喊道:"陶……陶校长,你打我两下吧!我砸的不是坏人,而是自己的同学啊……"

陶行之满意地笑了,他随即掏出第四块糖果递给王友,说:"为你能正确地认识错误,我再奖励给你一块糖果,只可惜我只有这一块糖果了。我的糖果完了,我看我们的谈话也该结束了吧!"

多么高明的校长!他用以奖代罚的方法触动了孩子的心灵。"亲其师,善其道。"当一个孩子被宽阔的胸怀所包容时,他内心产生的是深深的感激与强烈的震撼,那将会使他终身难忘。在这种情况下,不必"批评"、不必"指责",孩子自己就已心悦诚服地知错了。

家庭教育是靠家庭语言来完成的。家庭语言是一种最有影响力与渗透力的家庭教育方法。

孩子笔下的父母与一些儿童教育专家研究的结果表明,当今年轻的父母使用最多的不良语言有三种,我们将这些语言称为"家庭红灯"。

父母应避免的家庭红灯?

①否定词。孩子们在家每天所听到的、父母常讲的词语中,由"不"组成的否定词为最多:"不许"、"不能"、"不要"、"不可以"、"不乖"、"不聪明"、"不行"……有一个孩子在一篇名叫《不许妈妈》的作文中,写了妈妈讲的许多"不许"的语言:"不许淘气"、"不许玩沙子"、"不许晚回来"、"不许去同学家"、"不许看电视"、"不许乱花钱"……

这种家庭的孩子教育是由一连串的"不许"组成的,父母像警察似的,他们的任务是不断向孩子亮起红灯。但是,准许干什么,父母又没说。于是孩子只有不断地犯错误,不断地受指责。

②限制词。"应该"、"必须"是父母经常用的词语。这是表达主观愿望、主观想象的词。父母强调的仅是自己的主观愿望,完全忽视了孩子的客观存在,用一种强硬的态度让孩子进入某种规定的位置,并按父母的设计修剪孩子。其结果,孩子往往陷入不知所措之中,极大地影响了孩子思维的发展。

③挑剔词。在中国的家庭教育中,挑剔词比激励词的用量多好几倍。很多父母几乎是不停地去发现孩子身上的缺点,并及时拉出来进

行施教,以为只有把孩子的缺点说出来才能使孩子获得帮助与改变。

基于这样一种教育思想,中国父母对孩子使用各种挑剔的语言时毫不犹豫,决不心软。其中最常用的有"太笨"、"不成"、"太差劲"等等。这些消极的词,完全是一种"负信息",强化了孩子的弱点,最终是让孩子以否定的态度对待自己,对自己失去信心。

用温和的建议走进孩子的心灵

孩子幼小的心灵极易受到挫伤,任何粗暴武断的教育方式都是不合时宜的,只有用温和的方式,才能走进孩子的心灵。

——教育专家　陈鹤琴

用温和的建议和孩子沟通,比较合乎孩子的心理要求与特点,它有助于促进父母与孩子之间的思想交流与感情的沟通,从而使孩子尊重父母、信赖父母,自觉自愿地接受父母的批评与教育。

为什么教育孩子时最好要用温和的建议呢?

第一,温和的建议能减缓孩子的心理压力,大多数孩子都害怕批评,这是一种潜在的心理负担。一旦受到了父母的呵斥,这种负担便会转化为"心理压力",孩子会由于考虑到父母将如何处置,而变得焦虑不安,精神紧张;同时,自我保护的本能,又会促使孩子作出"心理防御",以至于孩子在父母面前也不敢、不愿道出真情。

这时,假如父母能用和蔼的态度、温和的建议开导、说服,孩子就会获得心理上的宽慰。紧张的神经会渐渐松弛,等孩子的情绪稳定了,父母的说教也就很容易接受了。

第二,温和的建议减弱乃至消除孩子的逆反心理。往往有这样的孩子,从小就受到父母过分严厉的斥责。可以说他们是在训斥声中长大的。在这些孩子的眼里,父母是不可亲近,而且令人憎恨的。由于情绪的强烈对立,因此,对父母的要求,往往一概拒绝。有时甚至反其道而行之,故意调皮捣蛋和父母对着干。由此可见,严厉斥责只能使孩子的对立心理更趋激化。

温和的建议,心平气和地就事论事,会对孩子产生良性的暗示,孩子愿意接受父母的教诲。假如父母能长期坚持这样做,孩子自然会消除逆反心理,而且会自觉按照父母所讲的道理去学习、生活及做人。

第三,用温和的建议和孩子谈话,可以缩短父母与孩子之间的心理距离,增进彼此的亲密关系。反之,那些热衷于保持父母的"尊严",对孩子声色俱厉的训斥,常常会阻碍父母与孩子之间心理的沟通与感情的交流。

假如父母用命令的口吻告诫孩子,孩子就会拒绝,因为他们感到对你的让步,就意味着自己的软弱与不自主。往往听到有些父母高声亮嗓地吼孩子:"不要吵,不要乱喊乱叫!"斥责孩子"父母说话时别插嘴!"在此种情况下,孩子常常也会态度强硬起来,变得蛮不讲理。

实际上,客气地用温和的语调征求孩子的意见,他们会乐意去实现你的愿望。假如你能改换成温和的口吻,表示重视孩子的意见,友好地问:"你是怎样想的?"或者说:"我想与你商量一下,你说怎么办才好呢?"你就会看到孩子会很认真地考虑与关心你提出的问题。

强强是个聪明的孩子,平时也很乖巧。但有一次,他与父亲到姑姑家去玩时,却发生了点不和谐的小"插曲":到了姑姑家之后,因爸爸很长时间没有见到姑姑了,因此,难免与姑姑聊得时间长了点。原本强强与姑姑家的表弟玩得也很好。可是快到吃饭时,强强吵着要回家。爸爸正与姑姑聊到高兴处,也没有心情理强强,仅随口说了句:"去!去!去!……"

没想到强强一改往日的乖态,躺在地上撒起泼来。这还真让爸爸下不来台,爸爸抢起巴掌就在强强的脸上留下了纪念。这下强强更不依了,姑姑只好让他们父子"打道回府",一顿好端端的相聚就这样在不和谐的气氛中收场了。

其实,假如爸爸能与强强说得好一点,或许就不会发生出现这种尴尬的局面。这是爸爸"粗暴"的结果。

当孩子出现问题时,父母不妨先放下"打骂"或"粗暴"的管教方式,不妨尝试一下使用温和的建议,或许真的能收到预料之外的良好效果呢。

怎样运用温和的建议呢?

①以体恤与宽容孩子为出发点。孩子的成长过程是一个不断犯错误与学习的过程。因此,面对孩子的问题,父母不能发脾气或自我失控,而应给予理解,体恤与宽容孩子为出发点。只有这样,才能够做到理智、平静地面对与处理孩子身上的问题。

②针对孩子情况提出建议。有效的建议，都是有的放矢的。父母对孩子提出建议应根据孩子的实际情况出发，做到具有针对性与可行性，唯有如此，才能够收到事半功倍的良好效果。否则，无效的建议提得太多了，反而会很容易引起孩子的反感。

③尊重孩子的选择与意愿。父母给孩子提建议是应该的，但千万不能抱着"孩子一定要听取"的想法，否则，一定要孩子听取，那就不是"建议"，而是"命令"了。孩子也是人，他们有自己的选择权，对于父母的建议，他们听取不听取，父母也要尊重孩子的意愿，千万不能采取压制或胁迫手段。

④爱意融融，用温情打动孩子。对孩子的建议，要包含无限的真诚与浓浓的爱心，因此，只有这种温情脉脉的建议，才能最有效地打开孩子的心灵，被孩子听取。

"未成曲调先有情"。教育孩子只有动之以情，才能收到良好的效果。当父母能够用温和的春光去照耀孩子的心，孩子就会在愉悦之中成长。

唠叨要有技巧

正像空容器发出的声音最大，智力最低者最善于唠叨不休。

——古希腊哲学家　柏拉图

经常有父母抱怨："我家孩子老是不听人说，真让人操心。一样的事情要说几遍才听得进去。"究竟是孩子不听话呢？还是另有原因呢？"一样的事情要说几遍"，孩子才听话。既然那些话随时都能听到父母讲，今天没注意，明天还可以再听，当然也就心不在焉了。

还有一部分父母发牢骚说："那孩子，不管你说多少遍，他根本都不会理会，跟没听见似的。"做父母的不觉得自己很多时候是说过了头吗？天天在孩子耳边唠叨同一个问题，他不烦才怪呢。任谁也受不了。

心理学研究证明：老调重弹，反反复复说同样的话，会让孩子产生一种习惯性的模糊听觉，也就是明明在听，却根本不入心里去。这是长期重复听同样的声音而产生的一种心理上的不在乎。因此，做父母的，不要总是只怪孩子不听话，也该静下心来想想，自己是否真的太唠叨了。

父母对孩子的批评不能超过限度,应对孩子"犯一次错,只批评一次"。假如非要再次批评那也不要简单地重复,要换个角度,换种说法。这样,孩子才不会觉得同样的错误被"揪住不放",厌烦心理、逆反心理也会随之减低。

在生活中,很多父母往往对自己的孩子期望很高,总希望孩子事事都能顺自己的心愿。假若一有不顺心就不停地说教,翻来覆去便成了唠叨。唠叨一般总是指责的多,批评的多,抱怨的多,有时甚至讽刺挖苦,孩子当然不喜欢听,甚至会感到厌烦、反感。唠叨没有明确的目的或要求,见什么说什么,想到哪里说到哪里,让孩子无所适从,还会有损父母在孩子心中的形象。

对于孩子的一些行为,究竟应该怎样去纠正呢?

①与孩子一起参加有意义的活动。与其喋喋不休地向孩子强调一些大道理,不如选择一些有意义的活动让孩子去参加,通过活动来寻找更合适的沟通话题,加强与孩子之间的沟通,促进亲子之间的情感交流。

②切实地提供孩子自由选择的空间。父母应该给孩子自由选择的空间,不应该给孩子下达硬性指令,然后靠不停地唠叨来督促孩子,那样的效果往往并不好。

③唠叨无效时,不能随意惩罚孩子。在对孩子唠叨无效时,父母就要小心地运用惩罚。因为孩子处在被惩罚的阶段,很自然地父母与孩子会变成敌对状态。

停止对孩子的大声嚷叫和训斥

真懂的人不需大声叫。

——达·芬奇

大声嚷叫与训斥表明孩子没有在听父母说什么,于是父母就提高音量。对儿童或者十几岁的孩子大声嚷叫与训斥以传达出这样的信息:"你根本就没有听。"结果,他们真的就不听了。最后,当你嚷叫与训斥时,他们会转过身去,充耳不闻。

把一个命令吼出来就更糟了。这意味着他们没有听清你想要什么。吼叫使孩子失去了接受指导的欲望。吼叫是最软弱的命令方式，因为它削弱了你作为主导者的地位。只有当孩子清楚地、一遍遍地听到一个信息时，他们才会真正放弃抵制，接受主导者的领导。

当你吼叫时，你就不再是命令，而是强求了。它隐含了这样的威胁："你最好听我的话，否则……哼!"这种威胁表示你在强求他们顺从。尽管以惩罚的威胁来强求的方式已经采用了数百年，但在自由社会里，它的威力已经不复存在。假如你希望你的孩子在生活中找到梦想成真的自由，就要给他们合作的自由。不要强求，停止对孩子大声嚷叫与训斥。

如何才能停止大声训斥呢？

①语气一定要平和。与平时说话相比，批评孩子时更应该压低自己的声音。低沉的声音与高亢的情绪成对比，可令孩子感到理性。换言之，压低声音与孩子沟通，不仅给孩子以理智的感觉，实际上也能使自己变得很理智。这样，我们才能不受感情的支配，才能冷静地观察孩子，引导犯错误的孩子回到理性的世界。

②心平气和地批评。批评孩子时，要心平气和，态度和蔼，这样孩子会更容易接受些。假如粗声粗气、瞪眼拍桌子，气氛紧张，孩子常常会为应付批评，为了避免挨骂挨打，而撒谎为自己的错误辩护，这样就很难收到好的效果。

③利用外人来批评孩子。假如能很好地利用孩子不得不听他人的话的心理，带其到他人家拜访时，也可以积极灵活地利用他人家作为让孩子学习礼节的场所。当然，在此种场合下，需要事先与对方家里协调好。例如，让对方家的主人按照自己家的规矩要求孩子，这样会获得更好的效果。

④对孩子要责罚有度。不要孩子每做错一件事就训斥他一次。假如是这样的话，孩子一天大概会被训斥上百次。训斥孩子时，不要过于大声，责罚一定不要变成虐待或是伤害，责罚的时间也不宜太长。

五、一停二看三听

与孩子沟通要一停二看三听，及时对孩子的问题作出回应。当孩子提出一个要求，父母不要立刻满足他的要求，而是要立刻回应，分为三个步骤："停"，父母暂时放下正在做的事情，注视对方，给孩子表达的时间和空间；"看"，仔细观察孩子的脸部表情、说话的声调与语气、手势及其他肢体动作等非语言的行为；"听"，专心倾听孩子说什么，并以简短的语气，将孩子的想法与感受引导出来。

用兴趣诱导孩子学习

兴趣是学习和求知的最大动力。

——孔子

一般来讲，当家长发现孩子厌学时，通常会非常失望、恼怒，进而斥责孩子，逼孩子努力学习。然而教育学家发现，这样做效果通常并不好，孩子如果不是真心想学，再逼他也是没有用的。只有运用"诱导计"，以爱心、耐心、细心、恒心来帮助孩子，关爱孩子，才能点燃孩子心头的希望之火，让孩子重建上进心。

"妈妈，我今天不想去上学了！"7岁的南南这样对妈妈说。

"为什么？上学有什么不好吗？"

"我就是不想上学，不想去！"南南仍然坚持自己的意见。

"不行！哪有孩子不上学的道理。"南南的妈妈绝不答应孩子的要求。过了一会儿，妈妈又问南南："你是不是身体哪里不舒服？还是和同学相处得不好？"

"没有呀！就是不想上学。"南南很诚实地回答妈妈。

"那好吧，你给妈妈一个理由，如果妈妈认为你有道理，妈妈再考虑你的要求。"妈妈这样回答南南。

南南上学的时间就要到了,妈妈仍耐心地等待着南南的"理由"。最终南南支支吾吾地对妈妈说:"我没有理由,我明天给你理由行吗?"

"你明天给妈妈理由,那妈妈就明天再考虑你的要求,但今天你必须去上学!时间到了,我们出发吧。"

在送南南去学校的路上,妈妈对南南讲了很多爱学习的小发明家的故事……

南南的妈妈是个懂得教育孩子的好母亲。

我们常常听到一些父母这样评议孩子:"我的孩子脑子很灵,可就是不爱学习。"话中之意就是"尽管我的孩子不爱学习,但他也是一个聪明的人"。这种对待孩子学习问题的态度是很有害的。孩子不爱学习当然会让父母伤脑筋,哪一个父母不着急呢?但父母还得具体分析孩子厌学的原因,有针对性地对孩子的厌学情绪和行为做出正确的处理。

我们之所以说南南的妈妈是一个懂得教育孩子的好妈妈,是因为她面对南南的厌学情绪,耐心地进行诱导,处理得既合情合理,又达到了教育孩子的目的。假如南南的妈妈换一种教育方式,比如:"你敢说不去上学?吃饱撑着啦?不上学想做什么!小小年纪就逃避学习,等你长大了,那还了得!"这样教育(训导)孩子,会收到什么效果呢?而在我们的生活中,这样的父母不是少数,他们不但没能收获到好的教育孩子的效果,反而让很多孩子变得更加厌恶学习。

我们应该明白,每一个孩子都有自己的性格特征、兴趣爱好,这种差异是极其正常的。孩子的这些性格、个性,表现在学习方面,有的孩子喜欢学习,有的孩子则不太喜欢学习,甚至于对学习还会产生种种厌恶情绪。从孩子的心理发展角度看,这样的孩子也是正常的。对此,做父母的责任不应当只是问"不上学你想做什么",而应当帮助孩子找一找"你为什么不喜欢学习"的原因。实际上,如果父母能采取一些积极的、行之有效的措施,那么,孩子的厌学情绪是可以改变的。

厌学的孩子在心理上一般都比较脆弱,所以更希望得到别人的关怀和理解。因此家长应当多给孩子一些关怀和帮助,少一点冷语和斥责。专家认为,对待厌学的孩子,父母应该持以下几种态度。

(1)爱心

我们常说"可怜天下父母心",以此来感叹父母对子女的无私的爱。但在现实生活中,我们又会经常听到有些父母这样抱怨自己的孩子:"这么不争气,养你有什么用!""上学有什么不好,这样不爱学习的孩子扔掉算了!"也许这些都是气话,但孩子会很容易当真,而且从另一个侧面,这也反映出许多家长的一种心态——对孩子的爱不是无条件的,而是有条件的,至少需要孩子用听话、爱学习来交换。

其实爱是一种意识形态,需要有一个持久的意会过程。许多父母并不明白这一点,以为自己付出了爱,孩子就应该马上感受到,就希望孩子立刻做出回应,这实在是一种不科学的主观想法。要想改变孩子的厌学情绪,付出爱心是基本的要素之一。家长对孩子的爱是发自内心的,是无私的、不求回报的,重要的是,能让孩子感受到父母给予的爱,并为这种爱而感动、行动。

（2）耐心

生活中,一些家长常常因孩子不爱学习而斥责和打骂自己的孩子,多数原因就是家长在实施教育的时候缺乏耐心。他们常常因为孩子不能一下子领会自己的意图,不爱做功课,就火冒三丈,大声斥骂,甚至体罚孩子。这种没有耐心的教育方法,不仅起不到促进孩子爱学习的效果,相反还会使孩子产生自暴自弃和逆反心理,久而久之,更会影响亲子关系。作为家长,一定要明白,改变孩子的厌学情绪不是一件容易的事情,不能有半点儿急躁心理,也没有任何捷径可走。所以,父母需要有很好的耐心,要耐心地教育孩子,耐心地陪孩子玩,耐心地为他讲道理,耐心地听他说……

（3）细心

吴女士过生日,正在读小学一年级的儿子送给她的祝福竟然是:"祝妈妈每天都不会被老师批评。"大人们觉得很好笑,就说:"你妈妈现在不是学生了,哪里会有老师批评她呀!"谁知孩子又说:"那么我就祝妈妈每天都不会被领导批评!"大家都说这孩子小小年纪倒挺懂事的,但细心的妈妈想得更多,她从儿子给她的祝福声中感受到了儿子的内心世界。为此,当天晚上她就和儿子进行了一次长谈,终于知道了儿子说这句祝福语的前因后果。原来,儿子就读的学校是一所重点小学,学习要求比较高,有些课程教得快。智力中等的儿子跟得很累,又因为做作业动作慢,常常要被老师批评。凡此种种,儿子就觉得学习真是一件很辛苦的事情,而不被老师批评则是一件很难做到的事情。知道了孩子的处境后,这位妈妈很着急,她立刻和儿子的老师取得了联系,向老师坦言了儿子面临的困境和自己的担忧,请求老师给

好父母胜过好老师大全集

子帮助。老师非常重视这件事，并和孩子的母亲一起制定了富有成效的个案教育方法。后来在老师和父母的共同努力下，这个孩子终于顺利地闯过了他人生中的第一个求学关。

这位妈妈细心帮助儿子克服了厌学情绪，使儿子更快、更健康地成长，但并不是所有的孩子都像他这样幸运。当有些孩子不满现状决定离家出走的时候，当孩子因成绩不好受了委屈默默悲伤的时候，不知道他们的家长在做什么？为什么会对孩子面临的困难毫无知觉？如果不是缺乏爱心的话，最大的原因就应该是对孩子不够细心。虽然生活中不乏粗心之人，粗心这个毛病也不容易改正，但是要想成为一个好家长，就必须改变自己，在教育孩子、养育孩子的过程中，必须细心。

（4）恒心

改变孩子的厌学情绪，对家长来说是一项长期而艰巨的任务。作为家长一定要有恒心，要坚持不懈地朝着既定目标对孩子进行培养和教育，绝不能"三天打鱼，两天晒网"，更不能碰到困难就轻言放弃。

9岁的强尼是个调皮的孩子，最喜欢玩游戏，最讨厌学习。老师常常给强尼的父母打电话："强尼又逃课了！你们快管管吧！"强尼的父亲生气地说："这样坏的孩子不要管他算了！"但强尼的母亲却认为天下没有管不好的小孩子，因此一定要好好教育强尼。有一次，妈妈和强尼谈了整整一个下午，强尼向妈妈保证，以后再也不逃学了，强尼的父母都觉得很欣慰。然而还没过两天，强尼的老师又打来了电话："强尼又不见了！"当天晚上强尼很晚才回家，父母正坐在客厅里等他，他害怕极了，但父母却只是温和地招呼他吃饭，饭后又询问他没去上学的原因。强尼突然哭了起来："我以为对我这样坏的孩子，你们一定讨厌极了，你们一定会放弃我了！可你们为什么还关心我呢？"强尼再一次保证以后决不逃学，而这一次他做到了，强尼的父母再也没接到过老师的电话。等到了四年级的时候，强尼已经成为了一个学习很优秀的学生。

好家长在教育孩子的时候，都有长期的计划和安排，他们深深懂得"只要功夫深，铁杵磨成针"的道理，因而绝不轻易放弃孩子，而他们的恒心、他们的坚持最终也改变了孩子。

［诱导计妙解］：要诱导孩子爱学习，父母首先就要把握自己的态度，只有让孩子感受到家的温暖和父母的关心，孩子才能逐渐地克服

和改正他的厌学情绪和厌学行为。

多挤出时间陪孩子

很多父母总是终日奔忙,从来无暇顾及孩子。当他们终于有一天想好好关心孩子的时候,发现竟然无法与孩子进行沟通,父母对孩子已经变得无足轻重。

——英国教育家　夏洛特·梅森

对孩子而言,最宝贵的礼物莫过于父母能够抽出时间来陪伴他们。父母是孩子最早的老师,是孩子智力与创造力开发的启蒙者,父母给孩子带来的欢乐是其他任何东西都无法替代的。为人父母者,请多与孩子相伴相乐吧,美丽人生的奥秘尽在于此,千万要珍惜!

父母一定要想办法找出时间陪陪孩子,这样才能让孩子感到自己受重视。陪伴孩子的时间永远都不要嫌多。似乎父母越陪伴孩子,孩子需要陪伴的时间也就越多。然而,这一切终究会改变。总有一天,孩子不再需要你陪伴了。最终,孩子们会忙到抽不出时间来陪父母了。

为了孩子,父母倾注了全部的爱,拼命地工作,是为了能给孩子提供一个优越舒适的学习与生活的环境,是为了让孩子生活得更好。然而,当父母把大量的时间与精力花费在工作与其他的事情上时,却发现,没有给自己与孩子留下一点点的时间。

的确如此,父母在为孩子创造丰厚的物质条件时,应该多关注孩子的精神需要。父母是孩子最亲近的人,也是孩子的第一任老师,孩子在成长的过程中有很多的困惑,他们的成长需要父爱与母爱的浇灌。假如太忙,可以给自己找一个理由:"孩子很需要我,没有什么事比陪孩子长大更重要了"。

因此,作为父母应当抽时间多陪陪孩子,陪他们做自己喜欢做的事情。

曾有位刚下班回家的父亲,脸上写满了疲倦。儿子问父亲一个小时的工资是多少,父亲有点不高兴地说20元。

儿子听后叫父亲借他10块钱,父亲十分气愤,说自己工作这么辛苦,一个小时也才20块,你这孩子肯定要把我的钱拿去买什么玩具,气势汹汹地叫儿子马上回房睡觉。待父亲冷静下来,他再去找儿子,说要把钱给儿子。

儿子听了非常高兴,从床底又拿出了一些钱。父亲这时更加地气愤了,问儿子为什么自己有钱还要借我的钱。

儿子说,我这里钱还不够,现在够了,我有 20 元了,爸爸,我要用这 20 元买下你的一个小时,你陪我玩。

与许多家庭一样,父母几乎把所有的时间都花在了工作上,根本抽不出时间陪孩子,但这样做的后果是遗失了一种亲情,一种孩子成长过程中必不可少的父母的爱——孩子不要你给他买多少玩具,他只要你陪着他,这就够了。

丰富的物质生活是孩子健康成长必不可少的,但是更多的是需要父母的关爱、亲情的慰藉。目前,许多父母都很忙碌,忙事业、忙赚钱,也忙自己跳舞、打牌,就是缺少与孩子心灵的对话,缺少陪孩子唱儿歌、讲故事、玩游戏、捉迷藏的时间,孩子一有这方面的要求,就一句话打发:"自己玩去,你没见我正忙着吗?"。他们对孩子,除了给钱、给吃穿、给玩具外,至于像陪孩子玩乐的需要,或许也就顾不上了。

其实,钱可以慢慢赚,事业也可以一步步地发展,今年不行还有明年。至于自己的娱乐,更要摆正位置,不要整日沉迷于吃喝玩乐,而漠视了自己的行为对孩子潜移默化的不良影响。孩子成长中每一个脚步都是不可能重复的,很多事,一旦错过就不可挽回了。童心是一张洁净的白纸,要在这张白纸上画上最新最美的画图。作为父母,除了用丰富的物质生活作颜料,还要用父母之爱、稚子之情作彩笔,去描绘孩子的童真、感受、能力、理想……

父母应该给孩子足够的重视。作为父母在每天的工作之余,一定要腾出一些时间参加孩子喜欢的活动,例如,扮演一名教师、售票员或足球教练、汽车司机等。这样不仅给孩子提供了向父母学习的机会,还会促进家庭成员的交流,增进家庭的和睦。

由此可见,父母与孩子接触,关键的不是接触次数的多少、时间长短的问题,而是接触的质量。即使父母仅与孩子在一起几分钟的时间,只要专心致志地与孩子在一起,就能让孩子感觉到你对他的情感与关爱。

父母应怎样陪伴自己的孩子呢？

①父母应很投入地沉浸在孩子的世界里。陪伴孩子不仅要求父母与孩子在一起，而且要求父母学会主动和孩子沟通，让孩子感觉到父母是积极地陪伴着他，而不是"人在心不在"。孩子的心灵是敏感的，父母心不在焉的举动是欺瞒不了聪明、伶俐的孩子的。

②空闲的时间尽量多陪陪孩子。孩子并不会无理地要求父母一直陪伴自己，假如父母的确有自己的事要做，他们也会"乖乖"地等待，只要父母没有忘记他们，只要父母在空闲的时间去陪陪他，与他聊聊天，孩子也就满足了。实际上，孩子的要求真的很简单，父母为什么就不能满足他呢？

忙不是借口，做父母的只要有心，并且行动起来，就能给孩子更多的快乐，更多的关爱与幸福。

③每天尽量多地与孩子在一起。当今社会随着经济的高速发展，人们的工作更加地忙碌，父母与孩子在一起生活的时间少了，教育孩子的时间更少了。值得注意的是千万不要忽视或中断了"亲子关系"的纽带。父母应多抽出时间陪陪孩子，与孩子多多互动和交流，从而建立良好的亲子关系，这样对于孩子的成长与身心发展是十分必要的。

给孩子表达的时间和空间

童年的快乐是一生快乐的源头，童年的不幸是一生不幸的开端。一个人如果失去了快乐的童年，将来是无法弥补的。

——教育专家　孙云晓

当父母正在忙于各种事情时，孩子要求父母与他们谈谈话或是帮忙做什么事情，很多父母都会不耐烦地说："去去去……没看到我正忙着吗？"父母无意识的一句话就可能伤害孩子敏感脆弱的心。

父母说这句话的时候，或许并没有什么恶意，但在孩子看来这句话却意味着父母不把自己当一回事，认为自己所做的所有事情都是没有任何意义的，不管是自己的手工制作还是学习上遇到了难题，都不如他们正在做着的事情——比如看报纸、做家务重要与有价值。有些

好父母胜过好老师大全集

孩子甚至会产生强烈的叛逆情绪："你们不是认为我做的事情没有一点用吗，那我不做好了。"结果放弃了对生活的探寻与尝试，甚至放弃了学习。

青青平时很听爸爸妈妈的话，只要是父母要求她去办的事情，她都会老老实实地去完成，妈妈对此感到颇为安慰，经常对别人夸赞青青的懂事、乖巧。

不过，这段时间青青却变得有点叛逆了，到底是为什么呢？话还要从学英语开始说起：原来，妈妈觉得青青刚升入初中，打好英语基础是至关重要的，所以，妈妈就帮青青报了一个英语补习班，上课的时间定在每周的周六、周日。妈妈认为青青一定也想把英语学好，所以，事先也没和女儿商量一下。

这天，青青回到家中，妈妈就和她说了这件事情："我给你报了英语补习班，周末两天都要去上课了。"

青青听了，有点不高兴地说："怎么事先没有和我商量一下呢？我不去！"

妈妈听到女儿的争辩，倒是有点惊讶了，在她的印象中青青可是一个绝对听话的好孩子。妈妈询问道："没有事先和你商量是我的疏忽，英语补习班对你的英语学习很有帮助，要是你有不同的想法，可以和妈妈聊聊吗？让我听听你的想法吧？"

青青这时才缓缓地开口："妈妈，你忘了吗？我每周六还要去学画画，我是多么喜欢画画呀。再说，凡事不能半途而废，不是吗？"

妈妈这才记起女儿学画的事情："哦，抱歉，妈妈忘记了，那么，我们好好商量一个既能学画，而不耽误学英语的方法，好吗？"

青青感激地望着妈妈，说道："谢谢妈妈，谢谢你的理解……"

对于正在成长中的孩子来讲，父母的关注就是他们成长的养料。父母疏于关注他们，不愿意倾听他们说话，不愿意欣赏他们的"杰出成就"，吝啬于给予他们夸奖与赞美，他们就会像没有充足养料的植物一样萎靡、没有活力。

父母平时所忙的任何事情都没有给孩子生命的小苗施加养料重要。因此，不管父母正在忙什么事情，都要停下来给孩子表达的机会，这样孩子才会感到被尊重与呵护，才会健康地成长。

父母与孩子的沟通圣经

如何给孩子提供表达的空间呢？

①假如父母正在做的事情真的很重要，没有时间听孩子表达，可以告诉孩子自己现在很忙，等忙过之后，再听他说那些有意思的事情。要说明具体的时间，否则会让孩子感到父母在敷衍自己。给了孩子承诺就要主动履行，不要让孩子空等。

②在倾听孩子表达时，可以用一些词语来表明自己在认真地听他说话，比如："嗯，这看起来不错哦！""听你这么说很有意思。"也可以用动作表示，比如看着孩子的眼睛微笑，鼓励地拍拍他们的肩膀等。这是释放孩子表达空间的最有效的沟通方式。

用沟通走入孩子的内心世界

有效的沟通取决于沟通者对议题的充分掌握，而非措辞的甜美。

——葛洛夫

父母往往会这样抱怨："孩子有什么事情也不愿对我说。"而孩子却诉苦说："父母不理解我们的需要，他们想说的就说个没完，而我说时他们却心不在焉。"这种情况是比较普遍的。实际上，孩子有很多事情、感受是很想对父母说的。他们有欢乐、有苦恼、有意见没有得到及时的交流，主要责任还在于父母没有给予应有的重视，没有认真或不善于倾听孩子的意见与感受。怎样听取孩子的意见与感受，实质上是父母对待孩子的态度的问题。

不愿听孩子讲话、不与孩子谈心，你怎么能了解孩子呢？不了解孩子，你又怎么可能帮助、教育孩子呢？孩子是家庭中平等的一员。父母应该以平等的态度敞开心怀与孩子谈看法、讲见闻、说愿望、道欢乐、诉苦衷，共同营造一个民主对话的家庭气氛。

这天，阿仁躺在床上辗转反侧，怎么也睡不着。这到底是什么原因呢？原来明天就是召开家长会的日子，这可是所有学生最害怕的事情呀。所以，你说这觉能睡得着吗？阿仁似乎已经料想到了明天的情形，老师一定会把自己在学校的所有情况和妈妈一一"禀报"；还有自己的学习成绩虽说没有多大的退步，可是也没有多大的进步呀，老师该不会把这种情况也当成一种不好的行为向老妈打"小报告"吧？阿仁就这样躺在床上胡思乱想起来,越想越担心,越想越害怕。他仿佛已经看到妈妈气愤地指着自己的鼻子责备道:"为什么不努力学习,让我在家长会上丢脸!"唉,可怕的家长会。

此时,妈妈正好经过阿仁的门前,看到孩子房里的灯还亮着,便敲门道:"阿仁,还没睡吗?我可以进来吗?""请进。"

妈妈推门而入,她看到孩子一脸疲惫的样子,心中猜出了几分,便问道:"你在担心明天家长会的情况吗?"

阿仁点点头,有气无力地说:"对呀,所有的学生都不喜欢家长会的。"

妈妈摸摸阿仁的头,微笑着说:"呵呵,别胡思乱想了,你的努力我一直看在眼里,所以,家长会只是让父母更加了解你们在学校里面的状况罢了,不管怎样,我知道你在努力学习了。"

听了妈妈的话,阿仁长长地舒了一口气,这个觉总算睡得踏实了。

假如这位母亲以前就能与孩子良好地沟通,让孩子了解自己工作的忙碌与生活的艰辛,那么,孩子就会理解母亲,改变自己对母亲的错误态度。

如何与孩子有效沟通呢?

①要消除对孩子负面评价的心理定势。父母对孩子过去的表现所形成的看法会影响现在对孩子所说话的理解,甚至误解与歪曲。不是一好百好,爱屋及乌;也不是一坏全坏,以偏概全。孩子是发展变化的,父母要排除主观偏见,耐心倾听孩子的心声。

②一定要认真听孩子表达。对于孩子的话,父母应表现出热情与兴趣,并表现出十分乐意与孩子沟通。孩子表达时不打断、不批评,并能从孩子的立场去理解他说话的内容,使孩子感到他被理解、重视与接纳。

③重视孩子的内心感受。父母要注意孩子内心的需要和感受,体会他的心声、苦恼与心理矛盾,鼓励他坦诚地表明自己的想法与感受。一定要让孩子明白:父母不赞同他的某些行为,并不表示对他的感受不理解、不认同。父母对孩子的感受认真加以理解与评价,将会影响孩子今后的发展。

④言语要切合实际,合乎情理。经常运用切合实际、合情合理的沟通方法不仅可以培养孩子的理智感、自信心,增强教育的效果,同

时,父母的可亲可敬、可以依靠与求教的形象都会在孩子的心目中树立起来。

⑤沟通时的言语要明确、清楚、具体。父母与孩子间产生的很多问题与矛盾,往往是由于言语不详、语义不清、模棱两可、似是而非造成的。因此,沟通要成功、有效,言语就要清楚具体。

对感受要宽容,对行为要严格

不要过分地醉心于放任自由,一点也不加以限制的自由,它的害处与危险实在不少。

——克雷洛夫

纪律所提倡的方法是严格的也是宽容的。对待孩子的不良行为要严格,但是,对所有的感受、愿望、欲望与幻想,应该宽容对待,不管它们是积极的、消极的、还是矛盾的。与我们所有的人一样,孩子无法禁止自己的感受,有时候,他们会感觉到贪婪、自责、愤怒、害怕、悲伤、欢乐与恶心。尽管他们无法选择他们的情感,但是他们有责任选择如何、何时表达这些情感。

无法接受的行为并不是无法容忍的。试图强迫孩子改变无法让人接受的行为,结果是令人失望的。

父母要清楚唠叨与强迫是没有用的。外部压力只会带来违抗与不从,强制性的方法只能导致怨恨与抵触。父母不应把他们的意志强加在孩子头上,应该理解孩子的观点,帮助他们专注于解决麻烦,这样,父母才更有可能影响孩子。

榛榛的爸爸是一位收藏爱好者,他发现自己的女儿做事非常没有条理,常常乱放东西,用的时候又拼命地找。为了使榛榛养成做事有条理的好习惯,爸爸就想出了一个好办法。

有一天,爸爸对女儿说:"一个人如果爱好收藏,他就会感到很快乐。"

女儿有些怀疑地看着爸爸,说:"是吗?那应该收藏一些什么呢?"

爸爸说:"什么都可以,比如你喜欢画画,那就可以收藏各种美术作品。"

女儿说:"那很容易,我会收集好多好多画片的。"

谁知，爸爸却说："'收'容易，'藏'就不容易了。"

女儿有些纳闷了："怎么不容易？"

爸爸说："'藏'就是会分门别类，就是要学会条理化。"

在爸爸的指导下，女儿把自己的图书分门别类地整理了一下，而且把经常要使用的书放在比较醒目的地方，把暂时不看的书放在其他地方。这样，她就做到心中有数，在寻找图书的时候非常方便。

更重要的是，女儿在爸爸的指导下学会了做事有条理，她开始注重自己安排事情。比如，书包整理得非常有条理，语文课本、数学课本都是按顺序摆放的，只要把手伸进书包摸到第几本书就知道是什么，再也不用拼命翻书包了。

孩子要清楚地知道什么行为是可以接受的，什么行为是不可以接受的。没有父母的帮助，他们很难不依照他们的冲动与欲望行事。当他们知道被允许的行为的清晰的界限时，他们会觉得更加放心。

对父母而言，定规矩、作出约束很容易，但劝解比强迫执行要容易得多。当孩子向这些规矩、限制挑战的时候，父母应该学会灵活处理。

"今天晚上不准再看电视了。"当十二岁的儿子的电视节目结束后，一位父亲说道。史蒂文很生气，喊道："你真小气！假如你爱我，你会让我看我最喜欢的节目，它马上就要放了。"父亲想要让步，对他来说，很难拒绝这样的请求。但是他决定不能有这个先例，他强制执行了他的规定。

当孩子越过了你限制的范围，他或她会感到不安，因为他或她会想到打击与惩罚，在这时，父母不需要再去增加孩子的这种不安。假如父母说得太多，他们传达的就是软弱——在一个必须传达力量的时候。有时，在这样的情况下，孩子需要大人帮助他们控制欲望，却又不失他们的颜面。

当孩子违反了规定怎么办？

①把规定按优先次序排好。因为有许多规定很难强制执行，父母可能希望这些规定越少越好。

②在执行一个限制措施时，父母必须谨慎，不要激发一场意志的战争。

不要把孩子看作麻烦的制造者

情感本身蕴含着巨大的能量,这可以帮助解决情感表达的问题。
——教育心理学家　卢家楣

当孩子烦躁不安的时候,讲道理是起不到任何作用的。他们生气的时候,只有情感上的安慰,他们才听得进去。

帮助孩子平息怒气的两种方法:一种是使怒火更盛,一种是消除怒气。

米里亚姆十二岁,从剧院回来后,心情不佳,很生气。

妈妈:"孩子,你看上去好像不开心。"

米里亚姆:"我十分生气!我坐得很靠后,根本什么也看不到。"

妈妈:"怪不得你不高兴,坐得那么靠后就没什么意思了。"

米里亚姆:"当然没有。而且,还有一个高个子家伙坐在我前面。"

妈妈:"那更是雪上加霜了,一直坐在后面,还有个高个子挡在你前面!那真是够糟的了!"

米里亚姆:"的确够糟。"

在米里亚姆妈妈的回答中,有帮助的地方是她没有批评米里亚姆,也没有提意见,只是接受了女儿的情绪。她并没有问任何无用的问题,例如"你怎么不早点去选一个好一点的位置呢?"或"你不能请那个高个子与你换一下座位吗?"她关注的是怎样才能帮助女儿消除愤怒的情绪。

对于改变孩子的愤怒情绪,父母作出直接反映孩子不安情绪的、具有移情作用的回应,表达父母的同情与理解,是十分有效的。

在发完脾气之后,写在纸上的话也可以成为修复受伤情感的有力工具。不管是父母,还是孩子,我们都鼓励他们把自己的感情、想法写下来。

一天晚上,十三岁的特鲁迪大声地怒斥妈妈,指责妈妈进入她的房间,打开她的抽屉,翻看她的日记。当她发现她的怀疑毫无根据的时候,特鲁迪决定写信向妈妈道歉:

亲爱的妈妈,作为一个讲道德的人,我刚才犯了一个很严重的错误。我指责了妈妈,使妈妈很伤心、痛苦。我觉得十分羞愧,丢脸。以

前我一直对自己感觉良好，可是现在我讨厌自己。妈妈，我爱您。爱你的特鲁迪

特鲁迪的妈妈看到这封短信时很不安，她意识到这件事破坏了特鲁迪心中对自己的积极看法。她找时间写了一封信给特鲁迪，帮助她重新爱自己：

最亲爱的特鲁迪，谢谢你告诉我你的不安与不开心。前几天晚上发生的事情对于我们两个来说，都是一件不愉快的事情，但是那并不是什么灾难。我希望你能了解我对你的看法、对你的感情一点也没有改变。我依然把你当成与以前一样可爱的孩子，不过这个孩子有时会感到烦躁、生气。我希望你能明白，能够原谅自己，重新获得对自己的好感。非常爱你的妈妈

这位妈妈向她的孩子保证生气并不会改变一个人对自己的爱，也不会改变他人对她的爱。她的做法无疑是有益的。

孩子因父母不听自己的理由而生气，这时，他们经常把自己的理由写下来。

语言具有威胁、毁坏，或者培养、激发的力量。当我们注意到孩子的努力，并且表示感激时，我们就帮助了他们培养希望与信心。与此相反，当我们评定孩子的时候，会造成孩子的焦虑与反抗。否定性的定性词语（"懒惰"、"愚蠢"、"卑鄙"）可能会对孩子造成伤害，这个是很显然的；奇怪的是，一些肯定的词语（"好"、"完美"、"最好"）也可能会毫无价值。

父母如何处理孩子的麻烦呢？

①首先，我们对待孩子的态度应该是积极的、正面的、鼓励的。我们承认努力，表达感激（比如"你做得很棒。""你做那件事做得很努力。""谢谢你的帮忙。"），但是我们不能评价孩子，不能给他们定性。

②麻烦发生时，我们要寻求解决的方法，不是责备与批评。即使无法避免的怒火，也可以不带定性、不带指责评价地表达出来。所有这些人道的交流方式、技巧的背后，是对孩子深深的理解与尊重。

从倾听中认识孩子的朋友

友谊建立在共同兴趣的基础上。如果你的孩子朋友不多，那么就努力培养他的多种兴趣。这样，在参加共同活动中，可以逐步建立朋友之间的友谊。

——托马斯·伯恩特

赏识与尊重孩子，应该支持孩子的社会交往、尊重孩子的朋友，这样不仅可以让孩子感觉到父母对他的尊重而更加信赖父母，而且还可以促进孩子之间的友谊与交往，促使他们互相帮助、互相学习。

孩子需要朋友，孩童时代的友谊是十分珍贵的。朋友的缺失不仅使孩子的童年极为孤独，而且对孩子的身心健康极为不利。因此，父母应该珍视孩子的朋友，通过赏识与尊重孩子的朋友，培养孩子团结友爱、协作互助的良好习惯与健康的心灵。

小强有一个很不好的毛病，就是自己的东西总乱扔一气，结果到用时却怎么也找不到。之后，他认识邻居家一个叫芊芊的小女孩，两个人经常在一起玩。

小强的妈妈发现芊芊十分爱干净，自己的东西也从来都是整理得井井有条。因此，妈妈问小强："你与芊芊是好朋友吗？"

"当然是啊！"小强回答妈妈。

"好朋友就应该互相学习，你看芊芊多爱干净，总是把自己的东西收拾得整整齐齐，你能做到吗？假如你做不到，芊芊可能就不会与你做好朋友喽。"

之后，小强果然改掉了乱扔东西的坏习惯，自己的东西也收拾得整齐多了。

倾听中认识孩子的朋友，对孩子的成长有很多益处：

第一，可以通过赏识孩子朋友的优点，让孩子在与朋友的交往中主动学习，克服自己的缺点。

第二，尊重孩子的朋友，鼓励孩子们交往，可以培养孩子的社会适应与交际能力。

第三，为了克服孩子过强的个体意识，就要鼓励孩子在与朋友的交往中培养群体意识。朋友之间的群体生活可以克服孩子以自我为中心的毛病，让他们遵从群体活动规则，认识到每个人的权利与义务。

由此可知，父母应该鼓励孩子交朋友，当孩子有了朋友之后，应该通过倾听，促进孩子之间的交往。

对于孩子与朋友间的交往，父母也不能听之任之，使孩子陷入不当的交际圈。而是要充分利用他们喜欢交往的心理，因势利导，正确地引导与帮助他们建立纯真的友谊。

过于束缚孩子的行为也是不好的，应当让他们多参加一些有意义的活动，但是一定要让他知道哪些孩子是不能密切交往的。假如你对孩子的朋友某个方面很不满意，就应该当着孩子的面严肃地说出来。当孩子冲着你转眼珠暗示别说时，你不必大喊大叫，而应坚持以清晰、严肃的态度告诉他，哪些行为是不被你所赞成的。

怎样才能做好引导孩子交到好朋友，并且从中认识孩子的朋友呢？

①父母要有意识地帮助孩子进行择友引导，让孩子学会选择朋友。这样孩子在交友时，也就有了一个大的原则与方向，从而避免陷入交往的误区。

②培养孩子交往的信心。在现实生活中父母不难发现，当孩子在某些方面有了特长，就会为他结识新朋友提供机会，在交往中增强自信心。

③指导孩子与朋友相处。在孩子交朋友的过程中，父母要不断地进行指导，对待朋友要真诚坦率，以诚相待，严以律己，宽以待人。每个人的性格、情趣各有不同，交往中就要尽量尊重朋友的意愿，主动寻找双方都感兴趣的事物进行交谈。另外，由于每个朋友的心里还都有心理敏感区，那就要在平时说话、玩笑里，尽量避免刺激朋友心理敏感点，不要刺痛朋友心灵的"疮疤"。

④尊重孩子的交往意愿。在孩子交往的过程中，尽管需要父母的指导，但父母也要尊重他们的意愿，让他们有一定的自主权。在选择朋友方面，父母与孩子的意见往往会不一致，只要对方不是品行太差，还是尽量先尊重孩子的意见，然后在他们交往的过程中，进行积极的引导与帮助。父母还应尊重孩子的朋友，欢迎孩子的朋友到家里来做客。父母这样做，既可以表示自己对孩子的尊重，也可以进一步密切和孩子的关系。

听孩子说完他的理由

用心倾听就是一种爱的表现，实际上，这种有人倾听的感觉，本身就极具疗效。很多时候，父母并没有触及真正的问题，仅仅是倾听了对方，问题已经有了显著的改善。

——哲学家　萨特

假如父母不管孩子是否做错了事，不去问清事情的真相，就把责任全部推到孩子的身上，一味地批评与处罚孩子，这样只会让孩子对父母产生逆反心理，甚至不信任感，导致父母不让做什么，孩子们偏要去做什么。

由此可知，父母不要一看到孩子做了不顺自己心意的事就劈头盖脸地斥责孩子。不论何时、什么事情，一定要首先听听孩子说说他的理由，让孩子把事情的经过说清楚，然后再下结论也不迟。

一个孩子有段时间上学总迟到，老师因此事找孩子的母亲谈话。母亲知道后，并没有打骂孩子。而是在临睡觉前，问儿子："告诉我，为什么你那么早出去，上学却总迟到呢？"孩子先是愣了愣，见母亲没有责怪的意思，就说："我在河边看日出，太美了！看着看着，就忘了时间。"母亲听后笑了。

第二天一早，母亲与儿子一起去河边看日出。面对眼前的景色，她感慨万分："真是太美了，儿子，你真棒！"这一天，儿子没有迟到。放学回家，儿子发现书桌上放着一块精致的手表，下面压着一张纸条："因为日出太美了，因此，我们更要珍惜时间与学习的机会，你说是吗？爱你的妈妈！"从此以后，这个孩子再也没有迟到过。

看完这个故事后，我们不禁被那位深深懂得爱的母亲所打动。她没有粗暴地责问，没有无情地惩罚，而是选择了倾听。倾听之中，融入了对孩子的赏识、宽容、耐心与激励，给孩子创造了幸福、温暖的成长环境。

父母要耐心地做好孩子的听众，在孩子漫无边际的讲述中，父母可以充分了解他的真实想法。在孩子对某件事的辩解中，父母可以发现事情的真正原因，便于说服教育。因此，与孩子交谈时，父母不能只注重自己怎样说，更要注重听孩子怎样说。聪明的父母总会耐着性子听,从而诱出孩子一串串心里话,使沟通变得更容易。学会倾听,这是与孩子有效沟通中的不可缺少的一步。假如孩子正在气头上,要允许他发脾气。父母不妨全神贯注地倾听,而这样的倾听正好就是在告诉孩子:我们是在意你的,我们在认真地听你说话。

试想一下,假如这位母亲听了老师的话后,不问青红皂白就将孩子打骂一顿,结果会是什么样呢?孩子那颗热爱生活,善于发现美、欣赏美的纯洁心灵可能会从此消失了。

当孩子出现了一些不正常的行为时,作为父母,我们能否给他诉说的机会,听听孩子述说他的理由呢?

在现实生活中,往往会有这样的情况发生:当孩子犯了一个小错时,父母单凭自己了解的情况对孩子的行为做出评价与责备,当孩子申辩与诉说自己理由的时候,父母就会气上加气,心想:"你犯了错还想狡辩?"因此,对孩子大喊一声:"住口!"你能想象孩子这个时候该有多么委屈吗?即使事后你为冤枉了孩子而向他道歉,但对他的伤害仍然无法弥补。

常常被喝令"你不用解释"的孩子,渐渐放弃了诉说自己理由的权利。他们背负着种种委屈,一个人默默承受,而这样的负担可能会造成严重的心理问题。

为何不听听孩子的心声呢?

①多听听孩子的理由。让孩子有诉说的机会,不仅仅是父母赏识孩子的体现,更是孩子应得的基本权利,也是保证孩子身心健康必不可少的一个环节。

②不要急于做出判断与结论。当父母认为孩子做错了事,首先要倾听孩子说说他的理由。你可以说:"好吧,与妈妈说说当时的情况。"当孩子对一件你曾经认为错误的事说出合情合理的理由时,你应该说:"原来你有自己的想法,妈妈能理解!"

耐心对待孩子的问题

耐心是希望的艺术。

——活文纳洛斯

孩子会急躁，会发怒。我们努力尝试忍耐与理解。不过我们还是会不可避免地大发脾气，可能是对孩子的房间："你甚至连住在猪圈里都不配！"说出之后又很后悔，因此，试图道歉："我不是那个意思，你适合住在猪圈里。"

耐心是一种美德，但是事实真的是这样吗？假如它要求父母在生气时假装平静，要求父母言行不一致，要求父母的行为隐藏孩子真实的感觉，而不是反映父母的感觉，那么，在这样的情况下，忍耐就不是一种美德。

当我们小的时候我们的父母就教导我们不要表露真正的情感，当我们在严重的混乱中不动声色的时候，我们感到十分的骄傲。有一部分人把这个称作忍耐。

但是孩子从父母那里需要的、感激的是符合心情的反应。他们希望听到的是反映父母真实心情的言语。

宁宁的爸爸妈妈都是做生意的，家里很有钱，宁宁的衣服全都是名牌，玩具也是最昂贵的。可是宁宁不快乐。他经常感到很孤独，尤其是当他看到，邻居的小孩由爸爸妈妈带着出去玩的时候，不知有多羡慕。可是他的爸爸妈妈都很忙，谁也不肯放弃生意去陪他玩。

好不容易到了过年，所有人都放假了，宁宁高兴极了。爸爸妈妈这次可有时间陪自己玩了。

然而，从正月初一到正月十五，家里就没有断过人，全部都是父母的朋友们。他们来宁宁家只有一个目的——打牌。

每天家里都乌烟瘴气的，爸爸和朋友在一个房间里打牌，妈妈和她的朋友在另外一个房间里面玩。可怜的宁宁只好和电视为伴。就连到了吃饭的时候，妈妈也不肯从牌桌上下来，扔给宁宁100元钱，让他自己叫外卖回来吃。

今年老师布置的寒假作业是，写一篇作文，题目是《快乐的假期生活》。宁宁坐着书桌前面，听着隔壁哗哗啦啦的搓麻将的声音，他不知道该写什么。因为他的假期比上学时候还痛苦，既没有小朋友和自己玩耍，也没有和爸爸妈妈出去玩。他不知道自己的快乐在哪里。

尽管大多数父母，都会在孩子身上倾注很多心血。但是像宁宁的父母一样，光顾自己玩耍而忽视陪孩子的人，也占有一定的比例。这让人不由得为这些父母及他们的孩子担忧起来：家庭教育形势严峻啊！

为了保护自己,在父母生气的时候,愤慨地说出"你不爱我"这样的话,即使是一个很小的孩子说出这样的话也是不寻常的。"但是我当然爱你!"父母生气地大叫,使得心情与言语不相符,无法让孩子相信。父母在生气时,是不会感觉到爱的。孩子把"爱"抬出来,把父母送上被告席的位置,非常聪明地把争吵的焦点从他身上转移到了父母身上。

只有那些同意自己在生气时感觉不到爱的父母才会回应孩子的指责,而不是一味地辩解:"现在不是讨论爱的时候,现在讨论的是什么让我这么生气。"

父母越生气,孩子要求的保障也就越多,但是用生气的语调表达爱是起不到安慰作用的,它不会让孩子感觉到被爱,只能让他产生困惑,因为他听到的不是充满爱意的话,而是沙哑的声音里传达的愤怒。对孩子来说更有用的是,要让他知道,父母的愤怒不会带来自己被抛弃的后果。失去爱的感觉只是暂时的,一旦怒气平息了,爱自然会回来。

怎样耐心对待孩子的问题呢?

①态度要温和,不能因孩子的问题令你尴尬就横眉冷对、不理不睬,甚至怀疑孩子受了他人的教唆,对孩子大打出手。这会极大地伤害孩子的自尊心与进取心。

②对孩子提出的一些很简单而且习以为常的问题,不要嘲笑孩子或简单地回答"就是这样的,没有什么为什么",应该因势利导让孩子学会自己观察、自己总结。

③对于你不能回答的问题应向孩子解释,主动承认自己不懂,并建议孩子自己看书找出答案。

允许孩子争辩

隔代人之间的争辩,对于下一代来说,是走上成才之路的重要一步。

——德国心理学家 安格利卡·法斯

父母在教育孩子时,往往会遇到孩子回嘴、反驳、顶撞等。面对这种争辩,做父母的该如何处理呢？明智的做法是给孩子争辩的权利,认真地听取争辩。这样做,主要的好处有两个:其一,从孩子的争辩中,做父母的可以了解到其发生某种错误行为的背景、条件以及心理动机等,有针对性地进行有成效的教育;其二,让孩子争辩,也就为做父母的树了一面镜子,父母通过听取子女的争辩检验自己的教育方法是否得当,说得是否在理,发现不妥之处可以及时地调整。

曾经有个犯人,因为杀人而被判了无期徒刑。当父母来监狱探望他的时候,他拒绝相见。

一次,他们又来监狱看望他,还给他带来了家乡的特产——卤花生,盼望能和儿子见上一面。儿子仍然不想见他们,花生也被退了回来。管教人员带给了这对可怜的家长一封信。信是儿子写给父亲和母亲的:

虽然,我应该叫你们一声"爸爸妈妈",可是我叫不出口,因为我恨你们。从我懂事起,你们就没有对我好过。我知道家里的日子苦,可是你们知道我的心有多苦吗？一样是你们的孩子,我却体会不到你们对我的关心,更别说爱了。你们只有在需要有人干活的时候,才会想到我,家里有好吃的、好穿的,从来也不会落到我的头上。

你们永远也不会懂,一个十几岁的孩子,面对这样的不公平待遇,心里会是怎样一种痛！

记得有一次,爸爸在外面和别人闹了别扭,回来很不高兴。尽管我也没有招惹你,可是你还是找了个借口,把我痛骂一顿。这样的日子,我要经常忍受。你们知道我有多么委屈吗？

你们从来不关心我的感受,我就是家里可有可无的一个人。

如果你们当年对我好一点,如果你们能让我感受到一丝的家庭温暖和公平,我根本就不会走到今天这一步……

父母看到了这里,泪流满面。他们只知道这个儿子性格怪异,却不知道儿子的怪异是由自己造成的。只知道儿子脾气暴躁,却想不到他的暴躁是受了自己的不良影响。

两个老人一步一回头地走了,他们心里悔啊！如果儿子还能从里面出来,他们发誓一定要补偿他……

这个故事就是告诉我们父母,孩子少了争辩所造成的结局,不管孩子做得对与错,只要父母做得不对,孩子就有权利和我们争辩。

孩子争辩时,常常是他们最得意时。这时也是孩子最来劲儿、最高兴、最认真的时候,对他们的大脑发育是有好处的。同时,这样还可以营造家庭的民主空气,增加孩子各方面的能力。研究发现,这样的孩子具有很强的交际能力与其他方面的能力,对将来的发展是大有好处的。

因此,在大人说话的时候,孩子应该可以争辩这不是什么丢面子的事。父母认为,假如允许孩子争辩,孩子就会不听话,不尊重自己,让自己为难,这种想法是极为不正确的。允许孩子争辩,对两代人都有好处,因此,父母要善于研究学习,让争辩发挥更大、更好的作用。

当然,允许孩子争辩是应遵守规则的,换言之,就是不允许他们胡搅蛮缠,随心所欲,而是在讲道理的基础上进行的。假如孩子违反了争辩的规则,父母自然应该加以制止。值得提醒的是,父母是规则的制定者,因此,在制定规则时要从实际出发,合乎孩子的情况,合乎一般的道理,否则,这种争辩就是不平等的。

很多父母的实践说明,教育孩子时,允许孩子争辩,孩子常常会讲出一通令父母受益的道理来。

给孩子争辩的权利,这对很多做父母的来说并非轻易就能做到的,他们在教育孩子的时候,往往是只能我说你听,哪能容孩子争辩。因此,给孩子争辩的权利,需要做父母的克服自以为是,唯我是从,只准说是,不准说不的单向说教的思维定势,换上尊重孩子,鼓励争辩,勇于自以为非,善于双向交流的思维方式;改变轻则呵斥,重则棍棒的粗暴行为,养成重科学,讲民主,以理服人的良好规范。

心理学家经过科学调查得出了这样的结论:能够同父母进行真正争辩的孩子,在今后的日常生活中,会比较自信、富有创造力与合群。

因此,父母应该为孩子的争辩创造一种宽松、平等的氛围。在争辩的过程中,父母应循循善诱、以理服人,莫以为孩子与父母争辩是对父辈的不敬。

如何提高孩子的争辩能力呢?

①刺激孩子智力的发展。孩子勇于与父母争辩的直接原因是他们语言能力的进步与参与意识的觉醒。在争论的时候,孩子必须根据自己对环境的观察分析,选择、运用学到的词汇与表达的方式,试图有条理地表达自己的欲望,挑战父母。这无疑有利于刺激孩子语言能力的发展。

父母与孩子的沟通圣经

②帮助孩子形成意志。争执能帮助孩子变得自信与独立。在对抗中的孩子感觉到自己受到重视,知道怎样才能贯彻自己的意志。孩子与父母争辩后注意到,"父母并非总是正确的。"辩论的"胜利",无疑使孩子获得一种快感与成就感,既让孩子有了估量自己能力的机会,也锻炼了他们的意志力。

说出孩子的感觉有助于理解

好父母胜过好老师大全集

很多人认为小孩子讲的话都是无稽之谈。然而我认为,如果现在听取孩子所关心的事,将来当他到十几岁后也能分担父母所操心的事。这两点是密切相关的。

——美国企业家 艾柯卡

镜子让孩子知道自己的形象是什么样子的;通过映射到他们身上的感觉,从而了解自己的情感。镜子的功能就是反射影像本来的样子,既不谄媚,也不挑剔。我们不希望镜子告诉我们:"你看上去糟糕透了。你双眼充血,脸颊肿胀,总之,你乱糟糟的。你最好收拾一下自己。"在这样的魔镜面前露几次面,我们大概会把它当成瘟疫一样避之不及了。对着一面镜子,我们需要的是影像,不是说教。我们可能不喜欢所看到的影像,但是我们还是宁愿自己决定下一步的化妆措施。

情感的镜子功能与普通镜子类似,就是要把情感原原本本地映射出来,不变形。

"你看上去很生气。"

"听起来你非常恨他。"

"看起来你好像很讨厌整件事情。"

对于有上述情绪的孩子,这样的话是最有帮助的。它们清晰地显示了他或她的感受。透明清晰的影像,不管是在穿衣镜里,还是在情感的镜子里,都能够提供机会让本人自发地修饰与改变。

韩冰今年十四岁了,她弹得一手好钢琴,不过,她有个毛病,就是每当上台表演的时候就会莫名紧张,常常发挥失常。因为上台前,韩冰的心情总是很紧张,害怕得想哭。妈妈也注意到了孩子的这种毛病,她一贯的作法是安慰她:"你平常弹得那么好,上台也会弹好的。""不要怕,勇敢点。""不要在乎听众,他们大多数根本听不懂你弹的是什么。"可是妈妈这些安慰话起不了什么作用,韩冰每次演奏,不是忘了曲谱,就是指法僵硬,弹出的调子平凡、单调。于是,演奏之后,韩冰又是一场哭诉。妈妈再怎么说好,也无济于事。

这星期,学校举行艺术节,老师要求韩冰去演奏。韩冰为了这场表演好好地准备了一番,演出当天,妈妈陪着韩冰一块儿去了学校。可是到了表演前,韩冰还是犯老毛病,哭着说她不能表演了。此时,身边的妈妈没有责备她,而是以同情的口吻说:"在台上演奏是跟平常练习不同,那么多人瞪着你看,你可能觉得他们在挑你的毛病,想起就紧张,妈妈能体会你的心情。只要你把心中的感受说出来,就不会再感到紧张了,是吗?"

韩冰感激地抬起头说:"噢!妈妈,真没想到你能体会我的心情。谢谢你。"

韩冰平定了一下情绪后,就上台演奏了,这次她表现得非常出色,演奏得很好,充分发挥了她的能力。下台后,她激动说:"真高兴,我成功了!我对得起听众的掌声。"

妈妈笑着回答:"当然,这次真是太棒了。"

父母对孩子的意见,一般是同意或不同意。但有时,对他们的意见不置可否,也能很有效地帮助他们。不置可否,就是既不赞美,也不批评,只表明父母心中的感受,对孩子的意见表示接受。让孩子深切体会到原来父母也明白,也能体会到自己的心情,也在同情自己,希望能帮助到自己。那么他会感到很温暖,心中的焦虑自然而然会自我消除掉的。

作为成年人,我们都曾感到伤心、愤怒、害怕、困惑或痛苦。在这样情绪激动的时刻,没有什么比一个人的聆听与理解更让人觉得安慰的了。对我们成年人是这样,对孩子也是这样。要用关心的交流取代批评、说教及意见,用人与人之间的理解去给予孩子慰藉,帮助他们康复。

当我们的孩子感到苦恼、害怕、困惑或者痛苦时,我们很自然地会匆匆给出评价与意见,一般会明白无误地说出来——即使不是故意的——"你太迟钝了,不知道该怎么做。"这简直是雪上加霜,在孩子原先的痛楚之上又增加了新的伤害。

有更好的方法。假如我们给予孩子时间与同情,理解他们,我们就向孩子传达了一个完全不同的信息:"你对我很重要,我希望能明白你的感受。"在这个重要信息背后是一种保证："一旦你平静下来，你会找到更好的解决方法。"

怎样才能更好地说出孩子的感觉呢？

①我们与孩子是完全不同的个体，不能用我们的感受代替孩子的感受。

②感受没有对错之分，所有的感受都是被接纳的，但某些行为必须受到限制。

③孩子的感受被接纳了，他们才能开始集中精力改变自己的情绪。

善听孩子的弦外之音

要想和孩子沟通，就必须学会倾听。倾听是和孩子有效沟通的前提。不会或者不知道倾听，也就不知道孩子究竟在想什么，连孩子想什么都不知道，何谈沟通？

——中国教育家 周弘

作为一个称职的父母应学会倾听、乐于倾听，并善于倾听孩子的弦外之音，才能真正学会从孩子的倾诉中真切地感受与把握孩子的喜怒哀乐，真正了解孩子在想什么，要求什么，希望什么；才能真正领会孩子的思想意图，分享孩子的快乐，真诚地为孩子的进步而高兴，为孩子的成功而喝彩；才能有效地用父母的体贴去化解孩子的烦恼，营造出充满爱意的温馨家庭环境；也才能赢得和孩子的真诚友谊。

因此，作为父母千万不能忽视倾听孩子的弦外之音。只有这样，父母们做孩子的思想工作才能心中有数、有的放矢，才能不断提高家庭教育的质量与水平。

倾听孩子弦外之音的最主要目的在于建立亲密关系，帮助孩子发展健全的性格。

亲子关系品质的加强要依赖倾听，除了建立亲密的关系外，还能提供良好的素材，孩子在人生旅途中会发展成什么样与父母有很大的关系，父母可以深刻影响孩子的身影，但父母很难去决定孩子这一生会走的方向，影响的层面何在？在于父母们提供了什么素材与对待他的方式。因此,倾听孩子的弦外之音有两种目的:一方面让孩子发展健康性格;另一方面帮助孩子发展"人生脚本"。

有人说,教育就是不断消除误解的过程。倾听孩子的弦外之音,可以增进沟通,促进理解。一个孩子就是一个世界。父母们都应学会倾听,倾听他们的话语,倾听他们的心声,倾听他们对世界的理解与对未来的梦想。

父母们都想保护好自己的孩子,以免他们失望、受挫或与他人发生冲突,但父母不能将他们永远地置于自己的保护之下。父母能够做的就是帮助他们理解并处理不愉快经历的感受。经过与父母共同分担不愉快的感受,孩子将会减少伤害与压力,同时也逐渐增强了对自己情绪的控制能力。在面对挑战与日常生活中的失意的时候,孩子们将会作出较好的选择。

怎样才能更好地倾听孩子的弦外之音呢?

①接受与尊重孩子的所有感受。孩子向父母诉说时,父母应安静、专心地倾听,但不给予评判。父母不必接受孩子的所有行为表现,而只是接受他的感受。例如,孩子告诉父母他对小伙伴有多生气,但父母不能允许孩子通过嘲弄或打人来表达他的生气。

②向孩子显示你正在听他诉说。孩子向父母诉说的时候,父母的关注表示父母对孩子的尊重及表示父母愿意分享孩子的想法与感受。当孩子开口向父母诉说时,父母应停下正在做的事情,转向他,保持目光接触,并仔细地听。同时还要通过点头或不时地"嗯……,是的……"等来显示父母对他的注意。

③告诉孩子你所听到的及你的想法。不时地总结、重述或复述孩子所讲的关键内容,包括他的感受及导致这种感受产生的情境原因。仅仅倾听与理解是远远不够的,父母还必须用语言对他所说、所想及所感的事作出反应。但尽量不要逐字地重复孩子的话,应使用相似的语言来表达相同的意思。

④对孩子的感受进行确认。在仔细听取孩子的诉说并观察其面部表情后,对他的感受进行猜测并试着确认。假如第一次的猜测不正确,再试一次。讲话时要尊重孩子,保持冷静,且语速要缓慢。当猜测不正确时,应鼓励孩子帮助父母纠正。

只有在帮助孩子确认其感受之后,父母才能给他提供忠告、建议或教他以不同的方式看待情境。假如父母先给予这些帮助，那将会妨碍孩子努力去表达和理解自己的感受。

六、监护者的职责

家庭，是人生的第一课堂，是孩子生长、成长的摇篮。孩子，在这里生活、成长；习惯，在这里养育；教育，从这里开始；情感、是非、好坏、善恶和信念，在这里奠定。家庭最初及持续灌输的是非观念、善恶标准、为人原则和习惯的养成等将影响孩子的一生。

孩子是面镜子，是父母的影子，孩子的一言一行往往是父母言行的再现。做父母的要想给孩子一个良好的教育，先要教育好自己才行，父母首先得身体力行做孩子的表率。

给孩子一个良好的示范

以身作则对好人来说是固然是绝伦的大好事；但对坏人来说，它的害处是无以复加的。

——苏格拉底

如果你希望孩子品行优秀，那么就以身作则，给孩子一个良好的示范。事实证明，以身作则比给孩子讲道理要有效得多。因为没有判断力的孩子很难理解你的长篇大论，但却会积极模仿你的行为。

有一天，一个年轻的妈妈去接 7 岁的儿子放学。在公共汽车上，一个身材魁梧的胡子青年莽撞地挤进了车厢，妈妈被他撞到了一边。

儿子马上冲过去拉住妈妈，并关切地问："妈妈，你没事吧？"同时，他恼怒地看了那位青年一眼，喊了一句："太可恨了！你怎么这么无礼？"

年轻的妈妈连忙喝止儿子，说道："可不能这么说，这位叔叔不是故意的。"这时，那位青年也不好意思地连连向她道歉。儿子听到这些,惭愧地低下了头。

过了几天,妈妈来到学校,准备接儿子回家,结果发现儿子走路姿势很不自然,挽起他的裤子一看,膝盖破了一块皮,血还在流呢。妈妈心疼极了,赶快找来一些纱布,将他的伤口包好。然后就去问老师是怎么回事,老师也很奇怪,因为她既没有看到他来报告,也没有听到他哭过。仔细一问才知道,原来他是课间时被同学碰倒摔伤的。

妈妈不解地问:"为什么不告诉老师呢?"

他笑着说道:"妈妈,小朋友不是有意弄伤我的呀!为这事,他已经深感不安了,如果我再去告诉老师,他会更加自责的。"

妈妈听了非常高兴,她摸着儿子的头说:"好孩子,你已经学会了谅解别人。"

年幼的孩子缺少辨别是非的能力,他们总是无意识地模仿父母的行为。父母是孩子的领路人,父母的言行举止无论好坏都会被孩子不自觉地效仿。好的行为被效仿,当然很好,但坏的习惯被效仿了,改变起来是很难的。因此,父母的言行举止一定要起到表率作用,这样才不至于把孩子引向歧途。

这位年轻的妈妈就给她的儿子做出了一个很好的榜样,因为她在孩子面前做出了谅解别人的示范,所以当儿子碰到类似的情况时,他也注意体谅别人,和妈妈一样地明白事理。

因此,生活中我们不妨多运用"样板计"来教育孩子,当孩子行为出现偏差时,父母就要给孩子一个好的示范,帮孩子纠正不当行为。

小磊是个8岁的孩子,在家里深得父母的宠爱。不过妈妈虽然宠爱他,却从不娇惯他。有一天,妈妈去接小磊时,听老师说孩子在学校表现得有点自私,总是只顾自己,不管别人,更不喜欢帮助同学。这让妈妈很忧虑,她决心好好教育孩子。

小磊家住在一座家属楼里,同楼层住着好几户人家,他们共用着楼道、厕所和厨房,因此打扫这些地方的卫生成了大家分内的事。从那天起妈妈经常主动地打扫楼道、厨房、厕所的卫生,还特意买了刷子、纸篓等东西,毫无怨言。

有一天,小磊又看见妈妈在打扫那些地方的卫生,就对她说:"妈妈,您真傻。自己掏钱买刷子、纸篓,让大家公用,还经常倒纸篓、扫楼道。这些别人都没干,您为什么那么积极呢?"妈妈趁机教育儿子说:"为大家服务是应该的!"小磊没再说话,可表情还是有些不服气。

有一天晚上，小磊呆在家里写作业，写着写着钢笔没有墨水了。他在家里找了一会儿，发现墨水已经用完了。此时天色已晚，商店早就关门了，怎么办呢？作业还没写完呢？小磊焦急地望着妈妈，妈妈也感到无可奈何。正好住在隔壁的许阿姨来串门，知道小磊要用墨水，就立刻说："墨水用完了吗？哦，不要着急，我家有。"说完，她赶忙走了出去，不一会儿，她拿来了一瓶墨水，笑着对他们说："这墨水你们先用着，等我们要用的时候再来拿。"于是，她放下那瓶墨水就走了。妈妈和小磊连忙道谢。

妈妈认为这是教育小磊的好机会，于是她故意对小磊说："这个许阿姨真是太傻了，将墨水送给了别人，她能够得到什么好处呢？"听了妈妈的话，小磊愣住了，似乎一下子明白了一个道理，忙说："妈妈，阿姨是好人，这叫互相帮助。"

妈妈见小磊渐渐明白了其中的道理，非常高兴，又乘机说："小磊，你说得对，许阿姨身体不是很好，而且工作忙，每天早出晚归，非常辛苦；李阿姨家有个 3 岁的孩子，每天都忙得不可开交；赵奶奶年纪大了，儿女都在外边，没人照顾。远亲不如近邻，谁家有难处，我们都应该伸出援助之手，尽量帮助他，而不能在一些小事上计较太多。"

听了妈妈的话，小磊惭愧地低下了头，红着脸说："妈妈，我错了，以前太自私了，请您原谅。我以后一定要多帮助同学，决不让您失望。"

从那以后，小磊真的变了，经常帮大家做一些力所能及的事。

小磊的妈妈教育孩子就很有一套，当她意识到孩子的行为偏差后，并没有严词责怪，也没有简单地教训孩子，而是以身作则，用自己的行动去影响孩子、教育孩子，给孩子树立正确的榜样，这样既简单又有效地纠正了孩子的错误。

俗话说："喊破嗓子，不如做个样子。"这完全可以用来比喻父母对孩子的身教。在这个世界上，孩子通过模仿而学习，他们的第一个模仿对象正是父母。孩子是父母的一面镜子，每位父母都可以从孩子身上看到自己的影子。因此，家长要求孩子相信的，自己必须相信；要求孩子做到的，自己必须身体力行；要求孩子全面发展，自己先要活到老、学到老；要求孩子少年早立志，自己的人生不能没有奋斗目标。我们很难想象，一位终日喝酒、打牌、"筑方城"的父亲，或一位每天把大量时间花在穿戴打扮、逛商场上的母亲能给孩子做出勤奋学习的榜样;我们也很难想象,一对连自己父母都不愿赡养的爹妈能教会孩子关心和爱;我们同样很难想象,整天琢磨怎样占人便宜的父母能培养出孩子健全的社会属性……为了孩子检点自己的言行,为了孩子提高自身的修养,为了孩子以更加积极的态度对待生活,为了孩子努力去拓展自己有价值的人生,让孩子在自己身边学会做人,父母必须先修正自身,给孩子一个良好的榜样。

[样板计妙解]:以"声"作则不如以身作则,只有父母先给孩子树立榜样,孩子才能在潜移默化中走向正途。因此,家长应该注意不要只注重言传,更重要的是身教。

孩子往往缺少辨别是非的能力,他们总是在无意识地模仿父母的行为,无论是好的还是坏的。因此,为人父母者一定要注意自己的一言一行,因为孩子正看着你呢。如果你希望孩子成为一个品德高尚的人,那就为他做出一个表率吧!

秋收的时候,一个心术不正的人,打算悄悄跑到别人家的田地中偷一些豆子。"如果我从每块田中偷一点儿,谁也不会察觉到。"他心想,"但是如果是这样的话,加起来数目可就非常可观了。"于是,一天晚上,他就带着6岁的儿子去偷豆子。

到了一块田里后,他压低声音说道:"孩子,你得给爸爸站岗,如果有人来就赶快告诉我。"

然后这人就手脚麻利地开始偷豆子。不一会儿,就听到儿子喊道:"爸爸,有人看到你了!"

这人一听,吓了一大跳,马上紧张地向四周看了看,但是一个人也没有看到,于是他把偷来的豆子放进袋子里,走进了第二块豆地。

没想到刚偷了一会儿,儿子又大声喊道:"爸爸,有人看到你了!"

这人又一次停下手中的活,向四周望了一下,但还是什么人也没有看到。于是他又低头干起来。

"爸爸,有人看到你了!"儿子又叫了起来。

这人停止收割,向四下看去,可是仍然连一个人影都没有看到。他十分生气,责问儿子:"你为什么总是说有人看到我了?你太调皮了,不帮忙还捣乱。"

"爸爸,"那孩子委屈地说,"我不是人吗?我看到你了呀!"

不要认为自己是自己,孩子是孩子,其实,孩子是父母的影子,在实施家庭教育的同时,家长要让孩子自信乐观,自己就要自信乐观,父母要让孩子诚实，自己就要诚实，如此才能真正做到以身作则。

家长们往往很难意识到自己才是孩子最重要的榜样。一项针对幼儿的心理调查显示，53％的孩子有自己模仿认同的对象，而其中78％的孩子以自己父母为认同的偶像。看到这里，不知各位家长心里有什么感受呢？请记住，如果你希望孩子具备为人称道的品质，那么就要先规范自己的言行，为孩子树立可资仿效的榜样。

父母是孩子最初的模仿对象，家庭是孩子的第一课堂，父母是孩子的第一任老师。孩子从父母那里学会的行为习惯和处世态度，对其一生的发展将产生极大的影响。父母的品质、人格，对孩子有潜移默化的影响作用，会影响孩子今后的成长。如果父母的行为榜样出现了偏差，孩子的思想行为就会出现偏差。而这种偏差将会使孩子养成坏习惯，从而也使他失去社会性人格的发展机会。

没有不称职的孩子，只有不称职的父母

如果你自己都不准备去有所成就，你也不能期望你的孩子去做什么。

——美国教育家　克莱尔

古人云："子不教，父之过"，当孩子从出生到这个世界上的第一天起，父母就责无旁贷地担当起"老师"这个角色，而且这个身份将伴随着父母一辈子，没有退休的时候。因为孩子从小到大和父母朝夕相处，所以父母的性格、志趣、习惯及言行举止都会直接影响到对孩子的教育，这就要求父母们要不断提高自身的思想修养和知识水平，才能顺应潮流，更好地教育孩子。尤其是在知识经济的现代社会，如果父母的素质不高，不会教育孩子，不但会耽误孩子的前程，而且自己也会被这个时代所淘汰。

我们的世界因有了孩子才有了生机，孩子不仅是每个家庭的希望，也是国家的希望，孩子的培养是一个系统工程，这个工程需要父母付出无限的爱⋯⋯

王娟是个乖巧的孩子，就是性格有点内向，不太喜欢和同学一块儿玩。王娟的妈妈一直希望把女儿培养成钢琴家，其实这也是想完成她儿时的梦想。所以，尽管生活并不宽裕，但对于小娟每小时 100 元

的钢琴课时费却从来没有皱眉。妈妈常常嘱咐小娟,一定要好好学习钢琴,妈妈的希望都在你的身上了。小娟很懂事,知道妈妈的用心良苦,每天都是很认真刻苦地练习着钢琴。不过,学习钢琴并非努力就能学好的,这需要天赋。

这天,小娟的妈妈要求小娟给她弹奏一段简单的钢琴练习曲,可是,小娟的手指似乎不听使唤,老是按错键盘,断断续续地才把一曲演奏完毕。可想而知,妈妈自然很生气。想想自己辛辛苦苦不舍得吃穿地把钱省下来给孩子交学费,可好,练了大半年,居然一首简单的曲子都弹不下来! 小娟妈妈脱口说了一句:"你真笨,这么简单都学不会!"说完便走到客厅里去了,留下小娟一个人。

小娟的眼泪像断了线的珠子流个不停,她好想对妈妈说:"我已经尽力了,也在用心学了,可是就是学不会呀。我怎么这么笨呢?"自此以后,小娟变得越来越内向,越来越不喜欢和妈妈说话……

做父母的就应该共同克服自己的缺点,真正把孩子放在第一位,让他们时刻感受到父母是最爱他们的人,让自己的孩子在温暖的爱中健康成长!

毫无疑问,要提高孩子的素质,首先要提高父母的素质,这种前素质教育是孩子走向成功的关键。一般来说,父母的教育素质,包括教育观念、教育方式和教育能力三大要素,具体可以归纳为五个元素,即现代的教育理念、科学的教育方法、健康的心理、良好的生活方式、平等和谐的亲子关系。

现代的教育观念是父母教育素质的核心,对家庭教育的目标、方向以及父母的教育行为起着制约和指导作用,也是影响家庭教育质量的决定因素。教育观念至少包含儿童观、亲子观、人才观、教子观等方面。儿童观,即父母对孩子的本身及其发展的认识,孩子是要走向成熟的人,是终将独立的人;亲子观,即父母对孩子与自己关系的基本看法,两代人可以相互学习共同成长;人才观,即父母对人才价值的理解,选择最适合孩子自己的路是成功的根本;教子观,即父母对自身、对孩子发展的影响力和本身能力的认识,父母应把人格的教育视为家庭教育的核心。

科学的教育方法是教育观念和教育行为的综合体现,并直接关系到孩子在家庭中所受教育的效果。最重要的教育方法是:教育孩子的前提是了解孩子,了解孩子的前提是尊重孩子,从培养孩子的良好习

父母与孩子的沟通圣经

惯做起,父母身教重于言教,让孩子在体验中和群体中长大。

健康的心理是指只有父母的心理健康了才会给孩子带来积极的影响。不论在什么情况下,父母在以身示范的前提之下,引导孩子力求做到认识自己、控制自己、悦纳自己,而这正是孩子心理健康的重要标准。这就要求父母要有自知之明,由自知而自信变自强,不因成功得意忘形,也不因失败惊慌失措,始终保持乐观向上的稳定情绪,这将使孩子终生受益匪浅。

良好的生活方式是保证孩子健康成长的基石。每个人都是环境的产物,近朱者赤,近墨者黑,一切都是从童年开始的。教育就是培养习惯,有良好的生活方式才能养成良好的习惯,而良好的习惯才是真正的素质。在养成良好的生活方式方面,父母的榜样作用是很重要的,不要忽视榜样的作用。

父母该怎么做才叫称职:

①要多反省自己,少批评孩子,"人非圣贤,孰能无过。"

大人尚且如此,更何况是孩子。孩子在成长中难免会犯一些错误,父母不能冷起面孔,一味地训斥,甚至打骂。要冷静地用宽阔深邃的眼力和长远的观点来分析问题、解决问题,要看到孩子的现在而不要一直盯着过去,应该要多给予孩子鼓励和肯定,同时要注意反省自我,检查问题是否出在自己的身上,然后注意用自己的言行给孩子施加积极的影响,动之以情,晓之以理,让孩子心悦诚服,真正做孩子的良师益友。

②做孩子的朋友,能听到孩子的心里话。

孩子成长的过程中,总会遇到一些这样或那样的问题,因为涉世不深,缺乏判断力,难免会迷茫、困惑、痛苦和彷徨,这时候,他们不仅需要父母的疼爱、呵护,更渴求父母的理解与支持。做孩子永远的朋友,学会聆听孩子的心声,分享他们的快乐,分担他们的痛苦,做一盏导航的明灯。

③不断提高知识层次,以适应教育孩子的需要。

老师要给学生一碗水,自己须有一桶水。这是说老师的知识一定要非常渊博才能教育好学生。其实,做父母的也未尝不是如此呢?父母文化程度与孩子的学习成绩有着密切的关系。父母想要辅导好孩子,更好地教育孩子,就应该不断地学习更多、更新知识,获得更好的教学方法和教学理念。文化程度较低的父母,则可以通过认真刻苦的学习态度去感染和促进孩子的学习。

为人父母需要执照

譬如诸位有一块美玉,要琢成佩件,必要请教玉工;又如有几两黄金,要炼成首饰,必要请教金工,断不是人人自作的。现在要把自家的子女造就成适当的人物,难道比琢玉炼金容易,人人可以自任的么?

——教育家 蔡元培

似乎谁都可以指责当父母的,似乎孩子出现的一切问题都是父母的错。甚至一些名人也公然宣称:"只有不合格的父母,没有不合格的孩子。"

父母教育孩子需要一种教育素质,而这并非天生就具备的,也不是靠以往的经验就能获得的,必须在学习和实践中逐步形成。在21世纪,这种学习和实践非常重要与迫切,因为教育与教育对象都发生了历史性的巨变。

教育是一门科学,也是一门艺术。做父母也需要上岗证,您听说过吗?

世界上无数个职业都需要考核,就业者须持证上岗,如司机、导游、律师等,似乎只有当父母可以无证上岗。试想,教育孩子是何等艰难的大事,怎么能够不加以考核呢?

呼吁父母持证上岗,眼下似乎是个浪漫的想法,其实最重要的是做父母的要不断学习,只有不断学习才能够取得一个合格父母的资格。简单地把它叫做"上岗执照"。作为一个合格的父母需要的上岗证就包括五个内容或五个要素:当今的教育观念、科学的教育方法、健康的心理、良好的生活方式、平等和谐的亲子关系。这五个元素构成了当今父母的教育素质,也就是我所说的父母上岗证的主要内容。

平等和谐的亲子关系是家庭教育成功的必备条件。没有平等,培养不出现代儿童;没有民主,建设不成和谐家庭。因此,父母不仅应尊重儿童的权利,还要善于发现孩子的独特个性,真诚地学习孩子身上的优点,使教育过程中充满理智之爱。

当今的社会,各行各业都需要专业的知识与能力。然而,在亲子教育这个最伟大的事业当中,父母们常常忽略了学习一定的知识与技

父母与孩子的沟通圣经

巧,其实,当父母也要持证上岗,才能胜任这个神圣的职位。

周末的晚上,晓彤在自己的房间里做作业。一道难题让他皱起了眉头。想了好久,也没有找到解题的思路。无奈之下,他来到了客厅,向爸爸求助。

"爸爸,您帮我看看这道题吧,我没有思路了。"晓彤老实相告。

"去问你妈妈。"爸爸正在电脑上打游戏,显然对儿子的求助毫不在意。

"妈妈去姥姥家了,明天才回来呢,您忘了吗?"

"那你等我打完这局啊。"老爸嘴里敷衍着儿子,眼睛却一眨不眨地盯着屏幕。

晓彤只好拿着书本坐在沙发上,等着爸爸从"战场"上下来。

过来很久,爸爸终于结束了游戏,意犹未尽地离开了电脑。

"我看看。什么难题呀?"他随意地问道。

"就这道题。"一想到周一还要交作业,晓彤就很着急,盼着爸爸能帮上自己的忙。

可怜的爸爸,拿着笔,算了半天也没有结果。眼看都要到睡觉的时间了,解题思路却还没有找到。爸爸打算放弃了,"明天等你妈妈回来帮你解吧,爸爸实在解不出来。"说完,爸爸又回到了电脑屏幕前,开始了新一轮的鏖战。

"咳,白等了!"晓彤一边嘟囔着,一边回到了房间。他很奇怪爸爸平时做什么事情都挺厉害的,怎么一道数学题就难住了他呢。

解不出难题不是爸爸的错,但是作为父亲,只顾流连于自己的娱乐活动,却忽视对孩子的辅导,却是大错特错了。几乎所有的父母,都认为学习只是孩子的事情,自己只要能给他提供舒适的生活,良好的学习环境就足够了。很少有父母想到自己也要学习。

其实,学习不仅仅是孩子们的必修课,作为家长的父母们,也应不断修炼这项功课。社会在发展,时代在进步。每时每刻都有新鲜事物进入我们的眼帘。如果我们不能掌握新的知识,就无法融入日新月异的社会,就跟不上时代的步伐。

教育孩子看似很简单,其实却是一门很深的学问。生个孩子很容易,把他教育好,却需要付出相当大的精力。特别是在这个地球村的时代,孩子接受新鲜事物非常快,假如父母不知道学习与进步,不重视家庭教育观念的转变,不提高自身素质与研究教育方法,那么教育水平就跟不上孩子的成长,孩子怎么会听父母的话呢? 因此,教育孩子,绝不是千年不变的照本宣科,而应该是与时俱进,不断学习的过程。

父母怎样持证上岗呢?

①调整好心态,欣然向孩子学习。当今社会已进入信息化的时代,而信息化却动摇了父母的权威地位。在变化迅猛的时代,理智的亲子关系趋向于相互学习共同成长。"三娘"可以教子,子也可以教"三娘",两代人均以能者为师。对于父母来说,需要调整好心态,欣然向孩子学习。

②利用一切机会学习教育知识。除了积极参加学校举办的父母学校,还可以从电视上听专家讲座。其实,父母朋友之间聊天,假如有心探讨,也会有很大的收获。

要孩子知道,责任是不可推卸的

每个人都被生命询问,而他只有用自己的生命才能回答此问题;只有以"负责"来答复生命。因此,"能够负责"是人类存在最重要的本质。

——维克多·费兰克

责任心是一个人的重要的心理品质之一,它关系到儿童社会性、人格的发展,以及未来事业的成功。随着社会对人才素质要求的不断提高,责任心也越来越受到人们的关注,成为人才选择的一项重要指标。任何一个单位、企业,要想在激烈的竞争中获得发展,首先需要的是具有责任心的人。有责任心,才会去努力,才会有发展。因此重视和加强青少年责任心的培养,对于其将来的事业成功、生活幸福具有重要价值。但是,缺乏责任心,却是很多孩子的通病。

责任心是孩子做人、成人的基础,因为有责任心的人,首先要有一定的道德水准,否则他也不可能对事情负责。责任心也是做事的标准之一,没有责任心就不可能认真去做事。所以,要培养孩子的责任感,必须让他们养成对自己的行为结果负责的习惯。

父母对待孩子的态度、教育孩子的方法,是孩子能否健康成长的重要条件。有责任心的孩子做任何事都会考虑到行为后果,并且在不

父母与孩子的沟通圣经

影响他人权利的情况下实现自己的需要。他们主动履行义务，愿意承担自己行动的后果。家庭责任心主要是指能自愿承担家庭义务，为自己的行为承担责任，尊重其他家庭成员的权利。一个具有家庭责任心的孩子，不仅能在家庭生活中扮演好家庭成员的角色，在今后的生活中也有能力组织好自己的家庭，同时能创造出温馨、和睦的家庭气氛。

要想让孩子在今后的日子里，很好地立足于复杂的社会，担当起重任，那么，就必须从小培养孩子富有责任心的习惯。一个人承担的责任越多越大，证明他的价值就越大。责任心是衡量一个人成熟与否的重要标准。一个缺乏责任心的人，在遇到没有人能为他负责的时候，就会去哀叹自己的不幸，抱怨生活的不公。

很多时候是父母剥夺了孩子为自己承担责任的机会，这将导致孩子长大以后也没有责任心。父母包办得越多，孩子的能力越差，孩子就越没有责任心。孩子往往是全家关注的"焦点"，却缺少对家庭其他人应有的关心、照顾，只会抱怨父母不理解自己，意识不到自己对父母、对家庭应尽的义务。

父母的观念、态度与教育方法是造成孩子家庭责任感淡化的主要原因。父母把自己的意愿强加在孩子身上，很少给孩子应有的尊重与平等参与家庭问题讨论决策的机会，把孩子当作自己的"私有财产"。有一部分父母最关心孩子的学习成绩，认为只要学习好就可以，其他的问题都是次要的。为了让孩子有更多的精力与时间学习，包揽了所有的事。父母把孩子的需要放在首位，对孩子呵护备至。事实上，未来生活所必需的观念、态度与技能在家庭生活中处处可以学习到，而且是很重要的学习。在家庭生活方面给孩子必要的指导，有意识地培养孩子的家庭责任感，是父母的责任。只有在家庭环境中培育出富有责任心的幼苗，才能在更复杂的社会环境中经受考验，得到修正和磨炼，最终会成为一个自强、自立的人。

李约瑟·尼达姆，是著名生物化学家。他于 1900 年 12 月 9 日，出生在英国的一个知识分子家庭。他的父亲老约瑟，是伦敦一位小有名气的医生，擅长麻醉。他尤其重视对儿子李约瑟的教育。他从不纵容娇惯儿子，而是让他在各种活动中经受锻炼，培养责任心。为了培养他做事认真负责的科学态度，做医生的父亲经常让李约瑟帮忙配药。

在小李约瑟 10 岁的时候，有一天晚上，父亲很严肃地对小李约瑟说:"明天我要给病人做阑尾切除手术,你能上手术台去帮我的忙吗?"

小李约瑟热心地说:"那我怎么帮你呢,爸爸?"

"很简单,你就做我的助手,给我传递手术刀、钳子、缝合线等一些手术器械。"

"用刀? 那病人会疼吗? 会流很多血吗?"小李约瑟有点害怕地问。

"做手术之前,先给病人注射麻醉剂,病人不会感到疼,不过会流一些血。"

"那么,流血很可怕吗?"

父亲微笑着看着小李约瑟说:"孩子,无论做什么事,你都要勇敢地去面对啊! 你明天敢上手术台帮忙吗?"

小李约瑟想了想对父亲说:"没问题,父亲。"

第二天,他勇敢地登上手术台,协助父亲成功地完成了手术。第一次看到了手术台上的血,李约瑟很害怕,他颤抖着双手,几乎要晕过去。他向父亲投去了求助的目光,想要离开这个恐怖的地方。

"你一定要坚持住,"父亲看透了他的心思,"即使你有一百个理由离开,也不行。记住,病人在你的手术台上,你就得为他们的生命负责。"说完父亲又开始专心致志地实施手术了。

在父亲严厉的目光下,李约瑟坚持和父亲做完了这次手术。

这件事对李约瑟的影响非常大,它让一个孩子懂得了什么是责任。1918年10月,李约瑟以优异的成绩考入剑桥大学,学习医科,以便继承父业做医生。即便后来他成了著名的生物化学家,这件事情依然在李约瑟的心中难以磨灭。

1920年,有一位11岁的美国男孩在踢足球时,不小心踢碎了邻居家的玻璃,人家要求索赔12.50美元。闯了大祸的男孩向父亲认错后,父亲让他对自己的过失负责。他为难地说:"我没钱赔人家。"父亲说:"我先借给你,一年后还我。"此后,这位男孩每逢周末、假日便外出辛勤打工,经半年的努力,他终于挣足了12.50美元还给了父亲。这个男孩就是之后成为美国总统的里根。他在回忆这件事时说:"通过自己的劳动来承担过失,使我懂得了什么叫责任。"

因此,父母要教育孩子从小对自己的行为负责,不要替孩子承担一切,否则会淡化孩子的责任感,不利于孩子的成长。

作为父母要下力气培养孩子的责任心,须知"责任存乎心,终生益无穷"。培育孩子的责任心的习惯,应从培养孩子的家庭责任心入手。家庭责任心主要是指能尊重其他家庭成员的权利,自愿承担家庭义务,为自己的行为承担责任。

培养孩子的家庭责任感的根源在于父母是否具有家庭责任感,还在于父母是否给孩子练习的机会。假如你不是一个尽职尽责的父母,怎能对孩子进行责任心的教育呢?在一个父母专制的王国里,很难培养出有家庭责任感的孩子,因为父母对孩子管制得太多,控制得太死,使孩子没有机会就某件事做出负责的行为,孩子做事只是服从、听命于父母。只有民主的家庭,才是家庭责任感生长的最佳环境。责任感指家里一旦需要额外帮助时,孩子能够主动发现并自主地做出反应。孩子受到重视,父母具有威信。要想改变孩子,应从改变自己开始。这是最关键的问题。在家庭生活中父母一定要赋予孩子责任,以便有针对性地进行教育。

怎样培养孩子的责任心呢?

①要教育孩子学会自我负责。对自己行为的后果负责。要善于抓住生活中的点滴小事,不论事情的结果好坏,只要是孩子的独立行为结果,就要鼓励孩子敢作敢当,不要逃避责任,应勇于承担行为的后果,父母不应替孩子承担一切,以免淡漠孩子的责任感。

②要从小为孩子创造机会,让他们在生活中懂得人与人之间需要互相帮助、互相支持。培养孩子关心自己的亲人与家庭事务。

③让孩子接触社会。父母还应该鼓励孩子接触社会,使孩子在接触社会的过程中体会到被他人、被社会需要的乐趣。因为"被需要"是人的一种基本心理需求,能够在社会中发挥自己的作用,有助于进一步培养孩子的社会责任感。

不要让孩子背上你的梦想

父母都会或多或少地将自己未竟的理想加到孩子身上,但欲速则不达。

——普京夫人 柳德米拉

在大部分父母的思想里,孩子的理想应该由自己规划,假如能让他们继承发扬自己的理想，对父母来说，当然是最佳选择。因此，很多父母把自己的"理想"强加到孩子身上，还口口声声教育孩子："你要好好学习啊，爸爸妈妈没有实现的愿望可全都指望你了！"

父母们的出发点是好的，为了孩子成才，愿意为孩子的前途投资，寄希望于孩子身上，这并没有错。关键是有一部分父母，没有考虑到孩子的兴趣、爱好。教育孩子，最重要的是因材施教，而不是无视孩子的个性特点、内心世界，仅从父母的主观臆断出发，对孩子进行强行塑造的教育。

一位著名的物理学家，他本人在物理领域享有盛誉。他有一个儿子，很少有人知道关于他儿子的事情。但很多人都想当然地认为：物理学家的儿子，一定也同样地出类拔萃。

物理学家和一位初次见面的朋友聊天。

朋友问道："您的儿子也是学物理的吧？"

"不是。"

"哦，"朋友很意外，"那他是干什么的呢？"

"他是一个悠闲的绅士。"物理学家坦然相告。

"不可思议啊先生，您这么有建树，儿子却没有太突出的成就。"朋友显然非常吃惊。

"您应该让他继承您的事业。"

"为什么他一定要继承我的事业呢？"物理学家显然已经有些愠怒了，"我的儿子爱怎么活就怎么活，他不必辛辛苦苦地，为了给我争光而努力，他完全能够靠自己赢得辉煌。我对我儿子的唯一希望，就是他过得快活。我宁愿儿子是一个快活悠闲的绅士，而不是一位不快活的核物理学家。"

一个自己颇有建树的科学家，却能容忍自己的儿子是个平凡人，难怪他的朋友要吃惊。在多数人的思想里，孩子的理想应该由自己规划，倘若能让他们继承发扬自己的理想，对父亲来说，当然是最佳选择。

这是一个很普遍的现象，其实这是一个教育的误区。许多父母过去由于这样、那样的原因，没有受到很好的教育，对自己的生活现状不满意，而又把所有的原因，都归结到过去的教育条件上，总觉得自己有许多理想和抱负，因为当时的条件所限而没有实现，当现在条件好时，自己已不再年轻了。于是，他们把所有的期望、所有的理想都寄托在孩子身上。于是,强烈的"补偿心",占据了他们的心头。"望子成龙"变成了"逼子成龙"。为了孩子能够出人头地,就算是把他自己累垮了也心甘情愿。

父母的这种心理误区,其实是在无情地剥夺孩子宝贵的童年。他们把自己未实现的理想强加给孩子,从而残酷地扼杀了孩子的兴趣爱好,致使今天生活富足的孩子生活并不快乐。只要稍加留意,就会发现,今天孩子们最喜欢说的话,竟然是"郁闷"或者"烦"。在自己不喜欢的方式下生活,有谁能不郁闷呢?

柳德米拉还说,作为母亲,她非常注意让孩子得到全方位的教育,并提高她们的修养,不让她们觉得学习是一种折磨。"我努力令她们睡眠充足、精力旺盛、性格开朗、身体健康。"

普京夫人在教育子女的观念上是开明的,是每一位父母都应该学习的榜样。让孩子自由发展,这在西方人眼里是很正常的事情,而我们东方的传统教育观念,却往往不能接受。许多人都认为,让孩子自由,就等于自己的失职。其实不然,让孩子身心都健康,让他们生活在自己喜欢的世界里,才是我们父辈的责任和义务。

小强是高三的学生,今年就要参加高考了。他学的是理科,虽然数理化成绩还不错,但是他更偏爱文科的课程。在他的眼里,数理化的公式,远远没有写作更吸引他。高考前夕,学校组织大家填报志愿。

老师先是讲解了如何填报的要求后,郑重其事地告诉大家,这次填报志愿,相当关键,因为填报了什么专业,也将意味着将来要从事什么行业,可以说这次填报志愿,也就是自己在给自己的将来选择一条路。

老师的话引起了小强的思考:我该给自己选择什么样的路呢?

他决定听听父亲的想法。

"爸爸,您说我应该报什么专业呢?"

"你的理科成绩不错,就报最热门的计算机专业吧,将来找工作很容易。"爸爸有自己的看法。

"爸爸,虽然我的理科成绩还不错,但是我更喜欢文学。我希望将来可以从事这方面的工作。"

"孩子你可要想好啊,"爸爸很担心,"现在已经马上高考了,你要换专业来不及了。"

"爸爸,我觉得让我一辈子从事不喜欢的工作,我会很痛苦。如果今年我考不上,我想来年再考。"

"孩子,你要慎重考虑啊。"爸爸的目光凝重起来。

"爸爸,我想从事自己喜欢的工作。您能支持我的选择吗?"

过来很久,爸爸终于下了决心:"儿子,我不干涉你的决定。如果你真的喜欢写作,那么就好好准备吧。"

在父亲的支持下,小强坚持报考了喜欢的中文专业,令人惊喜的是,他竟然考上了吉林大学的中文系。

小强真是幸运的孩子,他能有权利把握自己的命运,因为他有一个开明的父亲。在他的人生转折的时候,父亲没有强迫儿子按照自己的理想去做。对于一个高三学生的父母来说,这份理解和支持,需要多么大的勇气。

父母生养了孩子,但是他们却都是一个独立的个体,而不是父母的附属物。每一个孩子都有他们自己的理想、抱负与追求。作为父母,不应该强迫孩子继承父母的事业,或者实现自己未实现的理想,不应该去规划他们的人生。而且,主观地以自己的人生经验,去判断孩子未来的选择,也未必对孩子有好处。

父母为何就不能释放孩子的梦想呢?

①父母不要总是以自己的主观臆断为出发点,按照统一的、理想化的、"好孩子"的标准,和笼统化、模式化的方式去塑造孩子,缺乏教育的个性化与针对性。结果培养出的孩子要么逆来顺受,要么叛逆不羁。

②千万不要把你自己的愿望强加在孩子的身上,不要等着让孩子来实现你自己的理想。记住,让他们快乐成长,才是我们当父母的使命。

父母也要有良好的自制力

有了自制力,就不会向人翻脸,或暴露出足以引起不满的弱点来。

——莱特

自制需要榜样。在生活中,孩子最容易模仿的对象是父母,父母自制力的表现会影响孩子自制力的发展。因此,一个冲动、情绪不稳定、行动缺少自制的父母,必须先教育自己增强自制力,才能帮助孩子建立自制力。假如父母能训练自己具有:排除干扰,集中精力;令行禁止,说到做到;机智灵活,随机应变;坚持目标,始终不渝等自控能力。那么,孩子在父母的影响下,自制力一定能得以大大提高。

古今中外,很多伟人都将"用理智控制自己"视为做人的基本准则。孔子强调"修身"与"克己";古希腊的柏拉图提出:"节制是一种秩序,一种对欢乐与欲望的控制";亚里士多德则说:"人与动物的区别,在于置行为于理智。""不仅应该把对敌人的斗争取得胜利的人看作是勇敢的人,而且也应把那些对自己的欲望控制取得胜利的人看作勇敢的人。"

假如说认识自己是心理健康的基本前提,悦纳自己是心理健康的重要方法,那么控制自己就是心理健康的特殊规则,换言之,也可以说是自我心理结构中最重要的调节机制。

尽管大多数父母,都会在孩子身上倾注很多心血。但是像宁宁的父母一样,光顾自己玩耍而忽视陪孩子的人,也占有一定的比例。这让人不由得为这些父母及他们的孩子担忧起来:家庭教育形势严峻啊!

父母要求孩子能成大事,首先自己需要有稳定的情绪与成熟的心态。缺乏对自己情绪的控制,是要求孩子做事的大忌。试想,假如你一会儿心情忧郁,情绪一落千丈;一会儿又怒火冲天,使你的孩子对你敬而远之;一会儿又情绪高昂,手舞足蹈,谁还愿意与这样情绪不定的父母交流呢? 而且,情绪不稳定的人对于自己确立的目标也往往不能坚持到底,做事容易情绪化,朝三暮四,高兴了就做,不高兴就扔在一边,丝毫没有计划与韧性。这样的父母怎能成为孩子的好榜样呢?

从某种角度说,孩子的过失乃至于某些犯罪行为,或许是一种失控的行为,并非有多么复杂的原因。很多悲剧都与情绪失控有关。这几年来,仅据媒介报道,已有十几个孩子都被父母打残甚至打死。世界上极少有成心要打死自己孩子的父母。但是,上帝都允许小孩子犯错误,有些父母不但不允许,并且怒发冲冠,控制力下降,一身蛮力集中于拳脚,假如击中要害,弱小的孩子还不非死即伤吗?

德国军队曾有过一项纪律:当内部发生冲突的时候,假如这个矛盾一时难以解决,当天谁也不许再谈论这件事,第二天再说。任何人睡一觉起来,火气就会小多了,头脑就会冷静多了,自有适当的办法解决矛盾。仔细分析,这是符合心理规律的。因此,建议父母首先要学会控制自己的情绪,因为忙人无计,怒人无智。

父母怎样才能控制自己的情绪,避免造成不必要的伤害呢?

①做事之前,父母要先考虑事情的结果。这样做的好处是能够预先想想事情可能发生的结果是什么,从而减少盲目性,这是理智教育孩子的前提。

②发怒先数一二三,然后再去做。先沉住一口气,再做出决定,特别是面对孩子所做的事让你火冒三丈时,要先冷静下来。为了避免失去理智,可以先从1数到10,然后才发表自己的意见,再决定怎样解决问题的办法。

③不要轻易对孩子发火。遇到十分愤怒的事情,可以先把它写下来,然后再去做。因为父母在愤怒时,往往容易说出伤害孩子的话来。当你控制了情绪后,才能与孩子讲道理,理智地教育孩子,从而避免对孩子不必要的身心伤害。

如果孩子没有秘密,那么孩子永远不能长大

> 人受到震动有种种不同:有的是在脊椎骨上;有的是在神经上;有的是在道德感受上;而最强烈的、最持久的则是在个人尊严上。
>
> ——约翰高而斯华馁

藏匿隐私,其实这是孩子成长过程中,一种正常的心理特征,它体现了一种独立意识和自尊意识。宣告他(她)已成长为一个拥有个人行为秘密的成人,不再像童年时期那样,心里有什么话都愿意向父母"敞开心扉"。这个"隐秘世界",是孩子自由个性的集中体现,包括父母在内的其他人,都不可随意进入自己内心世界的"警戒线"。所以,孩子会采取很多措施保护自己的内心世界、保护自己的个人隐私等行为。

然而,现实生活中,很多家长都将孩子视为自己的私有财产,认为自己把孩子从小养大,就有权力支配和干涉孩子的一切。一旦他们发现孩子有了秘密以后,就会觉得自己有必要管管,于是千方百计地翻看孩子的书信和日记,甚至把其中的内容,当作孩子"错误行为"的证

据，用来指责孩子、教育孩子。家长的这种做法，会严重地挫伤孩子的自尊心，让孩子感到难堪，觉得自己的隐私被侵犯了，从而对父母产生一种不信任感。

父母是否应该允许孩子有一些自己的秘密呢？有的父母说了，现在的孩子有了秘密就管不了了，就预示着要出危险了。

试想，哪个孩子的父母不担心孩子出事？而且凡是出事往往与某个秘密有关。所以，绝大多数父母都不希望孩子有秘密。

据我们在全国城市做的调查发现，近30％的中小学生的日记与信件，被父母偷看过。有些父母甚至还理直气壮："我们是你的爸爸妈妈，还是监护人，看看你的日记与信件算什么？"从调查中可以发现，尊重儿童权利远未成为普遍接受的事实，数据显示父母对儿童的侵权行为仍然很严重。

有一个这样的题目：当父母翻看了你的日记或信件，你一般会怎么做？结果发现，43.8％的小学生把父母看日记当作是有机会了解自己，39.9％的初中生与51.1％的高中生对父母这一行为表示出气愤和反感。仅有25.3％的父母意识到孩子有隐私权，父母不可以翻看孩子的日记或信件。这意味着有关儿童权利的宣传教育工作还需要进一步深入。

实际上，很多父母希望孩子像一个水晶人一样，看上去是透明的，能让人看得明明白白，不存在丝毫的秘密，这才让父母放心。

可是，这样的想法是不是有些一厢情愿呢？

实际上，孩子们也在想着法对付爱偷看的父母。

"妈妈，你不能偷看我的日记！"

"这怎么能说是偷看呢？妈妈看你的日记是为了多了解你，及时发现你有什么需要帮助的问题，妈妈好来帮助你。"

"我不需要你的帮助！你如果再偷看我的日记，一切后果你自己负责！"

见平时乖巧的女儿，现在急赤白脸地和自己叫喊，妈妈也生气了："怎么说话呢？我是你妈妈，难道我把你养这么大，还没有资格看看自己女儿的日记吗？"

女儿哭着叫喊："那是我的秘密，是我的隐私！你没有经过我的允许，就擅自偷看我的隐私，你是侵犯人权！我是你的女儿，可是我也有人权！"

好父母胜过好老师大全集

说完，女儿一把夺过妈妈手里的日记，跑到自己的房间里躲了起来。

这个故事不陌生吧，很多父母可能都有过类似的想法，或者已经采取了诸如偷看孩子的日记之类的等非常规手段，试图借此进入孩子的内心世界。然而结果却并不理想——不仅没有实现有的放矢的教育目的，往往还可能引发母女或父子之间的关于个人隐私的争吵。

有一个女孩子说道，把日记藏在褥子里面，同时放根头发丝在边上，每天回来看看头发丝动了没有，一动就知道有人偷看了。还有的孩子说，我的日记都存在电脑里加密码，父母打不开。有一个中学生说，我知道我妈妈特别爱偷看我的日记，可我习惯了，不写我难受，最后我只好写两本日记，一本日记专门写豪言壮语，放在我妈妈容易发现的地方，这是给她看的。另一本日记写心里话把它藏起来。这叫做声东击西。

从中可以得知，孩子是充满智慧的，你与他斗智斗勇，你未必能取胜。而孩子一旦知道了你偷看他的日记或信件，他对你的信任就不存在了。因此，与其与孩子斗智斗勇，不如放下架子做孩子的朋友。

一个孩子在他长大的过程当中，必然会有些秘密。有秘密对于孩子的成长到底有利还是有弊？从教育学的角度来说，拥有秘密对于孩子的成长具有很重要的作用。大家都知道，走向独立是现代人的基本特征之一，而拥有个人秘密并能恰当处置是走向独立的要素。对个人来说，秘密往往与责任紧密相连，并且要独立承担责任。从这个意义上讲，没有秘密的"水晶人"是永远长不大的，有远见的父母应当允许孩子有自己的秘密。

当然，由于孩子多为未成年人，独立面对某些有危险性的秘密，可能会因经验不足、处置不当而发生麻烦或灾难。这是父母最担心的问题。但是成年人不能因噎废食，为了孩子的安全而不顾其人格能否健康发展，这样做也会有所损失。做父母，重要的不是让孩子做个水晶人，而是要帮助孩子学会自我保护的方法以及求助他人的方法。您可以告诉孩子，当他们意识到不安全时，当他们意识到自己难以面对复杂处境时，应及时向父母求助。

比如他与同伴之间的约定、承诺，这其实是孩子独立面对的、独立承担的一份责任，对于孩子的成长是有利的。当然，有的父母说假如孩子做坏事了，父母该怎么办呢？的确，秘密包含着危险，比方说小孩吸毒,小孩要离家出走等等,这时做父母的因为是监护人,监护人要尽到监护人的责任,那就要知道事情的原委。因此,父母可以划一个界限,对于一些不具有危险性的孩子之间的一些事,父母要放宽一些,允许孩子之间存在"秘密";另外,要取得孩子的信任,当一些危险性比较大的、重要的事情发生时,孩子往往只会对他信任的人讲。

当然这个界限不是太好掌握,但是父母应该相信,教育总是在各种矛盾中前进的,当你给予孩子一个较宽松的生长空间时,矛盾也就可能自行化解了。

再回想一下,父母小的时候有没有秘密呢?谁成长的过程中没有秘密的滋养呢?关键在于正确的引导罢了。

怎样尊重孩子的秘密,让秘密成为孩子成长的催化剂?

①不偷看孩子的日记或信件。每个人都有秘密,不管是未成年人还是成年人,因此,允许孩子有秘密这是很正常的。两代人应当相互尊重各自的秘密,并将此视为尊重他人人格尊严的重要内容。特别是父母要尊重孩子的权利,不偷看孩子的日记或信件。

②不偷听孩子的电话。一个网友曾说,她的孩子已 16 岁了,正是有秘密时,有时孩子打电话,她在旁边听,之后发现孩子与同学在电话里说起外语了,这回她可担心了。其实,这正是由于父母不允许孩子有秘密,孩子打电话都像"犯人"一样受到监视,当然只能想办法对付父母了。父母不要去偷听,假如真的有疑惑,可以开诚布公地问问孩子,孩子一般不会反感的,孩子反感的是父母偷偷摸摸、不光明正大。

③不逼迫孩子说出不想公开的秘密。对于孩子的秘密,重要的是给孩子适当的帮助或引导,假如孩子不愿意说出不想公开的秘密,不应该以打骂、斥责等方式逼迫孩子,这样的结果可能更加适得其反,而且还使亲子关系更加地僵化,加大教育的难度。假如孩子真的不愿意,可以耐着性子等等看,另外,父母应当想办法让孩子相信,你们才是最能够给他们切实帮助的人。

要想改变孩子,先要改变自己

改变是成功家长最大的筹码!

——著名文学家 苏洵

父母教育孩子总是把自己放在教育者的位置,把孩子放在被教育者的位置,总想着发现孩子一个毛病或缺点然后抓住这一点不放,认为只要改正过来,孩子也就没有缺点了,然而总是事与愿违。后来慢慢地发现孩子身上的缺点越来越多,原有的优点也消失了。有一个教育者的天条:你无法改变别人,你只能影响别人做事的动机。孩子也一样,他没有被影响到他自愿改变的情况下,他是不会改变的。

　　因此,父母想让孩子有好的行为习惯,有好的学习习惯,不能靠整天的说教与讲道理或强迫。只有靠改变自己的行为习惯,让孩子感受到父母也是每天这样做的,人就应该是这个样子的。父母只要先改变了,孩子一定会随之改变!

　　想要孩子与你的思路在一条线上,就要从自己开始改变! 父母是孩子一生中最重要的不可代替的教育者。假如想要改变孩子的行为,父母应先改变自己,教育孩子就是教育自己的一个过程,孩子的不良行为,往往是从环境或父母那儿直接传授下来的。树立榜样来教育是发展孩子道德行为的最可靠的办法。

　　小桃很喜欢航模,爸爸很支持她的这项爱好。爸爸认为制作航模可以锻炼孩子的动手动脑能力。最近小桃看中了一套航模装备,要求爸爸给她买下来。航模的价格很贵,不过,父亲还是爽快地买给了小桃。

　　最初几天,小桃可迷这套航模了,每天放学回家就忙着组装这些装备。可是,没过几天,小桃变得有点不耐烦了。因为,在组装的过程中有一个部分怎么也弄不好,小桃开始打退堂鼓了。

　　这天深夜,爸爸看到小桃房间的灯还亮着,便推门而入,看见女儿还蹲在地上忙活着航模,爸爸问道:"怎么? 那部分还是不能装好吗?"

　　小桃无奈地点点头:"对呀,怎么都弄不好,怎么办呀?"

　　爸爸看到女儿焦急的模样,便说道:"要是实在不行,那就别坚持了,算了,等以后再说吧。"

　　小桃听到爸爸的这句话如释重负,松了一口气说道:"那太棒了,终于不用组装它们了。"

　　就这样,这堆航模配件到现在还散落在小桃的房间,小桃再也没有把它们组装起来的意思了。

　　故事里面的小桃对待事情虎头蛇尾,刚开始很热衷,可是遇到一点困难,便不想再坚持下去。她的父亲倒也"体谅"女儿,批准了小桃

"不要坚持下去"，就这样，孩子以后遇到什么事情，可能也会这样三分钟热度，半途而废的。

狄更斯曾经说过："顽强的毅力可以征服世界上任何一座高峰。"依靠自己的毅力，可以攀上高耸的山峰，克服无穷的困难，而不断地攀登，反过来又使自己的毅力增强。孩子在学习生活中，总会遇到来自自身和外部的重重困难或障碍，每当这时，我们就要鼓励孩子不放松，不泄气，坚持到底，执着追求。

故事里面的父亲不妨这样对女儿说："这里遇到一个困难，就更应该坚持下去，这样当整个航模组装完毕的时候，那会更有成就感的。"相信每个孩子听到这番话后，一定会坚持下去的。

培养孩子的灵性品质的重要性远远超过智力开发，灵是树，心智是果；灵是灯，心智是光。人的智力是灵性品质的反射。假如父母仅注重孩子技能的培养，而忽视孩子的精神品质的培养，只能是本末倒置，孩子长大成人后，他们的人格就会有缺陷，道德发展会受到阻碍。

合理的管束，管束孩子是告诉他们行为的标准，即什么样的事可以做，什么样的事不能做。管束一定要有权威，让孩子知道你是严肃的，而且你们提的要求是将伴随惩罚或奖赏的。合理地限制孩子，可以培养孩子的纪律观念，当然，对孩子的管束必须是负责任的。而且要告诉孩子你提出这个要求的原因。不要惩罚得太多，不可从生理与心理上虐待孩子，要把孩子管好，上策就是对他好的表现及时进行奖励。

用积极鼓励的方法，使孩子建立良好的自我价值观，父母需要主动地将基本的价值观与行为方式教给孩子，以便于孩子在社会上成长。当然，在这方面，身教胜于言传，父母可以做孩子的好榜样。创建良好的家庭氛围是很重要的，因此，父母不可以让孩子去做自己不愿意的做的事，也不可以自己做一套，让孩子去做另一套。只有我们以身作则，注重孩子礼貌与价值观教育的培养，才能很好地培育出品德高尚的优秀青年。

高自我价值观的人具有三种"能力"：我有能力；我能与周围的人交往；我能随时随地为他人的幸福作出贡献。相信自己有学习与成长的潜能，发展出勇气、信仰、自信、信赖生活和他人等多种品质。反之，低自我价值观是一种对自我的消极认识，愤怒、自责、羞辱、憎恨等毁灭性感觉始终伴随你的一生。

好父母胜过好老师大全集

接纳与确认孩子的各种情绪（特别是消极的）。当父母否认孩子感觉的时候，孩子觉得他得不到理解。只有当孩子的情绪被接纳，他的感觉舒畅了，他们的行为才会良好，因为孩子是生活在感觉的世界里。

倾听孩子的心声，有经验的父母提出，可以通过谈话来了解他们的感受，这是十分有价值的一种方式。不论孩子提出的问题是大还是小，都要尽可能找时间立即去倾听他所说的话，而不要让孩子等你有了空闲时再说。和孩子谈话，为父母提供了一次了解与教导孩子的机会。立即倾听孩子的谈话，有助于赢得孩子的信任，这样孩子才愿意把所有的事都告诉父母。而对于父母来讲，了解孩子头脑里想的是什么，也是一件很必要的事情。因此，当孩子与我们谈话时，我们要尽可能地立即与他交谈。这样孩子就不会感到失望了，也不会产生失落感，他可以感受到他对父母是多么的重要，他也就会更多地把心里话告诉父母。

设立明确家规，定期召开家庭会议。孩子需要知道界限在哪里，没有规则孩子反而没有了安全感。家规应适合于家里的特定需要，而且必须用肯定句来陈述，将家规贴出来。家规应明确相应的处罚措施。一旦建立，就应坚决执行，每隔一段时间，应对家规作出调整和修补。定期召开家庭会议，使全家一起分享生命发展的过程，发展民主，相互尊重，享受爱的氛围。

在改变孩子之前，为何不先改变一下自己呢？

①树立现代的教育观与儿童观。父母要以今天的眼光看待今天的孩子。儿童有着独立的人格，应该平等地对待儿童，尊重儿童，根据儿童身心发展规律科学地教育他们。父母应该在家庭中培养平等、民主的气氛，这样才能建立良好的亲子关系。

②阅读一些教育方面的书籍，补充教育孩子方面的知识。家庭教育是一门综合性科学，需要父母不断学习。为了教育孩子，父母要学一些关于儿童生理、心理及教育方面的知识，掌握科学育儿的原则与方法，不断提高家教水平。父母只有时刻记住以科学的知识武装自己，才能更好地把握孩子成长发育中各个阶段的特点，才能正确地教育好孩子。

父母要为自己的言行负责

　　不要以为只有你们同孩子谈话、教育他、命令他的时候才是进行教育，你们生活的每时每刻都在教育他们。你们怎样穿着、怎样说话、怎样谈论别人、怎样对待朋友和敌人——这一切都对孩子有着教育意义。

——教育专家　马卡连柯

好父母胜过好老师大全集

　　没有哪个孩子一生下来就是言语得体、彬彬有礼的小绅士，也没有哪个孩子一生下来就是出口不逊、粗俗无礼的小痞子。说白了，孩子来到这个世界时，仅仅是一张白纸而已，他以后会发展成什么样子，完全受外界因素一点一滴的影响。

　　在这一过程中，孩子最早、最大的信息源就是与自己接触最亲密的父母。父母既照顾着孩子的衣食住行，又在无形中影响着孩子的言谈举止，是孩子养成各种习惯的第一任老师。孩子以求知的眼光注视着父母的言行，并从父母的身上获得行为的榜样与模式，然后再将之运用到自己的生活中。因此，假如做父母的举止文明，在他们熏陶下的孩子就会懂礼貌，反之，孩子就可能行为粗鲁、脏话连篇。

　　每一个父母都希望自己的孩子文明懂事、好学上进，有的父母甚至为此倾注了自己的全部心血，但结果往往不尽如人意，孩子的行为令父母既烦恼又无奈。之所以会出现这样的情况，是由于从婴儿期开始，父母的一举一动、一言一行都对孩子起着潜移默化的作用，在孩子心中，父母不知不觉成了他们学习的榜样、模仿的范例。假如做父母的仅知道教训孩子，却不注意自己的行为，势必调教不出文明礼貌的孩子。

　　一位知名的作家向人们讲述了发生在自己童年中的一件事。

　　这位作家小时候随父母定居在加拿大，他们邻居家的太太去世了，留下了一个不满8岁的小男孩，村中一位好心的妇女收留了这个孤苦伶仃的孩子。这个妇女不仅穷而且又没有文化，但却将自己的爱心全部奉献在这个孩子身上，全心全意地照顾这个孩子，因此，孩子生活得也算幸福。但村中的孩子们都看不起这个孩子，这使他很自卑。

一天,村中的孩子们都在一起玩,谁也不邀请这个孩子参加游戏,他就站在一边哭了,哭得十分伤心。作家的母亲路过这里,正好看到这一情况,就走过去对那些玩得兴致勃勃的孩子们说:"亲爱的,你们这样做是不对的,他虽然没有妈妈,但也像你们一样需要爱、需要快乐,你们都是既可爱又善良的孩子,那么,你们就应该伸出友爱的双手拉他一把,让他树立起生活的信心,让他勇敢、快乐地生活下去。"

很多年过去了,这位作家一直忘不了这件事,是母亲的教诲使他懂得人能成全他人,也能毁弃他人,帮助他人能使人向上,而互相抱怨会使人裹足不前。

母亲短短的几句话改变了这位作家小时候对他人的看法,同时也在他幼小的心灵里埋下了爱的种子,使他在未来的生活中知道爱护、鼓励他人。从这个例子可以看出,父母的言传身教为孩子树立了良好的榜样,为他们的为人处事标示了行为准则。

心理学研究表明:人在社会化过程中,心理机制之一就是所谓认同作用,而这种认同,首先是在子女与父母双方的相互关系中起作用的,即孩子模仿成年人的言谈举止,并且奉为楷模。作为父母,与其煞费苦心地、不停地对孩子说教,不如把功夫下在约束自己、检点自己的言行、提高自身的素质所做的努力上。当我们真正理解了"身教重于说教"、"近朱者赤近墨者黑"这些道理,并以自己的优良品质来感染孩子、影响孩子时,我们在教育孩子上就能做到事半功倍。

因此,父母应该努力提高自己的文明礼貌意识,假如不重视自己的修养,就不可能提高孩子的品位。礼貌就表现在日常生活中,只要做父母的能够重视起来,以身作则,随时说明要求,按要求坚持训练孩子,发现孩子有不文明礼貌的行为及时指出并予以纠正,这样就能逐步培养起孩子的文明礼貌。

怎样做一个对言行负责的父母呢?

①长期培植孩子对父母的信任感。

②培养孩子与父母沟通情感的习惯。

③兑现对孩子的承诺,不能兑现时也得说清缘由,取得孩子的谅解。

④承诺为孩子保守秘密,一定要守信,需要揭秘时应动员孩子自己说出来,而不是由父母代办。

要宽容不要纵容

智慧的艺术就是懂得该宽容什么的艺术。

——威廉·詹姆斯

中国有一句俗话："子不嫌母丑。"反过来也一样，哪怕全天下的人都看不起你的孩子，做父母的也要欣赏自己的孩子、热爱自己的孩子、包容自己的孩子，只要父母这样做，那天下就没有不成才的孩子。

什么是宽容？什么是纵容？宽容就是接受孩子的孩子气的一种态度，意思是接受这样的一种观点："孩子总归是孩子。"干净的衬衫穿在正常的孩子身上，干净不会保持很久，孩子正常的活动方式在更多的时候是跑而不是走，树是用来爬的，镜子是用来做鬼脸的。

宽容的关键在于接受孩子拥有宪法规定的各种权利，允许有各种各样的情绪与愿望。愿望的自由是绝对的，不受任何限制的。所有的情绪与幻想，所有的想法与愿望，所有的梦想与渴望，不管内容怎样，都应该接受，都应该受到尊重，并且可以允许通过适当的方式表达出来。鱼儿会游泳，鸟儿会飞翔，人类会感知。孩子无法控制该怎样感知，但是他们对表达这些感觉的方式负有责任。

所以，他们无需对自己的感觉负责，但要对自己的行为负责。破坏性的行为是不被允许的，假如发生了这样的行为，父母就应该介入，使孩子把情绪通过言语发泄出来，或通过其他象征性的渠道。允许的象征性的渠道包括画"卑鄙"的画，绕着街区跑步，把恶毒的愿望录在磁带上，写刻薄的诗，写谋杀神秘故事，等等。简而言之，宽容就是接受想象的与象征性的行为。过分纵容是允许不良行为。对孩子宽容，接受他们所有的感觉能够带来信心，增强孩子表达情绪和想法的能力。过分纵容带来焦虑，增加孩子对特权的要求，这些特权是不能同意的。

大部分的纪律问题包括两个部分：愤怒的情绪与愤怒的行为。不同的部分应该不同地处理。情绪应该得到理解地处理，行为可能需要限制与纠正。有时，理解孩子的情绪可能就已足够解决问题了：

妈妈："你今天看上去很生气。"

罗南："我是很生气！"

妈妈："你心里感觉有点不舒服。"

罗南："你说对了！"

妈妈："你生某人的气。"

罗南："是的，我生你的气。"

妈妈："你为什么不告诉妈妈呢？"

罗南："你没有带我去参加小小联盟比赛，但是你带史蒂文去了。"

妈妈："是这个让你生气啊，我打赌你一定在心里说：'她爱他超过爱我。'"

罗南："是的。"

妈妈："有时你真的那么想？"

罗南："我的确会这么想。"

妈妈："你要知道，亲爱的，当你这么想时，应该过来告诉我。"

有些时候，必须要有限制。

训诫孩子时有用与无用的方法有巨大的差别。在训诫孩子时，父母有时会制止不良的行为，但是却忽视导致该行为的驱动力。限制假如是在愤怒的争吵中作出的，往往没有条理，不连贯，并且无礼。甚至训诫有时是在孩子几乎不可能听得进去的情况下进行的，而说出的话也最可能引起孩子的反抗。那样往往会给孩子留下不好的印象，觉得不仅他们的行为遭到批评，连他们自己也不是好人了。

当我们用有用的方法训诫孩子时，我们帮助他们，不仅关注他们的行为，也关注他们的情绪。父母应该允许孩子说出他们的想法，但是要限制、指导他们的不良行为。在作出限制时，态度既要保持父母的自尊，也要保持孩子的自尊。限制既不能专断，也不能反复无常，而是要有教育意义，能塑造人品。在实施限制时，不能使用暴力或者过度的愤怒。孩子对限制的反感应该能够预料到，并且要理解他们的这种反感，不能由于孩子怨恨禁令而额外惩罚他们。

怎样准确定位宽容与纵容的界限呢？

①允许情绪，但要限制行为。这种纪律的基础在于愿望、情绪与行为之间的差别。我们限制行为，但是不限制愿望或者情绪。

②有用和无用的训诫方法。这样的纪律可能会使孩子自愿接受限制与改变某种行为。从这个意义来说，父母的训诫可能最终带来孩子的自律。通过认同父母及父母体现出来的价值，孩子内心会获得自

我调整的标准。

警惕"暗示生短"

人们应该彼此容忍：每一个人都有弱点，在他最薄弱的方面，每一个人都能被切割捣碎。

——济慈

在现实中，我们发现，大部分父母都会无意中给孩子一个暗示，如"你真笨！""你什么事都办不好！""你的作文简直就是在说废话！"这样的暗示都可能会使孩子在某个方面成为短处。

实际上，每个孩子的发展都充满了无限可能，是有很大潜能的。作为父母一定要通过尝试，让孩子发现自己的特点与优势，从而树立信心，开始有希望的人生。

当然，坦率地讲，人的智能是有差异的，当你真的是数学逻辑智能偏低时，在这方面，你很难考出一流的成绩，但是好与差是相对而言的，差并不等于不能达到一定的水平，甚至不能断言不能有所创造，更不至于像有些人想象的那样，什么都不行。

有一只老鹰下了蛋，不知怎的就滚到鸡窝里去了。鸡也下了一窝蛋，然后鸡妈妈把这些蛋全都孵出来了。孵出来之后，等小鸡长大一点，就觉得鹰蛋孵出来的那只小鹰怪模怪样，这些小鸡都嘲笑它："真难看，真笨，丑死了。"那只小鹰觉得真是谁也不像，真是不好看。

后来鸡妈妈也不喜欢它："我怎么生出你这样的孩子来了，真烦人。"

之后这群小鸡就与小鹰在一起生活。有一天老鹰来了，老鹰一来，鸡妈妈就带着孩子拼命地逃窜。这只小鹰也跟着一块儿逃窜。

这个故事给了我们很大的启发：这只小鹰，它本来是只鹰，但是它不知道它是鹰。它能够飞翔，它不知道自己能够飞翔，这是个悲剧。大家都说它是鸡，它就认为自己是鸡。实际上这个故事告诉我们，人是有很多、很大潜能的，一定要通过尝试，看看自己有什么样的才能，不要轻易断言自己不行。

面对有无限发展潜能而又不是十全十美的孩子，如何以一种积极的、科学的态度对待呢？

①承认人与人之间的差异。正如这个世界上没有两片相同的叶子一样，这个世界上也没有两个完全一样的人，父母要看到孩子之间的差异，对孩子的要求不能完全一样。那样，对于一些孩子来说是很累的。

②寻找孩子的长处。假如让您说出孩子的 5 个优点来，您是否讲得出来？假如您讲不出来，说明您还不是一个称职的父母。父母们是否也应该经常寻找孩子的优点呢？

③把孩子的弱点变成优点，由弱变强，把潜能发挥出来。科学的做法是对弱点应当加以分析，因为优点与弱点都不是静止的东西，而是可变的。有时，孩子的弱点是假相，是由于没有开发他、没有激发他，因此，慢慢地就成为他的弱点。其实，他的潜力很大。

④宽容孩子的不完美。世界上的每一个人都不是十全十美的。当孩子身上存在一些不完美的东西时，只要无伤大雅，对孩子的健康成长没有太大障碍，您不妨与孩子一起去理解和宽容那种不完美。同时，在与孩子聊天时，也可以与孩子讲一讲那些不完美的人的成功轨迹，让孩子了解任何一个人身上都并存着美和不美的地方。

⑤经常鼓励孩子。一般情况下，父母们常犯的一个错误是，当孩子做对某些事情的时候，父母觉得是理所应当的事，而当孩子不小心做错了一点事情，父母就觉得孩子不努力，不是好孩子，甚至大发雷霆。其实父母首要的任务是把孩子做对的事情从平凡的生活中挑出来，经常给孩子一些适当的鼓励与赞扬。

孩子需要属于自己的生活空间

学会独立思考和独立判断比获得知识更重要。

——物理学家　爱因斯坦

生活中，很多父母总喜欢给自己的孩子无微不至的呵护，把孩子的事情都包办下来，一一为孩子做好。这些父母似乎不知道，我们教育孩子的最终目标是要让孩子能够适应他自己未来的生活。因此，日常生活中应当教导他们学会独立地生活，而不要总觉得他们这也不会那也不行。

当今父母对待自己的孩子可以说是"格外地小心"，每走一步路都得紧紧跟着，担心他走错了路，交错了朋友。可谓"呵护有加"，不给孩子留一点"呼吸"的空间，把他们都放在自己的眼皮底下，不仅要知道他在做什么，还想了解他在想什么。他们为了孩子，可谓煞费苦心！殊不知，这样反而会害了孩子。应该给他们一个属于自己的空间，让他们的心灵在快乐的天空里飞翔。

有这样一个故事：

一个猎人，打猎时捡了几只刚出生不久的小狮子，就把它们带回家中精心喂养。这几只小狮子慢慢长大了，它们无忧无虑地生活，不愁吃，不愁喝，自在幸福。当然，它们都被关在笼子里，猎人给它们设计的笼子温暖而舒适。尽管刚开始它们还很向往大自然，但是，时间长了，也就乐不思蜀了。渐渐地，猎人放松了警惕。没想到，一不小心，一只小狮子从笼子里跑了出去，猎人到处寻找也没有找到。其他几只还在安全的笼子里享受着猎人的细心照料。

一天，那个猎人外出打猎后再也没有回来，习惯了被喂养与保护的小狮子们最后被活活饿死了。而那只当年跑出去的小狮子呢？它已变成了一只野狮子。它独自在野外时，饿了自己找食吃；渴了自己找水喝；有了伤，它学会了用舌头舔伤口；遇到敌人，它知道如何保护自己。正是这种独立的、不依靠他人的习惯，使它在大自然的环境里顺利地活了下来。

这个故事给我们的启示是：人的成长过程也同样是一个不断自我构建、自我评价的过程，而这个过程不能够由我们的父母包办代替，必须是每个人自己从童年到少年再到青年脚踏实地地走过来。

当今的父母望子成龙、望女成凤的心之急切，比以往任何时候都显得重要，有的希望孩子成为全才，让孩子上各种各样的补习班、特长班，忽略了孩子的承受能力。

在大多数孩子中间，有很多同学都埋怨老师布置的作业太多，父母安排的特长课太多，以至于连属于孩子自己的生活空间都不给孩子。老师与父母为了我们能把学习成绩提高上去，不惜占有我们的休息时间，给我们"补课"。每次到了周末，好不容易想放松一下，找好朋友一起玩，做自己想做的事情。可是，昨天他们都已把我们的"任务"给布置好了，真是不知该如何是好。怎么才能让父母明白我们也是有隐私的，要适当地给我们留一些空间，给我们一些自由呢？

老师与父母都急切地看到孩子成才，早点有出息。可是谁都渴望成为英雄豪杰、伟人巨匠,但真正成为艺术家、文学家、企业家的,仅占少数。"人比人,气死人",或许我们永远成不了"家",但通过努力,我们却完全可以成为最好的"我"。

有人说:"每个人都是一棵树。"确实,我们生活的世界像一片森林,其中有的人是乔木;有的人是灌木;有的人是参天的白杨;有的人是婆娑的杨柳。你或许不能成名成家,不能名垂青史,但你可以成为同行业中千千万万普通人里最好的那一个!因此,希望我们的父母与老师能给我们一些自由的空间,在一个快乐的生活环境中长大。

怎样给孩子自由支配的时间,让孩子享受自由的乐趣?

①每天给孩子留出可支配的时间。父母安排孩子做这做那,这样做的结果,是使孩子没有了自己的意志与想法,几乎成了一个机器人,在父母的紧张安排下失去了自我,以至于越来越懒散、麻木与消极。

②学习时间与玩乐时间要分开。父母往往无限地给孩子加压,使孩子没有玩的时间,这样做不仅使孩子对所学的科目厌烦,而且容易使孩子养成磨蹭的坏习惯。孩子没有自己可支配的时间,只好采取迂回的办法,以争取可玩的时间。

③不能让自由成为一匹脱缰的野马。自由是需要的,每一个人都需要自由,每一个孩子也需要自由,没有自由就不可能有创新,就不可能有民主,就不可能有身心充分的发展。但是自由不是无边无际的,自由是要受到一些制约的。

父母与孩子的沟通圣经

给孩子创造良好的成长环境

环境对一个人的成长起着非常重要的作用,良好的环境是孩子形成正确思想和优秀人格的基础。

——瑞典教育家　爱伦·凯

家庭是孩子的第一课堂,家庭教育给孩子的影响是深远而巨大的。因此,父母如果能在家庭生活中,通过讲故事等方式,培养孩子健康的兴趣爱好,陶冶孩子的情趣、品行,那么就可以让孩子更健康地成长。

家庭环境可以加强也可以抑制一个孩子创造力的发展。一个对人、事物拥有丰富体验的孩子，能呈现出多样化的可能性与创造力。

《三字经》中有"昔孟母，择邻处；子不学，断机杼"的传诵名句，孟母的"三迁择邻"、"断机教子"等脍炙人口的故事，成为千百年来中国人妇孺皆知的历史佳话，成为天下父母教育孩子的样板故事。

有一位父亲年纪大了，身体极其虚弱，生活难以自理。于是，就搬去与儿子、儿媳及5岁的小孙子同住。由于中风留下的后遗症，老人的手经常不由自主地颤抖，步履蹒跚。

刚开始，全家人坐在同一张桌子上用餐。可是很快地，儿子儿媳就发现上了年纪的老父亲摇晃着的手与衰弱的目力使他无法顺利进餐。比方说，米饭会经常从父亲拿着的汤匙上抖落下来；当他握着杯子时，牛奶会泼到桌布上。儿子儿媳终于忍不住了，开始对老人白眼相加，有一天，儿子甚至因为老人弄翻饭碗而呵斥老人。

没过多久，夫妇俩就在墙角设置了一张小饭桌。在那个角落，父亲一人孤独地吃着饭，家中其他成员则在另一边享受着美食。再后来，当父亲打破了两个碟子后，他的食物就被盛在一个木碗里面——饭和菜被拌在一起。有时，当家人偶尔朝那边瞥一眼时，他们会发现，老人的眼里含着泪。他显得那么地孤独和无奈。然而，这对夫妇所能够给予老人的唯一话语仍旧是，警告他不要弄翻食物。

这一切，5岁的孩子都默默地看在眼里，记在心里。一天，晚饭前，孩子在地板上用小刀削小木块。父亲看见了，觉得好奇，就走过去，柔声问道："你在做什么呀？"也许是被父亲特别的语调所感染，孩子回答道："哦，我在做木碗，等我长大以后好拿来给你们用。"5岁的孩子说完了，仍旧微笑着削他的小木块。

父母一下子呆在了那里，一句话也说不出来，眼泪大滴大滴地从面颊上滚落。虽然都没有说什么，他们却都知道了该怎么做。那晚，丈夫小心地扶着老父亲的手，将他带到饭桌上，从此后，无论是丈夫还是妻子，都没有再在意诸如菜掉到桌上、牛奶泼出来，或者桌布被玷污了之类的事了。

父母的所作所为在很多方面对孩子有着潜移默化的影响，父母的价值观念和处世原则往往会通过自己的行为根植于孩子的心中，成为孩子将来人生态度中的一部分。因此家长如果想塑造孩子的人格，就必须先以自己的人格感召孩子,让孩子在长期的耳濡目染中,受到熏陶,获得好的影响。

良好的成长环境对孩子主要有以下几个方面的作用。

推动孩子智力的发展。从孩子牙牙学语到蹒跚学步,无一不是由父母教会孩子的。同样孩子早期的智力开发也是由父母训练的。比如教孩子数数,学儿歌等。启蒙的好坏直接影响孩子今后的学习。恶劣的成长环境,往往就忽视对孩子早期的智力开发,导致孩子的心智不健全。而在良好的成长环境里,则会推动孩子智力的发展。

帮助孩子习惯的养成。俗话说:"小小孩子映八十"。意思就是说:从孩子小时候的表现,就可以知道孩子一生的作为。虽然这句话说得有点过于肯定,但也可以看出,习惯对人一生的影响。好的习惯让人受益终生。因此,"昔孟母,择邻处。子不学,断机杼"成了千古美谈。而孩子诸多良好的习惯,如生活起居的习惯、饮食的习惯、学习的习惯、读书的习惯等等,其养成过程与良好的成长环境也是密不可分的。

促进孩子身体的发育。有首歌曲唱得好,"世上只有妈妈好,没妈的孩子像根草。"有的家庭的孩子因为失去父母的照顾,生活没有规律,连饮食都不及其他的孩子,结果长期的营养不良等问题往往影响了孩子身体的发育。因此,孩子良好的成长环境需要父母来创造,孩子身体的健康,需要父母来照料。

影响孩子世界观的形成。恶劣的成长环境里,孩子对世界的认识自然会有所歪曲。没有良好的教育,就没有良好的习惯;没有良好的意识,也就会有一些不良的行为。当今青少年犯罪率的居高不下,几乎都能从他们成长的环境找到根源。也许缺乏管教,也许误交恶友,也许压力过大等等,无一不显示了良好环境对孩子成长的重要性。

良好的成长环境,对孩子的健康成长是十分重要和迫切的。为此,每个父母都应当向孟子的母亲学习,重视孩子的成长环境,并尽自己的一切努力来给孩子创造良好的成长环境。

家庭环境对人的影响最深刻,家庭生活给人身心发展所打上的烙印,终生难以磨灭,在人的一生成长发展过程中起着重要作用。

孩子绝大多数的时间生活在家庭里,家庭环境对他们有耳濡目染、潜移默化的教育作用。孩子模仿性强,这个特点决定了家庭环境对孩子有着重要影响。

父母应如何创设良好的家庭环境呢？

①建立温馨、和谐的家庭气氛。一是搞好夫妻关系以及家庭成员之间的关系，二是要处理好父母与孩子的关系。父母要爱护孩子，对孩子尊重信任，尽量不板面孔，不随意呵斥、打骂，以平等的、民主的、朋友式的态度与孩子相处，应少一些"专制"式的做法，建立起新型的民主的家庭关系。

②形成健康、文明的生活情趣。父母要有意识地在家庭中培养文明健康的生活情趣，如关心时事形势、热爱科学、爱好音乐文艺、喜欢参加体育活动、注重文化修养、语言文明等。对不文明的东西，父母要善于诱导，提高孩子辨别是非能力，增强免疫力。在这些方面父母应处处以身作则，做孩子的表率。

③树立端正、良好的家庭风气。优良的家庭风气，是良好家庭环境的重要组成部分，是有效的教育手段，对孩子有重要的影响作用。树立良好的家风，要求家庭成员有良好的伦理道德观念，要形成和睦互助、敬老爱幼、谦让有礼、积极上进、努力学习、诚实守信、热爱劳动、勤俭持家的好风尚。

④创设属于孩子自己的小天地。给孩子设立一个属于他们的小天地，给孩子更多的自由活动时间与空间，让孩子自由地表达自己的心愿与体会。孩子可以在自己的小天地里，凭自己兴趣选择活动内容，积极愉快地学习。同时也可以邀请好伙伴共享愉快时光。

维系良好的家庭气氛

野蛮产生野蛮，仁爱产生仁爱，这就是真理。待儿童没有同情，他就变得没有同情心；而以应有的友情对待他们，就是培养他们友情的最好手段。

——教育家 斯宾塞

每个孩子来到世上，命运早就注定了他必归属于一个特定的家庭，这里便是他最早的生存环境。当孩子逐渐长大，他们走向幼儿园、学校乃至更为广阔的社会以后，家庭仍然是最贴近、最密切，因而影响最深、最重要的环境。

孩子的心灵是洁白无瑕、天真淳朴的。生活在什么样的环境中，就会造就什么样的人。事实也证明了，家庭氛围对孩子的成长有着决定性的影响。宽松和谐的家庭氛围，有益于孩子消除疲劳、紧张与烦恼，从而使家庭成为孩子前进的加油站，不断为其注入生机与活力，增加信心与勇气。

家庭是孩子成长的第一环境，未来社会的健康发展取决于新一代的精神风貌，而良好的精神风貌又来自于和谐家庭的教育。长期处于愉快心理环境下的孩子，往往表现为精神振奋、性格豁达、活泼乐观、充满自信。相反，一个压抑的家庭氛围，孩子往往是带着忡忡忧心与精神负担迈入家门，久而久之孩子就会表现为缺乏热情、性格内向、感情脆弱，甚至造成严重的心理障碍，出现忧郁症、逆反心理等，形成孩子与父母之间思想上的代沟或情感上的隔阂。

和谐的家庭关系对孩子的成长至为重要。在亲子关系上，有的父母望子成龙心切，不能正确了解孩子的需求，教育方式不当，容易引起他们对父母的反感。和谐的家庭关系应该是家庭成员相互尊重，彼此体贴、关心、爱护，这种和睦、民主、愉快的家庭生活有助于孩子的身心健康地发展。

父母要努力营造这样融洽的家庭氛围，教育孩子热爱自己的父母，孝敬自己的父母长辈，关心父母长辈的健康与冷暖，体恤父母的辛劳与苦心，尊重父母的权威，配合父母的教育与引导，力所能及地为父母分忧解难，通过这种亲子情感教育激发孩子积极的情感体验。

当然，作为父母对孩子要多一些平和，少一些苛刻；多一些引导，少一些高压；多一些民主，少一些一言堂，要理解尊重孩子的相对独立性，可以适当给予孩子一定的自主权利，给孩子以充分表现自我、表达意愿的自由与机会，多与孩子进行平等的对话和心灵沟通，努力走进孩子的内心世界，做孩子的知心朋友。父母应该给予孩子所需要的，而不是孩子想要的（Need≠Want）。

怎样才能营造一个温馨的家庭氛围呢？

①要多站在孩子的立场来考虑问题，体会在他们这种年龄状况下的心态，才能做到以心交流。不要认为孩子尚小，就剥夺他的各种权利，家庭各成员之间要做到人人平等，创造出一种比较民主的家庭氛围，少一些专制和独裁。

②父母言行出现问题时,要虚心接受孩子的意见与批评。孩子一旦做错了事情,作为父母,一定要耐心诱导,切勿急躁,动辄就对孩子大发脾气,拳打脚踢,为了孩子的健康成长,请您对孩子多一丝微笑、多一些鼓励、多一分赞美。

③心胸要豁达。不要因为某件小事影响孩子稚嫩的心灵。特别是要尽量避免家庭矛盾,更不要使矛盾激化,要求大同,存小异,保持和睦,父母不能在孩子面前大打出手,对孩子幼小的心灵造成严重的创伤。

七、冲突是为了成长而不是伤害

冲突绝不是伤害,冲突的前提是尊重。

没有冲突的教育是伪教育,没有冲突的教育是不负责任的教育,是缺钙的教育,是危险的教育,因为经不住冲突的孩子是脆弱的。对父母而言,一定要在必要的时候对孩子说不,并坚持到底,这是孩子成长的人生路标。因为孩子如果没有接受过冲突,也就学不会承担责任。

父母对于孩子的教育在提倡表扬、奖励的同时,不应该忽视"冲突"在教育中的积极作用。夸奖、表扬孩子,应该是发自内心的而不是表面上的,如果仅仅是害怕引发孩子的极端行为与举动,而一味地姑息孩子犯下的错误,这将会酿成大错,因为没有冲突的教育是不完整的教育。

不能对孩子的话惟命是从

真正的世界不可达到、不可证明、不可许诺,但被看作一个安慰、一个义务、一个命令。

——列夫·托尔斯泰

现在的孩子是"小皇帝"、"小公主",享受到了前所未有的爱护和物质享受。然而孩子们的要求却越来越多,花样层出不穷,让父母们着实有点难以招架。父母们爱孩子的心情是可以理解的,可是一味顺从孩子只会助长孩子的任性和贪欲,对孩子的健康成长没有一点好处。因此,父母们不要允许孩子不停的需求,在孩子提出不合理要求时就要态度冷淡地拒绝。

　　这是一位年轻母亲的教子心得:我的儿子叫小凯,今年9岁,他既聪明又漂亮,从小就受到了家人的宠爱。然而这两年,我们越来越觉得这孩子太任性了:走在街上看到什么就要什么,不给买就连哭带闹,因此我们只好一次次迁就他。半年前,我去听了一个教育专家的演讲,他的一句话对我触动很大:"不讲原则地迁就孩子就是害孩子。"因此我决心要改变孩子乱要东西的坏习惯。在一个星期六下午,在儿子的要求下,我答应带他去逛街。出门前,我跟儿子约定:只看不买,否则就不去。儿子满口答应:"行!"不过在我以往的经验里,带儿子逛商店,儿子的眼睛一旦瞄到玩具柜台上,不管合适不合适,只要他看中就一定要买。

　　到了商城,像以往一样,儿子照例要光顾一下四楼的玩具区。由于有约在先,我便放大胆子带他去了。儿子兴奋地东张西望,没一会儿,一种可以远程遥控的玩具汽车便引起了儿子的注意,他便缠着我要买,我说不买。这下可不得了了,他顿时坐在地上大哭起来,边哭边说,他最喜欢小汽车,一直想要小汽车,如果不买就回去告诉爷爷奶奶、外公外婆,只要买了他就听话,以后什么也不要……以前在这种情况下,我就给他买了,但今天我却站着不动,告诉他不能买的道理。

　　可他根本不理这一套,咬紧牙关一个字——买!并且越哭越凶,最后,索性赖在地上不走了。这时,服务小姐及许多顾客都围了过来:"现在都是独生子女,就给孩子买一个吧。"你一言他一语的,说得我真是尴尬极了,真想一买了之。可是一想起自己的计划,便又横下一条心:不买!我冷淡地对儿子说:"你走不走?你真的不走?那我走。"我躲在楼梯口,很久才见儿子抹着眼泪跟了出来。

　　回到家里,我开始告诉儿子,他什么样的要求可以得到满足,什么样的非分之想会被拒绝。儿子似懂非懂地听着。

　　有了这第一次成功的拒绝后,我就继续进行我的计划,孩子的爸爸也和我站在一边,对孩子不合理的要求一律冷淡地拒绝。半年下来,孩子果然改变了不少,他的不合理要求、不良习惯少了,家长会上老师告诉我小凯是个懂事又独立的孩子。

这位母亲的教育方法是非常成功的,父母对孩子提出的不合理要求,冷淡地予以拒绝,正是对孩子负责任的表现,一味地言听计从,就是溺爱孩子、害孩子。

有些父母当时不迁就,可是经不住孩子的纠缠,或是由于心软,过一会儿又予以满足,这是最失败的。这样出尔反尔,定会让孩子产生这样的认知:即通过死缠硬磨的手段,无论什么样的要求都可以得到满足。也有些父母不注意相互之间的通气、默契,爸爸不迁就,妈妈却迁就了。又或许父母达成一致意见,爷爷奶奶却悄悄地予以满足,当父母提出批评时,老人又说这是他自己的积蓄,背后又在孩子面前唠叨。这样会造成孩子心理失衡,误以为父母不疼爱他;说什么事情做不到,其实可以办到,只是不愿意为自己花钱、着想。

[冷淡计妙解]:冷淡地拒绝孩子的不合理要求,是处理孩子任性问题的最佳办法。需要注意的是,在孩子平静下来后,一定要告诉他拒绝他的原因,这样的教育才是有效的。

允许孩子直接对父母表达自己的情绪和不满

愤怒的背后往往掩藏着身心受到伤害和伤心。想想是什么伤了孩子的心,而不是过度地关注于他的愤怒。

——精神病专家 大卫·维斯格特

看见自己的孩子在众人面前"脾气发作",对父母来说是很件很难为情的事情。一般情况下,当孩子当众有异常表现的时候,父母首先想到的是自己的面子,却很少有父母真正地去关心孩子此时的心情和情感需要。因此,父母便会对孩子的行为很快地加以压制。

实际上,这样做是不对的。作为训练有素的成人,在父母的脑海中有成套的清规戒律,什么样的行为是可以接受的,什么样的行为是不应该发生的。在情感表达上父母也有明确的概念,什么样的情感是值得赞扬的,什么样的情感是不应该存在的。

而孩子却没有形成这样的概念。比如,孩子在2岁左右爱发脾气是一种正常现象。因为这一年龄段的孩子易冲动,自制力差,对挫折的容忍程度是有限的。孩子要到外面玩,父母不允许,为什么不允许,他不明白,有可能就要通过发脾气的方式表达自己的感情。而4岁以上的孩子,对挫折有了一定的控制能力,初步明白了一些事理,假如还频频哭闹、经常发脾气,那么其原因大多数在父母身上。

父母应该明白:发脾气是孩子正常的情绪宣泄,要允许孩子发发小脾气,但更要找到孩子发脾气的原因及安抚孩子。

雯雯一向很固执,对自己认准的事决不回头。假如不如意就发脾气,找理由哭闹,妈妈对此感到非常头疼,总是提防着她的坏脾气爆发。

妈妈经常对朋友说:"我家雯雯一般都很乖,就是脾气一上来,怎么说、怎么劝都不行,真是软硬不吃。"一天,一位朋友说:"她总是有原因的吧? 不会无缘无故就哭闹吧?"

妈妈留心观察,发现雯雯总是在父母不耐心或有恼怒表情后开始"发怒",而且纠缠不清。妈妈翻开一些育儿书来看,其中讲到孩子对归属感的寻求,不禁有些醒悟。或许雯雯看到父母生气,会想到他们不再爱她,因此,有危机感,因恐慌而暴怒。

找到原因就好办了。有一次雯雯又闹起来,这次妈妈没有训斥或表现出厌烦,而是和颜悦色地拥抱着雯雯说:"妈妈知道你心里难过,能不能告诉妈妈为什么难过呢?"这样问了一阵,雯雯终于吞吞吐吐地说:"我看你刚才生气,以为你不喜欢我了。"

"傻孩子,妈妈怎么会不喜欢你,刚才妈妈情绪不好,因此,对你态度也就不好了。可是妈妈是喜欢你的,你要相信妈妈。"这样以后每当雯雯有迹象要发怒时,妈妈首先向雯雯声明她喜爱雯雯。这的确使雯雯平静了很多,不再没完没了地"找麻烦"了。

孩子脾气发作,不仅严重损伤孩子的情绪与生理状态,而且也使父母狼狈不堪,感到十分棘手。因此,父母要想方设法制止孩子哭闹、发脾气。怎样制止呢? 一定要根据发脾气的原因"对症下药",方能奏效。就像案例中的雯雯妈妈,妈妈发现雯雯发脾气的原因是因为孩子担心妈妈忽视了自己,找到了孩子发脾气的原因,也找到了减少孩子发脾气的办法。

孩子的喜怒哀乐等情绪是毫无掩饰的,他们敢爱、敢恨、敢说、敢笑,这是孩子心理的一种优势,一种使得孩子能及时宣泄各种情绪能量的优势,他们自然流露这些情绪并不是什么可耻的事情,只要不扰乱他人的正常学习与生活，不伤及他人，就没有什么对和错之分。并且父母要鼓励孩子这样做。父母只有细心地观察孩子，理解孩子，允许孩子自由地表现，在理解的基础上进行引导，才能保证孩子的健康成长。

怎样了解孩子的情绪呢？

①给孩子发脾气的权利。如果孩子正为某事在气头上，要允许他发脾气。父母不妨先坐下，安静地等待孩子，安静地看着孩子，不去打断他的怒气，全神贯注地关注孩子，这等于告诉孩子：你是被我在意的，我在认真地注意你的感觉或问题。给孩子发脾气的权利，有助于孩子宣泄心理能量，也是对孩子关爱的表达。

②父母自己不要经常发脾气。当父母火冒三丈时，要注意孩子很可能会模仿这种处理问题的方式。假如父母动辄勃然大怒，又怎能期望孩子控制好情绪呢？因此，为了培养孩子良好的性格，不乱发脾气，父母一定要以身作则，为孩子创设一个良好的家庭环境氛围，让孩子保持积极情绪，学会控制不良情绪的爆发。

③父母的教育态度要一致。当孩子发脾气时，千万不要在成人中间形成几派，有人不理睬，有人去哄劝，有人离孩子而去，还有人跑到孩子面前讨好，更不要当着孩子争论。成人彼此之间一定要沟通好，一旦孩子发作，全家人采取一致的态度。否则他就会更加哭闹不止。

④满足孩子的生理与心理需要。孩子处于饥饿与疲劳状态时，易发脾气。这一点父母都很清楚，但对孩子心理需要却重视不够。孩子有游戏与交友的需要，父母对此能否正确对待，对孩子是否发脾气有很大影响。还要培养孩子的广泛兴趣与爱好，在不影响孩子学习的前提下，可引导孩子学习绘画、下棋、弹琴等，以逐步培养他豁达的性格。

⑤转移孩子的注意力与松弛训练。在孩子生气时，父母除了表示对他的理解与关怀外，还要尽量转移他的注意力，引导他做些愉快的事情。对大一些的孩子可通过各种体育活动来达到其精神与身体的放松。有规律地深呼吸也有助于孩子身心松弛。

⑥及早发现孩子发脾气的苗头。发现孩子发脾气的苗头后，父母要鼓励孩子把心中的不快倾吐出来。一旦发现孩子的情绪有导向发怒的可能，父母应立即提醒他。并搞清哪些事情正在困扰着孩子，并向孩子提供一定的帮助。

⑦让孩子有适当发泄的机会。假如孩子的坏脾气已经形成,第一可以采取冷处理方式,在其发脾气时故意忽视不理,让他慢慢冷静下来。第二可以选择适当的方式让他发泄出来。如通过交谈帮助他把怒气宣泄出来,或者让孩子去跑步,或去大声地唱卡拉 OK 等等。

心平气和,变对抗为对话

凡是有良好教养的人有一禁诫:勿发脾气。

——爱默生

孩子终归要摆脱对成人的依附,走向独立的生活。给孩子的自主权不仅有助于消除逆反对抗心理,而且有助于培养孩子的独立自主,可谓一举两得。当然孩子的自主不等于随心所欲,是在父母的监护之下有限度的自主。重要的事件,关键的时刻还是需要家长把好关,帮助孩子渡过逆反期。

和家长对抗,几乎是每一个孩子在成长中,都会有的心理过程。正确引导,平等对话,才能让他们永远是自己的朋友,而不是敌人。

我们都知道,孩子模仿父母是出于本能。因此,父母的行为,对于孩子的影响是很大的。假如父母经常对生活中的挫折,采取"以暴治暴"的解决方法,孩子就很容易形成暴躁的性格,对抗情绪就会表现激烈。假如不加调整的话,甚至有可能走上犯罪的道路。

一般来讲,孩子进入了青春期,父母也就进入了中年。这个年龄的父母,由于工作、生活压力很大,面对孩子往往会心浮气躁,经常会忍不住向孩子发火,而这时的孩子,恰好是叛逆情绪最突出时,父母对他们稍有不当,就会产生抵触与对抗的情绪,这对平衡亲子关系及开展正常的家庭教育都是十分不利的。

广西的石静在高中时,与父母之间就经常发生对抗性的冲突。在一次吃晚饭时,石静非常兴奋地对妈妈说:"任贤齐唱的歌挺好听的,我很爱听。"

妈妈的反应很平淡:"不好好学习,听什么歌呀。做追星族,都是学习不好的学生才做的事情。"

妈妈的话刚说完,倔强的石静就喊了一句:"我爱听歌,并不代表我就是'追星族'! 就算我是'追星族',也不代表我就没出息。您什么

父母与孩子的沟通圣经

意思啊？总把我想得那么差！"

见女儿没大没小地与自己嚷嚷，妈妈也来气了："怎么我说得不对吗？你是学生，学生的本分就是把学习搞上去。成绩要是不好，你就是追多出名的明星，也没有人会看得起你！"

石静的成绩一向不好，这一次妈妈的话让她感到很受刺激。她不客气地向妈妈扔了一句话："学习学习，我看我要是书呆子您就满意了！"说完，就冲向自己的房间，咣当一声关上了房门。

留下妈妈一个人，愣在了饭桌旁。

"对抗"就这样发生了！孩子与父母各执一词，完全不去考虑对方的想法，只想改变他人，不愿改变自己。

许多家有孩子的父母都感慨，孩子越大越难管教，什么事都喜欢与自己对着干。你让他看书，他偏要玩游戏；你为他烧了喜爱吃的菜，他又偏说现在喜欢的是另一个菜；当他挑灯夜战苦读，你前去关心他几句，他不仅不感激父母的舐犊之情，反而嫌你烦，让你快点离开。父母们有些纳闷：孩子怎么都这么没良心呢？

其实不是孩子变得没有良心了，而是他们正经历着成长中的特殊时期——青春期。这个时期的孩子，最明显的特征就是反叛。

父母应该明白，孩子的叛逆有时只是他们自己的心理同生理状况在作战。身体已经长大，茁壮到觉得有足够的力量可以离开父母独立，而经济上依旧需要依附，迫使他必须留下。两种力量经常打架，叛逆的孩子就这样产生了。孩子在同父母争吵之后，他们往往会偷偷用眼角看你，看你有没有被气坏。

反叛与对抗是孩子在成长过程中，必然都要经历的阶段反应，然而，这种情绪对孩子的健康成长是十分不利的。有对抗倾向的孩子，常把自己摆在与他人对立的位置上，既不利于人际关系的良好发展，也会在心理上产生孤独、寂寞感。假如这样的情绪十分严重，又得不到正确的引导及纠正，那么，很容易使孩子养成畸形的性格。对抗会让他们对任何人都不满意，会让他们以恶劣的态度，对待周围的同学或老师，会让他们失去朋友，而没有了正常的交往的圈子，反过来又会加重他们对周围人的敌对态度。这是个恶性循环的怪圈，一旦踏入则很难走出来。

因此，父母们必须对孩子的对抗情绪重视起来。作为父母，千万不可只有出现问题时，才去责备或管教孩子，平日里的沟通是化解对抗情绪的最佳方法。常常与孩子进行交流不但可以使双方了解彼此的想法,及时消除误会,而且还能沟通感情,融洽关系,建立信任。

在与孩子进行沟通的时候,或许会遇到一些困难,不容易与孩子交心。这时候,父母一定要心平气和,更要放下架子,站在孩子的角度看待他们,与他们平等对话。只有这样,才可能换取他们的理解与信任,才可能变"对抗"为"对话"。

平等对话是十分重要的。很多时候我们之所以觉得,孩子的行为不可理喻,就是因为没有站在孩子的角度看问题,因此造成了误会。

消除孩子的对抗情绪,尊重是最好的良方。尊重孩子,意味着父母要认真地听孩子的意见,大人有大人的想法,孩子也有孩子的想法,由于所处的地位不同,这两种想法有时并不一致甚至冲突。为此,我们要给孩子充分发表意见的机会。孩子的意见并不都是荒谬可笑的,替孩子想想,吸收其中合理的成分,你会赢得孩子的信赖与拥戴,尊重孩子,也意味着给孩子一定的自主权。

面对孩子,怎样变对抗为对话呢?

①孩子有些极端的兴趣爱好令父母头痛,这时候不妨找找"例外",那个例外可能就是一个有效转移点。

②错误是美丽的,让孩子在错误中成长。带着这样的理解来看待孩子在成长过程中的磕磕绊绊,可能就不是焦虑、愤怒、不能容忍的心情了。因此,在教育孩子的问题上,要经常对自己说,记得要强化孩子的优点,淡化孩子的缺点,当发现孩子的一点闪光点,父母、老师一起把它扩大,能够形成一种"好上加好"的光芒;而强化孩子的缺点,你说他哪方面不好,他就很可能真的不好了,而且很难改正过来。

③学会等待,把孩子的话听完,是倾听的重要素质! 其实孩子做任何事情,都有自己的理由,有自己的想法与观点。这个理由可能本意是好的,但父母往往等不到,就急着去下定论,告诉他是错的。孩子被轻易地下了判断,于是自己也来不及去回顾最初的理由究竟是什么。后果是,长此以往,孩子也懒得表达自己的心声了。不知道孩子心里想什么的父母,需要补上这一课。

④父母要善于去学习与发现,在孩子的行为语言背后到底是什么事实。其实在言语的背后都能找到心理上的原因,很多时候是关爱缺失的一种表现,父母要学一些相关的知识。可以尝试"自然消退法"。

愤怒时做一下深呼吸

愤怒对别人有害,但愤怒时受害最深者乃是本人。

——列夫·托尔斯泰

在我们自己的童年时代,没有人告诉我们如何处理生活中不可避免的愤怒情绪。我们受到的教育让我们对自己的愤怒感到内疚,在表达愤怒时有一种罪恶感。我们相信愤怒是不好的,愤怒并不只是不好的行为,它还是一种重罪。对待我们自己的孩子时,我们努力忍耐,事实上,忍得太久,迟早我们会爆发出来。我们担心自己的怒气会伤害孩子,所以我们忍着,就像一个潜泳者屏住呼吸一样。但是在这两种情况下,忍耐力都是相当有限的。

愤怒,就像普通的感冒一样,是种周期性复发的麻烦。我们可能不喜欢它,但是我们无法忽略它。我们可能很了解它,但是无法阻止它的发生。愤怒发生后的后果和情形都是可以预见的,但是它看上去总是那么突然,意想不到。而且,尽管发怒的时间可能持续得不长,但在当时看来仿佛会没完没了似的。

当我们发怒时,我们的行为就像完全失去了理智,我们对孩子说出的话,做出的事,哪怕是在打击敌人时都会犹豫一下。我们大喊大叫、辱骂、抨击。当这一切结束时,我们会感到内疚,我们郑重地决定,以后绝不重复这样的行为了。但是,愤怒会无可避免地再次来袭,破坏了我们良好的愿望。我们再一次猛烈攻击那些我们为了其幸福愿意献出生命和财富的人。

而试图不再生气的决心不但没用,甚至更糟糕。这样做的结果只能是火上加油。愤怒就像飓风,是生活中的一部分,你不得不承认,而且还要准备好。安宁的家庭,就像希望中的和平的世界,并不是依靠人性中突然的善的改变,而是依靠周密计划的程序,可以在爆发前有系统地减轻紧张情绪。

精神上健康的父母并不是圣人,他们能意识到自己的愤怒,并且重视它,他们把愤怒当成一种信息资源,是他们关心孩子的表示。他们的言语和他们的心情一致,他们不会隐藏自己的情绪。下面这件事就说明了一个母亲在释放她的怒气时是如何鼓励合作的,而不是辱骂或羞辱自己的女儿。

简 11 岁,一回到家就大叫:"我无法打棒球,我没有衬衣!"她的妈妈可以给女儿一个可行的建议:"穿那件宽松的上衣。"或者,如果希望提供帮助,她可以帮助简找一件衬衣,但是简的妈妈没有这样做,而是决定说出自己真实的想法:"我很生气,我真的很生气。我给你买了六件棒球衬衣,你不是放错了地方,就是丢了。你的衬衣应该放在你的抽屉里,这样,当你需要的时候,你就知道该到哪儿找到它们了。"

简的妈妈表达了她的愤怒,但是没有辱骂女儿。她后来说道:"我一次也没有提过去的牢骚,没有翻旧帐,我也没有提到我女儿的名字,我没有说她是没有条理的人,也没有说她不负责任。我只是描述了我的心情,以及以后该怎么做才能避免不愉快。"

简的妈妈的话帮助简自己想出了一个解决办法。她马上跑到朋友家里以及体育馆的衣帽间去找放错了地方的衬衣。

在对孩子的教育中,父母的愤怒也可以起到一定作用。事实上,在某些时刻,不生气并不会给孩子带来好处,反而给孩子一种漠不关心的感觉,因为那些关心孩子的人很难做到一直不生气。不过这并不说明孩子能经受得住愤怒和暴力,只是说明孩子们能够理解这样的愤怒:"我的忍耐是有限度的。"

对于父母来说,愤怒是一种代价很高的情感,为了物有所值,没有益处的话,还是不要随便发怒的好。发怒不应该招来更多话,药物不应该比疾病更糟糕。怒气应该以某种方式表达出来,这种方式应该能够使父母得到一定的解脱和轻松,给孩子一些启示,对任何一方都不应该有副作用。因此,我们不应该在孩子的朋友面前痛责孩子,这只能让他们的行为变本加厉,从而让我们怒火更盛。我们并不想引起或者延长愤怒、违抗、还击和报复。相反,我们希望孩子能够理解我们的观点,让阴云消散。

心理专家认为,青少年的愤怒情绪大多数是由于沟通不畅造成的。许多时候我们感觉与自己直接产生矛盾的人沟通有困难,于是就不再沟通,而采取别的渠道泄愤。但真正成熟和有勇气的做法,是在产生愤怒的地方解决愤怒,青少年要尽量找机会心平气和地表达自己的意见。这样尝试后,我们会发现,其实许多愤怒是沟通不畅导致的。

心理专家说,愤怒就像是压力锅中的蒸汽,发散不出来就会不停地郁积,直至爆炸。因此,消除愤怒、缓解压抑情绪是对身心健康十分重要的事情。一般情况下,让愤怒情绪发泄出来是较为有效的方法,而最可取的是"降温法"。

愤怒犹如火山爆发。愤怒的人会变得毫无宽恕能力,甚至不可理喻,思想尽是围绕着报复打转,根本不去想会有什么后果。自己的愤怒不仅使家人、朋友远离你,同时也使自己陷入进退两难的境地。让愤怒之火自行消灭,关键还在于自己进行自我心理调节。

如何处理愤怒呢?

①深呼吸。

②用暗示、转移注意法。

③压抑怒火。这是给自己创造思考的时间。但愤怒情绪是不能压抑的,必须疏导、让怒火慢慢并有节制地释放。

④宣泄。当然,在不伤害别人的情况下,你可以通过做某件事情,适当地发泄积在心中的怒气。

⑤独处。这样你的坏情绪影响不到别人,也能让怒火冷却下来。

⑥给自己深思的时间。

纪律是替代惩罚的有效手段:鼓励、允许、禁止

> 这是我给你们的第一个教训:一个人会摔倒趴下,但是依然可以再站起来。
>
> ——威廉姆斯夫人

内科医师有一句座右铭:"Primunnonnocere。"意思是"首要原则是不伤害病人。"父母也需要有类似的规定来帮助自己,在约束孩子守纪律的过程中,不要对孩子情感上的快乐造成伤害。

纪律的关键在于寻找惩罚的有效替代手段。

当父母惩罚孩子时,孩子会怨恨自己的父母,当他们内心充满愤怒与怨恨的时候,是不可能听得进父母的话,不可能集中注意力的。在训诫孩子的时候,任何可能会导致愤怒的行为都应该避免,而那些会增强自信、增强自尊,并且尊重他人的方法应该大力提倡。

当父母激怒孩子的时候,会发生什么呢?孩子会开始憎恨自己,憎恨父母,他们希望公平,因此,开始全神贯注于报复的幻想中。

为什么父母会激怒孩子呢?不是因为他们不和蔼,而是因为他们不懂得方法。他们没有意识到他们的那句话是有破坏性的。他们很严厉,是因为没有人告诉他们怎样在不骂孩子的前提下处理棘手的

问题。

一位妈妈讲述了下面的故事：一天，她的儿子佛瑞德从学校回到家，一进家门就大声地嚷嚷："我恨我的老师，她当着我朋友的面冲我大声叫，她说我说话扰乱了课堂秩序，然后她惩罚我，让我整堂课站在教室前。我再也不要回学校了！"

儿子的怒气让这位妈妈失去了平静，于是她不假思索地把心里所想的话脱口而出："你知道得很清楚，你应该遵守纪律，你不能想讲话就讲话，假如你不听话，你就会受到惩罚，我希望你已经得到了教训。"

当妈妈如此回应了儿子的烦躁情绪后，儿子也十分生妈妈的气。

假如佛瑞德的妈妈没有说上面那些话，而是说："站在教室前多尴尬啊！当着朋友的面冲你嚷嚷也很让人丢脸！怪不得你这么生气。没有人喜欢遭到那样的对待。"这样同情的回应说出了佛瑞德烦躁的情绪，会消除他的怒气，让他感到妈妈对他的理解与爱。

有些父母会担心，假如他们承认孩子的烦躁，提供情感上的急救，会给孩子传达出这样一个信息：他们不担心孩子的不良行为。但是，就像上面提到的佛瑞德妈妈一样，她儿子的捣乱行为是发生在学校里，而老师已处理过了。她苦恼的儿子从她那儿需要的不是额外的训斥，而是同情的话语与理解的心情，他希望妈妈能帮助他消除心烦。移情作用——父母理解孩子情绪的能力——是培养孩子的重要的、有价值的因素。

父母与孩子的沟通圣经

孩子也需要有技巧、有知识的父母，需要父母理解"巴掌方法"对他们是没有用的，就像对电视机没有用一样，它不可能达到目的。没有孩子在受到惩罚后会对自己说："我要改，我要更有责任，更合作，因为我希望让惩罚我的大人高兴。"

纪律就像外科手术，需要精确，不能随意下刀，不能草率地抨击孩子。

不端行为与惩罚不是对立的两个方面，不能互相抵消，相反，它们会互相滋养、互相增强。惩罚无法制止不当行为，只会让肇事者在躲避侦查上更有技巧。当孩子受到惩罚后，他们会想办法更加小心，而不是更顺从，或更有责任心。

如何运用更好的手段来替代惩罚呢？

对于可接受和不可接受的行为，孩子需要一个明确的界限。当他们知道允许的行为的边界时，他们会觉得更安全。我们把孩子的行为分成三个不同的领域：

①第一个领域包括我们希望并且认可的行为，在这个领域，我们会很欣然、很和蔼地说"好"。

②第二个领域包括不认可但是因为某些特别的原因可以忍受的行为。这样的原因可能包括：初学者的容许失误。这样的错误是可以忍受的，因为可以预计将来会有改进；困难时刻的容许失误。在尤其紧张的情况下——事故、疾病、搬家、和朋友分离、死亡，或者家庭离异等——需要另外地变通。我们允许是因为我们理解困难时刻需要新的调整。我们不会假装喜欢这种行为，事实上，我们的态度要表明我们容忍这种行为只是因为特殊的环境。

③第三个领域包括无论怎样都不能容忍、必须制止的行为，包括危害到家庭兴旺与幸福的行为，或者影响到家庭成员身体健康与家庭经济利益的行为。还包括被法律、道德，或者社会接受度所禁止的行为。禁止第三个领域内的行为与允许第一个领域内的行为一样重要。

孩子讨厌父母强势的安排

孩子们在呐喊，我讨厌你强势的安排，我要过属于我自己的人生。

——曾奇峰

在生活过程中，许多父母面对孩子的问题不能给出合理充分的理由，但为了让孩子打消念头，便使出最后的绝招："你是我生的，所以什么事情必须都得听我的。"在这种强权教育下，孩子需要做的只是接受父母的指令，然后去执行就可以了。长此以往，孩子的独立精神、自主思维都成了父母意志的附庸。

假如父母在教育孩子的时候，只是一厢情愿、一意孤行，以为自己做的事都是为了孩子好，而不去考虑孩子的想法与感受，把自己的愿望当成孩子的愿望。那么，事情的结果往往与父母的初衷相反。只能让孩子出现两种结果：一种是孩子认为父母说的话没有道理，从此对父母说的话产生怀疑；另一种情况相对来说更容易出现，孩子听从了父母的意见，从此时时处处只想自己的利益，变成自私自利的人。

大部分父母在孩子的衣食住行上，都倾尽全力，为了孩子，宁肯自己受委屈也无怨无悔。但是，在孩子的精神方面，比如在对待孩子的理想、孩子将来的人生等问题上，很多父母却变得格外专制和霸道。

我们相信，没有一个父母不爱自己的孩子，不为自己的孩子好。可是父母生活中的许多做法，却往往得不到孩子的认同和理解。

一位刚结束中考的学生，在选择高中学校时，与父母发生了分歧。父母都是知识分子，希望自己的孩子将来也能像自己一样，当个教授或医生什么的。因此他们坚持让孩子上普通高中。但儿子酷爱艺术，想考音乐学院。最后父母占了上风，私自给他在一所普通高中报了名。父母以为给孩子报了名，孩子就会死心，乖乖地在学校念书。然而事情并不像他们想的那样，在上学期间，儿子经常逃课，深夜与其他同学一起翻出学校围墙，到网吧上网，最后被学校开除了。

被学校开除，孩子显得很高兴。他说："我根本不喜欢这所学校，我想上音乐学院，可父母坚决反对，我只好逃课、上网借此消磨时光。现在我被开除了，他们就得把我送到音乐学院了。"

这个故事中的父母，只考虑要给孩子安排一个美好的前程，却没有考虑孩子的个人意愿和兴趣爱好。孩子能有一个美好未来，是每一个家长都殷切盼望的事情。但是孩子未来的发展，不能靠家长的主观愿望，还要考虑现有的主客观条件，如兴趣、爱好、知识结构、能力结构等等。倘若家长不顾这些条件，自作主张地强迫孩子做不愿做或者根本做不了的事，会事与愿违，甚至适得其反，到头来还可能误了孩子的前程。

生活中，我们常常发现，有的家长粗暴地强制孩子，放弃某些兴趣爱好，强迫孩子去做他们根本不感兴趣的事情。孩子都有自己的兴趣与喜爱，不能勉强也不应勉强。

父母应该分析孩子的真正需要，切不可压抑孩子的主体精神，激发孩子的能力去实现他自己的需要，鼓励孩子独立思考与完成事情。

在给孩子安排的同时，何不关心一下孩子的想法呢？

①父母切勿一厢情愿地为孩子的事情自作主张，不要把自己的意愿与需要当作孩子的意愿与需要。要记住孩子不是一个傀儡，而是一个独立的人。

②当孩子向父母提出自己的想法与愿望时，要尊重并帮助他们实现自己的意愿。要经常与孩子进行近距离的情感交流。假如孩子想出的想法或愿望合理时，父母不妨放手让孩子去独立完成，并加以鼓励。

对于盲目的船来说，所有风向都是逆风

　　我们的生活就像旅行，理想是导游者；没有导游者，一切都会停止，目标会丧失，力量也会化为乌有。

　　　　　　　　　　　　　　　　——德国诗人　歌德

　　一个人如果没有目标，就像是没有帆的船在茫茫大海上行驶，没有方向，什么时候也到达不了岸，有时还会产生消极的心态。

　　要想获得成功，必须先要确立一个明确的目标。正如杰出的棒球运动员尤基·伯拉尔说的那样："你要是不明白自己要到哪儿去，那你得千万小心，因为你可能永远也到不了你该去的那个地方。"确定一个清晰可见的目标，就是为了能使自己集中意志和力量朝着一个方向前进，因为目标是人奋勇向前的动力源泉。

　　赫伯托说："对于盲目的船来说，所有风向都是逆风。"意思告诉我们，首先要建立一个合理的目标。我们所有的人都会有自己的目标，问题在于，它们是否都是适宜的，不会因为我们奢望过高或缺乏实现这一目标所必要的素质和知识条件，从而失去机会。我们的目标必须是正确的、具体的和十分明确的。

　　正确的目标就像前方鲜明的旗帜，指引着成功人士向前奋进，是迈向成功的第一推动力。在生活和事业发展中如此，在学习的道路更是如此。

　　弗罗伦丝·查德威克是横渡英吉利海峡的第一个女性。她是一名游泳健将，并且不断地挑战自己，给自己定下了坚定的目标：希望自己能成为第一个游过这些海峡的女性。

　　1952年7月4日清晨，美国加利福尼亚海岸笼罩在浓雾中。在海岸以西21英里的卡塔林纳岛上，34岁的弗罗伦丝·查德威克跃入太平洋海水中，开始向加州海岸游去。要是成功的话，她就是第一个游过这个海峡的女性。那天早晨，天气非常寒冷，海水冻得她全身发麻。雾很大，她几乎看不到护送她的船。时间一个小时一个小时地过去，成千上万的人在等待着。有几次，鲨鱼靠近了她，被人开枪吓跑了。她仍然在游着……

　　15个小时之后，她又累又冷，她知道自己不能再游了，就叫人拉她上船。她的母亲和教练在另一条船上。他们都告诉她离海岸很近了,叫她不要放弃。但她朝加州海岸望去,除了浓雾,什么也看不到。不过,她还是听从母亲和教练的劝告,继续游了起来。几十分钟后——从她出发算起是 15 个小时 55 分钟——她要求人们把她拉上船。在船上待了几个小时后,她渐渐觉得暖和多了,却开始感到失败的打击。她不假思索地对记者说:"说实在的,我不是为自己找借口。如果当时我能看见陆地,也许我能坚持下来。"她上船的地点离加州海岸只有半英里! 查德威克一生中就只有这么一次没有坚持到底。两个月之后,她成功地游过同一个海峡。

查德威克第一次横渡卡塔林纳海峡失败,她失败的原因是因为她在浓雾中看不到目的地。如果那天没有大雾,她就不会丧失信心而放弃最后的努力。

由此可见,理想对于孩子的人生来说是如此的重要,孩子是一艘艘稚嫩的小船,刚刚驶出父母温暖的港湾,船上的水手都是初次出海。大风大浪也许不能让他们惊惧,因为风浪的磨炼能赋予他们铁黑的肌腱、坚强的性格,但若是没有理想,没有目标,那么,生命的小船只能在浩渺无边的瀚海上彷徨回旋,找不到出路,终不免缺水断粮,甚至触礁沉没。

梦想的魅力是难以阻挡的,因为它唤醒了你心中沉睡的巨人,赋予你伟大的力量,让你忍不住跃跃欲试。它是多么的真实、多么的执著、多么的顽强。当然,不是所有的梦想之花,都能结出成功之果,因为的确有些梦想是妄想或空想。但是,给孩子一片自由的天空,让他们放飞自己的梦想。生活是最伟大的老师,她会告诉孩子,放弃妄想与空想,而去勇敢地实现内心真善美的渴望。

怎样给理想下定义呢?

①梦想是成长的发动机。孩子的梦想或许是丑陋的,或许是荒唐的,或许是怪异的,但它是童心上长出的灵芝草。给一份欣赏,给一份呵护,给一份引导,它可能会长成一棵大树。自然生长起来的大树才有可能是参天大树,人工栽培的花花草草怎么能与之相比!

②成功需要梦想。梦想是理想的自然形式。梦想是鸟儿飞翔的翅膀,梦想是人生的太阳。只要心中拥有梦想,人就会在希望中生活,并不断地创造生命的奇迹。是否拥有梦想,是衡量一个人能否成功的标志之一。成功者多出于梦想家之中。童年是多梦季节,有爱心的智者会精心呵护,让梦想的种子长成参天大树。因此,聪明的父母让孩

父母与孩子的沟通圣经

子心中满怀梦想吧！

当出了问题时要回应，而不是反应

管教孩子是必不可少的，但管教只是手段，不是最终目的。

——美国学者　费特弗森

正所谓"不打不成才啊"！但是现实生活中，又有多少孩子不是因为被父母逼得离家出走，做出极端的事情呢！

在很多家庭中，父母与孩子之间的激烈争吵有一个规律的、可预见的顺序。孩子做错了什么事，或者说错了什么话，父母对此作出无礼侮辱的反应。孩子则以更糟糕的言行来回答。父母再反击，高声恐吓，或者横暴地处罚。

一天早晨，早餐时间，7岁的纳撒尼尔在玩一个空杯子，他的父亲在看报纸。

父亲："你会打碎它的。你总是打碎东西。"

纳撒尼尔："不会的，我不会打碎它的。"

就在这时，杯子掉到地上摔碎了。

父亲："你就大声哭吧。你真是个笨蛋，屋里所有的东西都被你打碎了。"

纳撒尼尔："你也是笨蛋，你打碎了妈妈最好的盘子。"

父亲："你居然叫你父亲笨蛋？你也太没礼貌了！"

纳撒尼尔："你也没有礼貌，是你先叫我笨蛋的。"

父亲："你不许再说话！马上站起来回你自己的房间去！"

纳撒尼尔："来啊！逼我啊！"

这种对其权威的直接挑战激怒了父亲，他一把抓住儿子，狠狠地打了一通。在试图挣脱的时候，纳撒尼尔把父亲推到了一扇玻璃门上，玻璃碎了，割伤了父亲的手。看到血，纳撒尼尔慌了，他跑了出去，直到深夜才回来。全家人都心烦意乱，那天晚上没有人睡好觉。

纳撒尼尔是否得到教训以后不再玩空杯子了呢？跟他得到的关于自己与父亲的消极教训比，后者对他更重要一些。问题是，这场战争是必然发生的吗？可以避免吗？或者可以用一种更聪明的方法来处理这样的事件吗？

看到儿子玩杯子，父亲可以拿走杯子，然后给他一个更适合玩的东西,例如一个球。或者当杯子打碎时,他可以帮助儿子处理玻璃碎片,顺带说一些像"杯子很容易打碎,有没有想过这么小一个杯子居然能弄得这么乱?"之类的话。

这种和气的话会让纳撒尼尔很惊讶,可能会为他闯的祸产生歉意及赎罪心理。在没有呵斥,没有巴掌的情况下,他甚至可能会在心里思考,并自己得出结论:杯子不是用来玩的。

从一些小意外里,孩子可以学到很宝贵的教训。孩子需要从父母那里学会分辨什么是让人不愉快、让人讨厌的事情,什么是悲剧与灾难。

父母的批评对孩子是没有益处的,它只能导致气愤与憎恨。而更糟糕的是,假如孩子经常受到批评,他们就学会了谴责自己与别人;他们学会怀疑自己的价值,轻视他人的价值,学会怀疑别人,导致人格的缺陷。

怎样来回应孩子的感受呢?

①用简单的词语回应孩子的感受。

②说出孩子的感受。许多父母一般不会这么做,是因为他们担心说出孩子的感受会让孩子更加的难过。其实相反,当孩子听到这些话的时候,心里会感到安慰,会感觉到有人能理解他们内心的感受,便取得了他们的信任,这样更容易达到良好的沟通。

允许孩子以更多元的方式发泄

孩子需要爱,特别是当他们必须得爱的时候。

——赫尔巴特

任何一个人心中都会产生不满,这种不满情绪要有发泄的渠道。如同气球,只充气不放气,迟早会爆炸。人假如不及时将不良情绪宣泄,同样会爆发。父母要有一双敏锐的眼睛,如同你了解晴天与阴雨一样,随时洞察孩子的情绪变化。

孩子与成人一样,有时候也会生气,父母的"命令"未必有效。事实上,孩子将情绪适当发泄出来,是一种保持心理卫生的有效方法。因为坏的情绪不能长期压抑、积累,否则一旦爆发起来,将是不可收拾的。

九岁的大卫不想去看牙医,他十分生气,激怒了他的姐姐蒂娜,她对他说:"噢,大卫,长大点!"大卫更生气了,行为变得更加令人讨厌。

她的妈妈对蒂娜说:"大卫今天很烦,他担心去看牙医。现在他需要我们所有人的体谅。"就好像变魔法一样,大卫马上安静下来,他去看了牙医,没有再抱怨。妈妈的回应是针对大卫烦躁的心情,而不是他让人讨厌的行为,这使得大卫感到放松多了,因此也就不再那么讨厌了。

这就告诉父母,孩子生气是正常的反应,父母不应粗暴地干涉,应该弄清楚孩子生气的原因。父母不妨抱着一颗童心,去体会孩子的感情,以增进对孩子的理解与尊重,为冷静处理问题打下基础。记住,此刻千万不要急着说。

一般,孩子们还不懂得怎样控制情感与发泄的技巧,因此,父母应该先了解什么是困扰孩子情绪的原因,并教导他们发泄气愤的其他方法。这可能有些困难,因为小孩子生起气来,往往很难控制。在这个时候,父母经常不知道怎样入手,究竟应该先解决孩子深层的问题,还是先缓和孩子的怒气呢?

怎样做到让孩子以更多元的方式发泄呢?

①转移孩子的注意力。孩子发脾气,马上给他玩一些需要动手的玩具,让他把兴奋的情绪转移。需要注意的是,不要责备孩子小心眼、没出息,这种做法只会让孩子更加的沮丧。

②给孩子表达愤怒的方式。孩子由于受生活经历与能力的限制,往往不知该怎样表达与平衡自己的情绪,认识不到只有在不侵害他人的情况下,才能适当地发泄自己的不满。需要注意的是,父母也要用正确的宣泄方式将愤怒表达出来。

③与孩子讲道理。要跟孩子讲一些他可以懂的道理,态度要温和,不能被孩子的坏情绪带动,继而做出过分的反应。

④给孩子一个愉快的生活环境。轻松的环境对孩子很重要,哪怕父母遇到难以解决的生活问题,也尽量不要在孩子面前表露。生活环境会感染孩子的情绪,轻松的气氛使他随时能够自由、放松地表达自己的喜怒哀乐。

⑤培养多方面的兴趣。让孩子心情好时尝试一些新的游戏活动。有时,孩子不喜欢某些游戏是因为不熟悉游戏规则或不擅长,父母的引导会改变孩子对这些游戏的态度。需要注意的是,在孩子尝试新游戏的同时,父母要尽可能陪在他身边,给他以鼓励。

⑥多让孩子与外界接触。经常带孩子参加儿童或成人的社交活动，并有意识地教孩子一些必要的社交技能，如何结识新朋友，如何与小朋友在游戏中合作，如何解决游戏中的分歧等。

在伤害孩子之前预先修正自己的行为

用语言、事物表扬，用警告、训斥、惩罚及对特殊的个别的过错采用体罚，以有教益的惩罚制度，即"持以坦白的态度，出以诚恳的目的"，使儿童理解这样做是对他有好处的，正如吃苦药治病一样。

——夸美纽斯

打孩子尽管有很不好的名声，但是有些父母依然会这么做。打孩子一般发生在教育孩子的时候，传统"武器"，诸如威胁、讲道理都失败了之后，在最后诉诸的手段。一般，它都不是有计划实施的，而是父母的忍耐达到了极限之后，暴怒之中作出的选择。打孩子好像会起到暂时的效果，它会释放父母心中郁积的紧张，至少让孩子听话一段时间，就像有些父母说的那样："它缓解了气氛。"

假如打孩子这么有效，为什么对它有如此不安的感觉呢？不知怎么的，父母就是无法抑制内心对这种体罚的长期效果的怀疑，父母对使用暴力会感到一点点尴尬，父母不停地对自己说："应该有更好的解决问题的办法。"

假如你发了脾气，打了孩子，后果会怎么样呢？

大部分父母都曾打过孩子。打孩子应该像交通事故一样不可接受，不过交通事故还是会发生，但是驾驶执照不会给交通故事提前亮绿灯，不会这么说："你肯定会发生一些交通事故的，所以不必小心驾驶。"相反，我们被告诫要小心驾驶。同样的，打孩子也不应该成为训诫孩子的指定方法，即使偶尔地打孩子总是无法避免。

一天晚上，七岁的吉尔与她的父亲一起看电视，吉尔在吮她的手指，发出让人心烦的声音，她的父亲不高兴了，说："请停下来，我觉得你吮吸的声音很烦人。"情况没有变化，他又重复了一遍他的要求，还是没有制止吉尔的行为。在重复了四次之后，他发怒了，打了吉尔。吉尔开始哭，一边哭，一边打她的父亲，这让父亲更生气了："你竟敢打你的爸爸！"他大喊道，"马上去你的房间。"吉尔拒绝去自己的房间，父亲就把她挟到楼上，她继续哭。电视依然开着，但是没有人再看电视。

吉尔不明白为什么那么大一个男人打一个小女孩就可以，而她就不能打比自己大的人。这件事留给她清晰的印象，那就是你只能打比自己小的人，这样才能逃脱处罚。

吉尔的父亲原本可以用更有效的方法来赢得女儿的合作，而不是打她。在他无法控制自己的愤怒之前，他就应该对他的女儿说："吉尔，你有一个选择，你可以待在这儿，但是要停止吮吸手指头，或者你可以离开房间，继续享受吮吸手指头。你决定吧。"

在教导孩子的过程中，从不打孩子几乎不可能。但是，父母不能为此做好计划。父母不应该把体罚作为对孩子挑衅、或者自己愤怒情绪的回应。为什么不能？因为教训告诉我们不能，它会教导孩子用不好的方法应对挫折。它生动地告诉孩子："当你生气或者感到受挫时，不要寻找解决办法。打，这就是你父母所做的。"我们没有向孩子展示出我们的聪明才智，没有为愤怒的情绪找一个更文明的发泄渠道，我们给孩子的不仅仅是野蛮的感觉，同时给了他打人的许可证。

因此，我们要放弃、要改变打孩子的陋习。打孩子既是违法的，也是不明智的，而且有可能使问题恶化。这世界上几乎没有一个孩子是被打好的。因为当孩子被打得多了，他的思维就会僵化，学习也只是应付了。何况打孩子还可能把亲子关系打糟了，关系不好教育就糟了。

父母知道打孩子是愚蠢的，打孩子是没有好结果的吗？

①尊重孩子的权利。父母要学会用文明的方法对待孩子，用爱呼唤爱，用真情呼唤真情。因为孩子作为独立的个体，具有被尊重的权利。拳脚相加是一种不道德不文明的行为。要知道，父母可以惩罚、批评孩子，并不意味着可以不尊重孩子。父母可以找到足够的办法让孩子更好地接受道理，改正错误。

②打孩子之前先数数。往往多数父母打孩子时，是因一时的冲动。当你打孩子时，千万要注意，当你发怒的时候可以给自己立一个规定，打孩子之前先数数，从 1 数到 100，实际上你数数的过程就是一个让你冷静的过程，教育孩子才会理智。

③让孩子自己找错误。有父母问，假如不打孩子，那么怎样找到合理的批评、惩罚孩子的方式呢？其实可以让孩子自己找错误。父母要冷静耐心地引导孩子，帮助孩子找到自己身上的错误，还可以共同做出规定，怎样改正或保证再不重犯的一些规定，让孩子养成自己要

好父母胜过好老师大全集

为自己的错误负责的习惯。

明确表达强烈不同意的立场

　　孩子需要在一定的阶段感受我们的拒绝。但如果我们的反应过于强烈的话，他会感到所犯的错误让他不再被爱，或者被蔑视，那么我们就在滥用做父母的权利，并有可能让孩子在人格发展中掺杂了过多的负疚感和嫌弃自我的成分。

——赛尔玛·富兰伯格

　　妈妈说："豆豆，吃饭了。"

　　孩子说："今天吃什么？"

　　妈妈说："米饭、红烧鱼。"

　　孩子说："不，我要到街上吃肯德基。"

　　妈妈说："可是饭菜已经做好了，我也累了，明天再去吃，不行吗？"

　　孩子说："不，我今天就要吃。"

　　孩子又哭又闹，最后妈妈屈服了，带他到街上吃肯德基。

　　在这个故事中，孩子对母亲提出了极不合理的要求，母亲怕孩子生气竟然顺从了孩子的要求，她这样做既损害了自己的权利，又降低了孩子的心理承受能力，可以说这位母亲的做法是非常失败的。

　　孩子是没有自立能力的，他的需求很自然要靠父母来满足。可今天的孩子生活在现代社会，他们不仅从父母身上，也从电视上，从大街上看到这多姿多彩的繁华世界，他们的视野宽广，他们的欲望也变得强烈。而父母们常不忍心拒绝他们的要求，千方百计予以满足。可是人的欲望永无止境，小孩亦是如此，甚至更为强烈。不要说以有限的精力、财力、时间去满足孩子无休无止、花样翻新的欲望几乎是不可能的；就连对孩子的需求全部都予以满足的想法本身就是一种大错误。过于迁就孩子，等于间接促使孩子养成随心所欲、惟我独尊的不良思想，势必导致他们在日后迈入社会，进入实际学习、工作、交往中碰得头破血流，甚而误入歧途。

　　因此，在生活中，父母千万不要迁就孩子的不合理要求。对孩子非分的需求理当不要迁就之外，对孩子正当的要求，有时基于家庭的经济条件，或者出于教育孩子的目的，也未必一定全部满足。但是，不迁就孩子必须讲究方法。在孩子情绪激动时，要试图安抚他，要运用

"冷淡计"：冷冷地拒绝孩子的要求，让孩子知道你坚决的态度，事后再把自己的理由坦率认真地告诉孩子，要相信孩子的认知能力，使孩子最大限度地理解自己的做法，让孩子感到父母不是不愿意满足自己的需求，而是自己的要求过分，或者家里的确有困难。促使孩子做到这一步，自幼明白道理与克己节制，心理承受一定的挫折，这对他们今后的生活道路亦是大有裨益的。

爱孩子要有一定的原则，迁就孩子不是真正的爱，而是害。有原则的爱，是理智的爱。而要坚持这种爱的原则，做父母的有时也得要狠下心来。

黄思路上幼儿园的第一天，像大部分的孩子一样，哭着要找妈妈、要回家。因为黄思路比班里其他的孩子小，老师被她哭得心软，就把她送回家。王晶送走了老师，对女儿说："小朋友们都在幼儿园，还没到放学的时间，谁也不能回家。现在，你只能自己去上幼儿园了。"

女儿被挡在门外，呜呜地哭，可妈妈硬是没让她进门。

女儿知道妈妈的脾气：原则问题没得商量。最终，她妥协了，央求妈妈说："妈妈送路路去幼儿园吧。"

王晶此刻真想一把抱起女儿，把女儿送回幼儿园。可是，她心里明白，假如今天自己送女儿回幼儿园，等于奖励了她撒娇耍赖的行为。这样一来，明天、后天……女儿还会再哭，老师还会送她回家来。于是，王晶狠下心对女儿说："好孩子，你自己回去，下午妈妈第一个去接你。"

女儿万般无奈地走了，她是面对着家门，一步一步倒退着离开的。一边退着一边流泪说："妈妈再见！"眼看着女儿走远，王晶关起门来大哭一场。一个母亲下狠心让孩子从小接受磨炼，的确需要坚强的意志！

令王晶欣慰的是，从那天起，女儿上幼儿园再也没哭过。虽然女儿仅有 3 岁，但母亲的举动却传递给她一个信息，那就是，有的时候一个人的愿望是会受到拒绝的，很多事情并不是随心所欲的。

父母懂得拒绝的艺术吗？

①积极应答而不立即满足。假如用延迟满足的方式，孩子的耐心与脾气就会锻炼得好多了。二话不说、立即满足是充满爱心但缺乏教育用心的方式，而消极冷淡、对宝贝的应答不理不睬则是爱心妈咪永远都不会做的事情。

②拒绝而不惩罚。拒绝就是明确坚定地告诉孩子"不",同时提示他更好的行为规则与方式,惩罚则是对孩子所犯的错误本身特别关注,但是问题本身并没有得到妥善的解决。父母要把握好拒绝与惩罚的界限,让孩子在拒绝而不惩罚的教育方式中滋长自我延迟满足的能力。

③代替惩罚可以用"表达不同意的立场"。我们在"表达不同意的立场"之后,要告诉孩子该怎样修正他的错误。他们经历了自责之后,还要有机会能恢复原来的自信,重新看到自己是个受尊重、负责任的家庭一员。

惩罚孩子会剥夺他从内心对错误行为的反省过程

你知道不知道用什么办法准能使你的孩子得到痛苦吗?这个方法就是:百依百顺。因为有种种满足他欲望的便利条件,所以他的欲望将无止境地增加。结果,使你迟早有一天不能不因为无能为力而表示拒绝。但是,由于他平素没有受过你的拒绝,突然碰了钉子,将比得不到他所希望的东西还感到痛苦。

——卢梭

很少有家长意识到这一点:让孩子为自己所犯下的错误承担责任也是一种处罚。大部分家长常常是这样做的:孩子犯下错误后,家长赶快帮他弥补过失,事后再处罚孩子。其实这样教育孩子,效果并不会太好。在西方,每个孩子都很清楚地被要求对自己的行为承担责任,如果违反规则就要接受合理的教训。比如当儿子磨磨蹭蹭地误了校车时,就让他自己走路去上学;如果女儿不小心遗失了午餐的钱,就让她饿一顿。

在父母使用新的技巧与孩子沟通的时候,有没有发现这需要我们不断地控制自己,不要回到老路上去。对于大部分父母来说,挖苦、说教、警告、谩骂、威胁的词语已经植入父母的语言当中,因为,我们从小耳濡目染。放弃我们熟悉的东西,并不容易。

一部分父母常常说,即使参加了这样的培训,他们仍然在用自己不喜欢的方式与孩子说话。这让他们很沮丧。唯一不同的是,他们意识到了自己的错误。事实上,意识到自己的错误就是进步,它是改变的开始。

父母自己改变的进程实属不易。他们会又回到老路上去："你怎么回事？永远都记不住上完厕所关灯。"然后，开始自责，下决心不再那样说话。但是，又忍不住会说出口。接着，又后悔。"看来我是学不会了……我怎么能那么说呢？……我知道了……我应该说：'孩子，厕所灯还亮着。'或者：'孩子，灯！'"然后，父母会担心自己再也没机会说了。

实际上，父母不必担心，因为他们总是忘关灯。下一次的时候，父母就做好准备，对他们说："孩子，灯。"就会有人跑过去，把灯关了。成功了！

也有很多次，当父母说他们做"对"的事情时，好像并不管用。他们不当回事儿，甚至反抗。这时候，父母能想到的唯一的办法就是惩罚。

亚历刚上大学时，爸爸和他约定：每月 3 号给亚历寄 400 美元的生活费。

结果第一次独立生活的亚历用钱既无计划也不节制。三天两头与同学到校园餐馆挥霍，看到喜欢的东西就买。结果第一个月还没过完，亚历的口袋里就只剩下几个钢镚叮当响了。第一个月，爸爸容忍了儿子的无节制做法，提前把第二个月的生活费寄了过来。然而亚历却不知悔改。第二个月、第三个月仍旧早早就把钱挥霍完了。

终于，在离第四个月的收款日还有 14 天的时候，亚历的口袋里又只剩下 27 美元了。万般无奈之下，亚历只好拍了一封电报回家，内容简短明了："爸爸，我饿坏了。"爸爸很快回了电报，也非常简短："孩子，饿着吧！"

这实在是太奇妙了。在那之后只有 27 美元的 14 天里，亚历绞尽脑汁节衣缩食，出手之前必会细细打算，竟然也把艰难的日子熬过去了。

从此以后，大手大脚的亚历开始精打细算，并且发现，其实只要稍稍节制一下不必要的支出，每月只要 300 美元生活费就足够了。这样一来，每个月亚历甚至可以积攒下一些钱。亚历用这些钱买了许多自己喜欢的书、磁带、唱片，做了一些比如自助旅游、捐款等有意义的事情，当然也没有忘记偶尔和朋友们到餐馆聚聚。

亚历的大学生活比以前过得充实而丰富了。

在这个故事里，爸爸给亚历的处罚是，让他自己承受错误造成的后果，这种处罚手段可以说是纠正孩子错误的良方，比责骂更能给孩子留下深刻印象,因为这种因果教训更能使孩子直观地看到自己的错误。

场景1:

妈妈:"别在过道上跑来跑去的……我买东西的时候,你扶着妈妈的推车……你怎么什么都摸?我说过了"扶着推车!……把香蕉放回去……我们不买那个,家里有的是……别压那些西红柿!我现在警告你,如果还不扶着推车,你会有麻烦的……把手拿开……让我来挑冰淇淋……你又跑。想摔倒啊?"

"好,够了!你知不知道,刚才差点撞倒那个老太太?看来你该受罚了。今晚,别想吃一勺我买的冰淇淋。我得好好教训教训你,不能这样行为粗鲁!"

场景2:

爸爸:"比利,看见我的锯了吗?"

比利:"没有。"

爸爸:"真没有?"

比利:"我发誓,我从来没碰过。"

爸爸:"那我怎么看见它在外面,都是锈,旁边还有你和小朋友的手推车?"

比利:"哦!我们上周用过,后来下雨了,我们就跑回家,我可能给忘了。"

爸爸:"你说谎!"

比利:"我没说谎。我真的忘了。"

爸爸:"哼!上周你忘了我的锤子,上上周你又忘了我的螺丝刀!"

比利:"爸爸,我不是故意的。有时候,我真的是忘了。"

爸爸:"我会让你记住的!你再也不能用我的工具。还有,最不能让我容忍的是你还撒谎。明天晚上我们都去看电影,你自己留在家里!"

究竟惩罚还是不惩罚?

吉诺特博士说,问题在于,惩罚并不起任何作用。孩子的精力分散到了怎样去报复父母上面,错失了对自己不当行为的反悔以及思考修正错误的机会。换言之,惩罚孩子,我们实际上剥夺了他从内心深层对自己错误行为的反省过程,而这个过程又是十分必要的。

怎样才能让惩罚起作用呢？

①惩罚而不是体罚。孩子良好的行为发展，从根本上讲使孩子产生了一种内心的行为需要。某些外部压力可以促使孩子产生行为动机，而过分的压力则会引起抗阻与萎缩。

②取消奖励。假如已与孩子讲定，这一个月不骂人不说粗话，爸爸妈妈下个月的第一个星期天带你到动物园去玩。假如他没有做到即取消这个活动，但要讲清楚，下一次目标与奖赏办法。

③只惩罚具体的错误。这对很多父母有一定难度，因为火气一来就眉毛胡子一把抓，前前后后算总账。这不仅使孩子无所适从，也容易使孩子觉得父母不公正、不讲道理。民主型家庭在处理孩子接连几天不专心做功课的事时，以取消周末划船的计划作为惩罚。但首先肯定孩子在其他方面好的表现，告诉她只是这几天做功课不理想，"你输了，下次再比。"从而给孩子一个补过的机会。这对孩子的心理诱惑是良性的。

④惩罚要谨慎。惩罚不可带有情绪色彩，否则会使孩子辨不清受罚的原因。

⑤惩罚的时间要短。这是由幼儿的记忆特点决定的，当幼儿忘记了自己的不良行为，再继续惩罚已不再有效。

⑥惩罚要坚决，一旦采取惩罚，就不该因孩子叫嚷、逃跑或赖在地上不起来而妥协。很多父母看到这种表现，油然而生爱悯之情，采取迁就态度，允许或默认了孩子的奢求，结果孩子不但改不掉不良行为，反而使他摸透了父母的弱点，日后更加为所欲为。

好父母胜过好老师
大全集

周成龙　主编

第二卷

吉林大学出版社

第二卷　目录

孩子的好习惯是这样培养出来的

第一章　性格决定习惯

1. 让责任感成为孩子性格的一部分 …………………（203）

2. 纠正孩子自卑的性格弱点 …………………………（206）

3. 帮助孩子走出嫉妒的误区 …………………………（210）

4. 引导孩子告别冷漠 …………………………………（214）

5. 培养孩子不惧困难的个性 …………………………（217）

6. 自私自利的性格会影响孩子的未来 ………………（221）

7. 虚荣会让孩子迷失纯真的本性 ……………………（225）

8. 胆怯的孩子难有大作为 ……………………………（230）

9. 纠正孩子"死不认错"的坏毛病 …………………（233）

10. 培养孩子坚强的意志力 …………………………（237）

第二章　习惯决定命运

1. 要掌控人生先掌控习惯 ……………………………（241）

2. 再小的坏习惯也不能放纵 …………………………（243）

3. 别把"点金石"扔到水里 …………………………（245）

4. 教育就是要培养好习惯 …………………………… (246)

5. 从小养成的习惯坚不可摧 ………………………… (248)

6. 早期家庭教育要做好 ……………………………… (250)

7. 慎始才能善终 ……………………………………… (253)

8. 从小培养习惯也要循序渐进 ……………………… (255)

第三章　好的学习习惯比好的学习成绩更重要

1. 做好预习才能掌握学习主动权 ………………… (258)

2. 学习一定要专心致志 ……………………………… (261)

3. 勤思考才能有进步 ………………………………… (264)

4. 潜心观察会有更多收获 …………………………… (267)

5. 复习一定要及时 …………………………………… (271)

6. 自觉学习成绩才会更优秀 ………………………… (274)

7. 阅读能够开启你的智慧之门 ……………………… (276)

8. 学习还得要勤动笔 ………………………………… (278)

第四章　过于溺爱会让孩子习惯于任性而依赖

1. 溺爱孩子就是在害孩子 …………………………… (282)

2. 独立才会有用 ……………………………………… (286)

3. 不要对孩子有求必应 ……………………………… (289)

4. 对孩子不合理的要求要艺术地拒绝 ……………… (290)

5. 让孩子从小学着吃点苦 …………………………… (293)

6. 劳动锻炼是培养孩子健康个性的必须 …………… (295)

7. 对孩子的零用钱要进行控制 ……………………… (297)

第五章　不要把表扬和鼓励作为唯一的手段

1. 训诫也是让孩子健康成长的必要手段 …………… (301)

好父母胜过好老师大全集

2. 软硬兼施教育孩子 …………………………………（303）

3. 让自负的孩子知道自己并非全知全能 …………（305）

4. "泼冷水"不等于粗暴地打击孩子 ………………（309）

5. 不要太过偏袒自己的孩子 …………………………（311）

第六章　一味高压管制塑造不出良好的习惯

1. 不要带着偏见去教育孩子 …………………………（314）

2. 别再刺伤孩子的自尊心 ……………………………（317）

3. 孩子的错误也有价值 ………………………………（319）

4. 宽容才是最好的教育 ………………………………（322）

5. 父母要允许孩子犯错误 ……………………………（324）

6. 播种宽容才能收获良好习惯的果实 ……………（327）

7. 引导孩子在"淘气"中有所得 ……………………（330）

8. 不要完全否定孩子的贪玩 …………………………（333）

9. 艺术的批评才能让孩子更好地接受 ……………（336）

第七章　培养孩子学习与思考习惯的合同

1. 让孩子喜欢学习的快乐学习合同 ………………（340）

2. 让孩子按规律作息的时间合同 …………………（344）

3. 培养孩子阅读习惯的读书合同 …………………（347）

4. 提高孩子成绩的进步合同 …………………………（351）

5. 培养孩子好奇心的探索合同 ……………………（355）

6. 培养孩子动手能力的做事合同 …………………（358）

7. 锻炼孩子思维能力的用脑合同 …………………（361）

第八章　培养孩子待人接物与日常生活习惯的合同

1. 纠正孩子不良习惯的日常生活合同 ……………（365）

第二卷　目录

好父母胜过好老师大全集

2. 让孩子养成自我保护意识的防范合同 ……………… （368）

3. 培养孩子理财习惯的合同 ……………………………… （372）

4. 培养孩子锻炼身体习惯的健康合同 …………………… （376）

5. 让孩子能够照顾自己的自立合同 ……………………… （380）

6. 培养孩子交际能力的交友合同 ………………………… （384）

7. 培养孩子说话习惯的合同 ……………………………… （388）

8. 培养孩子做好小事的细节习惯 ………………………… （392）

9. 培养孩子文明礼貌的待人习惯 ………………………… （395）

10. 培养孩子讲究卫生的清洁习惯 ……………………… （399）

孩子的好习惯是
这样培养出来的

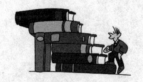

第一章　性格决定习惯

对孩子而言,习惯不是孤立存在的,性格因素对个人习惯影响尤其重大。一个性格好动、脾气火爆的孩子往往有丢三落四的坏习惯,反之亦然。所以,家长要想培养孩子的好习惯就要从性格特点入手,对症下药。

1. 让责任感成为孩子性格的一部分

"不懂事"、"对家庭缺少责任感"是人们对一些孩子的评价。现在的孩子大多是独生子女,是父母的宝贝,从小就是要风得风、要雨得雨,因此养成了以自我为中心、不体贴父母、不关心家庭的性格。作为父母,你有必要让孩子明白,家庭也需要让孩子做些什么,父母没有能力无限度地满足他们的要求。

一位父亲讲述了这样一件事:他的儿子是一个很不错的孩子,至少在学习上没让他费过心,只有一件事让他为难:孩子花起钱来大手大脚,每隔几天就向父母要钱,夫妻二人怜惜孩子,几乎每次都满足他的需要。可最近一段时间妻子下岗了,自己单位的效益也不是很好,一天,孩子向他要 500 元,说是要买一双运动鞋,另外还要请同学吃麦当劳,他觉得不能再对孩子予取予求了,于是就委婉地向孩子解释家里的情况:"你妈妈下岗了,我的单位也一年不如一年,所以你要懂事,花钱别大手大脚了!""这关我什么事!"儿子粗暴地打断了他的话,"您快点给我钱,供养我是您的义务!"这位父亲目瞪口呆,他实在想不到孩子对他们竟然这么冷漠,对家庭竟然没有一点责任感。

听了这个故事,不知家长朋友有什么感受。生活中,像这样对家庭缺少责任感的孩子并不少见。那么,孩子如果不尊重父母的劳动,缺少责任心该怎么办呢？下面是一位妈妈巧妙地以强扮弱，改变儿子不良性格的例子，各位家长不妨借鉴一下。

林女士家境富裕，一天她的儿子向她要 300 元办生日聚会，她开玩笑地问了一句："儿子，你总向妈妈要钱，花起钱来也大手大脚，可有一天妈妈没钱了怎么办？"11 岁的儿子回答说："那你就去赚啊，这不是我该关心的事吧？"林女士大吃一惊，她发现儿子丝毫没有为家庭着想的概念，她认为自己必须改变这一点。林女士向公司请了三个月的长假，然后对儿子说："妈妈失业了！从今以后爸爸要一个人供你上学、供车子、供房子，还要养妈妈和奶奶。你也长大了，该学会帮爸爸妈妈分忧了！"为了让儿子相信，她还陆续向儿子借了几次钱，因为她"没钱买菜"。一个月后，她发现儿子彻底变了，见到儿童玩具他不再缠着妈妈买，一起逛街时，如果林女士对哪件漂亮衣服多看几眼，他还会安慰妈妈："别看了，看了又买不起，等我长大赚了钱，一定会买很多衣服给你，但现在不要给爸爸增加负担了！"还有一次，她手边没有零钱，就给儿子一张 50 元，让他自己去吃早餐，结果儿子含着眼泪问她："你把钱给了我，还有钱买菜吗？"看着儿子一天比一天懂事，很多时候还主动询问爸爸工作的情况，林女士很欣慰。不过她也在想是不是应该提前结束假期了，因为儿子渐渐有点吝啬的倾向了。

林女士使用的方法很有趣，在增强孩子责任心方面也起到了不错的效果，这招以富扮穷、由强扮弱看来还是相当有效的。如今，我们绝大部分家庭都有比以往更好的生活条件，大多数的父母都喜欢对孩子说："现在生活好了，我们不需要你为家庭操心，只要你做个好学生，将来有作为，我们再苦再累也心甘情愿。"父母们认为：现在条件好了，我们要为孩子争取一切可能的机会，为孩子提供最好的学习条件，给孩子最好的生活待遇，使孩子能出类拔萃……其实，这样的情况，往往会事与愿违。越是怀着这种心态对待孩子，孩子越会辜负父母的期望。所以，我们要让孩子明白，作为家庭组织中的一员，他对家庭是负有一定责任的。

瑞恩夫妇是一对在读博士，在攻读博士学位前他们已经有了一个 8 岁的儿子吉姆。吉姆聪明伶俐，唯一的"毛病"就是喜欢吃零食。在他还不满 4 岁的时候就知道拉着爸爸妈妈到不远处的百货店买糖果。

每次遭到爸爸妈妈的拒绝，小吉姆就哭闹不止，大有不达目的誓不罢休的势头，瑞恩夫妇纵然是满腹经纶也奈何不得他。有一次，小吉姆又要让爸爸给他买糖果，爸爸说："亲爱的吉姆，爸爸可以答应你的要求，但是你也要答应爸爸一个条件。"

"什么条件？"小吉姆满脸疑惑。

"你现在买糖果的钱和你在幼儿园上学的钱都是属于爸爸妈妈的，可我们以后也要上学，所以你每花费一分钱爸爸都会记下来，等你长大后也要还给我们，供爸爸妈妈上学。"爸爸说。

小吉姆似懂非懂地答应了。从此，吉姆每花费一分钱爸爸就提醒他一次"这些钱以后你要还给我们。"7岁的时候，小吉姆已经不再乱花钱了，他的小脑袋里除了功课外，已经开始琢磨怎样才能依靠自己的力量挣钱，将来供爸爸妈妈读书了。

很快小吉姆8岁了，瑞恩夫妇开始攻读博士学位。随着年龄的增长，小吉姆的思维也开阔起来，有一天，他忽然想起奶奶曾经说过："小孩子能使用简单的劳动工具后，就可以找寻打零工的机会了，诸如帮社区邻居送报纸、铲除车道上的积雪等。"吉姆想到这里兴奋不已，因为这里刚刚下过一场大雪，而且他已经会使用铁锹了。

第二天一早，小吉姆就按响了一对老夫妇家的门铃。

老太太打开门后，发现门口站着一个小男孩。

"你好，"小男孩有礼貌地说，"我叫吉姆，我来帮你们铲雪好吗？这么早就过来，会不会打扰到你们？"

老太太亲切地说："不会！我们也是很早就起来了……"说着，对着屋内喊道："老头子！我们的车道铲雪工作，就决定交给这位小男孩喽！"

"你年纪这么小，就这么积极地打工，将来长大一定很有成就。"老太太说，"你怎么利用自己赚来的钱？是要把它们存起来，还是拿去买糖果？"

小吉姆兴奋地说道："我赚钱不是要买糖果用的。我爸妈都还在念书，我赚的钱，先赞助他们交学费！等我将来长大，他们答应也会帮助我读大学。"

小吉姆工作结束后得到了10美元报酬。

瑞恩夫妇对孩子的教育是十分成功的,他们让孩子参加到具体的家庭事务中,还给他设定了一个伟大的目标:供父母上学。结果吉姆小小年纪就具有独立能力和责任感,而这两个特征对每个孩子都非常重要,也恰恰是很多孩子都缺少的。

俗话说:穷人的孩子早当家。在过去艰苦的环境中,孩子普遍知道生活的不易,自己必须替父母承担一部分责任,尽自己的义务为家里减少生活负担,从而感受到自己应当承担的责任,希望有一天能够为父母解忧去烦。这一切都使孩子从小看到自己生活的意义,看到自己的行为能为他人带来影响,感到自己是有用处的,从而产生自豪感和责任心。

而现在,我们的家庭已经没有了这种普遍的基础,孩子生活在无忧无虑之中,根本搞不清楚自己对父母、对家庭、对社会的责任感与使命感从何而来。

一个没有责任感、没有价值感的孩子,因为找不到自己的生命在社会中的地位与重要性,便会感到迷惘,而失去努力成就的动力,更容易为其他一些物质性的、轻浮的事物所吸引,进而沉溺其中。因此,我们要利用"扮弱"巧妙地培养孩子的责任感,让现在的"富孩子"也能早当家。

"负责"作为一种性格特征是可以培养的,父母可以向孩子讲一讲家事的繁琐、工作的困惑,让孩子从小就懂得父母之不易,生活之艰辛,这对增强孩子的责任心大有益处。

2. 纠正孩子自卑的性格弱点

生活中,很多孩子都存在着自卑心理,他们看不到自己的长处,总觉得自己不如别人。他们对自己各方面的评价都很低,有的孩子甚至在父母面前也会感到自卑。这种自卑性格会给孩子带来极其严重的影响。试想,一个瞧不起自己的孩子,怎么能获得成功呢?因此,家长们就应该想办法帮孩子建立起自信心。

君君是个16岁的女孩子,刚刚升入重点高中,她性格内向,有很

好父母胜过好老师大全集

深的自卑心理。妈妈抱怨说："我不知道这孩子一天到晚在想什么。别人的孩子都那样自信活泼,可我的孩子却……"君君到底在想什么呢?请看她的一段内心独白:"上了高中后,我心里常被一些说不清、道不明的莫名其妙的感觉袭扰,并且越来越严重。有时心里空荡荡的,没着没落;有时又乱哄哄的,不知应该做些什么。同学们都在争分夺秒地学习,准备升学,可我听课时安不下心,作业懒得完成。我这样一个无用的人,将来能做些什么?升学,我能考上吗?经商,我哪有这样的天赋?靠弹钢琴挣钱养活自己,可我又哪有那么大的能力呢?同学们整天都在忙忙碌碌、紧张地学习,空闲时间还三五成群、欢呼雀跃地参加文体活动及各种竞赛,可我无论做什么事都犹犹豫豫、忧心忡忡,拿不定主意,经常因为害怕失败而退避三舍。我终日六神无主,心灰意冷,学习成绩不断下降,听课、写作业成了一种负担,只能靠画画打发时间。生活是这样索然无味,我真心希望自己将来能有所作为,至少成为一个能自食其力的人,可我又总是缺乏把一件事坚持做到底的信心,因为我不相信自己有做好一件事的能力。在同龄人面前,我总感到自己比别人矮一截,有时甚至觉得别人看我的眼神都是鄙视和冷漠的。像我这样一个多余而毫无价值的人,生活在这个世上还有什么必要?真不如死了的好……"

儿童心理学家告诉我们,孩子的自卑往往是由于自我评价过低导致的。一些性格自卑的孩子,往往认为自己处处不如人,这也不好、那也不行。比如这个故事中的君君,就是把自己贬低得一无是处。而事实上,她既然能考进重点高中,起码她的学习成绩就应该不错;她会弹钢琴、会画画,说明她应该是个多才多艺的女孩子,但她却偏偏看不到这些,反而沉浸在自卑的情绪里。一个人认为自己是怎样的人比他真正是怎样一个人更重要,因为每个人都是按他自己的意识行动的。自卑者不能全面、客观地评价自己,他们往往拿自己的缺点和别人的优点相比,看不到自己的长处,却对自己的短处和缺陷妄加评判,形成消极的自我概念。这是一种认知悲剧。

那么怎样才能帮孩子建立自信呢?心理学家认为,要做到这一点,首先就得让孩子喜欢自己、悦纳自己。

(1)告诉孩子,不是只有你自卑

著名的精神分析家阿德勒曾说过,所有的人都有那么一点自卑,无论他是高官巨贾还是市井平民,概莫能外。也就是说,自卑感是一种普遍存在的心理状态。其实适度的自卑可以使人认识到自己的不足之处,从而激发自己奋发向上、拼搏进取。因此,自卑感及其对它的克服、超越,可以使人完善自我,是人走向成功的起点和桥梁。如果没有自卑感,也就没了进取心。其实人人都会产生自卑,只是程度不同而已。所以,要正确对待自卑,不要只看到自卑的危害,更不能因为自己自卑而自卑。

(2)引导孩子全面地评价自己,澄清认识

一些孩子在做自我评价时,往往只看到缺点,看不到优点,而且有时评价得也不够全面。比如,孩子常会这样说:"我笨死了,学习成绩不好!""我不够聪明,总是反应慢!"其实评价应该是多角度的,不能只看学习成绩。孩子应从以下几个方面分析评价自己:①学习能力,如观察力、记忆力、思维力、创造力、想象力和实践能力;②特殊能力,如绘画、音乐、书法、写作、体育运动等;③学习态度方面,如兴趣、爱好、勤奋、竞争意识和独立性等;④人品和个性特征,如自我控制和自我调节以及道德品质、理想信念等。家长可以引导孩子自评和他评,让孩子列举出自己的优缺点,把它们写在一张卡片上;再请其他的同学在另一张纸上列出孩子的优缺点,两者比较,以得出比较客观的结论,并提醒孩子多注意自己的优点,增加自信心。这样孩子就会欣喜地发现,原来自己有那么多的优点,并不是一无是处的。

(3)教孩子一招自卑补偿法

家长应教育孩子在遇到挫折的时候,从多角度辩证地看问题,形成"合理化认识"。如,当考试成绩差时,可以强调考试时临场发挥不好或考试环境不利等其他外在原因,以减轻自身的压力。同时要教孩子利用自卑补偿法和转移等心理防御机制以保持心理完整或平衡,认识到某一方面的缺陷和不足可以通过其他方面的完美和丰富进行补

偿和纠正。通常可以使孩子从两个方面进行心理补偿：一是以勤补拙。如果某方面的不足，是由于自己努力不够而潜力没有充分发挥，那么就以最大的决心和毅力去使缺陷变为完美。二是扬长避短。如长相平平，就可以用优异的成绩来补偿；学习一般，可以通过训练，诸如书法、雕刻、绘画、音乐等获得他人所不及的特殊能力。"失之东隅，收之桑榆"，理智地对待缺陷，寻找合适的补偿目标，从中汲取前进的力量，就能把自卑转化为一种奋发图强的动力。

(4)让孩子多给自己一些积极的暗示

著名心理学家莫顿曾提出"预言自动实现"的原则，认为人们具有一种自动实现预言的倾向。他相信，在我们的心灵的眼睛面前，长期而稳定地放着一幅自我肖像，我们会与它越来越接近。所以，如果我们把自己想象成胜利者，将带来无法估量的成功。当感到信心不足时，孩子应该给自己进行积极的自我暗示，把"没什么可担心的，我也行"、"我一定能成功"之类的话写下来，或者大声说出来。

(5)给自卑的孩子更多的关注

自卑的孩子其实渴望别人的关怀和关注，特别是老师和家长的关注。所以，我们应适时地满足孩子的心理需求。

萧萧貌不出众，胆小畏缩，上课很少回答问题，喜欢一个人在教室里呆坐。在一次手工课上，老师让大家做纸飞机，萧萧一点也不会，老师过去教他，可他还是不会。全班小朋友一起喊："老师！让萧萧上台去做。"老师原本怕伤了他的自尊心，正打算制止他们，却见萧萧显示出从没有过的开心，和同学推挤嬉笑。老师顿然明白，萧萧的自卑也许正是因为从来没有像今天这样备受关注。

(6)多给自卑的孩子一点表扬

对自卑的孩子，父母或老师应适当降低对孩子的要求，不要太过苛求孩子。对他们正在做的好事或平时的点滴进步，都应及时予以表扬或肯定。

假如孩子捏了一只狗，那么你最好不要过多地挑剔这里不好、那里不像,而应对孩子的每一成功之处予以发现并做出由衷的赞赏:"看,那狗的尾巴捏得真好呀,好像是真的一样!"这样孩子就会越来越有自信。

菲菲是个自卑的孩子,在一次绘画课上,菲菲在画纸上画了一个会飞的小人。小朋友们看了哈哈大笑,都说菲菲笨!菲菲低着头,脸红红的。这时老师拿起菲菲的画,脸上露出满意的表情说:"菲菲的想象力真丰富,她是画了一个外国的小朋友,飞来我们这个城市玩的,老师猜对了吗,菲菲?"菲菲深深地点了点头。下课后,菲菲跑到老师面前说:"老师,谢谢你!"听到菲菲的这句话,老师很高兴,因为孩子的肯定是最珍贵的。当然,需要强调的是,你应该让孩子觉得:你对他的表扬完全是诚恳的,而不是应付的、客套的,这样孩子才会真正相信自己是值得别人喜爱的。

(7)给自卑的孩子一个表现的机会

老师在上课的时候,应当尽量让他们回答容易回答的问题,组织集体活动或游戏时,也要分给他们角色,给予他们更多的表现机会。

小雪胆怯而害羞,常常一个人坐在角落里发呆,不敢与人交往。细心的老师发现自卑的小雪特别喜欢小动物且想象力丰富,还知道各种小动物的生活习性。在班级的一次故事会上,老师就安排小雪给同学们讲有关小动物的故事,全班的同学都听得入神,并情不自禁地鼓起掌来,有的同学喊着:"小雪,太棒了!"小雪高兴地笑了。从此,她也不再只是角落里的小雪了,她变得喜欢交往,喜欢回答问题了,语言表达能力也有了很大的提高。

父母们在发现孩子有自卑倾向时,就要积极地引导教育孩子,告别自卑,让孩子的性格自信开朗起来。

3. 帮助孩子走出嫉妒的误区

当发现孩子嫉妒别人时,父母常会指责孩子心胸太过狭窄,其实,导致孩子嫉妒的原因是相当复杂的,其中一点就是害怕。比如害怕自己不是一个优秀的人。因此，如果父母能让孩子更喜欢自己，让孩子认识到自己也有比人强的地方，那么孩子的嫉妒心理一定会减轻很多。

孩子的嫉妒往往产生在这样的情况下：他人的才能、地位、境遇或相貌等方面优于自己；意识到自己对某人、某事、某物的占有或占有意识受到现实的或潜在的威胁；自己的社会尊重需要未能得到满足等。

嫉妒情绪普遍存在着。在嫉妒者的眼里，被嫉妒者的成功仿佛证明了自己的失败；被嫉妒者的辉煌好像印证了自己的无能；被嫉妒者的各种优势又似乎说明了自己的不幸。有的人看到别人的才华、能力、荣誉、人际关系、经济条件比自己好，长相、衣着超过自己，学习成绩比自己优秀，便会不由自主地感到羡慕，继而产生恼怒、痛苦。一些孩子甚至会千方百计地拖别人的后腿、拆台。

有一个女孩子，家境不是很好，这使她有点自卑。而和她同宿舍的一个女孩，家庭条件却非常好，亲朋好友常给她买许多衣服、食品之类，她趁宿舍无人之机，把这位同学的衣服洒上胶水或干脆扔出窗外，还把同学的发卡、化妆品等随手扔进卫生间的下水道，为此造成了同宿舍同学间的许多误会。直到有一天，她又如法炮制时被偶然回宿舍的同学撞见，事情才水落石出。后来这个女孩子哭着说，她只是觉得自己不如人，别人一定在背后笑她，因此才越来越嫉妒富有的女同学，才会做出这种事。

嫉妒者有时是因为无法肯定自我。在他人的心目中，自己是个什么样的人呢？自己是不是能凭借能力取得进步呢？如此之类的问题往往不自觉地在心中出现，而对待这些问题又无法找到解决的答案，时而认为是肯定的，时而又认为是否定的。在这样的心态下，遇到一些比自己强的伙伴、一些人缘好的伙伴、一些条件比自己好的伙伴便容易产生嫉妒。越是嫉妒，越是无法肯定自我。

要想纠正孩子的嫉妒，那么首先就要让孩子学着肯定自己，而要让孩子肯定自己，就得改正孩子不良的认知习惯。这种认知习惯突出表现在不恰当的比较上，他们习惯于用别人的优点、长处与自己比较，总觉得自己不如人。实际上，这种比较是不平等的，怎么能拿自己的弱点与别人的优点去比较呢？这类孩子往往看不到自己的优点、长处、优势,发现不了自己的潜力。比如,有的孩子羡慕家庭经济条件好的孩子,羡慕他们的吃喝、穿戴,却意识不到和睦的、民主的家庭气氛往往比经济条件更重要。因而,看不到自己家庭的优势,妒忌那些家庭经济条件好的孩子。

那么,家长们怎样才能做到这一点呢?

(1)帮助孩子正确认识自我

父母应该让孩子认识到,每个人都有自己的长处,也有自己的不足。所以作为父母,不但要正确地认识孩子,还要帮助孩子形成正确的自我认识。孩子都喜欢受到表扬和鼓励。适度的表扬,可以增加他的自信,促进他不断进步;如果表扬过度,就会使孩子骄傲,不能正确地进行自我评价,甚至当有人说别人好、没说他好时,他就难以接受。比如人家取得了成就,便误以为是对自己的否定,对自己是威胁。其实,这只不过是一种主观臆想,一个人的成功不仅要靠自己的努力,更要靠别人的帮助,荣誉既是他的也是大家的,人们给予赞美、荣誉,并没有损害自己。而孩子之所以产生嫉妒心理,是因为他还不能全面地看问题,不能对自己和他人进行正确的评价,这就要求父母在与孩子相处的过程中,要注意让孩子正确地认识自我。

(2)培养孩子分析思考问题的能力

教给孩子客观地看待和分析问题的方法,培养孩子分析思考问题的能力,不仅能使孩子正确地认识自己,正确地对待别人,还能使孩子的理智得到较好的发展。在日常生活中,家长要有意识地设置环境,创造氛围,让孩子从日常的生活中体会到"山外有山,人外有人",事事领先的人是没有的。如果家长设法使自己的孩子养成分析问题、研究问题的习惯,孩子的情感就会不断丰富,心理就会日趋成熟。这时,即使孩子对某人产生了嫉妒心理,也会很快被理智的思考所抑制。

(3)让孩子看到自己的优势

俗话说"金无足赤,人无完人",每个人都有自己的长处和短处,也都有优势和不足。某些方面自己比别人强,某些方面自己不如别人,

好父母胜过好老师大全集

这是客观的必然现象。有些同学记忆力不好,花费同样的时间,没有别人记住的东西多,你不必忌恨别人,而应仔细分析一下自己;也不必抱怨自己,也许你会发现,你有顽强的意志,只要充分发挥你的意志力的作用,可能在别人半途而废的地方,你就能取得胜利。你的容貌不如他人,但可能你的品德高尚、知识渊博,难道这不同样值得自豪吗?为什么一定要嫉妒别人的漂亮呢?

(4)培养孩子博大的胸怀

有妒忌心理的孩子,往往有自身的性格弱点。如:与人交往时,喜欢做核心;当不能成为社交中心时,就会发脾气;不会感谢人,易受外界影响等。对有性格弱点的孩子,父母要悉心引导。在孩子面前,对获得成功的人多加赞美,并热情鼓励孩子虚心学习他人的长处,积极支持孩子通过自己的努力去超越别人,战胜自己,使孩子的妒忌心理得到正当的疏导。父母要教育对遭到不幸的人给予同情,不可纵容孩子幸灾乐祸,助长孩子的妒忌心理。对孩子的挫折,父母要耐心地同孩子一起认真地做理性分析,帮助孩子找到失败的原因,鼓励孩子再做努力,决不可让孩子怨天尤人、垂头丧气、一蹶不振。父母要通过自己的努力使孩子经得起任何风吹浪打,对别人的成功感到由衷的高兴,对他人的不幸给予深切的同情,对自己的失败具有再创成功的信心。

(5)要帮助孩子正确认清妒忌心的危害

父母要教导孩子,妒忌心的危害:一是打击别人,二是贻误自己,三是腐蚀风气,于人于己于社会都无益处。古往今来,心胸狭窄、妒忌他人的人,都没有得到好的下场。

战国时庞涓妒忌同窗好友孙膑的才能,他把孙膑骗到魏国,用莫须有的罪名挖去孙膑的膝盖骨。孙膑忍着痛苦,修习兵书,终于逃出魏国,在马陵之战中,打败庞涓,并取其性命。庞涓自取灭亡,落得被人耻笑。三国时周瑜妒忌诸葛亮的才能,几次要害诸葛亮,但是最终害不着别人反害自己,堂堂吴国大都督,没有死在刀光剑影的沙场,却因妒忌而气死在病榻之上,岂不悲哉?

心理学认为，凡是心理上厌恶的东西，行动上就容易自觉地同其决裂。因此，如果认清了妒忌心的危害，是不难克服的。

总之，一个真正了解自己长处，喜欢自己的孩子，是不会去嫉妒别人的，因为他有让自己引以为傲的东西。因此要治疗孩子的嫉妒，只要帮助他接受自己、喜欢自己就行了。

4. 引导孩子告别冷漠

一位妈妈向教育专家抱怨说，她怀疑自己的女儿性格冷漠、缺少爱心。生活中很多父母也都有相同的感受，他们的孩子对他们冷漠，毫不关心，这让他们伤心极了。然而，孩子变成这样要怪谁呢？爱是人类天性，每一个人都希望得到别人的爱，同时也应该向别人付出爱。可一些父母往往只给予孩子爱，却不懂得要求孩子回报，也不鼓励孩子施爱的能力，久而久之，孩子就习惯于父母关心自己，却不知道关心父母。因此，父母们应学会引导孩子关心自己。

5岁的罗尼跟同龄的孩子一样，喜欢吃汉堡，喜欢喝碳酸饮料，喜欢各种新奇的玩具。妈妈因此也把他当成一个除了吃喝玩闹之外，其他什么都不会的小孩。不过，一次意外的机会让她彻底改变了这种想法。

那一年，罗尼家搬到了一个新的城市，进了一所新的幼儿园。一个半月后，幼儿园要开家长会，罗尼妈妈也在被邀请之列。去幼儿园的路上，妈妈开玩笑地对罗尼说："怎么办啊？妈妈还没有完全适应这个城市，在你们幼儿园里，妈妈更是一个人都不认识，到时候你可要帮我啊。"

没想到罗尼一本正经地说："没问题，妈妈。我认识那里所有的老师和小朋友，包括每天接送小朋友的爸爸妈妈。"

妈妈看他认真的样子觉得很有趣，但她也只是笑笑，没有放在心上。

到了幼儿园，罗尼开始执行他的承诺，他尽责地陪妈妈到会议室，严肃地把妈妈介绍给校长和其他老师，又认真地向妈妈介绍了幼儿园的每一个小朋友,最后告诉妈妈小朋友们的名字以及哪位是他们的爸爸或妈妈。

接着,罗尼把妈妈带到一个沙发面前,给她端来了一杯果汁,"妈妈,你先坐在这儿别到处乱走,我去趟厕所,一会儿就回来。"

罗尼妈妈坐在沙发上,欣喜地看着突然间长大的孩子,她突然明白了一点,在孩子面前偶尔扮演弱者的角色,实际上是对孩子责任心与爱心最好的鼓励与赞美。

这真是一个温馨的小故事,妈妈的一个小玩笑,让她看到了孩子懂事、负责任的一面。世上没有不爱父母的孩子,如果你希望得到孩子的关爱,那么至少先要让孩子知道你是需要他的关爱的吧!如果这个故事中的妈妈不是扮出需要帮助的样子,她的儿子又怎么会主动去照顾她呢? 看来能否让孩子有关爱之心,关键还是在于家长的引导。

有一位家长是一个教育工作者,但在教育自己孩子的问题上,却困惑不已。儿子是他的骄傲,夫妻俩一直无微不至地照顾孩子,孩子小的时候,家里经济条件不是很好,夫妻俩用省下的钱给孩子买营养品,吃鱼或排骨的时候夫妻俩就看着孩子吃个够,自己才动筷子。他们省吃俭用给孩子买钢琴,买电脑,请家教。他们常对孩子说的一句话就是,"不用担心我们,爸妈是大人,你只要生活得幸福,我们就幸福了!"后来孩子进了重点中学,成绩也很优秀,然而这孩子却有个毛病,不会关心大人。有一天,妻子出差,这位家长和儿子留在家里,八点多钟时,他的胃病犯了,疼得直冒冷汗,他勉强从床头柜里摸出一瓶胃药,然后让客厅里的儿子帮他倒杯水,没想到孩子对他的呻吟声毫不理会,反而不耐烦地说:"你不会自己倒呀,我还得写作业呢!"这一刻,他感到自己的心比胃还要疼。

孩子的做法多么令人痛心,然而这一切究竟该怪谁呢? 很多父母也像这位家长一样,认为爱孩子就该是无私的、奉献一切的,其实这种想法大错特错了。前苏联教育家苏霍姆林斯基说过,爱心是最宝贵的,孩子的爱心必须从小开始培养,因此引导孩子的爱心也是父母对孩子应尽的义务。

爱心是孩子心理健康的一个十分重要的内容,尤其在儿童时期,孩子的身心发育最为迅速,是最关键的时候。因此,在这个阶段呵护孩子的爱心,对塑造他们的良好性格和健康行为都具有十分重要的意义。然而现在的许多教育方法更多的是关注孩子的智力开发,却往往忽视了孩子品德的培养,甚至可以毫不夸张地说,现在许多孩子在被教育的时期是处于感情教育的荒漠之中。爱孩子不是只要让他(她)吃好、睡好、学习好就可以了,还要让孩子心存爱意,关心父母和他人。

生活中,很多父母都会发现这一点,你小小的孩子是乐于充当你的保护者的。如果停电时,你拉住孩子的手告诉他你很害怕,那么孩子一定会故作勇敢地抱着你,"妈妈不要怕,我来保护你!"曾经有一个很顽皮的孩子,他的父母对他的任性不懂事一直无可奈何。有一次,爸爸要出差就告诉孩子说,"你长大了,爸爸出远门后,你要照顾这个家。妈妈很柔弱,你要像男子汉一样保护她。"结果父亲回来后惊讶地发现孩子变了个样,他能主动为爸爸拿拖鞋、揉肩。据说在爸爸出差的日子里,他每晚睡前都要检查门窗是否锁好,还常为妈妈倒茶、帮妈妈干活。这位爸爸为儿子的转变而惊喜,同时他也认识到这样一个道理:孩子对父母的关爱之心是需要培养的,是需要家长去引导的,不能只向孩子付出爱,而不向孩子索取爱。

除此之外,父母们也可以尝试用以下方法培养孩子热心的品性:

(1)让孩子设身处地为别人着想

孩子待人冷漠,往往是因为对别人的立场缺少了解。因此,我们可以利用同情心,让孩子设身处地地想他人之所想,急他人之所急,乐他人之所乐。例如,可以开展"假如我是……"的角色换位活动,使孩子理解、体验假想角色的内心感受,改变原来的冷漠态度。一位下岗职工的孩子正是通过"假如我是下岗的妈妈……"的角色换位活动,体验到妈妈的烦恼,认识到妈妈的不容易,从此改变了原来的做法,与妈妈的心贴得更近了。

(2)让孩子多参加一些慈善活动

书画家为拯救灾民的义卖书画活动;社会各界为"希望工程"的捐助活动;为美化校园,每人献上一盆花的活动。老师、父母应创造条件、提供机会,让孩子去感受这些活动。

(3)让孩子感受热心带来的快乐

孩子们受到了别人的友善相待会感到非常快乐,这清楚地告诉他热心是一件多么令人愉快的事。不过,更为重要的是,通过这样一个机会,让孩子懂得只要与人为善自己也会获得快乐。因此,不妨给孩子创造一些表达热心的机会,例如善待小动物等,他能从中感觉到感激、忠心,并真正懂得热心的好处。

(4)让孩子在热心友爱的环境中成长

首先,父母应以友好和爱的方式来教育、帮助孩子,努力使热心、友好的气氛充满整个家庭。另外,友好相待所有认识的人:亲戚、朋友、同事、邻居,以及一切可给予帮助的陌生人。孩子们在这种环境的熏陶下,善良、友好对他来说就显得非常熟悉、自然。

5. 培养孩子不惧困难的个性

生活中很多孩子害怕遇到挫折,这种不良性格使得他们无法面对挫折和失败。而事实上没有谁能不经挫折就取得成功,所以有畏难性格的孩子也将与成功绝缘。

在生活中,困难和挫折是不可避免的,一些孩子沮丧、气馁是由于他们做不成喜欢做的事,在挫折面前产生了畏惧心理,丧失了克服困难的信心。心理学家认为:丧失信心的理由有千万条,但根本的原因只有一条,那就是学不会、做不好或觉得自己做不好。一旦做不好,信心就会丧失,倦怠、懒惰的情绪也随之产生,造成学不会——没信心——没兴趣——更学不会的恶性循环。

孩子之所以会一遇挫折就灰心丧气,自暴自弃,其根本原因还是在于教育方式。许多家长认为孩子还小,而且就这么一个,不能让他累着,更不让孩子做些力所能及的事情,事事都包办代替,孩子从小养成了衣来伸手、饭来张口的习惯。每当遇到一点困难,孩子就会叫父母、爷爷奶奶帮忙，从小就养成了依赖、懒惰的思想。这样教育出来的孩子，能有克服困难的信心和勇气吗？

畏难是人的心理的一种消极的心理体验。不光孩子有，许多成人也有。如果家长是一遇到困难就退缩的人，孩子在父母的耳濡目染下，也会学到一遇挫折就自暴自弃、消极等待的态度。因此要想孩子具有不怕困难、顽强的毅力，家长首先要以身作则，遇到问题不推诿、不退缩。

畏难心理也是孩子缺乏自信心的表现。有的家长在对孩子进行教育时，不是恰当地根据孩子的能力来提要求，对孩子的期望值过高，这样孩子往往达不到要求。这时，如果家长不问青红皂白横加指责的话，孩子就会感到自己很无能，丧失信心，以后一遇到困难、挫折也不动脑筋，心想反正自己不行，想也没用。

父母首先要从自己做起，给孩子树立不屈不挠、勇敢顽强的榜样。不要让孩子做他无能为力的事情，经常让孩子获得成功的体验，这样有助于孩子树立自信心。不要过分保护和溺爱孩子，不要当孩子一遇到点小困难就给他帮助，而应该鼓励他自己想办法解决。和孩子一起分析困难到底难在哪里，以便找出化解困难的办法。要通过真实事例让孩子知道，在困难、挫折面前唉声叹气并不会降低困难、减少失败，灰心丧气只会增加自己的痛苦。

曾经有一个1周岁左右的小男孩，被年轻的妈妈牵着小手来到公园的广场前，等到要上有十几个阶梯的台阶时，小男孩一下子挣脱开了妈妈的手，要自己爬上去。他用胖胖的小手向上爬，他的妈妈也没有抱他上去的意思。当他爬上两个台阶时，他就感到台阶很高，回头看一眼妈妈，妈妈没有伸手去扶他，只是眼睛里充满了慈爱和鼓励。小男孩又抬头向上看了看，他放弃了让妈妈抱的想法，还是手脚并用小心地向上爬。他爬得很吃力，小屁股抬得老高，小脸蛋也累得通红，那身娃娃服也被弄得都是土，小手也脏乎乎的，但他最终爬上去了。年轻的妈妈这才上前拍拍儿子身上的土，在他那通红的小脸蛋上亲了一口表示赞赏。

当孩子面对生活的种种挑战时，袖手旁观是不可能的。对孩子的爱和担心，会使父母身不由己地去帮助孩子，自然而然地去给他们保护,让他们少犯错误,帮他们权衡利弊,以便作出较为理想的选择,可以说这是做父母的一种本能反应。但也正是父母这种本能的过分呵护,让他们的孩子长成了脆弱的青年,这是一件很可惜的事。

　　父母们应该看到这一点,当你替孩子解决麻烦的时候,便也剥夺了孩子自己体验成败的机会,从而也纵容了孩子的依赖性,让他们无法从生活中体验战胜挫折后的自信。人在一生中将会遇到很多困难,父母不能永远充当孩子的保护伞。因此,当孩子遇到困难不知所措时,家长应该鼓励孩子勇于面对困难,让孩子转动脑筋,充分利用智慧自己去解决,而不是父母亲自动手为孩子扫平道路。用你的鼓励,从小培养孩子直面挫折的意识和坚强地承受挫折的能力,方能有效地激发孩子生命的能量,使他们的自信力、创造力在危急与困难时刻发挥到极致,增长孩子竞争取胜的才干和驾驭生活的能力,而父母也少了许多不必要的麻烦。

　　除了修正自身的做法外,我们还要帮助孩子建立一个观念——失败只是意味着缺乏技术和经验,和"人"的价值高低无关,失败只是代表某个阶段的结果,习得经验后便逐步迈向成功。

　　我们必须教导我们的孩子勇敢地接受自己不完美的事实,可以失败,然后从中学习,再出发。而不是一两次无心的过错或思虑不周造成的失败就加以责骂,造成他们自我印象的低落甚至毁灭,接踵而至的会是一连串的失败。

　　给孩子讲一些名人不怕困难、不怕失败最终做出重大贡献的例子。在孩子遇到挫折时,要鼓励孩子树立信心,不灰心丧气,勇敢面对困难。当孩子通过自己的努力,尝到成功的喜悦后,孩子克服困难的信心就会增加。家长应注意帮助孩子吸取经验教训,让孩子在每次遇到困难后,总结一下困难的类型,克服困难的方法,以后遇到同样的问题就会顺利解决了。良好的意志品质是实现目的、事业成功的根本保证。因此,培养孩子良好的意志品质就显得非常重要,从生活的一点一滴做起,如:孩子摔倒了不要立即心痛地去扶他,而要让他自己爬起来。家长要让孩子了解,人生道路上人人都会遇到困难,困难本身并不可怕,可怕的是丧失了克服困难的勇气和信心,应该以坚强的意志去面对生活中遇到的各种挫折。

更重要的是抓住孩子受到挫折的机会，对孩子进行教育，当孩子渡过这一次危机，他也就敢于迎接挫折的挑战了：

①父母应帮助孩子拥有一颗平常心，以自然的态度对待荣辱。要让孩子知道，生活中荣誉和挫折是并生的。生活中会常有不如意的事情，如果连一点小小的挫折都受不了，如何面对以后漫漫人生中可能会遇到的更大的挫折和坎坷。

②鼓励孩子跌倒后自己爬起来，父母要教育孩子，只有靠实力去竞争才能争取到自己想要的东西，胜利与成功不是别人的恩赐，不是对别人的乞求。幸福是劳动的果实，只有坚持不懈地奋斗，只有不断克服困难，不断吸取教训，跌倒了自己顽强地爬起来，才能获得成功。

③孩子的失败是个事实，父母首先要承认。如果父母都不能正确对待，更别说孩子了。孩子的失败是孩子自己的事情，父母是无法包办代替的，不要由父母自己出面来解决，更不能找老师无理取闹，否则，只会使问题变得更复杂，更难以解决，使孩子陷于更大的尴尬之中。只有父母承认孩子的失败，才能客观地帮助孩子分析失败的原因所在，才能帮助孩子找到解决问题、克服困难的办法。

④在生活中对孩子进行挫折教育。现在的孩子大多是独生子女，生活环境和条件非常优越，真正是在蜜水中泡大的，他们很少体验到挫折，缺乏面对挫折的心理准备，也缺乏解决挫折的勇气和能力。因此，在日常生活中，在平时的教育中，家长应有意识地设置一些困难的情景，磨炼孩子的意志，使孩子做好面对困难和挫折的心理准备，培养一定的解决挫折的能力，只有这样，孩子才不会临阵慌张。

当你的孩子遇到挫折和失败的时候，不要对你的孩子失去信心，要鼓励他、安慰他，有意识地培养孩子对失败的承受力，不要对孩子责骂或大吵，使孩子的自信心受损伤，甚至遭到摧毁。

人生其实就是一场面对各种挫折的漫长战役，因此父母们一定要让孩子告别畏难的性格，鼓励孩子独自承受挫折，而这也将是孩子未来在社会上生存的最大资本。

6. 自私自利的性格会影响孩子的未来

自私使得孩子过分地关心自己,只注意自己的欢乐和幸福,很少考虑他人,一切以满足自己为主。自私自利的性格对孩子危害很大,要及时纠正。

张明在家里非常任性,全家无论什么事情都得依着他,对于家人的教育,他根本都不听。如果有什么事不顺他的心,就闹个没完没了。在学校和同学相处得也不好,常为一些小事与同学互不谦让,发生矛盾。张明的这种表现就是自私自利。

孩子自私自利,往往表现在只顾自己,不管他人,一切以自我为中心,有所谓"各人自扫门前雪,哪管他人瓦上霜"的性格特征。或者在金钱和财物上吝啬贪婪,自己的东西就不愿与人分享,而别人的东西却是拿得越多越好。这样的孩子常常令人生厌,很难与人交往,因此也就很难获得知心朋友。过分自私自利的孩子,还会在父母有事情的时候,因为自己得不到照顾而对父母发火,使父母伤心流泪。这样的事件在现实生活中确实出现不少。

产生自私自利的原因,一方面是由于孩子有天生的利己倾向。在孩子心理发展未达到成熟阶段的时期,其往往单纯地确定"我即世界",这种以"自我为中心"的想法虽然随着时间和经历的推移,已逐渐成为接纳他人和减少利己的行为,但仍固执己见,不能接受公正、正确的意见。于是,孩子衡量外界的标准便是是否有利于他,相应的行为也如此。另一方面是因为父母在孩子成长过程中的错误教育所造成。有的父母对孩子的思想、行为反复无常、表里不一,当孩子犯错误时便嘲讽、鄙视,使孩子产生了畏惧心理,孩子就只能封闭和回避他人的交往,缩回到自己的小天地里,结果必然导致孩子自私。此外,现在的家庭大多只有一个孩子,父母以及长辈容易集万千宠爱于一身,处处迁就孩子,容易使孩子从小就意识到"我想要什么就能得到什么,得不到时只要一哭一闹也能得到。"于是就容易产生过分的占有欲望以及自大、独尊的心态,时时处处都要别人迁就,常常会提出一些无理要求。

自私的孩子，其行为对谁都有弊无利，父母应予以重视，及早预防：

父母对孩子应该加以积极正确的教育和引导，树立孩子正确的物质观念。让孩子学会与朋友分享一些东西，尝试一下"给予"、"付出"所带来的快乐。平时父母要适当地训练孩子热爱劳动的好习惯，不要让孩子有"事事都依赖父母"的思想。要训练孩子学会关心他人，体谅父母的辛苦，帮助父母做一些力所能及的事情，例如帮父母洗碗、扫地、擦桌椅等。在孩子吃东西方面，还要告诉孩子一定要把食物分成三份，一份给自己吃，一份留给爸爸，一份留给妈妈，不要一个人独自享用。如果家里还有爷爷奶奶和外公外婆，那么要把好吃的东西分成同等的几份，让每人都有一份。家里有客人来了，父母更要让孩子学会用东西来招待客人。吃饭的时候，不要只顾吃自己爱吃的东西，把自己喜欢的东西放到面前，并挑来拣去。别的孩子来玩，要鼓励孩子把自己的玩具拿出来一起玩，把自己喜爱吃的东西也分一些给别的小朋友，大家一起分享。

父母还可以利用"演戏"的方法来克服孩子自私自利的情况。这种方法就是通过孩子与父母亲之间扮演的不同角色，使孩子认识到人与人之间的关系应该是怎么样的。通过这些游戏，孩子首先会意识到经常接近的成人和自己的关系，如爸爸妈妈怎样爱护自己，然后意识到有关系的人们之间的关系，如老师怎样爱护和教育小朋友、司机怎样有礼貌地对待乘客、医生怎样关心爱护病人等等。孩子通过体会他人的感受，就会从"以自己为中心"，转变到从他人的角度来考虑问题，从而学会为他人着想。

除此之外，父母还可以在日常生活中有意识地安排一些情景，直接教会孩子应该怎样付出爱和关心别人，当将来父母亲出现有病等"情况"时，孩子就会懂得怎样去做。这样，不但有助于训练孩子克服自私自利的不良性格，还可以培养孩子为他人着想和独立处理问题的能力。

一个中年人站在一座高高的吊桥上，桥下是湍急的河水。他点上最后一根烟——因为他就要离开这个世界了。

他曾经是一个富翁，如今却一条生路也没有了，他做过各种尝试，例如曾经纵情于感官的享受,四处游荡,寻找刺激,酗酒和吸毒。而现在他又遭到最后的致命打击——婚姻失败。没有一个女人能忍受他一个月的,因为他要求太多,而从不付出。河水是他最好的归宿了。

这时一个衣衫褴褛的人走过他身旁,看到他站在黑暗中说:"给我一毛钱吧,先生。"

他在阴影中笑了起来,一毛钱? 现在一毛钱能做什么?"没问题,我这有一毛,老兄,我的钱还不少哩,"他掏出皮夹子,"在这,拿去吧。"皮夹里大概有一百块钱,他把钱都拿出来,塞给那个流浪汉。

"这是干什么?"流浪汉问。

"没什么,因为我去的地方,用不着这个了。"他往下瞥了一眼河水。流浪汉拿着钞票,站在那不知所措了一会儿,然后对他说:"不行,先生,你不能那么做。我虽然是个乞丐,但可不是懦夫,我也不拿你的钱。带着你的脏钱去吧! 一起跳河吧!"他把钞票丢过栏杆,一张张随风飘动,纷纷四散,慢慢地落进了黑漆漆的河水中。"再见,懦夫。"流浪汉掉头就走了。

想自我了断的富翁这时如梦初醒,他突然希望那个流浪汉能得到那些丢掉的钱,他希望付出——可是却办不到! 付出! 对了,就是这个! 他以前从来没有试过这个,付出! 就能快乐……

他向河水看了最后一眼,然后离开那座桥,去追赶前面的那个流浪汉……

不懂得付出,对孩子来说是极其正常的现象,因为孩子的道德认识发展是直观的,是以自我为中心的,没有主观的责任感,这时的孩子很少会考虑到别人,更不可能设身处地、客观地看待问题。这是孩子的正常特点,不能拿成人的品德标准去评价。但有的孩子在 3 岁以前会大方、慷慨,其实那不是真正的大方、慷慨,小孩子的"自私"里往往有其正当的权利,而在很"慷慨"中则往往包含着性格怯懦的一面。如果家长不明白这点,而是强迫孩子"大方"、"慷慨",甚至完全无视孩子的自主性和自尊心,用"爸爸、妈妈不喜欢你"、"不懂事"、"不乖"、"不听话"等话来说服孩子,这样做表面上看是为了教育孩子心里有别人,实际上这种以不尊重孩子的需要为出发点的做法,根本无法帮助孩子形成真正的道德观念。孩子可能为了让父母高兴或避免父母惩罚而

孩子的好习惯是这样培养出来的

服从命令，可他心里肯定会怨恨、委屈、不满。如果在教育中总是这样，常常会导致孩子产生对他人的愤恨、不满情绪或攻击行为，有的还会使孩子以为父母不爱自己，使孩子在与他人的交往中产生怯懦、退缩、依附，从而失去自信心和自主性。

要想改正孩子自私自利的性格，家长和老师就要从多方面，针对不同的情况采取有效的措施：教育孩子不自私，是一个漫长的过程，这就需要家长必须耐心等待孩子身心的成熟和自我意识、社会认知能力的提高。但是这并不是说只让家长慢慢地等着，突然有一天孩子自己就会不自私了，家长仍然需要把握机会，对孩子进行教育。有的教育家主张：首先要教会孩子"把自己的东西分给别人一半"，这个"一半"并非指数量上精确的"二分之一"，而是让孩子逐渐懂得世界上除了自己之外，还有他人的存在；自己有各种各样的需要，他人也有各种各样的需要。一旦孩子有了这种认识的时候，他们就会比家长对人还要大方、慷慨，自私自利的毛病自然也就没有了。

帮孩子树立正确的、比较高远的理想。当孩子有了正确的理想与目标后，他才会有学习的榜样。同时还要让孩子认识到，有了远大的理想和目标，就应当从身边的小事做起，比如可以这样问他，"你见过像你这样天天发脾气的企业家吗？"、"你见过像你这样整天总想着自己的科学家吗？"等等，以此来激发他改正自私的内动力。

帮助孩子提高自我控制的能力。随着年龄的逐渐增长，孩子们已经能够根据一定的道德标准来评价是非与好坏，已经有了好恶情感；同时，情感的稳定性也在逐渐增加，控制能力也不断增强，并且还逐渐学会了控制自己的冲动。家长可让孩子思考一些问题，如：乱发脾气有什么不好的影响，别人会如何看待你，如果到哪里别人都不欢迎你会有什么感受，等等。让孩子意识到要学会自我控制，克服不良行为。

疏导逆反心理。孩子因为受逆反心理的影响，容易产生与大人的对立情绪，从而走向极端。有时，他们会故意和父母唱反调，对着干。其实逆反心理形成的一个很重要的原因就是孩子自尊心的成人感增强，希望自己的独立意识得到大人的认可。这时，家长应当教育孩子待人处事应持实事求是的态度，启发孩子学会心理"移位"，让孩子设想：假如自己处在别人的位置上考虑问题，设身处地地为别人着想。

以此来疏导孩子的逆反心理。

批评与表扬。在日常生活中,要充分利用批评与表扬的作用。家长和老师可以通过批评的约束和表扬的激励,来使孩子逐渐意识到该不该做、怎样去做。在批评与表扬孩子的时候,应当向他指出批评他的理由、改正的方法。当孩子做得好时,应及时予以表扬鼓励。

帮助孩子克服心理的依赖性。孩子自我中心过重的主要原因就是从小家长包办代替、过分的照顾保护和娇惯迁就。对于很多事情,孩子既不用想也不用做,久而久之,孩子的依赖心理就产生了。这时,他会觉得一切都是很容易得到的,因此不能体谅父母的艰辛,容易任性。这就应该要求孩子克服依赖性,使他产生独立自主的意识,教导他要自强自立。并且从日常生活、劳动做起,让孩子养成热爱劳动的习惯,帮助孩子建立科学合理的生活制度,培养他的独立能力。

在实际生活中,父母更应该鼓励孩子帮助那些需要帮助的人。如果别人有事相求,孩子又可以帮得上忙,就让孩子帮别人一下。如果经济条件允许,父母还可以教育孩子做一点力所能及的捐款活动,以帮助那些生活更加困难的人,养成乐善好施的高贵品德。通过实际生活的锻炼和父母的指点,孩子就会克服自私自利的习惯。

最重要的一点就是,家长必须改变以前那种盲目溺爱、一味娇惯孩子的做法。就该对孩子的具体要求分清是否合理,对于一些不合理的、过分的要求应予以明确拒绝,并对孩子耐心地讲明道理,指出他的不足之处,提出批评。当然要孩子一下子接受,肯定是不可能的,这期间必然有一个适应的过程。因此对于孩子的哭闹,家长应有充分的心理准备,一是不要再因为孩子的哭闹而盲目迁就;二是不要因为孩子的哭闹而大发脾气,给孩子一个冷处理的过程,让他意识到哭闹是解决不了任何问题的。

7. 虚荣会让孩子迷失纯真的本性

虚荣心强的孩子在个性成长中,经常会出现各种问题,如为了满足其虚荣心而经常说谎,情绪不稳定,不认真学习,缺乏意志力等。爱慕虚荣对孩子来说无疑是一种可怕的坏性格。父母应采取必要的方法加以纠正。

据有关调查表明，独生子女的虚荣心都比较强，在被调查的独生子女中有20％存在较强的虚荣心。虚荣心往往会导致孩子产生其他不良性格，如嫉妒、自卑、敏感等，这些都会阻碍孩子的发展。

据报道，某市曾发生过一起重大的盗窃案，作案者是两个学生。他们为了追求物质享受，与别的同学攀比，在虚荣心的驱使下，盗窃了自己家中的5万元钱，然后乘船去上海，在短短的3天之内，挥霍掉了所有的钱。他们购买最贵的衣服，到最高级的饭店吃饭，住最豪华的旅店，并且专门租了一辆车带他们四处享乐，真是奢侈之极。

童昊是浙江某县人，他生活在一个经济条件并不富裕的家庭，爸爸下岗后做点小生意。妈妈的身体一直不好，所以童昊几乎从小就没有得到过母爱。虽然家庭条件不好，但爸爸从来不让童昊在吃穿上受委屈，凡是别的孩子有的，童昊都会有。他觉得孩子已经缺少了母爱，如果在物质上再比别人差，那就太可怜了。所以爸爸平时总是省吃俭用，而对童昊提出的要求也从不拒绝。童昊在小伙伴中间算是很气派的一个，他感到很满足。从小学到初中，童昊的学习成绩一直很好，在爸爸和老师的眼里，童昊始终是一个好孩子。

但是自从上了市里的高中，情况发生了很大的变化。高中的同学和他以前的同学家庭条件不一样。现在的同学的父母都是高收入者，花钱如流水，穿的都是名牌，用的都是精品。相比之下，童昊显得非常寒酸，以前的优越感再也没有了。由此，童昊产生了严重失衡心理，他不甘心落于人后，于是他每次回家都向爸爸要很多钱，和同学们比吃比穿来满足他的虚荣心。起初爸爸总是大方地给他，但后来爸爸实在承受不了，好几次都拒绝了他。童昊见爸爸这个经济来源断了之后，就动了邪念："别人有的我为什么不能有，这不公平。"在这种想法的驱使下，童昊开始偷同学的钱，几次偷盗都没被发现，这更增加了他的侥幸心理。在金钱的诱惑之下，他越陷越深，最后伙同另一同学作案，被公安机关抓获，受到了法律的制裁。

童昊事件发人深省，他为什么会从一个听话的孩子变成一名罪犯呢？仔细分析一下，主要是虚荣心在作祟。虚荣心是一种表面上追求

好父母胜过好老师大全集

荣耀的自我意识。具有虚荣心的人,往往会用扭曲的方式来表现自己的自尊心和荣誉感,他们所追求的其实只是表面上的好看和形式上的光彩,面子高于一切,不顾条件和现实去追求虚假的声誉。

孩子虚荣心形成的主要原因来自家庭。由于现代的家庭孩子少,父母怕孩子受委屈,于是对孩子有求必应。不管是自己孩子穿的,还是戴的,都不能比别人差,别人的孩子有什么咱家的孩子也得有,决不能比别人家的低。于是在家长这种无意识的纵容之下,孩子的物质欲望无限地膨胀。另外,独生子女的父母还从溺爱孩子的观点出发,在别人面前总是爱讲孩子的优点,掩盖他们的缺点,甚至在亲朋好友面前常常夸耀自己的孩子聪明,学习成绩好等,而对别人的孩子往往妄加指责。由于孩子对自己客观评价的能力还很差,家长具有绝对权威性,慢慢地孩子就从家长眼里的"十全十美"变成自己心中的"十全十美",再也容忍不了别人超过自己。

从心理学角度来说,虚荣心是一种追求虚荣的性格缺陷,是一种被扭曲了的自尊心。虚荣心强的人不是通过实实在在的努力,而是企图通过贬损别人、打压别人的方式来获得成功。用跑步比赛来做一个比喻,那就是虚荣心强的人并不愿意真正与对手站在同一起跑线上展开一场较量,他总是企图通过一些不可告人的方式让自己的对手因为"这样"和"那样"的意外原因而无法参赛。

每一个人都有自己的追求,不同的人目标也不一样。有的人追求事业成功,有的人追求物质享受,有的人追求精神满足,还有的人追求虚荣。虚荣心是一种不切实际的东西,有虚荣心的人总想凌驾于他人之上,并在虚荣心的驱使下渐渐迷失自己。

虚荣的一种表现就是沽名钓誉,喜欢追求表面上的东西。家长要帮助孩子正确认识自己,不能以华而不实的东西作为追求的目标。

心理学家认为,当一个人进入青春期以后,儿童时代比较稳定、笼统的"自我"概念开始逐步被淡化,随之而来的"我"被分裂成两个:一个为主体的我,即"理想中的我";一个为客体的我,即"现实中的我"。由于青少年自我认识、评价的能力不够,为了表现自我,获得他人尊重,往往会自觉或不自觉地淡化"现实中的我",而去强化"理想中的我",出于生怕被别人看不起的自尊心,就使用"假我"来掩盖"真我",

便形成追求虚荣的心理障碍，于是产生信口开河、胡乱吹牛的不良行为。

也许，每个人都或多或少地有点儿虚荣心，这是正常的，因为大多数人都渴望自己被他人尊重，被他人敬仰，都希望自己能做得更好、更理想。但是，如果虚荣心太重了，就会影响到心理的健康，影响到正常的学习和生活。我们仔细观察，就会发现虚荣心太重的人活得往往都会非常累。这是由于他们不能展示"真我"，不能按自己的本来面目生活，而需要在别人面前精心打扮来抬高自己。另外，有虚荣心的人虽然在别人面前显得很"自信"，但他们自己心里并不轻松，尤其是当他一个人独处时，便会感到更加的自卑，因为他们骗不了自己，更明白自己的真相。真相和假相的反差很易使少年内心空虚、失落，最终导致心理颓废，爱慕虚荣，不求上进。

孩子过强的虚荣心在平时的生活中会时时流露出来，如果父母能够及时捕捉到这方面的苗头，那么就可以立刻采取相应的对策对他们进行教育和开导。孩子过强的虚荣心往往表现在以下几个方面：

①对自己的能力、水平过高地估计。常常在别人面前炫耀自己的特长和成绩。听到表扬就得意非凡，而对于批评则不以为然，更有的还拒不接受。

②常在同学和伙伴面前夸耀自己父母的地位或者家境的富足，以突显出自己的优越感。并且讲阔气赶时髦，特别注重穿着打扮，不关心衣服是否适合自己的体貌，只关心衣服是不是名牌。

③不懂装懂，喜欢班门弄斧，自以为是。如果别人指出了他的错误，就恼羞成怒，拼命要把方的说成圆的。

④从不称赞别人的才能，反而还会鸡蛋里挑骨头。对他人总是说长道短，搬弄是非。

虚荣心强的孩子在个性成长中，常常会出现各种各样的问题，如：为了满足自己的虚荣心而常常说谎、情绪不稳定、不认真学习、缺乏意志力等。虚荣心强对孩子来说无疑是一种可怕的坏习惯。人不可能一点虚荣心都没有，但是当虚荣心超出了一定限度就百害而无一利了。

当家长发现孩子有过强的虚荣心时，千万不要急躁、空口说教或者以命令的形式禁止。这些都无法从根本上解决孩子的问题。家长应采取必要的方法加以纠正。

父母应以身作则,不要同别人攀比,以免孩子模仿。

父母是孩子的第一任老师,他们的一言一行都会影响孩子,所以,父母必须以身作则,为孩子树立良好的榜样。这就要求家长首先要端正自己的态度,不要为了追求物质享受,而盲目地同别人攀比。家长也不要总是给孩子买这买那,或者习惯性地给孩子买各种礼物,因为如果一旦形成习惯,孩子就会感觉他能得到这些礼物本来就是应该的,而且还要你不断地给他买,这样就使他的虚荣心不断地膨胀。

平时,家长要注意孩子心态的变化,多给孩子讲不爱慕虚荣的道理。有的家长为了使孩子不受委屈,往往尽量满足孩子的要求,还有的家长对孩子则采用先吼后打的办法。其实,最好的办法是多给孩子讲道理。告诉孩子,拥有名牌并不意味着就拥有了较高的地位,只有依靠自己的力量取得成功,才能获得别人的尊重和认可。教育孩子根据自己的需要来购买东西,而不要为了同他人攀比,买自己所不需要的东西;让孩子学会科学的理性的消费;可以把家中的收入支出讲给孩子听。

家长要创造机会,让孩子通过自己的劳动获得想要的东西。如果孩子的要求是合理的,那么家长可以为孩子创造一些机会,让孩子靠自己的劳动挣来的钱购买所需要的东西。如让孩子做一些力所能及的事,分担一些家务,然后从中取得回报。一分劳动一分收获,一滴汗水一点回报,让孩子知道仅靠不停地向家长张口要这要那,这不仅不光彩,而且还行不通。

家长要客观地评价自己的孩子。作为家长不应该过分夸大孩子的优点,也不要掩盖孩子的缺点。对那些符合道德规范的行为,家长应给予表扬,但应适度。因为经常性的表扬会使孩子认为这些并不是他应该做的,一旦这样做了,便能得到奖励。久而久之,孩子便养成了虚荣的坏习惯,而且越来越严重。对于孩子的缺点要及时指出,帮助孩子分析原因,并鼓励其渐渐克服。

父母应该让孩子明白,虚荣是一种自欺欺人的行为,虚荣心越强就会离现实越远,因此应当增强自信心,告别虚荣心。

8. 胆怯的孩子难有大作为

生活中,有很多胆小怕事的孩子,对于这样的孩子,父母们往往认为:现在应该顺其自然,长大点就会变好了。然而这种想法是错误的,孩子的怕生怯懦会对性格的形成造成不良影响。

6岁的女孩陶桃孤僻、温顺、胆小,怕狗、怕猫,还怕小老鼠。在家里,父母非常宠爱她,奶奶更将她视为掌上明珠,处处关心、事事包办。平时父母上班后陶桃喜欢一个人待在家里,玩玩具、看小人书、听奶奶讲故事。平时,她很少出门,十分听话,非常乖巧,邻居们都夸陶桃是听话的好孩子。即使家里来了客人,无论大人还是小孩,陶桃大多不理不睬,也不上桌吃饭,独自到里屋玩玩具。在陶桃4岁的时候,妈妈送她上幼儿园,她又哭又闹,不肯去幼儿园。被父母强行送入幼儿园后,陶桃却一个人躲在角落里,不与任何小朋友玩耍,对谁也不讲话,也不愿参加集体游戏活动,显得十分孤僻,老师反复劝慰,作用不大。无奈,父母只得把陶桃领回家,但一回到家陶桃就又恢复正常,与奶奶、父母倒是有说有笑,有时还能帮助奶奶择菜、扫地、洗手帕等。看到陶桃的情况,父母对此非常担忧。

现在,有些独生子女胆子特别小,令家长着急、担心,怕孩子得不到很好的发展。孩子胆小的表现为:

不敢一个人呆在家里,总说害怕,怕什么也说不清楚;

不敢在班上回答问题,更不敢向老师提出问题,甚至老师点名叫他回答问题,也难于开口,或者声音细小,匆匆结束;

不敢在生人面前讲话,家里来了客人躲在角落里一言不发,大气不出,家长叫出来也躲躲闪闪;

不敢在晚上出屋门,即使很短的时间、很短的路,也很害怕;

不敢一个人上街办事,像买张晚报、取瓶牛奶、发封信件这些事情也依赖大人,自己不敢单独去做;

不敢在受小朋友欺负的时候大声讲理,更不敢反抗,一味忍受,回家哭泣。

……

这些表现,的确不利于孩子的发展,因为胆小,使孩子失去了许多展现自己、锻炼自己的机会。

造成胆小的原因是多方面的,一般的有以下几种原因:

①家长保护过度:有些家长对孩子的保护过多过细,怕磕着、怕碰着,总把孩子形影不离地带在身边,使孩子形成一种强烈的依赖心理和被保护意识。当孩子逐渐长大时,保护的惯性照样持续,没能根据孩子的能力发展适当"放飞",最终导致孩子害怕离开大人。

②孩子交往太少,对陌生人群不适应:有些孩子从小很少与人交往,除了父母、长辈,极少与同龄小朋友一起玩耍,极少有走亲访友的机会。这样,使孩子的交往能力萎缩,怕见生人,怕在众人面前讲话。

③孩子曾经被吓唬,心理上留下阴影:有的家长为了不让孩子做某些事,就用鬼啊、狼啊、虎啊等来吓唬孩子;大众传媒中的一些画面、一些故事讲了可怕的内容,或者生活中某些偶发事件,如车祸、跑水、着火等吓着了孩子……这些经历,在孩子心理上留下可怕的阴影,造成孩子胆小。

胆大、富有勇气的孩子往往是家长着力培养的结果,而孩子的胆小、退缩与教育者的抚养方式和态度也密切相关。

孩子长期被关在屋内,犹如生活在"世外桃源",与外界接触的机会很少,久而久之,就养成了怕生人、不合群、郁郁寡欢的性格,影响了身心健康。家长要注意让孩子多见见世面,如敞开大门,让孩子走出去和周围的孩子接触,参加课外的各种活动,也可以请邻居的小朋友到家里来做客。有意识地让孩子经常和胆大勇敢的小伙伴在一起,跟着他们做一些平时不敢做的事情,并将小伙伴的言行举止作为自己模仿的对象,耳濡目染,慢慢地得到锻炼,便会变得勇敢、坚强起来。

有一只鼠和其他的老鼠一样很怕猫。有一个巫师为它难过,愿意提供帮助,解除它的恐惧。在这只老鼠的同意下,巫师将它变成了一只狗。可是这只狗又怕老虎,这样巫师就再使它变成一只老虎。当这巫师发现这只老虎又怕猎人,他就厌恶得叫了起来:

"你真是毫无希望!你所需的是改变你的心!需要一颗新的心,这一点我可帮不了你!"

恐惧是人的一种消极心理,它到处压迫着你,使你不敢勇往直前。害怕,是幼儿拥有理性、潜力和自我保护、自我调适能力的证明。在看魔幻影片时,许多人都对影片中"魔幻世界"里的各种奇怪事物产生恐惧,这种害怕会让人在看完影片后还心有余悸。而早已为我们熟悉的世界对幼儿来说就是"魔幻"的,世界上的一切对幼儿来说都是那么的新奇新鲜,从而让孩子产生出种种的恐惧,但是绝大多数孩子都能够很快地摆脱恐惧并长大成人。胆小、害怕对孩子有保护作用,这是因为胆小害怕说明幼儿对新事物的体验比较敏感,观察得比较仔细,这些虽然妨碍了他接纳新事物、适应新环境的速度,但是胆小和害怕能够使孩子采取更安全、更慎重和更有益的方式协调他与外界的关系。

家长应有意为孩子创设自我管理的机会,培养孩子独立自主的能力。家长要表现出对孩子能力的信任,培养孩子的勇敢精神。让孩子学会逐渐摆脱对他人的依赖,能够独立地做出各种决定,完成他们力所能及的事情。

家长应教给孩子简单的社会交往技能,鼓励孩子参加各种社会活动。尽量为孩子创造各种条件,让孩子充分体验和同伴一起游戏的乐趣。家长要引导孩子与同伴的交往,但在带孩子外出或去公共场所活动时应设法减轻孩子的心理压力,最好不要指责孩子在公共场所或陌生人面前表现的不当行为,也不要当着孩子的面向客人解释孩子的退缩行为,如"我的孩子胆小,不愿见生人"、"这个孩子在家里还行,一出门就变得胆小了。"等诸如此类的言语,即使这些语言是带着善意的,也会导致孩子的反感和抵触情绪,甚至会强化孩子的胆小退缩行为,使孩子产生自卑感。

家长对孩子的要求要适度,及时对孩子的良好行为予以表扬。期望孩子能实现自己愿望的父母们很容易对孩子提出过高的要求,总是看到自己孩子的缺点而看不到优点,总爱拿自己孩子的短处比其他孩子的长处,这样做就难免形成孩子的自卑。所以家长对于孩子在社交活动中出现的任何进步表现,都应给予及时的鼓励,不时地加以赞美,适时奖励孩子的点滴进步。

培养孩子广泛的兴趣,激发孩子的求知欲。家长要充满热情地鼓励孩子各方面的兴趣。曾有一位家长让自己两岁半的女儿学舞蹈,原意是培养孩子的兴趣,可当家长看到孩子学了很长时间都不会的时候,就忍不住说:"你真是个笨蛋!"家长这样的态度对孩子学习的积极性肯定有很大打击,因为家长是孩子心目中第一个权威的评价者,他们特别渴望得到家长的肯定和认可,可是家长们往往没有意识到这一点,经常轻而易举地、毫不负责地摧毁了孩子的求知欲。当孩子做得好时,应适时表扬;当孩子做得不好或者失败时,要先发现孩子的闪光点,然后再鼓励他们。孩子兴趣广泛,参加集体活动的机会增多,多次成功的体验就能缓解孩子与人交往时的紧张和焦虑。

许多小朋友之所以怯懦,无非就是害怕失败。但越害怕失败就越不敢行动,越不敢行动就越害怕,一旦陷入这种恶性循环之中,怯懦就更加深。对此,家长要经常有目的地给小孩讲不怕失败、战胜困难的小故事。平时,有意交给小孩一些让他(她)感到怯懦的、困难的任务去完成,当孩子想打退堂鼓时,及时给予鼓励和帮助。随着这类锻炼机会的增多,他(她)的勇气就自然积累起来,就不会感到怯懦了。

9. 纠正孩子"死不认错"的坏毛病

一些父母说:现在的孩子是"一触即跳",对父母和老师的批评有一种本能的"反抗",而一些孩子更是"死不认错"。谁都爱听表扬而不愿挨批评,孩子也是一样,不过如果孩子明知自己做错了也不接受批评,那可就是性格上的问题了。对此父母必须重视起来。

人无完人,更何况是孩子,所以小孩子犯错是在所难免的。孩子做错了事,父母总要他们认错,好像只要开口说一句是自己错了,就已经把错误改过来了一样,问题也就解决了。不论犯了任何错误,除了挨一顿打之外,还要认错。如果嘴巴硬,死不认错,家长的处罚就更加严厉,所以不管孩子心里服不服,都只要承认错误。其实,有些时候,孩子并不是真心诚意地认错,他们只是在向压力低头,以求自保,不再受到惩罚而已。

小孩之所以有不愿意认错、输不起的心态,是因为想自我防卫、维护自尊,有时也是出于一种反抗心理等等;其实,这种心理如果往好的方面引导,就是好胜心和荣誉感,也是成长进步的动力;可是,如果往不好的方面发展的话,那就是死爱面子、过度防卫。久而久之,不是一味否定别人就是一味自我否定,成为一种恶性循环。

究竟是什么样的心理,让孩子死不认错呢?

首要的一点就是自我防卫的心理。其实,这种"自我防卫"的心理,大人小孩都有。通常最容易出现的是,每一次犯了错,总是为自己犯的错找理由。比如,不小心碰到妹妹,他会说:"都是妹妹自己不让路啦!"打翻了瓶子,他会说:"我拿书的时候,是书把瓶子碰倒的。"等等,这些都是出于自我防卫的心理。这种自我防卫的反射,有部分原因是怕被指责处罚,部分原因是自尊心面临挑战,还有时候是一种逆反心理的表现。

第二是怕失败的心理。家长在日常言语神情中,对孩子有过度的期待,比如说,有些家长要求或暗示孩子凡事要赢过别人。如:经常拿自己的孩子向别人夸耀有多棒,或要求孩子表现得完美,这样就往往造成孩子心理上的压力。

第三是怕挫折的心理。家长在孩子表现不够好或犯错时,总是严加指责,严厉批评,或表现出失望的语气和神情。长期累积,造成孩子极度害怕挫折或怕让父母失望。

第四是家长本身太爱面子,不肯认错。家里的大人本身爱面子,自己就是一个不肯认错的人,小孩有样学样,当然也会有不肯认错的行为。

基于以上原因,孩子为了维护尊严,或者害怕失败、挫折,害怕责骂,害怕让父母失望;乃至于来自家长的不良示范等等因素,都会造成不肯承认错误或输不起的心态,孩子往往会用耍赖、哭泣、闹情绪,或死不认错的方式来表达,因此失去许多学习的机会。这种行为一旦形成习惯,连带也会为自己的失败找理由,家长若及早留意,适当教导,对孩子的人格成长将有助益。

孩子年龄小,其生理机能的发育和心理发展还不够成熟,说错话、做错事是难免的,在成人的帮助下能认识错误,改正就好。可是有些孩子做了错事不肯认错,倔强、执拗,确实让人很生气。对孩子的这种不良行为,家长应仔细分析原因,在了解孩子心理的基础上给予正确

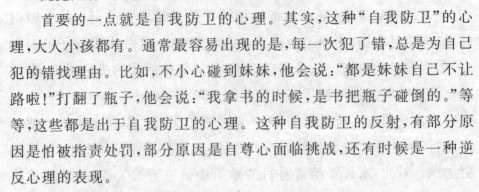

好父母胜过好老师大全集

的教育。

孩子死不认错、输不起的个性不是一天两天造成的,大人过度要求完美或过度赞美、过度指责,都会造成孩子死要面子,或过度害怕面对失败和挫折、过度自我防卫的现象,最后造成"死不认错"和"输不起"的心态,或总是为自己的失败找借口。

死不认错、输不起的孩子,不但不容易跟同伴相处,如果久积成习惯,恐怕也会影响未来人格的成长。那么,家长该如何帮助孩子调整呢?

①孩子做错了事,自己不知是错的。如三四岁的孩子,常有把衣服纽扣扣错,将袜面穿到脚底上,把鞋子穿反的现象;再大一点的孩子,特别是男孩子,顽皮、好打闹、人来疯,有时会把衣服弄破,或是为了探个究竟,把新买的玩具拆得七零八落、乱七八糟……这都是孩子生理和心理特点造成的,他自己全然不知错。对这类错误,家长不应该过多地责备孩子,更不能说那些伤害孩子自尊心的话。如:"你怎么这么笨!","你真是没有用!"等等。而应该在"如何做"上给予具体的指导,以此不断丰富孩子的生活经验,激发他积极主动、开拓进取的愿望,在一次次改正错误的过程中学到更多的生活本领,学会辨别正确与错误。

②大多数孩子做错了事都会拒绝认错。有的孩子个性强,执拗、倔强、任性、自以为是,做错了事不愿意承认,怕认错后丢了面子。有的孩子则从来就没有认错的习惯,这与家长的教育有很大的关系,如小孩子之间发生纠纷,家长往往是袒护自己的孩子,说别人的不是;孩子摔倒了,家长不教育孩子走路要当心,反而怨他不好;家庭成员之间教育方法的不一致等等,这些都是导致孩子做错事又拒绝认错的原因。对这样的孩子,家长不要急于追究错误的大小,而应把重点放在如何帮助承认错误上。首先,家长必须改变以上不正确的做法,是谁的错就是谁的错,要本着实事求是的态度,不要怨天怨地,混淆孩子的是非观念。再就是鼓励孩子诚实,说实话,以和蔼的态度告诉孩子:"做错了事没关系,只要你能勇敢地承认错误并愿意改正,就是个好孩子。"同时还要严肃地指出:"做了错事又不肯承认是错上加错!爸爸妈妈不喜欢这样的孩子,老师也不喜欢这样的孩子!"等到孩子表示认

错后,要及时肯定他的进步,然后再帮助孩子分析错在什么地方,以及严重程度、不良后果等,教孩子应该怎样做,让他从中吸取教训,为今后正确的行为打下良好的基础。

③孩子做错事,怕受惩罚,不敢认错。有的家长教育方法简单、粗暴,不是训斥就是打骂,常使孩子惊恐万分,无所适从。为了逃避父母的惩罚,孩子做了错事后就只好用说谎来掩饰自己的过错。要帮助孩子克服和纠正这种不良行为,家长必须改变不恰当的教育方法,坚持实行正面教育。

民主型的家庭教育最有利于孩子良好性格的形成,所以家长制的作风是万万要不得的。孩子虽然小,但他也有独立的愿望,有很强的自尊心,孩子做了错事,家长只是采取打骂孩子的做法,这是一种很失败的教育方法。家长要保持冷静的态度,认真分析孩子做错事的原因,本着重动机、轻后果的原则,原谅孩子因生理、心理因素或缺乏经验所造成的过失。孩子毕竟是孩子,但是对其行为、品德上的错误则要毫不客气地给予严厉批评,绝不迁就姑息,以便帮助孩子明辨是非,增强道德判断能力,少犯错误。

孩子犯了错误,家长批评孩子时,为什么有些孩子就是不肯认错?其实问题就出在大人身上,在批评孩子时如果能注意下面这些问题,孩子通常就容易接受你的批评了。

①不能只注意孩子的错处。我们动怒时常常会急于让孩子认错,会直接针对孩子所做的错事切入。然而,孩子并不是从小到大都只做错事,必定还有许多可取的地方。如果我们只就眼前的错事去指责他,而忽略了他的优点,就很容易让孩子觉得大人眼中只看到他的不好行为,似乎大人并不了解他整个人,而只注意他不好的部分,这样他就会怀疑当他做出努力时,当他表现好时,父母到底有没有看见。孩子努力把事情做好以后往往需要我们的赞扬。同样道理,在我们批评孩子时,也应该先对孩子做得好的方面给予赞扬肯定,然后再指出做得不对的地方,要让孩子知道家长并不是光把眼睛盯着他的错处,做得好的地方同样看得很清楚。

②不翻旧账。只谈眼前,不翻旧账,做错的事已经批评过了就应该"结案"了,不要老是记着孩子以前不好的地方,让孩子觉得他在父

母面前永远翻不了身。孩子正处在学习做人的过程中,父母要原谅孩子的过错。动辄就翻老账,这样很伤孩子幼稚的自尊心,孩子肯定是不会接受的。

③批评过后要表达对孩子感情依旧。批评过后,父母不要一直板着脸说话或不理睬孩子。如果本来打算和孩子一起出去玩,也不能以孩子今天做错事为理由就不带孩子出去了。要让孩子知道,做错了事应该受到批评,但父母不会因为他做了错事就不爱他,而是希望他能更茁壮成长起来。

④增加身体接触。在批评孩子时拉着他的手讲道理给他听,或搂着他的肩膀说话。我们都知道忠言逆耳,有些听不得一句重话的孩子会非常排斥所有指责他的话,所以当我们责备他时,应该用眼睛正视孩子,一边说着指责他的话,一边身体部分要有接触,这样就能够达到恩威并用的效果。

一个连"对不起"都不会说的孩子将来长大了将无法在社会上生存,因为在社会中有太多的时候需要说:"对不起,我错了。"只有懂得承认错误,才能看到自己的不足,才能学会谦虚,才能从别人的身上学到自己所欠缺的东西。而父母要做的,就是在孩子年幼时教会他们这个道理。

10. 培养孩子坚强的意志力

孩子在成长过程中,必然会遇到各种各样的挫折和失败,那些性格懦弱,意志不够坚定的孩子必然会被淘汰,因此家长们在生活中应该有针对性地培养孩子坚定、有恒的性格。

意志是人自觉地确定目的,并根据目的调节支配自身行动,克服困难,去实现预定目标的心理过程,是人的主观能动性的突出表现形式。在意志结构中,决心、信心和恒心是三个重要的心理因素,它们之间相互作用,相互渗透,共同制约着人的意志行动。也就是说,要从事一项意志行动,要有决心、信心和恒心。

有一个人死后,在去阎罗殿的路上,路过一座金碧辉煌的宫殿。

宫殿的主人请求他留下来居住。

这个人说："我在人世间辛辛苦苦地忙碌了一辈子，我现在只想吃，只想睡，我讨厌工作。"宫殿主人答道："若是这样，那么世界上再也没有比我这里更适合你居住的了，我这里有山珍海味，你想吃什么就吃什么，不会有人来阻止你；我这里有舒适的床铺，你想睡多久就睡多久，不会有人来打扰你；而且，我保证没有任何事情需要你做。"

于是这个人高兴地住了下来。

开始的一段日子，这个人吃了睡，睡了吃，感觉非常快乐。渐渐地，他觉得有点寂寞和空虚，于是他就去见宫殿的主人，抱怨道："这种每天吃吃睡睡的日子过久了没有意思，我现在是脑满肠肥了，对这种生活我已经提不起一点兴趣了。你能不能为我找一份工作？"

宫殿的主人答道："对不起，我们这里从来就不曾有过工作。"

又过了几个月，这个人实在忍不住了，又去见宫殿的主人："这种日子我实在受不了，如果你不给我工作，我宁愿去下地狱，也不要再住在这里了。"

宫殿的主人轻蔑地笑了："你以为这是天堂吗？这里本来就是地狱啊！"

俗话说，只有享不了的福，没有遭不了的罪。无事可做是消磨意志的温床，过于安逸舒适的生活能把人带入地狱。

现在的孩子大多是独生子女，在他们身上集中了好几代人的希望，受到很多人的关注，有些家长甚至无条件地满足孩子的任何要求，让孩子很容易就得到了很多物质享受。他们整天无事可做，根本不懂得什么是苦，什么是累，不懂得什么是困难，什么是挫折。这样只能使孩子的意志变得薄弱，不能抵挡任何风雨。但是，孩子终究有一天会长大。那时他们就会离开父母，走向社会，面对新的生活。为了孩子能够健康地成长，家长就应该帮助和教育孩子，使他们知道什么是苦，什么是累，努力培养孩子适应各种环境的能力，让孩子从小就具有良好的意志品质。

夏日的一天，一个人走在乡间小路上，看见一个农夫正赶着一头牛犁地。当他走上前去准备向这个农夫问路的时候，突然看到那头牛的肚皮上有一只很大的牛虻。很明显，那只牛虻正在叮咬那头牛，而且把那头牛叮得很不自在,因此他就想把那只牛虻赶走。

当他举起手来的时候,农夫制止了他。农夫说:"请不要赶走它,朋友,知道吗,正因为有了这只牛虻,这头老牛才一直不停地走动着。"

挫折可以磨炼一个人的意志,他人的嘲讽能使人勤勉有为。凡事都有积极的一面。只要正确看待生活中遭遇的不幸,把压力变为动力,你也许会发现,在那些恼人的事情背后却隐藏着好运。

要想让孩子有良好的学习成绩,就得在他身上放一只督促他的"牛虻"。

当然,兴趣的重要性无可怀疑,但是对于应试来说,孩子的意志品质却更重要。这道理很简单:考试不能从学生的兴趣出发,只能从选拔的需要出发,因此考试的科目设置和题目安排是不考虑学生有没有兴趣的,而绝大多数学生很难对所有的考试科目都感兴趣。不感兴趣也要学下去,还要学好,这就只好靠意志了。我们会发现,那些学习成绩好的学生,差不多都是在学习方面意志比较坚强的学生,他们能忍耐、能坚持、能控制自己的感情去做自己不感兴趣的事情。反之,有很多学生,虽然很聪明,但学习成绩却不佳,或者严重偏科,他们的问题往往出在意志上。他们怕苦、任性,而怕苦和任性往往是意志薄弱的典型表现。

对于孩子来说,有坚强的意志力太重要了。意志薄弱对任何人都是致命的弱点,意志薄弱不只影响孩子的学习成绩,它还会影响孩子一生的发展。杰出人物几乎都是意志非常坚强的人;而几乎所有违法犯罪者都是意志薄弱者,他们控制不了感情,抵挡不了诱惑。

孩子做事拿不定主意、犹豫不决、不果断是意志薄弱的表现。究其原因有以下两种:

一是成人过于保护,孩子依赖性强。成人出于"好心",唯恐委屈了孩子,一味包办代替或过多干涉孩子的事情。这样,孩子就没有独立做事的经验,一旦遇事让他拿主意时,他就会不知所措,总是祈求别人的帮助。

二是成人要求过分严格,孩子自信不足。父母望子成龙心切,对待孩子往往期望过高,总是不满意孩子的表现,这样就会赞许少,批评多。有的父母还让孩子做力不能及的事,又不帮助他,结果使孩子常常感到失败的痛苦，因而孩子会失去自信，害怕做错事，更拿不定主意。

古往今来，凡是成就大事的人，都是具有坚强意志的人。所以，对于家长来说，就应该从小培养孩子的意志力，为孩子将来的成长奠定基础。而良好品质的培养必须在家长的指导下进行，并且，家长还要根据孩子意志品质的发展特点进行具体指导：

凡是孩子自己能做的事情，家长绝不要插手，更不能包办。如果一时搞不清孩子是否能做到，应该让他先试一试，然后家长再决定是否去帮、如何帮、帮到什么程度。很多时候，孩子经过自己的努力能做到的事情，哪怕家长只多帮一分，都是在阻碍孩子意志力的发展。因为他们总怕孩子受委屈，他们心软。这种"心软"其实是家长控制不了自己的感情，意志薄弱的表现。由此可见，要想使孩子意志坚强，家长自己首先就要做一个理智的、能保证自己的"爱心"不到处泛滥的人。

学会"撤退"。当孩子遇到确实解决不了的问题时，家长不要硬逼他完成，要"撤退"。"撤退"不等于"败退"，"撤退"之后要想办法查找孩子的问题到底出在哪里，然后加以解决。明明打不胜的仗硬要打，很容易摧毁孩子的意志。

延迟满足。对孩子的合理要求，只要情况允许，最好也不要立刻满足，要让他等一段时间，让他学会忍耐，让他知道这个世界不是他一个人的，他所要的东西不是立刻就可以到手的。要磨他的脾气，炼他的性子，使他变得更有弹性，更有耐心，这对孩子做事是非常重要的。特别是在学习方面，因为学习是慢功，不能一蹴而就。

学会拒绝。对孩子的不合理要求，家长必须学会拒绝，否则就是在鼓励孩子放纵自己。这方面特别要注意的是父亲和母亲要互相通气，保持一致，以免孩子钻空子。绝不可以认为谁满足孩子的一切要求谁就是爱孩子，那样只会使孩子更任性，任性也是学习成绩不好的最重要的原因之一。

给孩子找点需要长期坚持的事情做。例如天天扫地、照顾邻居老人、坚持晨练、写日记等等，至少要能坚持一个学年。这种事对培养孩子意志作用非常大。不过要和孩子商量，不要硬派，让孩子自己下决心去做。如果孩子半途而废，家长千万不能发火，要再给孩子一次机

好父母胜过好老师大全集

会。培养坚持性本身就需要家长有忍耐性，不能急于求成，更不要讲什么大道理。培养意志靠的是行动，而不是说教。

总而言之，能否培养孩子毅力，这是对家长教育艺术的考验，更是对家长毅力的考验。意志坚强的家长才能培养出有毅力的孩子。

第二章 习惯决定命运

习惯往往是在不自觉中支配人的行为，因此，好的习惯可以让你在不自觉中做对事，坏的习惯则让你在不自觉中做错事。于是，一个人往往在不自觉中走向了命运的不同归宿。认识到习惯对于命运在一定程度上的决定作用，父母在培养孩子习惯的过程中才能发挥更加积极的作用。

1. 要掌控人生先掌控习惯

什么是习惯呢？习惯其实就是一种重复性的日常行为规律。当人们一再重复同一种行为后，这种行为就变成了习惯，然后它会在不知不觉中支配我们，把我们变成它的奴隶。

知道现代铁路两条铁轨之间的标准距离是怎样形成的吗？

这要从古罗马说起了……

在古罗马时期，牵引一辆战车的两匹马屁股的宽度是四英尺又八点五英寸，因此，罗马人以四英尺又八点五英寸作为战车的轮距宽度。而在当时，罗马统治整个欧洲，甚至英国的长途老路都是罗马人为他们的军队所铺设的，因此，英国马路辙迹的宽度自然也成了四英尺又八点五英寸。任何其他的轮宽在这些路上行驶的话，轮子的寿命都不会很长。所以，如果马车用其他轮距，它的轮子很快会在英国的老路上撞坏。

最先造电车的人以前是造马车的,所以电车的标准是沿用马车的轮距标准。而早期的铁路是由造电车的人所设计的,因此,四英尺又八点五英寸成了现代铁路两条铁轨之间的标准距离。

更为奇妙的是,人们的这个习惯影响到了美国航天飞机燃料箱两旁的两个火箭推进器的宽度。这是因为这些推进器造好之后要用火车运送,路上又要通过一些隧道,而这些隧道的宽度只比火车轨道宽一点,因此火箭助推器的宽度是由铁轨的宽度所决定的。

所以,最后的结论是:两千年前的两匹马屁股的宽度决定了美国航天飞机火箭助推器的宽度。

这种现象就是所谓的"路径依赖"。"路径依赖"类似于生活中的"惯性",日常生活中普遍存在着这种自我强化的机制。它使人们一旦选择走上某一路径,就会在以后的发展中进行不断的自我强化。

我们所说的习惯同样也是这个道理。习惯就像是走路,人们如果选择了一条道路,就会沿着这条道路一直走下去。惯性的力量会使人们不自觉地强化自己的选择,并让你轻易走不出自己选择的道路。

《美国传统词典》是这样定义"习惯"的:

①一种重复性的、通常为无意识的日常行为规律,它往往通过对某种行为的不断重复而获得;

②思维和性格的某种倾向;

③一种习惯性的态度和行为。

习惯的力量是巨大的。一个人的日常活动,90％都在不断重复原来的动作,在潜意识中转化为程序化的惯性。这些行为都是不用思考的自动运作。这种自动运作的力量,即习惯的力量。

习惯是我们的终身伴侣,是最好的帮手,它也可能成为我们最大的负担。它会推着我们前进,也可以拖累我们直至失败。

习惯是所有伟人们的奴仆,也是所有失败者的帮凶。伟人之所以伟大,得益于习惯的鼎力相助,失败者之所以失败,习惯同样责不可卸。

为什么习惯的魔力会这么大呢?究其原因,习惯是自动化的行为方式和反应方式。简而言之,习惯就是人们在无意识状态下产生的行为。因为我们没有足够的时间和精力对所有的事情都仔细进行斟酌,所以，当我们多次遇到同样或者类似的事情的时候，我们就会慢慢形成应对的习惯，当我们再次遇到这样的事情时，我们就不会再花时间思考，而是按习惯行事。随着年龄的增长，我们的习惯越来越多，我们被习惯支配的时间也就越来越多，最后，大多数时候我们的思维方式和行为方式都会受到习惯的支配。好习惯随着时间的延伸，带给我们的益处越来越大；相反，坏习惯随着时间的延伸，带给我们的害处会越来越多。每天坚持弹十分钟钢琴，一两年后就能达到专业水平；每天睡前看十分钟书，三五年后就会博学多才；每晚坚持散步半小时，长期坚持下来，就会健体增寿。与之相对，坏习惯就会让人负累终生。

所以如果想掌控人生，那么就从掌控习惯入手吧！让好习惯为孩子插上成功的翅膀，拥有更美好的未来！

2. 再小的坏习惯也不能放纵

孩子身上常有些小的不良习惯，孩子自己认为是小事一桩，父母也觉得没什么大不了的。这种想法是大错特错的，不良习惯就该及时纠正，否则将来小小的坏习惯也可能带来大问题。

留心观察，你会发现很多的孩子在一些日常的细小行为习惯上都不加注意，我国社会经济日渐开放，与外国的交流越来越密切，而这些根深蒂固的习惯却在影响着我们走向世界的脚步。

有一个小伙子长得高大英俊，中专毕业后，进入了当地的一家高档宾馆当服务员。

有一天，他从总经理门前走过，被头发斑白的总经理叫住了："小伙子，过来。"他一看总经理叫他，心里顿时觉得挺激动。在五星级饭店，一个总经理不大容易跟一个员工交谈的。

总经理问："小伙子，你会走路吗？"

"当然会呀，我这不就是在走路吗？"小伙子满脸疑惑地回答。

总经理说："那你走一遍给我看看。"

小伙子两个肩膀一高一低，脚拖着地摇摇晃晃地走了一个来回。

总经理说："走路就要有走路的样子，你这样两个肩膀一高一低，晃来晃去,是不是不太好看? 你站着,看我来给你走一遍。"

总经理已经是快 60 岁的人了,但是身板硬朗,精神矍铄。只见他挺胸抬头,目视前方,稳稳当当地走了一个来回,然后告诉小伙子:"这才叫走路。给你一个星期的时间回家练习走路。练好了,你就来上班,练不好,就不用再来了。"

看到这里,不知各位家长有没有一种幡然醒悟的感觉,在对子女的教育上,你们有刻意地去培养过孩子这些细微的小习惯吗?

不良的习惯是束缚孩子的无形枷锁,严重地阻碍着他们的进步。为此,父母应将纠正孩子不良习惯当作家教中的一项重要任务来抓。

(1)对症下药

每种不良习惯的形成都有其内在和外在的原因,在纠正时,要明确孩子不良习惯的根源,对症下药。否则,不良习惯不但不能被改正,反而会愈加严重。例如,同样是学习磨蹭,原因却很多,有的孩子是对学习没有兴趣,有的是时间观念淡薄,有的是个人性格所致,有的则是对老师和父母的消极对抗。为此,父母要根据每个孩子不同的情况,采取有针对性的措施。比如有的要培养孩子的学习兴趣;有的要加强孩子的时间观念;有的要完善孩子的性格等。

(2)及时纠正

习惯是一种固定的行为方式,形成的时间越久,纠正就越困难。因此,在孩子的不良习惯刚刚形成或萌芽之际,父母就应及时予以纠正,不要等恶习难改时才引起重视。父母平时对孩子的不良习惯要有警惕性,一旦有不良习惯的苗头出现,就及时抓住,及时纠正;越及时,效果越好。

(3)消极练习

消极练习法是指要求孩子有意地、认真地去做原先那些无意识的不良习惯,使他自己清楚地了解不良习惯的行为进程,增强对它的意识程度,降低其自动化程度,从而克服这些坏习惯。如某孩子有吸吮拇指的不良习惯,父母建议他每天做六次消极练习,每次都对着镜子连续吸吮拇指三分钟,同时必须认真"欣赏"镜中的自己。结果,数天后,他的坏习惯就改掉了大半。

任何一种微小的习惯都可能给孩子带来深远的影响,因此父母在生活中必须时时关注孩子的言行表现,对任何不良习惯在萌芽阶段就要及时纠正。

3. 别把"点金石"扔到水里

人们的生活基本是由习惯构成的,但等到"习惯成自然"后,我们就很难感觉到习惯的存在。换句话说,我们已经成为了习惯的奴隶,如果被一些不良习惯左右,那么我们的人生就会变得一团糟。

据说,点金石是一块小小的石子,它能将任何一种普通金属变成纯金。羊皮纸上的文字解释说,点金石就在海滩上,和成千上万的与它看起来一模一样的小石子混在一起,但真正的点金石摸上去很温暖,而普通的石子摸上去是冰凉的。有一个人在得到了这个秘密后买了一些简单的装备,在海边扎起帐篷,开始检验那些石子。

他知道,如果他捡起一块普通的石子并且因为它摸上去冰凉就将其扔在地上,他有可能几百次地捡拾起同一块石子。所以,当他摸着石子冰凉的时候,就将它扔进大海里。

这样干了一整天,却没有捡到一块是点金石的石子。然后他又这样干了一个星期,一个月,一年,三年,但他还是没有找到点金石。

然而,他继续这样干下去,捡起一块石子,是凉的,将它扔进海里,又去捡起另一颗,还是凉的,再把它扔进海里。

但是,有一天上午,他捡起了一块石子,而且这块石子是温暖的……可他随手又把它扔进了海里——他已经形成了一种习惯,把他捡到的所有石子都扔进海里。他已经如此习惯于做扔石子的动作,以至于当他真正想要的那一块到来时,他还是将其扔进了海里!

人们对习惯的追从是惊人的,许多男士都喜欢把手机挎在腰的右边,如果把手机改挎到左边,他们就会相当地别扭。人们出去旅游,有时会"水土不服",这就是人们对环境和气候的习惯被打破而造成的不适应。

习惯有时会成为阻碍人成功的障碍,使人扔掉握在手里的机会。孩子的成长过程很容易养成一些不良习惯,包括学习的、生活的、待人处世的。任何一种习惯都会影响孩子的一生,好的会起到积极作用,反之,则会起负面作用。检视一下孩子生活和学习中的习惯,看哪些习惯会成为他学习和生活的障碍,然后改正它,切勿让孩子被不良习惯所束缚。

习惯是最好的奴隶,却不是最好的主人,因此我们要试着把习惯变成自己的"奴隶",使之为我所用,帮助我们顺利实现人生目标。

4. 教育就是要培养好习惯

要让孩子具有成功者的素质,一项刻不容缓的任务就是培养孩子的良好习惯,有了良好的习惯做基础,孩子才能真正成才。

科学大师爱因斯坦曾说:"如果人们已经忘记了他们在学校里所学的一切,那么所留下的就是教育。"换句话说"忘不掉的才是素质"。而习惯正是忘不掉的最重要的素质之一。

良好习惯对于人的发展究竟有何意义呢? 也许,木桶理论可以从某一个角度解释清楚。木桶理论认为,一只木桶盛水的多少,取决于最短的木板,而不取决于最长的木板。对于人的发展同样如此,人的失败往往由于自己的某种缺陷所致。

从更深刻的意义上讲,习惯是人生基础,而基础水平决定人的发展水平。大量事实证明,习惯常常可以决定一个人的成败,更可能导致事业的成败。

然而,一切又都是从童年开始的。毫无疑问,培养孩子良好习惯的神圣责任,别无选择地落到了广大父母与教师的身上。父母不可能也不必成为教育家或心理学家,甚至不必成为教师的助教,但是,父母必须承担起最基本也是最重要的责任——培养孩子的良好习惯。

要想培养孩子的良好习惯,我们先要明白习惯是如何养成的。儿童某个行为习惯的产生通常由两方面的因素决定:其一是孩子遗传的天性,天生外向的孩子喜欢舞刀弄枪,内向的孩子则可能喜欢拼图;其二是环境的作用,比如,不同的老师会促使孩子形成不同的学习习惯,因为老师对孩子的要求是不同的。

孩子的某个行为出现后,他有可能获得两种体验,一种是快乐的,一种是痛苦的。假如他获得的是快乐的体验,那么这种行为往往会被孩子坚持下来,从而形成习惯。假如他获得的是痛苦的体验,那么这种行为就会自然解体,因为人的本性是趋乐避苦的。

比如,一个小朋友偷拿了别人的一块很可爱的橡皮,结果没有被发现,他会体验到一种不劳而获的快乐;他在适当的时机会第二次尝试,如果依旧没有被发现,他就会进行第三次、第四次尝试,直到最后形成习惯。相反,假如这个小朋友在第一次偷拿别人东西的时候,就被别人发现,并被老师惩罚、同学嘲笑,那么他就体验到了尴尬、愧疚、被惩罚和被嘲笑的痛苦,从而不会再继续这样的行为。

在培养孩子良好习惯的过程中,父母们一定要注意以下几点:

①给孩子提出具体、明确的要求。无论是哪方面的养成教育,都需要父母给孩子的行为规定一个目标或者是要求,这个要求要尽量具体一点,使孩子能够看得见,摸得着,这样才能有利于孩子理解、掌握和执行。

②做到说话算数,做不到的话不要说。当父母想许诺或者警告孩子的某种行为时,一定要考虑自己说出去的话能否做到。如果觉得自己无法实现,就不要随意讲,否则您的话将失去可信度,孩子会对您的话充耳不闻。

③学会对孩子说"不"。养成教育就是要给孩子的健康成长做一些规定,这些规定很有可能是暂时不被孩子理解的,那么,只要是对的,父母就要坚持。

④许多家长在孩子的成长过程中往往抓大放小,对于孩子平时的小过错、坏习惯不以为然,觉得等孩子长大后,就会改掉坏习惯的。其实不然,孩子的习惯却是从小养成的,父母不予重视,将影响孩子的一生。

习惯关系到孩子一生的成败,为人父母者一定要帮孩子把好习惯关,让孩子最终走向成功,成为一个令人尊敬的人。

孩子的好习惯是这样培养出来的

5. 从小养成的习惯坚不可摧

我国古代伟大的教育家孔子曾说过:"少成若天性,习惯成自然。"这就是在告诉我们,一个人从小养成的习惯会和他的天性一样自然,这个时期养成的习惯是坚不可摧的。

习惯成就性格,而性格决定命运。很多成绩斐然的成功人士之所以敢扬言,"即使现在一败涂地,他们也能很快东山再起",就是因为他们从小养成的某种习惯锻造了他们的性格,而性格铸就了他们的成功。

在大家眼里,爱迪生确实堪称天才,他是人类历史上最伟大的发明家,一生共创造了 1093 项发明,包括白炽灯泡、留声机、电影等。这些成就让我们普通人望尘莫及,然而他本人却把这些归功于勤于思考的习惯。

他说:"就像锻炼肌肉一样,我们同样可以锻炼和开发我们的大脑……恰当地锻炼、恰当地使用大脑,将使我们的思维能力得到加强和提高。而思维能力的锻炼,又将进一步拓展大脑的容量,并使我们获得新的能力。"爱迪生进一步解释道:"缺乏思考习惯的人,其实错过了生活中最大的快乐。不仅如此,他也会因此无法最大化地发挥和展现自己的才能。"爱迪生明白,正是勤于思考的好习惯,让他把自身更多的潜能开发了出来。

除了勤于思考的习惯,每个成功的人背后都还有一个或者很多个助他成功的好习惯。事实上,我们可以看到,拥有越多好习惯的人,他成功的可能性也就越大。

让我们来看看诺贝尔奖获得者是如何讲述他们成功的秘诀的:

采访中,当记者问到他们在哪所大学、哪个实验室学到了人生中最宝贵的东西时,一位白发苍苍的学者出人意料地回答是在幼儿园。在幼儿园学到了什么呢? 学者回答:"把自己的东西分一半给小伙伴们;不是自己的东西不要拿;东西要放整齐;吃饭前要洗手;做错了事情要及时道歉;午饭后要休息;要注意观察周围的大自然。从根本上说,我学到的全部东西就是这些。"

另有一位科学家说:在实验室,没有"我",只有"我们",一切伟大成果都属于"我们",而不是某一个"我"。这种群体意识不正是得益于从小养成"把自己的东西分一半给小伙伴们"的习惯吗?

大发明家爱迪生在实验室工作时井然有序,连助手不慎把一个烧杯转了个儿,他都严肃地指出,并说:"最小的一点错误会导致最大的损失。"这话不正是来源于幼儿园里的那句"东西要放整齐"的教导吗?

由此可见,从小养成的良好习惯对人的一生有多么深刻的影响。这种影响将伴随孩子们的一生,无论学习还是生活,做人或者处世。它以一种无比顽强的姿态干预着你生活中的细枝末节,从而主宰人生。对于孩子来说,要成就学业、事业,要拥有美好人生,必须养成好的习惯。

某地一家企业招工,报酬丰厚。应聘者皆是一些高学历的年轻人,6位佼佼者经过重重关卡,顺利到达最后一关。最后一关是总经理面试,6位年轻人在办公室等待总经理的面试。秘书进来说:"总经理临时有点急事,让你们等他5分钟。"秘书走后,几个年轻人立刻围住老板的办公桌,东翻翻,西看看。5分钟后,总经理回来宣布:"面试结束,很遗憾,你们都没有被录取。"

年轻人倍感迷惑:"面试还没开始呢!"总经理说:"刚才我不在时你们的表现,就是面试。本公司不能录取随便翻阅领导文件的人。"年轻人全傻了。从小到大,没有人告诉他们这一常识,更谈不上习惯养成。而这一不经意的行为致使他们丢掉了一个好工作。

还有一位在美国留学的学生,教授让他一个人在实验室做实验。他一看实验室有电话,以为可以白打谁也不会知道,一个小时内打了36分钟的电话给家里、给朋友。后来他被开除了。

类似这样的坏习惯在很多孩子身上都不同程度地存在着,而关键的一点是,他们自己并没有意识到,这些坏习惯在时刻阻碍着自己走向成功。他们对自己犯下的错误茫然不知,而此时恶果已酿成了,原因就在于他们的这种坏习惯已经根深蒂固,并且自身从未发觉到它的恶劣性,以至于在对自身命运意义重大的面试这一关上也不自觉地表现了出来,从而丧失了好机会。

孩子的好习惯是这样培养出来的

坏习惯是一种藏不住的缺点,这种通过潜意识表现出来的自动化的行为,自己看不见,而别人却能看得见,即使发生的这种行为并不一定是他自己希望的行为,但是一旦成了习惯,便身不由己,经常在不经意间铸成恶果。

有一篇颇具震撼力的调研报告,标题是《悲剧从少年开始》,是对115名死刑犯犯罪原因的追溯调查。

调查表明:这115名死刑犯从善到恶绝不是偶然的,他们身上无一例外地存在着诸多坏习惯,这正是他们走上绝路的潜在因素,是罪恶之根。这些人的违法犯罪均起于少年时期,其中的30.5%曾是少年犯,61.5%少年时犯有前科,基本都有劣迹。他们从小就有不良习惯,而只要这种潜在因素得不到改变,他们迟早都有走上犯罪道路的危险。

通过调查分析,他们身上的这些坏习惯主要表现在以下几个方面:不爱学习、不懂礼貌、不守法;贪吃好玩、好奢侈、爱享受、自私自利、任性妄为;重"哥们义气"、自作聪明、我行我素、显赫逞能、亡命称霸;伦理错位、黑白不分、是非颠倒、荣辱不清。

一切都是自童年开始。不同的童年造成了杰出青年与死刑犯之分,更造成了先进青年与平庸青年之分。而这"不同"的基本点之一就是行为习惯的不同。

从小养成的习惯在某种意义上来讲是坚不可摧的,因此我们一定要努力帮孩子养成好习惯。如果因为疏忽使孩子养成了不良习惯,那么就要及时纠正,因为儿童时期也是矫正不良习惯的最佳时期。

6. 早期家庭教育要做好

中国有一句俗话,叫做:"三岁定八十。"一个孩子的心理状态和性格习惯在三五岁时就已经决定了,因此早期的家庭教育一定要做好。

培根说:"毫无疑问,幼年时期开始的习惯是最完善的,我们称之为教育。教育其实是一种早期的习惯。"

日本古代驯养名莺的方法就很好地说明了这个道理。据说,野生幼莺在很小的时候,驯莺人就把它从巢穴里捉来进行周密训练。这些野莺的身旁,通常放着一只名莺,名莺的欢叫异常优美。驯莺人这样做的目的是让幼莺每天都能听到名莺的叫声,使野莺也能叫出美丽的声音。

其实,不管是幼儿还是幼莺,如果在幼年时期就对他们施以良好的教育,培养良好的习惯,他们就会深深记住这些内容,一辈子都不会忘记。

为什么古今中外的教育理论都强调习惯要从小养成呢?这是因为儿童时期是习惯养成的关键时期。孩子小的时候,就像一滩铁水,可以浇铸成各式各样的形状。等孩子长大后,这滩铁水冷却了,再改变就困难了。

孩子年龄小的时候,具有很强的可塑性,比较听话、好训练,因而培养各种良好习惯最容易见效。因此,养成教育中极为重要的一个环节,就是抓住习惯养成的关键期,对孩子进行各种良好习惯的培养,这个时期如果培养得好,以后只要顺其自然,他就可以成为社会的优良分子;假若这个时期没有教育好,那么,以后再进行矫正就困难了。

研究表明,幼儿期(3 岁~6 岁)、童年期(7 岁~12 岁)、少年期(13 岁~17 岁)都是行为习惯养成的重要时期,特别是幼儿期和童年期更为关键。

现代心理学的研究已经探明了人的某些具体素质和能力发展的关键期。比如,3 岁~5 岁是儿童语言发展的关键期,也是音乐才能发展的关键期;3 岁~7 岁是儿童动作思维发展的关键期;而 12 岁~15 岁是儿童逻辑思维发展的关键期,等等。因此,在习惯的培养中,我们应该适应儿童身心发展中的这些规律和特点,在儿童素质和能力发展的关键期,通过教育和训练使其养成相应的良好习惯,为孩子的终身发展奠定基础。

另一方面,在青少年时期,由于身心发展还未定型,具有较强的可塑性,这一时期也是矫治不良习惯的最佳时期,甚至可以说是关键期。因此,培养良好习惯的关键期也是矫正不良习惯的最佳时期。

良好的行为习惯要从小培养,少年儿童成长中的每一天都是习惯培养的好时机。正如我国著名儿童教育家陈鹤琴所指出的那样:"教

孩子的好习惯是这样培养出来的

育一个人要从小就注意起，讲话怎样讲，批评怎样批评，做人的态度，对人的礼貌，以及一切的一切都要从小养成。外国有句话说：'开始做得好，一半做到了。'中国的先哲也有'慎始'的教训，一种习惯之养成，莫不由'渐'而来。"

家庭是孩子成长的第一环境，是孩子习惯形成的摇篮。6岁前的儿童与家庭的关系最为密切，因此，家庭对孩子的影响也更多、更大。

克莱恩夫妇有三个可爱的孩子，都乖巧伶俐，学习很是自觉，克莱恩夫妇因此深得邻居羡慕。

其实，孩子们良好的学习习惯是在克莱恩夫妇的用心教育下逐渐养成的。克莱恩夫妇很注重培养孩子的良好习惯。大儿子还很小的时候，克莱恩夫妇就经常和儿子围坐在一张桌子上，教孩子画画儿和识字，养成一起愉快游戏并学习的习惯。

在他们有了第二个孩子以后，一起学习的好习惯仍然保持着，哥哥读书时，弟弟就在旁边学画画儿，爸爸妈妈一有空就围在桌边跟他们一起学习。

之后，又一个小妹妹出生了，妹妹渐渐长大，也开始跟着哥哥们自觉地学习。当妹妹开始在桌上学画画时，大哥哥就到另一张桌子上去独自学习。

看到哥哥每天独自一人学习，弟弟妹妹们也跟样学样。没过多久，老二也自己找了一张专用的桌子，每天主动地学习。之后，最小的妹妹也在两个哥哥的榜样作用下，找了一张自己的桌子，开始独自学习起来。

日本的家庭教育也非常注重从小培养孩子的习惯。比如，日本的孩子在吃饭的时候，不会像我们的孩子一样坐着等爸爸妈妈把桌子、椅子摆好，端上饭来，即使是4、5岁的小女孩也知道要搬凳子，帮爸爸妈妈递递碗筷什么的。

在日本的幼稚园餐厅，你可以看到有6岁的小孩在打饭（因为每个班的饭都要到一个大的餐厅去领），他们挎着饭筐，迈着歪歪斜斜的步子，到一个大的餐厅去领。还有的8岁孩子主动给大家盛饭，半勺倒进碗里，另半勺却倒在了地上。但是没人管他，没人嫌他碍手碍脚，这就给孩子从小培养独立的习惯创造了很好的环境。

而我国的早期家庭教育,对儿童习惯的培养则相对欠缺。这是很糟糕的一件事,父母们都应当努力创造良好的家庭环境,让孩子的好习惯在潜移默化中形成。

7. 慎始才能善终

为什么专家一再强调培养孩子的好习惯要从小做起呢?就因为习惯的养成往往是从第一次开始的。父母作为孩子的第一任老师,一定要注意"第一次"这个教育时机。

颜颜是一个可爱的 8 岁小女孩,她的父母非常注意对她的习惯教育。自从她会爬开始,每次摔跤,父母都不主动抱她,而是鼓励她:"自己爬起来,你真棒!"

有了第一次,不管摔得多厉害,颜颜都能自己爬起来,还会拍拍小手和衣服上的灰尘。她以后会遇到比摔跤更需要自己应付的事情,我希望她永远记住"我能! 我会! 我很棒!"颜颜一天天长大,自己事情自己做的意识日益强烈,吃饭、穿袜子、戴帽子……什么事情她都要自己试一试。尽管几乎每次父母都要"返工",花的时间比直接代办多得多,但如果第一次不给她试的机会,无异于剥夺了孩子学习、实践的权利。

有一次,妈妈带她去修鞋。鞋匠给顾客准备了一张小凳子,颜颜坐在凳子边儿,拍拍空出的一大半地儿:"妈妈坐这儿!"妈妈感动得一时说不出话来,修鞋的老师傅夸道:"嗬,这么小就知道心疼人了,真不错!"颜颜一听,又得意又害羞,小脸都红了。这是颜颜第一次会心疼妈妈,也是第一次听到"心疼人,不错!"这个评价,以后再要她为别人做什么,一提"心疼人"她就很乐意。

颜颜个子高,所以每次出去玩儿,都鼓励她不要大人抱,自己走。一次去动物园前,爸爸先和颜颜讲好条件——就是自己走,可一下车,颜颜习惯性地说:"爸爸……爸爸要……"颜颜的父亲蹲下来,故意问她:"你要干什么啊?"颜颜涨红了脸,仿佛经过了"激烈的思想斗争",不十分情愿地说:"爸爸……牵着!"

面对孩子的童稚,颜颜的父亲立刻意识到她第一次表现出控制意志的能力,是个了不起的进步,给予了充分的肯定和赞美,于是颜颜走得更来劲儿了。

颜颜刚上小学时,第一次放学回来,父母就不失时机地告诉她,放学后,第一件事就应该是写作业,学习完后才能玩。所以孩子从上学到现在,无论是星期天还是节假日,"学习完后再玩"已经成了孩子一种良好的行为模式。

学习完后,将桌椅、书包整理好,睡觉前看几页课外书等习惯,也已经成了颜颜生活的乐章中不可缺少的音符。这一切都源于做父母的"第一次"的指导,所以,只有不轻易放弃第一次,才会有第二次、第三次……

对于第一次的坏习惯,一定要及时纠正。一天,颜颜的奶奶买西瓜回来复秤,生气地说:"这个混蛋,少了2两!"在旁边玩的颜颜听到了,不一会儿就用上了:"西瓜是混蛋!"大家都觉得好玩,哈哈大笑,颜颜就把大人的笑当成了夸奖,后来这个词就怎么也改不了了。看,第一次的坏影响多可怕!

从颜颜的故事中可以看出,几个第一次,对孩子的影响是非常大的,孩子以后是否会依赖这个行为模式一直走下去,关键就在于他第一次得到的外界回应如何。因此,父母们在培养孩子习惯的同时,要特别注重第一次。

美国著名教育家曼恩说:"习惯仿佛像一根缆绳,我们每天给它缠上一股新索。要不了多久,它就会变得牢不可破。"试想,如果绳索在一开始的时候就没有缠好,即使你再缠上100道绳索,也只能越缠越歪。因此,要先打好基础,注重第一次或前几次良好行为出现后的鼓励和强化,以及不良行为出现的教育与矫正。这样,在每天缠上新的"绳索"的时候,习惯就会变得牢不可破。

习惯培养要特别重视孩子第一次出现的行为。比方说,小孩第一次骂人的时候,他就特别注意看大人的反应,大人这个时候千万别笑,如果你笑,还夸他"孩子真聪明,嘴巴真巧",这孩子第二次还骂,而且会骂得更厉害。小孩子并不知道他的行为的后果,他只关心大人的反应。所以对孩子的第一次骂人,最好的反应就是不理他,没有人理他,冷淡他,让孩子自讨没趣,他就会明白:"这不是好事情,别人都不喜欢。"以后也就不会故意去强化这种行为了。

教育家陈鹤琴对此曾有过精彩论述,他认为:"无论什么事,第一次做得好,第二次就容易做得好;第一次做错,第二次就容易做错。儿童种种坏的习惯,都是由于开始学的时候,他们的教师或父母没有留意去指导他们的缘故,以致后来一误再误,成为第二天性;所以要把小孩子教得好,必定要在第一次的时候教好。因此,对于第一次的动作,做父母和教师的要格外留意指导,以免错误。"

"第一次"是养成良好习惯的开端,"第一次"也是形成不良习惯的开始,因此父母们必须把握好第一次的习惯教育,只有慎始才能善终。

8. 从小培养习惯也要循序渐进

孩子年龄小,接受新事物能力强,因此这无疑是培养孩子良好习惯的最佳时期,但要注意的是培养习惯一定要循序渐进,并且还要不断强化好习惯。

培养好习惯的关键期是:幼儿园和小学阶段。

小学阶段是培养习惯的关键期,一二年级又是最佳期。据研究发现,到了初中再培养习惯就难多了。一旦养成了不好的习惯,再想改正就难多了(改造教育比塑造难)(做衣服不合适,再改合适可难了)。

举两例说明:

例1:20世纪40年代,美国的一位心理学家丹尼士曾经做了一项惨无人道的试验。他从孤儿院里挑选了一批新生婴儿,把他们放在暗室里生活,只给吃住,与世隔绝。这些婴儿起初在生理上和正常婴儿完全一样,慢慢地机能逐渐退化,最后变得越来越痴呆。长到一定年龄后,再放到正常人里边生活,虽然经过长时间的训练和教育,但绝大多数孩子始终没能恢复人的基本特性,变得终生痴呆,只有个别人学会了吃饭、穿衣等简单的生活能力。这一例说明小时候错过了关键的训练期,长大了再练也不行了。

例2:1972年,人们在东南亚大森林里找到了第二次世界大战时迷失的日本士兵横井庄一。他远离人类，像野人一样生活了28年，人的一切习惯甚至包括日本话都忘记了。可是当他获救后，人们只用了82天时间的训练，就使他完全恢复了人的习惯，适应了人类的生活，一年后还结了婚。虽然他经过野人生活的时间要比那些婴儿长很多，但对他的训练和教育却容易很多，其主要原因就是他没有错过受教育的"关键期"。

从小培养孩子的好习惯虽然重要，但也要注意按步骤进行，不可操之过急。在培养习惯的时候，要根据孩子的年龄特点和心理接受能力，由浅入深、由近及远、循序渐进地进行，这样才会取得好的教育效果。

有的父母认识到了培养孩子的习惯的确很重要，因此就特别心急，总希望能一下子把孩子培养成为一个具有所有好习惯的人。在这种心态的支配下，父母们往往很焦虑，一会儿让孩子做这个，一会儿让孩子做那个，甚至不顾孩子的年龄特点，给孩子提出过高的要求。但是在孩子还未完全掌握一种能力，还处于不成熟的阶段时，如果家长急于进入更高的阶段，只会让好不容易才萌发的能力慢慢丧失，非但不能培养良好习惯，还有可能引起孩子的反感，使孩子抵触父母的要求。

有一位年轻的母亲讲了自己的经历。她说：有了孩子以后，我就一心希望把孩子培养成一个杰出的人。我知道，对于小孩子来说，习惯养成特别重要。人们都说习惯培养好了，孩子长大一些就省事儿了，就不会那么累了。

于是，几乎从孩子一出生开始，我就着手培养孩子养成各种好习惯。别人家的孩子都是大人给喂奶，我却尽量让他自己拿着奶瓶子喝奶；别人家的孩子由大人扶着学走路，我却一开始就让他自己走路，孩子为此摔了很多跤。我也很心疼，但是我都忍耐着。因为我知道，在孩子学走路的时候，不摔跤是不可能的。当他上小学以后，我教他的第一件事是学习查字典。别人都说我教得太早了，孩子的拼音还没学好呢。可我当时想，什么事情都不能落后，边查边练不是挺好吗？

这样做了一段时间以后，我发现孩子的性格有了变化。这种变化并不是我希望的那样——孩子具有了独立性。相反，孩子变得很爱哭,一让他写作业,他就闹情绪,有的时候和我起急,有的时候和自己较劲,要么摔了铅笔,要么弄破了本子,有的时候还小声哭泣。

没办法,我只好带孩子去咨询专家。专家们认为,孩子是因为承受了太大的压力才会这样的,他们说都是我没有考虑孩子的年龄特点和心理特点,给他很多要求,让他感到自己无法达到这些目标才会变成现在这样的。

的确是这样,很多父母都在"为了孩子好"的心态下,给孩子提出过多过高的要求。这样不考虑孩子的年龄、心理发展以及个性特点的做法,很容易导致拔苗助长的后果。

习惯培养要讲究科学性,要按照科学的规律去培养孩子的习惯。这种科学规律包括的范围是非常广泛的。比如说,父母要考虑孩子的年龄特点,依据孩子的身心发展规律培养孩子的好习惯。这些习惯不是截然分开的,而是在不同的年龄阶段要有不同的要求。

例如,我们要培养一个人"做事有始有终"的习惯,对幼儿园的孩子来讲,我们应该要求他们在玩的时候自己把玩具拿出来,玩完以后自己收好;对小学生,就要要求他们看书做作业的时候认真仔细,写完以后自己检查,然后自己收拾好书本才能去玩;对于中学生来说,就应该要求做事有责任心。从收玩具到做事有始有终,再到责任心,有了这样比较细致的要求和层次,培养起来就比较容易进行,孩子也比较容易接受。

父母在遵循循序渐进的规律培养孩子的习惯时,除了考虑孩子的年龄特点和性格特征外,还应遵循下面几条原则:

①运用"循环说"理论

行为习惯的形成需要长时间的循环反复,是螺旋上升的。低年级训练过的,到了中高年级还要经常重复训练,否则很难巩固。因此,如果孩子小的时候已经培养过某些习惯,父母依然不要放弃,可以选择不同的时间进行循环,每过一段时间就有意识地强化一下。

②运用"阶段说"理论

习惯形成各有不同的关键期,小学低中高年级有各自的训练重点,可以抓住各种习惯形成的关键期来进行教育。父母要分析孩子在不同阶段的特点,选择适合孩子本年龄阶段的习惯进行培养,不能心急。

③运用"中心扩散说"理论

行为习惯是一个纷繁复杂的体系,要把所有的行为习惯都在短时间内培养好是不可能的。因此,父母在培养孩子的习惯时,就要抓主要的习惯进行培养。重点习惯培养好了,就可以带动孩子形成其他好习惯。

习惯是慢慢形成的,父母们不能指望把所有的好习惯一古脑地塞给孩子,只要多一点耐心、细心和恒心,你一定可以教养出从小具有好习惯的孩子。

第三章　好的学习习惯比好的学习成绩更重要

习惯重要还是成绩重要? 在许多父母眼里答案是不容置疑的:当然成绩重要,有了好成绩才会考入好学校,也才会有远大前程。事实上这种理解相当狭隘,古人说"授人以鱼不如授人以渔",好的学习习惯就是一种高效率的工具,而有了这一工具,好成绩不过是囊中之物。

1. 做好预习才能掌握学习主动权

有句话叫做"有备无患",意思是做好准备、成竹在胸后,做起事来才能应对自如。在学习上也是这样,如果你想提高孩子的学习质量和效率,就一定要让他养成做好课前预习的好习惯。

一位获得全国数学竞赛第一名的小学生在谈自己的学习经验时说:"如果要说我学习效率高的话,首先应得益于我良好的课堂学习习惯,课堂学习的高效率是其他任何形式的学习所无法比拟的。"事实证明,课堂学习是孩子学习的重中之重,养成良好的课堂学习习惯就显得尤为重要。应认真做好课前的准备工作,学会在课堂上聚精会神地听讲,仔细做好课堂笔记,敢于提问,善于表达,紧跟老师的思路走,从而提高自己的课堂学习成绩。

课前准备直接关系到课堂学习的质量。有的孩子课堂学习效率低的原因并不在于课堂上如何如何,而在于课前没有做好充分准备。

许多孩子往往忽视学习过程中的课前准备这一细微环节,导致不好的学习状况始终得不到改善。专家认为,这就是课前没有预习所导致的后果。

对孩子来说,知识的准备主要是通过预习来实现的,应该说它是决定听课效率高低与否的最主要因素,是最为重要的课前准备工作。由于在预习过程中了解了新课的学习内容,排除了听新课的知识障碍,课堂学习也就主动多了。

实际上,与老师的课堂授课相比,预习是一件很有创造力的事情,当然并不是说课堂授课是缺乏创造力的。但是,几乎所有的课堂授课都是群体的,而预习,对我们来说就是个人的事情了。在没有老师介入的情况下,大脑对待学习的知识往往会有自己的看法,因为很多时候,自己的想法和教师的授课内容是两回事情。例如学习鲁迅先生的文章,老师的讲授会让我们对作品的结构、思想内容有更深的理解,然而像写作背景、整体感觉等等在预习的时候都可以有所把握。背景资料这些丰富而具体化的东西,无疑会对课文的整体把握起到积极作用。而对文章的整体感悟,单纯依靠课堂讲授是远远不够的。

但是我们也应该知道,养成好的预习习惯一定要有科学的预习方法,这样学习起来才会事半功倍。

笑笑是个小学三年级的孩子,他是一个勤奋好学的学生,但是上课的时候,总是默默无闻,很少主动提出问题。

笑笑自己也非常纳闷,他想:"我和同学们一样都非常认真地预习,可是同学们上课时总能提出很多问题,我怎么就提不出来呢?"

于是,他找到了老师咨询,老师笑着说:"预习确实很重要,但预习也要有方法,不讲方法的预习是在白费力气啊!"

老师告诉笑笑,兵书上讲"知己知彼,百战不殆",上课也应该像打仗一样,要对课上所学的东西做到心中有数,才能取得学习上的主动权。做到这一点最好的办法就是课前进行科学的预习。所谓科学预习就是要在巩固旧有知识的基础上，积极探索新知识，发现疑问，以做到心中有数，为进行新一轮的学习而进行准备。预习的最大好处是有助于形成学习的良性循环。预习会使人变得积极主动，而只有站在主动进攻位置上的人才容易打胜仗。可见，只要抓住了预习，就抓住了提高的关键。

那么，什么样的预习方法才是科学有效的呢？

①要认真学习。先将教材粗读一遍，领会基本大意，然后再反复细读。细读时，可用彩笔在课本上初步勾画出重点、难点、疑难问题。

②要认真思考。预习时要运用已有的知识、经验及有关参考材料，进行积极的思考，多问几个为什么，弄清新旧知识的内在联系和新内容中的每一个概念、定律、公式等。若有初步的体会和感受，也可适当地作点批注。

③要适当地做些习题和进行实际操作。预习后，可适当地做些练习题，以便及时检查预习的效果和巩固、深化知识系统。如有可能，还可做些必要的操作，现场观察、调查研究等，从而为上新课做些必要的准备。

④要认真做好笔记。写预习笔记是预习过程的一个重要环节，我们一定要引起重视。具体来说，预习笔记主要包括五个方面的内容：一是每一课或每一章节中的重点结构或提纲、摘要；二是每一课或每一章节中包括的几个紧密联系的主要问题；三是尚未解决的疑难题；四是所查资料中有关内容的摘抄，并注明出处；五是心得体会。

除此之外，有两个问题是在预习时必须要注意的：

第一，要根据自己的实际情况挑选科目预习。

预习的好处固然很多，但需要一定的时间，为了保证预习的质量，我们最好先从基础学科或个人感到困难的学科中选出一两门进行试点，当取得一定经验和成效后，再逐步展开。对于个人的优势学科或较易掌握的内容可以不预习或少预习。

第二，预习时间的长短，要根据自己的学习计划及当时学习的实际情况而定，时间的安排要服从整体计划。

预习的时间要根据实际可能来安排，不要因预习占用过多的时间而打乱了学习的整体计划。时间多时，可多预习一点；时间少时，可少预习一点,钻得浅一点。有些疑难问题解决不了是正常现象,预习不可能将全部新内容都钻透。

需要提醒家长们注意的是,预习不能代替听讲,即便是在预习时已经掌握的东西,仍不要忘记督促孩子上课时仍要专心听讲,听听老师的分析思路,提高自己分析与解决问题的能力。

2. 学习一定要专心致志

生活中,很多孩子之所以无法取得好成绩,就是由注意力不集中导致的,坐在书桌旁发呆或者手捧书本想入非非,这样的状态怎能学好知识呢? 因此我们必须让孩子从小养成专心致志的好习惯,专心是学习知识的前提和保证。

一个成绩较差的小学二年级的学生说:"学校教的课程太枯燥,没趣味,上课我也不注意听讲。放学回家,我妈妈虽然逼我复习,但我心不在焉,复习的时候,我总想电视里动画片的事,什么都记不住,考试成绩不好,总挨我妈训斥。但我一看动画片就上瘾,别的什么都忘了,动画片里的情节却记得很清楚,有时在上课时,动画片的情节还会突然在我脑海里浮现出来。"

这个孩子的问题不在于笨,而在于注意力不集中。这种情况在各年龄段的孩子中都存在。

我们经常说的分心,就是在听课时注意力被别的事情吸引过去,离开了听课的内容。例如,有个同学上课时思想上开小差,当老师叫他的名字的时候,他竟然没有听见,一脸漠然,或者东张西望,甚至问他的同桌:"老师在叫谁啊?"结果引起全班同学的哄笑。

上课分心就无法专心理解老师讲课的内容,是学习的最大障碍之一。要想克服分心的现象,必须首先了解分心的原因。

第一,外部环境刺激往往是引起分心的主要原因。例如:突然下雨了,同学们都没有带雨具,老盼着雨停,因此上课时常向外看;讲台上的粉笔掉在地上了,爱淘气的同学小声说了一句:"地震了!"引起其他同学的不安;教室外体育课上不时响起的哨声,使一些同学想起了昨天晚上那场精彩的足球赛,虽然人在教室里坐着,心早就跑到足球场上去了……

在课堂上发生的一些事情也会使我们分心,而且影响可能会更大。例如:有的学生不服老师的教育和管理,与老师吵了起来;有的同学说悄悄话,使旁边的同学无法正常听课;在课堂上学生之间因为一点小事吵了起来,使老师无法讲课……

第二,心理原因也是引起分心的重要因素。有些同学在上课的时候老是想起自己曾经经历过的、有趣的事情。例如:有的学生脑子里浮现出了前一段时间看的电影或电视剧的画面,想到精彩处竟忍不住笑出了声音,有时还情不自禁地与旁边的同学讨论起来,不仅自己不能听好课,也影响了别人的听课。

有的同学在课上总是想自己课下将要做的事情。例如:晚上要跟家人去亲戚家做客;过两天的校运动会自己应怎样跑才能为班级争光……

第三,身体不好或精神不振也是引起上课分心的原因。比如,有些同学没有吃早点的习惯,到第三节课就饿了,怎么下定决心也提不起精神;有些同学晚上看电视看得太晚了,睡眠不够,上课时趴在桌上睡着了,还尽做一些奇怪的梦;也有些同学体弱多病,感冒了,咳嗽了,影响了听课的效率……

好的习惯是需要培养的,孩子年龄小,可塑性极高,只要经过训练,就一定能够养成专心致志的好习惯:

(1)克服外界干扰,养成闹中取静的学习习惯

在学习中,常常有不少内外因素的干扰,使我们难以集中精力学习。良好的环境固然重要,但这不是解决问题的根本办法,有些客观条件是我们所不能改变的,因此掌握"闹中取静"的本领更加重要。

这种本领完全是通过练习而锻炼出来的。比如,有人为了锻炼"闹中取静"的本领,就故意蹲在繁杂的集市或公园看书。当然,开始时会遇到许多困难,但只要坚持下去,就会取得成功。在现代的城市生活中,我们可能会遇到更多的刺激,如汽车、电视等的声音,吵闹声、工地施工的声音等等,如果改变不了这些外界刺激的话,千万不要心

浮气躁,一定要静下来,投入到学习中去,不去想它。可能过一会儿你适应了之后就感觉不到它了。

在吵闹的环境里,为了抵制分心,你可以根据不同的时间、地点和条件,采用不同的学习方式,阅读不同的书籍内容。具体说来,可以这样做:

①在安静的环境里,可以默读,而在嘈杂的环境里,就采用朗读和记笔记的方式来对付;

②在安静的环境下,读课文、做练习,而在喧闹的环境下,看看文艺作品、读点报纸杂志等;

③利用安静的环境精读、细思,而在纷乱的情况下,粗读、浏览等。

(2)加强意志锻炼,做支配注意力的主人

在学习中我们除了会遇到外界的刺激外,还会受到内部因素的干扰,如情绪低落、身体欠佳、不良习惯等,这些更容易使我们分心。因此,我们要学会以坚强的意志同一切干扰作斗争。汉朝杰出的历史学家司马迁,在遭受宫刑后,仍忍受屈辱,在极其恶劣的情况下,用坚强的意志控制自己的情感,集中精力撰写史书,经过十多年的艰苦劳动,终于写成了"史家之绝唱,无韵之离骚"的巨著——《史记》。

(3)注意休息

人在疲劳的时候是很难集中注意力的。所以我们必须养成良好的学习习惯,学习时全力以赴,休息时尽情娱乐。

(4)跟上老师讲课的节奏

在听课时如果你遇到了听不懂的内容,这时千万不要停下来卡在那里,脱离教师的讲课轨道,这时候你应该在不理解的地方作个记号,然后接着听老师的讲课内容。等下课后,再去向老师或同学请教不理解的问题。

(5)放松心情

如果你在上课时,老是胡思乱想,静不下心来,那么,这时候你就

先不要强迫自己听课,而是闭上眼睛,全身放松,缓慢呼吸,尽量排除其他念头,全神贯注数自己呼吸的次数。大约 3 分钟后,再开始听课,这样你就会集中你的注意力了。

专心可以调动整个大脑神经系统来高效率地学习,而分心就会降低学习效率,甚至对本来可以弄懂的问题感到迷茫。每个孩子头脑里都有专注的成分,只要耐心引导一定能养成专心致志的好习惯。

3. 勤思考才能有进步

大文学家巴尔扎克曾说过:"打开一切科学的钥匙,都是毫无意义的问号。"这就是在告诉我们学习一定要会思考,有思考才能有创造、有发展。因此一个孩子如果能从小养成独立思考的习惯,那么他就一定会表现得更加出类拔萃。

英国科学家波普尔说过:"科学和知识的增长永远始于问题,终于问题——越来越深化的问题,越来越能启发新问题的问题。"一部科学发展史,就是对奥秘的探索与对问题解决的历史。由此可见,具有敏锐的问题意识,善于发现问题,并能孜孜以求地探索解决问题,对一个人的学问是非常重要的。

高斯是近代数学奠基者之一,在历史上影响之大,可以和阿基米德、牛顿、欧拉并列,有"数学王子"之称。高斯非常善于思考,这种良好的思维习惯在他小时候就已经表现出来。

高斯的父亲是泥瓦厂的工头,每周他都要发薪水给工人。在高斯 3 岁时,有一次当父母正要发薪水的时候,小高斯突然大声说:"爸爸,你弄错了。"然后他说了另外一个数目。原来小高斯趴在地板上,一直暗地里跟着爸爸计算该给谁多少工钱。重算的结果证明小高斯是对的,这把站在那里的大人都惊得目瞪口呆。

小高斯 10 岁时,有一次他的数学老师让他们全班解答一道习题:立即计算出"$1+2+3+4\cdots\cdots+100=?$"的答案。这个题目在今天早已家喻户晓,可是在那个时候、那个场合,对于一群小学生来说,还真不容易。要算出这么长的算术题耗时不少,孩子们都想争取第一个算出来,立刻在草稿纸上做了起来。

只有小高斯还没有开始动手,他不是想偷懒,他在想,难道一定得经过这么复杂的计算过程吗?从客观上说,他在思考,目的是要寻找一种能够成倍提高计算效率的策略,这个过程花去了相当于其他同学进行加法计算的二分之一的时间。这时候,老师看见了他,走上前来问他怎么了,为何还不开始计算。小高斯说他已经知道答案了,是 5050。老师十分诧异,问他是否提前做过这道题。高斯于是告诉老师,他通过观察发现这一组数字中 1 加 100 等于 101、2 加 99 等于 101……这样的等式一共有 50 个,因此这道题可以化简为"101×50＝5050"。

"真是太聪明了!"老师赞扬他。

这种"聪明"并不取决于孩子的智商。事实上,小学生的智力与学业成就的相关系数只有 0.21,它应该取决于孩子良好的思维习惯,使智力的潜在能力得到了充分发挥。认真的思考虽然为孩子解决问题的过程增加了一个环节,却使解决问题的时间缩短了很多倍,大大提高了学习的效率。小高斯进行思考花去了相当于别人解题所耗时间的一半,然而计算出"101×50＝?"只需要 1 秒钟。从这里边,你难道还看不出善于思考的优势吗?

伟大的物理学家爱因斯坦说:"学会独立思考和独立判断比获得知识更重要。不下决心养成思考习惯的人,便失去了生活的最大乐趣。"

我们还是再来看一看张肇牧的学习经历。

肇牧十分喜欢做实验性游戏,当听爸爸妈妈说要做有趣的实验游戏时,肇牧非常高兴。

"肇牧,从你的玩具中,找出两个同样大的杯子,一个比杯子大的碗或者是锅都行。"肇牧将三样东西拿来了。"爸爸,你看行吗?"爸爸满意地说:"行。你用锅装些水来,并且将水分别倒进两个杯子,要求两个杯子的水要一样多。"肇牧按示意进行。然后爸爸问肇牧:"你看两个杯子的水,是不是一样多呀?"肇牧想了想,说:"啊,是一样多。""你将一个杯子的水倒进锅里,你再看看,是锅里的水多呀,还是杯子的水多?"谁知肇牧不假思索地给了爸爸满意的答复:"一样多。""为什么？你看锅里的水这么少，杯子的水那么多，怎么是一样多呢？"肇牧从容地说："爸爸你看，这是两个同样大的杯子，我倒进的是同样多的水，然后再把这个杯子装的同样多的水倒进了锅里，因为锅比杯子大，所以看起来锅里水像少些，其实它们一样多。"

谁能相信，这是一个年仅4岁的孩子对液体容量守恒定律如此肯定的回答，而且思维清晰，语言表达准确、完整！

上小学二年级的时候，数学教学正进入直式运算阶段，学生们都能按照老师的要求，从低位向高位顺序运算，唯独肇牧别出心裁从高位到低位进行逆向运算。爸爸妈妈问他时，肇牧振振有词："从左边算到右边是我想出来的窍门。"

正是由于小肇牧举一反三的能力，培养了他的思维、判断和推理能力。

学习有两种类型：一种是不经过思考的学习，一种是经过深思熟虑的学习。我们可能有这种体验，没经过思考的东西，即使学了，也会很快忘得一干二净。理解了再加上自己思考后的东西记得最牢，往往会一生受用无穷。这就是"学而不思则罔，思而不学则殆"的道理。

因此，在学习时一定要多思考，多问几个为什么。有些学生在课堂上总有问题要问，而另外一些学生刚好相反，总是沉默不语。

老师向很少发问的同学询问："为什么不发问？"

绝大部分的人总是回答说："我不知道该问些什么。"

这种连该问什么都不懂的人，不管上什么课，对老师的讲课内容一定是不知所语，只能在迷迷糊糊中打发那一堂课。

其实，发问并没有好坏的分别。刚学发问的时候，不必拘泥于"应该问得漂亮"，大可从小小的疑问来问起。一旦养成思考的习惯，日子一久，你就自然觉得该问的事情实在很多，而问得愈多，学习的乐趣也就越来越高了。

在上课中或上、下学途中，忽然想到的疑问都要立刻拿出备忘小册，趁还没忘记的时候将它记录下来，然后设法早早解决它。

你要知道，疑问在刚想到的时候可真是新鲜无比，如果存放过久，就像泄了气的气球一样，魅力尽失，发生不了什么作用的。

很多经验丰富的老师都说，经常提出问题的人，应用能力总是超

好父母胜过好老师大全集

人一等,也是最能考得第一名的。这些人,平时看起来似乎领悟得较慢,但是在实力测验或模拟考试的时候,就会发挥惊人的潜能,拿到顶尖的成绩。

反过来说,那些平时不断点头,好像什么都懂的人,一碰到了应用问题就发傻,考不出好的成绩来。这就是勤于思考与不爱思考的区别。

注意从小培养孩子积极思考的习惯是十分有益的,年龄越小思维越灵活,随着时间增长,这个好习惯也将更加巩固,将来必定有所发现、有所发明、有所创造。

4. 潜心观察会有更多收获

眼睛是"心灵之窗",而我们要做的就是擦亮"心灵之窗",勤于观察、潜心探索。而良好的观察能力是提高整个学习能力的重要途径,更是增长知识、了解世界的重要途径。

善于观察的习惯对我们意味着什么? 实践证明:学生观察力的强弱对学习的好坏有直接影响。如在语文拼音、识字教学中,有些拼音、生字的字形和写法只有细微差别,观察力较强的孩子一眼就能看出来,而观察力较差的孩子就常把它们认错或写错。

1975 年出生的任寰,被认为是神童,7 岁写诗,9 岁发表作品,10 岁出版第一本诗集,12 岁加入河北省作家协会,18 岁考入北京大学中文系。至今已出版诗、文集 7 部,发表各类文章近 500 篇,多次获国际、国内文学奖。

任寰小时候不爱说话,这与她从小患过敏性哮喘有关。每次住院、打吊针、输氧,她也不多话。这种生活使她自然形成了善于用眼睛观察的习惯。

任寰上小学二年级时,就经常观察、描写大自然。上小学三年级时,就学会了注意观察人物,体察人的心理,进而观察思考社会和人生。《10 岁女孩任寰诗文选》就是她观察、思考生活的结晶。著名诗歌评论家谢冕称她的诗具有思辨性。

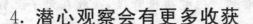

巴甫洛夫说过,在你研究、实验和观察的时候,不要做一个事实的保管人。你应当力图深入事物根源的奥秘,应当百折不挠地探求支配事实的规律。这就是说,巴甫洛夫主张观察不但要准确,而且还应达到能透过现象看本质、力图深入事物奥秘的程度。

达尔文曾自我评价说:"我既没有突出的理解力,也没有过人的机智。只是在察觉那些稍纵即逝的事物及对其进行精细观察的能力上,我可能在众人之上。"

杜邦公司化学家卜莱克博士做了一次实验。打开试管后,他没有看到自己希望得到的东西,看来实验失败了。但是,他并没有像其他人那样随手把试管丢掉,而是仔细地观察试管,觉得里面好像有一种东西,但又没有看到。他觉得很奇怪,就放在天平上称了称这个试管,结果发现它比同型号的试管要重些。他更好奇了,又仔细地观察了之后,他发现了非常透明的特弗伦。这种物质日后为杜邦公司创造了很大的财富。

这些人,他们在某一时刻突然受到了启发,或是发现了某种意想不到的事情,都归功于善于观察。

实际上,他们为了这一天的成功也许已经潜心留意周围事物多少年了,这正是他们本身素质的体现。要知道机会只留给那些为了寻找它而不断探索的人,只要我们专心致志于周围有趣的事物,成功就会降临。

既然观察是如此重要,那么如何培养观察力呢?培养观察力要注意以下几方面:

(1)观察时要目标明确

观察是一种有目的的观看、感知活动。试验证明,课堂学习中,如果课前学生明确本次课的目的,学习效果就良好,如果不知目的,盲目地跟从老师,那么效果就会很差。因为有明确目的就能带着任务去观察、去聆听。

有人做过这样的实验:一个老师带着几个小学生到一家餐馆去吃饭,找了一个靠门口的地方入座。老师对学生说,等一会儿某某老师会来找我们,你们几个留意进出餐馆的人。十分钟后,老师问学生:刚才餐馆一共进来了几个人？他们都长什么模样？学生们回答都是某某老师没有来。但到底进来多少人，什么模样没有一个学生能回答清楚。这时老师又说："现在大家再观察十分钟，回去以后以《食客》为题写一篇作文。"后面10分钟学生观察都比较仔细。在作文里不但写出了这段时间里来就餐的人的外貌、性别等，还写出了人物的性格特征。这说明，观察有无目的，其结果大不一样。

明确目的就是要弄清观察什么，为什么要观察这两个问题。观察者的态度积极与否，对观察能力影响极大。一个人如果有强烈的事业心和积极学习的态度，那么，万千事物对他来说就是一本宽广无垠的"活书"，其中处处有数学、物理、化学等知识，处处有使人惊讶和值得观察思考的奥秘。反之，他可能对一切事物都态度冷漠，视而不见，充耳不闻，观察力势必陷于迟钝。

(2)观察时头脑要活跃

观察能力强可以促进知识的获得，而丰富的知识又可以提高观察能力，捕捉到不易发现的重要现象，并能使观察不停留在感性认识的低级阶段。

例如打开盛放浓盐酸的玻璃瓶盖子，看到瓶中冒出白色的烟雾，如果不懂得盐酸有关知识，就可能得出"盐酸挥发出白色气体"的错误结论。只有懂得浓盐酸的相关知识，知道挥发出的氯化氢气体本是无色的，之所以变白，是因为吸收了空气中的水而形成了白色的酸雾。这样，观察才能正确反映物质变化的本来面目。

在观察过程中，对出现的各种现象，应多问几个为什么？对观察中出现的每一种变化，都要彻底弄通弄懂，使这些感性认识通过思考上升为理性认识。例如看见金属钠被泡在煤油中保存，如果不去思考，对这一现象就说不出所以然来。如果积极思考，问一问为什么不能放在空气中，能不能放在水里保存等问题，就会使你联想到金属钠活动性极强这一特性，掌握钠的一系列性质。

(3)观察一定要细心准确

有一个化学教授曾做过一个精彩表演：他拿了一个装有煤油、蓖麻油和醋的混合溶液的玻璃瓶。伸进一个指头沾了沾,然后把指头伸进嘴里,好像用舌头尝混合液的滋味似的。然后把瓶子递给他的学生,让他们照着做。

这些学生照老师的样子,果真一个个都尝了起来,不是蹙眉皱额,就是呕吐不止。可见,他们尝的绝不是什么美味。这位教授告诉他们说:"我是在考你们的观察能力,看你们观察仔细不仔细,我伸进瓶子里的是中指,而伸进嘴里的是食指。"学生们一个个面红耳赤,羞愧难言。但从此,这些学生都非常注意观察了。

这说明,观察时,要专心致志,对事物的形状、位置、变化过程等每一个细小的地方都应该准确无误地反映到大脑之中,这样才能获取科学的知识。

(4)观察方法要科学

观察方法十分重要,特别是整分合观察和对比观察,同学们一定要掌握。

整分合观察就是先整体观察,然后再从不同的角度进行观察,观察事物的各方面、各种特性,最后再观察它们之间的联系,从而对事物有一个整体的认识。例如要想掌握人体解剖知识,就应当首先观察人体的整体形状;再将人体结构分成各大系统,分别进行观察;各系统再分为各个器官分别进行观察;然后观察各器官、各系统之间的位置和联系;最后再回到对人整体的认识。

对比观察是改变两个相同事物当中一个的存在条件,看它会发生什么样的异常变化。例如观察种子的发芽情况,同样湿润的种子,一部分放在常温下,一部分放入冰箱中控制低温,结果发芽时间不一样,我们就可以获得该种子发芽时间与温度变化的有关知识。

观察还要有恒心,有时要坚持重复、长期地观察,因为有很多事物发展很快,观察的速度跟不上,还没有观察清楚就消失了。所以做实验时,我们要一再重复,直到观察的结果明确、可靠为止。有的事物发展过程很慢,周期很长,这就需要进行长期的观察。例如遗传学家孟德尔做了八年豌豆的杂交试验,观察了八年相对性状的遗传现象,才发现著名的分离规律和自由组合规律。

(5)观察时一定要做好记录

对观察到的现象要认真地记录下来,以便进一步研究。因为观察到的感性知识不见得立刻能上升为理性知识,原因有可能是知识和能力的问题,也可能是观察到的感性材料还不够,需要继续积累。所以要及时记录下来,便于以后有可能继续进行观察和研究。另外,观察时,各种现象数据很多,光凭记忆不可靠。应记下来避免遗忘,以便将来准确地使用这些观察结果。记录一定要真实,不能凭主观想象乱修正。不少学生在实验时不尊重观察的结果,任意修改,人为地制造"数据",这是一种极不严肃的学习态度。

观察是一个人最基本的能力,从小培养孩子善于观察的习惯意义重大。现在我们需要用观察激发求知欲,而长大后无论从事什么工作我们同样需要观察来获取信息,求取成功。

5. 复习一定要及时

复习是为了巩固所学到的知识,加深记忆,因此我们一定要让孩子养成及时复习的习惯,今天的功课今天复习完,这样才能提高学习的质量和效率。

生活中,我们会发现有些同学特别聪明,对于老师在课上讲的内容一听就明白,理解得也比别人快,按理说,这么聪明的学生,学习应该很优秀,但是,事与愿违,他们的成绩很平凡。

为什么呢? 他们自己也很纳闷:"上课的时候,我明明都听懂了,也掌握了所学的知识了,怎么还是得不到好成绩呢?"

如果再仔细观察的话,就会发现,原来这些学生自以为已经掌握了所有的知识,而且自己的记忆力也很好,所以下了课后也不去复习,久而久之,那些学过的东西就渐渐淡忘了。

桥梁学家茅以升的记忆力超群,很多人曾经询问他的记忆秘诀,他回答说:"说起来也很简单,就是重复! 再重复!"

这就是在告诉我们:学过的东西,只有反复去复习,才能够牢固地记忆,并能运用自如。有这样两个大学生,A 的外语水平比 B 高一筹。毕业后,两个人在同一个高中里工作。后来 A 成了学工处长,而 B 担任外语教师。三年过去了,由于 B 天天接触外语,英语水平不断提高,口语能力也很强,并开始翻译一部外国小说。而 A 呢?自从毕业后,就极少再复习运用英语,他甚至已经想不起几个英语单词了。

这就是复习与不复习的巨大差别。

心理学研究表明,刚学过的东西如果不马上复习巩固的话,就会产生遗忘。虽然你上课听懂了,但你省略了复习环节,这样就致使所学的知识的系统性、完整性受到破坏。时间一长所学的知识就会模糊、不系统、被忘却,这样的知识当然容易忘记了。

教育学家曾经做过这样的实验:让三个组的学生熟记一篇诗歌,第一组间隔一天复习;第二组间隔三天复习;第三组间隔六天复习。一直达到熟记的统一程度,结果第一组学生平均需要复习四次;第二组平均需要复习六次;第三组平均需要复习七次。可见,复习间隔的时间越短,复习的次数越少。实验结果表明:如果复习能做到及时,可以提高熟记的程度。

那么,如何进行有效的复习呢?

(1)课后回忆法

课后回忆法很简单,即在听课的基础上,把所学内容回忆一遍,它可以检验你的听课效果。

也有人把课后回忆叫做"过电影"。如果能顺利回忆,就证明听课效果好,反之就应寻找原因,改进听课的方法。

回忆是一种积极主动的活动,需要高度集中注意力,把学过的知识在头脑中"重播"一遍,从而巩固所学的知识。

你可以一个人单独回忆,也可以几个人在一起互相启发、补充回忆。课后回忆可以按教师的板书提纲进行,也可按教材的纲目结构进行,从课题到重点内容,再到例题和每部分的细节。

电影开幕前的那几分钟,你是在焦急地等待,还是与人唧唧喳喳议论不休?还有等电梯的时候,在站牌下等公交车的时候,在回家的路上……这么多等待的时候,也许只有几分钟,可是如果能在这短暂的几分钟里,把今天刚学的内容在你的脑海里像放电影一样放映一遍,效果肯定大不一样。

这种方法至少有两个优点:一是快。放电影回忆法可以简单回忆知识点,也可以详细回忆所有的内容,所以可快可慢,可以充分利用生活中一些零碎的时间。二是可以查缺补漏。放电影回忆是在脑海中尽可能清晰地重现学过的内容,如果放映不出来,说明还没有完全记住。这时要立即看书并找出记忆的薄弱环节,如此循环往复,记忆效果将会倍增,而且所记内容也会清晰无比、牢固准确。

(2)整理课堂笔记

课堂听课时间是有限的,而且老师讲课的速度较快,难免会漏记一些内容,这就需要课后整理笔记时加以补充。特别是提纲式笔记,它只记录了课堂内容的纲要,因此必须整理笔记,充实内容。

此外,在课后复习中,可能会有新的发现,新的体会,也需要补充到笔记中去。整理好的笔记,应该线索清楚、重点突出、内容简要,应该是一份经过自己的加工、适合自己使用的复习资料。

需要注意的是,无论你采用何种方法复习,都一定要做到今日事今日毕,有的孩子放学回家,先复习一些功课,饭后看电视,剩下的功课就想留到明天再复习了。其实,这样也是会影响记忆效果的,如果能当天晚上把它复习完,就都记住了,如果等到第二天晚上再复习就会遗忘一些东西。打个简单的比喻,比如你第一天晚上用30分钟复习可能完全记得住;如果放到第二天晚上再复习,就可能用40分钟才能把要记的东西记住。这些看来都是小事情,但是,不要放任和迁就自己,以免养成不良的学习习惯。

要力争做到今日事今日毕,安排今天复习的课程绝不能放到明天再去完成。只有这样,才能强化自己复习功课的意识,养成及时复习的良好习惯。学会同遗忘做斗争,掌握提高记忆效果的方法。

复习不应该是简单机械地重复,而是应当对复习内容加深理解,力求通过听、读、写、说等多种途径来提高复习效果。只要能把良好的复习习惯保持下去,就一定能获得优异的成绩。

6. 自觉学习成绩才会更优秀

很多孩子在学习上都缺乏自觉性，总是要让父母三催四请才肯学习，以这样的态度去学习又怎能学好呢？只有从小培养自觉学习的习惯，才能积极进取，取得好成绩。

学习就是充分发展自己，而课堂教学为你提供了最有利的条件。我们应当充分珍惜课堂学习的条件，自动自发地学习，它会使你受益无穷。

什么是自觉学习？自觉学习就是没有人要求、强迫你，自觉而且出色地做好自己的事情。

学习同样如此，只有自动自发地学习，才会取得优异的成绩。

很多家长已经习惯这样的唠叨：

"快去学习！怎么还有心思玩啊？"

"都快考试了，怎么还不抓紧时间看书？"

其实，诸如此类的"学习！学习！"的命令并不能产生多大的效果。因为学习是个人自己的事情，外界的催促和逼迫并不能产生根本性的作用。

学习不能靠别人的督促，而是靠主动的心态和求知欲。许多学生在学习时被人催促学习，可能会有逆反心理，不听家长的劝告和要求，不太想做老师布置的功课。这种情况下，学习通常都是在迫不得已的情况下完成的。这样一来，学习效果显然不够理想。

事实上，没有比做作业更好的复习方式了。与其勉强做功课，还不如主动积极地面对，这样有助于巩固基础。还有，大部分的考试题其实都是出自于作业。

让父母不再为了催促你的学习而啰唆，也不需要靠别人强迫才能自律。如果能做到这一点，以后做作业和复习功课，甚至连预习也都能自动自发地做好，这不但能培养独立自主的信心，同时也能提高学习的成就感。

现在不少学生，学习目的性不够明确，在当被问及"为什么学习"

时，不少学生的回答是"父母要我来读"，也有学生回答"为了将来找份好工作"，甚至有的学生说"我来上学是因为我爸妈要求我出人头地"，这样的学生，他们在学习上必然缺乏内在的驱动力，而处于被动、消极状态。另有一部分学生不能说他们没有明确的学习目的，没有追求的理想，但他们的学习目的是为了取得一个好分数，以求将来进一所好学校，谋得一份好职业。学习目的不明确，缺乏崇高的人生理想，是我们不能主动学习的内在的最主要原因。

刚刚是一个很听话的孩子，刚上小学的时候，学习成绩很好，一直都是父母的骄傲，可是自从上了初中，学习成绩却急转直下，他的父母非常着急，但是自己的孩子又绝对不是那种调皮捣蛋、不爱学习的学生。问题到底出在哪里呢？其实，个中原因也不难发现。小学的时候，孩子大多跟着老师和家长的指挥棒走，只要听老师和家长的话，一定会是一个好学生。但是初中和小学不同，初中要求学生在学习中不但要学会知识，更要学会学习知识的方法。"鱼"和"渔"的矛盾，使得一向缺乏学习主动性的刚刚吃了应试教育的大亏。

调查表明，一些孩子不爱学习，或者是学习不刻苦，知难而退，他们的学习动机不是为了学习而学习，而是在家长与学校的压力下学习，他们的学习目的或者是为了让别人能看得起自己，或者是为了满足父母对自己的期望，得到老师的重视，或者是为了升学、考试等等。

无论是为了自己的面子、自己的发展，还是为了报答父母等，都是把学习当作一种手段。从这一点来看，孩子们在面对学习的时候，有可能欠缺主动性。我们之所以说"有可能"，是因为有的孩子在一些目的的驱使下，也会很努力、很主动地去学习，但这种学习是存在某些功利目的的，这些目的在一段时间内的确可以促使他们努力学习、主动学习。但这种主动性的动力来源却未必能够长久。当他们的功利性目的达到以后，学习的主动性就会渐渐消失。

也有一些孩子，在经过一段时间努力之后，他们或许感到自己力量微薄，当他们认为自己不可能达到想要的学习目的时，也有可能把一段时间的主动学习变成被动学习。因此，在生活中，我们才看到那么多孩子在父母的逼迫下，无奈地学习，被动地学习，有的孩子甚至为此而逃学。

在各种学习目的中,唯有以知识作为需要,才能让自己真正热爱学习、主动学习。也就是通过学习和获得知识本身,学习者就能得到满足,知识本身就是学习的目的。

随着科学技术的飞速发展,知识呈"爆炸"型增加,科学文化知识的更新速度相当快。研究表明:科技资料的"老化半衰期"物理为4~6年,化学为2~3年,电脑硬件的更新期为1~2年,软作为半年到1年。由此可知,人的知识老化是相当快的,每个人在一生中,必须不断地进行学习,进行知识的更新和补充,以适应工作上的需要。随着科学技术的发展,人类社会也在迅速发展,国际化趋势越来越大,政治、经济、文化等领域在不断地变革,竞争日趋激烈,谁都无法在自己的青年时代就形成足够其一生享用的知识宝库。这就是人们常说的终身学习。在年少时期,养成主动学习的习惯、态度和人格特点,不但有利于这一时期的学习,也学会了如何学习,以适应不断变化发展的社会的挑战,搏击世界潮流,体现积极进取的人格特征,为终身学习、毕生发展奠定良好的人格基础。

记住,没有哪个人会因被动学习而始终取得好成绩,在学习中总处于被动的孩子将会给自己带来很大烦恼。所以,从小养成自动自发的学习习惯也是在为自己负责。

7. 阅读能够开启你的智慧之门

书籍是孩子最好的朋友,养成良好的阅读习惯不但可以提高学习成绩,增强学习能力,同时还可以开阔视野、陶冶情操,让孩子终生受益。

当我们审视每一个成功人士的生命时,我们会一次又一次地感到总有一股力量在左右着他们的人生,这就是知识的力量。一个人要构筑自己的知识城堡需要作许多努力,但最重要的莫过于读书。而少儿时期是孩子学会读书的重要时期,更是人一生潜能发展的最佳时期,因此,一定要从小养成课外阅读的习惯。

多读书,才能丰富语言,才能提高口语表达能力和作文能力。叶圣陶先生说："小学生今天作某篇文章，其实就是综合地表达他今天以前的知识、思想、语言等方面的积累。"他的话语明确指出了写作与积累的关系：积累多了，作文的表达自然也丰富了。积累从何而来？从大量的阅读中来。因为读得多了，内化为自己语言的机会就多起来了，语言积累就丰富起来，下笔也有"神"了。

可有的孩子天生不爱读书，认为读书对自己来说就是多此一举，还不如看看电视、听听音乐呢！因此就有了这样的例子：吕楠快小学毕业了，她在学校成绩中上等，但口头表达能力较强，非常惹人喜爱，亲朋好友都夸她聪明。可是吕楠喜欢和电视相伴，平时从不读书；还说读书不如看电视，看电视也可以长知识。

作家赵丽宏在其散文《永远不要做野蛮人》中不无忧虑地写道："我曾经担心，现在的孩子课外阅读的范围越来越窄，能用于课外阅读的时间也越来越少，很多人已经丧失了阅读文学名著的兴趣和欲望，而与课程和考试无关的书，他们更是难有机会涉猎。这是一个令人担忧也多少使人感到悲哀的现象。"实际上，伴随着电子产品（尤其是网络）长大的孩子，他们不但阅读时间日益减少，阅读范围日趋狭窄，而且他们的阅读兴趣也随着"读图时代"的来临而减弱，许多孩子甚至养成了排斥文字的坏习惯。他们的课余时间被影像、电子游戏和卡通占据着，文字在他们的阅读中只是一种点缀。

很多教育专家呼吁："孩子对文字的冷漠态度就像一种隐形液体，正慢慢渗透到社会之中。当逃避阅读成为习惯，孩子的阅读能力便迅速退化，从而直接影响他们的成长。"

中国青年报在 2001 年 8 月 6 日刊登的一篇题目为《网络与影视横行的年代，你冷淡了文字吗？》的文章中提到："只要留心，人们就会发现，如今两三岁的孩子简直都是古怪精灵，一张小嘴表达能力特强。教育学家认为，这是电视大量信息对儿童刺激的结果，电视使他们的语言能力得到开发。但奇怪的是，这些孩子长到十几岁时却大多归于平庸，读写能力尤差。

教育学家认为，清晰表达思想的能力，必须通过大量的阅读才能获得，而电视无法培养人们的这种能力。在与电视依存的日子里，人们养成了一种远离书籍的坏习惯，就像与一位朋友在一起待久了，他的坏毛病会传染你一样。"

楼女士家有3个女儿，都非常优秀：大女儿在中央人民广播电台工作；二女儿在美国攻读多媒体专业硕士，将成为中国第一个在美国获多媒体硕士学位的人；三女儿王蕤16岁开始在《人民文学》上发表小说，已出版多部专著、中英文小说，现任美国国务院中文翻译。楼女士说他们培养孩子的秘籍是家里的8个大书柜。楼女士家3个女儿对于课外书各有爱好：老大从小喜欢古典诗词和古典文学，被别人戏称为"王古代"；老二喜欢散文和现代文学，被称为"王现代"；老三喜欢外语和外国文学等，被称为"王未来"。因此，他们家的书五花八门，以满足孩子的需要。1997年楼女士家被评为"北京市明星状元藏书户"，这是一份很高的荣誉，全北京市也只有10个家庭获此殊荣。

阅读可以使你学到课本上学不到的知识，取得长远的知识效益。有贤哲说过，读本好书，就是和许多高尚的人谈话，一本好书，就是一位出色的教师。同时还可以从书中获得人生的经验。因为人生短暂，不可能事事都去亲身体验，书中的间接经验，将有效地补充个人经历的不足，增添生活的感受。

匀出一些看卡通、听音乐、打游戏的时间给课外阅读吧！一旦孩子养成了课外阅读的好习惯，也就等于握住了开启智慧之门的金钥匙，必将拥有一个光辉灿烂的未来。

8. 学习还得要勤动笔

俗话说："好记性不如烂笔头。"生活中我们会发现，那些学习成绩好的同学大多有勤动笔的习惯，因为写的过程就是强化记忆的过程，勤动笔就可以让知识在脑海中留下更清晰和深刻的印象。

如果仔细观察一下，就会发现，有些学习好的同学在学习的时候，习惯拿一个小本子，一边看书，一边在本子上写写画画。

而另外一些同学在学习的时候，就不是这样了，他们仅仅是在看书罢了。

我们都知道，学游泳时，一般都是先在陆地上学如何摆动手脚。

但是，即使在陆地上学得再熟练，如果永远不下水试试，还是学不会游泳的。

同样的道理，我们在记忆某种知识的时候，只是不管三七二十一地往大脑里猛记，是起不了什么作用的。应该动手去"写"，在"写"的过程中使知识在脑海中留下清晰而深刻的印象。

比如，在准备数学考试的时候，有的人只是猛看习题的解答方法，想在"看"的过程中将其牢记，而不愿用笔去亲自解答。这是不对的。要牢记某种知识，边写边记才是最确实可靠而且行之有效的方法。

有时候脑袋里一片空白，怎么也想不起来的事，如果以前曾边写边记过，这时只要你拿笔一写，往往就自然而然地在笔端出现些眉目了。

"要记得牢就得多动手。"话虽如此，这个世界上仍有不少懒得动笔的人。现在问你一个问题，有没有随身携带纸笔的习惯？

确实，临时想起要写什么，还得先找出小册子和铅笔，挺不方便的，因此也就更加不想书写了。如果身边经常放着小册子和铅笔，情况就大不一样了。

比如，将小册子和铅笔经常放在书桌、餐桌之类某个固定的地方，就可以免去寻找之苦，而且由于伸手可及，使用它们的可能性就大大增加。

当你突然想到要整理或记忆某个知识，可以就近拿到小册子和铅笔，这样就方便多了。

另外，还要注意多写几次，比如记英语单词的时候，我们一般习惯拿着笔在草稿纸上写下那个单词。但是，如果只写一遍的话，是万万不行的。

用手写一个字，看起来很容易，但是深入地分析一下，就会发现该过程是相当复杂的。

首先是以眼观事，以耳听事，然后将这些看到的、听到的信息传给大脑，再由大脑发出信号、指挥手的动作，在手臂肌肉的协同努力下，才写出一个字来。

由此可见，写的动作至少要三次，借此试试身体各部分是否配合得当，从容自如。

写的动作，不是由手控制的，而是由大脑控制的，大脑越训练越灵活。所以平时自认为记忆力不佳的人，可以培养起"多写"的好习惯，你会为自己记忆力的进步而大吃一惊。

"写"是最有效的记忆方法之一。它的第一个阶段就是"边看边写"。光是"看"不足以抓住要点，"看着写"就可以捕捉到未曾注意的细节，就可以将模糊的记忆跟正确的事实进行比较。

第二个阶段就是要试试"边背诵边写"了。为了达到这个目的，你就必须对需要记忆的事项做彻底的了解。

因此，当你无法做到第二步时，就不得不返回到第一阶段，把必须记忆的东西重新背好，再进入第二阶段。如此多次的反复，再难的东西也能够牢牢记住了。勤动笔的另一种方法就是做笔记。在课堂上，恰当而合理地做好笔记是非常重要的。每一个学习成绩优秀者一定是做笔记的高手，他们能够体会到记笔记的重要性，而且知道如何去记好笔记。总的来讲，笔记应该发挥这样几个作用：

①帮助理解和巩固所学的知识；

②整理自己的思路，加深思考；

③通过学习过程的记录，总结自己的学习方法；

④使模糊的认识和疑点变得明确。

所谓的记笔记，并不是在笔记本上重新抄录教科书已有的内容，这无疑是多此一举，用不着如此费力耗时；而且笔记内容如果连自己都不晓得哪些内容是写在哪里，杂乱无章，那就更无法发挥笔记本的功用。

笔记务必发挥"超级词典"的作用，记的原则是将必须知道的基础性知识和应用项目有条不紊地整理成册。

那么记笔记就是把老师的话全都记下来对吗？

这种理解是错误的。

做笔记并不是愈详细愈好，它的价值是在于用心听课后，把了解透彻的内容，以自己的语句重新写出来。所以，笔记的内容必须简明扼要，做到只需瞄一眼就知道那一堂课的内容大纲，而不必有一句记一句。为了列出这样的大纲，需要花一点脑筋，才能整理出来。

这个"超级词典"应该是一个简单明了的综合式笔记。一般来说，它必须包括：预习时查出来的疑问、老师讲课的重点、参考书中得来的资料、从报纸上找来的剪贴资料、例题、练习问题、自己容易犯错的地方、同学的另一种解答方法等等。

把上面的这些内容全部都整理在一本笔记本内，它才能发挥"超级词典"的作用。

那么，课堂笔记到底该记些什么呢？

①记老师的板书。这些是老师讲课的思路，也是重点内容。如：基本的大小标题，基本定义、原理等，力求准确。还有在分析问题的过程中老师在黑板上画的图形、表格、文字说明、关键词语、有说服力的数据、典型事例等。

②要简明扼要地概括记录老师的讲解，特别是例证分析——可谓课堂讲授的精华，一定要尽量记录。

③记下自己在听讲过程中突然产生的对解决某个问题有启发意义的灵感或殊途同归的解题思路，尤其是最佳方案。

其次，在笔记的版面上应注意以下两点：

①笔记与通常书本不同，它主要是一种供我们复习用的纲要式文本，因此在版面形式上也要注意与一般书本区别开来，要力求做到简明扼要、形象生动、一目了然。重点、难点、疑点要记全，但不必照抄老师的原话，否则会因忙于记笔记而顾不上听下面的内容。

②笔记不要写得太密，最好在一页纸的左边、右边或下边留有空白，以便以后做补充。

好的笔记还有自己的独特方式，包括各种各样的记号，彩色标记以及在课后复习过后留下的痕迹和进一步的疑问，同时还应该在笔记边缘处列出小标题，以便于整理思路。记好笔记本身就意味着一种学习，善待了自己的笔记才能说是真正善待了自己的学习。

对于课堂上做的笔记，在课后要进行及时的复习，可以采用以下三种办法：

①圈点法。运用自己熟知的符号，如"圈"、"点"、"线"、"框"等，圈定老师讲解的知识重点，锁定目标，便于今后复习巩固时掌握重点。注意标示位置要恰当，目的要明确，切不可"鬼画符"，似是而非，在课后整理的时候自己也看不懂。

②文字压缩法。上课认真细致地听讲,留心老师反复重复的话题。边思考边把重要的知识要点在相应的地方记录下来,只记几个重要词语,其他一律用省略号代替。对不清楚的记录要利用休息时间进行整理,切不可贪多求全,把记笔记当成听写训练而忽略对知识的"消化"。

③卡片法。把笔记整理成回答式的卡片,贴进书里。卡片逐渐增多,你的视野也会随着教材"丰满"起来,书就成了一个"袖珍图书馆"。制作卡片要讲究科学、简明、实用;纸片不宜过大,内容不宜冗长,以免成为复习时的精神负担。

勤动笔的好习惯应该注意从小养成,这样好习惯才会更加巩固,孩子的学习劲头也就会越来越大。

第四章　过于溺爱会让孩子习惯于任性而依赖

现在一般家庭尤其城市家庭大多只有一个孩子,往往形成父母加上爷爷奶奶几个人围着一个孩子团团转的现象,于是溺爱不期而至。在溺爱中成长的孩子,思想和行为方式带有明显的任性、依赖的习惯特点,这对他以后生活的影响是十分不利的。

1. 溺爱孩子就是在害孩子

世界上没有父母不爱自己的孩子,然而爱孩子也要爱得理智、有原则,这样才能让孩子健康成长。溺爱孩子只会害了孩子,滋长孩子的坏毛病,养成各种不良习惯。

现在的孩子大多是独生子女,因而在家中备受宠爱,然而事实证明,过分溺爱与娇惯会使子女遭到毁灭。对子女的爱,就是因为过了头,才变成了"害"。水之所以能溺死人,是因为人被水淹过了头,吸不到氧气而窒息。"严家无悍虏,慈母有败子",这是千百万父母家教实践经验的正确总结,值得每个父母吸取。

目前,对独生子女的溺爱,已经成为一个较为普遍的社会性问题。

有一位父亲,他与妻子把所有的爱都给了独生儿子。但儿子却很自私,对父母那种无私的爱丝毫不懂得感恩,也没有想过要关心父母:好饭菜要独吃、先吃;只知道伸手向父母要这要那,当父母生病时却不闻不问。而当父母问到自己老了孩子该怎么办时,孩子居然认真地回答:"对我有利就养你们!"

有这样一个故事:

有一位母亲,为了儿子,为了丈夫,放弃自己不错的工作,整天在家相夫教子。她每天都不辞辛苦地骑车送儿子上学,打零工赚钱供丈夫攻读学位。丈夫毕业后,功成名就有了钱,抛弃了妻子,带走了儿子。儿子跟着有钱的爸爸,进了贵族学校读书,却很少想到曾经为他付出很多的母亲。

当这位妈妈想儿子时,特意买了一件新衣服到学校去看儿子,儿子却嫌弃母亲穿得太"土"给他丢脸,告诉同学这是他的"老乡"。后来,儿子竟提出了一个无理的要求:让母亲做他的"地下妈妈",否则就不认她这个妈! 这位可怜的母亲心都碎了。她不明白,为什么天下会有这样无情无义的孩子。自己究竟做错了什么,怎么用十几年的爱不但换不到儿子的一丝感恩,却得到这种冷酷无情的回报。

从孩子的降生开始,到孩子成长的每一天,父母都带着望子成龙的心情对孩子倾注了无限的爱。但过分溺爱并不能使孩子成才,望子成龙这句话应该改为育子成龙,因为目前我们的家庭教育中有一种倾向是颇令人担忧的。曾有一位儿童教育家说过:只知索取,不知付出;只知爱己,不知爱人,是当前独生子女的通病。仁爱是人类最光辉灿烂的人性,最崇高伟大的品德。教子做人,首先要赋予他一颗仁爱之心。

如何正确引导和教育孩子是家长、老师、学校及社会各界都关心的问题。事实上,如果过分溺爱孩子就会适得其反,不仅不利于孩子的健康成长,反而会害了孩子。有人说,孩子就如成长中的小树,需要及时修枝、打杈,这样才会使孩子长成有用之材。

孩子的好习惯是这样培养出来的

由于家长的溺爱，现在社会的孩子也逐渐学会了如何攀比。现年15岁的苗嘉，从小在家备受宠爱，爸爸妈妈身上穿的都是名牌服装，脚上穿的是名牌鞋，妈妈的化妆品就更别说了。有一次星期天，苗嘉走到爸爸面前要求爸爸给他买双名牌鞋子，遭到拒绝后，他撂下了一句话："不是名牌我不穿，买回来你自己穿吧！你整天打麻将，有了钱只知道给自己买名牌，我都15岁了，也要穿名牌！"

几位家长反映，如今孩子太难教育，说狠了，孩子就以离家出走或以死相威胁。一位靠打工维持生活的母亲含泪说道，前两天就因为没给儿子买阿迪达斯名牌运动鞋，儿子把家里的钟表给摔了，过去挺懂事的，不知现在怎么变成这个样子了。多数家长认为学校对学生进行勤俭节约美德的教育不多，学生间攀比的风气越来越严重，个别老师的言谈举止也在影响孩子。

家长过分溺爱孩子，使孩子时时有优越感，稍不顺心就拿生死当砝码，有因为父母不让玩游戏机而轻生的，也有因为没得到自己想要的礼物而轻生的。这都是由溺爱导致的。

溺爱并不是爱孩子，而是把孩子往火坑里推。被溺爱的孩子很难遵守规矩和自我约束，他们以自我为中心，凡事只会想到自己，自私自利，认为规矩都是为别人制定的，与他们无关。"剃头挑子一头热"的单向传递的爱造成孝敬的颠倒，使得孩子只知享受别人的爱却不知爱别人，久而久之就会造成孩子自私、冷漠、任性、放纵等不良性格。

其实，爱孩子，可以智爱。放弃用过分控制或纵容的方法对待孩子，用慈爱而坚决的方法教育孩子、培养孩子，会对孩子的成长更有好处。当孩子做了错事，父母要讲明是非，纠正错误，再以适当的方式表示亲昵，使其感到父母仍然是爱他的。这样能激起孩子对父母由衷的爱戴与尊敬，也能使他感觉与体会到父母养育自己的艰辛。

罗马是靠一沙一石来建成的，爱的海洋也要靠一滴滴水来汇集而成。自小培养孩子同情心和怜悯心，就是在他身上培养善良之心。培养善良仁爱之心，是教育首先要做的事情。孩子最初的同情心和怜悯心是成人同情心和怜悯心的反应，所以，父母同情别人的困难，他们的言行会深深打动孩子的心灵，感染和唤起孩子对别人的关心。

经常让孩子看到大人是怎么同情、关心、帮助别人的，对于培养孩子善良品质是最好不过的了,孩子会把自己痛苦时的感受与别人在同样环境下的体验加以对比。体会别人的心情,可以使孩子学会理解别人,学会移情。例如:看到小弟弟摔倒了,你可以启发孩子:"想想你摔倒时,是不是很疼? 小弟弟一定很难受,快去扶起他,帮他擦擦脸。"在公共汽车上,你可以对孩子说:"你看,那个阿姨抱着小弟弟多累呀,我们让她们坐到这里来吧。"新闻报道有人缺钱做手术,生命垂危,你可以带孩子去捐款,献上一份爱心……

随着孩子的长大,还要逐步扩大教育内容,教育孩子热爱生命、热爱祖国、热爱科学、热爱劳动、热爱事业、热爱人生……

一点一滴的培养,一言一行的引导,就会在孩子心头扎下根,就会随着孩子的成长而不断扩展和升腾。

在心理学上,有这样的说法:人如果长期在一种"特别幸福"的空间里,就会造成"健康心理过剩症"。这种心理疾病的特点之一是对幸福的感觉明显降低;二是特别害怕困难,不愿接触人世间的艰难困苦,甚至会将一些平常的事也误认为是痛苦而神经过敏。然而我们不能否认的是,艰难困苦是生活中客观存在的,谁也不能回避它。今天,身为孩子家长的你,也许有能力帮孩子铺平眼前的道路,那么将来呢? 能让羽翼未丰的孩子永远不离开自己的庇护吗? 当父母不能常在孩子的身边时,那么孩子又能依靠谁呢?

在溺爱中成长的孩子会有很强的优越感,常常眼高手低,不善于与人相处,而当他们看到别人的进步时,又很容易产生怨恨与沮丧的情绪。

孩子是家庭的希望,社会的未来。关爱孩子是一种神圣而伟大的情感,全世界的父母都在为孩子的成长付出自己的心血。当孩子逐渐长大,父母应该给予孩子更大的空间去独立思考和做决定,让他们学习自己面对问题与解决问题的方法,而不再是处处被照顾得无微不至,这样做才是真正地爱孩子。

爱孩子是连动物都会做的事情,要教育好孩子就不能一味溺爱。有节制的爱才能让孩子养成良好健康的习惯,更加独立地面对生活,更健康地成长。

2. 独立才会有用

教育学家认为：爱孩子就要培养他独自面对一切的能力，千万不要让孩子对家长产生严重的依赖心理。因此，父母们应当从小培养孩子的独立意识，不妨让孩子吃点苦、经经风雨，这样孩子才能成为一个独立的有用的人。

瑞克是个活泼的男孩子，他非常喜欢参加学校组织的各种活动。

一个周末，瑞克的老师组织同学们去郊游，当瑞克赶到学校时，他的老师不让他参加班级的这次活动，因为他忘了带父母签字的同意书。瑞克感到非常气愤，当他回到家时，就对妈妈说："妈妈，你必须开车送我去41区参加活动，不然我会不开心的。"

"瑞克，我知道你很想去，我也希望能够帮你，但让我开车送你去是不可能的。因为我有工作要做，而且要去参加郊游是你的事。"妈妈回答说。

"那怎么办呢？"瑞克低着头小声说道。

妈妈看了看儿子，说："你可以乘公共汽车去呀。"

瑞克摇了摇头："不行，那样太麻烦了，因为我必须换乘好几趟车。"

"哦，你是说你已经决定不乘公共汽车了，对吗？"妈妈平静地问道。

瑞克接着又发了几分钟牢骚，诉说他的不幸，然后就走出了房间。当他再次回来的时候，他兴奋地对妈妈说："我已经找到了一辆直达山区的公共汽车，根本就不需要转车。"

就这样，妈妈开车把他送到了公共汽车站。

我们可以想象一下，瑞克在赶上郊游队伍之后该有多么高兴，因为他凭借自己的力量解决了问题，而在这件事情中起到关键作用的妈妈也是非常令人佩服的。在了解儿子的困难后，她本可以开车把儿子送到山区，但她没有这样做，而是坚持让儿子自己坐车去山区，锻炼了孩子独立处理问题的能力。

生活中我们常说，自己的事情要自己解决。哪怕你完成得没有别人好，那也是你自己的劳动成果。这一次也许会做得不好，但下一次就会好一点，经过这样一次次的努力，最后才能做得完美。如果总是依赖别人，那么你的一生将始终与贫穷和低声下气为伴。孩子有了自己的能力和地位后，与家人和社会的沟通才会变得更容易，才更能适应周围环境的变化。

现代家庭里的孩子大多是独生子女，是泡在"蜜罐子"里的一代，许多事情都由大人包办，衣来伸手，饭来张口，孩子在这样的环境中很容易就会失去自己的独立性，这无疑会对孩子以后参与社会竞争产生不利影响。因此，父母一定要从小就开始鼓励孩子独自去完成一些事情，以培养孩子的独立能力。孩子们应该成长为一棵独立支撑、独当一面的大树，而不是靠大树遮风挡雨、经不起风吹雨打的脆弱小草。

戴维·布瑞纳出生于美国一个中产阶级家庭。当他中学毕业时，许多同学的家长都给自己的孩子一份厚重的毕业礼物，有的是新服装，有的是旱冰鞋，有的甚至得到了新轿车。当戴维兴奋地问父亲自己可以得到什么礼物时，父亲却慎重地递给他 1 美元，并语重心长地说："用它去买一张报纸，一字不漏地读一遍，然后在分类广告栏目，找一份工作。自己去闯一闯吧，它现在已经属于你了！"

"什么？！这怎么可……"戴维的神情中有着明显的失望，还有对自己能力的担忧。

"儿子，你已经中学毕业了，爸爸相信你的能力，相信你能靠自己的双手赢得你该得到的。"戴维的父亲鼓励儿子道。

父亲的信任与鼓励，让小戴维终于鼓起了勇气，在那个假期里他赚到了第一份工资。从那以后，他学着不再依赖父母，自己独立处理遇到的事情。也正是这份独立意识加上不断的努力，让戴维成为了美国最著名的喜剧演员之一。

成名之后，戴维对朋友感慨地说："我一直以为这是父亲跟我开的一个天大的玩笑。几年后，我去部队服役，当我坐在伞兵坑道里认真回忆我的家庭和我的生活时，才意识到父亲给了我一种什么样的礼物。我的那些朋友得到的只不过是轿车或者新衣服，但是父亲给予我的却是整个世界。这是我得到的最好的礼物。"

表面看来戴维的父母对孩子似乎有点残酷，然而这种"残酷"里却藏着父亲对儿子用心良苦的爱和深深的期望，因为他知道在孩子年少时培养他处理问题的自立能力、积累丰富的人生经验，这才能为孩子日后的成功奠定良好的基础。

人的一生就像在攀登无数台阶的山峰，对于孩子如何面对和攀登这些人生的台阶——学习、工作和生活，父母的做法不尽相同，有的牵着手、搀扶着上，有的抱着上……不同的父母会有不同的做法。但是结果很明显，被家长牵着、搀扶着的孩子，对父母有很强的依赖性，常常把父母当成拐棍而难以自立；被家长抱着上台阶、揽在襁褓里的孩子，会成为"被抱大的一代"，不经风雨，不见世面，更难立足于社会，更别说大有作为。只有那些在父母鼓励下，独立攀登的孩子，最终才能攀上光辉的顶点。

在美国，经常可以看到一些孩子在校园里拾垃圾，把草坪和人行道上的报纸、冷饮罐收集起来，向学校换取一些报酬。他们一点儿也不觉得难为情，反而为自己能挣钱而感到自豪。有的家庭经济很富裕，但在孩子八九岁时便鼓励他们去打工、送报，挣零花钱，目的是培养孩子自力更生、勤俭节约的习惯。美国富豪洛克菲勒就是其中之一。洛克菲勒很小的时候就开始靠给父亲做"雇工"挣零花钱，平时清晨他便到田里干农活，有时还帮着母亲挤牛奶。为此，他专门有一个用于记账的小本子，将自己的工作按每小时 0.37 美元记入账，然后再与父亲结算。他做这件事做得很认真，因为他感到既神圣又趣味无穷。而洛克菲勒的第二代、第三代乃至第四代，也都严格照此方法教育孩子，而且还要定期检查他们做事的效果，否则，谁也别想得到一分钱的零花钱。

洛克菲勒家族让孩子这样做当然不是因为吝于给孩子零花钱，也不是父母有意苛待孩子，而是通过这种方式鼓励并培养孩子艰苦自立的品格和勤劳节俭的美德。那小账本上记载的不仅仅是孩子打工的流水账，更是孩子接受考验和磨炼的经历！

家长不能总是把孩子关在自家的大门之内，像老母鸡那样，时时刻刻都把孩子拢在自己的身边。那样，他们就永远学不会独立活动、独立生活和独立处理问题、解决问题。应当打开家庭"城堡"的大门，把孩子放到社会生活中去,以社会为"课堂",以社会生活为"教材",向社会学习,向实践学习,在社会实践中增长见识,开扩眼界,经受磨炼,增长才干,提高适应社会生活的能力。

"不经一番严霜苦,哪有梅花扑鼻香",真正爱孩子就要放手让孩子独立闯荡,这样孩子才能在风雨磨炼中成为有用的人才。

3. 不要对孩子有求必应

一些父母认为,现在生活条件好了,没道理让孩子受委屈,怎么也不能比别的孩子差。在这种心态下,父母对孩子几乎是有求必应,孩子要什么就给买什么,于是一些孩子拼命追求物质享受,吃的、穿的、用的都是最好的,同时对自己的东西又不珍惜。孩子一旦养成了大手大脚的坏习惯就很难改正,而一个性格骄奢的孩子也是很难有什么作为的。

据调查统计,目前青少年犯罪率呈上升趋势,不少学生从小娇生惯养,沾染上了花钱如流水的坏习惯,以至于到了经济拮据、无以为继时,从小偷小摸开始,逐步沦为罪犯。这些事例足以使我们深思!

教育学家告诫父母们:不要一味地满足孩子的每一个愿望和要求。只要是孩子看到的和喜爱的东西,当父母的无条件地给孩子去买,这种做法是极其错误的。父母们应当教育孩子不能只想到他自己,还应该想到别人,至少应当想到家庭中的成员。这一点看起来很简单,却常为许多父母所忽视。不少当父母的人,总是千方百计满足孩子,生怕孩子不高兴,孩子要什么就给他什么。不但自己主动地让出自己应有的一份,还要求家庭中的其他成员也都让出应有的一份给孩子。这样的父母,往往没有想到孩子的要求是无尽的。你今天满足了他这个要求,他觉得有求必应,于是明天又提出新的要求。这样做无意中纵容了孩子,造成了孩子的利己主义思想。时间长了,不但养成了孩子不尊重别人和不尊敬长辈的坏习惯,而且,在达不到目的或愿望得不到满足时,他们还可能由失望转变为消沉。

另外,当父母的以身作则,厉行勤俭,也是"训俭"的一个好办法。

在童年的撒切尔夫人眼里，父亲罗伯茨是个极其吝啬的人。有一次，11岁的撒切尔夫人求父亲给自己买辆自行车骑着玩，父亲却拒绝了，他的商店生意很好，家里也很富裕，但他认为女儿还没上中学，不需要自行车代步，不是非花不可的钱，一分也不花。

罗伯茨经常对女儿讲自己是如何勤俭节约的，他说起自己年轻时找到的第一个工作每周只能赚十四个先令，其中十二个先令交给房东，其余两个，他自己只用一个，存起一个。

罗伯茨在家里精打细算，省吃俭用，但他对外人却很慷慨，他经常把食品与金钱送给穷人。他对女儿说："考虑问题的出发点是能否给人以实际帮助。不要像有些人那样，认为从床上爬起来到市场抗议一下，就是帮助了穷人。重要的是你用你微薄的收入干了些什么？"

这些教育，使撒切尔夫人形成了节俭的好习惯。

节俭是一种美德，家长们都应当理直气壮地教育孩子节俭，让孩子懂得不是要买什么就能买什么，衣、食、住、行等各方面都不能奢侈，只有这样，才是在为孩子做长远打算。

不能一味地满足孩子的物质要求，教导孩子不要盲目地跟别人攀比，因为不管怎样，都有人比他更好，或比他更坏。

4. 对孩子不合理的要求要艺术地拒绝

一味地溺爱孩子，事事顺孩子的意，就会让孩子养成诸多不良性格，因此对孩子的一些不合理要求就一定要拒绝，这样才会让孩子变得懂事起来。

现在，越来越多的家长经常会感叹："我们小时候什么也没有，还不是每天高高兴兴，现在的孩子什么都有，却老是不满足。"确实，由于家长习惯于过问孩子的物质需要，过分给予子女物质享受，使孩子的性格变得骄奢、自负、贪婪，到头来，想管都没法管了。

其实，孩子的心灵本是一片白纸，他们的思想、行为与父母的思想、教养方式、行为准则息息相关。可是人的欲望永无止境，小孩亦是如此，甚至更为强烈。本来，孩子是没有自立能力的，他的需求很自然要靠家长来满足。可今天的孩子生活在现代社会,他们不仅从父母身上也从电视上、从大街上、从网络中看到这多姿多彩的繁华世界,他们的视野宽广,他们的欲望也变得强烈。而家长们就是千方百计地予以满足,唯恐落在他人之后。不要说以有限的精力、财力、时间去满足孩子无休无止、花样翻新的欲望几乎是不可能的。其实,对孩子的需求全部都予以满足首先就是一种大错误。过于迁就孩子,等于促使孩子养成随心所欲、唯我独尊的不良思想,势必导致他们在日后迈入社会,进入实际学习、工作、交往中碰得头破血流,诸事不顺。

基于上述情况,在日常生活中,家长对孩子的不合理要求不能不管。对孩子非分的需求也不要迁就,即便对孩子正当的要求,有时基于家庭的经济条件,或者出于教育孩子的目的,也未必一定全部满足。但是,不要迁就孩子必须讲究方法。小孩虽小,可心里明白,自己所依靠、所依赖的就是父母,孩子的心灵是很脆弱的,轻易甚至粗暴地拒绝孩子的需求会导致孩子的心理受到损伤,产生不安全、无所适从的感觉。当你准备不迁就孩子的要求时,要三思而后行,决定之后就把自己的理由坦率认真地告诉孩子,要相信孩子的认知能力,使孩子最大限度地理解自己的做法,要给孩子讲道理,让孩子感到家长不是通过干涉自己的自由来管自己,而是自己的要求过分,或者家里的确有困难。让孩子自幼明白道理与克己节制,心理有承受一定的挫折的能力,这对他们今后的生活道路亦是大有裨益的。

拒绝孩子的不合理要求也是有必要的,但也要注意方式、方法,掌握一些方法、策略更是不可或缺。

比如家长在拒绝孩子的同时,答应他如果条件许可,一定会满足他的合理要求,但必须信守诺言,千万不要自以为孩子过后就会遗忘。信守诺言,不仅会树立自己的威信,在孩子方面,也会感到父母管自己是真正关心爱护自己的。还有,家长假若眼光敏锐,注意观察孩子,出乎孩子的预料,主动满足孩子心中渴望而又没有说出来的愿望,更会事半功倍,令父母与孩子间的感情融洽,并逐步建立起相互理解、相互信赖的关系。

许多家庭的家长尤其是祖父母都有追着孩子吃饭的习惯。摄取足够的营养是孩子健康成长的基本条件,所以在进餐的问题上父母会同孩子发生很多争执。例如在家中母亲精心地准备了晚餐，孩子却提出要吃另一种食物。这里面不仅是一个进餐的问题，也经常是孩子与父母进行的权利斗争。孩子很懂得父母对他饮食的关心，因此相信有了操纵父母的砝码。事实证明他们在这一点上是有眼光的，父母不忍心孩子挨饿缺乏营养，往往屈从于孩子的要求，或者另备食物，或者带着孩子去买他爱吃的食品。在这个问题上家长朋友应该更理智一些，事实上孩子一顿不吃饭，对他的健康并无太大影响。如果一味满足他的要求，反而容易养成他偏食的习惯。有了这样的经验，孩子受到了鼓舞，认为可以用他的意愿来控制妈妈，甚至发展到脾气到来时打妈妈几拳，妈妈就是这样用自己的心血培养出一个自私自利为社会所不能容忍的怪物。妈妈这样做的结果不但牺牲了自己应享有的权利，也为孩子将来的生活埋下了隐患。

生活中常遇到的情况是孩子坚持要买新玩具，被母亲拒绝。孩子质问母亲为何刚才替自己买了新衣服，现在却不肯买玩具给他玩。并以哭闹相威胁。母亲可能怒火冲天，当众大骂或给孩子一巴掌，结果孩子在回家路上大哭不止，做母亲的不但十分尴尬，甚至其他家人也会受到牵连和骚扰。母亲在孩子的苦苦哀求下，不如先遂了孩子的愿望，待回家再慢慢教导："你看你的玩具已经多得没处放了，你还要添置新的。阿姨家涛涛的一个小坦克玩好久了也没有换，一件心爱的玩具才是最重要的，比你每天换新的要强。"这种低调处理会出乎孩子的意料之外，会令孩子歉疚，他的脑海中可能会出现另一个他，叫自己以后不要提无理要求。

如果父母对孩子无论什么事总是最终妥协、同意，允许其破坏规矩，自己就会显得很软弱，不坚决，没主见。孩子的行为就会表现出对自己的不尊重，不停地接受孩子破坏规矩，每一次破坏规矩的行为似乎都不无道理，但如果把这些都放在一起，父母就该好好考虑考虑了。孩子们有时就是在父母的妥协中放任自己的。

真正爱孩子不是事事顺他们的意，而是满足他们的合理要求，巧妙地拒绝他们的无理要求，这样才能让孩子养成良好的习惯，并且健康成长。

5. 让孩子从小学着吃点苦

现在的孩子大多由父母宠着、爱着,泡在糖罐里,就像温室里的花朵一样,难以经受风吹雨打,而这样的孩子也很难适应未来"优胜劣汰"的残酷竞争。因此家长们在孩子小的时候,就要有意识地让他们吃点苦。

中国的一些父母们,因为自己小时候吃了不少苦,因而打定主意坚决不让孩子再吃苦,他们总是千方百计地满足孩子,保护孩子。一些孩子甚至上了高中还不会洗衣服,不会照顾自己,所有跟"吃苦"有关的事全由家长代劳,然而这样做有什么好处呢?只能培养出一些娇气、只会依赖父母、又吃不了苦的孩子。

在一次夏令营里发生了这样一件事:按照计划,60 名孩子要长途步行 40 公里,途中自己做饭,搭帐篷,行程是 3 天。可在第一天上午,就有 6 个孩子哭着给家里打电话,抱怨说太艰苦了,要背着很重的包走那么远的路,而一个女孩则哭着非要爸爸马上来接她。结果到终点时,60 名孩子只剩下 37 个,其余的孩子都因为吃不了苦,中途放弃了。随团的一位医生感叹地说:"现在的孩子太娇了,连这么一点苦都吃不了,以后到社会上怎么办啊!"

这样的担心并非没有道理,可一些家长仍在执迷不悟地"保护"孩子,生怕孩子受罪。然而,就在许多家长挖空心思地满足子女的各种要求时,美国人却千方百计地对他们的孩子进行"吃苦教育"。为了让孩子了解过去困难的日子,美国一家学校给孩子们做了"忆苦饭"。结果,孩子面对当年大人吃过的黑面包嚎啕大哭,拒食 3 天。校方毫不动摇,第 4 天,孩子终于咽下了这顿忆苦饭。在美国的许多孤岛或森林里,人们常常可以看见美国小学生的身影。他们在没有老师带领的情况下,面对着既无水源又无淡水的可怕的自然界,安营扎寨,寻觅野果充饥,捡拾柴草,寻找水源,自己营救自己。一位孩子参加野外训练归来后,感慨地对老师说:"我以前以为供我们享受的一切现代化设施都是本来就有的,荒岛的历险才使我明白,人生来两手空空,一切都是劳动创造的。过去老师讲劳动光荣,我们没什么感觉,如今才真正理解了这个词的含义。"

而日本的家长也说:"在送给孩子幸福之前,先要送给他们苦难。"在日本的幼儿园里有一条不成文的规定:每逢冬天,孩子都要赤身裸体于风雪之中滚爬跌打一定的时间。天寒地冻,不少孩子嘴唇冻得发紫,但在一旁的家长们个个硬着心肠,没有一个上前搂住自己的孩子。他们知道,这样不仅能换来孩子真正的健康,而且还能锻炼孩子面对艰苦与挫折的意志。

能吃苦中苦,方得甜上甜。一些教育学家建议家长们运用"苦磨计"教育孩子,多给孩子吃些苦,让孩子体会生存的艰辛,逐步提高孩子的心理承受能力和坚韧不拔的生存毅力。

吴总的儿子多多6岁了,有一天吴总带他去剧院看演出,出来的时候已经是下午四点了,多多嚷着肚子饿,要回家吃晚饭,没想到车子偏偏坏在了半路上,怎么办呢?吴总想了一下,就对儿子说:"多多,现在离咱们家只有3公里左右了,爸爸打电话叫人来把车拖走,咱们走回家去吧!"多多不高兴地说:"爸爸,好饿啊! 咱们打车回去吧!""不行!"爸爸一下严肃起来:"这么点苦都吃不了吗? 我像你这么大的时候,还曾饿着肚子走30里山路呢!"于是父子俩开始沿着马路往家里走,3公里的路整整走了一个小时。有人问吴总为什么要这样做,吴总回答说:"为了让孩子能够吃点苦。"

美国的芭贝拉·罗斯说:"父母必须让孩子知道,在成长的道路上,不可能是一帆风顺的。成功往往是与艰难困苦相伴而来的。"儿童教育学家们普遍接受的一种观点是:战胜生活中挫折和困难的勇气,是在童年时开始树立和发展的。因此为了孩子着想,父母们必须尽早对孩子进行吃苦教育,让他们自小受到艰难困苦的磨练,有了吃苦精神孩子们才能在未来的竞争中立于不败之地。

为了让孩子在将来少吃苦头,在孩子成长过程中,家长不妨适当让孩子吃些苦,培养孩子的意志和毅力,让他们将来能够适应充满竞争的社会。

好父母胜过好老师大全集

6. 劳动锻炼是培养孩子健康个性的必须

生活中,很多孩子都是"四体不勤,五谷不分",而孩子的父母却不以为意。要知道我们现在还是一个按劳取酬的社会,没有劳动就没有收获,如果孩子养成了懒散的性格,父母们怎么能指望孩子在将来的工作中做出成绩呢?

劳动是成功的本源,美好的东西如果轻易就能得到,孩子就会毫不在意,只有让他们亲自付出相应的劳动,才能懂得珍惜、爱护这些美好的东西。而那些优秀的人物,那些伟人,无一不是在苦难中,在贫困的推动下,勤奋劳作,而终于脱颖而出的。生长在城市里的孩子往往就像温室里的花草一样,很少经历风吹雨打,他们不懂世上还有"艰辛"二字。他们不懂得体贴农民,不知道爱惜粮食和敬重土地,他们已经丧失了把劳动作为美德的最朴素的理解。而让他们获得这种理解,体会这种艰难,培养起对劳动的兴趣,便只有让他们亲自去体验。

现在,许多家庭物质条件好了,又只有一个孩子,所以一门心思地想让孩子尽量少吃点苦。孩子要什么就给什么,生活上照顾得无微不至,口袋里零花钱不断。特别是城市孩子,生活在父母的羽翼下,衣来伸手,饭来张口,几乎与劳累无缘。这样做的结果,一是使孩子不知一饭一粥来之不易,二是使孩子生活难以自理,将来更难以自立于社会。

鲁珀特·默多克是世界传媒业的龙头老大,他从澳大利亚一份地方报纸起家,奇迹般地建立了一个国际传媒帝国。而这个奇迹之所以能够出现,靠的就是他的苦干精神,而他的苦干精神,得益于儿童时期母亲对他的劳动教育。

在谈到母亲对他的影响时,默多克说:"我想是她的严格要求使我懂得了世界上没有免费的午餐,财富要靠自己去创造的道理。"

他的母亲伊丽莎白是个极有主见的女人,在教育孩子方面,她有自己的办法。她对默多克很严厉,很少迁就儿子,经常让他整修花园,打扫房间,洗衣服。

为了培养默多克的价值观,让他理解报酬必须靠劳动去获取,她让默多克选择劳动的种类、方式，然后计件或计时从她这儿领取相应的报酬。

伊丽莎白后来回忆说："在那些日子里，儿子可能认为我是一个旧式的、残酷的母亲，但我必须让他明白，没有什么东西是凭空而来的，等他长大以后就能真正体会那样做的好处。"

作为父母，不要对孩子过分溺爱，应该磨炼他们吃苦耐劳的精神，让他们热爱劳动，由此热爱生活。有时，也可以用"按劳取酬"的方式刺激他们，让他们用自己的劳动赚零花钱，使他们逐渐懂得劳动的价值，并慢慢学会计划花钱，这些都有利于他们养成良好的个性和生活态度。

前苏联教育家苏霍姆林斯基说："不要害怕你的孩子身上出汗，手上长茧。只有能使人劳累、流汗、长茧子的劳动才能培养出细腻、敏感、坚强、有温情的心灵。这种紧张的劳动培养人的高尚品格，因为它充满了高尚的动机。"

而生活中，一些父母却认为："用劳动锻炼孩子没什么用，有那个时间还不如让孩子多看会儿书呢！"那么家长们有必要看看下面这个调查结果：美国哈佛大学的威特伦教授花费了 40 年时间，追踪观察了256 名儿童，结论是：从小受过劳动磨炼的孩子成年后，能与各种人保持良好的关系并比少参与家庭事务、不爱劳动的孩子收入多 5 倍，失业少 16 倍，健康状况也好得多，生活过得美满充实。这是因为孩子在劳动中可以磨炼自己的意志、毅力，还有自力更生的性格，而这些，正是孩子到社会上打拼时最重要的武器。

因此，父母们应积极鼓励孩子参加劳动锻炼，这样孩子才能长大成才。首先，父母们要多鼓励孩子自己做事。从孩子具备一定的劳动能力时起，父母就应该放手让孩子去做自己力所能及的事情，决不要包办代替。孩子稍大一些的时候（7 岁左右），父母就要让孩子帮着干些家务事。等到孩子 8 岁以后，父母就可以给孩子分配一些任务，如打扫庭院、扫地、擦桌椅等等，把这些当成孩子的专属工作，父母决不插手。这样做，不但能锻炼孩子的动手能力，还能培养孩子持之以恒的毅力。

其次，要放手让孩子去做。生活中，一些父母也知道对孩子太娇惯了没好处,要让孩子从小就能吃苦,适当干些活。可真用劳动去磨炼孩子时,他们又牵肠挂肚地担心起来。看到孩子细嫩的小手磨出了茧子,他们就开始心疼;看到孩子干活累得喘气,他们就更难过,于是孩子刚干了一会儿,父母就让孩子停手:"我来干吧!"这样,劳动磨炼成了走过场。父母应该明白,适当让孩子参加劳动是为孩子好,孩子现在吃些苦,受点累,将来就能生活得更好,因此爱孩子就要放手让孩子在劳动中磨炼自己。

让孩子干点活、吃点苦是为了培养他们自强与坚毅的性格,因此,在孩子劳动时,父母应当用鼓励来代替不必要的服务。

7. 对孩子的零用钱要进行控制

现在父母似乎越来越喜欢用零用钱来表达自己对孩子的爱,于是孩子的零用钱越来越多。这些钱来得容易,孩子花得也就容易,轻轻松松几十、几百就甩了出去。教育学家的疑问是,孩子现在养成了大手大脚花钱的习惯,等将来他们长大后发现挣钱并不像想象中的那么容易怎么办? 做"月光族"吗? 做"啃老族"吗? 因此,父母们应该从现在开始就培养孩子勤俭的性格,这样孩子长大后才能更好地照顾自己。

请看一个小学四年级的孩子,在一个星期天的生活记录:早上 9: 20 起床,匆匆吃过早餐后,就约了三个同学一起去网吧玩,中午的午餐是在麦当劳里解决的,这个孩子点了 128 元的食品和伙伴们一同享受。午饭过后,几个孩子又去逛了逛体育用品商店,他又给自己买了一个 125 元的篮球,而事实上他已经有了两个篮球,同时又买了两双 58 元一双的运动袜。下午 3 点钟,他们又在网吧里玩了会儿游戏,然后几个孩子各自打车回家了。

一个小学四年级的孩子,一天的花费竟然高达三百多元。教育学家不停地在向社会呼吁:再富也不能富孩子! 然而我们面对的现实却是,孩子手里大都拿着来自父母和亲朋给的零用钱,衣袋里装着几十元、几百元,甚至上千元! 而且家长又不教孩子怎样使用零用钱,于是

 孩子的好习惯是这样培养出来的

孩子们就开始任意挥霍：去歌舞厅、游戏厅，甚至抽烟，这些学生虽属少数，但金钱的影响已经严重地腐蚀了他们的灵魂。

一个小学三年级的孩子说："我妈妈一天给我 30 元，除中午吃饭之外，剩下的钱买零食。"一天 30 元，一个月就是近千元！孩子的浪费现象和鄙视节俭的作风由此可见！

从对孩子的教育上来看，这其实是一个勤劳俭朴的问题。从某一点上来讲，暴露了我们对孩子的勤俭教育做得相当不够。

其实，在一些发达国家，父母给孩子零用钱也是一件极其普遍的事，因为零用钱是承认和满足孩子的合理经济需求，对于每个小孩的生活和教育有着重要影响，但他们同时强调要培养孩子的节俭意识，教孩子合理使用零用钱，利用零用钱来培养孩子的责任心和自理能力。

美国亿万富翁小洛克菲勒对孩子的零花钱如何发放和如何使用的问题就极其重视。他每周六给孩子发放下周的零用钱。自孩子七岁开始，每周发放三角钱，并给孩子配有一本小小记事本，要求孩子把每周零用钱的出入账都记录得清清楚楚，还要能够说出钱为什么这样花。在下一次发放零用钱的时候，孩子们要一一报账，家长满意的就可能多得到一些。每个孩子都试图把自己的钱用得更合理些，也就学会了节俭。

所以，在家庭教育中，家长如何给孩子零用钱，如何指导孩子使用零用钱，也就不能看作是一件无足轻重的小事。因为这不仅关系到培养孩子文明、科学、健康的消费观念，同时也是让孩子学会对自己的行为负责，培养其责任心和自立能力的一个途径。

由此看来，家长怎样给孩子零用钱，孩子怎样使用零用钱，这对孩子的成长绝不是一件小事。

洛克菲勒给孩子们的零用钱很少，如果他们感到手头紧张，就鼓励他们自力更生。要积极认真地对待孩子零用钱问题，培养提高孩子的消费意识和能力，建立正确的生活方式，提高家庭教育质量。

一些家长在给孩子零用钱时往往存在着误区，比如有些家长把零用钱与对孩子的奖惩挂钩，在孩子取得好成绩时就给奖金，如考试成绩好奖给 10 元，作业写得好奖给 5 元等等。这就把鼓励的方向搞错了。因为把学习搞好是学生的责任，没有必要额外再给奖金。更不应该把分数与钱数规定出比例，得 100 分给 100 元，得 60 分给 60 元等等，这样就误导了孩子的学习目的，成了为钱而学习。同时，这些孩子在拿到家长的奖金后，就往往大肆挥霍，如果家长干预，孩子就会说："不是奖给我的吗？不让我花，奖励还有什么意义？"因此，家长要让孩子合理使用零用钱，首先要做到以下两点：一是数量要适当，数额要根据家庭经济状况和孩子的合理需要统筹考虑。一般以够支付孩子合理的开支为限，不宜多给，也不宜少给。二是时间要适宜。零用钱可以选在一个有纪念意义的日子开始给，如小孩上学的第一天等，告诉孩子这笔钱的用处，并使他懂得自己在家庭中的地位和责任，之后可以定期发给。

小洛克菲勒对自己做法的解释是："我要他们懂得金钱的价值，不要糟蹋它，不要乱花乱用，要把钱花在益处。"这就是在告诉我们，给了孩子零用钱就是教会孩子如何用好这笔钱，告诉孩子这笔钱可以用在什么方面和最好用在哪些方面，使零用钱用得其所，发挥它的最好效益。

生活中，家长给孩子零花钱的数额应当把握在孩子有能力支配的范围之内。无论孩子年龄多大，家庭经济条件多好，为孩子花钱都要有节制，并且心中有数。零花钱的多少并没有一个定值，主要依据孩子的年龄及其一周的消费预算来确定。这些开支包括：买零食，孩子日常必需的开销，如车费、午餐和学习必需品的费用，再增加一些额外的钱，以便为存钱创造可能性。对于过生日时的钱、过年的压岁钱等，大多超出了孩子平时零用的数额，父母应建议孩子把钱存入银行，千万不能任其无节制地使用。

帮助孩子初步懂得一些理财观念，懂得要有计划地使用手头的钱。首先是帮助孩子初步了解金钱的概念。一般的孩子在上幼儿园时还没有关于金钱的完整观念，他们开始对金钱感兴趣，大多是因为感到钱币上的图案好看好玩，并不知金钱的功能，因此就谈不上正确使用金钱。所以帮助孩子建立一个相对完整的关于金钱的概念，就显得十分重要。这时，家长要尽可能利用孩子能听得懂的语言，并辅之以家庭游戏。从最简单的钱交换开始，向孩子解释钱的概念，经过一段时间的努力,孩子对钱的作用就会有个大致的了解和初步的概念。

其次是尊重孩子使用零花钱的自主权。孩子的零花钱是为了培养他们的理财能力,在孩子使用零花钱的过程中,要充分尊重孩子的自主权。如果孩子手头有零花钱,但具体到买什么东西,都得听父母的,那么孩子只不过是起了零花钱的"存钱罐"的作用,这样是很难培养孩子独立理财能力的。引导孩子合理使用零花钱,有意识地让孩子用自己的钱买各种日常生活中的用品,培养用零花钱购物。在购物时,父母可以带孩子去,示范明智消费。一位父亲曾带着 6 岁的女儿逛了三家商店,目的是为了给孩子的妈妈买台物美价廉的 MP3。最后,他们用最低价买到 MP3。父亲随即用省下的 20 元钱买了一个孩子向往很久的乒乓球拍,目的是让孩子了解在价格比较之后买东西省下的钱的价值。在寻找物美价廉的商品过程中,差价成为孩子可触知的盈利的证据。对于年长一些的孩子,这样的示范可以让他们在自己支配零花钱时更加节俭。

培养孩子养成有计划消费的习惯。按月给零花钱,目的是让孩子总体上有一个大致安排,知道每个月应花多少钱,如何用这些钱,从而养成一个不乱花钱的习惯。同时,在给孩子零花钱的同时,明确限定这些钱的使用范围,并做一个支配零花钱的初步打算,养成精打细算的习惯,定期检查花钱情况和花钱去向,发现有使用不当的地方,及时指出来,晓以利害。不要因为孩子使用不当,就随意减少或不给零花钱。如果那样的话,将会使孩子养成对大人隐瞒和撒谎的恶习。

为孩子建立一个"小银行",决不是简单地为孩子开一个储蓄账户。家长可以从孩子上小学开始,每周或每月让孩子自己存上 5 元或 10 元。这样做的好处是:首先让孩子对他的账户存款负责,孩子们总是喜欢他的账户上的钱越来越多,这样,他就不会养成乱花钱的习惯;同时,规定每一次花钱时使用量不准超过账户的 30%,这样,他买东西时就会开始精打细算;再次,告诉孩子,他的账户里的钱还必须尽一些义务,如在过年过节时给爷爷奶奶买些小礼物,这样孩子还会想应该省些钱去做别的用途。长此以往,孩子的储蓄意识会不断强化。

平时,家长还要告诉自己的孩子,还有许多贫困地区的小朋友不能像我们一样正常读书、生活,需要我们的帮助。我们应该节约零花钱,寄给贫困地区的小朋友,帮助他们完成学业,为弱势群体奉献一份爱心。

第五章　不要把表扬和鼓励作为唯一的手段

众多的教育专家不断告诉家长们,要更多地使用表扬的方式鼓励孩子,不要动辄喝斥,这会扼杀孩子的创造性并造成沟通的障碍。道理是不错,但有的家长运用起来就成了只有表扬,孩子犯了明显的错误也得不到及时、明确的批评,这会让孩子混淆是非观念,并助长其骄气的滋生。

1. 训诫也是让孩子健康成长的必要手段

教育孩子是一件严肃复杂的事,父母必须仔细观察孩子成长的每一阶段,并适时地加以引导,这样才能使孩子养成良好的习惯,而不走向邪路。在引导孩子的方法中,训诫就是非常重要的一种。

生活中,一些人认为:孩子不用太管,树大自然直。孩子长大了,自然就会变好了、懂事了。结果由于父母的放任,孩子的个人性格、道德品质都缺乏规范。尤其是潜意识的东西,更难把握。只要外界诱惑一下,邪恶便容易占据其心灵。如今,青少年看的书,接触到的事物,想的问题都远远胜过老一代,他们的思想活跃,行动敏捷,性格开放,若能引上正确的成长轨道,那么就会成为人才。然而,一旦偏离方向,被邪恶的东西引诱,那产生的后果也是不堪设想的。其实,孩子再懂事,他的人生观、世界观也不会那么成熟,如果受了不好的影响,或是不好的行为习惯长期得不到纠正,那么孩子就很可能走向邪路。因此家长必须适时地运用批评的方式教育孩子,保证孩子的健康成长。

有一位父亲,平常挂在口头上的一句话就是"树大自然直,孩子不用管。"孩子从小聪明伶俐,于是这位父亲自认为自己的孩子天生聪明,无须管教也能很好地发展。后来,孩子迷上电子游戏,上课逃学,老师要求家长批评教育孩子,但这位家长却毫不重视。结果孩子的学习成绩一落千丈,只好留级一年。此时他才恍然大悟,以后再也不说"树大自然直"了。

东汉时期的张奂教子谦谨,齐相田稷母亲教子不贪,东晋陶侃母亲教子清廉,唐太宗教诸子不残,北宋欧阳修母亲教子严格执法,北宋宰相王旦、清代的宰相曾国藩教子不贪贵势等等,都是采用批评教育的手段。这是一种永远不会过时的教育方法。

校长给约瑟夫的妈妈打来电话,告诉她两天前约瑟夫在休息时间打了某个同学,老师让他带张字条回家让父母签名,但是,约瑟夫并没有把父母签名后的字条带回学校。

当然,妈妈对字条的事全然不知,她谢过校长,答应等约瑟夫回家后她马上处理这件事。并且妈妈还从校长口中知道,约瑟夫以前就经常惹是生非。

约瑟夫放学回家来了。

"你好,妈妈!"他轻松地同妈妈打招呼。

"你好!"妈妈强压怒火。她努力提醒自己小孩子常常会做这样的事。

"今天学校没有东西要交给我吗?"妈妈想给约瑟夫最后一次机会。

"没有呀。"约瑟夫一面若无其事地回答,一面把书包扔在沙发上。

"我刚接到你们校长的电话。他说几天前你就应该给我一张字条,上面说你在休息时间行为不当。字条还得由我签名。"她直截了当地告诉他,是因为觉得没有必要再问他"你肯定吗"之类的话,那只会给他再次撒谎的机会,并使自己受挫。

"哦,我弄丢了。"约瑟夫低头看着地板说。

妈妈点点头说:"我知道了。那你至少也要告诉我这件事。"

"我忘记了。"约瑟夫耸耸肩膀说。

这下子妈妈决定不能轻易原谅约瑟夫的过错了。"不,约瑟夫,你在撒谎,你打了人是吧?你让妈妈很失望!妈妈几乎不敢相信你会做出这样的行为!知道这样下去会怎样吗?你会变成一个坏孩子!"

"妈妈"约瑟夫吓得哭了起来。"孩子,不管怎样我都是爱你的,因此我必须对你负责。我批评你是因为你确实做错了。对同学动手已经很不应该了,而且你还对妈妈撒谎! 现在回到你房间去,好好想一想你的错误!"

妈妈的批评没有白费,约瑟夫给妈妈写下了保证书,保证不再说谎和欺负同学,从那以后他真的改正了错误。

当孩子屡次犯错,不知悔改或者对自己的错误没有深刻的认识时,家长就应当用批评的方法教育孩子,让孩子彻底悔悟,保持性格的端直,避免走上邪路。教育孩子,犹如护理树苗,在树苗歪曲时,必须及时扶正,这样树苗长大后,才能成为栋梁之才。

儿童心理学也认为:孩子由于世界观不成熟,是非观比较弱,容易走向迷途,因此父母应对儿童实行基本限制与约束。就像这个故事中的妈妈一样,发现约瑟夫屡次犯错,而不知悔改时,立刻运用训诫的手段教育约瑟夫,让孩子彻底改正错误。

家长们应该明白,孩子在成长过程中,不但会受到家庭和学校的教育,也会受到社会环境的影响,而社会上的不良思潮和习气,很容易诱导孩子走上坏道,同时孩子撒谎、偷窃一类的小毛病如果不严加管教,也会让孩子养成不良习惯。因此,父母们应牢牢掌握"训诫"这个教子奇招,对孩子进行适当的引导,要记住:子不教,难成才。

当孩子有不良倾向时,训诫孩子是父母的权利和责任。当然,要记住的是训诫不是单纯的责骂,而是批评加教育。

2. 软硬兼施教育孩子

一项心理调查显示:现在孩子越来越多地有暴力倾向。7 岁到 13 岁之间的孩子,23.9%承认自己有通过暴力解决问题的想法。这是一个令人触目惊心的数字,家长们必须明白孩子打人习惯的危害,及早通过批评教育的手段纠正这种暴力型习惯。

有这样一个男孩:他是一个聪明的孩子,成绩优异、家境优越,父母对他宠爱有加。可他却在 13 岁那年,用刀捅伤了同学,进了少年劳教所。后来,他对发生在自己身上的悲剧做了反思:"从小到大,爸爸妈妈给我的教育就是:只要学习好,犯了什么错都不是错,父母都不会责怪我。因此,我变得很任性。可能是任性造成了我的一种霸气,我的个头在班上最高，成绩也好，同学们都很服我。上中学时，爸爸妈妈告诉我要学习好，然后就是在外不要吃亏，不要被别人欺负。如果我吃了亏，被别人欺负了，他们肯定会认为我窝囊，没有用。记得我小时候，有一次我带了玩具飞机去幼儿园，小朋友们抢着玩，有一个小朋友玩着玩着居然不给我了。我急了，夺过飞机就朝他脑袋上刺去，把他的头刺出了血。家里赔了人家钱，我很害怕，以为回家要被处罚。哪知道，爸爸妈妈并没有责备我。我读小学四年级时打了同学，同学父母找到我家里来，我爸爸向人家赔了不是。送走了人家后，他对我说，'看这小子，懂得教训别人了。'妈妈告诉了我道理，她说，只要不被别人欺负，怎么做都行。当我去中学读书时，她对我说，现在的孩子都很霸气，你要是不让别人怕你，你就会被别人欺负。现在回过头来想想，我觉得父母对我的这些教育是不正确的，我在学校的打人习惯正是父母错误教育导致的结果。"

这个悲剧也引起了很多家长的反思，于是他们纷纷严厉管教孩子，纠正孩子爱打人的习惯。但是家长虽然有这个良好心愿，但往往不知道怎样教育孩子，因而往往产生反效果。

天恩是个7岁的孩子，刚刚上小学一年级，不过半年来，他已经给父母惹了一大堆麻烦。为什么呢？就因为他爱打人！上学才三天，就把一个小女孩的膝盖踢破了，后来又把同学的头打破了，再后来还划伤了同学的胳膊……为了这些事，爸爸妈妈骂过他，打过他屁股，可他还是一犯再犯。有一天，父子正在看电视，电话响了，爸爸接完电话怒气冲冲地拉过天恩，就是两巴掌，天恩委屈地大哭大叫，爸爸更生气了，"说过一百遍了，不许打人，你还敢再犯，今天打死你算了！"爸爸又打了下去，这一次，天恩竟然挣扎着用小拳头打爸爸，这让爸爸更生气了："真是太过分了，竟然打爸爸！"结果那天，爸爸狠狠地打了天恩一顿后，把孩子丢回房间去"反省"。天恩一个人在地上哭得稀里哗啦，不明白为什么爸爸可以打他，他就不能打人。最后，他得出了一个结论，那就是他不能再打同学，只能打比自己小的孩子。

这是很可悲的，爸爸的"教育"只换来了一个消极结果。这都是因为教育方式不当造成的，如果父母能用批评的方法教育孩子，那么效果一定会好很多。

批评教育是一种正面教育方式，采用这种方法的第一步就是指出错误，点明其危害。比如在这个故事中，爸爸就不应该抓过孩子就打，而应该先让孩子知道自己犯了怎样的错误,要指出打人是一种野蛮行为,是为人所不齿的,没有人会和打人的孩子玩,再这样下去,他就会失去所有的朋友。

第二步就是分析。如果孩子之间发生了冲突,父母一定要保持冷静,不要立即大声呵斥孩子,让他停止争吵,更不能因为害怕自己的孩子吃亏而护着孩子。应该让孩子自己说清楚发生冲突的原因,然后让他自己提出解决冲突的方法,或者为孩子提一些解决冲突的建议。

第三步是说理。比如,当孩子在玩自己心爱的玩具的时候,别的孩子可能过去抢他的玩具,孩子急了就会打人。这时候,父母应该教育孩子对抢他玩具的小朋友说:"这是我的玩具,让我先玩一会儿,等会儿我给你玩。"或者让孩子友好地与其他小朋友共同玩。

第四步是对比。父母应当让孩子意识到,打人是一种让人多么不能容忍的行为。在孩子打了人后,就用对比法给他分析问题。例如,"孩子,如果有人打破了你的头,让你流血了,那妈妈一定会非常伤心,非常难过,因为妈妈爱你,希望你永远平安。其他的小朋友也有妈妈,他们的妈妈也爱他们,你打伤了那些孩子,他们的妈妈该有多难过啊!"这种对比可以让孩子深刻认识到自己的错误,反省自己的做法。

而第五步就是警告。父母应该告诫孩子不要用武力解决和小朋友之间的冲突。父母绝对不会原谅他的打人行为,如果孩子再犯这个错误,就将受到严厉的惩罚。

批评并非单纯的责备,更不是一棍子打死,而是综合运用比较、劝勉、激励、警告等多种形式,软硬兼施地达到教育目的。

3. 让自负的孩子知道自己并非全知全能

孩子很容易骄傲自满,盲目地自高自大,这对孩子来说是非常危险的。自负的性格会让孩子放弃努力,而且自负会让孩子孤立自己,在生活中处处碰壁。因此,父母一定不要让孩子变得目中无人,在孩子表现得过于自满时,向他泼盆冷水,让孩子看到自己的不足之处,就是纠正孩子自负性格的不错办法。

生活中,一些父母过于强调自信,不断给孩子灌输"你是最优秀的"思想，结果一些孩子变成了盲目自大的令人讨厌的人。

在深圳某重点中学里发生过这样一件事：音乐课上，实习老师刚走出教室，"啪"的一声脆响，一本书被狠狠摔在桌上，"有几个音弹错了，颤音也没唱出来，这样的水平还来教我们！"惊愕的目光都聚集在她——田宁的身上。她是学校的艺术骨干，从小深受执教于音乐学院的母亲的影响，弹得一手好钢琴，在声乐、舞蹈方面也不错，曾多次代表学校参加文艺演出或比赛并获奖。

田宁不仅有文艺特长，而且写得一手好文章。但就是这样一个好学生，同学们都不太喜欢她，背地里都叫她"冷血公主"。为什么呢？原来除了几个亲密的伙伴外，她不大爱同其他同学讲话。当有同学问她问题时，她总是很轻蔑地说："这么简单的问题需要问吗？"久而久之，没人愿意答理她了。

另外，田宁的家境非常好，妈妈甚至带她去香港买衣服，因此打扮入时的她有很多优越感，经常挑剔讥讽其他同学。一旦某位同学打扮得漂亮一点，她就会很不屑地说："地摊儿货，瞧那穷酸样儿。"她也有自己的弱项——体育运动。但她不仅不力求改善，反而认为有体育特长的人都是"头脑简单，四肢发达"，并对他们嗤之以鼻。

生活中，像田宁这样的孩子并不少见，这些孩子通常看不起别人，总认为自己比别人强得多，把别人看得一无是处。在人际互动中，自负的孩子不懂得交往应以互相尊重、互相平等为原则，总是表现出一种优越感，盛气凌人，只强调自己的感受。

古人云：谦虚使人进步，骄傲使人落后。骄傲自大的性格必然会对孩子的发展产生消极影响。骄傲自大的孩子常在自己的周围树起一道无形的"城墙"，形成与外界的隔膜，这使他们的心胸变得很狭窄。他们虽能取得一定的成绩，但往往没有远大理想和志向，而只满足于眼前取得的成绩。而且，他们看不到别人的成绩，只会"坐井观天"。骄傲自大的孩子很难和同学们友好相处，因为他们不能做到平等相待，而是总以高人一等的态度对待别人或喜欢指挥别人。骄傲自大的孩子情绪也不稳定，当人们不理睬他时，他会感到沮丧；当他遭到失败和挫折时，又会从骄傲走向悲观、自卑和自暴自弃，否定自己的一切，觉得自己什么都不如别人。因此，父母们千万不要忽视孩子的自负心理，为了孩子的健康成长，不妨用"泼冷水"的手段帮孩子走出这个误区。

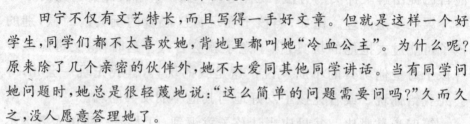

林迪是小学二年级的学生,聪明好学,勤奋向上。在一次朗诵比赛中,他又获得了班上的最佳朗诵奖,心里像吃了蜜一样甜。回到家后,他把朗诵稿交给女佣,得意地对她说:"玛丽,你念一段给我听听,怎么样?"

这个善良的女人拿起朗诵稿,仔细地看了一遍,然后结结巴巴地说:"林迪,我不认识这些字。"

林迪更加得意了,他快速地冲进客厅,得意忘形地对父亲喊道:"爸爸,玛丽不识字,可是我这么小,就得了朗诵奖状,这是多么了不起啊。再看看玛丽,拿着一本书却不会读,这太可怜了,我不知道她心里是什么滋味。"

父亲皱着眉头看了看林迪,没有说一句话,他走到书架旁,拿下一本书,递给他说:"你看看这本书,就能体会到她心里的滋味了。"那本书是用拉丁文字写的,林迪一个字也不认识,他的脸涨得通红,手足无措地站在那儿,一句话也说不出来。爸爸仔细地看了看他,然后严肃地说:"没错,玛丽不认识字,可是请记住,你不会念拉丁文!"

林迪永远都不会忘记那次的教训,无论什么时候,只要想在别人面前吹嘘的时候,他就马上提醒自己:"记住,你不会念拉丁文!"

这位父亲是非常明智的,他没有纵容儿子的自负情绪,而是适时地向儿子泼冷水,让儿子重新认识自己、评价自己。

然而生活中,有多少父母能正确处理孩子的自负心理呢?一些父母甚至本身就对孩子的优越感负有责任。比如,有些父母由于自身条件比较优越,总是表现出一副洋洋得意、目中无人的神态,经常会流露出对他人的不屑。如他们经常议论同事的缺点,某某不如自己。孩子听到这些话,也会仿效父母,只看到自己的长处,而嘲笑别人的短处。因此,父母必须从自身做起,教育孩子回归理性,正确评价自我。

在这里,我们给各位家长几点建议,希望各位家长运用"制冷"的手段,引导孩子克服自负性格,正确评价自我。

(1)全面评价孩子,要让孩子看到自己的缺点

孩子的自我认识受到父母评价的极大影响,这就要求父母在进行评价时要客观、全面,不能只表扬其优点,更要指出其缺点,不要因为爱孩子就忽视、缩小甚至帮助其掩盖缺点。对优点要表扬,但要适度。要让孩子意识到作为家庭、学校、社会的一员,理应有合格的表现。家

长要提醒自负的孩子在归纳成功原因时要注意实事求是，要认识到老师、家长、同学的帮助以及一些客观条件的促进作用，切不可把成功完全归功于自己而沾沾自喜。

(2)让孩子学会欣赏他人的优秀之处

家长应指导孩子学会欣赏他人，让孩子知道"山外有山"。

学会欣赏他人才不会自视过高。对于孩子来说，学会欣赏他人并非易事，但只要在日常生活中稍加注意，从点滴做起，慢慢就会做到，从而克服自负心理，比如学会宽容、学会倾听、尊重与理解他人、关心爱护他人等均有助于孩子克服自负心理。

在良好的人际交往关系中，宽容大度是很重要的品质。可以这样说，但凡能与同学、朋友相处融洽的孩子，必定是豁达开朗的人；但凡胸怀大志，目光极远的人，必定胸襟开阔，气度宏伟。父母应教导孩子，不要总是拿自己的长处去对比别人的缺点，甚至挖苦、讽刺别人，而应相互鼓励、共同进步，容许别人出现不足或失误，那么大家就可以友好相处了。

在教育学家的建议里，家长还可以让孩子为同班的每一位同学写出几条优点，并对同学当面给予赞扬。当孩子跳出狭隘的自我圈子，自负心理也就会悄然隐循。

(3)让自负的孩子尝尝失败的滋味

家长不妨对自负的孩子提出更高要求，安排难度更大的任务，让其遭受挫折，品味失败，清楚地看到自己能力的不足，体验需要别人指导和帮助的感觉。

(4)别让孩子拿长处比别人的短处

生活中我们发现孩子出现骄傲自大的不良性格往往是过高地估计了自己，认为自己比谁都强，只看到自己的长处，看不到自己的短处，拿自己的长处比他人的短处。因此，狂妄自大，想干什么就干什么，不会设身处地地替别人着想。作为父母应耐心地教导孩子，让孩子学会正确地评价自己，既认识到自己的优点，又看到自己的不足。家长还需要规范孩子的行为，督促他们改正骄傲自大的坏毛病。

要让孩子回归理性,就要让孩子对自己有个全面的认识,让孩子了解自己的缺点和不足之处,对克服自负性格和与之相应的习惯大有好处。

4."泼冷水"不等于粗暴地打击孩子

当孩子表现得太过骄傲自负时,家长要发挥"制冷"作用,给孩子泼点冷水降降"温",但这并不等于粗暴地打击孩子,否则就是从一个极端走向了另一个极端。

哈利的爸爸是一个心理学教授,哈利从 2 岁时起,就一直表现出超常的才华,他比同龄的孩子更聪明,认识更多的单词。

然而,这个孩子的不幸正是由他的聪明引起的。小孩子总是很容易骄傲的,哈利也不例外。当他做对了数学题或是读了本好书后,总是想找人分享自己的快乐。然而正是这一点,引起了父亲的不满。因为哈利的父亲性格内向,不爱在别人面前表现自己。正如他自己所说,一个人应该谦虚稳重,不要总是那么自以为是、自满自负。

"哈利,你又在嚷嚷什么?"一天教授对着正在高声欢笑的哈利问道。

"爸爸,我又读完了一本好书。"哈利高兴地对父亲说。

"读完一本书是很平常的事,你用不着那么高兴。"教授说道。

"可是,这本书是莎士比亚的作品呀!我居然能把这么难懂的书读完,真是感到兴奋。"哈利说道,似乎正在等待着父亲对他的表扬。

或许是由于哈利的性格与他不同,或许是他认为应该纠正儿子的骄傲情绪,教授突然发怒:"你吵吵嚷嚷地干什么?你以为只有你才有这个本事吗?我看你就是个骄傲自大的孩子。告诉你,我永远不会表扬你这样的坏孩子。"

"爸爸,我做错了什么?"受到了责骂的哈利委屈地说道。

"你做错什么还需要问我吗?我警告你,不要成天叽叽喳喳地,这让人烦透了。"教授继续训斥儿子,"你不要以为自己是个了不起的天才。我告诉你,你什么都不是。我以后再也不想听到你那种赞扬自己的声音了。你是个笨蛋,你是在自欺欺人。"

教授说完,"砰"地一声关上了房门。

站在门外的哈利委屈地哭了起来,他不明白父亲为什么这样对待他。一种极坏的感觉涌上了心头,他的快乐和自信被另外一种东西所取代:我是个很糟糕的孩子。

从那以后,哈利不愿意再去读书了,他完全变成了另外一个人。这个原本极有才华的孩子最终一事无成。

看完了这个故事,我们不禁为哈利的不幸感到难过,他或许是一个有点骄傲的小孩子,但他那精通心理学的父亲,难道就没有比粗暴打击孩子自尊心更好的办法来教育孩子了吗?

在一次教育研讨会上,一位家长说:"打击孩子也并非是一件坏事,对于那些自负的孩子,我们就得狠狠打击他们一下,让他们收敛。否则,孩子怎么能成才呢?"

真的是这样吗?我们不妨来看看下面这个例子。

兰兰是个聪明伶俐、讨人喜爱的女孩。她的爸爸是一家大公司的经理,妈妈是一名出色的律师。兰兰从小就生活在这样一个条件优越的环境里。在家里,她是爸爸妈妈的掌上明珠,要什么有什么;在学校里,她成绩优秀,是老师心目中的"尖子生"。良好的家庭环境,父母的疼爱,老师的赞誉,再加上自己的天赋,使兰兰产生了一种飘飘然的感觉,而且这种感觉一天比一天强烈——"我就是比别人优秀",兰兰总是这样想。渐渐地,兰兰变了,在家里,她只要稍稍不顺心就对爸爸妈妈发脾气;在学校里,兰兰更爱表现和炫耀自己,取得好成绩就自鸣得意、沾沾自喜,甚至不把老师的话放在心上;在生活中,她总是拿自己的长处同别人的短处相比,认为自己高人一等,看不起别人。这样过了一段时间后,老师对兰兰的自负开始感到担心,于是她把这种情况反映给兰兰的母亲,并希望家长配合学校的工作,及早纠正兰兰的不良心态。妈妈是个对各方面要求都很高的人,她认为必须给兰兰一个深刻教训,让她克服自负。终于有一次,妈妈逮到了机会:那次兰兰没考好,数学才得了六十七分。妈妈斜着眼睛看着羞愧的兰兰,轻蔑地把试卷撕得粉碎,"这也叫分数吗?你不是认为自己比别人都优秀吗?怎么就得这点分!告诉你,你实在没什么了不起的,考得好点尾巴就翘起来了,丢人不丢人啊!你等着同学看你笑话吧!叫你骄傲!"这劈头盖脸的责骂让兰兰简直崩溃了,她不知道慈爱的妈妈为什么要骂她,只是听懂了两个字:骄傲。从那以后,兰兰再也不在同学、老师面前得意了，事实上她完全变成了一个自卑胆小的孩子。

这就是母亲无情打击造成的恶果，对于兰兰的骄傲自负，母亲本来可以用更温和一些的方式来改正它，这样也不至于给孩子带来心理伤害。

一个8岁左右的孩子，智力还没有充分发展，阅历还很浅薄，没有独立的思考能力，往往完全靠大人的评断来认识自己。大人生气之下脱口而出的一句话，常常是很偏激的，而且心情平静下来以后早把气话的内容忘记了。

但是孩子却听得很认真，记得刻骨铭心。他忽然之间发现自己在他人眼中是那样地不堪，心中突然十分惊异和沮丧，稚嫩的心灵难以承受那致命的打击，从此便极有可能以心灰意冷的态度来选择悲观的生活道路。

本来完全可能有锦绣前程的孩子却在少年时代就凋谢了，这份打击真是太残酷了。不少孩子后来成绩不好，工作生活能力差，精神萎靡不振，该成才而未成才，大都跟他们的童心曾经遭受过的深刻痛苦有关。

这只是一个极端的例子，但不可否认的是，在现实生活中，父母蔑视孩子的事例数不胜数，虽然父母们做这些事的时候并没有意识到。要注意，我们所说的泼冷水，决不等于对孩子的心灵施压，这两种方法在本质上是有很大差别的，家长们千万不要走向极端。

放纵孩子的自负不是一个明智的做法，但粗暴地打击孩子也决不可取。在教育孩子时，家长们一定要把握好"度"，过犹不及。

5. 不要太过偏袒自己的孩子

每位父母都希望自己的孩子宽容、大度，因为这样的孩子才容易和别人友好相处。但是生活中，心胸狭窄、不良性格的孩子却相当普遍；这些孩子都有一种优越感：自己才是最好的，谁也不如我！而一旦发现有人超过了自己，这些孩子便无法忍受，甚至还会想方设法打击对方。因此，家长们一定要努力教育孩子，千万不能让孩子心胸太过狭窄。

平平上小学一年级了，爸爸开着自家的"马自达"把女儿送到学校,他认为自己的女儿聪明、漂亮、机灵,一定会成为班里的佼佼者。果然不出所料,三天后,平平放学后兴高采烈地向父母报告:"老师让我当班长了!说我学习好、聪明、能力强!全班同学里只有我获得的表扬最多,其他的孩子都不行!"爸爸妈妈也很高兴:"就是嘛!谁能比得上平平呢!"然而半个学期没过去麻烦就来了,平平回家后,总是拉长了脸,向妈妈数落自己的同学不好:小舟只不过会跑步,大家都捧她,但其实她是笨蛋;小美长得漂亮,有什么了不起的,穿得那么土……而且她还向妈妈抱怨同学都嫉妒她,不理她。结果妈妈向老师一问才知道,原来平平在班上总是表现得心胸狭窄,如果班上有哪个同学在哪方面超过了她,她就会反应强烈,甚至诽谤人家,因此同学们都疏远她。不仅如此,平平也不能接受老师的批评。有一次,老师说她学习好,工作能力强,就是工作方法上存在着一些问题,同学关系有时会出现一点紧张,希望她能稍微改变一下。老师说得很委婉,也很诚恳,但心胸狭窄的平平哪里听得进去。为了这件事,平平一连几天拉长着脸,也不说话,她觉得太不公平了,老师怎么能这样对她呢?平平总因为一些琐碎的小事而生闷气,妈妈看在眼里,急在心里,她越来越为女儿担心,她担心女儿这样的性格将来适应不了社会。

在现代的家庭中,孩子就是一切,爷爷奶奶、爸爸妈妈整天围着一个孩子转,孩子就是"小太阳",孩子的要求从不会被拒绝。长此以往,孩子就形成了一种错误的认识:"我"是最好的,谁都不如我。因此当孩子走出家门,面对更广阔的世界时,难以接受别人比自己强的现实。

父母应当明白,心胸狭窄,不但会影响孩子的人际关系,还会影响孩子的身心健康。因此父母应当给孩子"泼点冷水",让孩子不要总认为"我行,别人不行!"让孩子的心胸变得更开阔。

教育学家认为,孩子心胸狭窄的一个重要原因就是从小和同龄的孩子接触太少,父母处处对孩子忍让,孩子从来不能站在别人的角度考虑问题,完全以自我为中心。因此,父母应多提供机会,让孩子经常与小朋友交往。在交往中学会宽容、体谅他人;提高人际交往能力及社会适应能力,养成良好的性格。

而当孩子在交往中遇到矛盾和纠纷时,父母千万不要偏袒自己的孩子,这样做会让孩子错误地认为自己的地位是特殊的,别人都比不上自己,都要让着自己。那么家长在遇到这种事时,该怎么处理呢?请看下面这个故事。

妈妈正在厨房做饭，突然听到楼下传来儿子冬冬的哭声，她赶忙跑下楼去，只见冬冬正坐在地上哭呢。而常和儿子玩的小朋友林涨红了脸站在一边，眼泪也快要出来了。冬冬看见妈妈来了，马上扑了过去。"妈妈，林打我！""是吗？林，你们为什么不高兴啊？"没等林开口，冬冬立刻抢着说："他看我小，欺负我！妈妈你帮我骂他！"妈妈不高兴了，她把冬冬推开："不许没礼貌！让林说！"后来妈妈弄清楚了，原来林用积木盖城堡，冬冬也要抢着玩，林不让，冬冬一来气就把盖到一半的城堡踢倒了，两人由此打了起来。妈妈严肃地把冬冬叫过来："冬冬，为什么玩什么一定要听你的呢？林的城堡已经盖了一半了，如果你想玩可以帮他一起盖呀！下次不许你再这样霸道，如果林也把你盖好的积木推倒，你生不生气呢？"冬冬红着脸，一声不吭了。林走过来说："阿姨，对不起，我也不该动手打冬冬。冬冬，别生气了，我们一起玩积木吧！"冬冬看了看妈妈，两个孩子开始一起搭城堡了。

这位妈妈把这个小纠纷处理得非常好，她没有不分青红皂白地偏袒自己的孩子，而是一视同仁地处理问题，这样就不会助长孩子以自我为中心的心理。不仅如此，她还借机教育了孩子："为什么玩什么一定要听你的呢？"这样就会引起孩子的反思，渐渐地孩子就会认识到：小朋友之间都是平等的，不能总是自己说了算。这是一个成功的教育案例。

另外，父母们也不妨让孩子体验一下心胸狭窄的害处。父母要让孩子认识到，如果一个人总是心胸狭窄，别人就会讨厌你，或不喜欢和你做朋友，而且做错事时也得不到别人的原谅，会被彻底地孤立起来。这样孩子就会认识到，心胸狭窄是一件不好的事，并慢慢地摆脱这种坏性格，心胸变得开阔起来。

父母要帮孩子认识到，不能什么事情都得依着自己，父母、别的小朋友和自己都是平等的，你对别人斤斤计较，别人也会对你斤斤计较，而如果你对别人宽宏大量，那么别人也会还你一个宽宏大量。

第六章　一味高压管制塑造不出良好的习惯

　　有的家长在教育孩子的方式上一派高压作风,孩子只能完全按照家长的意愿行动,稍有差错便招来指责训斥。长此以往,孩子便会丧失独立性,养成凡事看别人眼色的习惯,这显然不是家长愿意看到的。

1. 不要带着偏见去教育孩子

　　偏见对一个人的影响是非常大的,有了先入为主的印象后,你就很难正确地评价一个人。在教育子女这方面,家长尤其要留神,千万不要带着偏见去教育孩子。

　　有这样一个故事:达达是小学四年级的孩子,他很聪明,但性格却十分顽劣,不仅不爱学习,有时候他还喜欢耍点小聪明。比如,有一次他就把成绩册上的 39 分改成了 89 分,惹得父母又气又恨。有一段时间,达达看了几本科普书,他觉得自己应当努力学习,长大后当个科学家,也去研究机器人什么的。于是达达开始努力学习,结果在期中考试的时候,竟然由倒数第三名前进到了第 9 名。那天,他兴冲冲地拿着成绩单冲回家里,结果父亲在反复的检查成绩单的真伪后竟然说:"成绩不错,抄同学题了吧!"妈妈也在一旁皱着眉头说:"达达,作弊是最可耻的,知道吗? 你怎么越学越坏了呢?"

　　"爸爸妈妈,你们怎么这么说我?"满心等待父母表扬的孩子,心情一下子坠入到谷底,哭着跑回自己的房间。从此这个孩子放弃了努力,他的学习成绩又跌回到原来的水平。因为对他来说,成绩固然重要,但尊严更不容践踏,所以只有选择以一如既往的成绩来证明自己的清白。这不仅是父母的悲哀,更是孩子的悲哀。

　　由于父母平时对孩子已经有了"孩子成绩差"这样一种刻板的印象,在孩子进步后还是以原来的标准去评价孩子,对孩子造成偏见、成见的错误认识,结果既伤害了孩子的自尊和进取心,也影响了父母在孩子心目中的形象,孩子会觉得父母因为成绩差就打击我,这说明他们不是真的爱我。

然而很多家长都不自觉地对孩子形成了一种带有偏见的认识,尤其是对那些以前"公认"的"坏孩子"。大人们的这种偏见是对孩子心灵的暴力,严重地阻碍了孩子愉快健康地成长。

更糟的是有些家长,一旦发现孩子在年幼时有不聪明的表现,七八岁时有蠢笨的举止,便断言"这孩子脑袋太笨了,这么简单的问题都不会,甭指望他(她)有出息了!"与错误的失望情绪随之而来的,就是父母对孩子的爱骤然降温,从此,孩子则随时能够领教到父母的责骂与轻视。其结果,肉体施暴伤及皮肉,心灵施暴损毁自信,受伤的皮肉很快康复,受伤的心灵却可能一辈子也难以愈合。

下面这个例子就可以让你清楚地看到偏见对人们的影响。

在美国密歇根州的一所大学里,心理学家找了 20 名大学生做了这样一个实验。实验者把这些大学生分成了两组,并向两组同学出示同一张照片,但在出示照片前,向第一组学生说:这个人是一个罪大恶极的罪犯;对第二组学生却说:这个人是一位了不起的人物。然后他让两组学生各自用文字评价照片上这个人的相貌。

第一组学生的描述是:深陷的双眼表明他内心充满仇恨,鹰钩鼻子证明他沿着犯罪道路顽固到底的决心……

第二组学生的描述是:深陷的双眼表明此人思想的深度,鹰钩鼻子表明此人在人生道路上有克服困难的意志……

心理学家得到了他所预见的答案,但对对比如此鲜明的答案,还是不禁哑然!

看到了吗?明明是同一张照片,只不过因为带着偏见去看,就出现了两种完全不同的评价。看来偏见的威力实在是惊人。

我们之所以认为,偏见对孩子成长有危害,不仅因为它会伤害到孩子的自尊心,还因为它会给孩子带来消极的暗示。比如说,在学校里如果老师按照学生的成绩排座位,那么坐在后几排的学生就会认为:"这就是说我没希望了,我被抛弃了!瞧,我是差生,永远也不可能坐到前几排,老师当然也不会喜欢我!"这样一来,孩子也就不会再费劲儿地去努力学习了。

一对父母带着他们四岁的小女儿去朋友家做客,闲聊时母亲偶然

孩子的好习惯是这样培养出来的

提起了自己的女儿，"哦，我的凯西简直是个小天使，她唱歌动听极了！来，我的宝贝儿，给大家唱首歌吧！"可是凯西却有点害怕，她看见周围有那么多陌生的大人，这让她有点紧张。爸爸把凯西抱了过来，"唱吧！凯西，别让别人觉得你妈妈在说谎！"可凯西还是害怕，她干脆躲到爸爸身后，周围的人全都笑了起来。妈妈脸色有点发红了，她把凯西推到沙发前，可凯西就是不开口。回到家以后，妈妈失望地说："这孩子真让人丢脸！这么大了一点勇气都没有。"爸爸也摇头："是呀！简直是个胆小鬼，我都为她脸红！"慢慢地凯西长大了，可是她还是缺少勇气，每当父母说她"胆小没用"时，她都很难过。有时候，她就希望有一个机会，让她向父母证明自己不是没用的胆小鬼。12岁那年，凯西遇到了这样一个机会，老师打电话给她的父母，希望由凯西代表班级参加歌咏比赛，凯西满怀希望地躲在门后偷听爸爸的回答，"什么？凯西？哦，您还是另派人去吧！她会给您丢脸的！"凯西一下子坐在了地上，从那时起凯西始终是一个胆小怯懦的女孩子。

在这个故事里，我们不能说凯西的性格胆小怯懦完全是父母的偏见造成的，但他们至少对此有不可推卸的责任。每个孩子都不是完美无缺的，因此父母要对他们多一点包容，包容他们的缺点，即使他们的缺点曾让你丢过脸。如果凯西的父母能对凯西多一点包容，少一点偏见的话，那么凯西的人生也许就大不一样了。

父母们都应当认识到，偏见是对孩子心灵的暴力，在教育孩子的问题上，家长不应对孩子抱有任何成见，任何时候都不该有"这孩子注定没出息"的错误思想。否则这种伤害孩子心灵的态度会严重伤害孩子的自尊心，既不能使孩子充满自信，也不利于孩子其他方面的发展和成长。

所以，如果一个平时调皮捣蛋的孩子，突然收敛了往日诸多"捣蛋"的行为，变得安静温顺起来，那么家长和老师就应该相信孩子的变化，赞赏孩子改变自己的勇气和他的上进心，因为这很可能是因为某件事情给他带来了触动。家长每天都应该以全新的眼光来看待孩子，千万不要用旧有的心态评判他们，要知道成长中的孩子可塑性极强，过去不等于现在，更不等于未来。

2. 别再刺伤孩子的自尊心

　　包容就意味着尊重,开明的父母就是能用包容的手段维护孩子的自尊心,给孩子自信心的人、能包容的父母才会有聪明上进的孩子。那么要让孩子感受到你的包容、你的无条件的爱,首先要做到的就是别拿自己的孩子跟别的孩子比来比去。

　　丹尼尔是个内向的孩子,从小生活在祖父母身边,祖父母有他们自己的工作要做,没有多少时间注意丹尼尔,因此丹尼尔就越来越沉默了。整天一副心不在焉的样子。后来丹尼尔又回到了父母身边生活,但爸爸脾气暴躁,常常会责骂他。而让丹尼尔最难过的就是,爸爸总喜欢用比较来证明他有多没用。"你简直白活了 8 岁,看看你的成绩真让我为你感到难过。你看看隔壁的唐纳德,他和你念同一年级,年龄比你小两岁,可成绩却是你的三倍!"丹尼尔的学校举行游园会,邀请家长一起参加,孩子们为家长表演了一场舞台剧,唐纳德是主角,他打扮成王子站在舞台中央,而丹尼尔则扮演一位端水的仆人,而且由于紧张,丹尼尔还在舞台上摔了一跤,惹得家长们哈哈大笑。回到家以后,丹尼尔的父亲又开始责骂起儿子来,"怎么搞的? 你为什么要在大庭广众之下丢人! 看看人家唐纳德,打扮得漂漂亮亮的王子! 你呢,卑微又丢脸的仆人! 你为什么就不能学学唐纳德……"在父亲的责骂声中,丹尼尔脸色惨白地缩在椅子上,心里只有一个想法:杀死唐纳德! 没有他,爸爸就不会再这样责骂自己了。两天后,丹尼尔偷出了爸爸的手枪,在学校里打死了唐纳德。悲剧发生后,丹尼尔的父母悲痛得不能自己,用爸爸的话说就是:"我是爱孩子的呀! 只是他的怯懦让我无法容忍。比较也是为了让他进步啊!"

　　丹尼尔的父亲认为比较可以促进孩子进步,然而这只是他一厢情愿的想法,在丹尼尔看来,父亲的消极比较就是对他的否定,是厌憎他的表现。如果这位父亲当初能对孩子多一点包容,不要拿孩子比来比去,那么悲剧也就不会发生了。

　　生活中,我们常见到父母抱怨子女说,"为什么莉莉考得比你好呢?""你看看人家童童,科科一百! 你为什么就不能向好孩子学学?"……

这就是父母常用的比较,他们习惯于拿他人的优点来比较自己孩子的缺点,也许他们是出于想要激励孩子的好心,但孩子脆弱的心理怎能承受如此的不被肯定,而且还是来自自己的父母。通常的结果是,比来比去把孩子的自信心和自尊心都比没了。

有调查表明,近三分之二的家长喜欢夸奖别人的孩子。这样做往往出于不同的动机,有的是为了刺激孩子,让他为自己感到羞耻;有的是为了激励自己的孩子进步;有的纯属向自己的孩子发牢骚,嫌自己的孩子不争气。无论何种情况,只要家长的比较包含着对自己孩子的贬抑,都是对孩子自尊的一种伤害。

拿别人的优点来与孩子的弱点比较,是一种消极的比较法,只能在孩子心里播下自卑的种子。家长越比较,他就越会感到自己是个"无用的人",从而陷入"自我无价值感"的深渊,产生对什么都不感兴趣、破罐子破摔的心理。

竞争是重大压力的来源之一,它会打击人的信心,使本来已有的能力无从发挥。因此,自小便培养孩子与人相比的想法是很不健康的,结果往往是孩子变得更脆弱更经不起挫折和失败。我们要注意的是培养孩子克服挫折和失败的勇气,而不是使其成为竞争的牺牲品。

教育专家认为,任何不加分析的比较都是有害的。每一个孩子都有他自己的个性,因此在教育培养孩子时,应该根据他们各自不同的特点,包容孩子引导孩子,而不能简单地、粗暴地拿自己的孩子跟别的孩子比。

有一个女孩子学习很努力,可成绩却不是很好,在一次考试后,她失望地对妈妈说:"妈妈,我考不上大学了!怎么学习都没用,你看小雪轻轻松松成绩就比我好!"妈妈笑了,慈爱地抚着女儿的手说:"孩子,这种比较是毫无意义的!无论你的成绩怎样,你都是我最爱的女儿,我眼中最聪明的孩子!不信,你看!你在小学时总是排在倒数几名,可是上初中后,你已经快赶上中游的同学了!在这所高中里,你的成绩居中,算一算,这些年来你进步了多少啊!离你高考还有一年多,只要你坚持努力,考大学是没问题的。""真的吗?"女儿的眼睛一下子亮了,她站起身向自己房间走去。"妈妈,您说的对,我就像一只蜗牛,虽然爬得慢,但一直在进步!我要再努力一年半,功夫不负有心人嘛!"

这是一位很难得的母亲,她对成绩不好的女儿满怀包容,还运用一种积极的比较给女儿以自信心。可惜的是很少有人能做到这一点,通常家长的比较是拿别人孩子的长处与自己孩子的短处比,但他们又不能对比较的结果进行仔细地分析,而是只看到别人孩子的长处,看不到自己孩子的长处,动辄批评、指责孩子,把孩子贬低得一无是处。但如果父母都能做到像故事中的那位母亲所采取的积极比较方法,也许效果就完全相反。

此外,孩子学习遇到挫折时,寻找"同类"进行比较,也能把孩子从失望中拯救出来。每年高考揭榜时,经常会看到令人心情不好的场面,其中给人印象最深的是落榜者的灰心和痛苦。但也有不少没考上的朋友相聚在一起时,有的是一个人一声不响,有的则以另一个没考上的孩子为例,说"别着急,连××这次也没考好"之类的话来自我安慰。

在日常学习中也有一些与此类似的情况,孩子遭受挫折的时候,对孩子谈及与其状况类似的相同者,常常可以鼓励孩子恢复信心。

父母只有包容孩子,才能将孩子作积极的比较。相应地,运用积极比较方法,父母就能更了解孩子的优势和特长,更加包容自己的孩子。

包容就是不去指责孩子的缺点,更不要拿别人的优点来与孩子的弱点比较,这样做只会刺伤孩子的自尊心,对培养孩子的良好性格毫无益处。

3. 孩子的错误也有价值

当孩子做错了事后,心里会感到非常害怕,这时再去责备孩子,只会加深孩子的恐惧,有的孩子甚至因此害怕而不敢承担责任,这会危害到孩子良好性格的形成。父母们应该这样想,反正错误已经造成了,因此也不必再去苛责孩子,现在最重要的是怎样利用这个错误教育孩子,不能让这个错误变得毫无意义。

教育学家认为,最好的父母是那些具有宽容之心的父母,这样的父母教育出来的孩子往往是勇敢而豁达的。这是为什么呢?举个例子说，一个孩子如果不小心弄坏了爸爸的剃须刀，孩子会很害怕受到父亲的责罚。但如果他的父亲谅解了他，并告诉他剃须刀的正确用法，那么这个孩子就一下子从他所犯的错误中学到了很多东西：一、剃须刀的使用方法。二、负责任。如果以后再犯错误，有了这次的经验，孩子也一定会承担责任。三、宽容。父母是孩子的榜样，父母能够宽容孩子的过错，孩子的性格也会变得宽容大度。

妈妈不在家，5岁的强尼想喝牛奶，于是他决定自己去拿。牛奶在冰箱里，小小的强尼根本够不着，他搬来一把椅子，踩在上面，左手扶墙，伸出右手去拿大罐子的牛奶，却没有拿稳，手一松，整罐牛奶都打翻在地上。牛奶淌了一地，几乎整个厨房的地面上都是。强尼很害怕，他想妈妈一定会很生气的。

意外的是，回家后的妈妈看到这些并没有发火，却说："我从来都没有见过这么漂亮的牛奶海洋。"看到强尼的紧张情绪已经缓解，妈妈接着说："你愿不愿意跟妈妈一起把牛奶打扫干净呢？牛奶海洋是很漂亮，但是这样子的话地板上就很脏了。"

接下来，妈妈拿着拖把、扫帚带着强尼一起把厨房打扫了一遍。然后，妈妈又把他先前打翻的牛奶罐子装满水，放进冰箱，教强尼怎么拿才不会把罐子打翻。

其实小孩子都是这样，他们尝试去做某些从未做过的事，而父母又不在身边的时候，也许会因为自己的举动给父母带来麻烦。

想一想如果你的孩子不小心打翻牛奶瓶时，你会怎么处理呢？是怒气冲天，大声呵斥孩子："你那么笨啊，连牛奶都不会拿？"还是赶紧自己收拾残局，告诉孩子："没关系，没关系，你不要过来，不要踩到牛奶，让妈妈来收拾。"还是叫孩子一起来收拾，一起承担自己不小心做错的事？然后，再教孩子怎么去做就不会再次出错？

父母应该选择的是第三种做法，这样，你的孩子以后做事就"不怕做错事"，也有信心和勇气不断尝试、实验；尽管有时还是会出错，但他会学习用"心平气和"的心来看待，并勇敢地"自我承担"所做的一切。更为重要的是，他从你的身上学会了宽容别人的一些无心过错。

一天强尼的朋友，5岁的约克不小心把强尼辛辛苦苦做好的纸房子给弄坏了。可原本很生气的强尼并没有像往常一样跟自己的小伙伴打起架来，而是拉起约克的手说："约克，咱们再做一个。"强尼想起自己打翻牛奶妈妈都没有骂自己，约克只不过是弄坏了纸房子，那更是可以原谅的了。妈妈站在一旁，欣喜地看着约克："宝贝，你做得很对！""妈妈，我还会教会约克怎么制作小船！"得到妈妈鼓励的强尼高兴地对妈妈说道。

心理学家告诉我们："当一个错误已经发生、覆水难收时，你发再大的脾气，也都于事无补。"大声责骂小孩，也只是使小孩更害怕、更恐惧而已，更糟糕的是，你的愤怒造就的可能就是一个性格胆小狭隘的孩子。在生活中，当错误已经发生时，宽容孩子的错误，教会孩子勇敢面对、勇敢承担才是父母最好的选择。

而生活中，一些父母往往对于孩子太过苛刻，不能宽容，结果他们的孩子根本无法从错误中学到任何有价值的东西，孩子也因此变得越来越胆小畏缩。

马克是个活泼好动的孩子，那天，他不小心将父亲给他新买的鞋子弄坏了。

"马克，你是怎么搞的，把这双刚给你买的新鞋弄坏了。"父亲指着他的鞋问道。

"我在与其他的孩子玩的时候……被一颗钉子划了一下……"马克小心翼翼地回答道。

"被钉子划了一下！"父亲生气地说，"你这个坏孩子，为什么这么不听话！把鞋子弄坏了是小事，弄伤了脚怎么办？那会使你变成残废的。"

这时，父亲的朋友兰特刚好来拜访他，父子俩刚才的谈话都被他听见了，他看见马克难过得都要哭出来了，便走上前去。

"嗨，老朋友！"兰特笑着向他打招呼，"这是怎么回事？你瞧，我们的小马克多不高兴呀！"

"他还不高兴？"父亲指了指手中的鞋子，"这个调皮的家伙把刚买的新鞋弄成了这个样子。"

"是吗？"兰特做出不在意的样子，"我看这没什么问题。一条小小的伤痕并不影响这双鞋的作用啊！孩子嘛，给他讲清道理就行了，何必那么过于严厉。"兰特笑着说道。

"不能轻易饶了他，否则他会变得无法无天起来。"父亲说。

这是一位多么粗暴的父亲，因为一个小小的错误，而且是孩子无意中犯的错误，他就对孩子如此严厉，给孩子那么多指责。这个小错误其实是个教育孩子的好机会，如果他能谅解孩子的无心之过，孩子对父亲将会多么感激呀！这时再告诉孩子,跑跳时要注意安全,要爱惜物品,孩子一定会认真地记下父亲的要求的。

教育学家早已告诉我们,父母的教育对孩子品行的形成影响是最大的,不要总是抓住孩子的错误不放,严厉地训斥他们。因为低俗的教育只能培养出低俗的孩子。因此父母们应当尽可能地宽容自己的孩子。

宽容孩子不是纵容孩子,宽容是为了让孩子在错误中学到东西,让孩子不再犯类似的错误,宽容孩子的错误就是给孩子痛改前非的机会。

4. 宽容才是最好的教育

孩子往往会在自觉、不自觉中犯下这样或那样的错误。那么,父母应该如何教育这些犯了错误的孩子呢?恐怕涌向父母头脑中的第一个念头就是:严厉地教训他一顿,让他以后不再犯错。而事实上,心理学家告诉我们,宽容孩子的过错才是最有效的教子方法。

你也许曾听过这样一个寓言:北风和太阳打赌,看谁的力量更强大。它们决定比试谁能把行人的大衣脱掉。

北风先来。它鼓起劲,呼呼地吹着,直吹得冷风凛凛、寒冷刺骨,可是越刮,为了抵御北风的侵袭,行人越把大衣裹得紧紧的。

接下来是太阳。太阳高挂在天上,轻柔温暖,行人觉得春暖上身,渐觉有点热,于是开始解开纽扣,继而脱掉大衣,太阳获得了胜利。

人们把这种以启发自我反省、满足自我需要而达到目的的做法称为"太阳效应"。太阳之所以能达到目的,就是因为它顺应了人的内在需要,使人的行为变为自觉。

"太阳效应"给我们的启示是:在处理人与人之间的关系时,宽容比惩戒更有效。

生活中,我们也有这样的经验:当我们在工作中不慎出了差错,造成了损失,自己认识到问题的严重性,深深地感到后悔、自责,既怕受到领导的批评,又觉得应该受到批评。就在等待领导批评处罚的时候,领导了解到你的心情和态度,没有批评和处罚,而是告诫你认真地总结教训,以实际行动尽可能地减少或挽回损失。还安慰你不要因为工作中的过失而背什么思想包袱,以后还要继续大胆工作。领导的这种态度,使你从中受到的教育,恐怕要比挨批评、受处罚还要深刻得多。

为什么宽容谅解会产生如此奇效呢?这是因为,宽容是对人的过失和错误不予追究,谅解是对犯有过失和错误的人的深刻理解和极大信任。当一个人不慎犯有过失和错误,造成了损失和不良影响,自己心里都会感到痛苦和内疚。这时,最需要的恰恰是理解和信任。这时候,别人给予的理解和信任,不但不会使人姑息自己,反而会更加使之加深痛苦和内疚,继而认真反省,痛改前非。

一天,埃德蒙先生回家刚打开厅门,就听见楼上的卧室有轻微的响声,那种响声对于他来说太熟悉了,是阿马拉小提琴的声音。

"有小偷!"埃德蒙先生快速冲上楼,果然,一个十几岁的陌生少年正在那里摆弄小提琴。

他头发蓬乱,外套口袋还露出两个金烛台,毫无疑问他是一个小偷,埃德蒙先生用结实的身躯挡在了门口。

这时,埃德蒙先生看见少年的眼里充满了惶恐、胆怯和绝望。那不是一个孩子应该有的神情。

于是愤怒的表情顿时被微笑所代替,他亲切地问道:"你是埃德蒙先生的外甥尼克吗? 我是他的管家。前两天,埃德蒙先生说你要来,没想到这么早就到了!"

那个少年先是一愣,但很快就回应说:"我舅舅不在家吗? 那我先出去玩一会儿,待会儿再回来。"埃德蒙先生点点头,然后问那位正准备将小提琴放下的少年,"你也喜欢拉小提琴吗?"

"是的,但拉得不好。"少年回答。

"那为什么不拿着琴去练习一下,我想埃德蒙先生一定很高兴听到你的琴声。"他语气平缓地说。少年犹豫了一下,但还是拿起了小提琴。

路过客厅时,少年突然看见墙上挂着一张埃德蒙先生的半身像,身体猛然抖了一下,然后头也不回地跑远了。

埃德蒙先生确信那位少年已经明白是怎么回事了,因为没有哪一位主人用管家的照片来装饰客厅。

三年后,在一次音乐大赛中,埃德蒙先生应邀担任决赛评委。最后,一位年轻的小提琴选手凭借雄厚的实力夺得了第一名！评判时,他一直觉得这位选手似曾相识,但又想不起在哪里见过。颁奖大会结束后,这位选手拿着一只小提琴匣子跑到埃德蒙先生的面前,神情激动地问:

"埃德蒙先生,您还认识我吗?"埃德蒙先生摇摇头。

"您曾经送过我一把小提琴,我一直珍藏着,直到有了今天！"年轻人热泪盈眶地说:"那时候,几乎每一个人都把我当成垃圾,当您出现在门口时,我以为自己彻底完了,但是您宽恕了我,让我在贫穷和苦难中重新拾起了自尊,心中再次燃起了改变逆境的熊熊烈火！今天,我可以无愧地将这把小提琴还给您了……"

琴匣打开了,埃德蒙先生一眼瞥见自己的那把阿马拉小提琴正静静地躺在里面。他走上前紧紧地搂住了这个激动的年轻人,三年前的那一幕顿时重现在埃德蒙先生的眼前,原来他就是那个少年！埃德蒙先生眼睛湿润了,少年没有让他失望。

运用"容过"的手段,埃德蒙先生成功地唤醒了孩子的良知,让孩子彻底改正错误,走上正途。

现实生活中,有些家长由于望子成龙、望女成凤心切,总是容不得孩子有过失、犯过错,认为必须严厉地教育孩子,才能使孩子改过。但他们不知道这样做往往会使孩子产生逆反心理,一些孩子甚至越骂越皮,干脆破罐子破摔了。因此当我们的孩子犯了某种错误或过失时,如果他自己对错误或过失的严重性已经有了较深的认识,深深地感到后悔和内疚了,这时,做父母的不妨对孩子宽容一些,使其从父母的态度上进一步地感到内疚、悔恨和自责,从而达到彻底改正错误的目的。

宽容孩子非恶意的过错,其实就是对孩子的信任和理解,这样的教育方法会使孩子更好地反省自己,改正错误。

5. 父母要允许孩子犯错误

教育学家认为,宽容的最高境界就是不怕孩子犯错误、允许孩子犯错误,因为不断犯错误,不断吸取经验教训,正是孩子成长的必经之路。

强强 5 岁了,是一个虎头虎脑的小家伙,力气大,活泼好动。妈妈常对别人夸奖强强说:"我从来不娇惯孩子,强强自己穿衣服、吃饭,从来不用我们操心!"就像妈妈说的那样,强强确实是个好孩子,不但自己的事情自己做,还总想帮妈妈忙。

有一天,妈妈出门买菜,把强强一个人留在家里看电视。强强看到电视中一个小朋友帮妈妈洗衣服的画面,于是决定自己也试试。他拧开水龙头把家里的几个桶、几只盆全都盛满了水,然后打开妈妈的衣柜,把妈妈的衣服一件件地取了出来……

妈妈终于回来了,强强满脸兴奋地站在妈妈面前,准备接受妈妈的表扬。

"我的天!你做了什么啊?"妈妈看到浸泡在水里的皮大衣、毛料套裙、羊毛衫,还有两双皮鞋,一时间气得脸色发紫!在妈妈怒气冲冲的斥责里,强强惊恐万状、不知所措,终于吓得"哇哇"大哭起来……

这位妈妈为儿子会动手做事而骄傲,但却不能宽容儿子因好心而犯下的错误,而她的责骂必然会给孩子参加家务劳动的主动性和积极性带来沉重打击。可以说,妈妈对孩子犯错的处理态度和方法是不妥当的,应当首先问清楚具体的情况和原因,孩子完全是由于缺乏经验,是好心做了错事。这就应当给予宽容、谅解,然后再具体指导孩子如何打扫卫生。这样既保护了孩子参加家务劳动的积极性,又使孩子学会了如何打扫卫生,一举两得,那有多好。

意大利著名女教育家玛丽亚·蒙台梭利所倡导的教育方法就是"容过",即不要怕孩子犯错误,要允许孩子犯错误。在蒙台梭利看来,父母怎样对待孩子犯错误,及其怎样对待孩子改正错误的态度才是重要的。尤其是父母对待孩子犯错误和改正错误的方式、方法,将直接对孩子产生重大影响,决定孩子正确对待和处理错误的态度和行为。

那些被父母轻视的孩子,性格变得害羞、沮丧和恐惧的例子,在我们身边举不胜举。"我做不好",所以"我干脆不做"——这就是孩子在犯错误之后,不能及时得到正确引导、矫正的结果。要解决这样的问题,最好的方式就是允许孩子犯错误,让孩子在错误中得到经验和教训,并从中学习到改正错误的方法。

蒙台梭利说在传统的管教方式里,孩子的训练是受两条准则的引导:奖赏和惩罚。大部分父母认为,改正孩子的错误和批评孩子是他们的主要任务,于是当孩子有了过失之后,他们就先不分青红皂白地训斥孩子一顿。在训斥警告过孩子之后，有的父母会问一下孩子犯错的原因，有的甚至连问都不问，这是极不恰当的。蒙台梭利认为家长应宽容孩子的错误、和颜悦色面对孩子的错误，容许孩子逐渐改正过来。

有一位中国教育工作者去瑞士访问，一位瑞士同行热情地邀请中国人去他家里做客。闲谈了一会儿后，主人就带着中国客人去楼上看他 3 岁的儿子。当他们来到孩子的小房间时，发现那个调皮的小家伙正在制造一场"灾难"：他用剪刀把窗帘剪出了好多洞，又把那些碎布片用胶水粘在墙上。中国客人想，这位父亲一定会狠狠地骂孩子几句，甚至打他一顿，但是出人意料的是，爸爸兴奋地冲上去抱起了儿子："哦，宝贝！你简直是个天才，这么小就会用胶水和剪刀了！不过我的孩子，你最好别动床单、窗帘什么的，那可是你妈妈的宝贝！晚上爸爸再教你怎么使用它们！"小家伙乖乖地交出了"凶器"，跑到一边玩模型车去了！中国客人目瞪口呆地问："你不教训孩子几句吗？我以为你至少应该让他知道自己闯了多大祸！"主人笑着说："不，犯错是专属于小孩子的自由，我不能粗暴地打他、骂他，我不希望孩子犯错，但更不希望孩子因为害怕犯错，就什么都不去做！"

这位瑞士父亲的做法就很值得我们反省、深思，这种教育方法也是对"容过计"的一种很好的阐释，仅仅宽容孩子的错误是不够的，还要允许孩子犯错误。如果父母们总是把错误看成是罪魁祸首，甚至不惜一切地避免孩子犯错误，那么孩子就会渐渐变得畏缩，什么也不敢去尝试。

当然，允许孩子犯错误，还有一个允许到什么程度的问题，这就要求父母对待孩子所犯的错误，设立一个合理的限制尺度。

我们给孩子的自由是限制之内的自由。比如给予孩子在家中自由活动的自由；给予孩子选择的自由，支配时间的自由；孩子自己选择学习或娱乐的自由；自己选择独处或与其他孩子交往的自由……我们所给予孩子的这些自由，应当是在限制之内的——孩子不可以干扰或伤害别人！这就是明确而坚定的合理限制。

允许孩子犯错误，也是为了让孩子从中学会处理错误的方式、方法，这对孩子的健康成长来说是至关重要的。

6. 播种宽容才能收获良好习惯的果实

世界上没有十全十美的孩子,每个孩子都多多少少有点小毛病、小缺点。所以父母一定要宽容、体谅孩子,给他们改进的机会,这样孩子才能逐渐养成好习惯。

孩子年龄虽小,但也有很强的自尊心,父母一旦对他们的缺点或缺陷表现出强烈的厌恶感,孩子稚嫩的心灵就会受伤,造成无法挽回的遗憾。

7岁的婷婷是个很可爱的小女孩,但却有一个很不好的习惯——说谎。父母为此非常生气,一旦发现孩子撒谎就对她又打又骂。有一次,妈妈去接婷婷放学时,老师告诉妈妈,婷婷在学校打破了一个花瓶,但却不承认是自己做的。妈妈非常生气,她立刻把婷婷从自己身边推开,大声说:"又撒谎! 这样坏的孩子丢掉算了!"婷婷站在角落里,惊恐地看着妈妈,第二天婷婷就离家出走了。

面对自己的孩子,望子成龙、望女成凤的父母总是容易期望过高,有时候期望孩子能像自己一样有成就,更多的是希望孩子青出于蓝胜于蓝。对孩子的行为过分挑剔成了大多数家长常犯的错误。这些家长时时刻刻盯着孩子,当他们有些事情做得不好或不对时,就急切地去纠正,直到他们完全无误才肯罢休。

不论是头脑还是容貌方面的缺点,都不应成为父母责骂孩子的题材。我们常见到这样一种母亲:刀子嘴,豆腐心。她们爱护自己的孩子,对孩子生活上关心备至。孩子在外面如果受了顽皮孩子的欺侮,她们会心疼得说不出话来,总要去讨一个公道。但是当孩子不读书或不听话时,她们也什么话都骂得出来。她们时常骂些过头话:"笨蛋! 你怎么这么蠢呢? 什么功课也不会做。你真是蠢死了? 这样蠢,还不如死了的好! 真把我气死啦!"骂过,自己气消了,对孩子又爱护如前。但是她却不知道,也从未认识到她这种刀子嘴,对孩子心灵的伤害有多大!

做父母的没有不心疼自己的孩子的,正是由于这种心疼与忧虑使他们对孩子的某些缺陷更加感到无奈与怨恨,因而在生气时,或孩子不听话时,这种对上天不公的怨恨就淋漓尽致地发泄出来了。尽管不是真正地嫌弃自己的孩子,所说的话也不过是一时气话,然而它无意间对孩子心灵造成的伤害是无法弥补的。

一句话,父母绝不能嫌弃自己的孩子。如果你希望自己的孩子拥有好性格,那么就一定不要苛责他们,伤害他们。

性格的培养也要讲究方法,父母要做的是:用宽容代替惩罚,给孩子尊重和耐心。

在美国经典电影《师生情》里有这样一个场景:一位优秀的白人教师,他在给一名长期受到种族歧视的黑人孩子上课时,耐心地鼓励他说:"孩子,老师相信你是天下最好的孩子,是顶天立地的男子汉!你不要紧张,仔细数数老师这只手究竟有几个手指?"

那孩子缓缓地抬起头,涨红了脸,盯着老师的 5 个手指,数了半天,终于鼓起勇气,开口说:3 个。

面对这样的结果,这位伟大的老师没有责备,也没有泄气,而是依然满怀热情地说:"太好了,孩子你简直太了不起了!一共就少数了两个。"

老师的鼓励像久旱的土地遇上了甘霖,孩子的眼睛一下子放光了。

这个电影片断曾深深感染了许多的老师和父母,令人永生难忘。

积极的心态对于孩子的智力发展、好性格的形成影响很大。一个自以为自己不如别人的孩子,总是倾向于向人们说自己不行,而爸爸把孩子的一次失败或一时的弱点作为缺陷讲给人家听时,孩子的自责就会得到强化,并逐渐地在心理上凝固成一种本非事实的事实,这会使孩子由一般的自责转变成自我失败主义心理,严重地压抑了孩子的进取心和创造性。

在对待孩子不良行为的问题上,很多家长缺乏宽容与耐心,一看到孩子有不好的行为,马上开始粗暴地责备。这样做的后果往往是让孩子感到心灰意冷,即使有心悔过,在父母粗暴的行为下,也变得越来越无所谓了。

无论孩子犯了多大的错,只要他有悔改的想法,做家长的都要给他重新开始的机会,不肯原谅已经悔改的孩子,只会让他越走越远。因为这世上,没有什么错误不可以改正。毛病再多的孩子,在恰当的教育下,也会发生让你惊讶的、奇迹般的改变,关键是家长们要有一颗充满爱的、宽容的心。

阿格尼丝是个漂亮、聪明的女孩子，学习成绩也不错，但有一个缺点就是不够诚实，常常撒谎。妈妈一直想帮女儿纠正这个坏毛病。

有一天，阿格尼丝的妈妈接到一个莫名其妙的电话，对方自称是凯瑟琳的母亲，她指责阿格尼丝妈妈没有好好管教自己的女儿。一头雾水的阿格尼丝妈妈直到凯瑟琳妈妈平静下来才明白致使她如此怒不可遏的原因。

原来，周末出去度假的凯瑟琳一家回来后发现，家里地上撒满了打碎的鸡蛋，屋里被弄得臭气熏天，而这些就是阿格尼丝带人做的。因为阿格尼丝的男朋友威尔逊最近和她分手，而开始和凯瑟琳约会，心有怨恨的阿格尼丝于是带了几个朋友来报复凯瑟琳。

阿格尼丝的妈妈很清楚自己女儿一贯的泼辣作风，她开始相信这是女儿的作为，于是她说："让我先同她谈一谈，再给你回话，我为你的不幸感到抱歉。"

等到阿格尼丝回到家，妈妈问她："凯瑟琳的妈妈打电话来了，说你把鸡蛋扔进了他们的屋子里，你能不能告诉我，到底发生了什么事？"

"没有，妈妈。"阿格尼丝嘴上十分肯定地说。

"那好吧，我打电话给凯瑟琳妈妈。"阿格尼丝妈妈说。她拨通了凯瑟琳家的电话："你好，我是阿格尼丝妈妈。我想你是误会了我女儿，她不会做这样的事情，我希望你停止向别人传播不利于她的消息。而且，我希望你能向我和我的女儿道歉，因为你错怪了她……"

一旁的阿格尼丝很是感激母亲这样为自己辩护，但同时，她也因为自己向妈妈撒了谎而难过得无地自容。她觉得应该告诉妈妈真相，不让妈妈为自己背黑锅。她做了个手势告诉妈妈挂电话。

妈妈照做了，她早就从阿格尼丝不自然的表情中看出了事实的真相，但是她决定把这个坦白的机会留给女儿。妈妈静静地坐着等阿格尼丝开口。

"我和威尔逊分手了，都是因为凯瑟琳，因此我一怒之下买了几十个鸡蛋扔进了她家里。你知道我心里有多么难过……"

阿格尼丝含着泪说完，等着妈妈大发雷霆，但出乎她意料的是，妈妈并没有发火，反而跟她讲起自己过去的类似经历。

一番推心置腹的谈话后，阿格尼丝感觉到了母亲的爱与理解，这也给了她纠正自己错误的勇气，她勇敢地打电话给凯瑟琳的母亲，承认了错误，并愿意做一切来补偿自己所犯的过失。

这件事情之后，阿格尼丝真的很少再撒谎了，因为她觉得说谎话无法面对她如此宽容的妈妈。

对待有不良性格的孩子，我们也应该像阿格尼丝的妈妈一样，给予孩子爱与理解、宽容和耐心，让他们自己认识自身所犯的错误。如果一味以强硬的方式来解决的话，往往达不到自己预期的目标，反而使孩子与自己产生隔膜。

生活中，有不少"刀子嘴，豆腐心"式的家长，他们只知道自己的用心是好的，但却没有想到他们的"刀子嘴"会给孩子造成多大的伤害。培养孩子的好性格是需要耐心的，如果能对孩子多一点包容，那么就一定能达到好的教育效果。

好父母胜过好老师大全集

7. 引导孩子在"淘气"中有所得

孩子淘气是最让父母心烦的，他们精力旺盛，不停地惹是生非，给父母带来了无尽的麻烦。对于这样的孩子，一般家长的教育策略就是：严加管教，然而这样做效果并不好。有的孩子越管越"皮"，处处和父母对着干，无法无天地淘气；有的孩子被家长管得老老实实，对什么都没兴趣，家长让做什么就做什么，失去了自己的个性。其实对淘气孩子的最佳管教方式是：在约束中纵容。这是对"纵容计"的一种活用：纵容孩子淘气，但要注意引导孩子向好的方面发展，让孩子在淘气中学到东西。

有这样一个故事：有一个孩子非常淘气，好在他有一个开明的母亲，从来不会严厉地压抑他的天性。有一天上课时，一名女学生突然发出一声惊叫："蛇！"全班顿时炸开了锅，一片呼叫声。一些学生爬上了桌子，还有一些往教室外逃。年轻的女教师慌了手脚。这个孩子却镇定地趴在桌子底下，伸手一把抓住一条蜥蜴，往一个小纸盒里一塞放进书包，然后若无其事地坐到位置上。班主任老师把他叫到办公室狠狠地批评了一顿，并找来了孩子母亲。其他老师都反映：这个孩子是个淘气包，贪玩，常捉弄女同学，学习成绩不好。希望家长多配合学校对他进行批评教育。

母亲把孩子领回家，但并没有批评他。因为她知道随便下结论、不分青红皂白地训斥批评，是教育者的大忌。沉默了一会儿，她心平气和地问儿子："为什么要抓蜥蜴，不怕它咬么？"儿子说："它没有毒，不咬人。""是吗？你怎么知道的？""书上说的。""你什么时候抓到的？""四五天了。""这么久了，喂什么给它吃？""我没有喂它。书上说，蜥蜴饿急了会吃掉自己的尾巴，我想试一试，看看是不是真的。它至今还没有吃掉尾巴。"母亲笑着拍了拍儿子的肩膀，鼓励他把实验做下去，并告诉他如何做好观察记录，同时向他指出：不该将蜥蜴带到学校。两个星期后，儿子兴奋地告诉母亲："蜥蜴的尾巴不见了。"母子一起剖开蜥蜴，在肚子里找到了尾巴。孩子高兴得不得了。正在这时，市里要举行科技小发明小论文竞赛。母亲就鼓励孩子把蜥蜴实验的记录，写成一篇观察报告，结果这篇报告获得了小论文二等奖。那天放学后，孩子把奖状端端正正捧在胸前，在同学羡慕的眼光里走出校门。

后来，同学们选他担任科技活动小组长，又成为了班里的学习委员。

这个事例告诉了我们这样一个道理：淘气的孩子并不是一无可取，只要父母管教得当，孩子就会大有可为。

欧美很多国家对儿童教育的研究显示，淘气的孩子往往最具有坚强的意志力，而且通常很聪明。事实上，有时候孩子的淘气行为就是他具有开拓精神与创造力的一种表现。所以，父母应避免过分压抑孩子的反抗心理，顺势而为，开发"淘气包"的聪明潜力。

一天，母亲有事要出去，临走前，她交代6岁的儿子照顾好正在睡觉的妹妹。母亲走后，小男孩觉得很无聊，就开始在家里东翻西翻，结果在阁楼上发现了几瓶彩色墨水，他很好奇，忍不住打开瓶子。看到妹妹还在熟睡，于是，小男孩开始在地板上画起了妹妹的肖像。结果室内各处都被洒上了墨水污渍，家里变得脏乱不堪。

这时母亲回来了，色彩凌乱的墨水污渍充斥着她的眼睛，但是她也发现了地板上的那张画像——准确地说是一片乱七八糟的墨迹。她没有为雪白的墙壁、新铺的橡木地板而朝儿子大喊大叫，而是惊喜地说道："啊，那是你妹妹。"然后她弯下腰来亲吻了她的儿子。

这个男孩就是本杰明·威斯特，后来成了一位著名的画家，他常常骄傲地对人说："是母亲的亲吻使我成了画家。"

孩子的好习惯是这样培养出来的

没有母亲对本杰明的纵容，也就没有本杰明后来取得的成就。因此，家长对孩子的淘气不必太过苛责，而是应当换个角度看待孩子的淘气行为，不要只注意孩子因淘气犯错造成了多大损失，而是让孩子在犯错后受到启发，那么这个错误就犯得有价值了。

为了有效地开发淘气孩子的潜能，为了让孩子从错误中成长，专家给出了以下建议：

(1)引导孩子改过

接纳孩子已犯的错误，注重事后的引导，是十分重要的，并给予孩子改过的机会，使其从改过的过程中领悟出道理；否则，孩子会认为：反正父母是不再给自己机会，也不再对自己存有希望，还用改过吗？进步的效果也就达不到了。

"纵容"孩子淘气，并不等于对他们的过错不闻不问，否则，亦达不到启发孩子的效果。所以，给予孩子正确解释，让他们知道犯错误的原因何在，请孩子想想避免或改过的方法，从中学习。

(2)不要随便责骂孩子

责备孩子前，先站在孩子的立场设想一下，想想他们的能力、感觉。例如孩子吃饭时打破了饭碗。"饭碗太大了，你的小手不够大吧？""所以，吃饭时就最好不要东张西望、看电视啦！"孩子也就觉得父母替自己设想，不是完全责怪自己，会发自内心地自我反省，不再存心推卸，并尽力避免下次再犯。

(3)帮孩子分担一部分责任

替孩子负担一小部分责任，减轻他们的心理负担，亦有助于他们反省。在孩子年龄较小时，不应给予太多责备，目的只在于给他们认错及思考、吸取教训的机会。

"纵容"孩子淘气，关键在于引导孩子，让孩子在淘气中有所得，若一味地纵容孩子而不加引导，那就是溺爱孩子了。

8. 不要完全否定孩子的贪玩

　　孩子贪玩,是一个令父母感到头痛的问题。其实,父母们应该知道,玩是孩子的一种天性,是他们对周围世界感到好奇的行为表现,事实上,很多孩子往往是在玩耍中学到知识,加深对客观世界的认识的。哈佛大学著名儿童心理学专家组成的"发现天赋少儿培育计划"课题组,在对世界各地近 3000 名 10 岁以下儿童进行跟踪调查后发现,在被认为是聪明过人的孩子里,87％都有"强烈的好玩之心"。因此不要把你的孩子限定在你规定的"框架"里,"纵容"你的孩子开怀地玩耍吧,也许你也会得到一个"玩"出来的好孩子。

　　朱畅从小就是个特别贪玩的孩子。每天放学后,朱畅不是拿着他自制的"捕虫器"到田野里捉虫子,就是带着其他几个孩子拿着一个放大镜到田间地头,观察庄稼的叶子。

　　有一段时间,父母对朱畅贪玩的行为十分恼怒,还多次没收了朱畅的一些玩耍工具。但这并不能阻止孩子的贪玩,朱畅总是有很多的"鬼点子",今天玩耍的工具被没收了,明天他又能做出一个其他的玩耍工具。老师说朱畅够聪明,只是没有把主要精力用在学习上,所以学习成绩平平。爸爸、妈妈更是着急,不知道究竟怎么办才好!

　　小学毕业后,朱畅并没有考进"重点"中学,在一所普通中学里学习成绩也只是"中等偏上"而已。但朱畅制作航空模型的水平却是出了名的,他制作的航空模型不但在学校和市里获了奖,而且还参加过省级赛事。2002 年,朱畅还是一名初三的学生,那一年在老师的指导下,由他设计的"SK－2"型航空模型获得了全国大奖……

　　教育学家认为:对于孩子来说,学习本身是学习,玩是学习,游戏也是学习。事实上,我们也很难找到一个不喜欢玩的孩子! 父母之所以害怕孩子玩,是怕孩子玩得太出格了,因此限制孩子玩。

　　另外,一些孩子学习成绩不理想,这可能是由于他们心理上存在一些障碍,有一些生活习惯上的错误举止、行为,等等。当父母的不去寻找真正的原因,不分青红皂白,一律都把板子打到孩子"贪玩好耍"的身上。于是在不知不觉之中抹杀了孩子的创造力。

塞德兹的儿子非常贪玩,但塞德兹并不为此烦恼,他认为孩子在玩中也会有所得。有一天,塞德兹给儿子带回了几块眼镜片,有近视镜片,也有老花镜片。小塞德兹对新奇的事一向特感兴趣,他把镜片架在自己的眼睛上玩,没过一会儿就大叫眼花,只好把镜片举到离眼睛较远的地方才能看清楚镜片后的东西。塞德兹任他玩耍,不去管他。当他一只手拿着近视镜片,一只手拿着老花镜片,一前一后地向远处看时,他突然尖叫起来,原来他发现远处礼拜堂的尖塔突然来到了他眼前。

他高兴地大叫:"快来看啊,爸爸,礼拜堂的尖塔就在这里!"

从此,他懂得了望远镜的原理并亲手制作了他的第一架望远镜。

在玩耍中,塞德兹制作出了自己的第一架望远镜。孩子就是在玩耍中认识世界的,阻止他们玩耍,就是阻碍他们的智力发展。

玩并不是阻碍孩子进步的障碍,恰恰相反,只要父母引导得法,方式恰当,孩子的"贪玩"正是引导孩子进步的阶梯。

为了引导孩子玩得得法,为了不让"纵容"出现偏差,我们建议由家长充当孩子的"玩伴"。

一个懂得教育孩子、会培养孩子的父母,理应把陪孩子玩,当成亲子教育中最重要的一环。让孩子充当"玩"的主角儿,感受玩的乐趣,在玩中加深对世界的认识,这才是我们的任务。

在与孩子玩的过程中,父母可结合"玩"的内容,培养、引导孩子对事物的兴趣。比如,捉蜻蜓后,引导孩子观察蜻蜓的外形,看看它们各有什么特征,有什么相同和不同的地方,再把它们与其他种类的昆虫比一比,让孩子对自然界的各种小生物发生兴趣。

陪孩子玩,也是引导孩子开阔视野,开拓思维的好途径。比如,父母发现孩子喜欢玩汽车玩具,在陪玩中就可向孩子介绍不同种类的汽车,以后再带孩子去参观汽车展览会,扩大孩子的眼界,孩子会饶有兴趣地了解各式各样的汽车,在现实生活中又和孩子一起观察汽车,获得更多的知识,启发孩子的求知欲望。

同时,玩也是培养孩子良好的品德的有效方法。父母在陪孩子玩的过程中,可以针对各种情况进行品德的培养。如带孩子去公园,要教育孩子爱护花木,爬山时不怕苦,不怕累,摔跤了要勇敢,不要破坏文物等。带孩子看电影,就应跟孩子一起做个文明的观众,不大声喧哗,不乱丢果皮纸屑,等等。

为了帮助家长们更准确地运用"纵容计",建议家长在三个方面多下功夫:

(1)观察孩子的喜好

对于贪玩的孩子,父母应该注意细心观察孩子爱玩什么,怎么玩……分析这样玩对孩子身心健康是否有益,是否妨碍和伤害到其他人的利益,是否对社会环境产生不良的影响等。千万不要不分青红皂白就对贪玩的孩子主观地横加干预。

(2)引导孩子去玩

贪玩孩子的兴趣爱好往往十分广泛,聪明的父母不是限制孩子玩,而是把孩子的爱好引向更科学、合理,有助于身心健康的方面。孩子如果爱好广泛又比较贪玩,他们往往玩起来认真投入,不能自制。父母应该怎样做呢? 我们不妨看看下面这个例子:

小宇喜欢踢足球,放学后就在楼下的小路上踢。尽管场地狭小,仍然玩得汗流满面,还曾踢碎过人家的玻璃。后来父母分析,孩子喜欢踢足球是件好事,他在体育课中的长跑项目没有达标,而踢足球也是锻炼长跑的好机会。于是父母阻止了孩子在楼下踢球,而是在周末带他到学校的操场上去踢,这一下孩子玩得更尽兴了,这样做的结果既保护了孩子的兴趣,又弥补了体育课中孩子的弱项。

(3)帮孩子合理安排玩的时间

孩子的兴趣广泛,又得不到合理的安排,往往在玩的时候投入的精力多,占用的时间长,没有节制地玩会造成"贪玩"。改变孩子贪玩的现象,应该是父母帮助孩子合理地安排和选择"玩什么","怎么玩"和"什么时间玩",使孩子能够在"玩"中受益。如父母不妨训练他的骑车、游泳等基本技能。有条件还可以经常带他们郊游、爬山、参观博物馆等。

孩子在"玩"的过程中不仅能开阔眼界,同时也能增长知识。因此家长应当鼓励孩子去玩,不要把孩子的一举一动都限制在框框里。

9. 艺术的批评才能让孩子更好地接受

当孩子的行为出现偏差时,批评是必不可少的,然而批评的方式也有正确错误之分,而方法正确与否,会直接影响到孩子能否虚心接受父母的批评,因此批评孩子也一定要艺术。

家长对孩子进行批评是为了抑制孩子的不良行为、不良性格与不良学习态度。为了达到这个目的,就要正确运用批评的心理学原则与心理艺术,否则就可能适得其反。除了批评不可过度之外,还应该忌讳以下几点:

(1)对小错误揪住不放

父母总是希望自己的孩子是最好、最优秀的,为此,他们不能忍受孩子犯错误,大到考试成绩是否理想,小到扣子是否系好,头发是否梳理成父母喜欢的发式,一切的一切,他们都要插手。

事实上,只要孩子不是犯错过大,对一些不符合父母标准的小错误,父母可以加以提醒,不需要横加指责。过多地指责会使孩子常常处于无地自容的境地,尤其是在生人面前斥责孩子,对孩子的打击更大。时间长了,孩子就会形成一种消极的思想,如"我不行"、"我干不了"等,埋下自卑的种子。

对于小错误,父母应当保留孩子的面子,做出适当的提醒。对于大错误,父母同样应该注意孩子的心理承受力,防止批评过度。

(2)不分青红皂白乱批评

一位工作了一天的母亲下班后,看到孩子看电视,就板着脸对孩子说:"你怎么一放学回家就看电视,你这样能够把作业做好吗?我辛苦供养你,你就是这样回报我的吗?"

孩子马上说:"妈妈,您不了解情况别乱批评,怎么能说我一回家就看电视呢?我回来已经做了一小时的作业了,我刚看了几分钟您就说我老看电视。"

他妈妈说:"你还说没看电视,太不听话了,我看你考试怎么办。

考不好再跟你算账。"母子俩为此争吵了起来。母亲批评孩子是为了使孩子专心致志做作业，批评的目的没有达到，反而引得母子俩心里都不愉快，实际上也影响了孩子做作业的情绪。

批评要合理，批评合理才能使孩子从心理上产生接受感。家长对孩子进行批评首先要把孩子不良行为的事实搞清楚，事实不清，夸大其词会使孩子产生拒绝心理。

(3)批评孩子时翻旧账

一位初中学生把自行车钥匙丢了，回家后告诉了妈妈，没想到妈妈借题发挥说："上个月前叫你去买菜丢了 10 块钱，刚买的新圆珠笔没用多长时间也丢了，半年前买的篮球没用多长时间也找不着了。"本已内疚的孩子更加内疚地低下了头。

一些父母批评孩子不是就事论事，而是东拉西扯，翻老账，把上星期，甚至一年前、两年前孩子的过失都放在一块算。这样就冲淡了要批评过失的主题，孩子也不知道挨批评的重点是什么，让他改正什么也不清楚，容易使孩子产生消极情绪。这也不是，那也不是，总是有缺点，这样会使孩子失去信心。

以上的批评方法常常会损害孩子自尊心，造成反效果。

正如赞赏孩子是一种艺术一样，批评孩子也可以很艺术。以下是一些较为合理的批评技巧，希望能有助于家长朋友更好地管教自己的孩子。

(1)语气一定要平和

一边是大声哭闹的孩子，一边是以尖厉声音训斥孩子的母亲。每遇到这种情景，就让人联想起下面的一项研究。

美国康乃尔大学的语言研究小组与美国海军共同合作，试图从心理学角度证明《圣经》中"温和的问答可消除愤怒"这句话的真实性。这项研究最初的目的，是想调查发布命令时最合适的声音高度。他们使用电话和船上的传声筒，用各种高度的声音进行提问，结果显示，发问人的声调越高，答话人的声调就越高，否则，就相反。类似的，耶鲁大学的心理学家霍布兰特所进行的研究也表明，温和的讲课方式比辩论式、演说式的讲课方式更能提高学生的理解程度。

这些研究给教育者一定的启示。即面对大声哭闹的孩子，若母亲也提高声音去责备，孩子哭声只能越发尖锐。甚至可以说，母亲的高声调才是孩子大声哭叫的原因。事实上，母子间的这种争执会越来越严重，一直持续到有一方精疲力竭为止。相信大家都见过这种情形。

由此我们归纳出结论，即与平时说话相比，批评孩子时更应该压低声音。低沉的声音与高亢的情绪成对比，可令人感到理性。换句话说，压低声音讲话，不仅给对方以理智的感觉，事实上也能使自己变得理智。这样，我们才能不受感情的支配，才能冷静地观察对方，引导哭叫的孩子回到理性的世界。

(2)心平气和地批评

一位小学四年级的学生，每天放学回家就打游戏机，他妈妈看见后就骂他一顿，结果这孩子每次回家之后还是照样先玩游戏，因为他总比他妈妈先到家。后来他妈妈也觉得总这样训斥他，也不是解决问题的好办法，于是就主动和孩子谈心，并主动承认过去批评他有时态度不好，同时又帮他分析玩游戏的害处。母子俩通过谈心有了共识，孩子当场表示，以后要克服回家先玩游戏的习惯。从此，孩子终于改掉了这个习惯，学习成绩明显提高了。

批评孩子时，要心平气和，态度和蔼，这样孩子就会更容易接受些。如果粗声粗气、瞪眼拍桌子，气氛紧张，孩子往往会为应付批评，为了避免挨骂挨打，而撒谎为自己的错误辩护，这样就很难收到好的效果。

(3)利用外人来批评孩子

有时父母一百次的责备，莫如别人的一句话有效。

有的母亲说："我家的孩子太调皮，不能带到别人家去。"的确，有时把孩子带到亲戚家或熟人家去时，孩子举止不礼貌，会令母亲不好意思，很为难。因为孩子知道父母在别人家不会过分批评自己。并且，往往当母亲一责备孩子时，这家人就会说："行啦，孩子嘛，何必对他太严苛。"这时，孩子抓住了大人的这种心理，会更加闹得起劲。

在这种情况下，大人与其自己批评，不如试着问主人："你家能允许孩子这样淘气？"虽然不会有许多人说"不允许"，但这时对方的态度也会令孩子懂得自己这样做是不受欢迎的。而且以"做客是不能这样淘气的"这种规矩来要求孩子，反而能很容易地进行礼节教育。因为孩子对他人比对自己的父母更强烈地感受到"社会"。

如果能很好地利用孩子不得不听别人的话的心理,带其到别人家拜访时,也可以积极灵活地利用别人家作为让孩子学习礼节的场所。当然在这种情况下,需要事先与对方家里协调好。例如,让对方家的主人按照自己家的规矩要求孩子,这样会获得更好的效果。

(4)对孩子要责罚有度

不要孩子每做错一件事就责罚他一次。如果是这样的话,孩子一天大概会被责罚上百次。吹毛求疵对父母和孩子都是不好的,可能会滋长孩子的对立情绪,以致形成逆反性格。因而,父母要懂得可以不挑剔的时候就不要挑剔。

父母要了解孩子在不同的年龄时,会有些什么样的行为。了解以后,就不会对孩子的某些举动过于忧虑或生气了。惩罚一定要合情合理,假如孩子偷了小朋友的玩具,教导孩子把东西还回去并且向小朋友道歉;假如孩子在家中乱丢东西,那么,整理东西的工作就要让孩子来做;要是孩子耍脾气,又踢、又叫、又捶,就要让他一个人呆在房间里直到恢复平静为止。

责罚孩子的时候不要过于严峻,责罚一定不要变成虐待或是伤害,责罚的时间也不宜太长。更不要用嘲笑辱骂的方式来责罚孩子,嘲笑辱骂的字眼会长久地烙在孩子的心中,使孩子变得孤僻、易怒、彷徨和多疑。

不良性格的形成是一个从量变到质变的过程,因此,在孩子有不良行为发生时,就要及时制止批评,也只有及时合理的批评才能达到教育孩子的目的。

第七章　培养孩子学习与思考习惯的合同

作为孩子来讲,学习始终是他生活中的一大主题,那么学习习惯与思考习惯的养成就显得尤为重要。就孩子身上的相关问题,与之签订一些有针对性的合同,会有助于这些好习惯的养成,进而提高他的思维和学习能力。

1. 让孩子喜欢学习的快乐学习合同

学习对于孩子成长的重要性是不言而喻的,但是,当孩子进入学习年龄段,家长开始重视孩子的学习时,大多数家长发现,让孩子喜欢学习并不是件容易的事。其实这也很自然,玩是孩子的天性,而学习总要面对新知识、新困难,孩子选择的砝码也就加重在玩乐上了。

李先生平常工作很忙,经常加班、应酬,回到家里感觉很疲惫,往往看一会儿电视便倒头就睡。因为觉得孩子还小,对他的教育问题没有给予过多的关注。自打儿子上了幼儿园的大班以后,李先生意识到孩子的学习问题该抓一抓了。

他决定自己每天晚上抽出一个小时的时间辅导儿子识字和算术。但问题马上就来了,儿子乐乐从小特别喜欢看动画片,贪玩好动的他只要坐到电视机前看起动画片来,就能动也不动地坐上一两个小时。头两次辅导,乐乐觉得新鲜学得还挺带劲,以后就心不在焉起来,要么开始学习时从电视机前拉不走,要么没学一会儿就往电视前跑。

这天在单位听到同事说起自己的孩子识得多少字、学习多么棒,李先生心里更是暗暗着急起来,下决心好好管一管乐乐的学习。

回到家,一眼看到端坐在电视机前的乐乐,李先生的气就不打一处来。他走过去把电视关掉,一把拉起儿子走到书房里,大声训斥道:"天天就知道玩、看动画片,像你这么大的小朋友都认识多少字了你知道吗?现在不知道好好学习,长大了喝西北风不成?"

训完后开始教乐乐背古诗,但是教了足足十几遍,乐乐还是结结巴巴背不下来。李先生又忍不住发作起来:"真是笨死了,连一首最简单的诗都背不下来,将来学习还能好得了?又怎么能考得上大学?从今天开始,以后不准再看动画片!"

乐乐眼泪汪汪地看着爸爸,吓得不敢吱一声。

李先生的做法显然是不可取的,作为家长必须明白一点:并不仅仅是你的孩子爱玩,天下所有的孩子都爱玩,从爱玩到爱学习的过渡需要有一个过程,这个过程并不是孩子可以自主完成的,而需要家长以正确的教育理念和恰当的方式方法去引导,这中间既需要家长适当的约束、管教,更需要家长以平等的态度让孩子自愿参与到对自己学习的"管理"中来。

国内一家心理咨询机构对近万名小学生进行了一次心理测试,结果发现,有接近70％的小学生对学习没有兴趣,甚至"厌恶学习"。有些不喜欢读书的孩子,宁愿把自己关在家里,他们到了课堂上总是打瞌睡,想睡觉。甚至有的医生还将不喜欢学习的学生出现的这种症状称为"厌学综合征"。要想有效解决孩子的厌学情绪,首先,父母要为孩子创造一个愉悦的学习环境。人在心不在焉时,是无法牢记任何东西的,困倦的时候也是如此。有些孩子注意力不集中,手捧书本,心却飞到运动场;一边看书,一边打盹儿等。一旦发生这种情况,父母一定要让孩子停下手上的功课,出去玩个痛快或者尽情地大睡一觉。让孩子逐渐养成定时、量力而行、扎实、有效的学习习惯。比如每天按制定的时间表学习;再制订一份学习计划和学期奋斗目标等,也可以借鉴别人的学习经验,形成自己的学习习惯。

父母应让孩子记住学习是艰苦的,却有方法可循。"考试像平时,平时像考试。"这句话是有道理的,只要孩子平时能像对待考试一样认真学习,不放过任何一个问题,那么面对考试时,孩子必会胸有成竹,感觉到考试像平时一样轻松,不会有压力。家长要检查作业及学习成果,帮助孩子找出错误的原因,不要被同一问题难倒两次。不断检查自己所制定的学习措施的有效性,及时地对无效措施进行改正。

培养孩子在学习中寻找乐趣十分重要。学习并不是死记硬背,游戏和娱乐中往往有很多知识,只要留心,处处都是课堂,时时都是学习。在游戏中学习不仅可以使孩子产生浓厚的兴趣,而且有助于培养孩子的观察能力和分析能力,使孩子的潜能得到开发。当孩子不喜欢学习的时候,通过游戏也同样可以使孩子对学习产生兴趣。孩子的兴趣有一个逐步发展的过程。父母要鼓励孩子多接触社会,亲近大自然,丰富多彩的社会生活和大自然是孩子们最好的课堂。陪孩子去开开眼界,丰富他的感性认识,激励他的斗志,强化他的信心,提高他的学习兴趣。父母要鼓励孩子多看书、看电视、看报、听音乐,适当地进行有氧运动。父母多与孩子一起玩,培养他们多方面的兴趣,并从单一的兴趣转移到学习方面的兴趣上来。游戏不仅不会浪费孩子的宝贵时间,而且是孩子的一种十分有效的学习方式。游戏在孩子的身心发展中具有非常重要的作用,孩子的学习大部分是从游戏中产生的。应该鼓励孩子玩耍,鼓励他们和伙伴们一起玩耍。对孩子来说,玩就是学习,不会玩耍的孩子也就不会学习。家长不要让孩子在枯燥无趣的状态下学习,不要认为游戏只是孩子的一种娱乐方式,如果认真地指导孩子,他一定会在游戏中学到很多知识。

在孩子的成长中,高分数、好成绩并不代表一切。父母要降低过高的期望值。每一个孩子的先天条件不同,接受知识的能力和效果就会有区别,考试的分数就会出现高低之分,不可能每个孩子都出类拔萃。只有家长摆正心态,才能正确对待孩子的考试分数。一些决定孩子命运的关键因素不应被忽略,它们才是孩子未来的保障。父母的目光不能只盯在暂时的成绩上,孩子要进行的是一场人生的、持久的接力赛,只有解决了教育中遇到的关键问题,才能找到正确的发展方向,才能积蓄竞争力,打好持久战。

父母要避免只看成绩单不看孩子努力程度的错误做法,当孩子用心学习时,即使成绩不是很理想也要对孩子进行鼓励和表扬。如果孩子成绩不好,父母应该主动帮助孩子寻找原因,这样才有助于孩子学习成绩的提高。此外,家长在帮助孩子提高学习的同时,更要培养孩子健康的心理和良好的素质。这对于孩子的健康成长更为重要。在家庭教育中,打骂和讽刺并不能改变孩子不理想的学习成绩,相反只会使孩子变得更没有信心将学习成绩提高。当孩子拿着分数很低的试卷回家,父母恰当的教育方法是,首先应该表示对孩子的理解,要告诉孩子:"分数并不是最重要的,重要的是你真正努力了。"父母应该对孩子的努力进行表扬,并帮助孩子找到成绩差的真正原因,这样才有助于孩子学习信心的建立,进而有助于孩子成绩的提高。

家长也要通过自身的学习,努力掌握寓教于乐的教育孩子的方式。寓教于乐,从根本意义上讲,是将教育过程贯穿于日常生活,将灌输式教育转变为轻松快乐的主动学习。从形式上可以在轻松的谈话中、散步中灵活开展。寓教于乐的观察力的培养最能于细微中见功夫,在轻松自觉中见成效。

附:爸爸妈妈跟孩子签订的学习合同

甲方:爸爸妈妈

乙方:

学习对于乙方来说是最最重要的事情，为了帮助乙方从现在开始树立学习第一的观念，同时也为了给乙方营造一个轻松、自由的学习环境，甲乙双方经过协商，达成如下协议：

①乙方承诺在老师讲课的时候认真听讲，努力把老师讲解的知识记住、学会。

②乙方回到家后要向甲方复述当天所学的内容，没记住的知识在甲方的帮助下重点记忆，仍不明白的内容向甲方请教，直到明白为止。

③____点至____点为乙方做作业时间，____点到____点为甲方对乙方重点辅导时间。

④乙方保证规定时间内的学习效率，不贪玩、不东张西望，不做各种小动作，一口气完成老师和爸爸妈妈规定的学习任务；甲方不得延长乙方的学习时间，不得随意增加额外的学习任务。

⑤____点至____点为乙方自主支配时间，可以看动画片等，甲方不得干涉。

⑥甲方在辅导乙方学习的过程中，要态度温和，不能大声呵斥、打骂，因为有时候乙方记不住或听不懂是正常的，甲方必须保持足够的耐心。

⑦为了让乙方感觉到通过学习增长了知识是一种快乐的事情，甲方对乙方在学习上的每一点进步要给予随时随地的表扬和奖励；对于乙方在某一方面优秀的表现或比较大的进步，甲方要给予重奖。

⑧对于老师反映的乙方在学习方面的不足、毛病以及乙方考试成绩不理想的情况，甲方不能不问青红皂白地批评乙方，而是应该了解清楚情况，帮助乙方解决问题。

⑨甲方不能总把乙方与其他的孩子对比，并借此贬低乙方，只要乙方在学习上尽了力，甲方就应该把乙方看作最棒的孩子。

⑩对于乙方在学习当中遇到的各种问题，甲乙双方应共同协商解决。

甲乙双方在平常要互相提醒，互相监督，坚决按本合同的约定执行，如有违反，自愿接受对方的惩罚（惩罚方式另行协商）。

本合同自甲乙双方签字后生效执行。

甲方（签字）　　　　　　　乙方（签字）

　　年　月　日　　　　　　　年　月　日

合同执行要点：

①许多家长在对待孩子的学习问题上常犯急功近利的毛病，总希望自己的孩子教什么会什么，见孩子遇到点障碍就着急，失去耐心，态度粗暴，使孩子对学习产生抵触心理。所以，这个合同首先约束的是家长自身，家长必须转变态度、放下架子，站在孩子的角度去与孩子沟通，才能为孩子营造一个"快乐学习"的家庭气氛。

②俗话说"习惯成自然"，学习一旦成为习惯也就不再是一件困难的事。这个合同的目的之一就是使孩子养成"按时学习、自觉学习"的习惯。因此，在合同执行之初，家长一定要严把时间关，双方确定好的学习时间就坚决执行，久而久之，他也就"习惯"了。

③家长可以根据孩子的自身特点和学习状况，加进一些学习细节的要求，比如对于学习不主动的孩子，可以规定每天向老师或家长问几个问题，做到了就给予奖励。

2. 让孩子按规律作息的时间合同

小孩子的时间观念一般都不强，做起事来常常边玩边做，对于约定好的作息时间有时会耍赖、不遵守。应该说对于孩子这都是正常的表现，但是作为家长不能任其发展下去，需要花大力气来纠正。

孙建亮读小学了，做任何事都特别慢，爱磨蹭。早上起床起半天，有时穿一件衣服要磨蹭五六分钟的样子。刷牙挤个牙膏也用上半天，好像在玩牙膏。然后吃早饭，基本上每顿要1小时，张张望望，吃吃停停。晚上看电视，看起来就没个完，妈妈三番两次地催促他，他也不上床睡觉。更要紧的是，这两天学校考试，他的试卷有好几道题都来不及做，考试结果一塌糊涂。见到这种情况，他的妈妈后来想了个办法。

这一天，当他还有十分钟就要上学的时候，妈妈才喊他该吃早饭了，妈妈就站在一边时刻地提醒他还有几分钟，过了一会儿，又提醒他还有几分钟。这样一来孙建亮有了紧张感，但是还是迟到了。

妈妈于是给班主任打了个电话，说明了具体情况，请老师协助她一下。

孙建亮到了学校以后被老师批评了。从那以后，他每次吃早饭都

好父母胜过好老师大全集

很着急。因为他担心如果真的晚了，到学校以后班主任老师又会批评他的。

妈妈想，吃饭慢的问题是解决了，其他的问题仍然存在，该怎么办呢？

孩子时间观念的培养应该从小做起，开始上幼儿园的时候就应灌输和强化这一观念，因为这对每个人一生的成长都是十分重要的。当然如果像孙建亮妈妈一样到了小学才开始关注这个问题也不必太着急，只要想办法，循序渐进，问题总会解决的。

有的孩子平时做作业磨蹭，一小时能做完的作业，边玩边做了三个小时也没有做完，不但会形成动作慢的坏习惯，而且还会养成注意力不集中的不良品质，浪费了求学的黄金时间。对此，家长应与孩子一起讨论，以确立日常生活中的常规事务（如起床、吃早饭、上学、放学回家、午睡、下午上学、放学回家、做家庭作业、上床睡觉等），该从什么时间开始干，最多花多少时间干完等。重要的是要指导孩子有效地安排学习时间，即制订好学习计划，按计划学习，要让孩子拥有一份切实可行的周安排表，力求做到每日有固定的学习时间。完成作业后，才去参加适当的文娱、体育活动，要求孩子"今日事，今日毕"，当天的作业不要拖到第二天完成。惜时是成功的秘诀，父母要从小培养孩子良好的时间观念，养成良好的时间观念是一个人做事成功的基本前提。孩子的拖沓久而久之会形成习惯，最终使他们变得懒惰，而懒惰的人终将一事无成。

要培养孩子有计划地做事情，分配时间，节省时间。这是培养时间感中最重要的部分，是训练孩子时间感的目的所在。时间感的培养包含了对时间的把握和感知，对时间的合理的分配。一个有时间感的孩子，通常做事情会比较有条理性，主次分明，效率很高，而没有时间感的孩子，即使他自己知道是几点、几号、星期几，却不一定懂得合理地使用和分配时间，做事情作风拖拉，没有秩序感。所以，如果可以让孩子从小就对时间有着很强的感觉和概念，能够从小训练他合理地分配时间，将对孩子今后的生活学习非常有帮助。

法国作家罗曼·罗兰说："人生不出售来回票。一旦动身，绝不能复返。"要让孩子懂得珍惜时间就是珍惜自己的生命，从而树立高度的时间观念，充分利用时间，发挥自己生命的最大潜力，有效率地去学习和工作。

孩子的好习惯是这样培养出来的

附:爸爸妈妈跟孩子签订的遵守时间合同

甲方:爸爸妈妈

乙方:

为了让乙方成为一个遵守时间、按时上学、按时作息的好孩子,甲乙双方达成如下协议:

①为了确保乙方早上7:30之前按时到校,甲方为乙方"请"来一位好朋友——闹表。每天早上6:30听到好朋友的叫声,乙方要马上起床。

②乙方起床后要在7:00之前洗漱、上厕所完毕。

③乙方保证7:15之前吃完饭走出家门。

④下午4:00放学后,必须于4:30之前回到家里,特殊情况不能按时回家要打电话向妈妈请假。

⑤放学回家后应该在40分钟内完成作业,作业完成后可以做一些自己喜欢的事情。

⑥晚上9:00前上床睡觉。

⑦周末时,晚上10:00前睡觉,早上7:30起床。

⑧本学期结束时,如果乙方能够按照本合同的约定一直遵守时间,甲方承诺帮助乙方实现他最大的一个愿望。

⑨本合同自双方签字后生效执行。

甲方(签字):　　　　　　　　乙方(签字):

　　年　月　日　　　　　　　　　年　月　日

合同执行要点:

①在与其签订合同前,要和孩子进行充分的沟通,让孩子意识到这是一件很严肃的事情,需要认真对待。合同条款可根据各家的具体情况而定,但一定要目标小、可操作性强,千万别提过高的要求,否则在检查兑现与否时双方很可能产生分歧与争执。

②家长帮助孩子制定了作息时间,生活气氛就会紧张。渐渐地,孩子的闲散行为就可以克服了。平时,要让孩子自己的事情自己做,使他们的动手能力获得提高。刚开始时,孩子的进步会很慢,父母必须要有耐心。父母不要每天跟孩子唠唠叨叨,这种说教是毫无益处的。当孩子浪费时间时尝到了一些苦头,这样,他才会在其中接受教训,认识到不抓紧时间就要受到损失。

③无论学习还是生活都可以分为两大类：一类是必须在规定时间内办理的，例如上课、做作业、打扫卫生等；另一类是较为自由的，在一段时间内，什么时候办都可以，例如理发、买衣服等。对于第一类要求孩子形成定时、及时完成的好习惯，比如孩子放学回家要先做完作业后玩；对于第二类，则要求孩子学会随机办理的好习惯，完全可以在紧张的学习之余，出去散心的时候办理。

④在如何利用时间的问题上，家长一定要树立一个好榜样。"当日的事当日完成"。父母对这样的格言，既要传授给孩子，更要身体力行，绝不能"我现在没时间，明天再说"。父母也应遵守时间表，干任何事都要准时。

3. 培养孩子阅读习惯的读书合同

有的家长认为，读课外书、涉猎考试内容之外的知识，会分散孩子的学习精力，不利于孩子学习成绩的提高。有的家长甚至为此严禁孩子看课外书，查到后就予以没收。其实，一般孩子阅读健康的课外书不是太多，而是太少了。家长应该做的是鼓励、引导孩子多读书、读好书。

于波平时很喜欢户外运动，只要有时间，他便去外边打拳踢腿玩球，家里的书他根本没时间理它们。因此，他的知识面很有限，每次写作文简直是他最头疼的事。

有一次，于波草草地做完了家庭作业，就迫不及待地想去健身器材那里疯一会儿。这时，爸爸走了过来，温和地问于波，这次作文怎么拿那么低的分数，于波说实在是没什么好写的内容。爸爸指着他的书柜说："妈妈爸爸无论是出差还是逛街都会想到给你带本书回来，不是来给你做摆设的，你要用心去读一读才行。课外书中有很多你的课本里没有的内容，可以扩展你的知识面，对你以后步入社会也极有帮助。"于波不高兴地说："书是有不少，可我不是看不懂，就是不喜欢看。"爸爸听了后意识到，要想让孩子喜欢读书，光知道买书还不行。这以后，他根据儿子的喜好选出他能读懂的书，然后给于波声情并茂地讲故事大概，然后留下尾巴卖个关子，再把书交给于波让他自己读。

慢慢地，于波能够把一本书认真地读下去，并最终被这本书深深吸引住了，他发现书里面果然有很多有意义的东西。开了个好头以后，为了巩固成果，爸爸拟定了一个促进于波多读书的合同，施行了一段时间后效果还真不错。

莎士比亚曾经说过："书籍是全世界的营养品。生活里没有书籍，就好像没有阳光；智慧中没有书籍，就好像鸟儿没有翅膀。"可见让孩子从小养成阅读的好习惯的重要性。孩子有了良好的阅读习惯，一方面可以汲取更多的精神营养，培养孩子良好的道德品质；另一方面能使孩子储备丰富的知识，发展智力。养成良好的阅读习惯，不仅有利于孩子各学科基础知识的学习，还有利于培养孩子对问题的理解能力，有利于孩子素质的全面发展，更有利于孩子的成长、成才。

许多教育专家呼吁："孩子对文字的冷漠态度就像一种隐形液体，正慢慢渗透到社会文化中。当逃避阅读成为习惯，孩子的阅读能力便会退化，从而直接影响他们的成长。"

研究表明，家长的语言表达能力和方式是影响孩子阅读能力的一个重要因素。大体上可以把家庭环境分为两种类型：一种是缺少语言刺激的家庭。家长或是沉默寡言，或是讲话简单，不讲究用词的丰富与规范性，孩子生活在一个缺少语言刺激的家庭中，没有意识到语言的重要性，所以从小就缺乏语言经验。这种孩子很可能重视操作与活动，动手能力较强，而语言能力很差。长此以往，养成了孩子不爱阅读的习惯。另一种是重视语言的家庭。在这种家庭中，家长经常与孩子交谈，用词准确而规范，有较高的文化素养。在这种家庭中长大的孩子，从小就受到良好的语言刺激，知道语言的重要性，所以养成了重视阅读的行为习惯。两种不同的家庭环境，造就了孩子两种皆然不同的阅读习惯。前者将直接影响孩子的学习成绩和智力发展，而后者将有助于孩子学习成绩等诸方面的提高。

激发孩子的阅读兴趣。在家中摆满各种有趣的书籍，让孩子可以顺手拿来翻看与欣赏，并随时给予鼓励。要使阅读成为孩子生活中不可缺少的内容，使阅读成为一种享受而不是负担，这需要身教。如若父母视阅读为生活乐趣的一部分，孩子自然会乐于读书。父母对待书报总是兴趣盎然，经常津津有味地读书看报，孩子便会觉得读书一定很有趣，对书籍就会充满好奇。

帮助孩子选择好书。教育学家认为，孩子需要那些与他们的年龄、兴趣及能力相宜的图书,他们也喜欢图书题材的丰富色彩。所以父母可以让孩子多接触不同方面的读物,如报纸、杂志乃至街头标语广告、商品包装等等。通过这些文字读物会让孩子懂得:语言文字在生活中的各个方面都是非常重要的。

要把读书作为一项消遣活动。在轻松的气氛下,安排一小段时间,与孩子一起读几分钟书。可在外出时,带上一两本书,在公园里,在河边,在鸟语花香的环境里,在清新的空气下,与孩子一起读上几段书。这样,自然而然地把孩子引入图书世界,使读书成为孩子的消遣活动。

与孩子一起读书。在孩子能独立阅读以后,仍坚持同他们一起读书。大部分孩子在 12 岁以前,其倾听理解能力要比阅读理解能力强,所以,父母为他们念书比他们独立阅读收益会更大。在孩子读书过程中,父母应先抽出时间,看看孩子要看的书,提一些问题写在纸上,让孩子仔细阅读,然后回答问题,这样可以避免囫囵吞枣。同时,帮助孩子纠正错误,这样,即使父母内向,孩子也照样能培养起良好的阅读习惯。

附:爸爸妈妈跟孩子签订的读书合同

甲方:爸爸妈妈

乙方:

爱读书的人有知识,有知识的人更有力量。为了让乙方成为一个有知识、有力量的孩子,甲乙双方达成如下协议:

①乙方对学过的课文都要读熟,要求背诵的要熟练背诵。甲方会经常检查,读熟背熟给予奖励,否则给予惩罚。

②甲乙双方共同挑选 3～5 本乙方在一个学期内应认真读的书,作为乙方提高阅读能力的基本用书,双方对所选的书都有一票否决权。

③选一本故事性强的书,每天晚饭后一家人共同声情并茂地朗读一个故事,爸爸、妈妈、乙方分别担当故事中的某个角色。

④甲方每月带乙方逛一次书店,乙方可以翻阅、选择购买自己喜欢的书。甲方每月至少带乙方去 1～2 次图书馆。

⑤甲方选择一些经典的文章(或段落)、诗词要求乙方背诵,乙方应努力完成。如果乙方按要求完成背诵任务,甲方给予奖励。

⑥甲乙双方都应把自己所读到的精彩文章推荐给对方,或者向对方详细讲述文章内容,双方共同探讨对文章中某些问题的认识。

⑦甲方为乙方订阅乙方喜欢的报刊杂志。

⑧在乙方的阅读、写作能力有了一定提高以后,甲方支持乙方向少儿类报刊杂志投稿。

⑨甲方鼓励乙方剪辑、抄写从报刊和书中读到的精彩文章,自己也可以写文章,编成小报,定时分发给亲戚、邻居、同学。

⑩本合同自双方签字后生效执行。

甲方(签字):　　　　　　　乙方(签字):

　　年　月　日　　　　　　　　　年　月　日

合同执行要点:

①要培养孩子的阅读能力应首先培养孩子的阅读兴趣。激发孩子对文字的好奇心和兴趣,把文字引入到孩子的日常生活,使他体验到文字能给他增加生活的乐趣和带来方便,那么他就产生了阅读的强烈愿望和动机。

②要舍得花钱为孩子买一些儿童读物和报刊杂志。教育心理学家凯洛博士发现,家中有百科全书、杂志等课外读物,能促使孩子学业进步、热爱知识。让孩子投入一定的精力去进行阅读,不仅要让孩子精读名篇名著,还要泛读杂书、博览群书。父母应把更多的时间交给孩子,让他(她)自由自主地阅读,在阅读中汲取知识营养。

③作为家长,在指导孩子阅读上,千万不要急功近利,千万不要从提高学习成绩上要求孩子阅读,更不要限制孩子的阅读面。对孩子来说,读书首先具有娱乐功能。使孩子养成不动笔墨不看书的阅读习惯,鼓励孩子写点读书笔记,留下读书的心得,哪怕是片言只语也是好的,精彩章节和佳句要能熟记。培养孩子吸收和运用知识的能力,孩子读了书,要鼓励孩子讲给别人听,或把精彩句子用到作文、书信、日记中去。

④帮孩子选适合他阅读的书。首先要为孩子选择那些观点正确、内容健康向上、适合孩子年龄特征和知识水平的书。要鼓励孩子保存看过的图书,爱惜图书,保持图书整洁,不撕书,不折页。鼓励孩子自己选择读物,和孩子讨论哪些是适合他们看的读物,哪些是他们自己特别感兴趣的读物。

4. 提高孩子成绩的进步合同

不少家长总为孩子学习成绩的不理想而着急。是啊,孩子将来的竞争环境会越来越残酷,而较好的学业可以使孩子在这种人生的竞争中处于比较有利的位置,孩子成绩不好家长怎么能不着急呢? 但是,除了个别天资特别优异的孩子,大多数孩子学习成绩的提高都要靠自己的努力,靠正确的学习方法的运用,靠老师、家长的正确指导。反过来讲,只要家长对待孩子学习成绩的态度和指导孩子学习的方法正确,多数孩子都能成为学习优秀的孩子,而孩子的年龄越小,家长的这种指导就越重要。

赵女士拿到儿子亮亮的期末考试成绩单,禁不住又唠叨起来:"数学 89 分,语文才 82 分,你是怎么搞的,成绩老是在 80 多分里打转转,我估计你这个成绩在班里连前 20 名都进不了。你看姑姑家的胡鸣,次次考双百,你也给妈妈争口气好不好?"

亮亮低着头,一言不发。

赵女士平常很要强,自然也希望儿子亮亮学习成绩高人一筹,为此她在亮亮的学习上花了很多心思:放学后让孩子不停地做作业、听英语磁带、背古诗,做作业时坐在旁边督促和指导,周末请家教等。但亮亮几次考试的成绩仍不理想,甚至有时不升反降。时间一长,弄得亮亮每次考试之前都异常紧张,生怕考不好惹妈妈不高兴。

其实亮亮是个比较听话的孩子,很想考个好成绩让妈妈高兴,每次作业也都按时完成,问题到底出在哪儿呢? 赵女士有时不免心里犯嘀咕,难道自己的孩子真的比别人笨?

后来通过与老师交谈赵女士发现,亮亮虽然在家里看起来很"用功",但在课堂上要么睡觉、要么自己在玩,虽然作业每次在家长的指导下完了,但知识掌握得不扎实。赵女士这才醒悟到,也许孩子成绩的不理想恰恰是自己这一环出了问题。

这里的关键问题是,家长要找准孩子成绩不理想的症结,不要一味地看孩子考试的成绩,而应注重孩子对知识的掌握。了解孩子对于学校里学到的课本知识,该理解的理解了没有? 该记住的记牢了没

孩子的好习惯是这样培养出来的

有？及时地与老师沟通，发现孩子的薄弱环节并重点强化，孩子的成绩就会稳步提高。

有专家做过这样的实验：让两个小学生阅读同一篇文章，收看同样的电视节目。但安排方式不同，让一个孩子先用心读文章，然后再专心看电视节目；另外一个孩子一边读文章一边看电视节目。结果发现前者能够完整复述出所读的文章内容和所看的电视节目；后者却不能复述文章内容，对电视节目内容也不十分清楚。由此可见，在学习记忆的时候，应尽力排除有干扰的事情。作为父母都希望自己的孩子能得到高分数，那么，就要为孩子的学习创造一个良好的内部和外部环境，无论是外界的干扰还是来自心理的干扰都将妨碍孩子的成绩。如果父母能够了解影响孩子成绩的因素，了解孩子成绩不理想的原因，就可以采用一些恰当的、有针对性的方法，帮助孩子提高成绩。那么，影响孩子学习成绩的因素主要有哪些呢？

第一个因素是来自孩子的心理压力。有的孩子成绩不好，不是因为头脑笨，而是因为父母给了他太大的压力。现实生活中，成年人和孩子都承受着不同的压力。成年人的压力多数来自于自己的要求，孩子的压力大多是来自父母。当孩子面临考试时，更会感觉到压力重重，他们担心如果考不出好成绩的话，会让父母很失望。有些父母平时对孩子的学习表现得过分紧张，这种紧张的情绪会在无形中传染给孩子。孩子担心考不好，将会被父母责骂，所以，自身的压力也就越大，甚至有时还超出了自己的承受范围，有些不知所措了。有许多的家长当孩子的成绩达不到他们的要求以后，就在孩子的面前表现出生气、失望的情绪，这样就给孩子带来了很大的心理压力。孩子的学习成绩不好，自己会伤心，甚至灰心，会怀疑自己的能力，认为"我不行"。这种自卑心理越强，学习成绩就越难提高上去了。因此，父母应多给孩子鼓励，让孩子相信自己的能力，以减轻孩子的心理压力，增强他们的自信心，使孩子能够更好地学习。

第二个因素是要有正确的学习方法。好多孩子学习起来特别认真，学习成绩却不好，这种情况，很多时候是因为孩子没有掌握较好的学习方法。父母应多与老师沟通，了解孩子在校的学习情况，并且请老师给出针对学习方面的建议，与孩子一起总结最适合的学习方法。同时，要了解孩子的基本学习情况。如果孩子是因为害怕考试而无法在考场上正常发挥自己的水平，就要多鼓励孩子相信自己，帮助孩子

好父母胜过好老师大全集

以一种轻松的心态去面对考试。要让孩子制订适合自己的学习计划。学习计划可以帮助孩子克服惰性和倦怠。学习计划表可以确保孩子不会浪费时间，做其他该做的事。如果孩子能按部就班地按照学习计划去进行学习，那么学习便不会成为一种很大的压力。学习计划表可以使孩子了解自己的学习进度，让孩子清楚地知道哪些事等着做，还可以帮助孩子对自己以前的学习情况做出评价。养成良好的记忆习惯也很重要。记忆力提高了，分析能力上去了，成绩自然会好。科学研究表明，人的大脑有 4 个最佳时段，第一时段是早上起床以后；第二时段是上午 8 点～10 点；第三个时段是下午 6 点～8 点；第四个时段是晚上入睡前的 1 个小时。父母可以掌握这些记忆上的特点和规律，教孩子运用恰当的方法，有效地提高其记忆力。每次复习时，在达到能完全记清楚内容时，可以再投入 50% 的时间去巩固它。经过这样几次复习以后，对它的记忆就会牢固了。单调的记忆方式使学习效率低下，易使孩子产生消极的情绪，导致心理上的疲劳。运用多样化的记忆方法，如朗读、动笔摘抄、默写、听录音、向孩子提问题、跟同学讨论等，效果将会很好。使孩子养成良好的记忆习惯，调整良好的心理状态，不要一边学习一边看电视，一心二用效果总是很差的，要一心一意做事情。大脑也有疲倦的时候，该休息的时候，就要让大脑得到好好的休息，要有良好的作息习惯，并且补充足够的营养。

第三个因素是孩子的兴趣与爱好。有关专家经过研究发现，一个人记忆效果的好坏，与其当时的心理状态有很大的关系。兴趣是最好的老师，只要能激发孩子的兴趣，记忆效果就会更好。厌学不如乐学，如果孩子对学习不感兴趣，成绩当然不会理想。因此，父母要培养孩子对学习的兴趣，让孩子在学习中发现乐趣，树立自信心。

家长重视孩子的考试分数是可以理解的，因为分数毕竟是学习状况的一种重要反映。但在孩子的成长中，高分数、好成绩并不代表一切。学习，要靠自觉，家长不能一味地把自己的爱好和理想强加到孩子的身上，孩子有自己的优势，有自己擅长的学科，要注意发展其特长。

孩子的好习惯是这样培养出来的

附:爸爸妈妈跟孩子签订的成绩提高合同

甲方:爸爸妈妈

乙方:

甲乙双方都认识到,乙方的学习问题不仅仅是乙方一个人的事,而是甲乙双方的事情,乙方成绩不理想,甲方也有责任。因此,甲乙双方决心一起努力改变自己,并签订协议如下:

①甲方向乙方确认,不管乙方的学习成绩好与坏,乙方都是爸爸妈妈喜欢的好孩子。但如果乙方的成绩能够提高一点点,爸爸妈妈会为他感到自豪的。

②乙方保证在课堂上不再睡觉、做小动作,而是认真听老师讲课。甲方确认,如果老师反映乙方课堂上的表现有了改进,甲方会给乙方买一个他喜欢的玩具,如能坚持下去,甲方还会给予另外的奖励。

③乙方做作业时,甲方不再坐在身边不停地询问,而是乙方遇到不明白的问题时,主动向甲方请教,甲方应耐心地讲解。

④甲方每天用半小时的时间检查乙方对当天老师所讲内容的掌握情况,对掌握不太理想的地方指导乙方重点加强一下。除此之外甲方不再强迫乙方增加额外的学习时间。

⑤甲方承诺不再过分看重分数,从而给乙方施加过大的压力,尤其在考试前和考试后,甲方不再总是为成绩的事唠唠叨叨。

⑥周末时甲方不再额外地安排乙方的学习时间,但在考试之前,乙方应适当增加一点学习时间温习功课。

⑦甲方会及时与老师沟通,对于乙方学习中出现的问题,甲乙双方共同努力解决好。

⑧本合同自甲乙双方签字后生效执行。

甲方(签字):　　　　　　　　乙方(签字):

　　　年　月　日　　　　　　　　年　月　日

合同执行要点:

①要对孩子取得的成绩有正确的认识,要看到其中蕴涵着孩子的努力,这样就会觉得来之不易,而不是采取消极的态度进行贬低和打击自己的孩子。

②要让孩子始终相信自己,坏成绩只是暂时的,不是一成不变的。只要平时比别的同学多花一点时间在学习上面,遇到问题,和父母多

沟通,多听听同学、师长的见解,对自己的学习会很有帮助。

③家长指导孩子提高学习成绩有一个总的原则:不加规范和指导地任其发展不行,因为孩子对学习方法并没有一个理性的认识,只是在被动地接受,家长的引导可使其少走弯路;另外过多的规范和干涉也不行,要信任孩子,调动他学习的积极性、主动性。

5. 培养孩子好奇心的探索合同

好奇心是人们对新奇事物积极探求的一种心理倾向。爱迪生说:"天才就是百分之一的灵感加上百分之九十九的勤奋!"这百分之一的灵感就是孩子的好奇心,因此做父母的决不能漠然视之,更不应当泼冷水,要进行有效地启发和诱导,要想方设法发掘他们的想象力和创造力,呵护孩子的好奇心,尽力引导孩子自己找到问题的答案。

季亚是个活泼的孩子,他对身边事物总是感到那么好奇,凡是有不知道的,他一定会努力寻找答案。他是那么喜欢问问题,同学们因此送给他一个"十万个为什么"的绰号。季亚还真是对得起这个外号。他那股打破砂锅问到底的劲儿一直保持着。季亚的父母很欣赏他这种凡事喜欢问"为什么"的好习惯,爸爸妈妈努力保护和鼓励他的好奇心。

有一次,季亚正在电脑上玩游戏,突然他对电脑的零件产生了兴趣。于是,他问爸爸:"电脑里面的硬件是怎样工作的呢?"

面对季亚的发问,爸爸想了想,笑着对他说:"关于电脑如何运作的问题,我也不是特别清楚。不过,我有个建议,咱俩一起把它拆开,研究一下怎么样?"季亚高兴地说道:"太棒了,我们一起来找答案!"

接下来的时间,爸爸和季亚对电脑进行了一次"解剖",而季亚的问题也在这个过程中找到了答案。

之后,爸爸看着如此好奇好学的儿子,欣慰地说:"儿子,我们来签一份合同吧,以后,凡是遇到什么问题,一定要保持你这份好奇心,将问题一网打尽。怎么样?"

季亚回答:"好的!我举双手赞成。"

孩子从小在好奇心的驱使下，学会观察、比较、分析，长大后往往会变得更加充满智慧。好奇心受到良好保护和激发的孩子，将表现出良好的个性品质和积极的情感体验，这些都将对孩子的健康成长产生积极的影响。

在创造性思维中，发散性思维很重要，它是一种从多角度、多方位探索问题、寻找答案的反常规思考方式，往往有想象和幻想成分的参与。孩子的好奇心可导致其思考，利于锻炼发散思维，最终发展其创造性思维能力。因此，家长要鼓励孩子异想天开、标新立异，当孩子天真地向父母问这问那时，或用自己的想象来解释客观事物时，父母不应一笑置之或随意地加以否定，而是要正面鼓励并积极引导孩子的发问及幻想。

我国著名教育学家陶行知先生说："发明千千万万，起点是一奇。"求知欲一般由好奇心发展而来，是人们积极探求新知识的一种欲望。当一个人把求知当作自己的欲望时，他的学习过程就变成一个积极主动"上下求索"的过程，他就会主动地去阅读以获取知识、积极地思考问题、并通过做实验来验证他所学的知识，他学习时的注意力也会特别集中，会呈现出一个良好的求知状态。好奇心是创造力的源泉，而创造力又可以奠定一个人日后成功的基础。好奇是走向成功的第一秘诀。父母在教育孩子时，要想方设法发掘孩子的想象力和创造力，保护好孩子的好奇心。孩子别出心裁的新花样和恶作剧，正是他们创新精神的体现，父母千万不要感到气恼，更不要责怪孩子。

当代著名物理学家李政道博士说："好奇心很重要，要搞科学离不开好奇。道理很简单，只有好奇才能提出问题，解决问题。可怕的是提不出问题，迈不出第一步。"孩子的好奇心与生俱来，它主要表现在好问、好动方面。提问是孩子的天性，孩子由于思维的不成熟或者某方面知识的欠缺，提出的问题在成人看来往往很可笑，父母千万不要嘲笑孩子的幼稚。孩子喜欢探究并具有旺盛的求知欲，他们常常在好奇心的驱使下，每当见到一个新事物，总想去了解，父母的呵斥会挫伤孩子思维的积极性。正确的做法应当是因势利导，鼓励孩子的探索精神，并启发孩子"异想天开"。

好父母胜过好老师大全集

附:爸爸妈妈跟孩子签订的满足好奇心合同

甲方:爸爸妈妈

乙方:

乙方是个好奇心很强的孩子,对这一点甲方很欣慰。为了使乙方的好奇心得到满足,并使这份好奇心向有益的方向发展,甲乙双方经协商达成如下协议:

①甲方支持乙方多提问题,对乙方提出的问题会耐心解释,即使认为乙方的问题稀奇古怪,也不能打击。

②乙方多提问的同时,自己也要多动脑、多动手,积极自主寻找问题的答案。

③对于乙方的问题不能解答时,甲方要主动与乙方一起查找资料、咨询相关人员以满足乙方的好奇心。

④甲方要购买一些乙方感兴趣的书籍,并参与讨论其中的问题。

⑤甲方要给乙方提供他独自游戏、玩耍的场所和机会,以培养他自己探索问题的兴趣和能力。

⑥乙方为了满足好奇心需要拆解家里的物品、玩具时,要事先征得甲方同意。甲方对乙方在这方面犯的错误不能过分责备。

⑦甲方抽时间带乙方去博物馆、科技馆参观。

⑧甲方向乙方推荐一两个启发智力的电视节目,并陪乙方一起观看。

⑨本合同自双方签字后生效执行。

甲方(签字):　　　　　　　乙方(签字):

　　年　月　日　　　　　　　　年　月　日

合同执行要点:

①当孩子不断提出各种各样的问题时,父母不用给出所有问题的标准答案,而要做的是鼓励和引导孩子通过自己独立思考来寻找答案。不要敷衍孩子,要给孩子的提问以满意的回答。父母如果不懂,就与孩子一起去找答案。也可以进一步提出一个疑问和悬念,激起孩子更强的好奇心。

②在孩子的生活环境中,设置一些适合孩子动手的物件,增强孩子动手的信心和探索事物的机会。不要对孩子严厉管束,更不能打骂孩子,要让孩子有自由想象与拼装东西的空间,并让他体验成功的

感觉。

③父母应该与孩子一起探讨未知的世界,成为孩子的良师益友。鼓励孩子与父母共同参与游戏活动。在孩子讲话时家长要认真听并提出问题,显示出极大的兴趣。在游戏过程中,鼓励孩子要积极动手。这样既能提高孩子的知识水平,又可以建立良好的亲子关系。不要阻止孩子进行新的尝试,即使它是错误的,因为孩子会从动手的错误中学到东西。

④可以让孩子为自己的努力做个评价,让孩子为自己做出积极的评价。比如"我成功拼装了一个物件""我要继续做下去"等等。

⑤父母要多给孩子介绍周围的世界,对周围世界了解得越多,孩子对世界的好奇心就越强烈。从平常生活中找到孩子感兴趣的事,让他从平淡的生活里找到兴趣点,诱发好奇心。

6. 培养孩子动手能力的做事合同

教育家陶行知有句浅显易懂的话,蕴涵着十分深刻的哲理,"人有两件宝,双手和大脑,双手能做工,大脑能思考。"家长们应该认识到这样一个道理:学习能力比学习成绩更重要,尤其是在孩子上幼儿园和小学阶段,考试成绩排第五名还是第十五名并不重要,重要的是他是否拥有了学习的能力。有了这种能力的孩子无论在什么样的学校、身处什么样的环境都能学有所成,也会给中学、大学阶段的学习打好基础。动手能力和喜欢动手的习惯就是学习能力中重要的一环,而这一环被许多家长忽略了。

高女士有一个女儿巧巧,今年8岁,已经读二年级了。高女士当年高中毕业后因成绩不理想,当了一名公交车售票员,后来通过刻苦自学会计专业,取得了大专文凭和会计师证书,才有机会调到现在的单位。自身的经历让她下决心抓好女儿的教育,不能让巧巧像自己一样在求学阶段落在人后,从而给以后的人生增加奋斗的难度。所以,除了学习之外,需要动手去做的事情她基本不让女儿伸手。但是有一件事的发生让高女士受到了震动。

巧巧跟同学们一起参加市电视台一个少儿节目,在做一个十分简单的手工时,巧巧没有做下来。看着电视上巧巧一幅不知所措的样子,高女士感觉很尴尬。后来巧巧的老师也反映,巧巧的动手能力太差,如果不加强,会影响她以后的学习。

　　但是巧巧不喜欢动手的习惯已经养成,高女士采取的一些措施很难奏效,为此她很着急。

　　这一天,高女士在办公室聊起这事,同事老张一听直拍大腿:"唉呀高姐,有巧巧这样的孩子你就烧高香吧,我们家的那个捣蛋鬼才真让人头疼呢。"

　　原来老张的儿子虎子今年6岁,正上幼儿园。虎子的性格十分好动,更要命的是他的手始终闲不住,无论走到哪里都这里捅一捅,那里拍一拍,好奇的东西就拆开来捣腾一番。老张家里的电视机、电脑、DVD以及他自己的玩具都是坏了修、修了坏,可他对学习识字这样的事情却一点不感兴趣。

　　在这里,巧巧的过于不好动手和虎子的过于喜欢动手,在习惯上都有其积极的一面和需要矫正的一面。就巧巧来说,她属于好静一类的性格,加强思考能力、提高学习成绩固然适合她的个性,也有利于她的成材,但如果动手能力过差,则会制约她的成长。就虎子来说,喜欢动手并不是坏事,因为就人才的类型来说,有的人偏向于书本知识的学习,有的人偏向于动手能力,虎子也许属于后者。关键是要积极引导,不能乱动手,同时书本知识的学习也不能放松。

　　科学证明,动手能提高孩子的想象力、创造力,进而提高孩子的智力。很多好动的孩子虽然不安分但是很聪明,经常动手做一些小东西,孩子的创造力和想象力会特别丰富,所以试着让孩子动动手,培养孩子的动手能力是父母的明智之举。创新素质是一个人各种素质中的关键因素,是成功素质的核心。一个人创新素质高低不仅体现出他的智力水平高低,还与个人的非智力因素,尤其是个性品质密切相关。喜欢动手去做且具有高创造能力的孩子自信、乐观、执著、顽强、坚忍不拔,这种坚强的性格、坚定的意志品质是成功的根本保证。

　　1997年诺贝尔物理学奖得主朱棣文教授认为:"中国的学生学习很刻苦,书本成绩很好,但是动手能力差,创新精神明显不足。"传统的教育方式,只注重动脑能力的培养,不注重动手能力的锻炼。当前素质教育要求:变单纯的灌输知识为学习知识的同时,培养学生的创新精神和实践能力。

孩子动手能力差,主要原因有:①父母担心孩子小不会做事,或怕孩子损坏东西,怕他出事。许多事不让孩子自己动手去做,而由自己包办,所以,孩子失去了动手的机会。②家庭装饰摆设成人化,没有孩子动手的小天地。孩子进了家门,这不许动,那不许碰,玩具不能自由拿放,孩子可活动的空间太小。③孩子动手材料少。爸爸妈妈花钱买的玩具,外表虽美观,但大多数是机械或电动的,不能拆拼,孩子缺乏动手材料。

灵巧的手是一个人大脑发育良好的标志之一。在大脑中支配手部动作的神经细胞有 20 万个,而负责躯干的神经细胞却只有 5 万个,可见大脑发育对手灵巧的重要性,而手动作的灵敏又会反过来促进大脑各个区域的发育。这就是人们常说的"心灵手巧"。

要培养孩子的动手能力,首要条件是从"趣"字入手,只有孩子在情感上进入了,才有可能具有主动性。培养孩子的动手能力,家长应积极开展多种形式的亲子活动,使孩子所学的知识、技能重新组合加工,进行新的设想、创作。模仿是创新的基础,创新是模仿的新发展。通过各种活动,启发孩子的创造精神。想方设法让孩子通过各种活动,促使他们"动口、动眼、动脑、动手"去发现问题,解决问题,以此来启发孩子的创造性思维,培养创造能力。

附:爸爸妈妈跟孩子签订的动手合同

甲方:爸爸妈妈

乙方:

对于乙方来说,学习书本知识与培养动手能力同样重要,应该互相促进,不可偏废。为此,双方签订如下协议:

①对于乙方感兴趣的事情,甲方应该以鼓励的态度积极指导,乙方则既要主动动手,又不能不按要求乱动手。

②对于课本上或老师安排的动手作业,甲方乙方都要积极参与、共同完成,双方都不能以任何借口拒绝。

③甲方指导乙方根据电视、书本上的说明,进行手工制作玩具。

④甲方负责从各种杂志、书籍中选择一些游戏活动,乙方应积极动手参加。

⑤甲方负责在家中常备一些画板、颜料、陶土、纸板、胶水之类的

材料,方便乙方自主动手制作一些物品。

⑥乙方要自己动手把所有的东西干净、整齐地收拾好。

⑦乙方自己选择一样最喜欢做的家务,长期负责地做下去。

⑧乙方在动手过程中发生错误,甲方不得发脾气。

⑨本合同自双方签字后生效执行。

甲方(签字):　　　　　　　　　乙方(签字):

　　年　月　日　　　　　　　　　　年　月　日

合同执行要点:

①多动手勤练习。让孩子在参与的过程中,千方百计翻书查资料,设计出最好、最合理的,甚至找到连家长都想不到的简单易行的好办法。不要对孩子严厉管束,更不能打骂孩子,要让孩子有自由想象与拼装东西的空间,并让他体验成功的感觉。

②生活中的动手能力。在不影响孩子探索和保证孩子安全的前提下,在孩子的生活环境中,设置一些适合孩子动手的物件,增强孩子动手的信心和探索事物的勇气。

③鼓励孩子与父母共同参与游戏活动。在孩子讲话时家长要认真听并提出问题,显示出极大的兴趣。在游戏过程中,鼓励孩子要积极动手,可以让孩子把做东西的感觉用语言准确地表达出来。

④父母可以与孩子围绕一个题目编游戏,要注意根据孩子的兴趣、特点选择游戏,探索它的内容,比如,用放大镜、收藏箱、分类盒为主题。

⑤教孩子生活独立。鼓励孩子自己洗手、洗脸、刷牙;家中的一些家务活,如包饺子、择菜等,可让孩子动手和父母一起做。很多孩子能在选择物品时做出正确的决定,尽量让孩子选择那些有助于开发他动手能力的物品,然后让孩子按自己的选择去做。

7. 锻炼孩子思维能力的用脑合同

"小孩子讲究什么思维能力?"持这一想法的家长可能没有意识到,较强的思维能力正是通过小时候的锻炼得来的,一个从小就习惯于遇问题不求甚解的孩子,你还能指望他长大后有深入思考的能力吗?

郝友的依赖性比较强,他做事经常问爸爸妈妈自己该怎么做,做作业时,遇到一时不懂的问题想都不想一下就去请求爸爸妈妈为他讲解。

有一天,郝友的爸爸骑自行车带着他去郊外玩。在路上有一架飞机刚好飞过头顶。郝友的爸爸说:"儿子,你看,飞机尾巴后面长长的一条是什么呀?"郝友往天上一看,果然有一条长长的白线,他迫不及待地问爸爸:"爸爸,快告诉我,那是什么呢?"

爸爸说:"你要自己先想一想,为什么飞机飞过会有那么笔直的一条线呢? 自己动脑之后,想不出来时,才能去问别人啊。"

后来老师也向郝友的爸爸反映,郝友遇到问题总是先问别人、问老师,而不是先认真地看看题目、动动脑筋,这个毛病如不能纠正,会影响他的学习和成长。

郝友的爸爸也认识到了问题的严重性,但苦于不知从何入手。

其实,在这个问题上家长需要做的只是适当地引导。孩子喜欢问说明他好奇心强,只要把这种好奇心往深处做一点引导,他就会发现通过自己的思考得出结论的乐趣,就会逐渐养成喜欢动脑的习惯。

孩子思维的发展是由具体向抽象发展。适当的教育与训练,不仅可以促进其思维的发展,还可以培养良好的思维品质,如思维的深刻性、灵活性和创造性等等,从而提高孩子的思维能力。家长要主动提出一些孩子能回答的问题,引导他去思考,锻炼孩子的思考力。在家庭生活中,锻炼孩子思考力的机会是很多的,只要家长在这方面做有心人,善于引导儿童去思考就会获得丰收。

随着孩子年龄的增长,他们有了较多的感性知识和生活经验,语言能力也达到较高水平,为思维发展提供了工具。父母要引导孩子遇到问题如何通过分析、综合、比较和概括,作出逻辑的判断、推理。教孩子掌握正确的思维方法,一旦他们掌握了正确的思维方法,就像插上了思维的翅膀一样,抽象思维能力就能得到迅速的发展和提高。

培养孩子的思维能力要让他们养成勤于思考的好习惯,遇事不能先问别人的看法,先要好好分析一下过程和原因,自己想出办法来之后,再看看别人的意见,看看自己的思维能力和别人的有何不同,然后再总结一下。告诉孩子不要太在乎别人的否定意见,培养孩子科学用

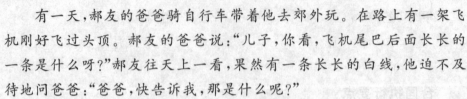

好父母胜过好老师大全集

脑的习惯，对学好各门功课有至关重要的作用。父母应要求孩子独立完成作业，不可抄袭，使孩子养成勤思、勤问，先思后问的习惯。

创造精神是独立思考的一个重要组成部分。瑞士著名的教育心理学家皮亚杰曾说过："教育的主要目的是培养能创新的而不是简单重复前人已做过的事的人。"不要怕孩子提出一些刁钻古怪的问题，要尊重他们不同寻常的提问、想法，这些问题背后有可能蕴涵着深刻的道理。要尽量引导孩子突破定势的约束，推陈出新，不落俗套。如果父母一味地用狭窄的标准来约束和衡量孩子，必将扼杀多样化的思维，从而也扼杀了孩子的创造力。人的创造才能不是天生的，而是后天习得的。没有人一出生就是创造者，他们只是喜欢思考。任何新的理论刚提出时，都可能被人们嘲笑，提出者都可能被人们骂作是疯子，他们的成功都归功于善于独立思考，敢于坚持自己的观点，敢于向权威挑战。

敢于提问的人才是勇敢者。事事留心皆学问，要孩子留心身边的现象，发现平凡中的新奇，也是追求成功所必须养成的一种习惯，对于孩子来说，它可以通过培养而形成。观察者要做有心人，要有意识地观察某种事物，要带着问题去观察。这样的观察，收获大、印象深。

附：爸爸妈妈跟孩子签订的用脑合同

甲方：爸爸妈妈

乙方：

甲方要求乙方遇到问题学会主动思考，想明白了再说；乙方决心改变自己不经思考就乱问问题的习惯，为此双方协议如下：

①乙方遇到任何问题先不说话，停顿一分钟进行思考，真的想不明白时再问别人；问别人问题时也要找出问题中的关键之处。

②在家里，甲方要就家里的事情征求乙方的意见，并引导乙方认真思考，争取以自己的观点说服甲方，而甲方对乙方的努力要给予鼓励，对乙方正确的观点要采纳。

③在家庭教育中，甲方要积极引导乙方学习不能只靠死记硬背，要尽量与乙方一起做一些思考题，从中引导乙方考虑问题尽量深入。

④对于乙方特别感兴趣的事物、话题等，甲方要鼓励他往深处思考一下，不能仅仅停留在"喜欢"上，还要弄明白其中的根由等。当乙方因探究问题而造成一些麻烦时（比如拆解玩具、钟表等），甲方不应

过分追究。

⑤一家人外出见到一些人和事,要多让乙方发表意见,当乙方说出经过思考得出的结论时,无论对错,甲方都应给予鼓励。

⑥甲方要多与乙方一起做一些开发智力、锻炼思维能力的小游戏,如猜谜语、填字等。

⑦甲方每晚给乙方读一个故事,并就故事中的内容向乙方提出问题,答得好就奖励。

⑧如果一个月之内乙方在主动思考方面有了进步,甲方要给予物质上的奖励。

⑨本协议自双方签字后生效执行。

甲方(签字): 乙方(签字):

年 月 日 年 月 日

合同执行要点:

①年龄小的孩子遇到疑难问题,总希望家长给他答案。高明的父母,面对孩子的问题,只是告诉孩子寻找答案的方法,也就是启发孩子,一个问题应该怎样去想、去分析,怎样运用自己学过的知识和经验,以及运用工具书等。当孩子自己得出答案时,他会充满成就感,思维能力提高而且产生新的动力。

②经常面对问题,大脑就活动积极,问题是思维的引子。遇到父母也弄不懂的问题,通过请教他人、查阅资料、反复思考获得圆满答案,这个过程最能提高孩子的思维能力。父母也应放下架子,向孩子虚心请教一些自己不懂的问题。这些做法,对发展孩子思维是极有好处的。

③与孩子分享做事的快乐能够使孩子经常处于良好的情绪中,增加他做事的热情和积极性。这种情绪将使孩子做事更具有激情,从而学会思考。父母要平衡自己的权威和孩子自主之间的关系,还要多鼓励孩子的探究行为,不能因为孩子做的事情不符合大人的意愿就予以阻止。

第八章　培养孩子待人接物与
日常生活习惯的合同

我们都喜欢待人彬彬有礼、生活中井然有序的孩子，相反，那些分不出长幼尊卑，书包、衣服、玩具总是乱成一团的孩子总会让你皱起眉头。但这并非是孩子的错，一定是家长的教育理念和方式出了问题。跟孩子签一份合同试试，也许会让孩子对待人接物以及日常生活的诸多习惯能有所改变。

1. 纠正孩子不良习惯的日常生活合同

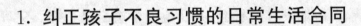

好习惯能够成就一个人，坏习惯则会毁了一个人。家长如果回顾一下自己的成长之路就会发现，你的事业或家庭生活中的成功经验与失败教训，往往与日常生活中的小习惯有密切的关系。纠正孩子的一个不良习惯，就会给孩子未来的成功消除一种隐患，增加一个积极的因素。

张圆圆的妈妈很奇怪，女儿刚读一年级，怎么总是有做不完的功课。后来，她经过仔细观察发现，张圆圆每次不是在那里削铅笔，就是对着天花板发呆，或者是摆弄尺子，几分钟过去了，她也没碰过一下书。张圆圆的妈妈开始反思：问题出在哪里？孩子一定以为她自己整个晚上都在做功课，却没有意识到其实是在浪费时间。怎么才能帮助圆圆改掉拖沓的坏习惯，这成了妈妈头疼的问题。

后来，她和邻居王女士交流，她也是圆圆同学陈晶的母亲。听到她说，自己的女儿身上也存在这种问题。圆圆的妈妈这才意识到，做事注意力不集中，拖沓、小动作多，是一般孩子的通病。进而她想到，不光是这些，孩子的身上还有不少的小毛病，比如做事没有条理，自己的书包里总是乱七八糟，以及粗心、没有节俭意识、喜欢吃零食而不好好吃饭等等。这些小毛病如果不及时纠正，一旦成为她的生活习惯，对她未来的生活会产生很不好的影响。

其实,孩子身上存在一些小的不良习惯是正常的,但家长漠视这些坏习惯的存在则是不正常的,甚至是危险的。

父母若想让孩子改掉一些坏习惯,首先应注意不要对孩子给予过分的关注。比如,在吃的方面,父母不要在孩子的口味上加入太多自己的喜好,而且总是唠叨孩子"应该吃什么"、"多吃什么"、"快点吃"之类。这些都将影响孩子的思维和选择,制约他们的味觉和嗅觉神经感受,因此孩子不能体味食物的美感。长此以往,孩子会慢慢地以厌食对抗父母的关注。父母最好的态度是,一贯地采取合理提供用餐内容、用餐时间、给孩子表现出愉快而津津有味的吃饭的榜样,还要提供给孩子判断和选择的机会。孩子之所以拖沓、依赖、无助,主要由于父母完全代替了孩子的思考和判断,没有开始培养他们从小就该具有的责任能力。孩子的责任感,就是要在与他们有关系的事情上,让他们具有尽情、自由地发言的机会,并让他们学会自己选择。父母要合理满足孩子的要求、合理规范孩子的行为、一贯坚定地执行规范。在孩子的行为上,哪些是可被接受的,哪些是不可被接受的,孩子需要一个明确的界限。

父母不过多地为孩子做主的同时,也应把握放手的尺度。有一项调查表明:我国有 31% 的小学生不愿吃早餐,有 37% 的小朋友经常喝碳酸饮料。大部分小朋友不愿吃芹菜、胡萝卜、白菜、土豆、海带、豆腐等营养丰富的食物。而这些食物是很健脑的。碳酸饮料喝多了,会使钙质流失,不仅造成龋齿,而且对脑部会有不良的影响,使人注意力变得散漫,性格极度敏感,易发脾气,将引起情绪不安,最终导致身体素质较差,学习成绩不理想。有的孩子偏食很严重,只喜欢吃某一类食物。为了孩子的健康,父母一定要让孩子吃富含各类营养的食物,不偏食。豆制品、奶类、蛋、鱼虾、瘦肉富含维生素,蔬菜、水果富含维生素和钙等。

无论是拖沓没有时间观念,还是偏食,都是孩子的不良习惯。父母一定要让孩子懂得:良好习惯都是通过做好细节的小事而养成的。好的习惯能够提高人的素质,改变人的一生。做父母的要了解孩子的行为问题、孩子正常的活动方式。孩子吃饭时哼着歌或敲打着碗,而不是专心致志,就要帮助他改正。要用心设计训练孩子养成良好日常习惯的计划,帮助他控制自己的惰性和欲望。父母不仅要要求孩子,而且自己也要参与,至少在孩子面前应该表现得富有自制力,珍惜时间,充满责任心。

附:爸爸妈妈与孩子签订的养成好习惯合同

甲方:爸爸妈妈

乙方:

乙方知道,要想实现自己的大理想,就必须纠正自己生活中的一些不好的小习惯。因此,愿意在甲方的指导下改正自己,让自己做一个更优秀的孩子。在这方面,甲乙双方达成如下协议:

①乙方愿意养成注意力集中的习惯。做作业或是做其他事情时,就努力把这一件事做完做好,而不是三心二意,或者做一些小动作,吃饭时不能边吃边玩或者边吃边看电视。

②乙方愿意养成按时吃饭、少吃零食的习惯。零食里会含有添加剂,吃多了对身体不好,乙方在想吃零食时,要听从爸爸妈妈的劝告,忍住吃零食的欲望,尽量在吃饭时多吃一些。

③乙方愿意养成做事有条理的习惯。自己的玩具玩过后要整理好,书包里的书和学习用品按次序放好,放学后先把作业写完再去干其他的事情。

④乙方愿意养成有规律作息的习惯。晚上睡觉时间到了,就要上床睡觉,早上该起床了也要按时起床。

⑤乙方愿意养成节约的习惯。平常注意随手关灯、关电视,没吃完的食物要保存好,下次再吃。懂得爱护爸爸妈妈给自己买的新衣服、玩具等。

⑥乙方愿意养成做事细心的习惯。在家里也好、学校也好,做事情不能粗心大意、丢三落四,自己的东西自己保管好,爸爸妈妈、老师有什么要求要用心记住。

⑦甲方愿意帮助乙方纠正这些小毛病,同时注意不能态度粗暴,而应该采取温和的方式,在乙方有了进步后,甲方要给予适当的奖励。

⑧乙方有权指出甲方的坏习惯,并在乙方的监督下改正。

⑨本合同自甲乙双方签字之日起生效执行。

甲方(签字): 　　　　　乙方(签字):

　　年 月 日 　　　　　年 月 日

孩子的好习惯是这样培养出来的

合同执行要点：

①签订协议之前,要尽量让孩子明白某些不好的习惯对他实现自己的理想是十分有害的,从而让他内心里产生改正这些习惯的愿望和动力。这是合同能否有效的关键。

②既可以针对孩子多个方面的问题签订一份全面的协议,也可以就孩子表现突出的问题制订一份专门的协议。

③如果孩子的行为是与爸爸妈妈自身的行为有关,父母就要从自身找问题了。比如,有的家长平时喜欢边吃饭边看电视或书报,有的家长也会因疲倦或懒惰做事拖时间,这些行为潜移默化地影响着孩子,非常容易使孩子养成注意力不集中、办事拖沓等不良习惯。因此,家长不妨先自我检查,为孩子做个榜样。

④帮助孩子制订一个作息时间表。帮助孩子在计划中度过一天的时间,可以把周末的两天休息时间认真规划一下,如果见效就可以修改、延长,一周下来就可以制订一份比较规范的作息时间表了。让孩子严格按照作息时间表来安排自己的生活,不要因为不良的习惯破坏了计划。让孩子每天晚上睡觉前,对照时间表检查一下,看他是否按照计划完成了所有的事情。如果完成得不好,父母要陪同孩子一起查找原因,对未完成的事情,及时制订补救措施,帮助他做好,下次注意,这样他第二天就会做得更好。

2. 让孩子养成自我保护意识的防范合同

孩子是最容易受到伤害的群体,在儿童被拐卖、受到性侵犯的案件屡见不鲜的情况下,家长们在对孩子的保护方面切不可粗心大意、存在侥幸心理。当然,父母不可能时时刻刻陪在孩子身边,保护孩子最有效的办法是提高孩子的自我保护意识,让他养成碰到事情首先要有自我保护的习惯。

一个晴朗的星期天,陈洋洋的爸爸妈妈不顾冬天的寒冷,像每一个周末一样,去看望同城住着的洋洋的爷爷奶奶。10岁的洋洋快考试了,最近的作业比较多,所以,妈妈这次没有带着他一同前往。洋洋特地一大早给爷爷奶奶打了个电话,问候了他们。

陈洋洋的爸爸妈妈因为有些不放心留他一个人在家,快到中午时便回来了。可是推开门却发现洋洋并不在家,夫妻两人一下子没了主意。正在着急时,见儿子从门外跑进来,手里提着个小箱子。这时吓得一身冷汗的妈妈,又生气又奇怪地问道:"你在干什么呀?爸爸不是嘱咐你不要出家门的吗?"

洋洋指了指手上的箱子:"是爸爸单位的丁叔叔开车来了,他顺路给咱们家送了点特产,打电话时我说你们都不在,他说不好停车,所以我就跑下楼去拿的。"

听洋洋这么一说,爸爸妈妈才松了一口气。但同时,他们也意识到孩子单独一个人在家时,是多么不安全。在以后的日子里,爸爸妈妈时刻注意提醒洋洋如何保护自己,如何树立必要的防范意识。

有调查显示:少年儿童的自我保护意识和能力较差。相关部门曾作过这样一次试验:以若干名小学生为调查对象,当家里只有他们一人在家时进行敲门试验,通过多种借口,比如查煤气表、检查水管、修理电器、推销商品等,都无一例外地敲开了这些孩子的家门。少儿的自警意识之差由此可见一斑。而更使人担忧的是,校内安全、校外活动安全、卫生防疫、饮食安全、交通安全、自然灾害防范等安全教育仍然很薄弱,中小学生缺乏安全意识是普遍存在的现象。虽然家长们都很担心孩子的安全,但是,很少有家长有意识地对孩子进行过自我保护和自救方面的教育。有些家长自己都没有防护和自救这方面的意识,有的甚至还起错误的"示范"作用。

懂得自我保护的技能是孩子生存能力提升的一个重要标志。来看下面的一组数据:

据中国疾病预防控制中心与公安部开展的"中国儿童步行安全状况调研"报告显示,2004年共有7078名中国儿童被道路交通伤害夺去了生命,有28 017名儿童在道路交通伤害中受伤,这是多么令人焦虑的数字。

据有关部门统计,我国中小学生每年意外伤害事故,死亡人数在万人以上,平均每天都有一个班的孩子因意外伤害事故丧失生命。这是惊人的事实。

近年来,云南警方调动了上万名警力,花费了600多万元,全力寻找200多名丢失的孩子。

2004年8月,福建警方历时两年多,解救了44名被拐卖的婴儿,而这次寻亲行动动用了上百名警力，耗资近500万元。

孩子丢了，意味着父母从此无心工作。被拐卖当然是比较极端的例子，而孩子在现实生活中总是可能受到不同程度的欺骗和伤害，因此对受过欺骗和伤害的孩子的心理疏导也是一个重要的问题。

为了从根本上解决这一问题，父母一定要教育孩子树立自我保护的意识。解决孩子安全问题，首要的是要确保孩子的人身安全。在这方面，作为父母要协同社会一起，为孩子的成长塑造健康、安全的环境而努力。

在这个信息爆炸、科技发展的时代背景下，网络的普及对于缺少判断力的儿童来说所带来的负面影响也不容置疑。为此，应该对孩子安全问题有一个全新的认识，在注重孩子生理安全的同时，也不要忽视精神伤害这一隐性因素的作用，努力做到真正全面地关怀孩子的成长和安全。另外，绝大多数学生伤害事故的发生都与学生之间的打闹玩耍有关，而中小学生对自己行为及其后果的识控能力较差，对玩耍的分寸也缺乏一定的把握能力，因此家长和教师都有责任告知这些未成年人娱乐玩耍要有度，以避免那些不该发生的伤害事故给孩子的学习和生活带来不必要的影响。

附：爸爸妈妈跟孩子签订的自我保护合同

甲方：爸爸妈妈

乙方：

乙方应该认识到，社会上好人多，但也有一些坏人，有的坏人还专门打小孩的主意，因此，乙方愿意增强自我保护意识。甲乙双方就这个问题签订如下协议：

①乙方一人在家时，一定会关好门窗。如果有人敲门，要从猫眼看清来客是否认识，只有认识他才会开门；如果是陌生人，就不开门；不告诉陌生人任何事情，可以说大人正忙，请他下次再来；如果陌生人还不离开，就打电话给邻居或打110报警。

②如果在逛街或游园时，与爸爸妈妈走散了，乙方会马上到广播室或者找警察叔叔，不听信陌生人的话，更不会跟随他去找爸爸妈妈。

③不要陌生人给的饮料、糖果以及其他食物，不到荒凉或偏僻的地方玩耍。

④乙方会记住自己的家庭地址以及爸爸妈妈的工作单位、电话号

码,有事时及时和爸爸妈妈取得联系。

⑤在横过马路时,乙方一定会遵守交通规则,不闯红灯,走斑马线。不在道路上与同伴嬉笑、打闹。

⑥乙方保证除了看病的医生之外,不让任何人触摸自己的身体。

⑦在与同学玩耍时,乙方会把握好分寸与尺度。如果伙伴有过激行为,就及时回避,以免造成双方的伤害。

⑧乙方会跟爸爸妈妈学会使用电源开关、煤气阀,离开家时,要把水龙头关紧。自己不随便开煤气灶,不触摸电源和电器的金属部分,不玩明火。

⑨乙方单独外出时,向爸爸妈妈说明情况,说明去向和回来的时间。

⑩乙方会牢记一些特殊电话号码:110 为盗警,119 为火警,120 为急救电话,必要时使用。

本协议自双方签字后生效执行。

甲方(签字):　　　　　　　　乙方(签字):
　年　月　日　　　　　　　　　年　月　日

合同执行要点:

①家长要有意识地创设危险情境,教会孩子自我保护的方法,提高孩子的自卫能力。比如,要教会孩子在公共场所走失后,应怎样求助,什么样的人才是可靠的求助者。教会孩子一人在家时,如有陌生人敲门该怎样应对。放学回家的路上,有陌生人要领自己"玩"该怎么办;还可以利用媒体中的相关材料教会孩子应对突发事件,如地震、火灾等。

②引导孩子找出身边容易出危险的地方,是非常有必要的。如户外活动时先把游戏的目的要求向孩子说明,然后让他们用眼睛观察周围的环境,看看哪里容易出危险,提高孩子对危险的预见性。再如,看到有孩子在教室里追逐打闹,马上组织孩子们讨论这样做的后果,然后让他们在教室再找找看还有哪些地方容易发生危险,用自制的危险标记做上记号。孩子参与了"找危险"的活动,印象深刻,自我保护意识便提高了。

③孩子对周围的世界是充满好奇的,他们并没有对危险的警觉性,所以,进行危险尝试也是必要的。家里烧开水,一直是让家长放心

不下的地方,有的孩子喜欢趁父母不注意的时候去碰碰它,许多危险就因此而产生。因此,家长在打开水时就请孩子们先观察,开水热气腾腾和翻滚的情形让他们大吃一惊,然后再接一杯水让他们轻轻地碰一下杯子,他们尝到了"烫"的感觉,知道了开水的危险,就再也不去碰它了。

④要让孩子明白,自我保护与以自我为中心的区别,使孩子在勇于、善于自我保护的同时,能够从小就勇敢而机智地承担起适当的社会责任。平时,可以向孩子提一些这类问题,然后一起讨论解决的方法。比如:"如果在公交车上,你发现了一个贼正在偷别人的钱包,应该怎么办才能既维护了正义又不使自己受到伤害?""如果有小朋友落水了,你又不会游泳,应该采取什么措施才能既救了朋友又保护了自己?"等等。

⑤父母应注意以身作则。比如家长在参与交通时,在进出的途中,骑摩托车应戴安全头盔、按规定载人、驾驶汽车应系好安全带。不乘坐没有安全座位的超员车、货车、拖拉机、"带病"车,过马路时严格遵守交通规则,红灯停、绿灯行,标志标线要看清;穿越公路左右看,不在路上跑,做到以及行走在道路上不违反交通法规等,使孩子对交通安全更加重视。

3. 培养孩子理财习惯的合同

一说到理财,很多人认为这是成年人的事,其实不然,理财观念恰恰需要从小培养,要让孩子早一点明白父母所给的每一块钱都来之不易,都应该花得明、花得值,从而养成理性消费的习惯。

强强的父母是公务员,家庭经济条件很好,强强在同学中俨然也是个"大款",他的兜里经常揣着上百元钱,每月的零花钱总数至少在500元以上。强强经常中午请同学吃校门前的食品,从肉串到饮料,每次都能吃20元左右的东西,有时候请同学下饭店,甚至有一次强强的妈妈看到强强与两个小伙伴在路边大摇大摆地抽着烟。

强强的父母原来想,因为工作忙没时间管孩子,不能让孩子在生活上受到委屈,但随着强强索要零花钱越来越频繁,数额也越来越大,强强的父母认识到：强强对财富没有正确的观念，长此以往，怕强强会养成更多的坏毛病，变成一个纨绔子弟。但如果一下子断掉强强的零花钱，又怕强强一时难以接受，强强的父母在向一个研究家庭教育的朋友请教之后，和强强一起开了一次家庭会议。

会议是在晚饭之后开始的。强强的爸爸对强强说："强强，你最近各方面都表现不错，学习和生活上都不用爸爸妈妈操心。爸爸妈妈觉得你可以帮助爸爸妈妈管理家庭开支，你愿意么？"

强强很高兴，说："好啊，我愿意。"

强强的妈妈说："你的责任很大啊，既要保证不出现赤字，又要记账清楚，还要分析各项支出是否必要，你能做到？"

强强自信满满地说："没问题。"

理财不仅是成年人的专利，也不是所谓"有钱人"的专利，孩子理财在西方有的小学已开设了专门的课程。学会理财，孩子就能珍视父母的付出，养成良好的消费习惯。中国自古就有"富不过三代"的说法，为什么？因为如果不会理财，再多的财富也会很容易花完的。

美联储主席格林斯潘曾在国会发言时指出，在早期教会学生一些个人理财方面的基本知识是非常重要的："我们要改善中小学的财经教育，帮助年轻人不至于作出错误的财务决定。"

"独立而拥有财富不应该是少数人的特权，它应该是每一位美国人的希望所在，它是实现希望的有效工具。"而在理财观尚不普及的中国，是不是也该在培养青少年理财观念方面向前"走一步"？

孩子要学会生存，就是学会在市场经济社会中生存，对孩子进行金钱和消费教育的必要性，是不言而喻的。关键是教什么、怎么教，也即教育的科学性问题。

从孩子要零花钱时起，他们心中已渐渐存在金钱的观念了，父母应该为孩子有这样的想法而高兴，因为那是孩子长大的表现。父母应以平和的语气问孩子："你打算怎么支配这笔钱呢？"一则，了解一下孩子打算拿钱来做什么，孩子要拿钱买东西的时候，父母可以根据具体情况帮孩子合理使用金钱，在适当的时候还可以提出意见。再则，也暗示他要想想如何使用零花钱，不能随便花掉。在同意孩子管理自己钱的同时，父母也要注意培养孩子正确的金钱观。父母应让孩子明白：钱是解决生活问题的一种媒介，它本身不能解决生活问题；花钱是为了满足自己的生活和学习需要，是为了增进进步，而不是满足不正当的欲望;钱是平常之物,没有神通广大的作用,不能解决所有问题;比如:钱不能换来爱,不能换来信任,不能换来尊重。

对此,教育专家指出,孩子越早接触钱,越早具备理财的观念,长大后也就越会赚钱,关键是家长如何教孩子花钱、理财。建议家长给孩子钱要有节制,同时教育孩子有计划地花钱,引导孩子控制自己的欲望,同时让孩子明白自己的钱花到哪里去了,而这些钱到底该不该花。

俗话说"不当家不知道柴米贵"。父母要多让孩子深入生活,了解生活,体验生活。从而知道更好地珍惜生活,珍惜劳动成果。这一点对于他们的成长必定会有深远的影响。需要家长注意的是:培养孩子理财能力时,不要只注重培养孩子的节俭意识,而要把节俭、消费、储蓄、投资、捐赠等观念结合起来,使孩子形成全面完善的财富观念。

有些父母常有意无意地渲染金钱的作用,如对孩子说,"亲我一下,给你一块钱"。有的甚至还宣传有钱就高贵,如对孩子说,"孩子,你看他多有钱,多让人羡慕",结果使孩子认为只要有钱就会有高贵的社会地位,就能得到所有人的爱。结果这恰恰是把孩子引向对金钱的崇拜,而没有引向对自我能力、对个人的社会价值的追求。因此,父母还要让孩子明白:学会理财不仅仅是为了积累财富,既是对创造财富的劳动者的尊重,也是对用血汗辛苦赚钱的父母的尊敬。

家长培养孩子的理财能力,要做到以下几点:

①教孩子认识各种货币的价值及其使用;

②教孩子养成储蓄观念;

③教孩子合理使用自己的积蓄;

④在金钱的使用方面,教孩子乐于分享,体验捐献和助人的喜悦;

⑤教会孩子精打细算,不乱花钱,不浪费钱财;

⑥教孩子学会通过正当手段去获得一些收入;

⑦注意用自己的理财观念和消费行为来影响孩子。

附:爸爸妈妈跟孩子签订的家庭开支管理合同

甲方:爸爸妈妈

乙方:

我们家庭每月拿出 2 000 元作为生活基金,现任命强强为家庭CFO,月薪200元(从生活基金中支取),负责管理家庭生活基金,记录

和分析家庭各项开支,对该 CFO 的要求是:

①保证不挪用家庭生活基金,否则解除强强的 CFO 职务。

②用明细帐记录家庭经济收支情况,账目中不能有混乱、不全或错误情况出现,有上述情况出现一处扣除 CFO 工资 10%。

③分析家庭各项支出,并指出不必要的支出以及开源节流的方法,如果方法有效,节约金额的 10% 为 CFO 的奖金。

④如果家庭生活基金每月有剩余,储蓄起来作为寒暑假旅游基金,旅游基金暂存入 1 000 元。

⑤CFO 如果当月开支超出自己的月薪,超出部分可以从旅游基金中贷款,最高额度为 100 元,利率为 1 分/天,从下月工资中扣除本息。

⑥CFO 如果当月开支不超出自己的月薪,剩余部分可以存入教育基金,家庭生活基金投资方(爸爸妈妈)也必须拿出相同金额的两倍存入教育基金,此教育基金在 CFO 18 岁之前只能存不能支取。

⑦除工资外,CFO 的其他收入(压岁钱、亲友赠送款项等)必须存入教育基金。

⑧此合同自签订之日起生效执行。

甲方(签字):　　　　　　　乙方(签字):
　　年　月　日　　　　　　　　年　月　日

合同执行要点:

①"理财合同"是通过契约的形式,把父母需要达到制止孩子乱花钱、学会理财等教育目标转化为孩子的内在要求和自觉行动,从而增强了孩子的自我约束意识和自我管理能力。更为重要的是通过"合同"的制约,使孩子逐步树立自尊、自立和责任感,促进个性与理财能力的良好发展,并为他们长大独立理财"重合同守信义"打下基础。

②每个家庭的经济情况不一样,和孩子签订的理财合同也不相同。但关于有关理财的合同,如零花钱合同、压岁钱合同以及有关金钱的储蓄和借贷,父母应郑重其事地和孩子进行讨论,以期达到彼此满意的解决办法,并且要告诉孩子,合同一旦达成,他就必须遵守执行。也要让孩子明白,该合同是家庭生活中的一项制度、规矩,这并不是父母对他施加压力的一张王牌,也不会因父母的情绪好坏而随意违反。不要表面上签了合同,父母随意去做,那么合同实际上形同虚设,

根本没起到作用。所以坚持合同的"严肃性"也是对父母的监督,父母要狠下心来,执行合同,决不违约,才能收到良好的效果。另外,合同内容不宜定得太死,要让孩子有自己安排的空间。还有就是要预防祖父母的干涉行为,我们称为"隔代亲子冲突"。既然父母和孩子有约在先,祖辈就不应干涉。偷偷塞钱给孩子,会使他们从小轻视规则,甚至养成不守信用的坏习惯。所以,家长们一定要先统一意见,再对孩子进行教育。

③在理财合同中,要兼顾以下几点:

1)记账观念。让孩子自己记录都买了些什么,花多少钱买的,一段时期后,帮助孩子判断哪些钱花得值,哪些钱不该花,从而引导孩子买自己真正所需的。

2)节俭观念。把孩子每月的日常开销记录下来,比如学费、饭费、文具费用等,和孩子商量压岁钱和零花钱可以支付哪一部分,并说明如果孩子自己能负担这部分费用,家庭负担能减轻很多,爸爸妈妈就轻松多了。

3)储蓄与消费观念。与孩子协商把压岁钱和一部分零花钱存起来,利用假期去旅游,增长知识,开阔眼界,或者在给孩子购买大件物品(如电脑)时,让孩子自己承担一部分费用。

4. 培养孩子锻炼身体习惯的健康合同

家长对孩子的身体健康问题向来很重视,但大都集中在吃与穿上,对于孩子的锻炼问题,或者重视不够,或者家长自身比较懒、没有锻炼身体的习惯,都没有提上议事日程。

李壮壮非常喜欢学习,他是一个很乖的孩子,每次作业不用爸爸妈妈操心就非常自觉地完成了。做完作业以后,他就会静静地看书,要不就看一些喜欢的动画片和动物世界类的节目。他喜欢安静地呆着,总是懒得运动。一个月内,他因为感冒、发烧、咳嗽等病症,不得不接二连三地请假,耽误了自己的学习不说,父母亲也因此不能正常上班,请假陪护他。

这一天,因为李壮壮又一次病倒了,他的爸爸就去学校跟老师请假,老师见到他以后,就说:"孩子最近总是生病,一定要注意他的身体。李壮壮平时学习很不错,可不要因此耽误了学习呀。"他爸爸连连点头,感激地对老师说:"谢谢您的关心,我一定要想想办法,看看儿子的身体是怎么回事? 争取不要因此耽误学业。"

回去之后,爸爸开始进行反思,孩子自从上学以来,各个方面都不用他们做父母的操心,只有身体是最大的问题,每逢初春及严冬季节,只要有个流感之类的病,他几乎无一幸免。是不是儿子好静不好动的性格造成的呢?

当天吃过晚饭后,爸爸见李壮壮有点好些的迹象,就对他说:"儿子,跟爸爸下去打一小会儿乒乓球吧?"李壮壮回答说:"爸爸,我不是很舒服呀。不想动,还是看书吧。"爸爸说:"壮壮,出去走走吧。不能总是闷在房间里,不活动。这样对你的病情没好处。"于是,李壮壮很不情愿地穿上衣服,随爸爸出去了。

走在楼下的健身器材区,看到许多大人和孩子在那里锻炼。爸爸对李壮壮说:"壮壮,你的身体素质不好,是与爸爸妈妈的重视不够有关。我们以前只关注你的学习,考试成绩好就很高兴了,忽略了你的身体素质方面。你以后的学习任务会更重,身体健康是保证好成绩的条件啊。这样吧,爸爸和你订一个约定,好吗?"李壮壮不解地问:"什么约定啊?"爸爸说:"就是以后每天跟爸爸一起锻炼身体,以前爸爸也太懒了,你看我的肚子都圆了。以后咱俩订个合同,互相监督,共同把身体锻炼好。"李壮壮一听,很感兴趣地点了点头。

身体是"革命"的本钱,也是孩子健康成长的本钱,怎样才能拥有一个好身体? 养成爱运动、常锻炼的习惯比什么都重要。家里有一个"大懒",必然会培养出一个"小懒",为了孩子也为了自己,家长要首先"动"起来。

孩子读书学习,需要耗费相当大的体力与脑力,拥有健康的身体,将有助于学习效率的提高。想要拥有健康的身体,一是要摄取均衡的营养,另外要积极投入运动。很多实验证明,体能活动对心智的发展有促进作用。一位美国学者曾拿老鼠做过关于运动的实验,显示运动的两大好处:有氧运动能供给脑部更多营养;技巧性的运动可以使神经键的数量增加,神经键的数量多,可以使大脑处理资讯的能力增强。还有一项科学研究也显示,有氧运动会增加大脑中某些能刺激神经细胞生长的化学物质的数量。这些都说明,经常参与运动的孩子,功课

孩子的好习惯是这样培养出来的

将会比那些不爱运动的同学更好。

身体锻炼要想获得理想的效果，必须有适宜的运动量。运动量即运动在数量上的总和。对于健康儿童来说，运动时每分钟心率150～170次时，耗氧量为70％～80％，是中等运动量，小学生的锻炼标准应基本保持在中等及中等运动量以上。

有研究表明，不同锻炼内容所引起的人体内生理变化各不相同。比如：跑的锻炼能提高肺活量。经常晨跑可以锻炼身体各部位，比如肺部和心脏等等，尤其是心脏，增强心脏输血功能，加强血液循环。晨跑还能保持头脑清醒。经过一个晚上的睡眠，大脑还处于朦胧的状态，如果起床后即投入到学习中，无疑是在浪费时间。单、双杠的锻炼能增强手、臂的力量等。晚饭后适当的散步可以保持清醒的头脑，进行晚间的学习。体育课的内容、锻炼强度以及锻炼时间非常有利于孩子的身体锻炼，有利于身心健康和合理调节学习。比如，课间的体操，可以调节学习强度。而全面锻炼能使这些良性适应起到互补和促进作用，从而使身体素质和运动能力得到全面发展和提高。因此，全面锻炼是一条重要的原则。

从生物学的角度看，人体的发展和体质的增强，是一个不断适应、积累和逐步提高的漫长过程。既不能"立竿见影"，也不能一劳永逸。根据"用进废退"的原理，人体对体育锻炼的适应与变化规律是：经常锻炼则进步、发展，不坚持锻炼则退步、消弱。因此，身体锻炼应坚持不懈、持之以恒，不能"三天打鱼，两天晒网"，否则原来锻炼所取得的效果便会消退。或者说，通过体育锻炼，发展身体素质和基本活动能力达到增强体质的过程，是有序的逐渐完成的锻炼效果，不可能一蹴而就，体育锻炼必须循序渐进。否则不仅不能获得提高运动能力的锻炼效果，反而有损健康，甚至造成身体损伤。

此外，健康不但指没有身体缺陷，没有疾病，而且还包括完整的生理、心理状态以及适应社会的能力。"健全的心灵寓于健康的身体。"这句格言可追溯到罗马时代，而且历久弥新，到今天仍然适用。为了健全的心灵，为了达到成功的彼岸，让孩子尽力保持身体健康吧。

好父母胜过好老师大全集

附:爸爸妈妈与孩子签订的锻炼合同

甲方:爸爸妈妈

乙方:

①乙方每天早起后,随甲方活动并晨跑二十分钟。

②乙方在学校时应保证认真对待体育课,并完成体育老师布置的教学任务。

③乙方在课间十分钟里,不要坐在座位上学习或者休息,应与其他同学一样充分进行室外活动。

④吃过晚饭后,乙方和甲方一起散步,并进行一定的健身活动,直到乙方达到能够承受的标准为止。

⑤乙方应在完成家庭作业之后,认真做眼保健操,以保持视力健康。

⑥甲方要给乙方在周末时选择一个游泳或其他项目的培训班,以加强其锻炼身体。

⑦甲方会做到三餐营养搭配合理,粗细粮搭配,荤素菜搭配,食物品种多样化,尽可能做到色香味美,保证乙方身体所需的各种营养。乙方要定时定量吃饭,不要暴饮暴食;不能偏食挑食;要细嚼慢咽,不要贪快嚼不烂。

⑧市内空气污染多,利用假日休息时间乙方和甲方要经常去郊外踏青,呼吸新鲜空气。

⑨甲方要在家中准备一些羽毛球、乒乓球、小哑铃等体育用品,以备乙方利用零散时间进行锻炼。

⑩乙方要积极参加学校及小区里组织的文化体育活动,甲方会给予大力支持。

本合同自双方签字后生效执行。

甲方(签字):　　　　　　　　乙方(签字):

　　年　月　日　　　　　　　　　年　月　日

孩子的好习惯是这样培养出来的

合同执行要点:

①锻炼应讲究运用科学的锻炼原则和方法。小学生锻炼的一个重要原则是因材施教。即使在一个年龄相同的群体中,也会存在性别、体质、体能基础以及遗传等诸多因素的差异。因此进行身体锻炼,必须根据孩子的实际情况,在锻炼内容、方法和运动量方面区别对待。

②人体从相对安静状态过渡到运动状态,需要有个克服生理惰性的过程,即准备活动。人体各部分的惰性并不一样,其中肌肉惰性最小。小学生整个人体克服生理惰性的过程大约需要 10~20 分钟,用这段时间来做准备活动。同理,人体由剧烈活动逐渐过渡到相对安静状态,也需要一个过渡过程,称作整理运动。作用在于通过进行比较轻松、舒缓的身体活动,使紧张的运动松弛下来,增加吸氧量,从而加速疲劳的缓解和消除。所以,在锻炼的前后,一定要注意这两点。

③傍晚运动的主要形式为散步,活动的时间可长可短,运动强度也不能过大,晚饭后不宜马上锻炼,最好饭后休息半小时再活动。同时,傍晚锻炼结束与睡觉的间隔要在 1 小时以上,否则会影响夜间的休息和第二天的学习。

④锻炼环境的选择首先要考虑安全问题,要避免到那些人群喧闹、噪声大、拥挤的地方去锻炼,也不要到自己不熟悉、人迹稀少的偏僻地方去锻炼。

5. 让孩子能够照顾自己的自立合同

如果我们问家长这样一个问题:你是希望孩子长大成人后能够独自应对生活和工作中遇到的各种问题、事业有成并能给家庭提供帮助呢,还是希望他(她)永远做自己这个笼子里的小鸟,离开自己的帮助便哪儿也飞不去呢? 更多的家长会选择前者,但是,在日常生活中,你对孩子的教育、照顾方式是否能引导其向这一目标发展呢?

宁小远是家里的独生女,被父母亲视为掌上明珠。爸爸妈妈对她疼爱备至,常常是一家人围着她转。生活中,她的大事小情全部由父母亲代劳、包办,致使她什么也不会做,什么也不愿意做。时间久了,宁小远就习惯于让父母帮她做任何事。

这一天,妈妈为了庆祝她上了一年级后获得的小学阶段第一个双百成绩,准备带着她去游泳馆游泳。在路上,宁小远问妈妈:"有没有给我带水呀?"

妈妈说:"宝贝,带了,你喝吗?"她回答说:"不喝。"

她又问到:"玩具小鸭子带上了吗?"妈妈耐心地说:"带上了。"

到了游泳馆，宁小远又问妈妈："我的水果您帮我带了吗？我想先吃个水果。"妈妈说："好，带了，带了。给你找。"妈妈一边说一边拿出来一个苹果。

宁小远却一脸的不高兴："我不想吃苹果，我要吃的是香蕉呀。"

妈妈说："妈妈只给你拿了苹果，不知道你想吃香蕉。先吃这个，回家再吃香蕉吧？"

宁小远不情愿地对妈妈喊道："不吃，你自己吃好了。"

接下来换衣服、套泳圈等自然也是妈妈代劳，妈妈无微不至地照顾，女儿则理所当然地接受照顾。

这是宁小远以及众多独生子女生活状况的一个缩影。许多家长只要孩子身体好、学习好便万事都好，日常生活中许多该由孩子自己动手做的事情，家长都大包小揽，不知不觉中培养了孩子的惰性和被动、自私的性格特点。前两年曾发生过这样一件事情，一个男孩从小学习能力超强，被誉为"神童"，父母自豪之余更是一门心思地关注其学习，学习之外的事情一概代劳，这位"神童"也很争气地在十二岁就考入了名牌大学，但过惯了衣来伸手、饭来张口的日子，大学生活根本无法适应，一学期不到便黯然退学了。

作为父母必须明白这样一个道理：你不能照顾他一辈子，将来他的生活之路毕竟要靠自己的双脚去走，你早一天放手，他便早一天成熟、独立起来。像宁小远这样，从小养成娇气、任性的习惯，小毛病、小脾气大又喜欢依赖别人，对她长大后的工作、生活都会产生极大的负面影响。尽管从现在开始认识到并帮助孩子自立起来不如从一开始就这样做更好，但"亡羊补牢，未为晚矣"，这个年龄段的孩子可塑性都很强，只要你赶快行动并用对方法，你的孩子就能学会照顾自己、照顾别人，就会成为一个"懂事"的好孩子。

自立指自我管理能力，是能做那些自己应该做的事情，做好自己能做的事情。仔细观察一下孩子的生活，其实他们很小就有自己动手做事的愿望。凡是儿童自己能够做到的，应该让他自己做；凡是儿童能够自己想到的，应该让他自己去想。父母不要怕麻烦，要千方百计寻找机会放手让他们去做，同时加以鼓励，让他们得到成功的满足。这种成功很容易转化为自信心，也就是坚信经过自己的努力，可以做好一切事情。

自立对孩子的发展具有非常重要的意义,具备这种良好品质的人有较强的责任心,能独立、勇敢地解决问题,因此具有较强的社会适应能力和心理承受能力。父母应经常运用有效表扬的方式来强化孩子的行为,对他们做出的努力给予充分的肯定,并鼓励孩子去克服困难,坚持自己独立做事,为他们的自主、独立发展创造民主、宽松、愉快的气氛,尊重孩子自主成长的要求。孩子自身有巨大的发展潜力,父母应尊重他们的自主性、独立性,放手让他们自由地发展。

孩子从一出生就是一个独立的人,他们在积极探索周围的世界,可是,家长无条件地包办代替,使孩子形成一种错误认识:什么事情都应该是家长做,不用自己动手做。让孩子学会做"人",必须从学会做一个独立的"人"开始,从而感知生命存在的意义。

在孩子真正需要父母的帮助才能完成事情时,父母不给予帮助,这是父母不尽职。然而,当孩子有独立完成这件事的能力时,做父母的就应要求孩子独立完成这件事。服侍小孩对他们不仅是一种奴化,而且很容易限制他们自发的活动和独立自主意识,扼杀他们十分有益的主动性和创造性。不能把孩子当成木偶,给他们穿,给他们吃,好像他们是布娃娃,一面又不停地认为孩子不会做事,不知道怎样做。大自然赋予了他们可以进行各种活动的身体条件,也赋予了他们的智慧,可以学会怎样进行活动。身为父母,都希望自己的孩子将来能够成就一番事业,能够凭自己的素养开创一片天地,能够成为一个对社会有贡献的人,切忌包办代替孩子一切生活方面的事情。

附:爸爸妈妈跟孩子签订的自立合同

甲方:爸爸妈妈

乙方:

"自己的事情自己做",是孩子自立的标志,而自立的孩子老师最喜欢,爸爸妈妈最放心。乙方也很愿意成为一个自立的孩子,为此,跟爸爸妈妈签订以下协议,并保证按照协议规定去做:

①乙方是个大孩子了,同意从现在开始晚上自己单独睡觉,不过刚开始会觉得有点害怕,所以甲方应给乙方讲故事,陪他入睡。

②睡前和起床时,乙方愿意自己学习脱衣服和穿衣服,甲方应该耐心指导。洗手、洗脸、洗脚、刷牙等事情也要自己去做。

③玩具、学习用品用完后乙方要自己整理好。

④乙方的床铺和日常用品要自己整理好,自己的房间自己打扫,不让爸爸妈妈代替。

⑤乙方努力学习洗自己的毛巾、袜子等。

⑥乙方愿尝试在不要爸爸妈妈陪同的情况下,单独去附近的商店买东西。

⑦在爸爸妈妈做家务、清洁卫生时,乙方愿意帮忙。

⑧在遇到麻烦和问题时,乙方愿意自己先动脑筋想一想该怎么办,能自己解决的尽量自己解决,实在解决不了的再去找爸爸妈妈帮忙。

⑨与爸爸妈妈外出时,自己需要的、可能用到的东西要自己想到,自己或提醒爸爸妈妈准备。

⑩每到周末的时候,甲方和乙方共同检查乙方这一周的表现,如果乙方比上一周有了进步,甲方应该给予一定的奖励。

本合同自甲乙双方签字后生效执行。

甲方(签字)　　　　　　　　　乙方(签字)

　　年　月　日　　　　　　　　　年　月　日

孩子的好习惯是这样培养出来的

合同执行要点:

①父母对孩子的爱要懂得适度,不要一味地顺从他们,那只能称之为娇惯、溺爱。

②父母不要把孩子当作是自己的附属物或者单纯的接受者。不要事事为孩子包办代劳,应该让孩子做一些力所能及的事情,还可以让孩子独立解决具有一点难度的问题,可以指导孩子一些必要的解决问题的方法和技巧等等。

③父母要多和孩子进行沟通,鼓励他们积极参加集体活动,主动与他人交往,虚心向同伴学习。

④有些父母因为孩子的动作慢就干脆代劳,当孩子想表达自己的意见时,父母却横加制止。父母一定得有耐心,给孩子学习做事的机会。

⑤对协议的内容不能指望孩子一下子做到（或者协议本身也先拟定简单的，孩子做到了再重新拟定下一个），只要孩子在进步就好，就要给予鼓励。

⑥不能强制地要求，而是让孩子接受"劳动光荣"、"自己的事情自己做"的观念后，自主、乐意地接受协议中的条款，也可以接受了哪一项先施行哪一项。

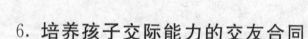

6. 培养孩子交际能力的交友合同

人的交际素质越高，交往的时间与空间就越大，生活也越丰富，得到的支持与帮助也就越多，机遇将不期而至。人际交往能力是孩子常会面临的一种困难。教育孩子调整自己的行为与态度，积极主动地与他人交往，建立和谐的人际关系，对于孩子的成长至关重要。人际交往是迈向成功的第一步，良好的交际习惯也是孩子成才必备的素质之一。

姜美辰是个长得很可爱的小姑娘，尤其是她那甜甜的圆脸，夹杂着格格的笑声，更是为爸爸妈妈所欣赏。但是不知道为什么，妈妈发现姜美辰很少与同学们一起玩，经常一个人独来独往，总是对着电视消磨时间。出去玩时，遇到有同龄的小朋友，即使人家主动跟她打招呼，她也很少与对方交流，家里更没有她的同学的到来，她也几乎不与爸爸妈妈说自己的事情。看到的电视节目感到好笑时，她也是自己一个人在那里傻笑，从不讲给爸爸妈妈听。

有一次，她在看《猫和老鼠》时，哈哈大笑起来。

妈妈走到她的身边，问到："女儿，这个故事有那么好笑呀？"

姜美辰没有理会妈妈。等她看完了之后，妈妈又走过来，耐心地说："女儿，《猫和老鼠》你从小就看，现在你已经读三年级了，你能告诉妈妈，你有没有自己的好朋友吗？"

姜美辰摇摇头："妈妈，我只喜欢看电视，不愿意和别的同学玩，因为每次玩的时候总是会吵架。"妈妈说："哦，原来是这样。那么，妈妈教你怎样去跟其他人交朋友，好吗？"

　　培养孩子与人合作的习惯，家庭教育很重要。在家庭中，父母可以多创造与孩子合作的机会，如母女一起做饭、父子一起修理自行车等。在与父母的合作中，孩子可以学到与他人合作的技能，在今后与他人的交往中能运用这些技能。对于孩子主动进行合作的行为，父母应该给予表扬。同时还要鼓励孩子多参加集体活动，孩子真正形成合作与竞争技能的时机往往是在与同伴集体的活动中，如在学校的运动会上，为同学服务、加油等。在当今社会，团队精神是一种优秀的品质，如果孩子具有团队精神，将更有益于他立足于世。因此，父母应该在日常生活中多给孩子合作的机会，让孩子在合作中学会与人交往。

　　人际关系的破裂也往往是由于缺乏主动宽容他人、谅解他人的胸怀所致。交际的重点是要让孩子学会宽容待人，要心胸开阔，不嫉妒他人，得理也让人。教育孩子胸怀宽广，摆脱嫉妒心理。

　　有的孩子不能与伙伴友好和睦地相处，不能掌握基本的社会交往方法、规则。有的孩子更害怕与老师交往，不懂的问题不敢问老师，不敢在老师面前发表意见。父母应有计划、有目的地解决孩子的这类问题。

　　首先要注重爱的表达，比如分享孩子的高兴情绪，理解和分担孩子的痛苦情绪等。让孩子感到父母是他完全可以信赖的人，从而感觉安全。

　　父母还要腾出时间与孩子共同玩耍。心理学研究表明，游戏对孩子心理的健康发展具有不可替代的作用。给孩子多找一些同龄伙伴，鼓励孩子与他们一起玩耍，让孩子在游戏中体验到欢乐，体验到与他人合作的重要性，从而激起他们友好相处的意愿和行为。不要夸奖孩子的独自玩耍行为，这将使孩子更喜欢独自玩耍。在孩子面前要多鼓励他与别人一起游戏，告诉孩子与其他小朋友一起玩耍是很好的。

　　鼓励孩子帮助比自己年龄小的孩子，培养孩子的同情心。父母在孩子面前说话时也要注意，让孩子懂得得理让人，以和为贵。在人际交往的过程中，有时会发生不愉快的事情，这是难免的，重要的是要学会处理。孩子的很多理念和行为是受父母影响的，要是父母经常在孩子面前说某个孩子的坏话，孩子就会对那个孩子产生敌意，而不愿与

孩子的好习惯是这样培养出来的

他交往。

　　现代社会,如果不会与他人合作,知识再多也枉然。父母有责任培养孩子与他人友好合作的习惯。社会是一张网,个人是组成这张网的点,不管你做什么事,你都会与你周围的那几个点发生某种关系。关心和帮助他人是人类生存和发展的需要,也是个人生存和发展的需要。父母应当让孩子懂得,帮助别人就是帮自己,当孩子无私地帮助别人的时候,心中是自豪的、宽容的,当他全身心投入的时候,他的价值在帮助别人的时候得到了充分的展现。要教育孩子助人为乐。助人就是助己,生存就是共存,你希望别人怎样对你,你就应该怎样对别人。父母必须做出榜样,父母要在生活中热心帮助弱者,帮助需要帮助的人,同时鼓励孩子帮助别人。怎样帮助别人容易明白,关键是要有助人为乐的心态。

　　相信为人父母的都希望教导孩子能与人建立良好的人际关系,乐意与人合作。实践证明,人与人之间明显冷淡的相互关系,必然导致人产生消极的劳动态度,给共同的事业带来不可估量的损失。因此,与人合作的能力,已经成为当今世界人才的重要素质之一。父母要积极引导孩子与人合作,在合作中培养孩子的团队精神。

附:爸爸妈妈与孩子签订的交友合同

甲方:爸爸妈妈

乙方:

　　善于与人交往是一个向往成功的人必备的素质,乙方愿意在甲方的指导下学习与人交往的技巧,提高交际能力,为此双方签订如下协议:

　　①乙方要主动约伙伴来家中玩,学习待客之道。甲方热情招待,积极配合。

　　②甲方应勤带乙方去其他同龄孩子家做客,学习与人接触交往的礼节。

　　③面对别人的批评,乙方应动脑想想,正确的应愉快接受,不能动不动就不理别人。

　　④面对别人错误的指责,乙方要用礼貌正确的方式为自己辩解。

⑤面对别人的误会,乙方要表示宽容,不要因此和别人对立。

⑥与同学发生争执时,乙方不论对错,都应采取积极主动的态度进行和解。

⑦乙方应积极参与周围同伴们所玩的游戏,和大家一同娱乐。

⑧当同学有困难需要帮助时,乙方要愉快答应并尽力帮忙。

⑨遇到同学生病不能上学时,乙方应及时问候,或征求甲方意见,一起登门看望。

⑩乙方应积极参加学校和班里组织的各种集体活动。

本合同自双方签字后生效执行。

甲方(签字):　　　　　　　　乙方(签字):

　年　月　日　　　　　　　　　年　月　日

合同执行要点:

①教孩子学会欣赏和接受别人,尊重别人的兴趣。记住对方的姓名是对别人最起码的尊重。学会倾听他人的心声,而不要一味表达自己的想法。只有当孩子能够真诚地欣赏他人的长处,才能从内心深处真正地愿意接受别人。从实质上来讲,合作就是取他人之长,补己之短,是双方长处的交融,也是双方短处的互相弥补。只有相互认识到对方的优点,欣赏对方的长处,合作才会有真正的基础和动力。因此,父母要经常给孩子灌输这样一种思想:任何人都有他的长处,要学会真诚地欣赏。

②提醒孩子凡事要想到别人。引导孩子设身处地地想到别人。作为父母,应通过讲故事、做游戏和比喻等手段引导孩子认识他人、理解他人、同情他人,促进孩子从"自我"走向"他人",由自己想到别人。

如果孩子自私自利,凡事都只想到自己,遇事就会斤斤计较,也难于与别人友好相处,更谈不上与他人合作。在孩子小的时候,父母不妨对孩子进行这方面的"分享训练"。同时适当地给孩子以引导,让孩子觉得分享对他来说不是一种剥夺,而是平添更多更新更好的机会和乐趣。

③要让孩子多参加一些集体活动,使孩子在集体活动中自觉地意识到与他人真诚合作的必要性。父母过度保护、封闭孩子,会使孩子

失去与他人游戏的机会，也会使孩子失去认识他人价值的机会。

④让孩子学会一些合作的技巧和规则。父母要让孩子明白在合作中既要尊重对方、服从大局、讲统一，又要有自己的立场。容忍和随和是有尺度的，也就是说在合作过程中，不能唯我独尊、只想自己，要充分顾及他人的要求与需要，哪怕必要时做出一定的让步和牺牲。但是，迁就与让步是有限度的，不是放弃原则，在合作中要有自己的立场与个性，要知道取得同伴的信任与尊重是合作成功的前提。

7. 培养孩子说话习惯的合同

能够在别人面前把想法表达清楚，是一种十分重要的能力。流畅的语言表达能力可以准确地把自己的想法或情感传递给别人，让别人了解、理解你。良好的口才对于孩子将来的发展非常重要，所以，早一点着手培养孩子说话方面的习惯，决非可有可无的事情。

章显是个特别听父母话的孩子，可是，有一点，他就是不爱多说话。平时，做完作业，他就喜欢读书或者看电视，很少同父母一起交流、谈心。章显的爸爸妈妈平时也是大忙人，不是很重视孩子这方面的表现。

2005年11月11日电视里公布了奥运福娃，章显和爸爸妈妈一起看这个节目。爸爸和妈妈在讨论五个福娃哪一个名字和形象更好一些，在一旁坐着的章显却一言不发。

妈妈觉得每一个孩子看到小福娃可爱的样子，都会情不自禁地说上几句的，爸爸也意识到儿子实在是太沉默了，家里几乎听不到他的声音，于是问道："儿子，你喜欢哪一个福娃呢？"

章显见爸爸问自己，想也没想就回答说："都差不多。"

妈妈接着说："我喜欢'贝贝'。你觉得怎么样呢？"

章显说："嗯，可以。"

爸爸和妈妈相视了一下，妈妈又对他说："显显，你已经是大孩子了，对任何事物都该有一个自己的喜好评价呀？每个人都是有头脑和思想的。你有什么想法，以后要跟爸爸妈妈说出来才行。"

后来从章显的老师、同学那里了解到，章显碰到说话、发言的事情就往后躲，上课老师提问从不举手，偶尔被老师提问到，他会满脸通红、吭哧吭哧地说不出话来。

家长不能简单地把孩子不爱说话归结为性格因素，认为是不可改变的，实际上越是早一点从习惯入手重视这个问题，越容易"撬开"孩子的嘴巴，让他变得爱说话。

当然，孩子爱说话还不够，还必须会说话。所谓会说话就是说出的话能清晰地表达自己的意思，说话有条理，而且能抓住重点。说话的一方要表达清楚，以便听的一方能马上理解，没有偏差，没有误会。许多孩子很能说，在家里，只要给他机会，就可以不停地说下去，但大多都不着边际，有很多时候话讲完了，听的人却一头雾水，不知道孩子到底表达了什么。有很多孩子，在父母面前能说会道，但如果来了生人，便吓得不敢出声。有些孩子在私底下说得头头是道，但真正让他上了正规场合却扭扭捏捏，说话结结巴巴，这些都不利于孩子今后独立地走入社会，做父母的应该从小引导孩子会说话，有勇气有信心说话。

许多孩子在说话方面存在障碍。前人说："一言可以兴帮"，"三寸之舌，强于百万之师"。具备良好口才的孩子能与周围的人们很好地沟通，与周围的同学朋友友好相处，能在某些场合很大方地推销自己。现代社会是一个充满竞争的社会，没有竞争意识的人是很难适应社会生活的。

父母要学会倾听，满足孩子说话的欲望。一般情况下，孩子回到家里见到父母通常会把发生在自己身边有趣、稀奇的事情说给他们听。这时父母应认真倾听孩子的讲述，并要用一些神态、身体语言让孩子感觉到正听得很投入。如果父母正忙着没时间听，要态度温和地跟孩子商量："你看，妈妈正忙着呢！等会儿我坐下来仔细听，好吗？"因为孩子在讲话前总是一腔热情，这样一说，孩子就不会感觉很失望。

父母还要学会引导、激发孩子的欲望。那些性格内向的孩子常常喜欢独自一人玩，默默地做事，父母对待这样的孩子要千方百计地引导他说话，把他说的欲望给激发出来。问孩子一些问题，尽量避免问那些只需要孩子点头说"是"或摇头说"不是"、"有"或"没有"这一类问题。可以问他一些学校里的情况,比如"老师是怎样夸奖你的?""班里和你最要好的同学都有谁?"

父母要学会指导、帮助孩子说正确的话。孩子说话时可能会出现用词不当、前言不搭后语等现象。父母在听的过程中,要随时帮助选用正确的词汇,要求孩子有准备地搭配语言,让孩子把话讲完整,教孩子把想讲的话联系起来思考后再讲出来。长期下来,孩子语言的准确性就会不断提高。

父母要注意提高孩子的思辨能力。由于孩子的知识面较浅,接触外界的机会相对要少,辨别能力比较低,所以,他们说的话常会与客观事实不符。父母在听的过程中,应注意把握孩子的说话内容,并作出肯定,给予正确的判断。在父母与孩子共同的评析过程中,孩子思想的准确性、深刻性会变得更好。

孩子爱不爱说话,还跟环境有关,家里人多说,孩子的语言能力也强。思辨能力跟口才有着必然联系,思辨能力强,口才就好。思辨能力的培养,需要一个积累的过程,让孩子多看一些科普书,看电视新闻,了解世界,了解社会,平时多跟孩子交流、讨论一下人和事,多参加社会活动。在家庭中不管讨论任何问题都让孩子发表意见,也可以锻炼孩子的口才。多看书,看多了,理解多了,学习书中优美语言的用法,逻辑思维自然就有条理了,孩子也就会引经据典,更有说服力,语言表达能力也就提高了。常带着孩子出去走动走动,多见见人,多与他人交流。只要有机会就与孩子说话,有意识地反问、提问。让孩子在聚会时发表自己的意见,全家人一起演讲,大家相互提意见,哪怕孩子说得不好,也要鼓励他。总之,父母要多给孩子提供训练说话和锻炼口才的机会与环境。

附:爸爸妈妈跟孩子签订的说话合同

甲方:爸爸妈妈

乙方:

语言表达能力是一个人十分重要的素质,为了提高乙方的语言表达能力,甲乙双方达成如下协议:

①乙方说话时要尽量放慢语速,把要说的事情归纳后一条一条说

出来。

②在公开场合乙方要大胆说话，尝试着一开始说些简单的话，以后再说长一些的话。甲方多与老师沟通，发现乙方在这方面有所进步后会给予令乙方心动的奖励。

③双方要定期组织家庭故事会，在家庭聚会等人多的场合下，乙方可以发挥一下，讲故事给客人听。如有不当，甲方帮助改正。

④家里来客人时，甲方要让乙方多陪客人聊天，乙方不能以任何理由推诿。

⑤乙方应经常阅读科普类图书，多看新闻，经常与甲方一起讨论人和事，勇于发表自己的看法与见解。

⑥乙方回到家里，把自己一天在学校里发生的快乐、生气或有趣的事儿说给甲方听。甲方不可以因为忙就表现出不耐烦的样子，应用心去听。

⑦乙方要选择时间来给甲方阅读课本或者讲故事，然后双方共同探讨其中的情节。

⑧甲方应了解乙方最要好的朋友是谁，乙方应多参加社交活动。甲方应支持乙方多交朋友，并让乙方约同学到家中做客。

⑨甲方如有错误的指责，乙方要注意采取合适的说话方式为自己辩解。

⑩本合同自双方签字后生效执行。

甲方（签字）：　　　　　　　　乙方（签字）：
　　年　月　日　　　　　　　　　　年　月　日

合同执行要点：

①一定要树立孩子的信心。许多人说话之所以结巴，很大原因是自卑感在作祟，因为自卑，怕自己讲不好会被人耻笑，所以十分紧张。

②要从提高孩子口头表达能力上下手，引导和激发孩子多说话，以锻炼孩子的口才。针对不知道如何开口说话的孩子，可以鼓励他在课堂上或家庭聚会时积极发言。看完电影、小说或听过新闻之后，主动地要求其复述其中的内容。积极参加学校举办的讲演会、朗诵会、讨论会等。

③口才始于交流，父母要多为孩子创造交流的条件和环境，要多

给孩子在家人、亲戚、朋友、陌生人面前说话的机会。这样,既提高了孩子的口头表达能力,又锻炼了孩子的胆量。

④要让孩子掌握一定的说话技巧,如说话语音、语调、节奏和韵律,还有说话的文明礼貌等。说话的时候,说话的速度可以放慢,一句一句说清楚,不要着急。说话要简洁有力,拣重点内容说,其他无关紧要的话就少说。

8. 培养孩子做好小事的细节习惯

没有哪个父母不希望自己的孩子将来能做大事、成大器,但如果眼前一些点点滴滴的小事都做不好,又怎么指望他能做成什么大事呢?孩子是一张白纸,将来他做事认真还是粗心大意,全在于幼小时父母在这张白纸上面书写些什么。

徐嘉很聪明,可他的学习成绩总是上不去,每次考试成绩都不理想,妈妈发现她试卷上的错题有不少都是小数点丢掉了,就让她重做一遍。她在草纸上做得很正确,可是再往作业本上抄写时,还是把小数点丢掉了。不仅如此,生活中,徐嘉也是个"马大哈":袜子经常会丢了一只找不到;离开家却把钥匙锁在房子里;上学了文具盒里不是不见了铅笔就是没有了橡皮……

有一天中午,妈妈让她去倒垃圾,她高高兴兴地去了。当她倒完垃圾回来后,妈妈到楼道里一看,天啊!垃圾从自己家门口到垃圾道口满地都是,于是就喊徐嘉,让她快过来看看。

她看后一副满不在乎的样子,还说"这有什么?不就是一点垃圾吗?大惊小怪的。一会儿打扫卫生的阿姨会打扫干净的。"

妈妈看她满不在乎的毛病又出来了,就说:"你不把楼道里的垃圾打扫干净,下午就不要上学了。平时做作业粗心大意,倒垃圾也马马虎虎,你从小就这个样子,长大了能做什么呢?"

徐嘉看到妈妈生气了,乖乖地打扫楼道去了。妈妈想到女儿的问题,真是烦恼极了。当晚,刚好电视里播出了教育孩子的节目。其中,有一个孩子与徐嘉的毛病如出一辙,看来这种情况还挺普遍的。这以

好父母胜过好老师大全集

后妈妈重点加强了在这方面对徐嘉的校正教育,情况也慢慢变得好转起来。

其实,大多数小孩或多或少都有在小事上不细心、无耐心的毛病,这很正常,因为他对有些错误导致的结果没有充分的认识,这时候家长的引导就显得不可或缺。

老子曾说:"天下难事,必做于易;天下大事,必做于细。"父母教育孩子必须抓住每一个小环节,告诉孩子什么是对,什么是错。孩子的心灵是脆弱和敏感的,不要觉得他们还小,什么也不懂。日常生活中的每一个细节,一些细枝末节的小事,对孩子的成长来说,可能件件都是大事。

海尔总裁张瑞敏曾说:"什么是不简单? 把每一件简单的事做好就是不简单;什么是不平凡? 能把每一件平凡的事做好就是不平凡。"这句话精辟地阐述了一个道理:想有所成就,必须从简单的事情做起,从细微之处入手。父母关注孩子做事细节的意义,不仅仅在于解决一个个小问题,更重要的是在问题的解决之中,逐渐使孩子养成良好的习惯。良好的习惯一旦形成,将会成为孩子一生受用的宝贵财富。习惯,决定孩子的行为;行为,又潜在地决定着孩子的性格;性格,最终决定一个人的命运。

清华大学有两句著名的口号,一句是"心怀天下",另一句是"从小事做起"。但是很多人往往只欣赏第一句口号,不懂得"从小事做起"才是做人做事的起点。认真做事只是把事情做对,用心做事才能把事情做好。让人无奈的不是突如其来的雨,而是自己忘记带伞。在孩子成长的道路上,都要带好那把伞。生活中,常常是一些微不足道的小事、细节无休止地消耗着人们的精力,阻碍人们的成功。"勿以善小而不为,勿以恶小而为之。"为人父母者一定要让孩子懂得:良好习惯,都是通过细节的磨砺而养成的。

为此,父母要培养孩子,既要心怀壮志,更要脚踏实地。细节实际上是一种长期准备获得某一种机遇。细节是一种习惯,是一种眼光,也是一种积累,一种智慧。父母要善于教育孩子力所能及地圆满完成一些不起眼的微不足道的小事,比如洗一件自己的衣服,清理一次地板等等。这对全面锻炼孩子,增强孩子的综合素质,肯定是一件非常

孩子的好习惯是这样培养出来的

重要的事情。古人曾说"千里之行,始于足下。""九层之台,起于垒土。"孩子能够做好一件小事后,自然高兴,父母要加以引导再安排他去完成其他的事情。从这个角度讲,家长教孩子做好小事是进行素质教育的前提之一。因此说,教育孩子认真细致地做好不起眼的事情,甚至做好别人不愿意干的事情,是成就孩子未来的任何事业的必备素质。

让孩子做一些他力所能及的事情,能够培养孩子的责任感。很多家长认为孩子会越帮越忙,自己5分钟能做好的事情孩子半个小时都做不好,所以不让孩子动手做事,这种做法是不对的。可以让孩子做一些简单的事情,如果不想培养一个没有责任心的孩子的话,千万不要做一个万事包办的妈妈(爸爸)。

著名的心理学家威廉·詹姆士说过一段非常精彩的话:播下一个行动,收获一种习惯;播下一种习惯,收获一种性格;播下一种性格,收获一种命运。为了让孩子的生活更加完美,一定要注意培养孩子认真做好生活中的每一件小事。

附:爸爸妈妈跟孩子签订的做好小事的合同

甲方:爸爸妈妈

乙方:

要做大事得先能把小事做好,多数人做不了大事只能一辈子做小事,原因之一就是总做不好小事。乙方愿意从小事做起,做个能做大事的人。为此,甲乙双方达成如下协议:

①乙方在学习过程中要特别注意细节的地方,比如写字是否工整,拼音是否按拼音格去写,小数点是否点对了位置,拼音的声调是否标对等。

②从即日起乙方上学前书包的整理(包括课本、学习用品等)甲方不再负责,乙方需自己提前细心准备,如因粗心忘记带某种用品而影响学习,后果由乙方自负。

③乙方用铅笔刀削铅笔时动作要轻,避免总是把铅笔芯削折的情况;使用铅笔时不要太用力,在学校里用完铅笔后要立即放进笔盒里,以免总是发生铅笔掉下书桌的现象。

④甲方注意到,乙方的课本包好书皮后仍然出现折皱、卷角的情况,乙方要爱护课本,把课本放进书包时不要挫压课本。

⑤乙方回家换拖鞋后,要把脱下的鞋子放进门厅的鞋柜里;晚上睡觉时要把脱下的衣服叠齐放好;玩玩具后要把玩具收进自己的玩具箱。

⑥乙方洗脸、刷牙和帮妈妈扫地时,一定会做到洗干净、扫干净,而不是敷衍了事。

⑦乙方在学校课间活动时,不要随地乱坐,以免弄脏衣服,自己要在口袋里备好面巾纸。

⑧乙方吃饭时要慢慢吃,减少把饭菜掉在桌上的情况。

⑨乙方接电话时要先问好,如果是陌生人要先说"请问你找谁",接完电话后要轻放。

⑩无论在何时何地都不能在墙上乱涂乱画。

本合同自双方签字后生效执行。

甲方(签字):　　　　　　　乙方(签字):

　　年　月　日　　　　　　　　年　月　日

合同执行要点:

①要纠正孩子小事总是做不好的习惯,家长自身首先要树立"小事关乎孩子成长的大事"的意识。

②日常生活中到处存在细节,到处是需要做对做好的小事,对此家长不能怕麻烦、怕琐细。

③重要的是要让孩子明白:展示给人完美的形象很难,需要每一个细节做得都很完美;但毁坏自己的形象很容易,只要一个细节没有注意到,就会给你带来难以挽回的影响。

9. 培养孩子文明礼貌的待人习惯

孩子言谈文明、举止礼貌,大人喜欢不说,无形中还会提升气质,塑造出尊重他人的品格,所以家长在这方面不应以等闲视之。

谷小南的爸爸妈妈都是国家干部,可以说家境非常好。她是爸爸妈妈的掌上明珠,因此,她的举止言谈中常常对什么事都表现出瞧不起、不屑一顾的样子,俨然是一位骄傲的公主。

在一个星期天,谷小南穿戴整齐,准备跟着爸爸妈妈去看望姥姥。刚一走进电梯,值守在电梯的阿姨就热情地招呼:"呦,小南,今儿又去哪儿玩啊?"

小南把头偏向一边,没吭声。

妈妈赶紧回答说:"去看望姥姥。"

出了电梯后,妈妈对小南说:"女儿,你怎么不理人呢?"

小南说:"她只是一个看电梯的,凭什么问我干吗去。我为什么要向她汇报我干什么去呢?"

爸爸说:"你这样想是不对的。人家跟你主动打招呼,你作为小辈当然更应该跟她打招呼才对,不理人是没礼貌的表现。"

在此之前,爸爸妈妈已经注意到小南这方面的一些做法:小南的奶奶从农村来住了几天,小南竟然嫌奶奶土气总是躲得远远的,从外面回来也从不主动问奶奶好。不光对奶奶、电梯工阿姨这样,家里来客人小南经常表现得特别没有礼貌,有时还冒出一两句粗俗的骂人话,让爸爸妈妈很尴尬。

其实对于小南的问题,家长应该首先从自己身上找原因:也许平时自己就待人不大礼貌,或者没有及时纠正孩子的做法。如果坐视这种情况继续下去,孩子很可能会成为一个人见人厌的人。

做文明之人,就要做文明事,使用文明的语言,就要懂礼貌,明事理。真正有修养的人都是懂礼貌的人,父母要把孩子培养成为一个懂礼貌的人。做事先做人,一个人的道德修养是其事业能否成功的基础所在。没有修养的人,无论学识多么渊博,也是不受人欢迎的。

礼貌的语言是一个人最好的介绍信。礼貌的语言是尊重他人的标志,良言一句三冬暖,恶语伤人六月寒。在与人交往中,礼貌得体的语言可以使人如沐春风,因而愿意与你交往;而不拘小节,言语粗俗,则会让人心生不满,厌而远之。孩子从小就要不断提高自己的修养,因为人际关系往往决定我们的前途和命运。只有礼节仪表同质朴的品格相结合,才是一个有教养的人。所以家长要从品格与礼仪两方面同时去规范孩子,让孩子养成文明礼貌的好习惯,成为有修养的人。

　　培养孩子讲文明懂礼貌,首先要教育孩子在与他人的交往中要待人真诚,努力提高自身素质。要尊重他人,树立起关心帮助他人,与他人团结友爱、互相合作的思想;克服冷漠、孤傲、唯我独尊、自私自利的错误思想和行为。

　　其次,家长不仅教育,还要注意对孩子平时的训练和强化,使孩子举止文雅,热情大方,懂礼貌,重仪表。这样经过不断地训练,便会欣喜地看到孩子真的长大了,孩子只有懂得和做到这些,才真正证明他掌握了最初的交往技能,懂得了初步的社会行为规范。这是孩子们交往能力发展最理想的前奏。

　　礼貌决不仅仅是一些刻板的虚假客套,它是一个人修养和品味的体现,是人内心世界的表征。哲学家认为,粗暴无礼是内心虚弱的人想显示强大的手段,反过来,和蔼可亲则是一个人充实和自信的表现。孩子只要懂得了讲文明懂礼貌的具体形式和内容,无论是言谈举止,还是文明礼仪,都会在不同的场合显现出他不同凡响的一面,为他今后的立身处世打下坚实的品格基础。

**　　附:爸爸妈妈跟孩子签订的文明礼貌合同**

甲方:爸爸妈妈

乙方:

　　待人礼貌是一个人有素质、有修养的表现,乙方愿意在这方面做出努力,为此,甲乙双方达成如下协议:

　　①乙方若是不小心撞到别人、打扰了别人或影响了别人时要说声"对不起"。

　　②乙方应时常说"谢谢",受到了别人的帮助要表示感谢。

　　③乙方应尊敬"严父慈母"般的老师,见到师长时要问好。

　　④乙方应自觉将垃圾放入垃圾箱,不随地吐痰,要尊重别人的劳动成果。

　　⑤乙方讲话不要出口成"脏",做到不打架,不骂人,同时也不与喜欢打人、骂人的孩子交朋友。

　　⑥乙方不得有意损坏公物或别人的物品。进公园游玩时,甲乙双

孩子的好习惯是这样培养出来的

方均不准进入草坪践踏。

⑦上公交车时，乙方不能争抢座位，要排队按顺序上车。

⑧家里来客人的时候，乙方要礼貌热情地打招呼；如果甲方不在，乙方要礼貌地招待。

⑨甲乙双方进入对方房间都要先敲门，乙方进入老师办公室也要先敲门。

⑩乙方对年龄比自己大的人，不要直呼其名；在与别人接触时，不得用"老头、老太婆、丫头片子……"之类不敬的称谓。乙方不得给同学起绰号，尤其是侮辱性的。

乙方在文明礼貌方面的做法如果有了进步，甲方会给予奖励，同时乙方有权监督甲方，发现不文明、不礼貌的行为立即指出。

本合同自甲乙双方签字后生效执行。

甲方（签字）：　　　　　　　乙方（签字）：

年　月　日　　　　　　　　年　月　日

合同执行要点：

①父母应以身作则，净化家庭语言环境。家庭是孩子的第一学校，家长的一言一行将对孩子产生重要的影响。孩子的语言表达方式，在很大程度上是模仿家长而形成的。因此家长在家庭中要注意自己的语言，尽量做到不讲粗话脏话，注意自己的形象，给孩子起表率作用。

②配合学校运用规章制度教育孩子。平时家长应配合学校用《小学生手册》和《小学生日常行为规范》中的有关条例来对孩子进行教育，并让孩子对同班同学或同桌同学提出要求，对孩子自身进行监督，一发现讲粗话脏话，同学之间就互相善意地给予指出。

③教育孩子正确处理与他人之间的摩擦。多数情况下，孩子讲粗话脏话是对自己受到伤害后的一种宣泄反应，如被人触犯时往往会用粗话脏话骂人。家长平时就要教育孩子以善良之心看待与他人的摩擦，让他们知道人与人之间随时都会发生不愉快的事情，应该学会宽容，不要为一些小事而生气，同时更要注意不能用粗话来攻击同学。

④坚持要求讲粗话脏话的孩子检讨。当孩子讲粗话脏话后，家长

要严肃地批评、教育他。批评时可以向孩子提出：为什么要讲粗话脏话？不用讲粗话脏话的方式"还击"行不行？讲粗话脏话能解决什么问题？被骂者会产生什么态度和采取什么手段报复？等等。让孩子认识到讲粗话脏话不会解决任何问题，只能加深矛盾而影响团结，从而促使孩子主动向被骂者道歉认错，以达到团结的目的。这样，家长坚持数次，孩子也会改掉讲粗话脏话的不良习惯。

10. 培养孩子讲究卫生的清洁习惯

爱干净、讲卫生的孩子走到哪里都招人喜欢，而且这些行为习惯对孩子的身体健康也大有好处。对孩子而言，有自己身体这样的小环境，有家庭、教室这样的中环境、也有户外这样的大环境，家长要随时培养对于各种"环境"都要讲卫生的意识。

2007 年 6 月的一天，陶哲放学回家，刚一进门，妈妈就忙不迭地把桔子皮剥开让孩子吃。陶哲刚想拿，突然"哦"了一声说："等等，我还没有洗手呢。"妈妈笑了笑，接着说："面盆里的水是干净的。"陶哲却回答："您没听专家说吗？洗手最好是用流水洗啊。"他一边说着，一边把水槽里盛着水的面盆挪走，在水龙头下洗起手来。

当时妈妈的同事李蓉刚好也在场，她夸奖道："这么懂得讲卫生。"母亲笑呵呵地说："我是故意试探他呢，儿子以前可不是这样很讲卫生的。后来因为'非典'，学校要求得也多。我们做父母的还与他特意签了份协议呢。"

李蓉一听，很感惊讶地问道："哦？什么协议啊？"陶哲妈妈说："是关于讲卫生的协议。"一边说一边找出了那份协议，只见上面清清楚楚地写着陶哲需要遵守各种卫生条款，还蛮详细咧。李蓉边看边兴奋地说："你们这一招真不错，我那宝贝儿子整天邋遢的，怎么说都不管用，回去啊我也跟他订个协议。"这时，陶哲跑过来，说："李阿姨，我妈妈经常会设一些小陷阱，看看我是不是在遵守合同约定呢。如果有哪里做不到的，我每天就不能看到最喜欢的动画片《西游记》啦。所以，我要格外注意个人卫生呀。"

就像所有好的习惯一样,爱干净也是一件让孩子感觉"麻烦"的事,要让孩子接受"麻烦",一方面要让他充分认识到这种"麻烦"的好处,另一方面该强迫时就要强迫他养成爱"麻烦"的习惯。

孩子是否养成良好的卫生习惯,既影响他的身体健康,又影响他在同学伙伴中的个人形象,从而影响到孩子的自尊心。因此,父母应注意从日常生活的点滴小事做起,培养孩子良好的卫生习惯。培养孩子讲卫生的好习惯并非一蹴而就的事,要长期培养,逐步形成。

我国每年春季是呼吸道感染疾病的多发季节,如感冒、肺炎、气管炎、过敏性哮喘等,这主要是受气候影响而引发的,某些呼吸道疾病还会局部流行起来。有关专家对于春季防治呼吸道传染病的主要方法中就包括有:保持生活、工作环境的空气流通;对室内空气进行消毒等措施。可见保持良好卫生的重要性。

当前医学研究表明,现代社会有将近70%的疾病是由于不合理的卫生方式引起的。卫生知识是文化科学知识的重要部分,它直接影响人们的卫生行为和生活方式,是人们去除不卫生习惯,建立文明、健康生活方式的认识基础。生活方式与身体健康的关系很大。不良的习惯,有害的生活方式及恶劣的生活环境和自然环境,是构成人类许多疾病的重要因素。目前在很大一部分地区,公共场所脏乱,难以根治,随地吐痰现象随处可见。这些都与人们的卫生科学知识缺乏密切相关。在一些农村,肝炎、伤寒等肠道传染病、沙眼及肠道寄生虫病的发病率远比城市高,也是人们缺乏基本卫生知识造成的。所以从小培养孩子讲卫生的好习惯,对孩子开展卫生影响健康的教育,能够提高他们的卫生科学知识,不断增强自我保健意识和能力。

过去的"不干不净吃了没病"的说法,已经被认为是一种错误的观念,应给予批判。没有健康的体魄就没有学习、工作、劳动的基本条件。所以,为了减少疾病的危害,家长应时刻注意孩子的卫生状况,减少因不讲卫生而给个人和家庭带来麻烦与痛苦。

教育孩子讲卫生不仅可以改变学习环境,使他养成良好的卫生习惯和生活方式,而且可以增强孩子的公德意识。讲究卫生不只是为了个人,也是为了集体,为了全社会,是造福人类的一种美德。

因此,个人不仅要对自己的健康负责,而且还要对他人,对社会承担责任。环境为大家所共同享有,环境卫生差,危害他人,也危害自己。每个人都是社会的一员,有义务、有责任维护公共场所的卫生和环境的卫生。自觉做到不随地吐痰,不乱扔乱抛。一个人卫生行为的好坏很容易反映出他的思想情操和道德水准。不能只讲个人及家庭的卫生,更要维护公共场所的卫生。

附:爸爸妈妈跟孩子签订的卫生合同

甲方:爸爸妈妈

乙方:

甲方本着为乙方负责的精神,杜绝"病从口入",养成良好的卫生习惯。特订立如下合同:

①甲乙双方应保持衣着干净整齐,做到勤换勤洗。尤其是乙方的内衣内裤,更要注意勤换,自己动手洗。

②甲乙双方均应勤洗澡洗头,勤剪指甲,及时清除身体上、头发上的细菌和灰尘。

③乙方应爱护视力,保持用眼卫生,吃饭、坐车、行走时或者在微光下不要看书。

④乙方要勤洗手,饭前、便前、便后、放学回家和玩耍过后都要洗手。不在马路上吃东西,不边吃边玩,不喝生水,不吃腐烂水果,吃水果要洗净或消毒等。

⑤甲方应为乙方准备专用的生活卫生用品,如专用的牙膏、牙刷、毛巾、面盆、茶杯、床铺及卧具等。乙方应注重牙齿卫生,早晚各刷牙一次,每次饭后要仔细漱口。

⑥乙方每月应刷洗一次书包,清除细菌。

⑦乙方不应到医院等容易传染上疾病的场所玩耍。

⑧乙方要随身携带纸巾或手帕,将吃过的口香糖等吐在纸巾和手帕中。

⑨甲乙双方应爱护环境,不随地吐痰和乱扔杂物。

⑩甲方要保持家中空气清新,清洁卫生。乙方不得乱丢物品来破坏家居环境。

乙方协同甲方每周做一次家庭环境大清理。

孩子的好习惯是这样培养出来的

乙方应懂得将生活垃圾分类后,按种类丢进垃圾桶内。旧电池要放回学校设立的回收箱内。

本合同自双方签字后生效执行。

甲方(签字): 乙方(签字):

　　年　月　日 　　年　月　日

合同执行要点:

①在与子女订立并执行合同的过程中,父母的职责是要教育孩子自己动手。比如洗脸、洗脚、洗澡、洗衣服等事,要让孩子动手做,而不是家长看着着急就动手来代替他,变成父母为子女洗脸、洗脚、洗澡、洗衣服等。这样不仅不利于孩子卫生习惯的培养,而且也会使孩子养成一种凡事依赖父母的习惯,孩子是永远也不会主动做这些事的。

②家长应有意识地培养孩子的环保意识,要让孩子养成良好的生活卫生习惯。珍惜粮食,节约用水、电,减少生活垃圾。让孩子了解废弃材料回收利用的价值,教育孩子珍惜有限的自然资源。可以和孩子一同进行垃圾分类,将废报纸作为废品出售。

③积极鼓励孩子参加社区环境卫生建设,鼓励孩子从小事做起。可以让孩子参加有关环保的义务劳动,外出时爱护周边的绿化带或公共设施;不随地乱扔果皮、纸屑,不随地吐痰,不乱扔废弃物,不随地大小便;在家娱乐时不干扰邻里。

④父母应明白自己在子女面前所起到的是一个督促的作用。如果孩子忘记了,就督促他吃东西前先洗手,饭后漱口,睡觉前洗脚,不用被子蒙头睡觉,不对着人打喷嚏和咳嗽等卫生习惯。久而久之,孩子会养成习惯,不再需要父母的提醒便会主动有意识地去做。

⑤父母的榜样示范作用可以影响孩子形成良好的环保意识、环保行为。家长可以利用节假日与孩子共同走进大自然,看绿树、蓝天、鸟鸣、溪水……使孩子感受大自然的魅力,使孩子的心灵贴近绿色。这种亲近自然的教育能够陶冶孩子的情操,激发孩子对大自然的热爱,从而保护大自然。

好父母胜过好老师大全集

好父母胜过好老师
大全集

周成龙　主编

第 三 卷

吉林大学出版社

第三卷　目录

孩子的好习惯是这样培养出来的

第九章　培养孩子做人做事习惯的合同

1. 改变孩子急躁脾气的耐心合同 ……………… (405)

2. 改变孩子任性习惯的自制合同 ……………… (409)

3. 培养孩子自尊习惯的尊重合同 ……………… (414)

4. 纠正孩子说谎不讲信用的习惯 ……………… (419)

5. 培养孩子是非善恶观念的道德习惯 ………… (423)

6. 培养孩子关爱他人习惯的合同 ……………… (428)

7. 培养孩子乐观习惯的快乐合同 ……………… (432)

8. 培养孩子感恩意识的"懂事"合同 ………… (437)

孩子无小事

上编：孩子小事中的大奥秘

一、小行为包含大秘密 ……………………………… (443)

乱涂乱画中的创作表达 ……………………… (443)

乱扔东西表示孩子希望得到注意 …………… (445)

小小跳绳——运动行为 ……………………… (447)

小拼图——认知行为 ………………………… (448)

孩子哭闹——交流行为 ·· (451)

孩子吃手指——自我安慰行为 ·· (452)

胡乱撕纸——艺术行为 ·· (454)

孩子玩水——探索行为 ·· (455)

二、小脑瓜考虑大问题 ·· (458)

小脑瓜里的大运动 ·· (458)

小脑瓜的逆向思维 ·· (460)

孩子在联想中成长 ·· (464)

有想法的孩子更聪明 ·· (466)

孩子大脑思维的灵活性 ·· (468)

让左脑暂时地"睡"一会儿 ·· (470)

开发孩子右脑的八个游戏 ·· (473)

三、小游戏培养大智慧 ·· (476)

"贪玩"的孩子智慧多 ·· (476)

会玩的孩子更聪明 ·· (478)

玩泥巴游戏 ·· (480)

在"滚珠"游戏中培养幼儿自我决策的能力 ······························ (482)

孩子探索欲的"藏猫猫"游戏 ·· (484)

有创造力的搭积木游戏 ·· (485)

四、小爱好左右大发展 ·· (487)

别怕孩子搞"破坏" ·· (487)

兴趣就是天才的开始 ·· (489)

在阅读中求知 ·· (491)

善待孩子的兴趣 ··· (492)

让孩子发展自己的兴趣 ·· (494)

兴趣是最好的导师 ·· (495)

好父母胜过好老师大全集

五、小毛病影响大健康 ……………………………… (497)

　　注重孩子的饮食营养 ……………………………… (497)

　　别被孩子爱动吓着 ………………………………… (499)

　　远离自闭的世界 …………………………………… (501)

　　辨别孩子的心理偏差 ……………………………… (503)

　　驱散孩子心中自卑的阴影 ………………………… (504)

　　焦虑情绪影响成长 ………………………………… (506)

　　走出社交恐惧症的阴影 …………………………… (508)

　　克服花钱的欲望 …………………………………… (509)

六、小情绪养成大脾气 ……………………………… (512)

　　巧妙化解孩子的暴躁脾气 ………………………… (512)

　　任性妄为的孩子难成才 …………………………… (515)

　　冷对孩子的"牛脾气" ……………………………… (516)

　　太在意会让孩子蛮不讲理 ………………………… (518)

七、小缺点引来大弱点 ……………………………… (521)

　　做事情拖沓——懒散 ……………………………… (521)

　　对错误不停地狡辩——说谎 ……………………… (523)

　　沉迷于游戏中——缺乏自制力 …………………… (525)

　　不能持之以恒,做事情总是半途而废——浮躁 …… (527)

　　总抱怨他人,爱挑别人"刺"——嫉妒 …………… (529)

　　过分依赖别人——意志薄弱 ……………………… (531)

　　不爱动脑——缺乏主见 …………………………… (533)

　　爱打断别人的说话——过于自我 ………………… (535)

八、小习惯决定大成就 ……………………………… (537)

　　独立,让我们活得更精彩 ………………………… (537)

　　独立思考,有自己的观点 ………………………… (539)

　　立即动手并且能够坚持下去 ……………………… (541)

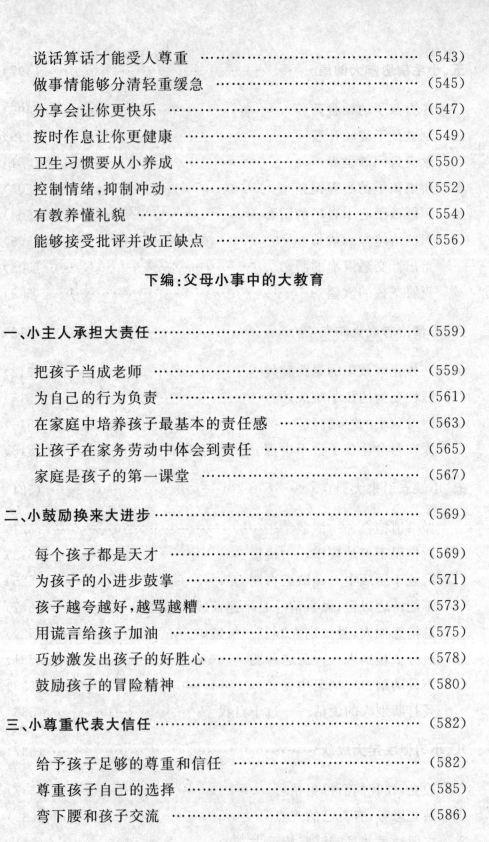

说话算话才能受人尊重 ……………………………… (543)

做事情能够分清轻重缓急 ………………………… (545)

分享会让你更快乐 ………………………………… (547)

按时作息让你更健康 ……………………………… (549)

卫生习惯要从小养成 ……………………………… (550)

控制情绪,抑制冲动 ……………………………… (552)

有教养懂礼貌 ……………………………………… (554)

能够接受批评并改正缺点 ………………………… (556)

下编:父母小事中的大教育

一、小主人承担大责任 …………………………… (559)

把孩子当成老师 …………………………………… (559)

为自己的行为负责 ………………………………… (561)

在家庭中培养孩子最基本的责任感 ……………… (563)

让孩子在家务劳动中体会到责任 ………………… (565)

家庭是孩子的第一课堂 …………………………… (567)

二、小鼓励换来大进步 …………………………… (569)

每个孩子都是天才 ………………………………… (569)

为孩子的小进步鼓掌 ……………………………… (571)

孩子越夸越好,越骂越糟 ………………………… (573)

用谎言给孩子加油 ………………………………… (575)

巧妙激发出孩子的好胜心 ………………………… (578)

鼓励孩子的冒险精神 ……………………………… (580)

三、小尊重代表大信任 …………………………… (582)

给予孩子足够的尊重和信任 ……………………… (582)

尊重孩子自己的选择 ……………………………… (585)

弯下腰和孩子交流 ………………………………… (586)

好父母胜过好老师大全集

孩子的好习惯是
这样培养出来的

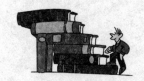

第九章　培养孩子做人做事习惯的合同

做人做事这个题目放到孩子身上似乎大了些,但是要知道,一个人做人做事的诸多习惯大多数是从小养成的,如果不从现在抓起,等他长大成人,一些坏习惯影响他的生存与发展时就晚了。有意识地跟孩子签一些这样的合同,在养成良好习惯的同时,让孩子成长得更加健康。

1. 改变孩子急躁脾气的耐心合同

人们谈到对某个人的印象,大多会提到某某是个慢性子,某某是个急脾气,可见脾气的急与缓能给人留下很深的印象。脾气急躁有很多坏处,小孩子脾气急躁做事便没有耐心,大人脾气急躁会让人觉得不能托以重任。有的人认为一个人的脾气是天生的,很难改变。很难改变不假,但只要家长付出努力,别用你的急躁脾气去校正孩子的急躁脾气,就一定能见到成效。

陆凯是个机警、反应敏捷的孩子,但同时他的性格也是很急躁的。吃饭、走路、说话无不表现出一个"快"字。每次跟大人一起做事情,都是他在催促爸爸妈妈怎么样怎么样,有时,甚至人家话还没讲完,他就抢过话头把自己的观点表述个不停。

这一年元旦,陆凯和爸爸、妈妈、奶奶一起打扑克牌。爸爸发现,每当陆凯手里有好牌时，他便焦急地催促坐在他左边的奶奶快些出牌，他这样做就是为了自己能快些出完手中的牌。

于是，爸爸对陆凯说："玩牌是大家共同参与的游戏，你要给别人一点思考的时间才行，不能只是为了你一个人能早点赢牌就不顾别人。这样下去，谁还会再跟你一起玩呢？"

陆凯若有所悟地点点头。但是过了一会儿，他还是不停地说："快点出吧，我这次的牌又特好！"

结合儿子平常遇事急躁的表现，爸爸意识到自己对孩子在这方面的教育出现了空白，如果不及时纠正，不管对他日常的学习还是对他将来的成长，都坏处多多。

耐心被认为是一个人心理素质优劣、心理健康与否的衡量标准之一，也是孩子未来成功的关键因素之一。培养孩子的耐心、帮助他克服急躁的毛病，不仅对他在学习上有帮助，而且对他今后的人生道路也有很大的影响。

培养孩子的耐心和意志力建议使用如下方法：

①确立目标法。家长应该指导和帮助孩子制订短暂和长远的目标，使孩子有努力方向。孩子心中有了目标，有了"盼头"，他就会为表现出坚毅、顽强和勇气，为实现目标而努力。确立目标一定要恰当，应该使孩子明白这目标不经过努力是达不到的，经过努力就能达到。目标不能太难或者太容易，太难或太易的目标都不能锻炼孩子的意志。另外，目标如果是合理的，那就应当要求孩子坚决执行，直到实现为止，不能迁就孩子，更不能让孩子半途而废。

②独立做事法。应尽可能让孩子独立活动，比如让孩子自己穿衣，自己完成作业，等等。孩子在进行这些活动时，必定要克服一些困难、障碍，也正是在克服困难的过程中，使他的意志得到了锻炼。假如孩子不能独立完成这些活动，父母也不应立即去帮助，应该"先等一会儿"，要让他自己去解决困难。当他战胜了困难，达到了目的，会显示出一种经过努力终于胜利的满足感。在这个过程中，孩子的耐力和意

志也就随之增强。

③解决困难法。父母应该有意识地为孩子设置些障碍，为他们提供克服困难的机会，使他们在生活的道路上有点小小的坡度。倘若把孩子前进道路上的障碍全部清扫干净，他现在可能平平安安，日后就会逐步失去走过坎坷道路的能力。

④自我激励法。孩子的意志品质是在成人严格要求下养成的，也是他们在日常生活中经常自我控制的结果。父母应时常启发孩子加强自我控制。自我鼓励，自我禁止，自我命令以及自我暗示等，都是意志锻炼的好方式。比如，当孩子感到很难开始行动时，让孩子自己给自己下个命令："大胆些！""不要怕！""再坚持一下！"等。

⑤充分肯定法。对孩子在活动中表现出来的意志努力和取得的点滴进步，父母要给予合适的肯定和赞许。赞扬、鼓励可以鼓舞孩子的勇气，提高孩子的信心，有利于意志的锻炼。在孩子没有耐性完成计划时，家长要进行具体分析，切忌说："我就知道你完不成任务"，"我早就说你没长性"等丧气话。否则，只能使孩子一次次增加挫折感，而最终失去做事的信心与耐心。最后，要提请父母注意的是，人的意志品质与性格特征有着一定的关系。因此父母在培养孩子耐心与意志力时，还应该充分考虑孩子的不同心理特点。对性格内向的孩子应加强果断性和灵活性的锻炼，培养他大胆、勇敢、坚毅的品格。

父母可以从孩子的兴趣着手，选择一项孩子感兴趣而又能够适应的活动，作深入持久的培养；为孩子制订与其年龄相适应的、相对严格的生活作息制度，借助家长的督促，来培养孩子的耐心。为孩子设立一定的困难情景或有目的地让孩子接受一些磨难教育，通过挑战和考验提高孩子的心理承受力，达到培养耐心的目的。

对孩子的合理要求，只要情况允许，不要立刻满足，这叫做"延迟满足"。要让他等一段时间，让他学会忍耐，让他知道这个世界的事情不是他想怎样就怎样的，他所要的东西不是立刻就可以到手的。要磨他的脾气，炼他的性子，使他变得更有弹性，更有耐心，这对孩子做事是非常重要的。对孩子的不合理要求,家长必须学会拒绝,否则就是在鼓励孩子放纵自己。这方面特别要注意的是父亲和母亲要互相通气,保持一致,以免孩子钻空子。家长应该有意识地给孩子设置点障碍,为孩子提供一些克服困难的机会。因为耐心是坚强意志磨炼出来的,越是在困难的环境中,越能锻炼孩子的耐心。

附:爸爸妈妈跟孩子签订的克服急躁的合同

甲方:爸爸妈妈

乙方:

甲乙双方都认识到,乙方的急躁脾气给乙方的学习、做事、交朋友都带来了不好的影响,乙方决心克服它,甲方愿意给予支持和指导。为此双方签订如下协议:

①每当遇到交谈的情况,乙方应仔细听别人把话说完,不许抢话头,打断别人的话。

②在等公车时,乙方不应左顾右盼,站立不安,车该来时自然来。

③对于甲方告诫的话,乙方应用心倾听,不能总说:"烦死啦!"也不能在甲方还没有说完的情况下,即点头敷衍。

④乙方在作业没完成的情况下不可以做其他的事。

⑤如果乙方选择了在课余时间学习某种技能,决不能半途而废。

⑥乙方的作业本从始至终要书写清楚工整,不能有一页不工整。

⑦乙方的计划(学习、锻炼等方面)一经制订,不能随意更改。

⑧乙方在感觉自己心里着急时,心里从1默数到100。

⑨每过一段时间甲方对乙方克服急躁的情况进行总结,如有进步应给予奖励。

⑩本合同自双方签字后生效执行。

甲方(签字):   乙方(签字):

　　　　年　月　日　　　　　　　年　月　日

合同执行要点：

①父母要通过和孩子交谈帮助孩子认识问题，培养孩子的耐心。如果孩子因为玩不好游戏而大发脾气，干脆不玩游戏。那么，父母可以告诉他，这些事的确使人不高兴，但是拒绝游戏也解决不了问题，然后再引导孩子完成它。

②父母要以身作则，教育孩子时就要有耐心。孩子做错了事，要给他讲道理，耐心地告诉他错在哪里，即使在拒绝他的不合理要求时也要使其心悦诚服。父母要经常结合身边的人和事，讲讲历史上的成功故事，让孩子认识到每一个成功的人、每一项成果，无不是经过几年乃至几十年坚持不懈的努力的结果，没有耐心是无法取得的。父母要让孩子意识到，成功是件了不起的事，但过程往往是枯燥无味的，是需要耐心和毅力才能达到的。

③在日常生活中，父母可以要求孩子帮助做一些力所能及的事，如洗菜、擦桌子、洗碗等等。刚开始孩子会漫不经心地边做边想玩，此时家长就要站在一边，教孩子做事的全过程，让孩子用心去做，直到把事情做好。要集中孩子的精力，使他们持久地沉浸在一种活动中。要让孩子知道，生活中许多事是需要耐心和等待的。不能因为孩子饿了马上要吃，渴了马上要喝，想要什么立即就给买。

④家长可以给孩子找点需要长期坚持的事情做。例如天天扫地、照顾邻居老人、坚持晨练、写日记等等，至少要能坚持一个学期。这种事对培养孩子耐心作用非常大。不过要和孩子商量，不要硬派，让孩子自己下决心去做。

2. 改变孩子任性习惯的自制合同

现在城市家庭中一般都是独生子女，对孩子娇惯、尽量满足其愿望就成了常见的现象，从而造成了孩子任性的毛病，稍不如意就要耍脾气、闹性子。这样的孩子走上社会以后要处处占先,受不了一点委屈,很难与周围的人相处,会给自己的工作、事业和生活增添不小的障碍。

李亮亮一家一直和爷爷奶奶生活在一起,两位老人都特别疼爱这个可爱的小孙子,甚至有点疼爱过头了。比如,李亮亮要是想得到一些自己喜欢的东西,他只要对爷爷奶奶撒撒娇、发点小脾气,那么,李亮亮想要的东西、想做的事就一定能够得到和实现,这就是李亮亮的"杀手锏"了。也许由于爷爷奶奶的过分溺爱,李亮亮不知不觉形成了任性、专横的性格,只要在生活中遇到一些自己不称心的事,他便使出"一哭、二闹"的"招数"。

有一天晚上,电视里播出一种休闲食品"海苔"的广告,不得了了,李亮亮赶紧让爸爸妈妈去给他买。爸爸说:"亮亮,这产品刚打出广告,我们家附近不一定会有呢,等周末有时间我去超市转转,一定给你买呀。"

可是李亮亮恨不得马上吃到嘴里,见爸爸妈妈不理他,干脆一屁股坐在地上,冲着妈妈大喊大叫起来。

爸爸生气地说:"起来,快回自己的房间去。"

李亮亮见爸爸真的生气了,就收敛了一些,不情愿地走进房间,生闷气去了。奶奶见孙子受了委屈,不高兴了,忙追进亮亮的房间好言安慰,爷爷则下楼给亮亮买海苔去了。

爸爸觉得这样下去亮亮会被惯坏的,必须痛下决心改变这种状况,让亮亮成为一个懂事的孩子。于是他找时间与两位老人做了一次长谈,一开始老人自然不接受,但经他剖析利弊,从孩子的长远发展出发,老人答应配合儿子校正孙子的任性习惯。

作为家长要明白,任性与有个性是两码事,任性是无论什么事都要遂了自己的意才行,而个性是在某些方面特立独行,坚持自己的行为风格。保持好的个性、改掉任性是每个家长应帮助孩子做到的。

天津市教育科学研究院孟育群教授对亲子关系进行了 10 年的研究,她的调查表明:绝大部分家庭亲子关系都存在不同程度的问题。

其中对孩子过分溺爱的父亲与母亲人数分别达到40％和60％。许多家长对子女的要求几乎有求必应，可换来的结果是，子女不尊重父母，不理解父母，甚至走入极端。

有些孩子脾气特别急躁，个性倔，很有主意，稍不满意就会和父母"较劲"，表现非常任性。但他们的任性时间短暂，事情过去了，很快就忘记了。这类孩子的情绪控制能力和挫折耐受力比一般孩子差，常因较小的精神刺激就突然爆发出强烈的愤怒情绪，甚至产生一定程度的暴力行为，其情绪和行为具有突发性、不稳定性和反复性，给人的感觉是非常任性。"极端自我中心"的生活环境是造成任性的主要因素。在孩子正常的成长过程中，会出现自我意识非常强烈的阶段，这时如果父母对其迁就、放任，任由孩子指挥一切，他们的自我中心意识就会极度膨胀，从而表现为极端任性。这在由祖辈身边长大的独生子女中体现最明显。如果老人当着孩子的面反复说他任性，又给了孩子一种心理暗示，进一步引导他朝着"任性"的方向发展下去。可以说，这种孩子的任性完全是成人"培养"出来的结果。

大多数孩子任性的形成，有以下几个原因：

①家长对孩子溺爱、娇惯、放任、迁就。孩子任性往往与他们在家庭中受到百般宠爱有很大关系。

②家长对孩子的态度简单粗暴。有些家长教育孩子要绝对服从父母，造成孩子的逆反心理，不管家长说的对不对，孩子都不接受，从而埋下了任性的种子。

③家长蔑视孩子的人格。有些家长总在他人面前数落孩子，刺伤了孩子的自尊心。在这种情况下，孩子虽然心里明白是自己错了，可为了保全面子也不接受父母的批评，于是就以"拧"来对抗。

④父母之间教育孩子的意见不一致，孩子从一方得不到满足后，又从另一方找到了突破口，从而表现出任性。

⑤有些孩子是由祖辈带大的，他们的需求容易得到满足，一时遭到拒绝，孩子就会任性地报复。

孩子的好习惯是这样培养出来的

在对孩子进行家庭教育中,家庭成员要协调一致,互相配合,使孩子的品德和行为按照统一的要求发展。在现实生活中很多家庭都是以孩子为中心,当孩子有了缺点、错误时,有的主张批评教育,有的却包庇护短,家庭成员在认识和要求上的不一致,必然会以不同的态度、不同的做法、不同的情绪暴露在孩子面前,孩子当然喜欢袒护自己的那一方,会与批评自己的一方闹别扭。这样教育的后果很可能使孩子养成任性,是非不清,听不进正确批评,常常无理取闹等不良品德和行为。

孩子希望父母把他们看成能自立的成年人,常常会计较父母和他们说话的口气和态度。但是父母如果仍像他幼小时一样看待他,这就会使他们为自己的才能和自立没有得到父母的信任而感到不愉快,从而形成执拗的个性。再有,父母往往在遭到孩子拒绝时,恼羞成怒地强迫他立刻服从,这就极易使孩子因恼火而失去理智。在这种情况下,最好给孩子一点时间让他平静下来,好好想一想,告诉他:"你是个懂道理的人,想一想该怎样做才好?"孩子的头脑冷静下来后,就会听从父母的劝告。父母一方面要有严格的教育,一方面又要尊重所教育的对象,两者互相结合,孩子的任性就可以纠正。此外,多让孩子参加集体活动,在小伙伴的督促下,孩子的任性就很难有立足的余地了。

附:爸爸妈妈跟孩子签订的自制合同

甲方:爸爸妈妈

乙方:

乙方已经是个大孩子了,应该懂事了,爸爸妈妈因为乙方有时候表现得过于任性而感到着急。乙方也决心通过自制改掉任性的坏毛病,为此双方协议如下:

①乙方在向甲方提出某个要求之前,要先想一想自己是否真的需要,自己的要求是否合理。乙方要努力学会克制自己的欲望,不提无理的要求。

②乙方应明白,从现在起甲方不会对乙方有求必应。当甲方拒绝乙方的要求时,乙方可以讲清理由进行申诉,如果理由正当,甲方会尽力满足,如果理由不正当,甲方会坚决拒绝,此时,乙方不能无理取闹,不能以不吃饭、不上学相威胁,否则,甲方将取消乙方一星期的零用钱。

③无论何种情况,对甲方和爷爷奶奶、老师要尊重,不能因为自己的要求没有得到满足就顶撞长辈。

④受到批评时要先想想自己是不是真的错了,错了就承认错误,如果其中有误会,可以及时讲清楚。不能受了委屈就哭闹、抵触。

⑤跟同学、小朋友一起玩耍时,要懂得谦让,不能以自己为中心,抢占他人的东西。

⑥玩游戏只能周六、日各玩一个半小时,平时不能玩。乙方必须遵守玩游戏、看动画片的时间限定,每按时停止玩游戏一次积 10 分,超过时限一次扣 10 分,积够 100 分全家一起去乙方喜欢的餐馆吃一次饭,积够 500 分甲方为乙方买一件特别的礼物。

⑦甲乙双方遇到问题时应以平等的身份沟通,甲方不能以大欺小,乙方也不能恃小"欺"大。

⑧本协议自双方签字后生效执行。

　　甲方(签字):　　　　　　　乙方(签字):

　　　　年　月　日　　　　　　　年　月　日

合同执行要点:

①当孩子提出不合理要求哭闹撒泼时,不要急着去哄,以免形成恶性循环。让他把"小脾气"及所有"本事"都使出来,由于家长冷漠的反应,当他明白这些并不管用时,他会对自己的行为重新加以考虑,有时会自觉放弃不合理的要求,此时父母再去说理教育也不迟。

②避免无原则迁就孩子,父母尤其要减少对孩子的呵护,养成孩子自己去克服困难,锻炼意志的习惯。

③孩子的任性行为中有时蕴藏着积极的因素,父母应对此加以引导,既要不伤孩子的自尊心,又避免了孩子的任性行为。

④当孩子任性起来,吵着要这要那时,父母设法把他的注意力、兴奋点转移到其他的事物上去,使他忘却那些不合理的要求。

⑤表扬和批评并用。孩子任性时,不要当着别人的面训斥他,顾及到孩子的自尊心。鼓励孩子向那些听话的伙伴学习。

⑥父母要求孩子做的,自己首先要做到。父母要控制自己的情绪,不要当着孩子的面发脾气。

⑦孩子有时任性是因为知识少,认死理,往往把错误的行为当成正确的行为,固执己见。父母要想办法使孩子扩大视野,增长见识,孩子知识多了,就会改变自己一些错误的做法。

3. 培养孩子自尊习惯的尊重合同

自尊心是什么?简单说来,自尊心是个人的要求受到合理的、正当的尊重的一种情感。自尊是否也会成为一种习惯意识,一个孩子变好变坏,是由很多因素决定的,其中维护孩子的自尊心,是保证孩子健康成长的重要因素,也是激发孩子积极向上的内在动力。

在一个星期五的晚上,张阔的姑姑过来吃晚饭。爸爸开玩笑地说:"张阔,跟姑姑说说,今天老师叫爸爸去学校干嘛呀?"听到爸爸的话,张阔的脸腾地红起来。

姑姑惊讶地说:"怎么了,老师叫家长了?"一句话说得张阔简直抬不起头来。这可是张阔上学五年以来第一次被"老师叫家长"。他不好意思地笑了笑。

姑姑于是问爸爸:"是什么事呢?"爸爸故意神秘地对姑姑说:"欺负女生!"

"啊？阔阔，你是男孩子，好男不跟女斗呀。怎么可以欺负女同学呢？"姑姑对着一边不知所措的张阔讲。

只见张阔站起来一边冲着爸爸说："哎呀，别提了。"一边跑到房间里去了。

这时，爸爸才跟姑姑解释说："阔阔想跟他班上那几个学习好的女同学一起玩，人家可能是因为他是男生吧，不带着他玩。于是，阔阔把坐在前面的女生辫子悄悄绑到椅子上，当老师提问到那个女生时，她站起来差点摔倒了。而且，不仅被辫子拽疼了，还惹得其他同学哈哈大笑。她就哭起来了。"

姑姑这才明白是怎么回事："哦。原来是这样的。看来得教育阔阔，尊重别人，不能伤害别人的自尊心，才能被别人尊重呀。"

"不过，"姑姑说："你当着我的面揭阔阔的短，也是对孩子的不尊重啊。"爸爸听了似有所悟地点了点头。

自尊者尊人，一个没有自尊心的"二皮脸"，很难想象他会尊重别人，而这样的人也很难得到别人的尊重。

随着孩子年龄的增长，他会逐渐开始懂事了，这时他需要得到家长和周围人对他的尊重和信任。满足孩子这种精神上的需要，会使他产生一种喜悦、欢乐的情绪体验，有利于良好心理习惯的培养，使他们更能接受和正确对待父母的教育，非常有利于他们的学习和生活。无数研究表明，在孩子发展自尊心的过程中，父母的关心是极为重要的。反之，就会使他们产生失望、消极的情绪体验，这会影响他们的成长和进步。

心理学家认为，自尊心得到尊重的孩子，常常表现出一种充满信心、朝气蓬勃、积极向上的精神面貌。自尊心强的孩子有三个主要特征：①在家里得到较多的爱护和赏识；②父母给他们规定了严格的行为准则；③家庭富有民主并且很开放。相反，低自尊的孩子经常感到孤独和忧愁，感到没有人爱他们，不能积极主动地参加各种活动，不能与父母、老师和同学友好相处，他们无论做什么事情都缺乏自信。如果自尊心受到伤害,孩子则会胸无大志、自暴自弃、消极悲观、不求上进。培养孩子的自尊心要从塑造孩子的优良个性的整体出发,要与培养诚实、正直、谦虚、宽厚、勇敢、开朗、有毅力、负责任、热爱集体、热爱人类等品格因素联系起来。还要教育他们把自尊心发展提高到集体荣誉感、民族自信心和自豪感上来。

孩子渴望被家长和老师尊重,被同学尊重,所以当孩子的自尊心受挫折时,家长要积极地进行开导,并作具体保护。

首先,当孩子学习不好或做错事的时候,父母不要使用挖苦嘲笑的语言,骂孩子是"笨蛋"、"白养活了你"等。这样容易损伤孩子的自尊心,使孩子产生自卑感,同时会影响孩子的智力发展,使怯懦的孩子更加怯懦,情绪执拗的孩子会激发他们强烈的对立情绪。越是奚落孩子,就越使孩子感到羞辱和痛苦。所以,孩子一旦做错事,家长要耐心说服,讲清道理,帮助孩子纠正,不要过分指责,更不能讽刺、打骂。惩罚时也要注意到尊重孩子。对孩子的错误要从正面示例,正面引导。批评要讲究方式方法,让孩子感悟到父母是真心地爱护、尊重自己,并非有意与自己过不去。不能不分场合地在别人面前惩罚或不尊重孩子。

第二,切忌随意惩罚。有的父母看到孩子有了错误,轻者训斥,重则体罚。在家长的武力威慑下,孩子可能俯首帖耳,要他怎样,他就怎样,表面上循规蹈矩,老实听话,实际上只是一种心理压抑的暂时表现,他们的心里肯定不服气。比如,有的孩子做错了事,父母就罚跪罚站,甚至不让吃饭或不让睡觉,结果孩子对父母的仇恨加深,导致孩子一反常态,做出违背父母意愿的事情来。还有的父母看到孩子和一些不三不四的人交往,就大发脾气,破口大骂孩子是"流氓",甚至把孩子锁在家里,不让出门。结果使孩子的自尊心受到极大伤害,公然与父母对立,甚至离家出走。因此,对待孩子的错误,不能采取武力,应当耐心地提出善意的批评、合理的要求,照顾孩子的自尊心,启发孩子改正错误的信心和自觉性。只有这样,才能有较好的教育效果。

第三,多商谈,少命令。家长要求孩子做事时,会采取命令的语气对孩子说话,如:"不能这样"、"不许那样"等。如果孩子长时间处在这种不自由的环境中,就会变得手足无措,无所适从。久而久之,孩子会越发没有主见。长大后,做事情也或优柔寡断,没有进取精神。如果孩子的自尊心长期得不到保护,会磨蚀孩子独立的人格个性,形成孩子怯懦的不良心理习惯。因此,家长无论让孩子做什么事情,都要以商量的口气,对孩子提出的合理建议也要采纳,尊重孩子的意见。这样才能使孩子成长为心理健康、有独立见解的人。

自尊者既不傲慢又不自贱。一个有自尊心的人,常常也是重信义、不为环境所牵制的人,这样的人不傲慢、不轻人、不自轻、不自贱。他们知道:自狂会妨碍自己的进步;自贱会丢掉自己的人格。所以在一帆风顺的时候,能冷静地维护自己的尊严,在身处逆境的时候,也决不失去自尊。

附:爸爸妈妈跟孩子签订的尊重合同

甲方:爸爸妈妈

乙方:

有自尊心的人才能得到他人的尊重,乙方愿意做一个有自尊心的孩子,为此甲乙双方达成如下协议:

①乙方在各种场合下都要尊重别人,养成认真听取别人意见的习惯。

②乙方在学校、在客人家里玩耍嬉闹时要有所节制,不要惹人厌烦。

③不能粗口骂人,遭到别人辱骂时不能还骂,但要据理力争以维护自己的尊严。

④犯了错要认真接受老师、家长的批评并诚恳道歉,不能显出一副无所谓的派头。大人批评错了,乙方可以申辩。

⑤甲方在客人和乙方的同学面前不能批评乙方,更不能揭乙方的短,而是应该维护乙方的尊严。

⑥乙方犯错误时，甲方不能用体罚或伤害性的语言对待乙方。

⑦甲乙双方要互相尊重对方的隐私。

⑧本合同自双方签字之日起生效执行。

甲方(签字)：　　　　　　　乙方(签字)：

　　年　月　日　　　　　　　年　月　日

合同执行要点：

①要做到尊重孩子，家长就要改变同孩子说话的口气，要把教导训斥的口气变为平等交流的口气。只有尊重自己，继而承认自己，喜欢自己，才会对自身的存在产生价值感。要教孩子把自己当成另外一个人来尊重，即尊重自己。自尊是一种做人的观念，每个人都有平等的获得同样尊重的权利。

②帮助孩子一起对失败进行分析，找出原因。一般有三种情况：一是自己本身努力不够；二是自己力所不能及；三是外部客观因素影响。第一种原因有助于激发孩子继续努力，提高信心，后两种则应引导孩子正确对待，不要自暴自弃、怨天尤人，争取机遇，创造条件，今天达不到，以后可能就会实现。

③家长为孩子创造获得成功的机会。根据孩子的个性特点、能力水平，和老师商量，提出适当的要求，让孩子做力所能及的事，并不断自我鼓励，体验成功的喜悦，提高自信心。再根据孩子的实际水平，设置一些经过努力能够完成的任务，使孩子在实践中体会什么叫困难，哪里会有困难，遇到困难怎么办，体验克服困难后获得成功的喜悦，逐渐提高挫折的承受力。

④父母要经常反思自己对孩子的评价。不要因为孩子在竞争中表现一般而在内心深处感到失望。父母要教孩子采取不找自我岔子的方法，经常地非难自我会成为一种自拆台脚的习惯。父母当孩子泄气时应鼓励他们；当孩子遇到威胁时同他们在一起，并给予他们克服障碍的工具。

4. 纠正孩子说谎不讲信用的习惯

　　诚信是这几年经常被念叨的一个词,原因在于诚信的缺失已成为一种危害极大的社会问题。作为个人,我们无法信任周围那些不讲诚信的人,如果你的亲友当中某个人常常说谎话、欺骗他人,即使你仍会与他保持一定的交往,但在心里会不断告诫自己:这个人不可靠,我不会信任他。一个人一旦被贴上不诚信的标签,就很难在社会上立足、发展了。尽管对于不诚信的人,所有人都切齿地痛恨,但如果你是一位孩子的家长,就应反躬自问:对于孩子的诚信教育,我做了几分的努力?

　　唐飞最近总是要零花钱,有时向爸爸要,有时向妈妈要,说是买书用。爸爸和妈妈都很奇怪,他最近怎么总是买书,却没见到他看什么书。

　　唐飞的爸爸比以往提前下班了,他想今天是教师节,孩子下午放假,他一定在家里做作业呢。要知道唐飞可是班里最好的学生之一了,他学习很努力。

　　结果爸爸到家一看,却发现他根本不在。过了很长时间,他还是没回来。于是爸爸往他最要好的同学王明家打了个电话,结果无人接听。

　　快到吃晚饭的时候,唐飞满头大汗地跑回来了,爸爸问:"今天下午你们不是放假吗? 怎么才回来?"

　　唐飞说:"嗯,去王明家做作业了。"

　　爸爸不动声色地说:"原来你一直在那儿啊。"

　　"是的。"

　　爸爸不高兴地说:"可是我打过电话了,他家根本没人在。"

　　这时,唐飞脸一下子红了起来。

过了一会儿,他说:"我和王明去打游戏机了。"

爸爸看着说谎的儿子,觉得很失望。他说:"儿子,你虽然学习很好,可是不能说谎啊。这关系到一个人的品格。一个经常说谎的人是不会被人信任的。"

孩子偶尔说谎不会有什么问题,但如果经常说谎而不被指出、校正,谎言就可能成为他生活的一部分而伴他终生了。

英国著名教育理论家洛克曾说:"说谎在形形色色的人群里很盛行,要使儿童不看到、不听到别人说谎是很困难的。孩子经常看到、听到别人说谎,又怎么不学呢?"

诚实是做人的首要品质,诚实的基本要求就是不说谎。为此,父母应以身作则,切不可为了达到某种暂时的目的而欺骗孩子,对孩子说谎。遇事应对孩子说真话,耐心地讲清道理。此外,对孩子许下的诺言要兑现,做到言而有信。万一忘记或无法兑现时也应该向孩子道歉并说明原因,这样对改正孩子的说谎也有利。

教育家陶行知说:"人的最大美德莫过于诚实。"一个人如果不诚实,将会失去一位好朋友,一位好顾客,或者一桩好生意,甚至会因欺诈而被送入监狱。诚实,就是忠诚正直,言行一致,表里如一。父母应引导孩子"先学会做人,再学会做事。"做人最重要的就是诚实正直。

当发现孩子说谎后,家长要保持冷静的头脑。有的父母发觉自己的孩子小小年龄就会说谎,他们为此十分担忧,将来孩子长大了会变成什么样?其实对年纪小的孩子的说谎行为要认清区别,有些是某个年龄心理发育的一种反应,而另一些则可能属于说谎。只有根据不同的原因采取教育措施,才有益于纠正孩子说谎的不良倾向。一味地打骂、斥责等简单的教育方法,只能将孩子推向愿望的反面。对孩子的话不能偏听偏信,必要时应作一番调查、核实。有不少孩子是发现自己做了错事,又怕被父母责骂才说谎的;如果家长再一味地打骂,反而适得其反。当怀疑孩子说谎了,就要分析前因后果,做到及时发现,及时纠正,这样就不至于使孩子把谎越说越大。在纠正孩子说谎的时候,家长应循循善诱地向孩子指出说谎的危害性,让孩子在内疚中知错,在鼓励中改错。

父母要着重从正面教育孩子从小做老实人、讲老实话、办老实事,让他们懂得不说谎的人才能心里平静、精神愉快。孩子知识面窄,爱幻想,常将幻想中的事同现实中的事混淆起来,分不清事情的真假,其实这只是一种说谎的假象,对待孩子的这种"吹牛",家长应该善于利用,首先鼓励、表扬他们创新的想象力,抓住机会,通过一些小故事以及身边的客观事物,如通过书本、电视等一些直观手段,让孩子取得正确的知识,让他们从小能比较正确、公正、客观地看待事物,不能一切想当然。

孩子年龄虽小,但也有虚荣心和自尊心,他们由于不具备道德评价能力和应有的社会价值观,免不了使自尊心转变为虚荣心,从而导致说谎,因此从小要培养孩子正确健康的竞争意识。通过平时的言传身教、讲故事,分析身边小事,说明一些做人的道理,从平时的一些小事严格要求,让孩子了解什么是对的,什么是错的;什么是应该做的,什么是不能做的。做了错事会对自己或别人产生怎样的不良影响、不良后果。让孩子明辨是非,不应该做的事不做,不诚实的话不说。当孩子无意中做了错事,要教育他懂得诚实是一种美德,知错就改还是好孩子。

附:爸爸妈妈与孩子签订的诚信合同

甲方:爸爸妈妈

乙方:

好孩子都应该诚实、讲信用,有说谎的毛病并不可怕,可怕的是不能下决心改掉。为了使乙方成长为一个讲诚信的好孩子,甲乙双方签订如下协议:

①不论在什么情况下,乙方都不得对爸爸妈妈说谎。

②乙方如果犯了错误必须自觉向爸爸妈妈坦白,如果刻意隐瞒,被甲方获悉,根据情况作严肃的处理。

③乙方答应甲方的事一定要做到。反之,甲方承诺乙方的事也要办到。

④乙方不能为了贪玩而编出各种理由应付甲方。

⑤乙方不能图省事,不动脑,就去抄袭其他同学的作业,更不能在考试时作弊。

⑥乙方不得以各种理由骗取零用钱。

⑦当考试成绩不理想时,不应骗甲方说试卷丢掉了。

⑧不能偷拿别人的东西,却欺骗甲方说是自己拣的。

⑨甲方会经常性地与乙方的老师取得联系,以了解他在校的各方面表现。如有违背约定的事发生,乙方必须及时向甲方汇报,否则将从严处罚。

⑩乙方答应别人的事情,一定信守诺言做到。应视自己的能力去回复他人的请求,不可以胡乱吹嘘。

⑪乙方要保守朋友的秘密,不说别人的闲话,更不应在同学中传闲言碎语。

本合同自甲乙双方签字后生效执行。

甲方(签字):　　　　　　　乙方(签字):

　　年　月　日　　　　　　　年　月　日

合同执行要点:

①对于那些惯于说谎和有意说谎的顽固孩子,一定要进行适当的惩罚。有些孩子已经习惯于说谎话,屡教不改,甚至有损人利己的行为,态度还极为恶劣。对于这种孩子,父母除了严厉的批评教育以外,还可以进行适当的惩罚,来戒除孩子的恶习。值得一提的是,当孩子旧错重犯时,如果他能诚实主动地告诉父母自己所犯的错误,那么在父母的批评教育之后,一定要对孩子的诚实作出肯定,并适当减轻惩罚。

②在孩子的眼中,父母是他们所崇拜的偶像。家长的一切言论、行动无不对孩子起着潜移默化的重要影响。所以,家长要以身作则,

要用美好的语言、行为为孩子树立诚实的榜样。只有家长心灵美,才有可能培养一个心灵美的孩子。在平时与孩子相处时,父母要注意自己对待孩子的说话方式,注意不提供有利于说谎的机会,也不叫孩子回答一些带有一定强迫色彩的、而孩子又不得不用谎话去为自己辩护的问题。

③平时鼓励孩子说真心话。有些家长听了漂亮的真心话,就很高兴,而听了令人伤心伤脑的真心话就会生气,特别是当孩子做错了事,做父母的如果不问青红皂白就训斥打骂孩子,恐惧会打击他们承认错误的勇气,使他们不敢说出自己的真心话,因为说真心话要挨骂挨打,所以他们就用说谎来进行自卫。因此,作为家长应在鼓励孩子说真心话的同时,做到既能听得进令人愉快的真心话,也能听得进令人伤心伤脑的真心话。

④孩子如果一次因为迷恋电子游戏而没有做功课并谎称做完了,父母发现后,不要发怒和指责孩子,当孩子犯了错误以后,心情会非常焦虑和紧张。首先要求孩子补回功课,然后剥夺孩子一周玩游戏的权利,或者规定几天内不许出门玩耍。但是父母惩罚孩子时一定要注意,惩罚既要让孩子感到痛苦和认识到事情的严重性,又不要使孩子的身体受到损害和摧残。

5. 培养孩子是非善恶观念的道德习惯

说起关注孩子的道德品质,个别家长会不屑一顾:孩子将来功成名就最重要,其他都是次要的。持这一观点的家长应该反省:混迹街头甚至违法犯罪的不良少年是怎么产生的? 退一步讲,即使功成名就,但缺乏道德约束的人迟早会走入人生的歧途,这样的例子难道还少吗? 凡此种种,究其根源就是因为从小缺乏正确的道德引导,没有树立起正确的是非善恶观念。

张先生经常对儿子大海说的一句口头禅是："顾好自个儿，别的啥都别管。"

有一次，大海在学校里跟同学打架，挨了老师的批评，张先生怒不可遏地冲到学校，打了大海的同学不说，还把老师大骂一顿，最后又与被打同学的家长扭打在一起。自此以后，大海在学校里越来越横行霸道、无人敢惹，得了个"小霸王"的称号，而张先生也被冠以"霸王爹"的"美誉"。

还有一次，父子俩在电视里看到一位热心人把一个被车撞倒在路边的老汉送到医院，最后却遭老汉家人诬陷的故事，张先生郑重地教育大海："看到没有，好事不能做。"

可以预见，在张先生的言传身教之下，大海长大后会成为一个什么样的人。张先生这种缺乏正确是非观念的教子方式是错误的，但是，父母自身拥有正确是非观念就能教出好孩子吗？那也未必，还要看家长以什么方式教育孩子。

家庭道德教育没有什么成熟的理论，也没有可依恃的范本，它需要家长在日常生活的一点一滴中向孩子灌输是非善恶的观念，培养他优良的道德品质。把一些便于把握的问题集中起来，以合同的形式让孩子接受并照此去做，无疑是一个简便易行的做法。

河南财经学院朱金瑞教授指出，品德是一个人立足社会的通行证。一个讲道德的人，人们愿意与他交往，这意味着他有更多的资源和机会，更容易成功。品德是一个人素质中的核心部分，一个成功的人，大多是一个具有较高素养、品德高尚的人。一个品德低劣的人，本事越大，对社会的危害就越大，个人吃亏也就越多。一个道德高尚的人，意味着他的人生有了追求和动力，他的生命处于更高的境界，他的人生才会精彩。因此，教育孩子做一个有德性的人，是家长最重要的责任。

孩子道德行为的养成，需要告诉他们哪些是善的，哪些是恶的，哪些是应该做的，哪些是要坚决反对的。需要给孩子们实践的机会，"勿以善小而不为,勿以恶小而为之",从点滴小事做起,使孩子在生活中磨炼意志,提高自我控制、自我调节、自我转化的能力,从而养成良好的道德习惯,形成稳定的道德品质。

道德既是一种人生境界,也是一种美好的生活方式,是与生活息息相关的。家长如果能躬行实践,道德则是世界上最为可贵的东西。相反,如果把道德仅当成教育、约束孩子的工具,而与自己无关,那也最让人感到痛心,要为孩子创造良好的道德教育气氛。孩子主要的生活环境是家庭,家里的环境和气氛的好坏对孩子道德品质、性格、兴趣爱好的形成,起着潜移默化的作用。为了陶冶孩子的良好情操并逐步形成良好的品德,家庭要形成团结友爱、民主活泼、勤奋好学和勤俭朴素的好风气。

子女可以从父母的模范行为中受到潜移默化的影响,吸取很多有益的营养。爸爸、妈妈毫无疑问地承担着培养孩子道德意识的责任。所有的育儿理论已经说了无数遍:父母实施教育的最有效的做法,就是自己给孩子做个表率。举个例子,如果某家长当着邻居的面夸奖对方的孩子,而回到家关上门却说"这个小孩简直就是傻瓜一个"的时候,你还怎么能够让自己的孩子成为一个品德良好的人呢。

在郑州曾经发生过这样一件事,一个 15 岁的孩子在郑州机场带着两个陪舞小姐,后被警方带走盘问,原来这孩子的父母从事电脑贸易,家境富裕,但很少过问孩子的学习和生活,孩子就带着 15 万元现金,周游各地,并叫上这两个小姐。当孩子的母亲到公安局领人时,对孩子没有任何批评,对警方也没有一句感谢的话。可想而知,这样的家长会养出一个怎样的孩子。

家长还必须重视的一点是,爱国教育是孩子道德培养的重要组成部分。

在美国,几乎是没有在特定的场合进行和接受爱国主义教育的情况发生的。学校更没有专门开设的爱国课,美国对学生进行的爱国教育,是在潜移默化中进行的。每天清晨,第一堂上课铃一响,进行的第一项内容，即是学生们虔诚地把手放在胸前，庄严地大声宣誓："我向美国的国旗和共和国宣誓，在上帝之下，确保领土完整，为万民谋福利的自由正义之国，誓以忠诚……"美国人甚至在最喜爱的各种大大小小的体育运动开赛前，第一件事便是全体起立，高唱国歌。在那隆重热烈的场合，成千上万、各种肤色的美国人注视着冉冉升起的星条旗，高唱国歌。置身于其间不能不被美国人的爱国热情所感动。正是在这种潜移默化之下，实现了对学生的教育。

附：爸爸妈妈跟孩子签订的做"好孩子"合同

甲方：爸爸妈妈

乙方：

坏孩子自私自利、惹事生非，弄不好很容易走上违法犯罪的道路；好孩子爸爸妈妈放心，长大后会成为一个对社会、对家庭有贡献的人。乙方愿意做个好孩子，为此，甲乙双方达成如下协议：

①在家里，甲方承诺乙方做作业或者在学校里遇到难以解决的困难时，会无条件地帮助乙方；乙方承诺在甲方做家务时也会帮助甲方。在学校，乙方也会尽力帮助遇到困难的同学。

②乙方承诺决不欺负比自己弱小的同学和小朋友，在遇到别人欺负时也不会害怕，如果对方太过分，乙方要向老师或者甲方报告，甲方会跟老师一起协调解决。

③对老师要尊重，不要在背后议论老师、给老师起外号等，在校内校外遇到老师都要问好。不光对老师，对于认识的长辈都应如此。

④乙方不再跟同学比吃、比穿、比花钱、比气派，因为那都是爸爸妈妈给的，不是靠自己的努力挣来的，而是要比学习、比遵守纪律。甲方保证乙方穿着干净、得体，并不再强迫乙方穿某件衣服，对于乙方提出的购买零食、玩具方面的合理要求，甲方应尽力满足。

⑤对于别人提供的帮助，乙方要心存感激并衷心致谢。

⑥国旗、国歌、国徽是国家的象征，要尊重而决不能亵渎。

⑦乙方不得有意损坏公共财物和别人的物品,不小心弄坏的要承认错误,甲方会协助乙方予以赔偿。

⑧乙方在学校要遵守纪律,对于调皮捣蛋的同学的不正确做法,如果无法制止,也不能附和参与。

⑨本协议自甲乙双方签字后生效执行。

甲方(签字):　　　　　　　乙方(签字):

　年　月　日　　　　　　　　年　月　日

合同执行要点:

①父母要引导孩子正确地评价自己和别人。孩子对各种道德现象的认识是很浅薄的,对人的道德评价往往以成人的评价为依据,所以家长对周围现象和行为的评价,要分清是非,善恶分明,给孩子留下爱憎分明的烙印。对于自己或他人的行为,先引导孩子去分析和评价,然后再对孩子的评价给以补充和纠正。比如在公园里看到有的孩子摘花,拿零食喂动物,就问:"你看,他这样做对吗?"孩子会说:"不对。"可以接着问:"那为什么他这样做是不对的呢?"以此来引导孩子用所掌握的道德观念来进行分析。渐渐地,孩子就能独立地进行正确的评价。有了正确的评价就不难做出正确的举动了。

②要丰富孩子的道德情感。可以利用影视作品、书籍中良好的道德形象,引起孩子情感上的共鸣,应该经常运用孩子周围生活中具体的事情来感染孩子。

③父母还要注重训练孩子的道德行为。孩子的情感非常不稳定,容易冲动,自制力和坚持性差,所以孩子的道德认识常常和道德行为脱节。针对这种状况,家长要加强对孩子具体道德行为的指导和督促。家长对孩子作出的正确行为要不断赞美、强化,充分、及时地肯定和鼓励孩子的正确做法。看到孩子主动把玩具让给别人玩,就表示很赞同,并说:"你做得很好,真是个好孩子!"看到别人在大街上随地吐痰,可以厌恶地对孩子说:"真不讲文明!"父母这种鲜明的是非观,会

孩子的好习惯是这样培养出来的

给孩子留下深刻的印象。孩子以后遇到类似事情也会给出相同的评价,从而产生正确的价值观。

④要注意尺度的把握。家长在对是非善恶的把握上不能过分苛刻,要允许孩子犯错误,不能抹杀孩子天性中求知活力的一面,因为好孩子不是呆孩子。

6. 培养孩子关爱他人习惯的合同

一位儿童教育家说:"只知索取,不知付出;只知爱己,不知爱人,是当前独生子女的通病。""以自我为中心"是爱心的大敌,为了不让孩子的爱心枯竭、泯灭,为人父母者不仅要爱孩子,更重要的是让孩子学会去爱别人。

刘涵玉是四年级的小学生,按照常理来说,她自己应该能做一些力所能及的事情。但是她洗头洗脚、扫地铺床、洗鞋袜、倒垃圾什么都不会做。平时爸爸妈妈都让她以学习为重,不敢让她分心。因此养成了她什么都不会做,什么都懒得做的毛病,更严重的是这让她从来不会主动去关心别人。

有一个星期日,刘涵玉的妈妈头痛发烧,病倒在床上了,没做午饭。刘涵玉从外面玩够了回来,见到妈妈这样,不但不讲一句关心、体贴的话,反而大喊:"你为什么不做午饭?就知道躺在床上睡觉,难道你的肚子不饿,就不管我的死活了吗?要睡也要先给我做好饭菜再睡呀;要不,打电话叫爸爸回来给我做!"

妈妈实在病得昏昏沉沉,没力气起来。她只好给刘涵玉的爸爸打电话,刘涵玉加班的爸爸从单位赶回来给她做好了午饭,然后再急匆匆地赶回单位。

晚上,她妈妈和爸爸商量决定开个家庭会议。爸爸妈妈耐心地开导了刘涵玉,她最后认识到,妈妈病了,自己却没有给予一点关心,这样做是不对的。

刘涵玉的父母对孩子太过溺爱,以至于孩子认为父母做饭是应该的,对妈妈的病情不闻不问。让这样的孩子自立起来,首先要学会处理自己的事务,不可一味地为其付出爱,要让她感受到并理解这种爱,才能懂得怎样关心别人。

孩子自私自利的根源于父母的私爱和溺爱,这种只管耕耘不问收获的父母之爱,培养出来的孩子很容易变成一个没有爱心、冷漠的人。

父母若不下点功夫培养孩子的爱心,将来孩子就可能使父母寒心,并可能带给父母无穷的哀伤、痛苦,特别是当父母年老时会更加悔恨。必须牢记,为国尽忠、为民立业、孝顺父母、友爱同伴、尊敬长辈和老师、对周围的亲友邻居有礼貌、遇到有困难的人尽力给予帮助,这是中华民族的优秀传统。父母自身的榜样作用是很重要的。如果父母没有理想追求,只知道喝酒、打牌,这样就无法去教育孩子约束自己、专心学习。如果父母在公共场合都表现出缺乏社会公德,就无法要求孩子做得更好。因此,父母要能和学校、社会携起手来,共同把孩子引导好、教育好。

培养爱心,首先要落实在平时的点滴行动中,更需要的是情感的熏陶和榜样的示范。读一些报刊上少年儿童为父母分忧、立志再艰苦也要完成学业的真人真事,特别要以父母本人的爱国敬业、关怀长辈和他人的行为去感染子女,让孩子汲取丰富的精神营养。同时,要扩大孩子的视野,让他们敢于面对现实和具体困难,乐于为父母分担责任。从家人的重病、下岗、遇盗、受灾中,进一步理解生活的多面性;从电视报刊上反映少年儿童被拐骗、上当、吸毒、犯罪等的事件中,逐步培养其判断是非、抵抗不良诱惑的能力。做父母的不必为患病、灾祸或下岗造成的经济拮据、生活质量下降等向孩子说谎、隐瞒,应使用孩子能够理解的语言向其说明情况、说明困难,共同分忧解难,使子女领悟人世间每一片面包都是要用汗水换来的道理,认识生活中的挫折,体验父母的爱心和抚养自己的艰难,从小懂得向别人奉献爱心的欢欣和快慰,知道战胜挫折、困难带来的成功感、自豪感。培养爱心,还要学会关心他人的本领。要在日常生活中经常以帮助他人为快乐,以会劳动、能负责为荣耀。例如承担适度的家务,主动帮爷爷浇花、喂鱼;给晾衣服的妈妈递衣架;父母对孩子良好的言行要给予微笑、鼓励,而不是物质允诺。爱心应当是不图回报、不计代价的。有的父母拒绝和不准孩子参加家务或社区劳动,生怕耽误了孩子看书、习字的时间,怕分了孩子的心,影响学习成绩。其实,如果安排得当,适量的劳动与专注的学习交叉进行,可以调节大脑不同区域的负荷,更有利于提高学习效率。认真负责的劳动态度、有条理的劳动习惯可以迁移为相同的学习态度和学习习惯,使孩子终生受益。

溺爱是父母与孩子关系上最可悲的事,用这种爱培养出来的孩子,不会把爱献给别人一点儿。并不是孩子生来就缺少爱心,而是由于父母对孩子的溺爱、不注意教育方式等,把孩子的爱心在不经意间给剥夺了。培养孩子的爱心,要从孩子很小的时候抓起。父母要经常对孩子微笑,让孩子感受到父母对他的爱。父母要把自己看作孩子的伙伴,陪孩子游戏、聊天、学习,让孩子感受到家庭的温暖,感受到被爱的幸福。父母是孩子的镜子,父母要富有爱心。只有富有爱心的父母,才能培养出富有爱心的孩子。孩子时时刻刻把父母作为自己的榜样,父母的一言一行都在潜移默化地影响着孩子。因此,父母平时就要注意自己的言行举止,父母首先要做到孝敬自己的老人、关爱家人、乐于助人。这样孩子就会觉得父母是富有爱心的人,他们自己也会自然而然地做一个富有爱心的人。

附:爸爸妈妈跟孩子签订的爱心合同

甲方:爸爸妈妈

乙方:

乙方认识到只关心自己、不关心别人是不对的,只有大家互相关心,

都奉献自己的爱心,世界才会更美好。为了进一步培养乙方的爱心,甲乙双方签订如下协议:

①甲方会一如既往地关心、疼爱乙方,乙方保证孝敬爸爸妈妈,感激妈妈每日的操劳。如果爸爸妈妈有病了,乙方会给他们应有的关心。双方要互相体谅。

②乙方保证为爸爸妈妈分担一些家务活,自己的事自己做,不给别人添麻烦。学会自己洗头、洗脚、扫地、铺床、倒垃圾、洗鞋袜等事情。

③乙方要和小伙伴友好相处,遇到同学伙伴有烦恼或者生病时,应积极打电话或前去问候。

④乙方会珍惜妈妈做饭、洗衣等家务劳动,体会其中的艰辛,说些温暖安慰的话语。

⑤当爸爸妈妈外出回家时,乙方要为他们做些拿拖鞋、搬椅子、端茶水、送报纸、递眼镜等小事。

⑥遇到家中长辈生病时,乙方能给他们唱歌、讲故事、捶捶背、摸摸胸等,并把自己最爱吃的东西给他们吃。

⑦如果看到可口的水果、香气扑鼻的鸡鱼肉蛋时,乙方不会独吃独占,要与爸爸妈妈一起分享饮食。

⑧乙方会常常帮邻居老爷爷拿牛奶、传信件、送书报。

⑨小区里组织的爱心捐献活动,甲方会积极参加,并带乙方一起参加。

⑩家里养的鲜花开放时,乙方会约同学一起来观赏,有可能时带到学校给老师观看。

本合同自双方签字后生效执行。

甲方(签字):　　　　　　乙方(签字):

　　年　月　日　　　　　　　年　月　日

孩子的好习惯是这样培养出来的

合同执行要点：

①父母培养孩子的爱心，可以采取多做有益游戏，多看益智图书的方法。孩子喜欢做一些趣味游戏，就为他们设计一些表达爱心的游戏来吸引他们，让他们开阔视野，学到更多的知识，懂得真善美。

②让孩子多与人交往，拓展交往空间。爱心，是在交往中建立起来的。孩子就像一张纯洁的白纸，要让他们学会多与人交往，从交往中学到东西，孤独的孩子容易产生心理上的障碍，甚至患上自闭症。父母是孩子的第一监护人，父母要重视多教育，善于引导孩子。

③作为父母，要高度重视自己孩子的日常生活习惯与学习情况，善于发现孩子身上的闪光点，多加表扬，让他们的爱心行动得到鼓舞。

④父母要注重言传身教，大人们就要做出有爱心的行动。大人们的举手投足，都会给孩子留下深刻的印象。培养孩子成为一个有爱心的人，言传身教更有说服力。

7. 培养孩子乐观习惯的快乐合同

乐观的态度在人生中担任着极为重要的责任。人生会有很多坎坷与曲折，保持乐观的情绪将更好地走好人生之路。乐观是一种性格也是一种情绪，同样也会成为一种习惯，开朗乐观的人不仅健康，事业上也易获得成功。

袁洋经常是一副没精打采、郁郁寡欢的样子。学校里有知识竞赛，他根本不去积极参加，有别的同学参加了，他也感觉自己的班级不会赢的。这种悲观的性格让他做什么事都信心不足，遇到一点挫折就打退堂鼓。

一个晴朗的星期天，袁洋的爸爸妈妈带着他去郊区爬香山。爸爸妈妈发现，本来就不喜欢运动的袁洋，进入冬天以后，越来越懒得动了。这样肯定对他的身体不好，所以组织了这次一家三口的登山活动。

坐了一个多小时的公交车到达以后，袁洋就有些疲惫感，表现得很懈怠。爸爸说："打起精神，战斗马上开始了，我们来比赛呀。"到了山脚下，一家三口开始了登山比赛。

刚爬了十多分钟的工夫，袁洋就落后了。他抬头看看那数不尽的石阶，没精打采地选了旁边一块大石头，一屁股坐在上面了。

走在前面的妈妈发现他没有跟上来，回头来找。她看到袁洋的样子，问到："儿子，怎么了？战斗才刚刚开始，你就准备缴械投降啦？"

袁洋说："妈妈，这么高的山，看不到顶，登山的石阶也没有尽头，什么时候才能爬上去呀？我可以放弃吗？你们上去吧，我在山脚下等。"

爸爸这时也回头来找他了，听到袁洋的话，不高兴地说："洋洋，香山的主峰才五百多米，你完全有能力轻松地爬上去的。你看，还有很多小朋友都走在了你的前面呢。"

妈妈也说："不要把困难想象得太大，眼是懒蛋，脚是好汉。石阶大概有一千多阶，你把它们分开一个一个的小目标，比如，每登五十个台阶就休息一会儿，然后再继续。说不定，你还能得冠军呢。"

听到这里，袁洋说："那好吧。我试试。"

果然，在爸爸妈妈的提醒和督促之下，袁洋和爸爸同时到达了顶峰，把妈妈甩在了身后。

登上山顶之后，袁洋显得非常兴奋。他说："爸爸，原来事情并不像我想的那么难呀。看，香山已经在我脚下了。我们的城市尽收眼底啊。"

爸爸大笑着抚摸了一下他的头，"儿子，记住，要永远保持乐观的心境，它将助你取得一个又一个的成功。"

快乐是一种动机力量，有利于个人的成长。袁洋正是在乐观情绪的支配下，成功登山的。让孩子学会乐观，他会对世界、对社会和人生

孩子的好习惯是这样培养出来的

有信心,待人也多了宽容和忍耐。孩子的快乐不一定是由物质的东西引发的,需要父母的培养和精神上的支持。

健康的情绪能引导人积极向上,不良的情绪会阻碍人的健康成长。孩子拥有乐观、稳定的情绪是与父母分不开的。积极的心态有助于人们克服困难,使人看到希望,保持进取的旺盛斗志;消极心态使人沮丧、失望,对人生充满了抱怨。情绪有着极强的感染性,父母情绪的好坏会通过言行、举止反映出来,影响到孩子的情绪。父母的乐观情绪能够感染孩子,使孩子胸襟宽广、热爱生活、处世豁达,使孩子怀着积极的心态去想办法解决问题。和谐幸福的家庭气氛,父母乐观自信,幽默豁达,能将自己的乐观精神感染给孩子,孩子就会乐观。即使在他们以后的生活中碰到困难挫折,他也能始终保持健康的心态,具备心理承受力,克服困难实现既定的目标。

乐观的孩子活泼可爱,思维活跃,他们将来可成为事业上的成功者,幸福家庭的组织者。相反,有的孩子怕见生人,怕在大庭广众之下说话,怕做错事,爱哭泣。很少与父母家人说话,喜欢缩在自己的小房间里。在学校热闹的地方找不到他的身影,这类小孩子长大之后极有可能成为悲观主义者。一个心存渴望的人看见的是成功的一面,而悲观失望的人看见的则是失败的一面;积极向上的人觉得生活中总是阳光灿烂,而失望沮丧的人见到的只是阴雨暴风。拥有自信十分重要,一个自卑的孩子往往不可能开朗乐观。可见,拥有自信与乐观性格的形成密切相关,对充满自卑的孩子,父母一定要多发现他的长处,并多加表扬和鼓励,父母的肯定有利于孩子克服自卑、树立自信。

一个充满了敌意甚至暴力的家庭,是绝对不可能培养出快乐的孩子的。父母不要在孩子面前呈现一副唉声叹气、无能为力的样子。即使事情关系到孩子,父母也要给孩子克服困难的信心。父母对小孩的举止、行为不要太过苛刻,应帮助引导孩子摆脱困难的处境,或者使孩子学会忍耐和随遇而安,也可使孩子在困境中寻找到另外的精神寄托。

父母还要鼓励孩子多接触人,多交一些朋友。友谊在人的一生中起着重要作用,对孩子而言,也是一样的。孩子在与同伴相处中享受到友情的温暖,将会使他们更加快乐。努力教会孩子如何与他人融洽相处,与他人的融洽关系有助于培养孩子快乐的性格。培养孩子广泛的兴趣爱好,孩子具备了各种兴趣爱好以后,会在不同的爱好中发现自己的快乐。

父母要时常让孩子为自己的事情做主,要设法给孩子提供机会,使孩子从小就懂得自主地使用决策权。还要让孩子能够主宰自己的情绪。在孩子受到挫折时,父母应该为他们指出,前途总是光明的,使他们在恢复快乐心情的环境中寻找到安慰。父母应该使孩子懂得,人生的快乐不是与物质财富的占有划等号的。告诉孩子,不要过分追求物质上的满足,对物质占有适可而止。做父母的都希望孩子一辈子生活优裕,但是如果把所有的东西都给孩子准备好了,这样就在不自觉的过程中娇惯了孩子,给孩子造成一种错觉——"什么都应该给我",孩子因此容易形成"患得患失"的心态。

附:爸爸妈妈与孩子签订的快乐合同

甲方:爸爸妈妈

乙方:

甲方希望乙方成为一个快乐的孩子,一个乐观的人,乙方也愿意在这方面改变自己,为此双方签订协议如下:

①甲方承诺遇到不高兴的事情时,要克制自己,不把消极的情绪带回家。遇到困难可以开诚布公地与乙方探讨,共同找到解决困难的办法,问题解决后与乙方共同庆祝。

②甲乙双方共同选择一些可以一起完成、稍有难度的事项,比如登山、家庭小试验等,在完成过程中双方互相鼓励。

③甲方为乙方读一些励志书籍(乙方也可自己挑选阅读),了解、学习那些在逆境中奋斗并取得卓越成就的人。

④乙方承诺以后在遇到问题时,先想一想该怎么办,要主动出击,而不是悲观等待。

⑤在做一件事情时,乙方要不断告诫自己坚持再坚持,取得成功后要与甲方和他人分享内心的喜悦,同时也要分享他人的成功。

⑥乙方感觉不快乐时,闭上眼睛默数到100,然后把不快乐抛到脑后,强迫自己想想高兴的事或去做一件自己愿意做的事。

⑦乙方要有意识地选择几位性格活泼的同学交朋友,甲方欢迎乙方带同学来家里做客,并保证热情招待。

⑧本合同自双方签字后生效执行。

甲方(签字):　　　　　　　　　乙方(签字):

　　年　月　日　　　　　　　　　　年　月　日

合同执行要点:

①孩子从成人那里得到的快乐,使他相信成人。父母要激励孩子,告诉孩子:"人生不如意事十之八九"。让孩子接触各类事物,接触的事情多了,心胸自然就开阔,悲观思想便不容易产生了。父母不仅要尽量在孩子面前表现出乐观,营造快乐的气氛。更重要的是要真正拥有一颗乐观的心。父母乐观处事的实例是孩子最好的教科书。让孩子学会爱别人,积极去帮助他人,向他人显示自己的信心,并把这种信心传递给别人。

②教孩子做事情不要拖沓。孩子的大多数烦恼都是由于习惯拖延,从而使其产生一系列的担忧。

③快乐随完成某种成就的努力而产生。在成功中,孩子得到快乐的同时,也体验到了力量和信心,有助于自我肯定。让孩子多看一些幽默漫画书,培养幽默感,尽可能地用幽默的态度对待事情。父母要注重孩子的爱好,为孩子培养各种兴趣,并给以必要的引导。

④对于孩子的想法、兴趣爱好,作为父母千万不要过分限制,它将压抑孩子的天性。让孩子多参加有益的文娱活动。比如和伙伴玩游

戏,参加学校的体育项目等,开阔视野。父母要设法给孩子提供机会,使孩子从小就知道怎样使用自己的决策权。要尽量给孩子一个自由自在活动的空间。

⑤不论工作有多繁忙,父母都要抽出时间来陪陪孩子,让孩子感受到父母的爱。保持家庭生活的美满与和谐。从小没有得到感情体验,没有感情依恋的孩子,长大后不会对别人报以爱和同情,他们将形成冷漠无情的性格,难以与人相处,很少体验快乐,当然也不会具有乐观精神。

⑥父母要少发些牢骚,多一些宽容心,尽量用平和的心态对待一切。这样孩子就会明白,有些人一生快乐,在于他们有很好的心理状态,这使他们能很快从失望中振作起来。孩子在遇到挫折时,就会调整心理状态,恢复快乐的心情。

8. 培养孩子感恩意识的"懂事"合同

感恩之心是一种美好的感情,没有一颗感恩的心,孩子永远不能真正懂得孝敬父母,更不会主动地帮助别人。凡事习惯于感恩,就会使孩子拥有平和的心态和健康的心理;习惯于感恩,当孩子遇到种种失败、无奈时,都能勇敢地面对,豁达地处理;习惯于感恩,能诠释生命中的挫折与不幸,创造生命中的奇迹。

邓女士的儿子郑洋已经上小学四年级了,或许是遗传他爸爸的基因,郑洋长得比同龄孩子高出半头,加上他的浓眉大眼和一幅大大咧咧的性格,活脱脱一个"小霸王"的形象。但奇怪的是,在老师、家长、邻居眼中,郑洋是一个特别懂事的孩子。说起郑洋对他爸爸妈妈小大人似的关心和体贴,邓女士的同事们都羡慕不已,大家纷纷向邓女士取经。

邓女士笑着说："其实也没什么,重要的是要让他有感恩的意识,咱们做父母的不能对孩子除了疼爱还是疼爱,只是一味地付出,让孩子觉得你的无休无止的付出和他的无休无止的索取都是理所当然的。现在孩子小还好说,等他带着这种意识长大成人后,就有咱们好看的了。"

确实,对于家长工作中的辛苦,邓女士和丈夫都有意识地让郑洋看到,在自己劳累的情况下,郑洋能干的事情就尽量让他代劳。同时,工资收入等情况也都让郑洋了解,让他知道他买东西花的钱不是从天上掉下来的。平常看电视看到相关话题的节目,邓女士与丈夫也会不失时机地向郑洋灌输从身边的人和事做起、懂得感恩的观念。

邓女士很欣慰,自己的努力没有白费。

现代孩子在父母无微不至的呵护与关爱下,所有的事情都不去干,在潜意识里就形成了——父母所做的一切都是应该的,不用回报。有些父母对孩子不知感恩不以为然,他们认为孩子还没长大,以后长大了自然会懂得的,这样就形成了一种现象:父母为孩子任劳任怨,孩子却毫无感激之情,甚至还认为是应该的。尊老爱幼、孝敬父母作为良好道德修养的重要组成部分被忽视了,父母的付出、外来的帮助和关怀在孩子眼里变得理所当然,谈不上什么感恩。孩子不懂得爱父母,更不会体会到父母的辛苦,一旦孩子的要求得不到满足,就会怨恨父母。所以,父母如果爱孩子,就要让他们从平常的生活小事中感觉到爱,在爱中领略被爱。当孩子渐渐长大,在遇到困难和挫折时,才会怀有一颗感恩的心。感恩是一种爱的表达,可以使人感到愉悦和温暖。让孩子拥有一颗感恩的心,学会感恩,就不会一味地怨天尤人,才有信心去面对生活的挑战。一个不知感恩父母的人,就更不可能感恩别人。

感恩是一种生活态度,是一种品德,是一种习惯。"滴水之恩当涌泉相报"。那么父母对子女的涌泉之恩就可以不报了吗?"施恩不图报"是施恩者的美德,"知恩图报"是受恩者做人的良知。"谁言寸草心,报得三春晖",报恩是报不过来的,但知恩图报是起码的,要让孩子在心里保有一份爱,父母怎么爱他们,他们就应该怎么爱父母。

要让孩子真正学会"感恩",就要让他们懂得尊重他人。"感恩"是尊重的基础。对他人的帮助时时怀有感激之心:对父母怀有感激之心,牢记父母的养育之恩;对老师怀有感激之情,牢记老师的教育之恩;对周围的人怀有感激之情,牢记他人的知遇之恩,向他们道一声"谢谢",这些都是一种感恩心态的体现。

附:爸爸妈妈跟孩子签订的感恩合同

甲方:爸爸妈妈

乙方:

感恩就是对别人的付出心存感激,有感恩心的孩子才是懂事的孩子,乙方愿意做这样一个懂事的孩子,为此双方签订如下协议:

①乙方应体贴、尊重甲方,孝敬祖辈,经常打电话问候他们。

②甲方买学习用品及礼物送给乙方时,乙方应使用"谢谢"来表达感激之情。

③乙方不应对甲方提出超越家庭实际收入状况的要求。

④乙方应在节庆日子里向甲方及家庭其他长辈表达真挚的问候。

⑤乙方有什么需要应同甲方协商,不能为达到自己的目的而无理取闹。甲方有责任向乙方说明不能满足其要求的理由。

⑥乙方能做的事要自己做,应理解甲方的辛劳。

⑦乙方承诺在与他人相处中,对于别人的帮助要真诚致谢。

⑧乙方不得以哭闹、不吃饭等方式来要挟甲方达到自己的目的。

⑨在甲方劳累的时候,乙方要自觉地为甲方做搬椅子、倒洗脚水、捶背等一些力所能及的事。

⑩乙方要帮助甲方做些家务,如洗碗、擦地板等。

本合同自双方签字后生效执行。

甲方(签字) 乙方(签字)

年 月 日 年 月 日

合同执行要点：

①在父母与孩子签订了合同以后，要督促双方坚决执行，并且在施行当中不断地完善其中的内容。当孩子顶撞父母时，父母要注意聆听孩子说了哪些话，多去理解和宽容孩子，只有站在孩子的角度，分析孩子的真实想法，再去进行坦诚的教育和说服，孩子才会主动放弃不合理的要求，接受父母的意见。

②父母更应该以身作则，在要求自己的孩子怀有感恩之心的同时，对于家中的长辈要怀有一颗感恩、孝顺之心。对于孩子所表达出来的对父母的爱，应给予积极的肯定。感恩不能只局限于对父母的感恩，还要培养孩子对老师、同学以及对帮助过他的、为他付出过的人怀有感恩之心。从多方面展开感恩教育，让孩子从感恩父母开始，学会关心身边的人。

③孩子以自我为中心，没有责任感，很少会考虑到别人，更不可能客观地看待问题。父母应当教育孩子待人处事持"实事求是"的态度，启发孩子站在别人的位置上考虑问题，设身处地为别人着想。在生活中，父母更要鼓励孩子帮助那些需要帮助的人。如果别人有事相求，孩子又可以帮得上忙，就让孩子帮别人一下。如果经济条件允许，父母还可以教育孩子做一点力所能及的捐款活动，以帮助那些生活更加困难的人，养成乐善好施的美好品德。通过实际生活的锻炼和父母的指点，孩子渐渐就会懂得"感恩"。

④培养孩子对家庭的责任感，指导孩子承担一定的家务劳动，体验父母的辛劳，使他更加珍惜家庭生活的幸福。

好父母胜过好老师大全集

孩子无小事

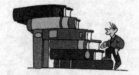

上编：孩子小事中的大奥秘

一、小行为包含大秘密

　　孩子往往会做出一些令父母无法容忍的"出格"行为，而"急风骤雨"式的教育方法只会导致孩子走向极端。由此，父母们只能"戒急用忍"，压下火气，多理解、多包容孩子的行为，在此基础上理解孩子行为的背后秘密，从而才能正确引导孩子的有关行为，千万不要忽视孩子的小行为。

乱涂乱画中的创作表达

　　孩子通常喜欢到处乱涂乱画。这种乱涂乱画的行为大致从孩子1岁半开始萌芽，他们拿着笔在纸上胡乱涂抹。随着孩子年龄的增长与运动范围的扩大，家中的墙壁、沙发、床单、衣橱、家用电器上，处处会留下他的即兴之作。

　　儿童时期的乱涂乱画实际上是孩子的一种特殊的表达方式，孩子通过画画来表达他们的喜怒哀乐，表现他们心中所想。在此过程中，他们不仅对画的图形感兴趣，更对这种运动的感觉感到很兴奋。特别是需要重视的是画画也对孩子有多方面的好处,如发展孩子的想象力、创造力,练习手腕部诸多关节与小肌肉群的协调动作等,父母不可小看这些乱涂乱画。

可是,孩子的这种具有创造性的涂鸦却是没有节制,不分场合、地点的,这又给父母造成了一定的麻烦。比如,家里刷得雪白的墙,被孩子涂得五颜六色,父母自然会很心疼。还有的孩子被父母带去做客,也往往会忍不住在别人家的墙壁上乱涂,主人虽然不好当面说什么,但心里肯定是不愉快的。

一位妈妈曾讲述了自己的烦恼,3岁的女儿有一个爱好就是拿着铅笔、蜡笔等在墙上、家具上乱涂乱画,仔细看看,女儿的"涂鸦"作品中不乏有一些创意之作,表达了女儿的童心与愿望。但是弄脏了干净雅致的房间,使她十分生气。

因此,妈妈想了很多办法,既能为孩子保留一块自由创作的天地,又不会把家里搞脏。她给女儿买来各种画纸和笔,告诉孩子在这上面画画。然而,这一招似乎不怎么奏效,或许是嫌画纸不够大,限制了她创作的空间,墙壁与家具上仍是到处记录着女儿的"杰作"。妈妈无奈,只好再考虑其他的办法。她专门为女儿准备了一块大黑板,让孩子在专为她准备的黑板上表达自己对世界的感受和对未来的憧憬。此外,她买来水彩笔让女儿在家里厨房、卫生间的雪白瓷砖上尽情发挥。现在,女儿有了专门供她随意发挥的天地,也不会在家里到处乱涂乱画了。

怎样引导孩子正确的涂鸦行为呢?

首先,带孩子仔细观察一下家里的各个摆设。与孩子商量什么地方能画,什么地方不能画。可以在孩子常看得见的墙上贴些儿童画、幼儿故事画片等,一方面可扩大孩子的知识面,让幼儿仿照,另一方面也可以教育孩子不要在墙上乱涂乱画,更不要在书上、床单上画,只有画得好的画才可以贴在墙上。假如孩子认真画出了好的画,父母可以把它贴在墙上,从而进一步激发孩子画画的兴趣。

其次,一旦发现孩子乱涂乱画,最好的办法是领着孩子对比脏和干净的墙面,让孩子与父母一起擦拭被弄脏的地方,使他感到被涂脏的墙壁门窗想再恢复原样是多么的困难。父母可将这种乱涂的危害性稍微放大,让孩子觉得所犯的错误不可原谅,从而改掉乱涂的习惯。

第三,在墙壁上贴上大纸,既能保持墙面清洁,又为孩子涂鸦提供便利。父母要购置各种各样的涂鸦工具,满足孩子的涂鸦兴趣。假如条件允许的话,可为孩子提供各种各样的画笔与颜料(无毒蜡笔、油画棒、水彩笔、毛笔、手指画原料、水彩颜料等等)。涂鸦要在父母的陪伴下进行,要注意安全,提醒宝宝不要将颜料和笔放到嘴里。

乱扔东西表示孩子希望得到注意

有的孩子总是爱乱扔东西,把东西弄得满屋子都是,父母总是跟在孩子后面收拾。也有的孩子会将自己的东西放得整整齐齐,不用父母操心。

无论乱扔东西属于哪种行为,都不是天生的,而是从小养成的。孩子在 2 岁左右时总喜欢把玩具与东西捡起来交给父母,这是想证明自己能干,以博得父母的夸奖。

一般而言,孩子从小没有自己收拾东西的行为习惯,假如父母不注意孩子的此行为,而是包办代替,日后就会影响孩子的独立生活能力。

6 岁的凯文有个令人讨厌的行为,她每天放学一回到家,就把她的书包、鞋、外衣扔到起居室的地板上。虽然她偶尔也会按妈妈的要求把东西都摆放好,但大部分时间都是随地乱扔。对此,妈妈试过很多方法来矫正她这种行为,但无论是提醒她、责备她还是惩罚她,都无济于事,她的东西仍旧堆在地板上。

一天,凯文妈妈终于看到了她经过起居室而没有扔东西,她立即走上前去,轻轻地拥抱了一下她,并感谢她的体贴、懂事。凯文刚开始很吃惊,但很快她的脸上就充满了自豪。因为她将自己的东西带入自己的房间而受到了肯定与表扬,此后,她就尽力去这样做,而她的妈妈也记着每次都对她表示感谢。渐渐地,凯文乱扔东西的行为终于改过来了。

孩子乱扔的行为总是同父母有着密切的关系,父母有义务和责任帮助孩子改掉此行为。很多父母也了解这一点,却总是苦于找不到好的解决方法。有的父母一旦发现孩子的行为"屡教不改"就不能容忍,往往动不动就对孩子发脾气,甚至打骂孩子。

孩子故意扔东西,最主要的原因有两个:一是得到反馈。东西扔在地上会有响声,会变形(破损、压扁、支解等),因此,他很喜欢。二是得到注意。他扔了玩具,父母一定要来管,一边替他把玩具放回原处,一边还要说教,偶尔还会打几下,间接地等于给予他注意了,这比无人理睬要好得多。

首先,不予理睬。让乱扔的东西散在地上,孩子要用的时候找不到,这时再和孩子一起收拾,放回原处,使孩子有对比,知道哪种结果(散在或放在原处)是好的,慢慢地改正扔东西的行为。

其次,把不良的行为变成好行为。针对孩子有把东西扔在地上的行为,可以用几个大纸盒,让他把东西扔到纸盒里。

第三,假如孩子已经长大了,可以给他讲家里要有秩序(什么东西放在哪儿要有规定)的道理。物品用完了,要放回原处,下次再用,就能很快拿到。同时,也可以通过故事讲出这个道理。

第四,经常和孩子一起整理房间,整理好了,一块儿欣赏。让孩子感受整洁的房间所具有的美感。

第五,当有一天孩子主动收拾物品了,哪怕只放好一两件,也要给予表扬。表扬对巩固行为有很好的效果,受到表扬的行为很容易再出现。

小小跳绳——运动行为

跳绳能促进儿童健康发育。跳绳是一种全身性活动，能加快胃肠蠕动和血液循环，促进全身的新陈代谢，又能使心情兴奋起来。

跳绳能确定孩子们的数学观念。有很多孩子会数数，但往往是背书式或机械式的，他们并不明白数数的真正含义。而跳绳活动能使他们把抽象的数与实际事物联系起来，从而使孩子初步理解数的实际含义与形成数的概念。

跳绳能提高儿童记忆能力。由于在跳绳过程中不断数数和跳绳次数所建立的"对应关系"，从而使抽象枯燥的数字变成了具体形象的事物。这样，使孩子的大脑皮层产生兴奋并提高孩子的兴趣，因而将抽象记忆转变为形象记忆。

跳绳能促进孩子心灵手巧。人的机体在运动时会把信息反馈给大脑，从而刺激大脑的积极思维，而跳绳时的自跳自数正是这样，通过信息的来回往返，促进大脑思维加快，判断更准确，肢体活动灵活有力而达到心灵手巧。

同时，能使孩子语言变得清晰流畅，从而促进孩子智力、体力、应变能力的协调发展。跳绳能培养孩子节奏平衡，跳绳活动是左右两只手和左右两只脚都同时操作且有一定节奏的活动。这可以有效地促进孩子左半脑和右半脑协调发展，还可培养孩子具有规律性节奏感，使孩子的心理、生理都得到全面发展。

跳绳能形成孩子的方位知觉。在跳绳活动中，有时是单人跳，有时是双人跳或是多人跳，有时还会简繁结合跳出很多的新花样。这有利于培养孩子准确地形成时间概念和方位知觉。

首先，玩绳结。先教孩子把绳子4或6折打成结。父母在离孩子

2米处手持一塑料筐,鼓励孩子投绳进筐。起初,可移动脚步,提高兴趣,以后不移动,提高技能。孩子抛进,父母抛出,孩子接住继续抛向筐内,边抛边说:"抛绳结喽。"

其次,玩绳圈。学小鸭走路。先教孩子将绳两端各打一个结,结成绳圈,父母与孩子每人两个绳圈,双脚各踩住一个圈,双手各拉一个绳圈,一步一步如同小鸭摇摇摆摆向前走路。父母做鸭妈妈鸭爸爸。

第三,跳绳圈。把几个绳圈放在一起或间隔一定距离,跳的方法可以变化,单双脚跳或交替跳;绳圈排列方法也可变化,如直线、三角形等,绳圈也可变化成半圆形、三角形、梯形等。

第四,套绳圈。父亲说:"看谁套绳圈套得快。"几人把绳圈从脚套入,通过身体,再从头上套住,也可以从上往下,展开比赛或挨次进行。"钻山洞了",2人将绳子套于腰间或腋下,表示山洞,另一个人可钻过或爬过山洞。爬过者作山洞,第2人再钻山洞,依次轮流进行。

第五,玩绳子。踩水浪——把绳子打开平放在地上,父母抖动绳子,让孩子踩着另一端前进。跳双杆——父母各持绳子两头,面对面蹲下,两绳平行,或宽或窄不断变化。孩子跳到两绳中间,又跳出,不能踩绳,踩住为输,再轮换进行。最后,可3人跳绳,2人跳,独自跳动,或把短绳结成长绳让孩子在中间跳。

小拼图——认知行为

拼图不仅有利于集中孩子注意力和培养观察力,还有助于提升其视觉空间、图像认知、手眼协调的能力,是启发孩子智能的一个重要手段,你不妨带着孩子一起来试试看。

在看待孩子的拼图行为时,可根据孩子的实际认知情况,将某个人物剪成三到四片,在孩子拼的同时,可以教孩子认识人体的各个组成部分。另外,为了增加趣味性,爸爸、妈妈还可以与孩子一起来比赛,各自拼一个图形,看谁拼得又对又快。

0～1岁:看图案

0～12个月的孩子,由于身体发育还不成熟,活动的空间也有限,因此,这一时期比较适合给孩子看一些色彩鲜艳、线条清晰、比较大的图案,尽量选用红、黄、蓝、绿这四种原色的玩具和图形,为发展孩子视觉图像认知做准备。

1～2岁:玩拼装玩具

1岁左右的孩子会走路了,视野也拓宽了,认识事物和图像,认知能力也大大提升。这一时期,你可以给孩子玩一些简单的可拼装的立体玩具。市面上出售的一些过家家的玩具,比如:可拆分、拼装的萝卜等都是不错的选择。这类玩具可以帮助孩子从拆分到拼装的游戏中初步建立整体——局部——整体的概念,同时,也促进了手部小肌肉的运动与发展。

2～3岁:玩四片拼图

2岁,孩子的"正式"拼图就可开始了。建议你让孩子先从四片式拼图玩起。在选择拼图时,要注意拼图的图案、线条要大而清晰,颜色的区块要明显。

两个方法,让孩子边想边拼

方法1:由易到难的引导

对于没有拼过图的孩子,你最好先向他演示将四片拼图拼成一幅完整图画的过程,并让他仔细观察最终拼出的图案。接着,你试着将其中的1片拼图移开,放在旁边,这样拼图就少了1片,然后让他观察移走的那片拼图的上下左右的边线和颜色特征、并让孩子尝试将这块拼图放回原来的位置,形成一幅完整的图画。当孩子已经能将移走的1片拼图放回相应的位置时,你则可以试着取走两片拼图,让他自己思考和解决问题。

孩子无小事

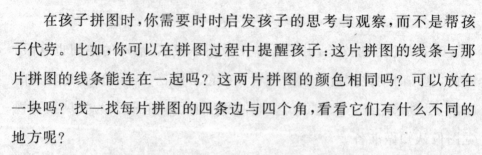

根据孩子的实际能力,你可逐渐增加难度,由移走 2 片到移走 3 片,甚至将四片拼图完全打乱,让孩子去拼。

方法 2:启发式的引导

在孩子拼图时,你需要时时启发孩子的思考与观察,而不是帮孩子代劳。比如,你可以在拼图过程中提醒孩子:这片拼图的线条与那片拼图的线条能连在一起吗?这两片拼图的颜色相同吗?可以放在一块吗?找一找每片拼图的四条边与四个角,看看它们有什么不同的地方呢?

以上这些都是孩子在拼图过程中需要仔细观察、思考、动手尝试解决的问题,他会从中体会到:从边到角、从上到下、从左到右的对应关系和空间概念,这些对孩子的智能发展有很大的帮助。

对于孩子来说,一个拼图一般只能拼一次。一旦他会了,就会对这个游戏失去兴趣。因此,从经济、实用的角度考虑,自制拼图是最佳的选择。

首先,破图画书做拼图。这时期,你会发现你给孩子买的图画书,他不热衷于"看",却乐于"撕"。因此,你不妨从孩子撕破的书页中挑选图像清晰、图案单一,最好只有一个动物或人物、色彩鲜艳的图画,将其剪成正方形或长方形,贴在硬纸板上,然后如"田"字剪成四小片,就是不错的自制拼图了。

其次,人物拼图。你可以从一些过期杂志、广告宣传单、书报中,挑选几个完整、清晰的人物或动物的形象,将图形按头、身体、腿、脚等剪成几片。在孩子玩的时候,将这些纸片打乱,让孩子拼成完整的小人。

孩子哭闹——交流行为

如果孩子在无意中做出某种行为之后得到了奖赏，孩子以后就会多做出这类行为；如果孩子无意中做出的某种行为导致了惩罚，则以后会回避这种行为，会尽可能少做这种行为。

为了消除孩子身上某些不合理的行为，父母必须了解并且避免对这些行为的关键性强化，同时实施逆转性强化。

人生第一个条件反射的形成或许是孩子的哭声与父母对哭声的反应之间的联系。啼哭是孩子进行交流的一种重要方式。通过哭声，父母可以知道他们饿了、累了、感到不适或是尿布湿了，从而满足孩子的需要。正常的哭声是孩子生存的条件，父母不能也不想消除它。但是，父母确实可以通过合适的强化，把他们的眼泪减少到恰当的程度，使他们不再过分注重某些细节。假如每次只要孩子一哭，父母就马上抱起他们或是摇动摇篮，他们就会很快注意到眼泪和父母注意力之间的联系。假如父母能够做到对孩子的哭声区别处理，他们就会逐渐认识到什么时候该哭，什么时候哭也没有用。

凯伦3岁时，会说很多话了，而且这个阶段正是孩子学习语言的高峰时期，他整天都在咿咿呀呀地发现和熟悉语音。他的母亲忙着做家务，多数时间都不去在意孩子在说什么。只有当凯伦十分不安地尖叫、大喊或者用非常令人心烦的声音说话的时候，母亲才会去关心发生了什么问题，察看他有什么需要。孩子互动行为发生了几次以后，凯伦就学会了用尖叫或不正常的声音去吸引母亲的注意。或许他的母亲有一天会突然发现：自己的孩子不知从什么时候起变成了一个爱哭闹的孩子。她或许还会跟别的母亲抱怨孩子的此种行为，殊不知正是她自己的行为造成了这种局面。

为什么凯伦在有需要时不肯用正常的口气与声音来说话呢？为什么他会变成一个爱哭闹的孩子呢？正是由于他的母亲强化了他的哭闹行为！当凯伦发现每次他哭闹、尖叫时都会引起母亲的注意，他的哭闹行为自然而然被强化了。

首先，每一次当孩子不好好说话、哭着耍无赖时，父母就应该对这些呜咽声充耳不闻；另一方面，对孩子用正常声音表达的要求应该立即给予关注。不仅要行动上给予关注，而且语言上要给予奖励，比如：你瞧，你这样好好说话，父母每次都听得懂，父母喜欢你这样好好说话。我们知道你是个乖孩子！

其次，父母要学会坚持。不要觉得孩子哭得有多可怜而心软。或者你觉得：哎呀，就这一次。不行！一旦你没有坚持住，这场战争你必输无疑。

第三，随时用语言解释你的行为。不要以为孩子小，不懂。从小开始，坚持跟孩子解释你的行为。长此以往，你会发现孩子会比较讲道理，而且听得进去道理。当你需要制止孩子的某些行为时，你就不需要怒吼了。

孩子吃手指——自我安慰行为

在儿童的行为问题中，吮指现象时有发生。从心理学角度解释吮指现象，认为这种现象与孩子情绪焦虑有关。

在孩童时期，手作为人体活动最自如、最容易接触的部位，很容易成为孩子发泄情绪的工具。孩子最初吮指是在玩，这一动作可以使他缓解饥饿感、减轻焦虑感，获得心理快感。固定地吮指常伴随有一定的心理诱因，假如孩子第一次遭遇心理应急时以吮指的方式得到缓解，那么就会在日后同类情况下沿用此法，渐渐地作为一种行为模式固定下来。

有个可爱的女孩,名叫小晶,是个安静而温顺的小姑娘。但是,小晶的妈妈发现 7 多岁的女儿有"吃"手指的行为!那天,妈妈叫女儿做事时,偶然发现小晶的手指刚刚从嘴边移开。

在小晶很小的时候,曾吮手指入睡,但后来终于被"扳"过来。其后也曾看到女儿的手搁在嘴边,好像在啃"肉刺",并未引起妈妈的注意,谁还没有一些小动作呢。但这次孩子的动作有些慌乱,反倒让妈妈注意到她的手。只见左手的中指被吮得发红,其余几个指头有的已经破了皮,露出鲜红的嫩肉来。难道孩子这么大了还保留儿时的行为?妈妈不解其原因,当然她更关心的是怎样帮助孩子改掉吮指的坏行为。

在日常生活中,我们经常会发现孩子存在着很多的吮手指不良行为。那么,究竟哪些才是孩子的不良行为,怎样看待这些孩子的不良行为呢?这也是父母最为关注的话题。

首先,从影响孩子心理感觉的不良诱因入手,比如改善家庭气氛,不要训斥或责骂孩子。对于孩子吮指行为的纠正,要给予充分的耐心。作为父母,注意做到两点:一是不要急躁,二是不要过分关注。

其次,最好的办法是转移孩子的注意力,或安排他关注外界事物,没有更多的时间出现吮指动作。假如看到孩子又在吮指,可以态度温和地将其手从嘴边拨开,不要再说什么,继续做该做的事情。经过一段时间,若发现孩子此行为有所减少,要明确地予以表扬。

第三,让吮手指动作在淡化中消褪,使孩子学会用言语表达的方式来宣泄自己的不良情绪。

胡乱撕纸——艺术行为

撕纸艺术要求手、脑动作协调，加上有些纸张的质地、纤维强度、表面光洁度的不同，孩子撕纸时所获得的感受是多种多样的。

撕纸的行为既然是大多数孩子的行为，这说明孩子比较喜欢，对这方面有特殊的兴趣。同时，从生理上也促进了孩子腕部、指部关节的发展，但同时需要加以正确的引导，不可全盘否定，也不能全部认同。对孩子撕本、撕书的行为给予严格的、认真的引导，让孩子改掉这个坏行为，学会爱护书籍。

经常有父母这样抱怨："一份刚买回来的报纸，放在沙发上，等你一转身，调皮的孩子已把它撕去了一个角。"

年轻的父母都遇到过这样的情况，这时，你恼也不是，乐也不是，低头想给孩子一个冷脸，孩子却对你露出灿烂的笑容。撕纸是孩子的一项简易工艺表现形式，是儿童最乐于参加的活动。如他们会将纸撕成小纸片，丢得到处都是，随风飞舞；还会在纸上撕出两个洞眼，蒙在脸上当作眼镜、做成面具；还可以撕成小纸条，贴在嘴上当胡须。这些活动，有的纯属童趣，有的却见创造心机。撕纸活动内容丰富、形式多样，孩子所感知的事物都可涉及，并能出现很多奇特的画面效果。

当孩子们偶然拿到一张纸的时候，都会去撕它。父母有时会由于孩子不小心撕坏了重要的东西而不让孩子撕纸。实际上，撕纸对孩子手指精细动作的发展是十分有利的。而且在撕纸时孩子注意力高度集中，因此，这个行为也是培养孩子集中注意的一个很好的方法。父母与其阻止，不如为孩子提供这样的机会，让他们开开心心地撕，既满足他们的心理需求，又练习了手指的灵活性。

一般而言，孩子们的撕纸活动，可以分为游戏性撕纸、仿照性撕纸、创造性撕纸三个发展阶段。孩子乱撕纸属第一阶段。有一些父母不了解这个阶段孩子们的心理，总以为孩子是在故意捣乱。其实，这是孩子在自觉自愿的基础上，学习造型技巧。

首先，父母先拿出最容易撕的纸，把纸呈现在孩子面前，对孩子说："宝宝，今天我们来做又细又长的面条好吗?"引起孩子的兴趣。

其次，父母开始在孩子面前示范撕纸，边撕边说"面条细又长"，引起孩子动手的兴趣。

第三，把纸递给孩子，引导孩子用双手拿着纸，一手向前一手向后把纸撕开。

第四，父母与孩子比赛撕纸，比一比谁撕得多、撕得长。

第五，父母拿出其他质地的纸，让孩子撕，撕完后问问孩子，哪一种纸最好撕，哪一种纸最难撕，请孩子注意观察这两种纸有什么不同。

孩子玩水——探索行为

玩水是幼儿的天性，他们喜欢把杯子里的水倒来倒去。而父母则会骂，因为他们会把水弄得到处都是。孩子的天真无邪、无拘无束的想象，往往会有意想不到的创造，父母善于细心观察，捕捉信息，抓住教育契机，才能更好地促进孩子发展，给孩子发展提供一个广阔的天空！

孩子一见到水就想玩，父母常常为此而生气，并且造成双方的不愉快。实际上，让孩子玩水，是一件很有意思的事情。水是生命的基础，是我们生活中绝不可缺少的物质。水也是孩子的好伙伴。孩子通过玩水，可以学到很多知识，可从熟悉水的特性，了解水的三态变化，还能锻炼身体，有益于孩子的健康。

水能给孩子以无数的谜与乐趣，几乎每一个孩子都喜欢玩水。孩子为什么喜欢玩水呢？这是因为水是一种无色透明的流动性的液体，看得见，摸得着，但抓不住。对于孩子而言，这是一种神秘莫测、非同一般的玩具。在一盆水中放入各种玩具，有的浮上来、有的沉下去，这个"浮力试验"能使孩子初步感知到：不同物体轻重不同，而水有区别他们的"魔力"。一块海绵放入水中也能沉下去，但捞上来一挤，水被挤出，这一现象更增添了孩子的乐趣。假如能给孩子一小撮洗衣粉，让孩子清洗布娃娃或手帕，在水中很快就出现很多泡泡。这对孩子来说，简直就像在变魔术！

有一天，田田在玩水时，不小心把水洒到了桌子上，他就用手擦，擦着擦着他高兴地对旁边的妞妞说："看！我画了一条大金鱼！"这一喊引来了很多的小朋友，这时叮当用手指沾桌子上的水画起了画，田田用小布在桌上画了一个大虫子，叮当干脆拿着小布在地上画起了大树……这是一种多么有趣的玩水方法呀！孩子可以不受纸张大小、命题的限制自由大胆地表现。此时，李老师并没有熟视无睹，而是用赞许的目光观察着他们，当时所有的孩子对这个举动都很感兴趣，积极地投入到这种有趣的游戏中……

玩水是孩子的一种创造性行为。更何况水是家家都有的，比任何一种玩具都便宜，而且对发展孩子的智力有帮助。父母不妨试着同孩子一起用各种方式玩水。

首先，用各种大小、不同形状的器具让孩子舀水、盛水，也可把各种质地的物体放在水里，让孩子了解，哪种质地的物体会浮在水面上，哪种质地的会沉下去，把空的器皿和装满水的器皿分别放在水里，物体的沉浮情况怎样。让孩子对浮力和物体与水的轻重有个感性的认识。

其次，把水分别放在各种器皿中，再敲击器皿，看看同样的器皿，水量不同，声音是怎样的，不同的器皿声音又是怎样的，可否弄出递增或递减的音阶。

第三，让孩子尝尝各种水的味道，平时能喝的水都可以给他尝尝，比如糖水、盐水、饮料等，顺便可让孩子知道什么是溶解。

第四，父母用杯子装满水，然后用一片硬纸盖住这满杯水，不要留有空气，用手扶住硬纸与杯子倒过来，放开手，孩子会惊奇地发现，水被硬纸托住了，不会流出来，父母示范后，可以让孩子也跟着做。有点理解力的孩子，父母可告诉他水不流下的原理。

第五，父母还可以模拟水管，用两个盆，其中一个盆装水，放在高处，在低处再放一个盆，用一根导管连接两个盆，在导管底端吸一下，水就源源不断从高处的盆通过导管往低处的盆流了，像水管一样，宝宝可以在流动的水中玩各种东西。

第六，或许所有的孩子都喜欢玩水枪，水能按他们想要的方向射出好远，这是很有趣的。玩水枪最好在室外，避开人多的地方。

第七，给水调上不同的颜色，五彩缤纷的水能增加玩水的情趣，也能刺激孩子的视觉。

第八，让孩子自己浸泡在水中，水温要合适，可适当变换水温让孩子感受，在水里放一些玩具，孩子一定会很开心。假如孩子会游泳，去游泳池更能让他在水里自由玩耍。

总之，玩水的方法是很多的，根据水的不同特性还可发明出自己喜欢的独特的玩法。爸爸妈妈可以在感觉热的时候与孩子玩水，相信这种清凉的玩具可以让孩子振奋。

孩子无小事

二、小脑瓜考虑大问题

　　孩子的小脑瓜到底在想些什么呢？他们是怎么想的呢？这是孩子关注的问题，更是父母关注的问题。聪明的路线千万条，总有一条适合你。尽管思维创新存在着无限多的可能性，看似大海里捞针，实则有规可循。只要专门对思维的方法和习惯进行科学训练，每个人都可能成为天才。

小脑瓜里的大运动

　　发现问题、提出问题在孩子的心智发展过程中是个里程碑，它说明孩子不仅注意到了现象的存在，而且意识到有某种原因导致了这种现象，并开始探索事物的原因。

　　从某一天起，早晨一睁开眼睛，孩子就开始了他没完没了的"为什么"，你奋力左扑右挡，直到被越来越快的"问题球"打得东倒西歪、无力招架。

　　不过，值得祝贺，因为推动孩子思维能力发展的大好时机到了！因为，孩子们已经有思考能力了。有时候，他也不知道自己在想什么，只是感觉好奇才问的问题。

　　对原因的探究正是理性思维发生的起点。作为智力的核心要素，思维能力是相当重要的。

现在，就让我们利用各种能够训练思维技巧的益智游戏，在孩子的小脑袋里来一场大运动。

首先，思维技巧——追问。水有源头，事有原由，万物都有起点，万事都有起因。追问原因正是孩子思想与科学产生的原动力，是孩子进行思考与获得理性知识的途径。

追问"为什么"可以促进孩子不断地去思考，进而探求原因背后的原因，是促进孩子思维很好的一个办法。

其次，思维技巧——顺推。假如按着某个逻辑线路发展，一个事物会发展到什么地步呢？会给与其相关的其他事物带来什么影响呢？还会导致什么变化呢？

科学家对未来的预测结论正是按照这种思路，由一个假设不断推演而来的。这种"顺推"与"追问"刚好是方向相反的两种思维方式，一个是推断结果，一个是追问原因。

第三，思维技巧——发散。俗话说"自古华山一条道"，但生活的很多问题却有迥然不同的解决思路与解决办法。发散思维就是指能根据问题所提供的信息，从不同方向引发出更多的新信息。在解决问题中主要是指能提出不同的设想，通过不同的途径，作出思维方面完全不同的各种回答。

第四，思维技巧——分析。分析是思维的一个重要过程，通过分析，可立体地揭示事物的各种特征，分析可以使人们更加清晰地认识事物的属性。分析也是分类、类比、归纳等思维的基础。

第五，思维技巧——综合。综合与分析刚好是相反的一个思维过程，分析是整体分解为若干信息，而综合则是将若干信息组合在一起形成一个整体。根据诸多的信息作出推论和判断时，就需要对各种信息进行综合。

第六，思维技巧——联想。联想就是通过某种联系，由一个事物想到另外的事物。

第七，思维技巧——组合。组合是将甲信息和乙信息结合起来，

孩子无小事

从而产生一个既不同于甲也不同于乙的新信息。组合的思维方式是创造性思维的基本方式——任何两个不同信息的组合都可以产生新的信息。

小脑瓜里的逆向思维

孩子的创造性思维往往被父母用"幼稚"、"可笑"、"荒唐"等词语压制了、忽略了、扭曲了。因此,父母根本不了解孩子的脑瓜里到底在想些什么,要想了解孩子在想什么,首先要父母转变观念,转变自己的思维方式,为孩子的逆向思维喝彩吧!

孩子长到3~4岁就可以进行逆向思维的训练了。它是一种可逆思维,其思维方式同单向思维相反,但思维的实质是一致的,只是换了一个完全不同的角度。

比如,听完《龟兔赛跑》的寓言,孩子说:"乌龟真笨,本来就跑不快,还要与兔子赛跑。"假如这时父母说:"瞎说,是兔子太骄傲了,因此,乌龟先到了终点。所以,你要记住好好听父母讲故事。"孩子对于父母讲的故事可能就会失去兴趣了。如果父母说:"好孩子,你说得有道理,兔子因为一时大意才被乌龟落下了,如果它没有睡过头,乌龟怎么也赶不上它。所以,不能希望人家睡过头,才去赢人家。"孩子对你以后的故事肯定也是兴致勃勃,问个不休。

这里,准备了几个小游戏,希望父母可以通过它们,让孩子练就逆向思维的好本领。

指点1:3~4岁——起步阶段

3~4岁的孩子属于直觉行动思维阶段,在这一阶段,主要是让孩子的动作协调起来,为今后的思维发展打下基础。

●在思维的范围方面,这一阶段,孩子的思维没有深度和广度。

●基本不能对孩子进行深层次的逆向思维训练。

这一阶段,对孩子进行逆向思维训练,主要是通过给孩子创设一个轻松、有趣、愉快的游戏环境,让他萌发思考的兴趣,并自己动手操作,让孩子经常处于积极活动的状态之中。

NO.1 哭笑娃娃

游戏目的:在迅速反应中发展思维的逆向性和流畅性。

游戏玩法:和孩子一起玩经典的老游戏——"石头、剪刀、布"吧!不过,这次要做点小小的改动。每一次,胜利者都要做"哭"的动作,输的一方则要做"笑"的动作,谁先做错就要淘汰认输哦!

NO.2 反口令

游戏目的:能根据"口令"做相反的动作,训练孩子思维的逆向性及思维的敏捷性。

游戏玩法:您说"起立",孩子就要坐着不动;您说"举左手",孩子就要举右手;您说"向前走",孩子就往后退……总而言之,孩子要和您"反着来"才行。如果他做错了就算输了。这可是一个相当好的家庭游戏哦!

NO.3 高个和矮个

游戏目的:通过动手操作,发展孩子的逆向思维能力及空间感知能力。

游戏准备:正方形、长方形、圆形积木、高矮不同的小人3个。

游戏玩法:这是一个非常适合您和孩子两个人进行的游戏。您可以在3个高矮不同的小人下面垫上正方形、长方形、圆形的积木,使它们显得一样高。然后,让孩子根据所垫木块的多少,判断出这3个小人中,哪个最高,哪个最矮。

指点2:4～5岁——关键阶段

4～5岁是孩子思维活动发展的关键阶段,也是孩子逆向思维发展的关键阶段。

●这一阶段,孩子的思维已经进入具体形象阶段。

●孩子主要凭借事物的具体形象或他对事物表象的联想来进行思维。

●这时的孩子开始能根据事物的本质特征对它进行概括。

●对于熟悉的事物,孩子开始能进行简单的抽象逻辑思维。

●孩子会运用分析、比较等思维形式,对事物作出判断和推理。

对4～5岁的孩子进行逆向思维训练,主要是不断丰富孩子的知识,发展他的语言,帮助孩子学会从正反两个方面思考问题,并作出判断。

NO.1　反义词

游戏目的:在游戏过程中积累孩子的词汇量,发展逆向思维记忆力及思维的流畅性和敏捷性。

游戏玩法:这是一个无论何时何地都可以进行的游戏。您要根据孩子的实际情况,说一些词语,要求孩子在比较短的时间内说出与这个词语的反义词。比如您说"白天",孩子就要说"黑夜";您说"大树",孩子说"小树"等等。

NO.2　找图形

游戏目的:孩子能根据形状、颜色标记对图形进行双维排列,体验给图形定位的方法,发展逆向思维及立体思维。

游戏准备:双维排列底板一块,一些与图上的标记相对应的图形,如红色的方形、蓝色的三角形等等。

游戏玩法:这可是一个孩子与您轮流进行的游戏哦!您可以先和孩子一起猜拳,决定谁先玩。赢的一方可以随意说出一个空格(如横三竖三),让对方找出相应的符合条件的图形放上去。如果找错了图形,就不能放上去。

看一看,是谁找到的图形多呢? 您和孩子,谁比较厉害一点呢?

NO.3　我是小法官

游戏目的:训练孩子的空间想象能力和逆向思维的能力。

游戏准备:粗细不同的3根小棒,绳子3根。

游戏玩法:这个游戏您一定要和孩子一起玩哦!您先将 3 根绳子分别在 3 根小棒绕 3 圈,但剩下的绳子的长短要相同。然后,您要请孩子来判断一下,哪根绳子最长。孩子猜出来以后,不管是对是错,您都可以让他自己亲手操作一下。

指点 3:5~6 岁——发展阶段

从 5~6 岁起,孩子的抽象逻辑思维比较迅速地发展起来了,这为他入学奠定了智力基础。

●这一阶段的孩子已经开始能使用概念、判断、推理等思维形式进行思维活动了。

●孩子的理解能力快速地发展起来了。

●这时的孩子不但能广泛了解事物的现象,而且开始要求了解事物的原因、结果、本质、相互关系等等。

●在这一阶段,孩子的逆向思维处于高度发展阶段。

●孩子开始根据不同事物内部的共同特点来进行概括、分类,推理也开始由表面、直接转向内在、间接。

对 5~6 岁孩子进行逆向思维训练,主要是帮助孩子从相反的视角去看固有的观点、惯常的看法,学会正确的思维方法,并通过各种创造活动发展他的逆向思维。

NO.1 奇怪的时钟

游戏目的:在认识时钟的基础上,发展孩子的逆向思维和判断力。

游戏准备:自制一个可以拨动时针和分针的时钟,并准备一面镜子。

游戏玩法:让孩子看着镜子,您拿着这个自制的时钟站在他的身后,并拨动时针和分针,让孩子看着镜子里时钟的影像,说出是几点钟。

通过这个游戏,可以让孩子知道,镜子中的景象与实景是相反的,如果他伸过左手,镜中的他则是伸出右手……

NO.2　藏宝图

游戏目的:训练孩子的空间知觉能力及逆向思维能力。

游戏准备:用比较透明的纸做几张"藏宝图"。并准备几张相同的空白图纸。

游戏玩法:您先给孩子看一张"藏宝图",然后告诉他这是一张透明的藏宝图,如果将它翻过来,会出现什么样的图案呢? 也可以让他在空白图纸中画出来。

NO.3　扑克猜数

游戏目的:用不同的方法将隐藏的数字猜出来,发展孩子的逆向思维及思维的流畅性、敏捷性。

游戏准备:1～9的牌两套(共18张)

游戏玩法:您一定要和孩子一起玩哦! 先请孩子把牌洗好,然后您任意抽去一张,藏起来,并将余下的牌摊开,让孩子猜一猜,您藏起来的是哪张牌?

孩子在联想中成长

培养与发展想象力很重要,大科学家爱因斯坦说:"想象力比知识更重要,因为知识是有限的,而想象力概括着世界的一切,推动着科学发展、进步,并且是知识的源泉。"

人类的幸福有一半以上来自想象力,不会想象的人很难拥有真正的幸福。贝鲁泰斯曾经说过:"想象是人生的肉,若没有想象,人生只不过是一堆骸骨。"凡是年幼时充分发展了想象力的人,当他遭遇不幸时也有能力体验幸福;当他陷入贫困时也有能力感受快乐。可以说,世界上最不幸的人是不善于想象的人。

想象力既然如此重要,那么,我们应该如何培养孩子的想象力呢?

父母不要指望依靠抽象的说教培养孩子的想象力,这项工作只有在具体的活动中才可以有效进行。并且,越是对于幼小的孩子,这一点就越发明显。让我们来看看著名教育家卡尔·威特牧师怎样保护小威特的想象力。

有一天,卡尔·威特的一位老朋友来家做客,他看见小威特正在用蓝颜色认真地画着一个大大的、圆圆的东西。

朋友问小威特:"孩子,你画的是什么呀?"

小威特回答:"一只大苹果。"

朋友又问:"可是,你为什么要用蓝色呢?"

小威特回答:"我想应该用蓝色。"

朋友对卡尔·威特说:"老朋友,你应该教教孩子。他想把苹果画成蓝色,你该告诉他这是不对的。"

老威特竟对朋友的"忠告"十分惊讶,反问这位朋友:"为什么一定要告诉他该用红色呢? 我认为他画得很好,说不定他以后真的会培育出蓝色的苹果呢! 至于现在的苹果是什么颜色,他吃苹果的时候自然会明白的。"

是的,父母在孩子的生命中,充当的角色不是去扼杀孩子的想象力,而是给他们自由想象的空间。

那么父母应该怎样呵护孩子的想象力,并培养孩子善于想象的习惯呢? 我们有以下几点建议:

首先,扩大孩子的知识经验,增加表象储备。创造需要原材料,没有相应的表象储备,有关的新形象是创造不出来的。因此,作为父母应让孩子从小尽可能地接触自然、接触社会、接触人世间的万事万物,以使孩子对尽可能多的事物产生基本的认识,在未来的想象活动中,使孩子拥有更多的事物形象参与思维过程。

其次,重视和支持孩子的游戏。游戏是孩子的主要活动,每个孩子都喜欢游戏,在游戏中孩子的想象力能够得到很大的发展。我们常常可以看到女孩抱着娃娃、男孩坐在小木凳上开车,这时也是他们想象最活跃的时候,他们完全忘记了自己,而沉浸在妈妈、司机的角色中。因此,孩子游戏玩得越好,想象力的发展也越好,父母应重视和支持孩子做游戏。

第三,讲一些孩子喜闻乐见的故事。孩子在听故事时,想象力特别活跃,他们头脑中不断出现故事中的人物、情景,想象着以后的情节。故事讲完了,有时孩子对结果感到满意,但有时他们不喜欢这样的结局,于是他们想象着新的结果,在这一过程中孩子的想象力得到了发展。

有想法的孩子更聪明

"举一反三"说的是一种创造性思维,不能举一反三,则不能做到知识的融会贯通,学习便成了"死读书"。

"第一个把姑娘比作鲜花的人是天才,第二个把姑娘比作鲜花的人是庸才,第三个把姑娘比作鲜花的人是蠢材。"可见,优秀的人之所以优秀,就在于他们习惯于从新的角度去观察问题。

一个学生的学习能力在很大程度上取决于其学习的创造性。创造性不是天赋决定的,它的获得完完全全来自后天学习与生活实践中有意识地培养。每一个孩子都有可能通过系统的、持续的思维训练,具备超凡的创造力。

东东是个聪明而且顽皮的孩子,在学习上,他从不认为一道题只有一个答案,而是尽可能地找出更多的答案。

一次物理考试中,其中有一道题是"如果给你一只气压计,你怎样才能用它测量出一座大楼的高度?"由于快要交卷了,于是这个顽皮的男孩索性在试卷上写道:"把气压计系在绳子的一头,从楼顶放下去,只需要测量它到达地面时绳子的长度就行了。"

物理老师阅卷时被这个颇具创意的答案气炸了。东东被叫到办公室,老师问他:"这是你做出的答案? 你没细心读过题吗? 本题是问你'怎样使用气压计'。"

"好吧,老师,请再给我一些时间,我一定能找到更好的答案。"

第二天一早,男孩竟主动找到物理老师,说他发现了好些"切实可行"的测量方法,算起来居然有十多种。

老师十分诧异地看看他,问道:"你究竟找到了哪些方法呢?"

"比如,可以像普罗泰戈拉测量金字塔的高度那样,使气压计直立于地面,当太阳光下影子的长度与气压计高度相等时,测量地面上大楼影子的长度就能得出它的高度。"

"另外,我还可以把气压计当重物,利用动滑轮将它吊到楼顶,用绳子的长度除以 2。""还可以尝试把那只气压计干脆从楼顶上扔下去,利用重力加速度计算出自由落体坠落的高度。"

孩子一口气说完了十来种方法,老师听后问到:"你既然可以想出这么多的'花招',怎么就没有思考过我为什么一定让你使用气压计?"

学生笑了:"其实我明白,你是要让我通过地面和楼顶的大气压差来得出答案。"

"对啊,你既然知道,为什么不早说呢?"

"我不愿意跟别人一样,这个答案太常规。"

"是想标新立异吗?"

"不是,是我发现所有的问题都不止一个答案。"

东东的这种创造性思维是在父母培养下养成的习惯,他的父母要求他解决每个题目要想出 5 种解答方法,而他却要求自己能想到更多。

试着寻找新的答案,这正是创造性思维区别于常规思维的一个重要特点。只有超越常规与传统,你的探索才会更有价值。

对于一个学生来说,只靠简单的重复劳动取得自身学业的成功是极为困难的,只有不断开动自己的脑筋,坚持创造性学习,才能把书读好、读活，才有可能在学习上取得突出的成绩。

那么，我们该如何培养孩子的创造性思维呢？做父母的不妨尝试如下方法：

首先，为孩子创造良好的环境气氛。为了使孩子能自由活动，安心畅想，父母要为孩子提供友好的、愉快的、有鼓励性的、具有良好的心理气氛的环境。即使父母不同意孩子的想法和愿望，也应该让他明白：爸爸妈妈对这些想法和愿望还是重视的。应该鼓励孩子和父母对一些事情展开讨论。

其次，父母要为孩子提供能够发挥创造性的环境。给孩子足够的自由活动时间、空间和进行各种活动的材料，是促进孩子创造性的必要条件。

第三，父母还要教孩子学会思考。由于发展思维能力是培养创造性的核心，所以要培养孩子学会思考、善于思考，让孩子在思考问题的过程中发展思维能力和创造力，启发孩子自己提问题。

第四，父母要利用一切机会和孩子交谈，通过交谈来激发孩子的思考。在和孩子交谈时，要尽量谈一些有利于孩子独立思考的问题，而不是代替孩子去思考。当孩子碰到问题时，父母可提一些具体建议，启发孩子动脑筋想办法。

孩子大脑思维的灵活性

思维的灵活性即思路灵活机智，能从不同角度和侧面分析考虑问题，不为定势左右，能举一反三、触类旁通。思维的灵活性是孩子智商的一个重要内容。这是智慧的"滑翔板"。

第一，续编故事结局法：讲故事时留个尾巴，让孩子自己去猜测想象，引起听故事的兴趣。

第二,情景设疑法:它与第一种有所区别。前者需要有一个完整的故事,所设悬念只有一种答案;后者不必有完整的故事,答案可有好几个。如给孩子讲一个故事:一位小朋友,扛着扁担到田里去帮父母抬菜,半路上看见水渠对面有只小花猪正在瓜田啃瓜。他想去赶,但被一米多宽的小渠挡着,怎么办?讲到这里,让孩子帮他想个过渠的办法。这一悬念能激发孩子思维的积极性,他们会在特定的情景中想出各种办法来:扁担架在渠道上爬过去;脱了鞋子走过去;用扁担支住渠底,像撑杆跳高那样跃过去……孩子面对疑难各抒己见,通过比较,找出最佳答案,受到思维灵活性的训练。

第三,猜谜法:它是通过谜面所描述的事物特点、性质,让孩子在猜测过程中受到思维灵活性的训练。猜谜语不仅能够培养幼儿思维的灵活性,而且可以增加幼儿的知识。

第四,看图改错法:画一幅含有错误的图画,让孩子找出错误,并改正。这也是训练孩子思维灵活性的好办法。

第五,填充法:就是要求孩子在给定的某一简单图形上(如圆形、三角形等)填画,使它成为多种不同的图画,孩子边思索、边填画,很有兴趣。这不仅培养了孩子思维的灵活性,而且对他们扩散性思维也有很大帮助。以圆形为例,孩子会创作出多种画面。

第六,连锁提问法:针对孩子容易按照某种程式思考问题的毛病,可采用连锁提问法,如问:"石榴树上有十个石榴,摘了一个还有几个?"孩子回答后,父母接着提问:"石榴树上有十只小鸟,用弹弓打下一只还有几只?"习惯用于一种程式想问题的孩子往往会答错,多次训练,可以养成孩子对具体问题作具体分析的良好思维方法和习惯。

第七,归类法:用硬纸片制成各种各样的动物、植物和几何图形,如树木、花草、瓜果、蔬菜、家禽及圆形、三角形等,玩时将图片杂乱摆开,让孩子根据你的命题,进行归类训练。例如:可让孩子分别帮助蔬菜、瓜果和几何图形站队,看谁又对又快。这样不但训练了孩子思维条理的灵活性,又锻炼了他们思维的敏捷性。

孩子无小事

第八,弈棋法:思维训练还可以采用对弈的办法进行。例如动物棋,棋子只有八个,四个白猪、四个黑猪,棋盘是由横竖四条直线组成的九格方盘。玩的规则是:只有在一条直线上两只同样的小猪,才可以杀死对方紧挨的一只猪。儿童棋虽然很简单,但却能使孩子们从一连串的胜利和失误中,学会瞻前顾后,全面看问题,学会以退为攻与灵活机动处理问题的本领。

第九,见闻汇报法:语言是思维的表现形式。此法可培养幼儿思维的灵活性。父母每天花一定的时间组织幼儿进行见闻汇报,一边帮助孩子理清思绪,一边提供必要的词语,让孩子说出自己的见闻。这样,孩子既锻炼了思维,发展了语言,又丰富巩固了知识,真是一举数得。

让左脑暂时地"睡"一会儿

我们运用特殊的技巧,让左脑暂时地"睡"一会儿。深度放松会让有意识的左脑暂时关闭,右脑活跃起来!

人们总是习惯于用右手使用工具,而使左脑每天都受到不同程度的刺激,再加上语言中枢、逻辑分析、数字处理、记忆等,都由左脑处理,由此造成左脑满负荷运转;另一方面是由于传统应试教育,使孩子缺少非语言思维能力的教育,许多家庭不重视孩子右脑的开发,不注重逻辑思维能力培养。因此,培养了一大批只会循规蹈矩,缺乏应变能力、创造能力的左脑型儿童。

首先,培养孩子的创造力。儿童大部分记忆,是将情景以模糊的图像存入右脑。所谓思考,就是左脑一边观察右脑所描绘的图像,一边把它符号化、语言化的过程,因此,左脑具有很强的工具性质,它负责把右脑的形象思维转换成语言。

我们常说的"直觉"、"一闪念"的创造思路，就是右脑直观的、综合的、形象的思维机能发挥作用，并且要左脑很好地配合。

培养孩子的创造力，是开发右脑的方法之一。益智玩具是开发右脑的最佳工具。益智玩具主要以拼插、组装、游戏等活动形式为主，通过儿童自己识图，按照图示来组装，这就是一种创造性的活动，同时也是启发孩子进行右脑思维的一种形式。

其次，锻炼孩子的形象思维能力。形象思维过程，实质上是先由右脑产生形象，再通过左脑使其语言化。因此，有意识地锻炼形象思维，能达到活化右脑的目的。

形象思维能力假如不注意积极锻炼，就会逐渐衰退。因此，对于孩子更应该有意识地锻炼形象思维能力。

对于孩子而言，童话故事是右脑形象思维能力开发的最佳方法。童话富于幻想，可以启发孩子一边读，一边在脑海中联想一个活生生的场面，这就需要形象思维能力。

观看体育比赛，也能够锻炼孩子右脑，提高形象思维能力。每一次惊险的镜头，都会给你的右脑带来一连串的富于魅力的想象，这就是观看体育比赛对右脑产生的良性刺激的结果。

在观看比赛时，要启发孩子根据场上的变化不断推想可能出现的情况，而不是凭大脑中已有的印象、数据作逻辑推断。

人的梦境实际上就是无意识中右脑描绘的故事，做梦醒来，立刻把内容写下来或是讲给别人听，这样做就等于再现右脑的形象，有利于刺激右脑。

同时，它还是协调左脑和右脑的有效手段，对大脑整体的活化会产生积极影响。

利用算盘进行计算的人，有时还可以利用心算，在脑海里拨动算盘珠，这就是形象思维。即使不那么擅长珠算的人，也可用这个方法锻炼右脑。

第三，用图形代替语言，可以开发右脑。

对孩子讲解问题时，要多利用图形来讲述，如利用一个大圆和一个小圆来讲述谁大谁小；给孩子讲"2＋3＝5"的数学题时，可以画上两个"△"，再画上三个"★"的符号，再进行计算，这些都是开发右脑的好办法。

在日常生活中，人们偏重用语言进行表达，渐渐地把图形表达忘掉了。换言之，人们过分依赖左脑。因此，我们应该有意识地使用图形表达的方法，让右脑也参加到日常生活中来。

电脑游戏机也是锻炼孩子右脑的好工具。父母要为孩子选择一个以图形为主的游戏。游戏是孩子最喜欢的活动，玩电子游戏会使右脑在愉悦的气氛中得到锻炼。

第四，锻炼孩子的形状特征记忆。

右脑具有类型识别能力，在拥挤的人群中，你可以立刻认出你所熟悉的人。这是人脑凭借以往的记忆积累，迅速描绘出那人的各种形象，然后将其与视觉得到的印象特征相吻合，并在瞬间判断出那人是谁。因此，有意识地锻炼这种能力，可以给右脑带来刺激。

下棋是锻炼右脑类型识别能力的好办法。孩子在下围棋或象棋时，其侧重点不是思谋招数，而是要记住棋盘上那星罗棋布、犬牙交错的"形状"、"态势"。锻炼孩子努力记住棋盘上厮杀的局面，这对于孩子的右脑将产生很好的刺激。

在日常生活中，类似的右脑"活化"随处可做。在高处，头稍稍向右偏转利用左视野观察大街上的车辆，记住它的颜色、形状，把它们排列到脑海里。

带着孩子在外散步，看到一个感兴趣的小宠物，你应该让孩子努力记住它，过后让孩子试着回忆它的可爱之处。也许一开始孩子还会觉得回忆起来有困难，但经过多次反复训练，孩子就能抓住对方的特征。

第五，锻炼孩子的空间认识能力。夜里回到家里，不用开灯，我们也可以四处走动，而不会碰壁、不会摔跤。这种空间感知能力，就是右

好父母胜过好老师大全集

脑的机能。

可以让孩子进入一个新的环境,让他环视四周后,将他的眼睛用布蒙上,同他玩捉人游戏,这是锻炼右脑的好方法。

记路能力也是空间认识能力,你可以带孩子在公园散步,然后让孩子带着你沿原路返回。

还可以让孩子眺望天空,观看天空中的云朵。渐渐地孩子就会感觉到云朵的立体形象和立体层次。

这些都是孩子利用空间认识锻炼右脑的最好方法。

第六,培养孩子的欣赏能力。右脑具有绘画感觉能力。绘画作品、自然风景,让孩子尽情地欣赏,陶醉其中,是开发右脑的好办法。

带孩子参观花展、盆景展等展览,直观整体地欣赏作品,这有利于活化右脑。右脑的刺激作用会更明显。作画时,要随心所欲,不受任何框框的局限。

让孩子练习绘画,对培养孩子有意识地观察并努力记住大自然的千姿百态很有作用,也会对右脑形成良好的刺激。

开发孩子右脑的八个游戏

左右脑的完美结合,将大大加速孩子的学习进程和效率。不要让孩子输在起跑线上,要让孩子们拥有一个充满想象力、创造力、直觉力、自信力和超强记忆力的未来。

大脑分为左半球与右半球,大脑的两半球是有明确分工的。左脑被一些心理学家称之为"语言脑",它主管理解语言的中枢,具有文字的、逻辑的、分析的、数字的、记号的等功能特征;而右脑被称为"音乐脑",与左脑相对应,它主管接受音乐和形象的中枢,具有直觉的、形象的、综合的、类型认识的等功能。

长期以来,人们对智力的理解偏重于左脑的功能特征,而忽视了右脑的开发与使用,致使人的右脑功能日趋退化,大大限制了孩子的智力和创造力,对于孩子的全面发展是有弊无利的。

游戏一:神奇的纸盒

玩法:把家里使用过的纸巾盒留下,往里面放进一些玩具、糖果、水果等,让孩子摸一摸,请他在拿出来之前说出名称,或者给他指令,请他按指令拿出东西来。对大一点的孩子,你可以给他否定的指令,如:"请你把不可以吃的东西拿出来"、"请你把不是圆的东西拿出来"等等。为了增加趣味性,也可以使用一些奖励的方法,比如:拿对了糖果,就把糖果奖励给孩子吃,拿错了,糖果就归妈妈吃等。

这个游戏适合2~4岁的孩子,由于孩子使用触摸觉和视觉来进行判断,可刺激右脑发展。

游戏二:猜一猜这是谁?

玩法:爸爸或妈妈在被窝里发出不同的动物的叫声,比如狼的叫声、狗叫声、狮子的叫声等,让孩子猜猜藏在被窝里的是什么动物。

这个游戏适合2~4岁的孩子玩。这是一则用听觉进行判断的游戏,也可以刺激孩子的右脑。

游戏三:会滚动的箱子

玩法:把家里买回来的电视或其他大件物品的纸皮包装箱留下,让孩子钻进去缩紧身体,然后滚动纸皮箱子,孩子会乐不可支。为了避免伤着孩子,你最好在每次滚动箱子之前大声问他:"准备好了吗?"确定他做好了准备才开始,滚动的幅度也可以根据孩子的适应情况而调整。

这个游戏适合3岁以上的孩子玩,因为这样可以锻炼孩子的身体平衡感,也能发展孩子的右脑功能。

游戏四:扔纸球

玩法:拿一个篮子,菜篮或洗衣篮都可以,然后拿一些报纸,把报纸裹成一团,做成一个一个纸球,妈妈、爸爸和宝宝轮流扔纸球,每人扔 10 个,看谁扔进篮子里的球最多。

这个游戏适合 2 岁以上的孩子玩,手的动觉、动作的控制、空间距离的判断,这些都有利于孩子的右脑开发。

游戏五:跳跳舞

玩法:让孩子跟着音乐的节奏跳舞、拍手或做各种各样自己喜欢的动作。

这个游戏适合 0～6 岁任何年龄的孩子,对于还不会走路的孩子,妈妈可以抱着孩子做跳舞的动作,或跟着节奏舞动他的手脚。大一点的孩子,你可以领着他做,或让他自由发挥。

游戏六:大家一起唱

玩法:把生活中的事件编成歌曲,和孩子边唱边玩。比如,刷牙、洗脸、吃饭,我们可以把这些活动和我们熟悉的旋律如《生日歌》编在一起来唱:我们－快来－刷－牙,我们－快来－刷－牙,我们－快来－刷——牙,天天－都要－刷——牙。

这个游戏能发展儿童的节奏感。

游戏七:苹果树

玩法:从年历上找出有一棵树的图画,让孩子剪一些苹果贴在树上,注意:剪和贴都由孩子自己来做,不要要求孩子剪得像或贴得漂亮,只要他愿意自己动手进行创作,父母就要表现出很欣赏的样子。

游戏八:美丽的手镯

玩法:把用过的信封留下,横剪成一个一个环,然后和孩子一起在环上画自己喜欢的图案和颜色,把它套在手腕上当手镯。妈妈先做一个引起孩子的兴趣,然后放手让他自己来做,以鼓励为主,不要计较孩子做得是否漂亮。

这两个活动都是多种感官配合的活动,既有手的动作,又有颜色的感觉、图案的设计等等,对发展孩子的右脑很有帮助。

三、小游戏培养大智慧

　　游戏蕴涵着幼儿学习与体验的种种契机和可能,一次成功的游戏就是一次成功的教育,其情境的营造、规则的形成、问题的设置、角色间的合作、师幼的互动,等等。是的,游戏既是幼儿快乐的源泉,更是幼儿成长的阶梯。小小的游戏既能孕育幼儿的智慧,更能体现我们父母的智慧!

"贪玩"的孩子智慧多

　　玩,不仅有助于小动物的智力发展,也有助于我们人类尤其是孩子的智力发展,包括许多其他非智力因素。玩耍满足了孩子诸多的欲望,同时也激发了他的求知欲、好奇心和探索精神。

　　孩子与成人不同,他们对自然界的人与事物都充满好奇,都想探索,玩就是一种探索。孩子们在玩的时候需要动手、动脚、动嘴与动脑,需要眼看、耳听、鼻嗅,碰到问题还需要动脑筋想一些解决的办法。集体玩的时候,假如发生纠纷,还需要协商解决,如,几个孩子在沙堆里"造桥挖河建房",一会儿大声争辩,一会儿认真协商,俨然一个建筑工程队,这就发展了孩子解决问题及人际协调能力。这些素质,恰恰是孩子成长过程中不可或缺的。

　　有一次,李老师在给学生上课时,出了一道智力测验题,题目的内容大致是在屋子顶端每隔一定的距离系上两根绳子,并提供少量的工具如钳子、螺丝刀、凳子等,要求学生想办法把两根绳子系起来。这个智力测试题难倒了班上的很多孩子,但却有一个孩子在一分钟之内给出了正确的答案。他的答案就是把绳子的一端系上钳子,然后摆动它,接着再去拿另一端绳子,等系有钳子的那跟绳子摆过来时再抓住它,最后将两根绳子系上即可。老师很惊奇地问他是怎么想出来的,这个学生回答说,自己小时候就玩过这种游戏,只是绳子上系的是石头而不是钳子。

这就是从游戏中玩出来的智力!

生物心理学家马克·罗森茨威格在他的实验室里,选择了一批遗传素质一致的老鼠,把它们任意分成三组。第一组老鼠被关进铁笼子里一起喂养,此为"标准环境";第二组老鼠被单个地隔离,只身处在三面不透明的笼子里,光线昏暗,几乎没有刺激,此为"贫乏环境";第三组十几只老鼠一起被关在一个大而宽敞、光线充足、设备齐全的笼子里,内有秋千、滑梯、木梯、小桥及各种"玩具",此为"丰富环境"。经过几个月的环境"熏陶"后,马克·罗森茨威格发现处于"丰富环境"中的老鼠最"贪玩",处于"贫乏环境"中的老鼠最"老实"。之后,他将老鼠的大脑摘出解剖进行分析,结果发现三组老鼠在大脑皮层厚度、脑皮层蛋白质含量、脑皮层与大脑的比重、脑细胞的大小、神经纤维、神经胶质细胞的数量等方面都存在着明显的差异,"丰富环境"组的老鼠优势最为显著。

通过该项实验,科学家们得出一个结论:环境越丰富,玩耍得越充分,大脑的发育就越好。与同伴们一起玩耍,可以完善孩子的个性、锻炼他们的交往能力。善于玩游戏的孩子一般都有很多优点,如,聪明、伶俐、乐观、愉快、朝气蓬勃、有幽默感、乐于与人交往、富于幻想等等。

淘气、调皮的孩子总是很贪玩,他们不停地摆弄着各种各样的玩具、物品,从很多近似的物品中形成自己的判断与概括。他们喜欢玩"逮猫猫"捉迷藏的游戏,认真观察排除假象,寻找目标,养成细致的思

孩子无小事

维习惯。他们会将一根竹竿当飞机、骏马、火箭、机关枪，把眼前子虚乌有的东西想象得活灵活现。他们玩耍时激动、舒畅、愉快的情绪，会激发和调动大脑神经的高度活动能力。因此，贪玩的孩子一般会表现出较多的智慧。

首先，父母应充分利用孩子的玩性。让孩子走出教室、走出围墙，接触活生生的环境，培养他的动手能力，给他以最直接、可操作的环境，满足他自己动手的欲望，不断积累生活经验，从而加深他对环境中各种事物的理解和掌握，让他在社会实践和周围环境中，去体验和感受这个世界的真善美，使各方面素质得到全面的发展。

其次，指导孩子玩出智慧和品格。玩是孩子智慧的开始和情感发育的地方，也是孩子发现自我的桥梁。孩子在玩的过程中，会发现许多有趣的科学现象、自然规律，并从中得到愉悦和体验成长的快乐。

会玩的孩子更聪明

父母平时在生活中多动脑筋，就会发现适合孩子的游戏层出不穷。只要我们坚持不懈地与孩子一起步入"游戏旅程"，相信在游戏中长大的孩子，将会是一个充满爱心和创造力的人。

每个孩子都喜欢玩，这也是大部分孩子在幼年时为什么显得比较聪明的原因，尽管孩子的这种聪明看起来还显得比较幼稚。为什么喜欢玩的孩子比较聪明呢？因为游戏与玩具为孩子打开了知识的大门，他们可以通过玩来探索世界，这也是他们身上天然存在的学习驱动力。所以，父母要学会鼓励孩子聪明、巧妙、愉快地玩耍，及时发展孩子的"玩商"。这样，不仅能帮助孩子更好地学习知识，还能使他们与别的孩子和谐相处，愉快成长。

在60年代的美国，曾花了一大笔钱投资贫困孩子，作为学前教育方案,即所谓的"提前开始、先前教育",实行了补偿教育。参加教育的大多数是一些家境不太好、父母文化水平不高的孩子,他们让这些孩子在幼儿时期做大量的补偿教育,很小就开始学习识字、计算等。然而,通过一系列的追踪研究发现,这种做法不但未能使这些孩子成才,而且还使一些孩子出现头晕、疲劳等症状……

从该事例中,我们能看出什么问题呢?这就是在每个年龄段孩子都有着自己喜好的特殊活动,假如在该阶段,硬让他做一些他不愿意做的事情,自然便会给他造成负担与压力。其实,只有在玩游戏的过程中,孩子才能最愉快也最聪明,这种愉悦与聪明如果转移得当,会伴随孩子走上令人羡慕的"天才"之路。

当然,父母在孩子玩中的角色也相当重要,除了与孩子一起玩,还要通过观察孩子在玩中的各种表现,及时了解他的内心想法与感受,了解他怎样表达自己的兴奋与沮丧,观察他的忍耐力、好奇心与创造力。

首先,尽量尊重孩子选择的游戏方式,和他研究、探索玩具时,即使他的方法不对,父母也不要去干涉,更不要害怕玩具被孩子弄坏,因为弄坏一个玩具和孩子的收获相比,真的是微不足道的。当然,如果孩子有要求,父母应适时地帮助他。

其次,不要给孩子制订太多的规矩,一些死板的规定,只会阻碍孩子的好奇心和创造力。

如果父母打算让孩子结束游戏,转做别的事情时,最好设法早些提醒孩子,让他有充足的思想准备,到时高高兴兴地结束游戏。这是一个技巧问题,因为父母这样做,可以让孩子感到父母在尊重他的游戏,这会使他乐于和父母合作。

第三,每次游戏结束时,可要求孩子与自己一起收拾玩具,所有的玩具归他自己保管。

父母最好每天都能花一点时间,与孩子一起玩。

第四,为了让游戏尽可能地丰富,父母不妨为孩子准备尽可能多的玩具,同时,与孩子一起动手设计一些精美的玩具。

玩泥巴游戏

法国文学家、教育学家卢梭在《爱弥儿》一书里就用很大的篇幅讲了让孩子玩泥的好处。从人类进化讲起，又到人的生活需要落地，讲了人的学习进步的需要，讲孩子将来生活的需要，让人看了不得不信服。

感受各种物体的性质，特别是柔软、粘稠的物体，对孩子的手神经末稍很有好处。会很好地加强孩子的感知能力及大脑的反应能力，提高孩子手与大脑的灵活性。西方很多父母为了让孩子有对粘稠物体的感知，会把香蕉给孩子去抓。

中国的父母不会让孩子抓得脏兮兮的，也不愿意让孩子把自己弄得浑身上下都是泥。

做父母的，重要的是让孩子在探索世界中得到自由与快乐，少一些约束，少一些恐惧。父母是为了干净，并不是为了卫生，总是说"这个脏，那个有灰！""这也不行，那也不行！"会让孩子心理受到限制，不敢动手，不敢尝试，不敢动脑。

看看欧洲人滚泥巴比赛，父母和孩子玩得多开心，放松了心情，活跃了气氛，亲密了关系。泥巴里有的是健康快乐，有的是身体与心理上的卫生和干净，别忘了带孩子去玩几次泥巴，一定会有好处。

首先，看一看、摸一摸。事先用泥巴制作很多的泥塑作品，晾干后涂上漆，引导孩子欣赏分析这些泥塑作品的特征与制作方法。让孩子通过看一看来认识这些不同的泥塑作品的名称和形状，通过摸一摸来感知泥塑作品的质地、软硬，了解这些泥塑作品的性能，通过猜一猜让孩子知道这些作品都是由随处可见的泥涂上漆制作而成的，从而引起孩子玩泥的兴趣。

其次，做一做、玩一玩。孩子们对泥巴产生了高度的兴趣，同时也激发了孩子创作的欲望，父母可指导孩子做一做。孩子用泥巴做成了自己喜欢的物体。如用泥球串成糖葫芦、葡萄、太阳花、心形项链，用泥条做成桌子、凳子，用泥球和泥条组成螃蟹、小鸟、蝴蝶、花朵、娃娃，家里的孩子用泥巴制作糕点、糖果、面条、水饺、小锅、小碗，捏个磨来磨"粮食"，捏群鸡、鸭、鹅来做客……生活中的物品，孩子用泥很好地把他们表现了出来。

孩子通过操作学会了捏、团、压、搓等基本技能。此外，组织孩子用做好的泥塑作品来玩过家家的游戏，还可以把"黄鼠狼赶鸡"、"谁来补我的锅"等一些民间传统玩泥游戏加入到孩子的日常生活中。这些既适应了孩子好玩的天性，又发展了孩子的动手操作能力，通过孩子的亲身体验与实践，让孩子在玩中做、做中玩，通过父母的引导，鼓励孩子大胆创新，自由发挥自己的想象力，拓展思路，使创作的内容既新颖又丰富多彩。

第三，想一想、创一创。在父母和孩子们的探索下，把传统的泥巴玩法进行创新。如用泥通过团、搓、压等技能把底面压平，上面团成手柄，在底面用小棒刻上各种图案，晾干后形状各异的印章做成了。孩子利用这些印章通过蘸相应的颜色进行印添画，为大树印树叶、印各色小花、印蝴蝶等。在操作的过程中，促进了孩子眼、脑、手等多种感官的协调发展，培养了孩子的记忆力与再造想象的能力。元宵节用泥制作元宵，植树节用泥制作大树，清明节用泥制作鸡蛋，中秋节用泥制作各种形状的月饼，端午节用泥制作粽子、包饺子……孩子在玩的过程中发挥了想象力、创造力，表达出自己的情感。

第四，评一评、说一说。通过组织孩子自评自己的作品，相互评评同伴的作品来提高孩子的鉴赏能力和口头表达能力，把问和评的权利都交给孩子，真正体现孩子的自主意识，让孩子体验到成功的喜悦。孩子们把自己动手制作的泥制品，放在窗台、廊沿上，每天都可以看见，会使孩子感到劳动的愉快，精神振奋。让孩子把自己的作品拿给同伴看，拿给父母看，跟他们说一说自己的制作方法与心得，这样不仅能体验到成功的喜悦，而且可以得到父母的指点，从而来提高孩子的艺术表达与欣赏能力。

在"滚珠"游戏中培养幼儿自我决策的能力

民间游戏材料简单，玩法简洁有趣，彰显幼儿的自主性、愉悦性及实践性，以幼儿群体为单位做游戏是它最大的特点。幼儿在游戏中有很多与同伴交往、合作、争论、协调的过程，正是这种游戏交往的过程，发展了幼儿的自我决策与解决问题的能力。

"滚珠"游戏的基本玩法是：将珠子从起点向洞中滚，滚进洞中的为"王珠"，"王珠"能去击打别的珠子，击中表示吃掉，以"吃"的珠子多者为赢。

在一次游戏中，小亮的珠子先进了洞，接着小淘的也进了，他们的珠子开始追击"吃"其他的珠子。这时，恰巧小淘的珠子滚到了小亮的珠子旁边，小亮瞄准它一击，就把他的珠子给"吃"了。小淘立刻抗议："我的珠子也进洞了，是'王'，你不能吃我。"小亮说："只要是珠子都能吃。"一个说能吃，一个说不能，争持不下，两人怒气冲冲地来找老师评理。

一般情况下，老师都习惯于当"法官"，有绝对的权威。因此，一旦幼儿间发生了争执，也总是习惯求助于老师来裁决对错，而老师往往又习惯于对幼儿的行为作对或错的极端判断。其实，并非所有的问题都是绝对的非此即彼，游戏的规则就是如此，只要协商一致、达成共识即可。老师过多地体现自己的"权威性"，易造成幼儿事事依赖教师的心态，而没有了自己的思考和独立解决问题的意识。因此，老师并没有对他们的说法进行简单的肯定或否定，也没有帮他们想办法，而是建议们自己商定最合理的规则。

每个幼儿都是在各自原有的能力水平上进行建构,在建构中发生冲突,正是这种能力冲突引发了争议,激发他们去尝试协商解决,一个促进幼儿形成自我决策能力,自我解决问题的契机也就生成了。

首先,能力冲突,引发决策契机。自我决策能力水平不同的幼儿对同一事件所作出的反应也是不同的,幼儿的思维过程是内隐的。幼儿不仅在学习决策中使游戏的开展更融洽,而且重构了已有的经验,重构了对自我的认识。

其次,父母等待,促进决策思考。要促进每个幼儿富有个性的发展,父母绝不能什么问题都及时代劳,而应特别关注幼儿自己的想法,有时还需要耐心等待,静观其变,留给幼儿自由碰撞、争议、协商解决问题的时间和空间,通过幼儿所面对的现实问题将活动推向深入,让幼儿自主解决问题,并从中获得发展。

第三,同伴互动,激发决策碰撞。幼儿是在不断地与环境、同伴和成人的互动中建构或修正自己的认识的。幼儿之间始终在积极地互动,这种互动使幼儿共享某些特定的想法和生活经验,更易平等地倾听别人的不同意见,并大胆地发表自己的看法和建议。正是这些不同的意见和看法激发出来的矛盾,有效引发幼儿思考,最终作出合理的决定,这正是幼儿自我决策的关键。

第四,适时介入,提供决策平台。只有幼儿间的水平互动是不够的,游戏中实际上父母也在以一个合作者的身份与他们互动。当幼儿争执不下、新规则没有得到大家的认可或幼儿间互不妥协时,父母应在不干扰幼儿自主决定的前提下,选择适当的时间以合作者的身份介入幼儿的活动,适时提出的"问题"能促使幼儿思考和寻找解决方法,由此产生许多不同的、完全不受成人影响的想法。

孩子探索欲的"藏猫猫"游戏

"藏猫猫"是孩子经常玩的游戏,孩子喜欢"藏猫猫",因为游戏过程始终有未知的谜在牵引着他们,在自己视线没有触及的空间,都有可能藏着谜底。"藏猫猫"可以满足孩子的探索欲,驱使他们去一个个未知的空间探寻躲藏的人。

父母或许会认为,能走能跑的孩子才能开始玩"藏猫猫",其实,孩子还不能走的时候,也可以与孩子玩"藏猫猫"游戏,只是方法不同而已。孩子刚出生开始,到四五个月大的时候,都可以与他玩不同形式的"藏猫猫"了。

小花非常喜欢"藏猫猫"游戏。由此,他的爸爸妈妈都喜欢把不同的东西藏起来,好让孩子轮流把他们找出来。有一天下午,外面下雨,小花的妈妈想了一个好主意,改变了一下游戏方法,于是就把厨房用的定时闹钟藏起来。让孩子听着闹钟的"滴答"声来找,闹钟让游戏变得更有意思了。

让孩子认识到,他看不见的东西不等于不存在。一旦有了这种认识,孩子会惊奇地发现:世界并不仅仅是他看见的空间。因此,父母要促进孩子对空间的理解,可以玩玩"藏猫猫"游戏。

方法:准备一块干净的手帕,就可以开始游戏了。

妈妈用手帕把脸遮住,问宝宝:"妈妈呢? 妈妈在哪里?"然后把手帕从脸上拿下来,对宝宝说:"妈妈在这儿呢。"

同样用手帕遮住宝宝的脸,叫宝宝的名字:"宝宝呢? 宝宝在哪里?"接着拿开手帕看着宝宝,对宝宝说:"宝宝在这儿呢。"

不光是让宝宝看见妈妈的脸的存在与消失,也可以让爸爸参与进来,让爸爸把身体的一部分藏在椅子后或门后,妈妈带着宝宝找爸爸。

这个游戏很适合孩子,妈妈用语言引导,宝宝会随着妈妈的引导出现好奇心和探询欲,然后妈妈帮着孩子满足他的探知欲,孩子会十分开心。

与孩子一起玩"藏猫猫"游戏,既可以锻炼孩子的认识能力,也可以锻炼孩子的运动能力,同时也促进了亲子之间的感情,这种全家人都可以参与的游戏,让爸爸妈妈与孩子都可以充分享受亲子游戏的乐趣。

首先,妈妈先作示范。预先找一个比较隐蔽的地方躲藏起来,如躲到门背后,不让孩子看见,然后学猫学狗叫,叫孩子去寻找。

其次,和孩子互换角色,妈妈闭上眼睛,让孩子自己选择角落藏起来,孩子第一次也会选择妈妈藏过的地方去躲藏。这时妈妈可故意装作找不着,让孩子控制自己不出来,直到妈妈找到为止。

第三,妈妈要不断变换躲藏的地方。当孩子在原地找不到妈妈时,孩子就会想办法到妈妈不知道的地方去躲藏,但孩子不懂得危险,有时会藏在一些危险地方,如大衣柜内等。因此,做游戏前要同孩子讲明哪些地方危险不能躲藏。

有创造力的搭积木游戏

搭积木的游戏是结构游戏的一种,是孩子很感兴趣的游戏,由于孩子的年龄不同,玩法也不相同。搭积木是一种积极主动的思维过程,可以促进儿童视觉、触觉、想象力和创造力的发展。搭出各种形状的物体,需要手的灵活和反应的敏捷。

在搭积木的过程中,儿童手的小肌肉得到锻炼,手指的灵敏和准确性得到了提高,发展了眼、手、脑等器官协调并用的功能。同时,儿童的审美观念和克服困难、积极进取的健康心理得到进一步强化。

2~3岁的孩子在玩积木时，常常是将积木一块叠一块，越叠越高，当积木由于搭得太高倒下时，孩子会高兴地拍手哈哈大笑。父母可以让他继续按自己的想象去搭积木，但又要启发孩子的想象力，逐步搭出更多的建筑物，比如，父母可拿一小动物玩具，放在孩子面前说："咱们给小白兔搭个家吧，它没有家，在外面多冷呀！"边说边和孩子一同拿积木在小白兔周围给它围一个方型的墙，还要搭一个小门，就这样，把小白兔的家搭好了，用同样的方法，启发孩子搭出他愿意搭的东西。

3~4岁的孩子想象力和创造力有了较大发展，可让他们按图纸搭出简单的造形，例如，搭"小房子"。父母要充分发挥孩子的想象力，给他们准备一些小塑料树、塑料盆花等，启发孩子大胆想象，搭出多种多样的建筑物。

当父母带孩子到公园玩时，要有意识地给孩子讲解在公园内看到的特征比较明显的建筑物，加深孩子的印象，走在街上，让孩子仔细观察街上的一些建筑物和马路上都有什么，比如：树、警察岗楼、红绿灯、人行横道线等，这些感性知识，孩子容易在游戏中反映出来，使知识印象进一步巩固加深。

首先，在玩积木时，父母要多启发、多引导孩子搭，不要代替他们搭，无论孩子搭出一个什么形象，父母都要表示高兴，鼓励他搭出更好地形象。

其次，在孩子玩积木时，要培养他有始有终的好习惯，不要因为不好搭就没有信心，还要培养玩完后，一定要把积木收好，放回原处的好习惯。

四、小爱好左右大发展

兴趣是最好的老师，兴趣是最强的动力，兴趣加方法加勤奋等于成功。让兴趣成为梦想的翅膀，让兴趣成就终生的事业。兴趣能够让人更多地接触该领域的内容，让人积极主动地寻找答案，让人在不知不觉中复习或重温。兴趣还能够激活思考，兴趣就是学习的方向，梦想的来源。

别怕孩子搞"破坏"

一些父母抱怨自己的孩子太淘气，是"破坏狂"。其实这类孩子往往很聪明，求知欲、好奇心都比较强，意志力也比一般孩子来得坚定。因此，聪明的父母要试着"纵容"孩子的淘气和"破坏"行为，并借机挖掘潜能，培养兴趣。

给孩子新买的电动车，被孩子拆得七零八落；爸爸旅游时带回来的工艺品小木船，也被孩子给分解成一块块碎木片……这几乎是每位父母都会遇到的情况，那么父母们在这种情况下通常会有什么反应呢？大声呵斥？耐心劝导？我们给父母的建议是您何妨纵容孩子一次，满足孩子的好奇心，让孩子在"搞破坏"中提高创造力，不也是一件好事吗？

希尔是个刻板严谨的人，做事情总是规规矩矩。但这么一个讲究纪律的人,却有一个最调皮捣蛋的儿子布鲁克林。

布鲁克林是个9岁的孩子,成天都在不停地动,不知疲倦地摔碎器皿,弄坏东西,惹是生非。他与他的父亲在个性上是两个极端,因此两父子之间的战争一天之中不知要发生多少次。

有一次,布鲁克林竟然把一块金表给拆开了,要知道这块表是布鲁克林故去的爷爷留下来的遗物,希尔一直十分珍惜,总是带在怀里,从不离身。不久前,表出了一点问题,必须拿去修理,哪知还没来得及修,就被他这个调皮的儿子给翻了出来。现在这表被大卸八块,零件散落了一地。希尔立即暴跳如雷,一耳光将儿子扇得坐在地上,而且还准备再冲上去打他一顿。

然而妻子却拦住了他:"请不要打了,你这样打孩子太过分了。"

希尔火冒三丈地说:"不,这是他应得的! 你看他把我的表弄成什么样子。"

"布鲁克林是弄坏了表,但是你认为一块表比自己的儿子更重要吗?"

这时,布鲁克林抽抽咽咽地辩解说:"我没弄坏表……我只想帮你把它修理好……"

妻子在一旁气愤地说道:"不管布鲁克林是修表还是拆表,你都不应该打他,恐怕又一个'爱迪生'就这样被你给'枪毙'了。"

希尔愣了一下,问道:"我不懂你这话是什么意思?"

"孩子拆开金表,他也只是想知道金表里到底有什么,这是一种好奇心,这是有求知欲和想象力的表现,也是一种创造。如果你是一个明智的父亲,就不应该打孩子,而应该理解孩子,要给孩子提供从小就能够动手的机会。"

妻子的话给希尔很大触动,当天晚上他带着金表零件来到儿子的房间,在真诚地向儿子道了歉之后,主动提出和儿子一起修理金表。小布鲁克林原谅了父亲,并答应和父亲一起修理。在这个过程中,希尔才发现儿子原来如此的聪明,手指也非常灵巧,他记得零件应该放在什么位置，甚至还能说出一些零件在手表中所起到的作用。

研究人员发现，手指活动灵巧的孩子，大脑的思维活动往往非常活跃。在手工活动中，孩子进行的拆装、粘接、装配等一系列动作，都要通过听、视、触等感觉系统传入大脑的运动区，再由大脑的运动区发出指令，不断地调整手的动作，这样反复循环刺激，能使脑细胞的功能得到加强，思维水平得以提高。因此，孩子在他们感兴趣的手工活动中，能够得到智能的发展。

首先，父母不要以种种理由抑止孩子这一好奇心驱使下的美好天性。

其次，运用"纵容计"就不要怕麻烦。不要认为孩子搞手工劳动要摊放材料、工具，弄得家里凌乱不堪；也不要怕孩子弄脏衣服、弄脏了手。父母不妨为孩子提供专门的衣服、擦手的抹布。至于孩子使用剪刀、针等危险工具，父母开始可以指导孩子使用，以后再逐步让孩子独立使用。这样既可以避免孩子初次使用时受到伤害，也能达到训练孩子心、眼、手的协调性和灵活性的目的。

第三，在一些"破坏活动"中，只要注意培养孩子的一些好习惯，许多问题都可解决好。父母千万不要因小失大，使孩子失去锻炼自己的机会。

第四，不仅要纵容孩子搞"破坏"，还要鼓励孩子把破坏掉的东西复原，这样才能使孩子动手的信心得到加强，有利于孩子创造能力的发展。

兴趣就是天才的开始

兴趣是最好的老师，幼年阶段对周围事物产生好奇心、发生浓厚的兴趣，可能是终生成就的源泉。

天才通常都是对某种事物怀有强烈的兴趣与满腔的热情的人。而凡是仔细观察过孩子的人都会发觉，幼儿只要不是傻子或白痴，他们都很容易对事物产生兴趣与热情。换言之，幼儿天然就具有对某些方面或某一方面的强烈热情，他们一旦对某一方面或某些事情入了迷，就会以惊人的勤奋和毅力去从事。当他们步入这一轨道，就会遵循雷马克所说的"使用就会发达"的规律，使其能力得到惊人的发展。

为了提高孩子的学习积极性，充分发挥孩子的潜能和才智，使孩子在学习上有好成绩，就必须提高孩子对学习的兴趣。然而，有许多年轻的父母不知道如何来提高孩子对学习的兴趣。

首先，尝到甜头。要提高孩子的兴趣，先要使孩子尝到成功的滋味，孩子一旦灰心失望就永远不会有进步。同时，父母还要注意避免急躁情绪，不能操之过急，不能强迫孩子。如果逼得太紧的话，孩子就会变得焦躁、不耐烦，潜意识中会产生反抗情绪，因而变得善忘，会一下子把刚学的东西全部忘掉。

其次，要多鼓励。对于孩子的好表现和好成绩，父母不要吝啬使用赞美之词。因为称赞对孩子会起很大的鼓励作用。对于孩子的错误，不要过多批评，因为过多批评，会令他情绪低落，而犯更多的错误。以表扬为主的教育方式，对提高孩子的学习兴趣也有一定的作用。

第三，防止反抗。防止孩子产生反抗心理，尤其是防止产生逆反心理，是父母教导孩子学习必须严加注意的问题。如果孩子产生了反抗心理，连进取心都没有了，哪里还谈得上有学习兴趣。一般来说，将孩子与别人相比较，往往会使孩子产生反抗心理，容易促使孩子自暴自弃丧失进取的动力。

第四，控制时间。有些年轻父母不了解孩子注意力集中的时间长短，不根据孩子对事情能高度集中的时间来安排孩子做功课的时间，有的强迫孩子长时间坐在书桌前做功课，中间不让休息、活动。结果不仅对孩子的健康不利，而且，还使孩子对功课产生厌烦情绪，更谈不上提高孩子的学习兴趣了。

在阅读中求知

书是孩子获取知识、增强智慧的源泉,培养孩子良好的阅读习惯可以让孩子受益终生。

知识的积累来源于读书学习,而读书学习则需要很强的主观能动性。从素质教育要求来讲,要改变传统"贮藏式"的求知习惯,转变为发展能力与掌握方法,养成"会学习"的本领并形成习惯,十分的重要。

曾有一个有阅读障碍的孩子,其他各个方面都可以,唯独不爱阅读。父母也认为他只是贪玩,学习不专心,懒惰。但事实上,他是因阅读能力低下而导致的厌学。阅读能力差的孩子常常在学习上会遇到很多的困难。比如,有的孩子,计算能力很强,但在解应用题的时候就一筹莫展了。他们遇到用文字叙述的应用题时,阅读时由于不连贯,就很难理解题意。当父母再让他们读一遍题之后,他们往往能立即列式子解题。这样的孩子不是智力低下,而是阅读障碍所造成的。

因此,对孩子而言,养成阅读习惯的好处是显而易见的。看一则故事,读一张知识小报,看一本科普画报,读一本名人传记……,静心捧读,十分轻松、惬意,没有压力,也不必定任务,可以随心所欲,反正书报捏在手上,主动权完全在自己手里。遇上精彩的句子或段落,可以回过头来多欣赏咀嚼几遍;有心的孩子,还可摘抄、剪辑,加以累积;当需要的时候,便能信手拈来一用。如此自由灵活,何乐而不为呢?

帮助孩子从小养成主动读书学习的习惯,将影响他以后的学习和事业。家庭教育学习要十分重视对孩子的主动读书学习的习惯的养成。

让孩子爱读书、会读书并形成习惯,父母应做到以下几点:

首先,父母要以身作则。以身作则是说父母首先要有阅读习惯,这是一种潜移默化的影响,因为孩子会不断地询问:"书里到底有什么有趣的故事?"如果父母不读书,却想让孩子读,他就会说:"你们都不看书,凭什么让我看?"

其次,激发孩子的阅读兴趣。在家中摆满各种有趣的书籍,让孩子可以顺手拿来翻看与欣赏,并随时给予鼓励。要使阅读成为孩子生活中不可缺少的内容,使阅读成为一种享受而不是负担,这需要身教。如若父母视阅读为生活乐趣的一部分,孩子自然会乐于读书。父母对待书报总是兴趣盎然,经常津津有味地读书看报,孩子便会觉得读书一定很有趣,对书籍就会充满好奇。

第三,帮助孩子选择好书。教育学家认为,孩子需要那些与他们的年龄、兴趣及能力相宜的图书,他们也喜欢图书题材的丰富色彩。所以建议父母可以让孩子多接触不同方面的读物,如报纸、杂志乃至街头标语广告、商品包装等等。通过这些文字读物会让孩子懂得:语言文字在生活中的各个方面都是非常重要的。

第四,要把读书作为一项消遣活动。在轻松的气氛下,安排一小段时间,与孩子一起读几分钟书。可在外出时,带上一两本书,在公园里,在河边,在鸟语花香的环境里,在清新的空气下,与孩子一起读上几段书。这样,自然而然地把孩子引入图书世界,使读书成为孩子的消遣活动。

善待孩子的兴趣

保护孩子的兴趣是为了更好地合理开发、利用它,任何形式的不尊重、限制或否定态度都不利于保护孩子的兴趣,同样,对孩子的兴趣进行任何形式的过度挖掘都是竭泽而渔,都是极不负责任的行为。

古往今来,做父母的无不希望自己的子女"成龙"、"成凤",这本无可厚非,问题的关键是究竟怎样才能让孩子走上成材之路? 婴儿从娘肚子里来到这个世界上,就像一张白纸,父母的教育和引导就像是在这张白纸上作画,那么怎样才能作出最新最美的画呢? 这就有一个如何善待孩子的兴趣问题。

发明大王爱迪生,上学的时候,他对老师讲的问题都喜欢寻根究底,有时甚至唱"对台戏",他的"无理"被老师斥责为"捣乱"。为此,他的父亲十分生气,可是他的母亲却非常珍惜孩子的好奇心理,鼓励孩子多问,并到学校求老师不要常常斥责她的孩子,想不到老师对此大发脾气。出于无奈,母亲只好让孩子退学,自己教他,还指导他做多种不同的试验,从中发现与培养爱迪生的创造才能。后来,这个只上了几个月小学的孩子,正式登记的发明就有 1 300 多种,成为发明大师。

孩子的兴趣往往表现出一定的不稳定性。在日常生活中,我们已经注意到了孩子的兴趣会随着时间的推移而有所改变,不久前还很感兴趣的东西,现在已"靠边站",让位给其他更感兴趣的事物了。

孩子的兴趣有一定的可塑性。经常听父母抱怨说,我们的孩子对什么都感兴趣,就是对学习不感兴趣。其实不然,只要用合适的方法引导,孩子的兴趣在一定程度上是可以塑造和改变的。

孩子的兴趣还具有广泛性。从一定意义上说,孩子的兴趣就好像孩子的胃一样,生来就已经准备好接受任何"食物",只是由于经过外界环境长期潜移默化的熏陶,而对不同的事物表现出的兴趣程度不同而已。

既然兴趣因人而异,那么,父母就应该接受这样的事实:孩子的兴趣与我们的兴趣完全是两回事,两者之间是完全独立的。即使孩子的兴趣显得简单、幼稚,我们也不能因此而无视它的存在。

首先,主动积极地接受孩子的兴趣,尊重孩子自己的兴趣,而不是把我们的兴趣强加在孩子身上。

其次,积极地创造一定的条件和空间,鼓励孩子发展自己的兴趣。实际上,尊重孩子的兴趣就是让孩子拥有快乐,就是我们给孩子的最

孩子无小事

好礼物。发展孩子的兴趣就是给孩子提供了成长的沃土。

第三，不要让孩子在许多种兴趣之间穿梭，那样会使孩子应接不暇，疲于应付。不要指望孩子的兴趣会在一夜之间就奇迹般地开花，也别认为"狂轰滥炸"有利于培养孩子的兴趣，相反，那将破坏孩子的兴趣。

让孩子发展自己的兴趣

兴趣是孩子最好的老师，在孩子的成长过程中，兴趣具有十分重要的作用。父母作为孩子的第一任老师，在家教实践中，挖掘并培养孩子的兴趣是很重要的任务。

父母千万不能小看孩子的兴趣与爱好的作用。它们像火种，能燃起孩子对未来希望的火焰，并激励着他们不断地探索与实践。据很多成才经验的调查表明，在事业上的成功大多是在幼年时的兴趣基点上发展起来的。父母不能眼睛只盯着孩子的学习成绩，从而忽视了孩子的兴趣和要求。

对孩子而言，最重要的不是天赋而是教育。"认可导致成功，抱怨导致失败"。可是，在应试教育的重压下，许多父母对孩子充满了抱怨、焦虑，孩子也由此少了那份对学习的洒脱与自信。"每个孩子都是天才，每对父母都是天才的教育家"。在家庭生活中，父母假如能以认可的心态来教育孩子，一定会收到意想不到的效果。

一个孩子的兴趣爱好直接影响到他日后的发展方向，但很少有小孩从小就对什么产生兴趣，或天生就喜欢什么的，因此，这就需要父母有意识地加以引导与培养。这种培养在大人是有意识的，但假如直接要求孩子去对什么产生兴趣，就有可能变成强迫了。怎样才能培养孩子的兴趣，并让孩子真正自己产生兴趣呢？

首先,要在孩子广泛发展兴趣的基础上,按照孩子的特长及爱好,发展他们的中心兴趣。父母可以仔细观察孩子的各种"劳动成果",就不难发现孩子的中心兴趣与爱好。保护这种兴趣爱好,对孩子的劳动成果给予充分肯定,让孩子体验到创造成功的快乐,然后加以培养与引导,一定会收到良好的效果的。

其次,要为孩子的兴趣发展创设良好的条件。比如,有的孩子爱好小制作,父母就该为他寻找或购买一些必备的工具及材料;有的孩子爱好音乐,有条件的父母就可以给他买些乐器。对孩子参加学校或校外组织的各种活动,夏令营活动、参观活动等,父母也要大力支持,让他们更深刻地体验自身的兴趣和爱好,逐步使他们独具的特殊才能得到体现及发展。

兴趣是最好的导师

兴趣是最好的导师,幼年阶段对周围事物产生好奇、发生浓厚的兴趣,或许会成为终生成就的源泉。

兴趣是儿童对某种事物探索的欲望,只要具备了好奇心,有了探索欲望,孩子就会从内心深处去研究喜欢的事物,才会不知疲惫、乐此不疲。

8岁的富尔顿经常与同伴划竹篙小船到河里去钓鱼。当时还没有汽船,当河水流得很急,船在逆水行进时,仅靠一根竹篙撑动的小船行动起来又缓慢又费劲,一次一次的劳累使爱动脑子的富尔顿开始思索:能不能制造一样东西来帮人划船?这样既省了力气,又可以节省时间。

这个想法一直盘旋在富尔顿的脑海里,他煞费苦心地捕捉创造的灵感,决心把这个既像是玩具又像是机器的东西设计出来。但光凭想象是没有用的，富尔顿一头钻进舅舅家的工棚中，利用那里齐全的工具与材料，开始将自己的想法付诸于实践。一鼓作气地忙了 7 天，富尔顿带回家一件新奇的玩意。

所有的人都很好奇，他们不明白这个东西是做什么用的。富尔顿笑笑，把伙伴们带到那条湍急的小河，他把那件东西装在小船上，先用手摇动几下，接着就听到"突突突"的声音响起来了，人们在船上也感觉到船的抖动，船尾有一股被搅动的浪花翻滚着。船开始自己行驶起来，不需要用人划船了，而且船走得比往日快很多！伙伴们围着富尔顿欢呼起来。

那是一件使大家惊奇得喊不出名字的东西，就是现在汽船上的轮子！之后，富尔顿不断地设计创新，不断地摸索改进。终于成为有史以来第一个创造轮船的人。富尔顿幼年时的兴趣，启发引导他创立了自己终生从事的奋斗目标，并艰苦卓绝地为之奋斗。

生活需要好奇心，需要兴趣所激发的创造火花。假如你的孩子在全市音乐比赛中一举夺冠，或在校园编程大赛中荣获第一名，那么，他绝对有实力成为歌唱家或电脑奇才；假如你的孩子喜欢玩电脑，他可以追求成为下一个比尔·盖茨；假如你的孩子爱好游泳，他可以立志成为游泳运动员；假如你的孩子很看重金钱，他可以学习企业管理，成为一个犹太商人一样精明的企业家。在制订人生大目标时，让孩子知道自己的兴趣所在，扬长避短，肯定能顺利走向成功。

首先，鼓励孩子们去探索有时候更甚于直接告诉孩子答案。即使你知道孩子所提问题的答案，也要抑制回答的欲望——须知，那样做只会丧失讨论机会。强化刻板的教育将会带给孩子错误的概念：科学不过是储存在成人头脑中的一大堆事实；科学意味着各种繁琐深奥的解释。世界上充满了正确答案和错误答案。但科学是需要探索的，它并不仅仅是列举事实，而且还解释背后的意义。

其次，进行探索而不是直接给出答案，最重要的一点就是父母要留给孩子们时间思考，耐心地等候他们经过思考后的回答。成年人一个大毛病就是盼望孩子一问即答。研究显示：成年人等候的耐心通常不超过一秒钟——这样短的时间孩子根本来不及思考。

第三，不要催促孩子"想"——这样说毫无意义，因为孩子本来就在想，即使你不告诉他们。更糟的是：这可能把交谈变成一种"表现"：他会揣测你希望的答案，并用尽量少的话说出来，以免猜错时受的责备太重。而且，做出的反应如果以问号结尾，如"是这样吗？"并不意味着他想继续讨论这个题目，而只是想以此证实答案的正确性。

五、小毛病影响大健康

身心健康是每个人成人、成功、成才的基础，它好比生命之船。父母怎样为孩子打造一艘坚固的人生之船，让其驾驭着去远航呢？其实，很多小毛病都是一些疾病的早期表现，如果父母及时认识到这些小毛病的危害性，早期发现这些疾病，也就能避免影响孩子的身心健康。

注重孩子的饮食营养

挑食、偏食是当前孩子常见的现象。孩子正处于生长发育的旺盛时期，而人体所需要的各种营养素又来源于各类食物。因此，如果孩子长期挑食、偏食就会造成营养的不平衡，而一旦营养素缺乏或营养过剩都会出现相应的疾病。

· 497 ·

孩子在两三岁的时候,就对食物的味道、温度、色彩、形状等有了喜欢或不喜欢的自我主张,对于食物本身的喜好也在不断改变着,这正是他们自主意识的开始,但很多父母对于自己孩子的饮食习惯及内容改变常会有不知所措的感觉,甚至有时自己的饮食模式及行为已经影响到了孩子却还不知道。

为避免孩子的偏食,爸爸妈妈需注意自身的一些行为,以免影响孩子的正常发育和成长。

父母是孩子的一面镜子。孩子两岁的时候就已开始学习周遭人物的行为举止;一些饮食习惯和用餐礼仪的形成,可能就是在不自觉中学习到的。

基本上,饮食是一种学习经验。父母、祖父母、保姆的饮食习性,都会影响孩子一生的饮食习惯。因此,父母应以身作则,让孩子了解吃东西和用餐礼仪的重要性。也许某段时间内,孩子的表现无法符合大人的要求,但只要持续性地示范,孩子最后还是会接受这些良好的行为模式。

父母尽量不要在幼儿面前批评食物,即使自己不喜欢,也应该供应给孩子食用,不要让孩子对某些食物留下不好的印象,以免造成日后偏食的问题。

对于菜的烹调方式不要一成不变,应尽量混合多种食物,口味以清淡为主。

对于一些容易被幼儿排斥的食物,父母可利用适当的方式来吸引孩子食用。譬如,设计成色香味俱全及造型独特的餐点,混合于孩子喜欢的食物中,或用孩子可接受的理由来引导。

应该为孩子准备营养均衡的食物,避免含高糖、高脂肪、无营养的垃圾食品与零食(如糖果、汽水,油脂与过甜的饼干及蛋糕)。至于要吃什么,应由孩子自己选择。如果父母限制太多,反而会损害孩子的自动调节功能,影响日后饮食习惯。

首先,尽量不要以强迫的手段逼迫进食,而应该以鼓励或开导的

好父母胜过好老师大全集

方式。父母对于孩子吃太少或不吃的焦虑，主要是担心孩子营养不良、长得比别的小孩瘦小。事实上，每个人的高、矮、胖、瘦各有天性，父母要教导孩子拥有自信，学习接受真实的自我，不要因为自己比较瘦、比较矮，就有低人一等的自卑感。

其次，父母应该让孩子了解什么是健康饮食，如：多喝牛奶既健康又可以长高、长壮；可乐虽然好喝，但是会长胖，也可能影响身体健康；果汁很好喝，但是味道太甜会阻碍食欲，也容易造成蛀牙，所以，不妨试试有益健康的新鲜果汁。

第三，制造愉快的进餐气氛，改变进餐的习惯，消除偏食的倾向。

别被孩子爱动吓着

好动、好奇和想象力，是孩子身心发育和成长的需要，根本谈不上是优点还是缺点，而是儿童的特点，要加以重视、保护。如果把特点视为缺点，横加干涉，这也不准，那也不许，使孩子斯文规矩、胆小怯懦，甚或过早变得持重、老成，实际上也就把孩子的学习机会断送了，身心发展也会受到损害。当然，如果把"好动"当成"多动"来治疗，那更是大错特错了。

孩子都是好动的。俗话说："七岁八岁讨人嫌"，形象地反映了这个年龄孩子们的特点。有的父母说，一双新鞋穿不上一周，就会磨出个洞来；有的说，家里沙发没有一个是好的，全给孩子蹦坏了。

这就是孩子，他们往往在好动甚至多动中熟悉了世界，认知了社会，积累了知识。生理学告诉我们，儿童时期是智力发育的高峰期，智力的调整发育，必然产生对知识的渴求。这种知识，不是我们通常所说的文化知识，而是人的一生成长所需要的广义的知识，比如，学会基本生活技能、了解外部世界、人际交往、克服困难和解决疑难问题等等。这就要求他们学会语言、文字、模仿大人的行为方式等,通过形象思维,发展到逻辑思维。在短短的几年中完成如此繁重的学习,对父母来说,是极端困难的。但是孩子们却随着身心迅速发育成长以及往往在好动、好奇和丰富的想象力这种年龄特点的作用和发展中,轻松地完成了,得以在最大范围内了解自己周围的世界,学到自己所需要的知识。

多动症大多都自我评价降低,自信心差,把自己看成是不快乐、不幸福、不成功和无能的人。那么,一旦发现孩子确有多动症,父母该怎么办呢?

首先,带孩子到无须干预的地方去玩。如带孩子去儿童馆、公园、开阔地带等地方,尽量不加限制地让他尽情地玩耍,大人只管看护。

其次,不带孩子到感到兴奋的环境去。如商店、超市等地方,在人多热闹、商品丰富的地方,任何孩子都会兴奋起来。孩子好动让您感到棘手的话,就不要带他去这些地方玩,以减少大人不安宁的情绪。

第三,为孩子提供一个自由活动的空间。在家里为孩子布置一个单独的房间,里面逐步增加一些玩具和各种用品,父母有意识地和孩子在一起玩或让他独自玩。如果孩子能够很专心地独自玩,哪怕是用玩具刀或剑乱砍乱杀地玩,都不要去打搅他,让他动中有静。

第四,多为孩子提供一些体育用品。如小皮球、沙袋、儿童剑、飞镖、玩具手枪、小自行车、溜冰鞋等,这些都是好动孩子十分青睐的物品,大人要满腔热情地引导孩子去玩,玩得专心就达到以动制动的目的。

远离自闭的世界

自闭是一种严重的发展障碍,通常在三岁前可以觉察得到。主要的障碍是认知的发展困难,表现出来的症状主要是言语发展障碍和社交发展障碍。

古希腊著名哲学家亚里士多德曾经说过,"人是社会的动物",所以,人不可能独立于社会而存在。一个人必须在与他人的交往中完成社会化过程,使自己逐渐成熟。

真真的父母都是知识分子,而且只有一个独生女儿,对女儿的教育非常严格,真真从小就养成了不大出门的习惯。真真的父母很爱干净,其他小朋友到她家来玩,假如把屋子弄乱了,他们会很不高兴,并告诉真真,下次不要把小朋友带到家来。由此,真真的朋友变得越来越少,她也越来越不喜欢与小朋友交往。等真真稍大一点后,父母又常对她说,外面很乱,坏人多,做什么事都要小心,经常叮嘱她晚上不要外出。一天晚上,她上完自习,独自一个人回家,发现在一个小巷子里,几个男青年正围着一个女孩纠缠。父母的叮嘱顿时变成了她亲眼目睹的事实。她吓得魂不守舍,拼命地跑回家。经过很长一段时间这种恐怖的感觉才慢慢消失。恐怖的意识虽然消失了,但恐怖的痕迹还是存在。每当真真看见异性,就会产生莫名的恐惧,在惶恐、矛盾、徘徊中,她渐渐把自己封闭起来了。

自闭即人为地自我封闭于一个相对固定与狭小的环境中,由于隔绝了人的交往而产生的心理障碍的症候群。在少年人群里更易发生。常见的表现是:孤僻,胆怯,自私,任性,不帮助别人,也不让别人帮助,忽而自傲,忽而自卑。有的孩子可能学习成绩不错,显示智商颇高,但情商可能偏低。不仅交往能力不足,而且不会妥善处事。造成这种病

孩子无小事

症的原因可能是长久关闭在与爸妈的小天地里，没有同小朋友玩耍的环境，更难交得知心朋友而导致的性格变异。

首先，父母要为孩子创设一个良好的家庭氛围。如果父母不和，经常争吵，孩子就得不到应有的关怀和培养，使孩子的心灵受到创伤，就会因此而沉默寡言、闷闷不乐，从而养成了孤僻。假如父母经常随意批评、否定孩子，甚至指责训斥孩子，孩子就会丧失自尊心和自信心，会感到自己很笨和行为不好，这种自我体验几经反复固定下来，就会使孩子形成自卑孤僻的性格，总认为自己什么都不会、什么都不行，谁都不如，因而一个人缩在一旁不敢出声、心情压抑。

其次，扩大孩子的生活空间。当前，由于家居条件、家庭结构等原因，父母常把孩子关在家里，久而久之，孩子就会变得孤僻。父母让孩子从"自我"的小圈子走出来，让孩子多与邻居的孩子一起玩耍、游戏、生活。

第三，教育孩子正确看待交往中的挫折。孩子在交往中遇到挫折是难免的，可是由于孩子的性格不同，他们对挫折的反应也就不一样。当孩子出现问题时，采取合理有效的方法帮助孩子解决，从而使孩子积极地与他人进行交往。

第四，增加孩子的"参与"意识。孤僻的孩子多着迷于一些缺乏社会交往、社会交流的兴趣。如看电视、玩游戏机等，对周围的东西不闻不问，对社会、周围的人和事采取不参与的态度。父母有必要中断孩子的这些着迷的爱好，多与孩子进行情感沟通，鼓励孩子陪同父母外出采购、参与做饭或帮邻居取奶、取报、送信等，经常让他与人进行交往及培养他助人为乐的精神。

辨别孩子的心理偏差

　　孩子在成长过程中是会做出一些偏差的行为,做父母的先不要反应过敏,要保持"同理心",站在子女立场了解事件的来龙去脉,然后才做出判断,并以循循善诱的态度去把子女的偏差行为纳入正轨。

　　所谓幼儿的心理偏差,是指幼儿的心理、行为偏离正常的倾向。幼儿的心理偏差虽然不像成人的心理问题那样表现出明显和稳定的特征,但如果不及时矫正会越来越严重,最终导致心理疾病。

　　随着社会的进步,儿童心理问题和心理障碍越来越受到父母的关注。现代社会,物质的丰富和社会生活的差异使孩子的心理受到很多冲击。儿童的心理问题严重的会影响到成年以后的正常生活与交往,因为很多心理疾病都是儿童时期的经历造成的,关注儿童心理健康十分必要。

　　小嘉初到幼儿园时,妈妈带他走进活动室,老师向他打招呼问好,他不仅不回答,反而报以敌视的眼神,随后他扭头就往外跑。好不容易被他妈妈带回来,他却像疯了似的乱踢乱跳,大哭大闹。接下来的一段时间里,老师发现他非常孤僻、离群,不愿意参加集体活动,上课从来不肯回答问题,下课也不和小朋友玩,还伴有攻击性行为。有一次玩积木,他莫名其妙地打了一个小朋友,当老师批评他以后,他却一下子钻到桌子底下,大叫着用积木敲自己的头。以后,老师发现他常常这样无法控制自己的行为,无论和蔼的话语还是严厉的批评都对他无济于事,一遇到不顺心的事情,他就发脾气、打人,有时搅得整个班级都不能正常上课。

　　孩子产生心理偏差的原因是多方面的,但主要原因来自于家庭。父母的素质、亲子关系、教养态度以及父母的性格等都能对孩子心理发育产生影响。

心理偏差是造成孩子身心健康的毒药,怎样才能及早地发现孩子存在心理偏差呢?

首先,多对孩子"望闻问切"。父母在平时要善于对孩子进行"望闻问切",多观察孩子的言行举止是否出现异常;平时多和孩子进行交流沟通,及时掌握孩子的所思所想;多进行"校访",听听老师对孩子表现的评价。

其次,多方沟通及时了解。父母应做到多方沟通:多与老师沟通,了解孩子学习成绩变化引起的行为变化;多与孩子的同学沟通,了解孩子处理同学关系时遇到的问题;多与孩子本人沟通,了解孩子日常生活中产生的困惑。

第三,从和孩子做朋友开始。从父母的角度来讲,要主动放下架子,以平等的身份走近孩子,把工作生活中的酸甜苦辣讲给孩子听,对孩子各种行为的看法也是平等地探讨。这样,孩子就能把自身最真实的想法告诉父母。

第四,关注孩子的生活细节。孩子的心理偏差往往会通过一些生活细节表现出来。孩子一到家就把自己关在屋子里,这样,孩子的心理就会闭锁,变得孤僻无语,不与人交流,这时孩子可能出现心理偏差了。

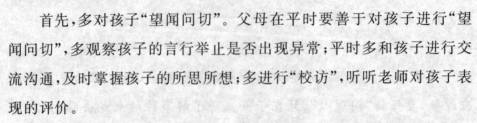

驱散孩子心中自卑的阴影

一个自卑的人往往过低评价自己的形象、能力和品质,总是拿自己的弱点和别人的强处比,觉得自己事事不如人,在别人面前自惭形秽,从而丧失自信,悲观失望,不思进取,甚至沉沦。

自卑的孩子动作迟缓,走路低着头,有时溜着墙根走,不敢与人主动打招呼；不敢当众发言，怕引人注意；不敢正视别人；说话低声细语；愁眉苦脸等；喜欢独处，总是给自己的心灵套上枷锁。自卑的孩子敏感多疑，总觉得别人在背后说自己的坏话，因此往往以一种消极或错误的防御形式来保护自己，不敢与别人正常交往，造成人际关系障碍。

自卑的孩子由于过低的自我评价，对自己持排斥、轻视的态度与消极、否定的情感，常常对自身的不足以及别人对自己的评价过于敏感，因而在人际交往中缺乏勇气，畏首畏尾，在行动上处于被动。作为父母必须予以高度重视。

毛毛是一位三年级的女同学，她长着一对会说话的大眼睛，头发黄黄的，稍稍有些蜷曲，成绩上游，中等智商，非常腼腆，性格内向，在人面前不拘言笑，上课从不主动举手发言，老师提问时总是低头回答，声音听不清，脸蛋涨得绯红。下课除了上厕所外，总是静静地坐在自己的座位上发呆，老师叫她去和同学玩，她会冲你勉强笑一下，仍坐着不动。平时总是把自己关在房里，不和同学玩。遇到节假日，父母叫她一起玩、做客，她都不去，连外婆家也不去。

自卑的孩子总觉得自己处处不如别人，对自己百般挑剔。他们悲观失望，不敢接受挑战；常把自己定格在"我不行"的范围内，常常怀疑自己的目标和能力，坚信自己最终会成为一个失败者。长期下去，致使自己的才能得不到积极的开发，进而陷入恶性循环中；心态和举止常常表现出消极、灰暗。

为此，父母要积极帮助孩子正确认识和处理自卑的消极情感，积极面对生活，不要让机会从眼前溜走。

首先，对孩子的自卑进行心理分析。这种方法可在心理医生的帮助下进行。具体做法是通过自由联想和对早期经历的回忆，分析找出导致自卑心态的深层原因。并让孩子明白自卑情结是因为某些早期经历而形成的，它深入到了潜意识，一直影响着自己的心态。实际上现在的自卑感是建立在虚幻的基础上的，是没有必要的。这样就可以从根本上瓦解自卑情结。

其次,转移注意力。不要老关注孩子的弱项和失败,而应将注意力和精力转移到孩子最感兴趣、也最擅长的事情上去,从中获得的乐趣与成就感将强化自信,驱散自卑的阴影,从而缓解心理压力和紧张。一个人这方面有缺陷,可以从另一方面谋求发展。只要有了积极心态,就可以扬长避短,把自己的某种缺陷转化为自强不息的推动力量,也许缺陷不但不会成为发展障碍,反而会成为成功的条件。因为它促使孩子更加专心地关注自己选择的发展方向,促成孩子获得超出常人的发展,最终成为超越缺陷的卓越人士。

第三,让孩子全面了解自己,正确评价自己。你不妨将孩子的兴趣、嗜好、能力和特长全部列出来,哪怕是很细微的东西也不要忽略。你会发现孩子有很多优点,并且对孩子的弱项和遭到失败的地方持理智和客观的态度,既不自欺欺人,又不将其看得过于严重,而是以积极的态度应对现实,这样自卑便失去了温床。

第四,从成功的回忆中建立成功的自我形象。当孩子怀疑自己的能力并为自卑感所困扰的时候,你不妨让孩子从过去的成功经历中吸取养分,来滋润孩子的信心。不让孩子沉溺于对失败经历的回忆,把失败的意象从孩子的脑海中赶出去,因为那是孩子不友好的来访者。

焦虑情绪影响成长

在提升自我的过程中,焦虑情绪是无处不在、无时不在的。正确理解焦虑情绪所扮演的角色十分重要,只有学会有效地控制自己的焦虑情绪,才能真正成为自我生活的主人。

焦虑,焦虑属情绪范畴,是指由心理冲突或个人遭受挫折以及可能要遭受挫折时产生的一种紧张、不安和恐惧的情绪状态。焦虑既是一种精神现象,也会伴随一些生理症状。过度的焦虑会对孩子产生消极影响,它不仅会抑制人的思维,而且使注意力难以集中,记忆力明显减退,影响了他们正常的学习和生活。

当儿童在尝试新的生活,必然会带来一定程度的焦虑情绪。当孩子开始愿意向别人敞开心扉的时候,当孩子开始成为生活的主宰,勇于为自己也为他人承担更多的责任时,焦虑也会相伴而来。道理很简单,因为孩子并不知道这样做会给自己的生活带来怎样的后果,一切都是未知的。

简单地来说,焦虑情绪是一切负面情绪汇合所产生的恐惧情绪。心理学家说,焦虑情绪是因为对威胁性事件或情况的预料而产生的一种高度忧虑不安的状态,精神过敏,高度紧张,严重者能达到生理和心理功能障碍的程度。

与其被焦虑的情绪俘获,不如将它转化成一种自我成长的契机。甚至应该欢迎焦虑情绪的出现,因为这标志着一个新的挑战,可以引导孩子走向人生的另一阶段。

在努力战胜焦虑情绪的过程中,我们应该时刻牢记内心的矛盾才是焦虑情绪产生的罪魁祸首;只有了解了问题的所在,认清焦虑的本质,并敢于采取主动的方式来控制它,我们才能找到真正的解决办法。

首先,增加自信。自信是治愈神经性焦虑的必要前提,具备了自信,也就减少了自卑感。应该相信自己每增加一次自信,焦虑情绪的程度就会降低一点,恢复自信,也就能最终驱逐焦虑情绪。

其次,自我疏导。当出现焦虑情绪时,要意识到这是焦虑情绪的征兆,要正视它,不要用自认为合理的其他理由来掩饰它的存在;要树立起消除焦虑情绪的信心,充分调动主观能动性,运用注意力转移的原理,及时消除焦虑情绪。

第三,自我放松。可以运用自我意识放松的方法来进行调节,用自我松弛的方法从紧张情绪中解脱出来。运用意识的力量使自己全身放松,处在一个轻松和宁静的状态中,随着周身的放松,焦虑情绪可以慢慢得到缓解。

第四，自我反省。有些神经性焦虑是由于儿童对某些情绪体验或欲望进行压抑，压抑到无意识中去了，但它并没有消失，仍潜伏于无意识中，因此便产生了病症。发病时只知道痛苦焦虑，而不知其因。因此，在这样的情况下，必须进行自我反省，把潜意识中引起痛苦的事情诉说出来。必要时可以发泄，发泄后症状一般可消失。

走出社交恐惧症的阴影

是否拥有朋友是孩子能否健康成长的关键因素之一。关心孩子就一定要关心他们的交友，帮助孩子就一定要帮助孩子的交友。一个好朋友的影响力等于或者超过一个好的老师。

孩子交朋友看起来似乎是自然而然的，但是我们忽视了孩子们常常需要练习才能正确地结交朋友。而且尽管人们过去相信，孩子直到上学的年纪才会开始发展真正的友谊，现在的研究却表明，孩子发展亲密的关系最早可以从 1 岁开始。等孩子到了 3～4 岁，建立这样的亲密关系对他们的自信是非常重要的，而且这样的关系会让孩子在学校的最初几年感觉很自在，这是他们非常需要的。大多数家庭的台历上会有孩子约小伙伴一起玩的日子的标记，这也就没什么可奇怪的了。

现如今，"人际关系"技能已被列为孩子的基本智商之一。正像菲律宾大学临床儿童心理学家马·劳迪斯·卡兰丹所说的那样："一个社交能力低下的孩子比没有进过大学的孩子具有更大的缺陷。"

心理学家勒纳·屠阿说，我们应该从最普通的基础开始，也就是说，要从最基本的开始教起。孩子常常模仿着他们看到的社交习惯和方式。当中，他们最容易学到的就是父母在家里接待来访者的习惯和方式，所以，父母要时刻注意自己的社交方式。孩子听父母讲话时会不耐烦,有时候会打断父母的谈话,让父母分享他的看法,这是很正常的。和孩子谈话时,父母应该采用轮流讲话的方式,要多听他讲话,而不是向他训话。

首先,鼓励孩子要大胆交往,父母适度的提醒、管制是必要的。但是,必须看到朋友对孩子发展不可或缺,限制过多往往会得不偿失。所以父母应该鼓励孩子大胆交往,特别引导孩子为弥补个人缺陷而交往,这对孩子来说是一种挑战的机会,这样会给孩子带来突破性和均衡性的发展。

其次,欢迎孩子带朋友回家,如果你家里装修得富丽堂皇,又打扫得一尘不染,而几个调皮的孩子闯入你的家门,你会欢迎他们进来吗?如果你这么做了,家虽然被搞乱了,却成为了孩子们的天堂;如果你拒绝了孩子们,哪怕稍有不悦,敏感的小精灵们都可能敬而远之。你一定明白,两种态度必然会有不同的结果。毫无疑问,让孩子拥有伙伴并快乐地生活,比房间的整洁漂亮重要上万倍!

第三,允许孩子有异性朋友,男孩和女孩的交往的确需要关注与指导,但是孩子们是需要有和异性相处经验的,因为社会本身就是由男人和女人组成的,迟早都要面对,况且孩子长大以后哪个不面对恋爱、婚姻等诸多问题,因此强制不如疏导,回避不如面对。要做开明的父母,当然这里的朋友是真正意义上的朋友。

第四,鼓励孩子出去玩,请父母朋友回忆一下自己的童年吧,你一定会悟出一个生活经验,那就是大部分人是在户外活动中结识的好朋友,许多难忘的友谊也是在户外活动中产生的。

孩子无小事

克服花钱的欲望

作为父母,要对孩子的零用钱进行管理,培养孩子的节约意识,锻炼孩子的理财能力,让孩子从小养成勤俭的个性,这样孩子将会受益终生。

现在父母似乎越来越喜欢用零用钱来表达自己对孩子的爱，于是孩子的零用钱越来越多。这些钱来得容易，孩子花得也就容易，轻轻松松几十、几百就甩了出去。教育学家的疑问是，孩子现在养成了大手大脚花钱的习惯，等将来他们长大后发现挣钱并不像想象中的那么容易怎么办？做"月光族"吗？因此，父母们应该从现在开始就培养孩子勤俭的性格，这样孩子长大后才能更好地照顾自己。

请看一个小学三年级的孩子，在一个星期天的生活记录：早上9：20起床，匆匆吃过早餐后，就约了三个同学一起去网吧玩，中午的午餐是在麦当劳里解决的，这个孩子点了128元的食品和伙伴们一同享受。午饭过后，几个孩子又去逛了逛体育用品商店，他又给自己买了一个125元的篮球，而事实上他已经有了两个篮球，同时又买了两双58元一双的运动袜。下午3点钟，他们又在网吧里玩了会儿游戏，然后几个孩子各自打车回家了。

一个小学三年级的孩子，一天的花费竟然高达三百多元。教育学家不停地在向社会呼吁：再富也不能富孩子！然而我们面对的现实却是，孩子手里大都拿着来自父母和亲朋给的零用钱，衣袋里装着几十元、几百元，甚至上千元！而且父母不教孩子怎样合理使用零用钱，于是孩子们就开始任意挥霍：去游戏厅，甚至学着抽烟。这些学生虽属少数，但金钱的影响已经严重地腐蚀了他们的灵魂。

所以，在家庭教育中，父母如何给孩子零用钱，如何指导孩子使用零用钱，也就不能看作是一件无足轻重的小事。因为这不仅关系到培养孩子文明、科学、健康的消费观念，同时也是让孩子学会对自己的行为负责，培养其责任心和自立能力的一个途径。

首先，帮助孩子初步了解金钱的概念。一般的孩子在上幼儿园时还没有有关金钱的完整观念，他们开始对金钱感兴趣，大多是因为感到钱币上的图案好看好玩，并不知金钱的功能，因此就谈不上正确使用金钱。所以帮助孩子建立一个相对完整的关于金钱的概念，就显得十分重要。这时,父母尽可能利用孩子能听得懂的语言,并辅之于家庭游戏。从最简单的钱交换开始,向孩子解释钱的概念,经过一段时间的努力,孩子对钱的作用就会有个大致的了解和初步的概念。

其次,尊重孩子使用零花钱的自主权。孩子的零花钱是为了培养他们理财能力,在孩子使用零花钱的过程中,要充分尊重孩子的自主权。引导孩子合理使用零花钱,有意识让孩子用自己的钱买各种日常生活中的用品,培养用零花钱购物。

第三,培养孩子养成有计划消费的习惯。按月给零花钱,目的是让孩子总体上有一个大致安排,知道每个月应花多少钱,如何用这些钱,从而养成一个不乱花钱的习惯。同时,在给孩子零花钱的同时,明确限定这些钱的使用范围,并做一个支配零花钱的初步打算,养成精打细算的习惯,定期检查花钱情况和花钱去向,发现有使用不当的地方,及时指出来,晓以利害。

第四,为孩子建立一个"小银行",绝不是简单地为孩子开一个储蓄账户。让孩子对他的账户存款负责,孩子们总是喜欢他的账户上的钱越来越多,这样,他就不会养成乱花钱的习惯;同时,规定每一次花钱时使用量不准超过账户的 30%,这样,他买东西时就会开始精打细算;告诉孩子,他的账户里的钱还必须尽一些义务,如在过年过节时给爷爷奶奶买些小礼物,这样孩子还会想应该省些钱去做别的用途。长此以往,孩子的储蓄意识会不断强化。

孩子无小事

六、小情绪养成大脾气

　　真正疼爱孩子,就要重视孩子生命的直接表现,那就是他的小情绪,尤其是他的负面情绪,所有的情绪都能真实反映他生命的存在状况。一个因真实地感到被爱的幸福,而及时恢复生命健康的孩子又怎么可能一直无理取闹下去呢?对于一个心理健康的孩子来说,先去照顾好孩子的小情绪,才是爱护孩子的根本方式。

巧妙化解孩子的暴躁脾气

　　婴儿一出生,就经常大声哭闹,手脚乱动,这种孩子容易形成暴躁的性格。但是大多数孩子脾气暴躁是后天形成的。在独生子女中,这种现象更为普遍一些。

　　从心理学角度来看,乱发脾气是儿童意志薄弱、缺乏自控能力的表现。这样的孩子想要什么就得给什么,想干什么就干什么,稍不如意就马上开始大哭大闹,冲父母、他人发脾气。

　　凯伦夫妇最近被儿子安的坏脾气折磨得头疼死了。安仅仅6岁,脾气却暴躁得厉害,稍不如意就大发雷霆,大喊大叫。即使是跟他讲道理,他也听不进去,如果父母不按照他说的去做的话,他就一直吵闹、哭喊,在地上打滚,手里有什么东西都会顺手扔出去。

　　为此,凯伦夫妇想尽了办法,他们打他、苦口婆心地教诲、罚他站墙角、赶他早点上床、责骂他、呵斥他、给他讲道理……这些都不管用，一有事情，安还是会大发雷霆，暴躁脾气依然如故。

一天晚上，一家人正在看电视，安突然想起要吃冰淇淋。已经很晚了，商店都关了门，爸爸妈妈试图跟他解释，劝说他明天再吃。然而，安的脾气又上来了，他躺在地上大声叫喊，用头撞地，手到处乱抓，用脚踹所有够得着的东西……

爸爸妈妈被气得不知道该说什么，他们努力克制自己的火气，暂时没有任何语言和动作。

安已经叫喊半天了，他奇怪地发现，居然没有人理他。于是，他又重新按他刚才的"表演"闹了一番。这次爸爸妈妈知道怎么做了，他们坐了下来，静静看着儿子，没有任何语言和动作。

安不服气地又开始了第三次"表演"，然而爸爸妈妈还是没有任何表示。最后，安大概也觉得自己趴在地上哭叫实在太傻了。他自己爬了起来，哭累了回房间睡觉去了。

从此，安再也没朝别人乱发脾气，安乱发脾气的习惯因为没有得到强化而自然消失了。

造成孩子好发脾气的原因很多，溺爱是重要原因之一。如果父母对孩子一味地溺爱，百依百顺，有求必应，会使孩子脾气越来越暴躁。假如父母对孩子的合理要求也是拒绝，使他的欲望总是求而不得，也会使孩子变得脾气暴躁，有时还会产生怀恨心理。

因此，父母应尽量满足其合理的要求。对不合理的要求，要耐心地做说服工作，不要在孩子不知道原因的情况下断然拒绝，尤其是当孩子一提出要求，没等讲完父母就马上给予否定，这样会使孩子分不清自己的要求哪些是合理的，哪些是不合理的，从而会影响他认识水平的提高，以致形成"反正父母也不同意"的想法。

要让孩子心平气和地生活，改掉好发脾气的坏习惯，父母可以采取以下的方法：

首先，父母应找一找孩子好发脾气的原因。是孩子自我情绪调节能力低，缺乏自我控制能力，表达能力差，一点小事就发脾气呢，还是孩子对自己的要求是否合理缺乏判断的能力？在此基础上培养孩子做事的灵活性，孩子玩玩具、吃饭或穿衣服，都不要只固定一种方式、方法和模样，要从小尽量使其多样化，让其有挑选的余地。尤其是当一种东西、食品、玩具不存在了，就应及时引导孩子注意力转移到别的东西、食品、玩具上去，这种调节能力越好，其灵活性也就越好。当孩子的兴趣增加了，对困难和问题的处理态度也灵活了，他发脾气的习惯也就会随之减轻。

其次，检查一下父母对孩子的态度是否一致。尤其是当孩子发脾气时，周围的人是袒护他还是教导他？假如是袒护，就会使他尝到甜头，这实际上是一种负强化，他就会闹得更凶。正确的做法是父母应该让孩子懂得并记住一个道理：吵闹发脾气是没有用的。这样就可以使孩子明白用"哭闹发脾气当武器"不起作用。经过几次这样的教育，孩子爱发脾气的毛病就会有所改变。

第三，父母平时要多与孩子沟通，了解孩子的需要，关注孩子同小朋友之间的交往。父母可以多方了解别的小朋友在玩什么、想什么、要求什么等，当孩子提出自己的要求时，父母就比较能体会孩子的心情了，再加以开导和耐心的说明，是能够消除或减轻孩子发怒的情绪的。

第四，千万不要认为"孩子好发脾气是天生的"，甚至有的父母在孩子发脾气时，也跟着发脾气，用发脾气对发脾气。这种感情用事的方法，绝对改变不了孩子好发脾气的习惯。有的母亲认为孩子好发脾气拗不过他，就把他推给父亲管教，这样就会使孩子产生"妈妈对他发脾气毫无办法"的印象，以后他会变本加厉地在母亲面前发脾气。

任性妄为的孩子难成才

逆反如不正确引导和对待,对孩子的健康成长危害很大,不但不利于其身心健康,久之会导致病态;还会不利于其改善和协调人际的关系,容易把自己孤立起来;也不利于其成长进步,重者会酿成严重的后果。

经常听到一些父母抱怨:"现在的孩子,生活条件越来越好,可是脾气越来越犟,总是不听话,跟你对着干,这到底是怎么回事?"其实这就是由于对孩子强势的安排而产生的逆反心理。

父母在教育孩子时,常遇到这样的情况:你让孩子做这,他偏做那。你让孩子这样做,他偏那样做。有时还和你顶嘴、闹别扭。这就是心理学所说的逆反心理的反映。那么,孩子的逆反心理是如何产生的呢?

父母的教育方法不当是孩子产生逆反心理的主要原因。挫伤孩子的未知欲和好奇心,很容易引起孩子的逆反心理。父母越不想让孩子知道的事情,他们也就越感兴趣。采取"封锁"的教育,很容易引起孩子的逆反心理;父母在教育孩子时,必须尊重孩子的人格,避免讽刺、殴打等做法,这样不仅伤害了孩子自尊心,从而也使孩子产生对抗情绪;父母缺乏心理学知识、遇事"婆婆嘴",也会引起孩子的逆反心理。父母教育孩子时,高高在上,摆父母架子,遇事唠叨,孩子做错一件事,就说一切都做不好,全面否定,算旧账、揭老底等,都会引起孩子逆反心理;父母对孩子的期望值过高,要求过严,当孩子满足不了自己的愿望时,就大发雷霆、甚至打骂孩子,这也是引发孩子逆反心理的重要原因。

首先,观察沟通。就是观察孩子与自己的沟通方式。在很多时候，父母必须超脱自己的角色，从旁观者的角度观察孩子叛逆的问题，并以不同的角度对待孩子、接受孩子，做有限度的迁就。父母要仔细分析孩子形成逆反心理的具体原因，并进行充分的说明，这样，孩子的逆反心理就会逐渐地消失。

其次，寻求他人的意见，保持冷静。管教孩子，有时应该寻求别人的意见，让自己的思想更开阔。急躁的父母，应该时常提醒自己，保持冷静，并等待孩子冷静后，再进行有效的沟通。

第三，不断试验。父母管教孩子，要时常改变教育方式。孩子小时，一般只听父母讲；上了中学后，就应尝试双向沟通，也听听孩子的建议。一旦发现某一种方法行不通，就应随时改变方法，不断试验，直至发现好的方法。

第四，开放自我。父母眼见孩子的兴趣会影响功课时，不要立即禁止，最好能试着了解情况。如陪孩子去电子游戏中心，和孩子讨论他们的偶像，从旁提醒什么该学什么不该学。只有进入孩子的内心世界，才能相处得更融洽。当父母与孩子相处融洽了，孩子就不需要反叛了。

冷对孩子的"牛脾气"

在孩子乱发脾气时让他尽情哭闹，一定不妥协；但在他平静下来后，就不要再追究发生的事，而是温和地讲道理，这样孩子就会逐渐克制自己的脾气，让自己的行为向好的方向发展。

"现在的孩子越来越难管了！"一些年轻的父母抱怨说，"稍不如意，牛脾气就上来了。打也不听、骂也不灵，哄他吧，他还更来劲！"生活中，确实有不少这样的孩子，那么对于孩子的"牛脾气"父母该怎样处理呢？

好父母胜过好老师大全集

心理学家认为,孩子爱发脾气是由于家庭教育不当引起的。特别是独生子女,如果从小就事事以他为中心,吃不得一点苦,要什么给什么,那么孩子就会养成遇事爱发脾气的习惯。

洋洋是小学二年级的学生,外表看起来有点内向,然而,脾气却异常暴躁,许多时候控制不住自己。其实,小时候的他并不是这样,不知为何,随着年龄的增长,本来尚属听话的洋洋却像换了一个人似的。为此,他的妈妈带着他找到了心理咨询医生。这位母亲向心理医生诉说道:"洋洋小时候很可爱,很讨人喜欢。后来不知从什么时候开始,他学会发脾气。脾气一来,九头牛都拉不转。他只要想干什么或想要什么,就必须立即得到满足,否则,就哭闹、打滚、扔东西、毁物品,甚至自虐——用头撞墙,扯自己的头发。他爸火爆脾气,他一闹,他爸就打。你越打,他越犟,一点也不示弱。眼看就要出人命,我只好央求他爸息怒,把他爸拉开,然后千方百计满足儿子的要求。可我却弄了个两面不是人。他爸埋怨,儿子也不领情……"

每位父母都不希望自己的孩子是一个随意发脾气的孩子,可事实上发脾气是孩子成长过程中的必经之路,如果父母引导得不好,孩子就会像洋洋一样,养成乱发脾气的习惯,变成一个暴躁的孩子;引导得好的话,孩子的脾气就会成为每一次教育孩子成长的契机。

要解决孩子乱发脾气就要先知道孩子为什么发脾气。一是孩子的需要没有及时得到满足,这些需要,有些是物质上的,比如,孩子想买一个玩具或者买一些零食。有时则是生理上的,比如,病了不舒服,而父母又不是十分的重视,等等。这并不是说父母必须满足孩子的一切需要。当父母的要分析孩子的需要是否合理,既不要忽视孩子的心理、生理需要,也不能让孩子的需求感变成贪婪欲。

有时候处理孩子的问题要像冰激凌一样冷,既然孩子发脾气可能是为了获取某种满足的手段,那么,我们怎样才能改掉孩子乱发脾气的习惯,或者说对孩子发脾气采取什么样的对策才是可行的?

首先,不向孩子"俯首称臣"。孩子发脾气就向他屈服是最不可取的教育态度和教子方法。当孩子乱发脾气时,父母要保持冷静,对孩子的不合理要求绝不迁就,始终要让孩子明白,无论他怎么发脾气,父母都不会"俯首称臣",他始终都达不到自己的目的。当孩子已经"雷霆万钧"时,不妨运用"冷淡计",父母及其亲人都不去理会他。事后,再当着孩子的面,分析一下他发脾气的原因,细心地引导、教育孩子,相信孩子会从一次错误的行为中吸取教训。

其次,当孩子发脾气时,适当地采取"横眉冷对"的方式。父母在阻止孩子坏脾气发作的时候,既不要采取过于强硬的态度,也不能采取过于软弱的态度。最好是能够迅速而果断地将孩子的注意力转移到其他方面,以缓和紧张的局势。也就是说,当孩子正处于发脾气的时刻,父母不要一心只想到训斥孩子,因为孩子这时是听不进去的;也不要强迫孩子或者用武力威胁孩子马上停止发脾气。最简便的方法就是运用"冷淡计"把他撇下不管,或把他送出门外,让他一个人去发泄,去自我克服、自我平息。这样坚持一段时间后,孩子就会渐渐改正乱发脾气的习惯,因为他知道这样做是什么也得不到的。

太在意会让孩子蛮不讲理

在孩子无理取闹时,就要采取对孩子置之不理的办法,这样孩子就会在你冷淡的态度中反省自己的做法,千万不要过多地在意孩子,你的在意只会让孩子得寸进尺。

生活中,很多孩子都会出现不讲道理、无理取闹的情况:以自我为中心,不理解别人的立场;不管自己有没有道理,说发脾气就发脾气……这些问题往往让为人父母者头疼不已。孩子的不讲道理其实是儿童缺乏自制力的表现,因此父母一定要努力培养孩子的自制能力,对孩子不讲理的行为决不姑息纵容。

妈妈给晓晓买了一个漂亮的玩具车,准备下午带孩子到姑姑家做客,晓晓非常高兴,决定向表弟炫耀一下自己的新玩具。但是到了下午,忽然下起了大雨,晓晓趴在窗台上看了好一会儿,跑来问妈妈:"妈妈,这雨会停吗?"妈妈知道,如果晓晓不能去姑姑家,他一定非常失望。于是安慰孩子:"再等一等看,也许会停的。"

一个小时过去了,雨还是没有停,甚至还刮起了大风。于是晓晓开始吵闹起来,一边吵闹一边哭泣。妈妈劝慰晓晓:"姑姑家我们都去过多次了,也不在乎这一次。等大雨停了,妈妈再带你去,你看好不好?"晓晓吵闹着对妈妈说:"谁知道雨什么时候能停! 你都答应我了,现在又反悔,我不干! 我不干!"晓晓越吵越厉害,连邻居都惊动了!

妈妈很为难,又拿他毫无办法,于是就向他保证说:"妈妈明天带你到商场去,再给你买一个玩具枪,能射子弹的那种,以前你不就想要吗?"

我们经常可以看到一些父母犯这样的错误:孩子一哭一闹,自己就慌了手脚,马上对孩子又疼又哄,对孩子的不讲理百般迁就,或者很多时候,孩子因为某些不如意的事情,吵闹一阵子后,差不多快要停止下来了,忽然,又因为父母或其他人对孩子说了些安慰的话,孩子的情绪一下子又来了一个 180 度的大转变,变本加厉,越发吵闹得不可收拾!

对一个孩子来讲,由于天气的原因,不能参加原来计划好的活动,一定会感到很失望,但孩子因此而纠缠不休蛮不讲理,在很大程度上正是由于妈妈的同情把这种失望的感觉扩大了。

父母们常常会低估了孩子对失望与挫折的承受力,总是不知不觉地以父母的角色,心甘情愿地替代孩子"受罪"。

更糟糕的是妈妈提出的"补偿"办法使孩子形成一种观念,那就是他在生活中所遇到的任何失望的事情都应该由别人来给予补偿。如果任何事情不能按他的愿望实现的话,孩子就会感到生活

孩子无小事

亏待了他,他受到了不公平待遇。当妈妈的认为孩子的失望太大了,是孩子不能承受的,她的这种态度,实际上低估了孩子的承受力。

生活中我们可以看到,往往是由于父母过多地在意孩子,才使得孩子得寸进尺,甚至于发展到无理取闹。而父母在处理孩子的这种行为时,通常会大声斥责,甚至大打出手,以达到使孩子改变行为的目的。父母的这种做法行不通!如果我们真是希望孩子能够改变那些不讲理的行为,那么,父母正确的做法应当是适当地采取不理睬孩子的态度,至少应当保持相当程度的沉默。

首先,我们应当锻炼孩子,培养他们接受生活中的失望及失败的勇气,而不是依赖别人,依赖于别人的怜悯,等待着别人来安慰、同情自己。如果我们不在孩子面前表现出我们对他的惋惜和过多在意的话,孩子就会学会如何接受失望的现实,调节自己的情绪,不再蛮不讲理。如果做父母的能够平静地对待孩子的失望,对孩子施展好的影响,将会使孩子更容易接受失望,迎接希望和挑战!

其次,孩子的有些行为不是真正的幼稚无知,他们其实也隐约感觉到自己的做法有问题。只是孩子"控制"得不成熟,因而表现出哭闹的情绪。如果父母常常为孩子的这种不成熟而批评他,反而会引起孩子的注意,从而滋长孩子的不良情绪。

好父母胜过好老师大全集

七、小缺点引来大弱点

　　生活中,孩子有时会有一些小缺点,比如懒散、自私、无礼等等。这时候父母就要注意了,问题虽小,但也要严管,防微杜渐,否则这些小缺点会变成大弱点,那时候父母再想让孩子改正,就不那么容易了。不要姑息孩子的小缺点,严管同样是爱的表现。

做事情拖沓——懒散

　　帮助一个孩子改掉拖沓的毛病,这是一个成年人能够给孩子的最好的礼物,对于孩子和成年人来说,拖沓不是一种性格缺陷,而是一种习惯,通常可以被改变。

　　什么是懒散? 懒散的一个重要特征就是拖沓。把今天该完成的事情拖延到明天,甚至遥遥无期,直到被逼无奈,拖不下去时才来赶工。这种行为极具破坏性,也是最危险的恶习。它使人丧失进取心。一旦开始遇事推脱,滋生懒散心理,就很容易再次拖延,直到变成一种根深蒂固的习惯。如果你存心拖延逃避,你就能找出成千上万个理由来辩解为什么事情无法完成,而对事情应该完成的理由却想得少之又少。每当自己要付出劳动时,或要作出抉择时,总会为自己找一些借口来安慰自己,总想让自己轻松些、舒服些。有些孩子深陷于"激战"的泥潭中,被"主动"和"惰性"拉来拉去,不知所措。时间就这样一分一秒地浪费了。

曾经有一位记者谈起她的女儿有做事拖拉的毛病,孩子已经上三年级了,但是做事拖拉的毛病十分严重,洗一个脸就要用半个小时,做作业更是如此。这位记者妈妈天天催促着女儿做事情,但孩子每天晚上十一点之前根本就睡不了觉。女儿非常喜欢上网,妈妈就想出了一个主意,她在征得女儿同意的前提下跟女儿签订了一份协议。协议中规定:女儿每天要保证能在九点钟之前做完作业,洗完脸并迅速躺到床上睡觉。如果这样坚持一周,妈妈就允许女儿每天上网的时间延长,每周总计延长两小时;如果女儿能够坚持两周,那么就再允许女儿一周增加四个小时上网时间。

上面这份"母女协议"中不仅有奖,惩也规定得非常清楚。母女俩的这份协议里面还有一个负面条款:如果女儿在一周当中有超过九点钟睡觉的时候,超过一天就要减掉二十分钟。然后母女俩分别签上自己的名字、写上日期,每人保留一份。

后来,这位记者朋友说:"这一招真的特别管用,女儿一直做得特别好。后来经过了大概四周时间,孩子拖拉的毛病就改掉了。"

首先,要提供给孩子判断和选择的机会。孩子之所以依赖、无助、拖沓,主要因为父母的行为完全代替了孩子自己的思考和判断。孩子的责任感,就是要在跟他们有关系的事情上让他们有发言的机会,并让他们学会自己选择。

其次,要合理满足孩子的要求、合理规范孩子的行为、一贯坚定地执行规范。在孩子的行为上,哪些是可接受的,哪些是不可接受的,孩子需要一个明确的界限。当他们知道允许的行为的边界时,他们会觉得安全,并会养成行为上的自律性。我们应该清楚,父母可限制孩子的行为,但不能限制孩子的愿望和情绪。对于孩子的愿望、感受、情绪,不管是积极的还是消极的、内容如何,都应该接纳并得到理解和尊重,而行为可以限制和纠正。

对错误不停地狡辩——说谎

说谎是一种不良的行为习惯，一经形成，就相当顽固，不易改正。而且说谎在现实生活中又相当"流行"，造成了一种很不好的社会风气，因此，矫正孩子说谎至关重要。

英国著名教育理论家洛克曾说："说谎在形形色色的人群里很盛行，要使儿童不看到、不听到别人说谎是很困难的。孩子经常看到、听到别人说谎，又怎么不学呢？"为此，我们父母和老师应以身作则，切不可为了达到某种暂时的目的而欺骗孩子、对孩子说谎，遇事应对孩子说真话，耐心地讲清道理。此外，对孩子许下的诺言要兑现，做到言而有信。万一忘记或无法兑现时也应该向孩子道歉并说明原因，这样对改正孩子的说谎也有利。

从前有一位贤明而受人爱戴的国王，把国家治理得井井有条，人民安居乐业。国王只有一个女儿，她已到了结婚的年龄。于是他决定在全国范围内挑选一个女婿，培养成自己的接班人。

国王选婿的标准很独特，给小伙子们每人发一些花种子，宣布谁如果用这些种子培育出最美丽的花朵，那么谁就成为他的女婿。

小伙子们领回种子后，开始了精心地培育，从早到晚，浇水、施肥、松土，谁都希望自己能够成为幸运者。

有个叫雄日的青年，也整天精心地培育花种。但是，十天过去了，半个月过去了，一个月过去了，花盆里的种子连芽都没冒出来，别说开花了。

苦恼的雄日去请教母亲，母亲建议他把土换一换，但依然无效，母子俩束手无策。

国王决定的观花日子到了。无数个穿着整齐的小伙子们涌上街头,他们各自捧着盛开鲜花的花盆,用期盼的目光看着缓缓巡视的国王。国王环视着争奇斗妍的花朵与漂亮的小伙子们,但他并没有像大家想象的那样高兴。

忽然,国王看见了端着空花盆的雄日。他无精打采地站在那里,眼角还有泪花,国王把他叫到跟前,问他:"你为什么端着空花盆呢?"

雄日抽泣着,他把自己如何精心种植,但花种怎么也不发芽的经过说了一遍。还说,他想这是报应,因为他曾在别人的花园中偷过一个苹果吃。没想到国王的脸上却露出了开心的笑容,并且高声说:"孩子,我找的就是你!"

"为什么是这样?"大家不解地问国王。

国王说:"我发下的种子全部是煮过的,根本就不可能发芽开花。"

捧着鲜花的小伙子们都低下了头,他们全部都另播下了种子。

孩子的谎言的确让父母和老师伤透心神却又倍感迷惑。因为我们总是把"不能说谎,要做诚实的孩子"作为一种基本道德来教育孩子,尽管"狼来了"的故事早已为孩子们所熟知,但结果却往往事与愿违。只要我们稍作留心就不难发现,孩子说谎往往有着不同的动机,因而要区别对待。

首先,深入探究孩子说谎的原因,并且有针对性地加强惩罚。假如孩子是害怕你生气,你就需要解释你的怒气其实来自失望与受到伤害,因为你相信你与他之间存在某种信任感,可以包容他偶然地犯错误。你应该要求他坦言是否做了错事,你也向他坦言他应该接受相应的惩罚。这样,你就不会太失望,因为你不喜欢他再用说谎去错上加错。

其次,假如在证据确凿时,他仍坚持不承认撒谎,你应该平静地问他为什么这么做。换言之,你强调的重点不在于要他坦白承认说谎,而在于讨论当事实已经摆在眼前时,他为什么还要坚持否认。这时,父母要尽量控制自己的怒气,否则只会让他更难以面对真相。可以试着问他一个问题:"如果真相大白,你想你会怎么样?"

第三，假如孩子决定不再撒谎，并告诉你实情，一定要记住称赞他，但也不要忘记惩罚。你可以说："我很高兴你告诉我了，我相信你是可以信任的。你如果不说实话，我会罚你两天不准骑自行车。但现在，你只需要为那个错误承担一定的责任，我把惩罚减少一天。"

第四，你要试着诚实地评价。身为父母，你是否无法接受坏消息呢？你是否有强烈并且令人畏惧的情绪反应呢？如果是，那么是你自己给孩子提供了撒谎的基础。说谎并不是悲剧，不过这种行为表示孩子有所隐瞒。他不是害怕他的所作所为，就是害怕你。不管哪种情况，如果孩子知道你会适当地处理不当行为，并且考虑他的需要，那么说谎的情形就能得到很大的改善。

沉迷于游戏中——缺乏自制力

沉迷于游戏，是孩子自制力差的一种表现。游戏是一把双刃剑，它可以成为孩子的玩乐工具，更可以使孩子沦为它的"奴隶"。

没有自制力的人不知道自己什么时候该做什么，不知道如何控制自己的情绪和行为，他们就像无舵的船一样，很难掌握自己的人生方向。

大多数父母总认为孩子可以凭自己的主观意识来控制自制力，他之所以在关键时刻没能管住自己，完全是他们"不愿意"和"不使劲管"的原因造成的。

曾有一名学生刘斌伙同他的同学李力残忍地杀害了自己的母亲。刘斌原来是个品学兼优的好学生，自从迷恋上了游戏机，学习成绩直线下降。母亲知道后，就控制了刘斌的零花钱，来阻止刘斌玩游戏。由于手里没有钱，不能经常去玩游戏了，刘斌就开始偷。凡是能偷到的地方，刘斌从不放过。自己家，亲属家，甚至同学家，刘斌的手能伸到哪儿，他就偷到哪儿。母亲又急又气，常常打骂刘斌。刘斌对母亲的打骂怀恨在心，趁着母亲熟睡之机，杀死了母亲。

由于孩子的自制力差，因此，不能抵制来自游戏的诱惑，以致"上瘾"而耽误了身体与学习。很多父母认为孩子的自制力可以自己培养，但自制力的形成并不是孩子自己的事，父母要从小对孩子进行正确的教育。

当面对诱惑时，最有力的支持来自于孩子自己，内心坚定的自制力是抵御引诱的有力武器，它使人从无能为力的受迷惑状态中解脱出来，恢复控制自我的能力，重新做自己的主宰。一个有自制力的人都会有很强的独立性，有自己的主见，不容易受到环境和他人的左右。一个人要想有所成就，就需要具备较强的自制力。

首先，把目标具体化，增强它们的激励性。随着孩子逐渐地长大，很容易受短期的、比较被具体和明确的强化物所影响，而不容易受遥远的、比较抽象和模糊的东西所左右。这就特别需要父母想尽一切办法，使一些长远的目标具体化，以此来增强它们的积极性。

其次，设法使孩子集中精力干一件事。父母注意孩子平时的表现，当孩子做事不够彻底时，要鼓励他把事情做完。不管是在孩子玩积木还是画画时，都不要把所有的玩具和用具全部堆在孩子面前，以免分散孩子的注意力。

第三，减少干扰因素的影响。当孩子安心做一件事时，父母不应随意打断他而让他做其他的事。但在完成一小部分学习内容后，可以让孩子休息一会儿，吃点东西、玩玩玩具、听听歌曲、做做运动，以此来作为孩子完成一项阶段性任务的奖励，这样就不至于使孩子感到学习太乏味。

第四，丰富孩子的经验，培养孩子的兴趣。从孩子感兴趣的事情中选出一项让孩子坚持下去。因为孩子的经验不足，感兴趣的东西不多，所以要尽量让孩子多接触一些新的事物，从中培养孩子的兴趣。兴趣是最好的老师，孩子只有感兴趣，才有可能坚持下去。

好父母胜过好老师大全集

不能持之以恒，做事情总是半途而废——浮躁

一个执著的人，他一定会比一个因心急而半途而废的人受人欢迎。如果遇到一点挫折就放弃，一定不会成功。

学习也是一项艰苦的劳动，它就如同干好任何一件事都需要付出艰苦的努力甚至巨大的牺牲一样，有时还要克服电视节目、游戏、足球、小说等诱惑。因此，那些成绩较差、对学习不太感兴趣的同学，还需要继续磨炼意志和毅力。从做对一道题、听好一节课开始，锲而不舍地投入到学习中去，一旦那层"核桃壳"被打破，便能品尝到成功的滋味与乐趣，便能逐步建立起学习的信心和兴趣了。

开学第一天，一位老师对学生们说："今天咱们只学一件最简单也是最容易的事儿。每人把胳膊尽量往前甩，然后再尽量往后甩。"说着，老师示范了一遍。"从今天开始，每天做三百下。大家能做到吗？"

学生们都笑了。这么简单的事，有什么做不到的？过了一个月，老师问学生们："每天甩手三百下，哪些同学坚持了？"有百分之九十的同学骄傲地举起了手。又过了一个月，老师又问，这回，坚持下来的学生只剩下八成。

一年过后，老师再一次问大家："请告诉我，最简单的甩手运动，还有哪几位同学坚持了？"这时，整个教室里，只有一人举起了手。这个学生就是后来成为古希腊另一位大哲学家的柏拉图。

日常生活中，我们常见到有些孩子，特别是独生子女学习没有恒心，不是虎头蛇尾，就是半途而废，不能持久，不能善始善终。半途而废是一种严重影响学习效果的不良习惯。

假如他们都半途而废，没有坚持到底，恐怕若干年后，后人的记忆里又会少几页辉煌的篇章。

孩子无小事

学习中的半途而废对学习效果的影响十分严重，同时，更不利于孩子健康、规范、严谨的学习作风的形成，它所造成的后果不仅严重，而且遗患无穷。因此，每个父母对孩子的这一小缺点不能掉以轻心、视而不见或迁就放任，要引起足够的重视。

针对孩子没有韧性，做事没有恒心的特点，父母应该在以下几方面加以注意：

首先，培养孩子持之以恒的意志力。对于意志力差的孩子，父母注意激励他们，锻炼他们的意志力。当孩子遇到困难准备放弃时，父母及时给他打气，鼓励他想办法继续下去。无论遇到任何困难，都不能轻言放弃，要耐着性子坚持到底。孩子有了较强的意志力，有了不甘落后的决心，那么学习就有了强大的动力，学习起来就会坚持不懈，一气呵成。

其次，给孩子制订学习目标要适合孩子的能力水平。很多孩子学习之所以半途而废，有一个很重要的因素，就是父母、老师给他们出的题目太难，定的目标太高。孩子即使用尽全力都无法顺利完成，这会对孩子的自信心造成极大的打击。失去了自信心，孩子又怎能坚持学习、毫不懈怠呢？

第三，父母降低对孩子的期望值。每个父母都有望子成龙、望女成凤的急切心情，都对孩子寄予厚望，希望他将来能够大有作为，干一番惊天动地的大事。父母的愿望虽然是好的，但这会给孩子造成沉重的心理负担，从而挫伤他们的积极性，孩子就会产生消极、逃避的心理，最后也会导致学习半途而废。因此，父母根据孩子的实际情况，调整自己对孩子的期望值，减轻他们身心上的压力，让孩子有一种"跳一跳，就可摘到果实"的感觉。这样，孩子就会在一个宽松的环境中一直走下去，将学业学得透彻，学得精到。

第四，父母监督、引导、鼓动孩子学习。任何孩子都有惰性，在学习的过程中，免不了因偷懒而停下来，或者在学习中遇到解决不了的问题而沮丧颓废，以至放弃。因此，父母对孩子的学习过程进行监督、

好父母胜过好老师大全集

鼓动,并适时给予指导,帮助他们克服软弱、克服惰性、增强信心,保持学习的连续性。长期坚持下去,孩子就会养成持之以恒的习惯,从而也就不会出现半途而废的现象了。

总抱怨他人,爱挑别人"刺"——嫉妒

挑刺的孩子虽然在给别人挑刺,但是实际上我们可以很明白地看到,他们自己的内心其实就是有刺的。这种行为本身就像一个长了毒疮的人,拼命挤破自己的毒疮并且想把脓水溅到每个人身上。因而,拔除挑刺者心中的刺,比起对他们的指责来要有意义得多。

一个毫无教养的粗人,可能仅仅因为一个过路人踩了他一脚,就把这个人看作是世界上最可恶最卑鄙的坏蛋。因此,拔除挑刺者心中的刺,比起对他们的指责来要有意义得多。

一个学生向老师抱怨班里某人特讨厌,总喜欢跟他比,影响了他的学习。

老师问这学生:"你喜欢吃苹果吗?"

学生愕然,但还是回答:"不喜欢,但喜欢吃雪梨。"

"你不喜欢吃苹果?"

"对。"

"那有没有人喜欢吃苹果呢?"

"当然有!"

"那你不喜欢吃苹果是苹果的错吗?"

学生笑笑:"当然不是!"

"那你不喜欢他是他的错吗?"

……

"你喜欢吃雪梨?"

孩子无小事

"对!"

"如果你的好友来了,你会请他吃吗?"

"会啊!"

"你怎么知道他爱吃呢?"

"问呗!"

"那还好,但很多人就不是这样,觉得自己喜欢就以为他人也喜欢。"

自己喜欢雪梨,以为鱼也会喜欢,所以把雪梨当作鱼饵放在钓钩上去钓鱼,鱼儿总是不上钩,于是埋怨,这鱼儿怎么回事?

古人说,子非鱼,安知鱼乎?

当你抱怨他人的时候,可能是你自己出了问题。

作为父母,不会希望自己的孩子总是抱怨别人,成为爱挑刺的不受欢迎者。就像我们不愿意自己身边的同事或者上司是个爱挑刺的人一样。这样的人在他周围的人际环境中得到的社会评价肯定是非常之低。

既然抱怨和挑刺有这么严重的危害,作为父母有责任帮助自己的孩子走出抱怨的陷阱。

首先,当听到你的孩子又在挑别人的刺时,你可以顺着他的意思往下说,然后在问题的终端否定。在某些情况下还可以让他自己来,比如孩子抱怨衣服洗得不够干净,那么就不要再为他服务,让他自己去动手体会"做并没有说得那么简单"。

其次,在一段时期内,如十天内,天天给孩子挑刺。比如:"看看你的语文,虽然得了 95 分,可是我觉得你的作文还是写得太差了! 尤其这一段,太糟糕了。"接下来的十天,每天给他鼓励,让孩子在两种态度的对比反差中认识到挑刺的坏处。

第三,你还可以把孩子常常挂在嘴边的挑刺话用醒目的颜色写在很多小纸条上,贴在他的卧室和洗手间里,督促他注意改正自己的坏毛病。

过分依赖别人——意志薄弱

儿童发展依赖于成年人，又独立于成年人。也就是说父母培养孩子方面，不能充当保姆、保护神和"作业工具"等"拐杖"性的角色，而要当"向导"，帮助孩子强化自我意识，激发孩子的主观能动性，为孩子创造各种独立处事的条件，使孩子学会独立地面对他人、面对学习和生活，在生活实践中增长智慧、增长才干；由孱弱的小鸟长成展翅翱翔的雄鹰！

现在的家庭多数只有一个孩子，几代人的关心与爱护都集中在一个孩子身上，因此许多孩子都有依赖心理。在家里，没有成人一勺一勺地喂饭，孩子就不肯自己进食；没有成人陪着、拍着睡觉，孩子就又哭又闹不能入睡；就连和小朋友玩耍时也要求父母跟着；早晨起床后不叠被子，吃完饭不知道刷碗，上学忘了带学习用具也要责怪是父母没有提醒他们。如果孩子有这些类似的问题，父母不得不思考孩子的依赖性是否太强了。

孩子的依赖性是从哪里来的呢？一般来说与父母有着密切的关系。儿童时期是人格发展的重要时期。在这个时期，儿童的大部分时间是在家中度过的，家庭教育对儿童独立性的形成起着决定性的作用。

一般来说，父母包办代替越多，孩子的依赖性越强。相反，父母如果鼓励孩子自己的事情自己做，孩子的依赖性将会大为减少。

一个上小学二年级的男孩，习惯于睡懒觉。每天早晨，妈妈几次催他起床，他总是不情愿地说："再睡会儿。"假如真迟到了，他会抱怨妈妈不把他叫起来，害得他受老师批评。爸爸觉得不能再这样下去了。他告诉儿子："上学是你自己的事情。从明天早晨开始，该几点起床你上好闹钟。如果闹钟响了你还懒被窝,肯定没人叫你,一切责任自己负!"爸爸心中有数:孩子跟父母撒娇,在老师、同学那里还是很在意自己的形象的,岂敢总迟到? 果然,第二天早晨,闹钟一响,儿子就腾地跳下床来。从那时起至今,五六年过去了,孩子早晨起床上学再不用催了。有时候,父母还在睡觉,他早已经骑车上学去了。

我们从这个男孩的变化可以看出,孩子的潜力实际上是很大的,他可以做很多事情,只是父母的溺爱剥夺了他们自立的能力。

孩子从小独占着父母给他的爱,可正是中国父母的这种"望子成龙,望女成凤"的爱,制造出了一个个"家庭小皇帝"。当孩子渐渐长大,"毛病"突显时,父母们焦急万分。请不要着急,只要您意识到了问题的存在,就是解决问题的最好开始。

首先,要常带孩子参加各种社会实践,有利于孩子独立精神的培养。让孩子时时体会到动手的乐趣,体会到成功的喜悦。

其次,尽可能让孩子做力所能及的事情,培养孩子自己动手的习惯。让孩子从小事做起,参加家庭劳动,在劳动中培养孩子的自理能力,从而使他变得独立。不过在培养孩子动手能力的时候,要按照孩子的年龄、能力的发展程度对孩子提出适当的要求。能力要渐渐培养,循序渐进的教育方法可使孩子在遇到问题时,避免生活带给他的挫败感而导致的自信心的丧失。当孩子看到自己双手完成了许多事,他们的自信心和责任感便会增强,从而减少对父母的依赖心理。

第三,运用一定的策略改变孩子已形成的依赖心理。父母一旦发现孩子有依赖性,就必须及时地给予纠治。要了解孩子依赖心理形成的原因,以此为基础,使用一定的策略也是非常必要的。

不爱动脑——缺乏主见

学会有主见，就是要设法让自己潜意识里的"我感觉，我想要"体现出来，不要被动，不要从众，避免盲目听从父母、老师、名人……告诉自己，当认为必须说"no"的时候，千万不要说"yes"。从小事到大事，如果都能做到听从自己的意愿，久而久之，自然会养成积极主动的习惯。

父母要让缺乏主见的孩子找回自信，克服犹豫不决、拿不定主意的不良习惯，来迎接未来人生的无数次挑战。

有这样一则笑话：

小汤姆走进杂货店，店员问道："你要买什么？"

"买10磅15个法郎一磅的糖，加4磅90法郎一磅的咖啡，再买3磅26法郎一磅的奶油，然后再加30法郎的面包。"小汤姆说。

"618法郎。"店员说。

"假如我给你一张1000法郎的钞票，你该找给我多少？"

"382个法郎。快一点，我没有时间跟你磨蹭。"

小汤姆一面走出店门，一面说："这是老师要我明天交的作业，我还不会算呢！实在太谢谢你了。"

"聪明"的小汤姆把老师留给自己的作业交给了营业员来做，他的这个方法实在是高超！

在信息社会的今天，当书本、报刊、广播、电视、电脑上各种信息滚滚而来时，缺乏思考与判断力的孩子们，怎样取得"去伪存真、弃粗取精"的进步？这是每一位父母、老师不得不考虑的问题。

学会思考，是人的一生中最有价值的本钱。培养独立思考和独立判断的能力，应当始终放在教育孩子的首位，而不应当把获得知识放

孩子无小事

在首位。

人本来就有思考的潜能。父母不教孩子思考或处理所接触的事物，他也能从记忆、认识、分辨与整理中自行学会思考。但是，在这个知识爆炸的社会里，假如一切由他自己去尝试摸索，他在整个求学过程中，或许会很落后。作为父母你必须适时地推孩子一把，使他的进步能更快。培养孩子思考的习惯和能力，你需要做好引导工作，需要循序渐进、持之以恒。

首先，丰富知识，提高孩子的认识水平。孩子年龄小，道德观念还没有完全形成，是非判断标准还很模糊，而且孩子的控制能力差，往往不分好坏，容易模仿别人，人云亦云。父母要不断丰富孩子的知识，从各方面提高他的能力。同时，孩子的事情让他自己做，对于孩子做的事情，要给予充分的肯定，增强他对自身的认识，从而相信自己的力量。孩子有了自信心，又有了明辨是非的能力，做事就会有自己独特的见解，不盲目地跟随别人了。

其次，开发孩子的大脑。人的大脑是智慧的发源地，充分开发孩子大脑的功能，会使他更加喜欢思考。左手和右手的协调对开发人的大脑非常有好处，可以让孩子练习打字、弹琴等。

第三，认真回答孩子思考中提出的问题。有些孩子爱琢磨事，随后会提出一些稀奇古怪的问题。对孩子提出的这些问题，千万不要以无聊或荒诞来定论，而应该认真对待。

第四，进行科学启蒙。父母经常给孩子讲一些科学知识和科学家的故事，点燃孩子智慧的火种，使孩子学会用科学的眼光来观察世界、思考世界。

爱打断别人的说话——过于自我

　　孩子爱插话，是自我意识较强的反映，是他们成年之后产生自信心和自尊心的基础。阻止他们插嘴，可能会扼杀一个有独立见解的人才；鼓励他们插嘴中的正确见解和敢于发表意见的勇气，会使他们变得自信、坚强。但要教导他们，应在大人讨论的间歇时插话，不能打断大人的谈话。这样，既不失礼貌，又可以让大人倾听，这才是懂礼貌、有教养的孩子。

　　中国父母有句口头禅，"大人讲话，小孩不要插嘴"，也正是这句话把孩子的天性束缚住了。

　　对一般的孩子来讲，爱打断别人讲话，其实是很正常的，这是他们情感的自然流露，说明他们思想活跃，想了解更多的事情，对待问题有自己的看法。这其实是孩子好奇心和创造力的萌芽，如果过于压制，无异于扼杀孩子的天性。所以在家庭中，父母孩子如果做不到平等相处，久而久之孩子与父母会保持一定的心理距离，对任何事情都漠然视之，再也不插嘴问问题了，自身的想法也自然被压制住了。

　　电话铃响了，玛丽将露易丝放下，急匆匆去接电话。电话来自玛丽的一个客户，客户在电话线的另一头喋喋不休地提着要求。只要妈咪打电话或与人聊天，露易丝就会像一只小蝴蝶一样飘向妈咪喋喋不休地插嘴。这次她也不例外，"妈咪，我要打电话。""妈咪，你帮我拿仙女面具。""妈咪……"玛丽给露易丝做了个手势，继续跟客户探讨方案。露易丝见妈咪没有回应，她的声音高了起来。一声刺耳的"妈咪"透过电话线传到了对方耳朵里，玛丽尴尬极了，她的心变得有些烦乱，以致客户的很多话都没有听确切。在玛丽多次询问对方已谈过的问题后，对方礼貌地道过谢，挂了机。爱插嘴的露易丝就这样把妈咪一单肥肥的生意搅黄了。

亚伯拉罕·林肯说过:"首先,要学会做一个好的倾听者,然后你才会成为生活中的主角。"父母让孩子明白,学会倾听他人的讲话,不随意地打断别人讲话,是一种有教养、有风度的表现。要让孩子学会尊重他人。只顾自己滔滔不绝,无视他人的存在,是一种不礼貌的行为。听其他人讲话时,先安静地听,等听清楚了别人的讲话内容后,再准确完整地说清自己的想法。这一方面是孩子尊重他人的表现;另一方面也可使孩子学习到更多的知识。

首先,"因事制宜"。即针对不同的情况,采取相应适当的方式和方法加以引导。当孩子对大人谈话内容提出疑问,或遇到困难求助时,可以跟孩子讲明,谈话结束后再解答,还可以再夸奖他一句:"你真爱动脑筋!"这样孩子是会谅解的。但事后一定要履行诺言,并教育孩子在别人谈话时不要随便地打断,告诉他这样做是不礼貌的。

其次,"相机诱导"。即父母利用一切可以用来对孩子进行教育的机会,对孩子加以启发和诱导,尤其要注意运用发生在孩子身边的事情来教育孩子,使孩子受到启迪和提高。

第三,"言传身教"。即父母要注意自己的言行,特别是"行"。因为孩子的模仿性较强,且又缺乏一定的辨别能力,所以父母应树立起一个礼貌地与人交往的榜样。你还可以跟爱插话且"屡教不改"的孩子做一个换位游戏,从而让他看到自己的毛病,学会尊重他人。

八、小习惯决定大成就

好习惯就是生产力,有生产力的习惯如同种子,今天的播种不一定马上就有结果,或许它要经过几年时间才能成熟,但是毫无疑问,没有播种永远不会有收获,而我们的举手之劳却为我们带来了超想象的丰富回报。生产力带来创造力,小习惯带来大成就,伟大人物有伟大的习惯,但千万别说我做不到!习惯是"养成教育"的产物,它往往起源于看似不经意的小事,却蕴涵了足以改变人类命运的巨大能量。

独立,让我们活得更精彩

凡是儿童自己能够做到的,应该让他自己做;凡是儿童能够自己想到的,应该让他自己去想。这是父母不得不转变的观念。

孩子从一出生就是一个独立的人,他们在积极探索周围的世界,可是,父母包办代替,使孩子形成一种错误认识:什么事情都应该是父母的,不用自己动手做的。让孩子从学会做"人",必须从学会做一个独立的"人"开始,从而感知生命存在的意义。

有两个相似的镜头:

第一个片断:在广场上,一个蹒跚学步的孩子一不小心跌倒了,身后的爸爸妈妈急忙跑上来,把他扶起来抱在怀里,嘴里不停地说"宝宝乖……宝宝不哭"之类的话,而孩子还是委屈地哭个不停。

孩子无小事

第二个片断：一对外国夫妇领着一个一岁多的小孩在公园玩，夫妻两个交谈的时候，孩子不小心掉进了一个小水坑，哇哇大哭，但父母却不理。过了一会，小孩子挣扎着从水坑里爬出来，浑身是泥，不哭不闹地在水坑边玩耍起来。

同样的画面，不同的处理方式，必然有不同的结果。

世界上的万物都是有生命的，它们都按其不同的生命方式存在着。少儿时期是孩子们世界观、人生观、价值观的萌发时期，而现在的独生子女，个个都是家中的"小皇帝、小太阳"，他们饭来张口、衣来伸手，样样事情都由长辈包办代替。所以对于许多孩子来说，常常表现出对成人有较强的依赖性，独立性比较差，意志力薄弱的现象。

未来是属于孩子的，孩子未来的路要靠他们自己去走，未来的生活要靠他们自己去创造。我们应循序渐进、耐心引导孩子，多给孩子自己去尝试体验的机会，培养孩子做一个独立的"人"，产生热爱生命、保护生命、关爱生命的意识，使孩子具有良好的个性、积极向上的情绪和初步的自我责任感，进一步感悟生命的意义。另外在培养过程中应积极鼓励孩子的每一点进步，帮助他们树立自信，使他们具有较强的社会适应能力和心理承受能力，去勇敢地面对问题、解决问题。

不要什么都为孩子做好，父母应当试着放开手，让孩子自主地去做，第一次也许做不好，但以后就会做得又快又好。千万不要做包办父母，放开手为孩子创造做事的机会和平台，孩子才能有自立能力，父母们也会少些麻烦。

首先，但凡孩子能独立完成的事就不要替他去做，就好像要让孩子学会走路，你得先放开手一样。当然，一旦决定"放手"了，就要坚持下去，不要看到孩子做不好事情就又去插手。

其次，"不经一番严霜苦，哪有梅花扑鼻香"，真正爱孩子就要放手让孩子独立闯荡，这样孩子才能在风雨磨炼中成为有用的人才。

第三,希望孩子在自主活动中一帆风顺是不可能的,父母应当"狠"下心来,让孩子学会照顾自己,只有富于自立精神的孩子才能成长为使自己幸福的人。

独立思考,有自己的观点

人常常会陷入一种盲从的困境,所以必须培养独立的思考能力,才能有自己的主见。对于孩子而言,建立开放性的思考,才能在未来面临事情时,不被固有思想所圈。

大部分父母教育孩子的时候,往往只是把目光放在孩子的学习成绩上,"一俊遮百丑",只要孩子成绩好就可以满足他的任何愿望。却疏忽了对于孩子的独立自主能力的培养。父母千万记住:让孩子学会独立思考,才能有意识地去独立做事、独立交往,别剥夺了孩子思考的机会。

一位老教师在美国探亲时,看到一件有趣的事情:许多小孩子在海边玩耍,其中一个小孩用手捧着水往岸上的一个坑里灌。而手捧水会漏,距离又远,水总也装不满,他反反复复地试了很多次,丝毫不泄气。他停下来想找一个可以盛水的东西,可旁边什么都没有。他跑到妈妈身边,从自己的小包中取出一页较硬的纸,然后折成盒子形,再去盛水很快就盛满了。孩子高兴地笑了,回头看着身后的妈妈,而这位美国妈妈正鼓掌为他喝彩。

想想我们吧!一般情况下,中国孩子的妈妈却大多是另外的做法:当孩子捧水时,少数妈妈可能粗暴地制止;也许,极少数妈妈认为小孩子就是玩,对孩子不闻不问,你爱干什么就干什么,也不会表扬。但大多数会立刻蹲下来说:"来,妈妈帮你!"然后想一个我们大人常常用的办法帮孩子把水装满。有人说中国的父母是世界上最伟大的。

可是我们很少去思考在无微不至的关怀下，我们的孩子将失去什么！

　　父母将所有的"爱"都倾注在孩子身上：家务活从来不让孩子做；对孩子的生活起居照顾得无微不至。然而这些父母可曾想过他们只会给予物质、生活上的帮助，认为这是对孩子最大的负责，可是，正是因为他们这种无处不在的"爱"，可能会让孩子丧失基本的独立生活能力，难以养成独立自主的人格。

　　时光在流逝，父母不会永远跟着孩子，无法为孩子预约未来；社会在进步，事情不会一成不变，也不能为孩子指定方法。更何况时代一定跟原来那个时代不同，身为父母，自己能否完全适应现在这个社会都是未知数，倒不如让孩子在力所能及的事情上自己去思考问题、解决问题，逐步培养孩子独自处理事情的能力。对于孩子来说，过程比结果更为重要。这样，孩子才能去大胆探索外面的世界，才能得到锻炼。

　　首先，应该使孩子在生活上不依赖父母。培养孩子独立生活的能力是培养独立思考能力的第一步。因此，明智的父母应该刻意训练孩子料理自己的生活琐事。

　　其次，父母应努力挖掘和保护孩子的好奇心。独立思考能力强的孩子，往往具有较强的好奇心。父母应支持孩子搞一些小发明、小制作。这样，不仅满足了孩子的好奇心，还让孩子通过自己动手学到了新知识。

　　第三，注重孩子独立思考能力的培养。千万不要因为孩子的提问过于荒诞而对他嘲笑或批评，相反对孩子超出常规的思维方式应予以鼓励，这种不同寻常的思维很可能就是今后科学创造的萌芽。

立即动手并且能够坚持下去

"即知即行"是好习惯的其中一项，但是父母在引导孩子行动之前，还是要提醒孩子先做好计划，以免事倍功半。

一个目标，不论多么远大，没有立即行动就可能失去成功的机会；一个商机，不论多么好，没有立即行动就可能失去创造财富的机会；一个构思，不论多么精彩，没有立即行动就可能失去领先的机会。只有立即行动才能让我们更好地把握机会，立即行动是获得成功的唯一有效途径。

让孩子立即行动起来，不要害怕失败，哪怕只是一小步，也会缩短与成功的距离。在孩子成长的道路上，肯定会遇到大大小小的挫折，许许多多困难。身为父母你不要让他退缩，也不要越俎代庖，而是应该在帮助的基础上让孩子自己克服挫折，解决困难，逐步养成孩子立即行动并持之以恒的好习惯，为未来打下坚实的基础。

某家医院五官科病房里同时住进来两位病人，都是鼻子不舒服。在等待化验结果期间，甲说："如果是癌，立即去旅行，并首先去拉萨。"乙也同样如此表示。结果出来了，甲得的是鼻癌，乙长的是鼻息肉。

乙住了下来，甲列了一张告别人生的计划表就离开了医院。甲的计划表是：

去一趟拉萨和敦煌；从攀枝花坐船一直到长江口；到海南的三亚以椰子树为背景拍一张照片；在哈尔滨过一个冬天；从大连坐船到广西的北海；登上天安门；读完莎士比亚的所有作品；力争听一次瞎子阿炳原版的《二泉映月》；写一本书。凡此种种，共 27 条。

他在这张生命的清单后面这么写道：我的一生有很多梦想，有的实现了，有的由于种种原因没有实现。现在上帝给我的时间不多了，为了不遗憾地离开这个世界，我打算用生命的最后几年去实现还剩下的这 27 个梦。

当年，甲就辞掉了公司的职务，去了拉萨和敦煌。第二年，又以惊人的毅力和韧性通过了成人考试。这期间，他登上过天安门，去了内蒙古大草原，还在一户牧民家里住了一个星期。现在这位朋友正在实现他出一本书的夙愿。

有一天，乙在报上看到甲写的一篇散文，打电话去问甲的病。甲说："我真的无法想象，要不是这场病，我的生命该是多么的糟糕。是它提醒了我，去做自己想做的事，去实现自己想去实现的梦想。现在我才体味到什么是真正的生命和人生。你生活得也挺好吧！"乙没有回答。因为在医院时说的去拉萨和敦煌的事，早已因患的不是癌症而放到脑后去了。

父母一定要告诫孩子：人生最大的悲哀就是凡事都等明天去做。太阳落下去了，当它再升起来的时候，许多事就已经无可挽回了。在每个人的生命旅程中，也一定曾拥有过很远大的梦想。然而多数人由于缺乏立即行动的个性，任时光匆匆溜走，到头来哀叹年华逝水，时不我待。于是梦想开始萎缩，种种消极的思想衍生，甚至于就此不敢再存任何梦想，过着随遇而安、乐于知命的平庸生活，这正是成功者总是占少数的根本原因。

如何才能培养孩子立即行动且坚持不懈的习惯呢？

首先，根据孩子兴趣为他讲一些故事，诸如：《懒惰的小鸭》、《愚公移山》、《龟兔赛跑》等等，让孩子逐渐体会并做到做事要立即行动且持之以恒。

其次，常教孩子一些关于持之以恒方面的俗语、名言，设座右铭之类，如："与其临渊羡鱼，不如退而结网。""贵有恒何必三更起五更睡，最无益只怕一日曝十日寒。""行百里者半九十。"等等，让孩子自我警醒，渐渐养成做事立即行动且持之以恒的习惯。

第三，父母以身作则，做事有恒心、有毅力，坚持与困难作斗争，潜移默化地让孩子养成永不放弃、永不言败的性格。

说话算话才能受人尊重

遵守承诺对父母来说有时并不是那么容易，但是我们只要想想，或许就是因为这一次的失信，而使得孩子失去对父母的信任感。因此，从我们自身做起，养成遵守承诺的习惯，相信孩子也会在潜移默化中感受到遵守承诺的重要。

遵守诺言是一项重要的感情储蓄，违背诺言是一项重大的支取。实际上，最能导致情感储备大量支取的莫过于许下某个至关重要的诺言而又不履行这一诺言了。

诺言应是一种肯定，是对某种追求、某种责任的信念与执著。诺言之所以能成为一种力量，是因为信用具有无上的价值。社会秩序建立在人与人之间彼此遵守约定的基础之上，是否实践诺言，是衡量人类精神是否高尚的准则。道义、道德也都表现在守信上，如果人们不把守信作为制约自身行为的准绳，社会生活的各个阶层将蒙受其害。每一个人都应遵守诺言，诺言是神圣的，承诺是金。

一只青蛙和一只蝎子同时来到河边，望着滚滚流水，正思索着如何渡过河去。

这时蝎子开口向青蛙说："青蛙老弟，不如你背着我，而我也可以辅助你指引方向，就可以到达对岸。"

青蛙说："我才不傻。背你，搞不好毒针乱刺，我随时一命呜呼。"

蝎子说："不会，不会。在河中如果你溺水，那我不也完了吗？"

青蛙一想有道理，就背着蝎子向对岸游去。在河中央青蛙忽感身上一阵刺痛，破口大骂蝎子："你不是承诺不刺我的吗，为什么背叛诺言？"

蝎子脸不红气不喘毫无悔意地说："没有办法，这是我的本性啊。"结果双双而死。

蝎子不守诺言，以"这是我的本性"为借口，来逃避责任，而最终自己也为之付出了生命的代价。

信守承诺是一笔巨大的财富。没有人能脱离社会独自成功，只有在他人的合作下才能够成功。人与人合作的基本前提就是要遵守诺言。一个遵守诺言的人，别人才愿意与他合作。假如我们养成了一贯履行承诺的习惯，别人会因为我们的成熟而倾听我们的意见与劝告。因此，守信用的孩子更受人欢迎，更容易获得社交的成功。

父母可以从以下几方面着手培养孩子的守信。

首先，对人讲信用，说话负责任。告诉孩子答应别人的事一定要兑现；在答应别人之前，要慎重考虑自己有没有能力和把握做到；对不能做到的，就不要轻易答应；对比较有把握做到的，也应留有余地，不要大包大揽。如果由于特殊原因，经过再三努力仍没有做到，应诚恳地说明原因，表示歉意。

其次，对孩子守信的事及时鼓励。当孩子守信时，不管事情多么微小，有没有实在意义，父母要及时鼓励褒奖，相反便加以纠正、教育。要让孩子懂得，在人际交往中守信既是对对方的重视和尊重，也是约束自己的基本要求，是懂礼貌、有教养、威信高的最直观表现。

第三，告诉孩子不要轻易许诺。有些诺言的确可以轻易实现，也有些诺言虽也可以实现，但却没有足够把握可以达到目标，还有些诺言是根本无法实现的，因为一个人的能力毕竟是有限的。

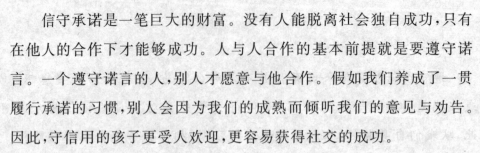

做事情能够分清轻重缓急

孩子在开始独立的时候,时常会出现搞不定事情的情况。这时,身为父母的我们就必须引导孩子做出判断,一一将复杂的事情分类,归纳出紧急的程度,归纳出来之后再一一地解决。多指导几次,孩子就能轻松学会面对各种或急或缓的事情。

人生是丰富多彩的。一个人要分清轻重缓急,并非任何时候只能做最重要的一件事而完全忽略所有其他的事,而是要分析哪些是属于当时最重要的一件或两件事并坚决把它们做好。其他的事也可以根据自己的需要、能力及兴趣去做一些。但一定要设计出优先顺序,而且不宜经常和随便更改,这就是时间管理的精髓,也是学业成功的秘诀之一。

兄弟俩打猎,一只野兔跑过来。

"我把它射到烤着吃。"哥哥拉开弓瞄准说。

"鸭是烤着好吃,但野兔还是煮着吃更有味道。"弟弟说。

"烤的好吃!"

"煮的好吃!"

两人争论不休,于是到一个人那里去评理。

那个人告诉他,把野兔分成两半,一半煮,一半烤。兄弟俩觉得有道理,就回去找那只野兔。但野兔早就跑得没有踪影了。

机会稍纵即逝,在无关紧要的事情上争论不休便会错失良机。做事情要分清轻重缓急。不要为鸡毛蒜皮的小事纠缠不清,浪费时间,以致错失良机,功败垂成。那是最愚蠢的做法。

在生活中,当孩子做事情手忙脚乱时,父母就要好好找一下原因,通常都是由于孩子没有把事情的顺序安排好。

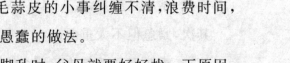

当代管理学之父彼得·杜拉克说过:"必须分清轻重缓急。最糟糕的是什么事都做,但都只做一点,这必将一事无成。"

知识的海洋这么深、这么广,而个人的时间与精力又是如此有限,因此,在时间管理上我们必须要有选择,先把重要的大事处理好,待有余力才去做不重要的小事。要有所不为,才能有所为或有所作为。

学会分清轻重缓急,说起来容易。做起来,尤其是做一辈子,不是很容易。很多孩子见到周围的同学或朋友有这样那样的东西,做这样那样的事,得到这样那样的好处,就想自己也样样都做,样样都有。于是乎什么"轻重缓急"就丢到九霄云外去了。其实,一个人成功的关键就在于意识到个人的局限性,在任何一个人生阶段上对自己都不求全责备,坚决不与周围的人攀比;善于辨认并敢于抛弃某些看起来"不可不做"的小事;在大事上持之以恒并把大量的时间和精力真正投入进去。

怎样分清轻重缓急?意大利经济学家维弗烈度·柏瑞图提出了一个著名的重要的"少数与琐碎的多数"或称之为20/80定律。即在日常生活中,一定有20%的事情足以决定你80%的成就,所以应该先辨别什么是最可能见成效的20%的事情。一旦辨别清楚了,用80%的时间做好这些最重要的事情,再用剩下的20%的时间做其他事情。这就叫好钢用在刀刃上。虽然每个人在每段人生情况不同,人们不必机械地套用这些百分比,但把这个定律的精神融会贯通、有意识地用到学习及生活当中,就可以帮助孩子识别及做好至关重要的大事。

要设定优先顺序,可以用"轻重缓急"四字去划分学习、生活中的四类事务:

首先,紧急且重要。

其次,紧急但不太重要。

第三,重要但是看起来不紧急。

第四,不重要也不紧急。

分享会让你更快乐

　　父母应该从孩子幼年时就教导他们如何与他人一同分享，无论是有形的事物，或是无形的情感，并在日常生活中引导孩子付诸行动，这样，他们才能真实地感受到与他人分享的喜悦。

　　把你的快乐与人分享，你们将会拥有双倍的快乐；把你的痛苦与人分享，你将会减少一半痛苦。人一定要学会用你拥有的东西去换取对你来说更加重要和丰富的东西。在人与人之间学会交换和分享，孩子的成长来自孩子各方面的生活，因此作为父母不要刻意地去掩盖他们的某些弱点，应该让孩子从小学着和你一起去分担，哪怕只是让他了解一下，理解生活的不容易，这样他才会懂得珍惜现在的生活，才会关心别人。

　　有一个学生怕麻烦老师，所以迟迟不敢再问问题。细心的老师发现了这种现象，就追问他原因。学生解释说：

　　"老师，您知道吗？您给我的答案我又忘记了。我很想再次请教您，但想想我已经麻烦您许多次了，不敢再去打扰您了！"

　　老师想了想，对学生说："先去点一盏油灯。"学生照做了。

　　老师接着又说："再多取几盏油灯来，用第一盏灯去点燃它们。"学生也照做了。

　　老师便对他说："其他的灯都由第一盏油灯点燃，第一盏灯的光芒有损失吗？"

　　"没有啊！"学生回答。

　　"所以，我也不会有丝毫损失的，欢迎你随时来找我。"

　　当我们乐意和他人分享我们所拥有的知识和祝福时，不但不会有损失，反而会产生更大的喜悦和满足。现实生活中，小气的孩子并不少见。"小气"虽然不是什么大毛病,但如果是一个什么都不愿与他人分享,独占意识很强的人,是很难与他人形成良好的人际关系的。所以,从小培养孩子与他人分享的习惯很重要。为此,父母该做到下面几点:

首先,不要溺爱孩子。尽管现在条件好了,由于每个家庭中孩子少了,父母对孩子的溺爱更严重了。长此以往就强化了孩子的独享意识,他们理所当然地把好吃的、好玩的据为己有。导致孩子吃独食,不愿与他人分享。

其次,不能让孩子搞特殊化。父母要教育孩子既看到自己也要想到别人,知道自己与其他成员是平等的关系。好东西应该大家分享,不能只顾自己不顾别人。自己有愿望,别人也一样有愿望。不要让孩子凡事都把自己放到第一位,这样孩子容易自私自利。在家庭生活中要形成一定的"公平"环境,这对防止孩子滋长"独享"意识有积极的意义。

第三,让孩子明白分享不是失去而是互利。孩子之所以不愿与人分享,是因为他觉得分享就是失去。让孩子明白,分享体现了自己对别人的关心与帮助,自己与别人分享了,别人也会回报自己同样的关心与帮助,这样彼此关心、爱护、体贴,大家都会觉得温暖和快乐。分享其实不是失去,它是一种交流,一种互利。

第四,给孩子分享的实践机会。一般来说,父母都疼爱自己的孩子,但爱的方法各有不同。父母千万不可对子女百依百顺,更不要把孩子当成贵宾一样,穿要穿最好的,吃要吃最好的,有好的东西只想到自己。众多家人意见中,以孩子意见为准,大人长者皆在其后,久而久之,孩子成了"小皇帝",主宰家庭的一切。这些孩子在家里是这样,到外面自然也习惯如此。

按时作息让你更健康

生命是由时间积累而成的,浪费时间,就等于是在浪费生命。所以从小就应该培养孩子珍惜时间的观念,让他们懂得合理地利用时间,就是成功的基础。

内在精神满足的追求是成功最持久的动力。只有在内在精神满足的平衡下,一个人才能发挥出最巨大的、最持久的潜能。对孩子负责任的父母,应该在孩子可以理解、能够做到的范畴内,尽量用孩子内心的满足来鼓励他的努力,而不是强行制止或严厉地责骂。

一个人要想成功,合理安排时间是必备的基本素质。教孩子不浪费时间,最好的办法是帮助孩子养成合理安排时间的习惯。除了做功课外,父母还可让孩子与大人一起制订多种时间表,如跑步、打球等等。当然这些时间表要与孩子商量而定,符合孩子的兴趣和特点,取得孩子的认同,让他内心得到最大满足,从而调动他各方面的积极性。

晓莉期待已久的电视节目即将播放,她怀着无比的兴奋守在电视机旁。突然"啪"的一声,母亲把电视机关掉了,并大声吼她:"功课还未做便开始看电视!"晓莉想先看后做,结果抗议无效,不情愿地去做功课。结果当然可想而知,作业写得乱七八糟,漏洞百出。于是妈妈开始大发雷霆:"你看,你在做什么? 字写得难看不说,还能看清吗? 数学题错这么多,连抄课文也错字连篇,我看你根本是心不在焉。我怎么就生你这么一个女儿?"晓莉反驳道:"是吗? 我也不知道啊! 生错我是你的错,不怪我!"

事情搞到这个样子,母女俩都有责任。晓莉电视没有看成,做功课就心不在焉,是对自己不负责任;可是换位思考,晓莉毕竟是孩子,而孩子的天性就爱玩,妈妈未能设身处地为孩子着想是导致这一结果

孩子无小事

的直接原因。

人生的时间虽然有限，但毕竟不可能全用在工作和学习上，最行之有效的方法就是合理利用起来。对待孩子也该如此，否则也没好效果。

时间是需要珍惜，但是人的精力毕竟是有限的，如果筋疲力尽时，还继续学习，不仅效率极低，身体还会受到影响。良好的作息习惯不仅可以使孩子的身心健康得以保障，而且使孩子能够拥有充分的精力去学习和生活，茁壮地成长。为了方便教会孩子安排好自己的时间，有序地做事，父母可以做以下的尝试：

首先，保障休息，调节用脑。让孩子睡好，睡眠是最好的休息，在孩子大脑、眼睛感到疲劳时，让孩子做些轻松的事情。

其次，充分利用最佳时间。一天最佳的学习时间是上午九至十一点，下午三点半至五点半，最好在这一段时间让孩子接受新知识。还要让孩子在记忆高峰时间段去背诵，一般是在早上和晚上。

第三，巧妙地利用时间。可以在洗衣服、做卫生的同时听广播；做室内健身运动同时看电视；做家务事时与父母谈谈心；如果有条件在与父母探讨一些感兴趣的问题时用外语交流等等。

第四，给孩子自己留下空间。孩子不仅要有学习、劳动、休息的时间，还要有足够的娱乐和自由活动的时间，这样孩子才可能有积极性去做好一切。

卫生习惯要从小养成

我们总以为自身的东西是取之不尽、用之不竭的。随着文明程度的提高，我们渐渐意识到环境的重要，我们知道珍爱每一株树木花草，珍爱每一滴水，却常常忘记了珍视自己身体的每一部分。

说到卫生,许多人会想到饮食、环境等,不错,但这些已经被人们重视起来,在此不必赘述。这里要谈的是身体器官方面的卫生。

有一本书的名字叫《我想看》,它的作者是鲍希尔德·达尔——一个失去视觉近乎半个世纪之久的妇女。她在书中叙述道:"我有一只眼睛看得见,却又布满伤痕,只能奋力通过眼睛左边的一小部分看东西。念书的时候,我得把书本举到眼前,并且用力把眼珠挤到左边去。"

鲍希尔德从小不愿意接受别人同情,也不愿被视为与众不同。小时候,她很想和其他小孩玩"跳房子"的游戏,却看不到地上画的线。于是,她等到其他孩子回家后,一个人趴在地上把画在地上的线全部找出来,并记住了线的位置。等到下次和其他小孩一起玩耍的时候,她居然成了玩得最好的。她喜欢看书,每次都把大字书举到靠近眼睫毛的地方才看得见。但是她获得了明尼苏达大学的文学学士和哥伦比亚大学的文学硕士两个学位。

鲍希尔德一直努力开心向上地生活着。她曾在书中写道:"在我的内心深处,一直掩藏着对眼盲的恐惧。为了克服这种念头,我选择了欢乐、近乎嬉闹的生活态度。"

1943年,奇迹出现了! 著名的"美友医院"为鲍希尔德动了一次手术,此时她已经是52岁的老妇。手术很成功,她比以前所看到的要清楚几十倍! 一个崭新的、令人兴奋的可爱世界呈现在她的眼前。重见光明的她看到了太多美好的事物,甚至在厨房水槽洗碗的时候,都会有战栗的感觉,害怕这一切又会在眼前消失。她在书中写道:"我玩弄碗盘里的肥皂泡泡,我把手伸进肥皂泡沫里,抓起一团肥皂泡。小肥皂泡迎着光,显示出一种漂亮的颜色。"她透过厨房的窗户看到:"燕子张着灰黑色的翅膀,掠过大雪纷飞的雪地。"当她陶醉在肥皂泡沫和燕子的景象中时,她在"亲爱的上帝,我们的苍天之父,我感谢你……"之中结束了这本书。

因为在洗盘子的时候看到泡泡里的彩虹,只因为看到飞翔在雪地里的燕子,鲍希尔德就能感谢上帝,赞美上帝。而我们一直生活在鲍希尔德所感受到的美妙仙境里,却一直忽略了大自然无比珍贵的恩赐。在鲍希尔德的世界里,还有什么比一双健康的眼睛更重要、更珍贵的东西呢？而我们每一个拥有健康双眼的人却往往忽视了它的重要。

我们试想一下:如果失去视觉我们将看不到绚丽多彩的世界,如果失去听觉我们将听不到美丽动听的声音,如果失去味觉我们将闻不到芬芳扑鼻的香气……身体的每一个器官都是进化选择的结果,它们对于学习、工作和生活的重要性不言而喻。因此,我们一定要培养孩子注意自身资源运用的卫生。不要对自身的健康熟视无睹。在此给父母以下建议:

首先,不要让孩子在光线不足的条件下长时间用眼;不要让孩子疲劳用眼,不论是学习还是看电视或玩电脑游戏等,一定要注意适当休息;不让孩子长时间斜视等等。

其次,纠正孩子读书写字的姿势。比如躺卧、趴着、走路等对孩子的视力及脊柱的健康发展有影响。

第三,不要让孩子长时间处于噪声环境下,告诉孩子不要总挖耳朵,有助于保护听力。尽可能少让孩子置身于有刺激性气味的环境,告诉孩子不要总是挖鼻孔,有利于保护嗅觉。

控制情绪,抑制冲动

自制力是能够控制自己、支配自己并自觉调节自己行为的能力。它表现为既善于促使自己去完成应当完成的任务,又善于抑制自己的不良行为。

矛盾是可以互相转化的,人的欲望也是不停地转化的。当人的一个欲望实现以后,就会有一个新的欲望产生,而欲望的膨胀就有可能产生罪恶。因此,称职的父母要经常对孩子说:有的欲望是可以实现的,有的欲望实现会付出惨重的代价,有的欲望根本就不可能实现。所以,好多时候我们必须学会控制自己的欲望。

早年在美国一个叫阿拉斯加的地方有一个年轻人,他的太太因难产而死,留下一个孩子。他忙于工作,又忙于家务,没有时间照顾孩子。因而他训练了一只狗,那狗聪明听话,能照顾孩子,咬着奶瓶喂奶给孩子喝,抚养孩子。

有一天,主人出门去了,叫狗照顾孩子。他到了别的乡村,因遇大雪,当日不能回来。第二天才赶回家,狗立刻开门出来迎接主人。他把房门打开一看,到处是血,抬头一望,床上也是血,孩子不见了,狗也浑身是血。主人发现这种情形,以为狗兽性发作,把孩子吃掉了,狂怒之下,拿起刀来向着狗头一劈,把狗杀死了。杀死狗之后,他突然听到孩子的声音,随后看见孩子从床下爬了出来,于是他欣喜地抱起了孩子。奇怪的是:孩子虽然身上也有血,但并未受伤。他不知究竟是怎么一回事,再看看狗身上,腿上的肉没有了。他往床底下一看,床底下有一只死掉的狼,口里还咬着狗的肉。

原来,狗救了小主人,却被粗心暴躁的主人误杀了。

虽然这只是一个故事,但它告诉我们:人的感觉器官是用来搜集信息的,如果不经过大脑分析就下定论,便会产生错误,令人做出追悔莫及的事。因此,凡事一定要三思而后行。

那究竟如何培养孩子控制情绪,抑制冲动的习惯呢?建议父母从下面几个方面来入手:

首先,为孩子营造一种宁静的学习氛围。外面的世界很精彩,孩子好奇心又重,容易受到影响,难以专心学习。父母一方面要注意防止新奇怪异的事物影响孩子的注意力,另一方面要主动为孩子营造一个安静少干扰、少诱惑的学习氛围。

其次,用转移法减小孩子火气,必要时适当地发泄。当孩子出现乱发脾气行为时,绝对不能以暴制暴,应利用当时的周围环境,设法转移孩子的注意力,让孩子被一些新鲜事物所吸引,使孩子放弃无理要求。如果还不行,可以让他对一些不会受到伤害的事物独自发泄。

第三,正确引导孩子的好奇心。好奇心既是促使孩子探求、研究新事物,培养思考问题、解决问题能力的有效方法,又可能成为产生浮躁情绪的根源。父母不能任由孩子的好奇心随意发展,也不能限制,而要把他们的好奇心引导成对问题、对事物、对现象的深入探讨,让孩子对深层次、更本质的内容产生好奇,从而锻炼孩子的思维能力,提高孩子的思维水平。

第四,以鼓励或惩罚的方法矫正。当孩子放弃了自己不合理的要求时,父母应给予鼓励,让他的心理产生一种愉快感,促使他产生更多的积极行为。当孩子固执地乱发脾气时,父母立即指出他的错误,并对他的态度冷淡下来,不理睬他,直到孩子"软"下来,再给他讲道理。长此下去,孩子正确的行为会得到巩固,错误的行为会逐渐消除。

有教养懂礼貌

一个人的道德修养是其事业能否成功的基础所在。没有修养的人,无论你的学识有多么渊博,也是不受人欢迎的。一个人从小就要不断提升自己的修养,因为人际关系将决定我们的前途和命运。

每位父母都希望自己的孩子能有这样一个理想的前奏。孩子只要懂得了讲文明懂礼貌的具体形式和内容,无论是言谈举止,还是文明礼仪,都会在不同的场合显现出他不同凡响的一面,为他今后的立身处世打下坚实的品格基础。每个父母应该重视修养的作用,这一良好习惯的养成将关系到孩子一生的前途和命运。

做一个有教养的人最基本的就是礼貌。

有个年轻人骑马赶路,眼看已近黄昏,可是前不着村、后不着店。正在着急,忽见一位老汉从这儿路过,他便在马背上高声喊道:"喂!老头儿,离客店还有多远?"

老人回答:"五里!"

年轻人策马飞奔,急忙超过去了。结果一气跑了十多里,仍不见人烟。他暗想,这老头儿真可恶,说谎骗人,非得回去教训他一下不可。

他一边想着,一边自言自语道:"五里,五里,什么五里!"猛然,他醒悟过来了,这"五里",不正是"无礼"的谐音吗?年轻人顿时明白了老人回答中所包含的幽默含义。于是拨转马头往回赶。追上了那位老人,急忙翻身下马,亲热地叫声:"老大爷。"

话没说完,老人便说:"客店已走过头了,如不嫌弃,可到我家一住。"

礼貌的语言是尊重他人的标志,良言一句三冬暖,恶语伤人六月寒。在与人交往中,礼貌得体的语言可以使人如沐春风,因而愿意与你交往;而不拘小节,言语粗鲁,则会让人心生不满,厌而远之。孩子从小就要不断提高自己的修养,因为人际关系往往决定我们的前途和命运。

孔子曾说过:"质胜文则野,文胜质则史,文质彬彬,然后君子。"这是说,只是品格质朴而不注重礼节仪表,就会显得粗野;光注重礼节仪表,却缺乏质朴的品格,就会显得虚浮。只有礼节仪表同质朴的品格结合,才是一个有教养的人。所以父母要从品格与礼仪两方面去规范孩子,让孩子养成文明礼貌的好习惯,成为有修养的人。在此说一下培养的基本方法:

首先,在与他人的交往中要待人真诚,努力提高自身素质。要尊重他人,树立起关心帮助他人,与他人团结友爱、互相合作的思想;克服冷漠、孤傲、唯我独尊、自私自利的错误思想和行为。

其次,在社交过程中应遵守礼仪常规。如:不论对谁,正确使用文明礼貌用语；进入他人房间先敲门，得到允许方可入内；在公共场合不大声喧哗；在车上主动为老弱病残让座；客人来了要主动打招呼，递茶时双手奉上；别人讲话时眼睛注视对方，注意倾听，不要左顾右盼，不中间打断，不随意插话……以上是讲礼貌的一些具体形式和内容，是起码的常识，当然不止于此。

第三，父母不仅教育，还要注意对孩子平时的训练和强化，使孩子举止文雅，热情大方，懂礼貌，重仪表。经过不断地训练，日后你便会欣喜地看到你的孩子真的长大了。孩子只有懂得了以上这些并能够做到，才能够证明他掌握了最基本的交往技能，懂得了初步的社会行为规范。这是孩子们交往能力发展最为理想的前奏。

能够接受批评并改正缺点

"人恒过，而后改之。""知过能改，善莫大焉。"孩子有改正错误的权利，我们不能剥夺孩子改错的权利，给予孩子改错的机会，就是还给了孩子发展的权利。

大多数孩子做错了事的时候，父母总是要他们认错，似乎只要开口认一句是自己错了，就已经把错误改过来，问题也解决了。其实不然，好多父母不论孩子犯了什么错误，除了一顿暴打之外，还要逼着孩子认错，如果孩子嘴巴硬，死不认错，处罚就更严厉。所以导致孩子不管内心服与不服，都只有承认错误。事实上并不是真心认错，只是向压力低头，以求自保，不再受到惩罚而已。

好多人都读过"千里之堤，毁于蚁穴"的故事，它告诉人们要防微杜渐，及时改正生活和学习中的错误和缺点，做一个真正有用的人。

亮亮学习成绩优良，常常受到老师的表扬。假日的一天，他与朋友明明和强强相约到野外郊游。在回来的路上，经过一片梨园。看着又圆又大的梨,闻着诱人的香气,三人这才感到又累又乏又渴。梨园里静悄悄的,一个人都没有,亮亮说:"咱们摘几个吧,没关系,反正没人看见。"明明说:"这不是偷吗? 不行!"强强说:"不就是几个梨吗? 就这一次,下不为例。"亮亮和强强抱着侥幸心理,为自己的错误行为找借口,岂不知长此以往,就会给自己的错误行为大开绿灯,从而导致更大的错误,甚至犯罪。

第二天,强强在明明的劝说下,找到了卖梨的老汉,拿钱去买了梨吃。亮亮却摘了两个梨一边吃一边想:明明他们真傻,现成的梨不吃,却要自己花钱买。

从此以后,亮亮不断找机会到梨园摘梨吃,起初还很害怕,但一直没有被人发现,慢慢地他的胆子越来越大。开学了,亮亮不再有机会到梨园,但班里的同学经常发现自己心爱的文具不翼而飞,其实都是亮亮干的。

有一天中午,亮亮回到家里,见到父母都不在,就从家里偷一百元钱。后来,亮亮的胆子越来越大,更猖狂地进行盗窃。不仅把恶手伸向了家里、同学、老师,还开始进入社会偷盗。最终,亮亮在一次偷窃时被当场抓获,扭送至公安机关。

从偷梨这一件小事开始,亮亮小错不断,由一个成绩优秀的学生,逐渐养成了小偷小摸的习惯,最终导致犯罪。由这个真实的故事,我们可以得出这样的教训:小的错误如不能及时改正,就会酿成大错。

一般孩子不肯认错的原因有两种情况,一种是即使说了对不起,父母也不会原谅自己,有时候还会受到惩罚;另外一种是孩子对父母十分不满,所以故意与父母抗衡,不肯屈服。

要真正培养孩子知错能改的习惯,父母最低限度要做到以下几个步骤:

首先,与孩子沟通,了解孩子的身心发展。通过与孩子亲密的接触,与孩子建立一个良好的亲子关系。这样可以令孩子更信赖父母,因而愿意把真相说出来。例如他所结交的朋友的状况;在学校与老师同学的关系如何;学习情况怎样等等。给予孩子机会把问题向父母倾诉,一旦发现有问题,立即用合理的办法来解决。

其次,帮助孩子分析对错,引导孩子承认错误。有问题时,运用孩子能理解的语言,耐心地、巧妙地帮他分析其中的对与错。尽量使孩子明白自己的所作所为及所造成的后果。然后再指导他如何去解决问题。当孩子知道了自己的确是犯了错误,加上父母在心理上给予辅导,他自然会承认错误。不过,千万不能催促,给他一些时间去反省,让他真诚地说出来,才是最真切的认错。

第三,待以平常心,安抚孩子的情绪。以宽容的态度接受孩子的道歉,安抚一下孩子内疚、不安的情绪,然后指点他以后再有这样的情形发生时要如何处理。给孩子发表自己意见的机会,再给予适当地纠正。父母切不可凶巴巴地审问孩子,因为压力愈大,反抗愈强烈。一定要让孩子自己认识到错误,真心诚意地认错。

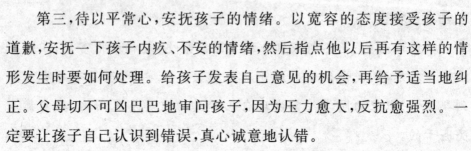

下编:父母小事中的大教育

一、小主人承担大责任

责任心是孩子健全人格的基础,是能力发展的催化剂。作为家庭中的一名成员,孩子既应该享受权利,也应承担一定的家庭责任,包括建立家庭中的岗位,承担一定数量的家务劳动。父母可通过鼓励、期望、奖惩等方式,培养孩子的责任心。

把孩子当成老师

以孩子为师会让孩子看到自己的价值所在,增强自信心和自尊心,但向孩子请教时一定要注意自己的态度,应该是平和虚心而不是盛气凌人。

中国的父母总喜欢在孩子面前表现出全知全能的样子,生怕露出一点不懂的地方,让孩子看轻了自己。其实这样辛苦地维持自己的威严是没有意义的,如果你能放下"威仪",主动向孩子请教一些事情,你们的关系将会更加地亲密。

晚饭后,乔依一直在摆弄那个坏掉的音响,可弄了半天还是没有修好。这时乔依 8 岁的大儿子汤姆从楼上吹着口哨跑了下来,看他的打扮似乎正准备出门去玩。"汤姆!"乔依叫住了他,"过来帮我看看这个音响,再修不好就得换了!""爸爸,您是让我帮您修音响吗? 可是我以为——真是太难以置信了! 您从来都不会找我做这种事的。"然后在父亲略显尴尬的目光里,汤姆迅速脱下外套蹲下来和父亲一起研究那个音响。"您看! 这个导线接触得不太牢固,我猜毛病就出在这上面!"乔依惊讶地看着自己的儿子,"你怎么会懂这么多呢? 你知道,我一直把你当成小孩子!"汤姆愉快地笑了,"爸爸,我不是告诉过您,我参加了学校的电器小组吗? 以后家里的电器坏了,需要帮忙时就请您说一声,我会非常愿意和您一起干活的!"从那以后,乔依发现儿子变得懂事了很多,看到父母做家务事时,他会礼貌地问一声:"需要我帮忙吗?"而且汤姆还买了一大堆物理方面的书籍,有空就坐在房间里研究,现在汤姆已经成为了家里的"电器专家"。老师告诉乔依说汤姆现在上课时变得"很认真"。

乔依第一次向儿子汤姆请求帮助时,我们可以看到汤姆感到十分惊喜,他立刻放弃出去玩的念头,留在家里陪父亲修理东西。8 岁的汤姆非常骄傲,父亲的求助让他看到了父亲对他的信任和依赖,这种感觉甚至成了他学习和进步的动力。因此,为人父母的你何不放下架子,向孩子请教一些东西,你会发现不再需要唠叨、不再需要责骂,你的求助就使孩子变得更懂事、更乐于学习。

我们应该明白每个孩子都希望"做自己的主人",他们都希望从自立与帮助他人的过程中寻求到自我存在的价值。所以,父母不妨试着扮演一下弱者,给孩子责任心与能力以最好的鼓励与赞赏。

寻求孩子的帮助,从小的方面看是与孩子交流的一种技巧,但从更高的层次看,却是教育观念的创新。许多父母有这样的疑惑:一个小孩子有什么能力可帮助大人? 历来都是大人帮助孩子,哪听说过孩子帮助大人的? 他们即使接受让孩子帮助,也不过认为是一种哄小孩的游戏而已。

实际上，这不仅不是一种游戏，而且还是创新教育的需要，也是父母自身的需要。我们所具有的价值观念、知识、行为方式及习惯有很大一部分已难以适应社会的发展，而我们的成见、生活经验以及越来越多的惰性常常阻碍我们看到这一变化。

首先，要善于向孩子学习。生活中很多父母也会发现，自己的孩子有很多让自己不得不佩服、不得不学习的地方。

其次，以孩子为师。向孩子请教问题并不是一件丢人的事情，这样反而可以增加父母与孩子交流的融洽性和趣味性，并促使孩子不断学习和进步。

为自己的行为负责

父母管孩子是出于对孩子的爱，是孩子健康成长所必需的，不管孩子是父母的失职，这是常理。然而管要有度，不要把孩子管死，让孩子自己对自己负责。只有在对自己负责的基础上，孩子才会对父母、对家庭、对社会负责。

一个人如果对自己的行为都不能负责，就更难对他人负责。一个人如果对自己的家庭都不能负责，更不会对社会负责。这样的人是可悲的，既不会得到别人的信任，也不会得到社会的承认。做父母的都希望自己的孩子是一个有责任感的、能够对自己的行为负责的人，因为每个父母都希望自己的孩子能够融入社会，被周围的人所接受。

齐瓦勃太太曾讲述了发生在邻居家的一件事情：他们家不满20岁的女儿突然失踪了。经调查得知，他们的女儿在学校和一个男孩子相恋了，怕父母不同意而选择了离家出走。事情已经过去了很长时间，邻居家的父母已经知道了女儿的下落，但那种切肤之痛久久挥之不去。想一想确实挺让人心寒的，自己含辛茹苦那么多年把女儿拉扯大，没想到女儿竟狠下心来不告而别，做父母的除了生气，更多的是伤心和痛苦。

齐瓦勃太太在谈到这件事情时这样说道："邻居家发生的不幸对同样身为人母的我来讲震动很大，快 20 岁的孩子做事竟如此轻率，这种行为确实不负责任。但是这件事如果从另一个角度去看，父母也有不能推卸的责任，因为在孩子的成长过程中爱固然重要，但教会他如何做人更重要。

首先，自己的事情自己做。学会生活自理，是对孩子的一项基本要求。生活不能自理，样样由别人操心代劳，势必造成孩子的懒惰、无能。"自己的事情自己做"，其实就是在培养孩子的自立、自强。要做到这一点，首先要求父母把孩子视为一个独立的人，像对待其他人一样对待孩子，和孩子进行平等的交谈，让他对自己的行为负责。父母还要让孩子明白，自己的事情自己做也会给生活带来许多乐趣。

其次，让孩子自己安排活动。这一点对于自我意识还没有形成的孩子来说确实较难，但这个意识却要在点滴的生活小事中及早播种，及早萌芽。父母千万不能自揽责任、包办代替，而要让孩子意识到自己想做的事应该自己安排好，并且学着负责到底。每次注意给孩子这样的提醒、教育和帮助，孩子便逐渐地有了对自己"负责"的意识。

第三，父母少管或不管。许多事情就是这样，父母事事替孩子想得周全，孩子就会想不周全，而在父母的"周全"中享受。父母事事"不管"，却能调动孩子的积极性和危机感，让他们主动去管自己。让孩子这样管下去，就能逐渐地管好自己，对自己负责。

好父母胜过好老师大全集

在家庭中培养孩子最基本的责任感

每个人都不是天生就具有责任感的,都是在适宜的条件和环境下萌发的,并随着年龄的增长和心智的逐渐成熟而形成的。因此说,家庭是孩子责任感赖以滋长的土壤,父母对待孩子的态度以及教育方法,是孩子的责任感能否形成的重要条件。

每个人都有一种积极向上的内在趋势,孩子小时候表现出各种主动尝试的愿望,正是一种责任感的萌芽。比如,小孩子主动要求自己独立吃饭、试穿衣服、手脏了自己洗等行为,都是责任感的最初表现。在这个时候,父母的责任是密切地关注他们,鼓励他们,在必要的时候帮助他们。在孩子们努力尝试做这些事情的时候,父母应有意培养他们的责任意识,增强他们的自信心,帮助他们逐渐成为一个自立自强、对个人和社会负责的人。

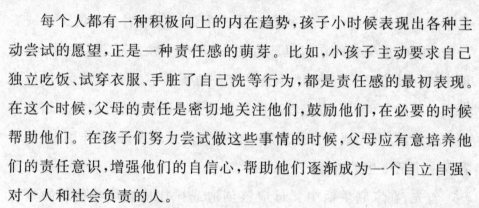

阿斯旺是一个可爱的小男孩,聪明伶俐、活泼好动,深得父母和邻居们的喜爱。但他又是一个自私的小男孩,做什么事情只考虑自己,从不考虑别人的感受。比如,将好玩的、有趣的东西据为己有,从不与哥哥姐姐们分享;看电视时将声音开得很大,影响其他人的休息和活动;从邻居家偷偷采来漂亮的花朵,插在自己房间里;把小猫咪关在垃圾桶里,让它在里边痛苦地叫了半天等。母亲把这一切看在眼里,她知道应该让阿斯旺明白什么是责任,一个人应该为自己的行为负责。

家庭责任感主要是指孩子在家中能够尊重其他家庭成员的权利,自愿承担家庭义务,为自己的行为承担责任。孩子作为家庭的一名成员,既应当享受其权利,当然也应该承担一定的家庭责任,包括承担一定数量的家务劳动。父母可以通过鼓励、期望、奖惩等方式,督促孩子履行职责,培养其责任感。如果一个孩子在家庭中的责任感难以确立,将来一旦走上社会,就很难有社会责任感。一个具有家庭责任感的孩子,不仅能在现在的家庭生活中扮演好家庭成员的角色,在未来的生活中也有能力组织好属于自己的家庭。这样的人的一生不仅能享受到家庭生活的充实、快乐,也能创造出温馨、和睦的家庭气氛。

培养孩子的家庭责任感不仅取决于父母是否具有家庭责任感,还在于父母能否为孩子提供榜样。在讨论家庭中的责任与分工之前,父母应该想一下自己是否是一个有家庭责任感的人,自己惯用的教养态度和方式是否有利于孩子责任感的培养。在抱怨自己的孩子缺乏责任感之前,先检查一下自己是不是孩子的榜样,然后就有可能从抱怨孩子转而反思自己。如果我们不是一个合格的或者称职的父亲或者母亲,比如,做父亲的在家里肆意胡为,丝毫不顾及对家人的影响;做母亲的在外边忙于应酬,既不整理家务也不考虑家人的感受,这样没有责任感的父母没有资格和理由教育孩子。因此,父母如果想培养孩子的责任感,首先要使自己成为一个有责任感的人,以身作则,让孩子看到一个活生生的榜样。

首先,在家庭生活中父母应该创造或抓住机会培养孩子的责任感,比如,父母可以有意识地赋予孩子一定的责任,以便有针对性地进行教育。空洞的说教是不能培养孩子的责任感的,通过赋予孩子责任,让他们认识到自己的某些不好行为产生的后果,就会让他们自觉产生一种为自己的行为负责的心理。

其次,民主的家庭才是家庭责任感生长的最佳环境。在一个专制的、一切事情由父母决定的家庭里,也难以培养出有责任感的孩子。这是因为父母对孩子控制得太死、管制得太多,孩子要做的就是服从,就是按照父母的要求做事,这样他们就没有机会为自己的某些行为负责。

第三,孩子只有在家庭环境中培养出责任感,才能在更复杂的学校、社会环境中经受考验,得到修正和磨炼,最终成为一个自强、自立的人。责任感的培养应遵循这样一个规律:从自己到他人,从家庭到学校;从小事到大事,从具体到抽象。有责任感的孩子能运用自己的智慧、信心和判断力去做出决定,独立行事,考虑他的行为后果,并且在不影响他人权利的情况下实现自己的需要。他们明白自己的义务,并主动履行义务,愿意承担自己行为的后果。

让孩子在家务劳动中体会到责任

孩子的劳动习惯与责任感是连在一起的,家务劳动时间与儿童的责任感有显著关系,即儿童劳动时间越长,其责任感就会越强。我们无法想象一个孩子没有劳动的机会,在家里什么活儿都不干,当他离开父母的时候怎么能够在复杂的社会中游刃有余,怎么会得到周围人们的接受和信赖。

美国哈佛大学专家们分析说,让孩子从小做家务,有助于培养他们吃苦耐劳、珍惜劳动成果、珍惜家庭亲情、尊重他人、增强责任感等优良品质,他们长大以后自然比那些“四体不勤”的孩子更有出息。这些专家在对纽约地区 456 名少年儿童做了长达 20 年的跟踪调查后发现,爱干家务的孩子与不干家务的孩子相比,长大后的失业率为 1∶15,犯罪率为 1∶10,前者比后者的平均收入要高出 20％左右。这些调查证实了家务劳动与孩子成才之间有着极其密切的关系,也启发我们从更广泛的意义上认识劳动对孩子的影响。

在布鲁茨特家里,每个孩子都必须完成一定的家务,连最小的女儿玛塞尔德也不例外。布鲁茨特太太制订了一张工作表,将它贴在浴室的门上,孩子们每天晚上洗澡时都会看到它,对照一下自己这一天的任务是否完成。

“宝贝,你今天好像忘了在猫咪的水盆里添水。”布鲁茨特太太望着只有 5 岁的玛塞尔德,亲切地说。

"对不起，妈妈，我今天没有完成自己的任务，明天早上我会为所有人摆好餐具的。"玛塞尔德愧疚地说。

"科尔比、乔伊，你们俩是很有责任感的男子汉，你们都很好地完成了自己的任务，妈妈为你们骄傲。"布鲁茨特太太对自己的两个儿子说，然后在他们的腮上使劲亲了一下。两个小男孩开心地笑了，欢快地跑进自己的卧室。

从布鲁茨特太太教养孩子的方式上可以知道，如果父母有意识地让孩子干一些力所能及的家务活，不但可以强化孩子的劳动观念，还可以使孩子体会到父母的辛苦，同时也能培养孩子的责任感。

父母要想通过让孩子参加家务劳动的方式培养孩子的责任感，可以从以下几方面入手。

首先，制作一个日常工作表。父母可以和孩子共同制订一个工作时间表，内容是孩子在不同的时间要完成不同的家务，而且他必须按时完成，完成后可以给予适当奖励。这个工作时间表要相当详细和精确，包括完成任务的具体时间。当时间表完成后，贴在家中大家都能看到的地方，互相监督。父母还可以留下一些空格，以便随时提意见。

其次，为孩子安排一些为家庭服务的任务。除了"把自己的房间打扫干净"之类为自己服务的任务外，还应该有为家庭服务的任务。在指定为家庭服务的家务时，要注意征求孩子的意见，每次都要让孩子做一些他自己愿意做的工作。

第三，与孩子一起做家务。父母同孩子一起做家务，能够加强彼此间的感情，建立亲子间更加牢固的情感纽带。不过在这一过程中父母一定要记住，我们的任务不仅仅是完成这些家务，更重要的是培养孩子的责任感，因此一定要有耐心。

第四，尽量让孩子自己完成。在孩子做家务的过程中如果出现错误，父母不要急着纠正，而是让孩子看看他的疏忽导致的后果。

家庭是孩子的第一课堂

孩子从他的家庭环境中可以学到许多东西,家庭就是孩子的整个世界。因此,父母们要注意身教重于言教,给孩子创造好的环境,这样孩子的心智才能健全。

孩子的健康成长,尤其是孩子健康心灵的形成,往往取决于孩子是否有一个良好的家庭环境,取决于父母的教养方式是否合理。为了让孩子能健康成长,父母一定要给孩子创造一个良好的环境。

有这样一个故事:有一年京城举行大考,一位秀才带着他近期将临盆的妻子前往京城应考,这样既不耽误考试,还可以照顾妻子。

谁知一路的奔波动了胎气,妻子在路上阵痛起来。秀才只好带妻子住进了一家酒馆,更巧的是,酒馆老板的妻子也正要生产。秀才看到这种情景心底踏实了许多,现成的接生婆正好顺便帮妻子接生,免去了许多麻烦。

当天晚上,秀才的妻子和酒馆老板的老婆先后产下两个儿子,母子皆平安。两个男婴算来竟是同年同月同日同一时辰生下的。两家人都非常高兴,这也算得上有缘了。秀才在考完回程时,又在酒馆住了三年多,每日教两个孩子习字、作画,两个孩子都很聪明,这让秀才越看越爱。后来由于家乡有事,秀才才告别酒店老板和妻儿一起回乡。

一转眼,16年过去了,秀才和酒馆老板的儿子都长大了,秀才的儿子没有辜负父亲的期望,考上了状元。老秀才高兴之余,想起酒馆老板的儿子与自己儿子的生辰八字相同,想来也有个锦绣前程吧。

回想当年酒馆老板收容妻子临盆之恩,秀才便准备了礼物,专程去拜访酒馆老板。等到了酒馆老板家,只见老板坐在门口吸着旱烟,秀才将礼物呈上，并问起了他的儿子。酒馆老板指了指门内，说道："喏，在干活呢！"

秀才顺着酒馆老板的指引，看到屋内有一个年轻人正站在柜台内给客人打酒呢！"是他。这可奇怪了！按命理说来，你儿子和我儿子生辰时刻相同，八字也一样，理应此时也该求取个功名才是，怎么会……"秀才满脸诧异。

酒馆老板大笑："什么功名，这小子从小跟着我卖酒、招呼客人，大字不识几个，拿什么去考功名啊！"

从这个故事里，我们就可以清楚地看到家庭环境对孩子成长的影响。两个同年同月同日生的孩子，在聪明程度上也不分上下，可是秀才的儿子考上了状元，酒馆老板的儿子却站在柜台前卖酒。因此教育学家认为，从某种程度上说，孩子的命运、成长方向往往取决于他的家庭环境。

家庭环境主要包括家庭的经济条件和父母的文化程度、思想道德水平、行为方式、生活习惯等。其中，经济条件如果不是入不敷出，生活难以为继的话，对孩子教育的影响关系不大；而父母的文化程度、思想道德水平、行为方式、生活习惯等则对孩子的影响非常重要。

事实上，好的家庭环境也并非指富有的父母，而是指父母关爱孩子，正直有品味，与孩子有良好的互动，这才是最适合孩子生长的家庭环境。

运用"样板计"，首先就要让孩子有个健康的成长环境，有个值得效仿的榜样。那么怎样才能做到这一点呢？

首先，夫妻相敬相爱。夫妻间该相敬互爱，而且要公开地让孩子们看到这种深厚感情。比如，父亲在生活中多照顾妻子，逢年过节向他们的母亲赠送礼物，出门时给她写信等。如果一个孩子了解他的父母是相亲相爱的话，父母就无需更多地向他解释什么是友爱和亲善了。父母的真实情感流入了孩子的心田，从而有益于他在将来的各种关系中发现真挚的感情。

其次,夫妇共同教育孩子。教育孩子是父母共同的责任,但在大多数情况下,在家务和养育孩子方面妻子要比丈夫付出得多,这样做是不好的。一个良好的家庭环境里,丈夫应该自觉地帮助妻子,这样不但会赢得孩子的尊敬,而且会使夫妻有更多的时间和精力抚养教育孩子,帮助妻子就是对孩子的爱。

二、小鼓励换来大进步

俗话说:"数子十短不如奖子一长。"在实践中我们也总结了这样一句话:孩子的缺点能表扬好,却不能指责好、训斥好。这些都充分说明了赏识鼓励的重要性。如果你想让孩子改正哪项缺点就多表扬鼓励吧!

每个孩子都是天才

孩子不可能事事高人一筹,不要因为孩子在某方面的表现不理想而烦恼,应随时随地对他的优点加以赞赏,充分发掘孩子的潜力,坚持下去总有一天你的孩子也会成为天才。

法国教育家埃尔维修说:"即使很普通的孩子,只要教育得当,也会成为不平凡的人。"这也就是说,每个孩子都有"天才"的潜能,关键是父母能否正确发掘。因此,作为父母就需要在孩子成长过程中,不断开发孩子的天赋,激发他们的自尊心与自信心。

毕加索出生于 1881 年,他的父亲何塞是个非常开明的人。有一天,他发现 3 岁的毕加索居然在一张纸上画出了妈妈怀孕时的样子,何塞认为自己的儿子在绘画方面是非常有天赋的。然而,有着惊人绘画天赋的毕加索在循规蹈矩的学校里,根本就算不上社会所认定的那种好学生。只有在画画时,毕加索才表现出惊人的耐力,他可以一连几个小时不放下画笔,与他在课堂上的表现判若两人。同学们对着毕加索大喊:"呆子,二加一等于几?"而老师则认为毕加索根本就不具备学习的能力,还多次跑到毕加索父母面前,数落他的"痴呆症"症状。毕加索陷入了自卑的境地。

幸运的是,毕加索有个赏识自己的父亲,何塞并没有对自己的儿子失望,而是认定儿子的绘画天赋会让他成为一个不平凡的人。何塞想,与其让孩子在正统的学校教育中一无所获,还不如让毕加索在他热衷的绘画上有所成就。于是,何塞决定把毕加索送到当地有名的美术学校,并亲自担任儿子的辅导老师。

正因为如此,在艺术的长廊中,毕加索的名字才与达·芬奇齐名。

不是每个孩子都能有何塞这样开明的父亲,很多父母往往被孩子表面上的成绩蒙蔽了,认为自己的孩子"脑瓜不够聪明"。然而,美国人类潜能开发专家葛兰·道门医生认为:每一个正常的孩子在其出生的时候都具有莎士比亚、爱因斯坦、牛顿等人那样天才的潜能,关键是后天能否把这种潜能发掘出来。

韩凤珍说:"所有难教育的孩子,都是失去自信心的孩子。所有好教育的孩子,都是具有强烈自信心的孩子。教育者就是要千方百计地保护孩子最宝贵的东西——自信心。这是切断后进生生源的重要手段。那么,怎么培养孩子们的自信心呢?我想,一个不可忽视的途径,就是给每个孩子创造表现能力的机会,让他们都尝到成功的喜悦。"

首先,每个孩子都拥有一项特长。当孩子有一项比别人强的"特长",就能焕发出自信心,便会觉得只要自己肯去做,一定不会比别人差。而这种自信心也会延伸到其他领域,使孩子更具积极性。因此,父母应尽力挖掘孩子的优势潜能，不论是在学习还是在个人爱好方面，有了优势潜能，孩子就会拥有信心。

其次，当你看到邻居孩子表现杰出，自己的孩子却成绩平平时，千万不要埋怨自己的孩子一无是处。要相信你的孩子也是个潜在的天才，只是暂时被压抑了，只要你愿意付出关怀和爱，你的孩子也会是一个光芒四射的天才。

为孩子的小进步鼓掌

鼓励孩子每一个微小的进步，就是在强化孩子的进取之心。不要吝惜你的鼓励，这是帮助孩子改正缺点的必不可少的要素。

孩子是非常敏感的，他们会把父母的鼓励当成他们前进的动力。因此，父母发现孩子养成了不良习惯时，要及早为他指出来，告诉他正确的做法。而当孩子努力改正时，你就要肯定他，哪怕孩子只取得了一点小进步也要为他鼓掌。

在洗手间里，妈妈发现儿子刷完牙后又把牙膏随便扔在漱口杯外面。

妈妈非常生气，把尼克叫到身边，不满地说："尼克，你应该可以照顾自己的生活了吧！看，又把牙膏放在外面了。我不是对你说过牙膏用后要放到杯子里吗？"

尼克根本没有把妈妈的话当一回事儿，只是心不在焉地回答："知道了。"

妈妈见儿子反应平平，知道刚才说的话并未引起他的重视，于是冲他喊道："听着，尼克，你必须把牙膏放进漱口杯里！"

尼克极不情愿地走进了洗手间，放好了牙膏，转身就走。

"记好了，以后再也不要忘了。"妈妈再次强调。

"知道了。"

第二天，尼克在刷完牙后，将牙膏认真地放到杯子里了，但妈妈什么都没有说。到了第三天，牙膏又被扔到杯子外面。

"喂，尼克，怎么搞的，你又忘了把牙膏放回去？"妈妈生气地说道。

"我以为你忘记了。"尼克说道。

"怎么这么说呢？"母亲疑惑地望着儿子。

"昨天我把牙膏放在杯子里了，而你却什么也没有说！"

尼克为什么又犯了老错误呢？因为当他改正后没有得到妈妈的肯定和重视，因此他又泄气了。如果第二天，妈妈发现尼克把牙膏放在杯子里后，亲热地对他说："干得好，尼克！妈妈知道你一定能改正坏习惯的。"那么尼克一定会非常高兴，并愿意把好习惯坚持下去。

举这个例子就是为了说明，父母的鼓励对孩子的巨大意义。如果父母能重视鼓励的作用，灵活运用鼓励的手段，那么就能很轻松地帮孩子改正坏习惯。

对于正在成长中的孩子来说，日常生活中的好习惯和坏习惯同时存在，如何鼓励孩子保持好习惯，矫正不良习惯，一直是困扰父母的难题。如果适当运用"鼓励计"来做这项工作，事情就会变得容易得多。

首先，父母应忽视孩子的不良行为，将自己的预期目标分成小步骤，循序渐进地做，这样就能很容易地改掉孩子的坏习惯。换言之，如果一个孩子有不良的生活习惯或行为，父母不应该对此抓住不放，而应该对孩子偶尔没有此不良行为的时候予以鼓励。父母对孩子的每一个微小进步都能加以鼓励，即是对孩子的积极行为进行强化的最好方式。

其次，哲学上讲质变是由量变引起的，平时大量的细微进步，积累起来才可能有大的变化。因此，对于父母来讲，要想让自己的孩子彻底改正不良习惯，就应该对孩子的点滴进步进行鼓励。可是生活中，大多数父母往往不注意鼓励孩子的微小进步，他们对孩子的期望比较高，总希望孩子能一下子达到他们的要求。因而对孩子一些细小的进

步不是很注意,反应比较冷淡。

第三,只要孩子有进步就应给予建设性的鼓励,每有好的表现就要加强鼓励的感情色彩。父母不要因为孩子的进步太小,就不愿意给予鼓励,这会使孩子觉得父母对自己的进步漠不关心,认为自己的努力白费了。时间一长,孩子就会失去进步的动力,原来可以改变一生的进步也会因为得不到强化而消失。

孩子越夸越好,越骂越糟

看问题的着眼点不同,会得出完全相反的结论。父母能多肯定孩子的优点,而不是揪着孩子的缺点不放,那么孩子一定会更好地调整自己的行为,向着父母期望的方向发展。

父母们都十分热爱自己的孩子,他们希望自己的孩子是最聪明、最勇敢、最完美无缺的人。然而,这是不可能的,孩子们由于缺少自控能力,往往会有许多缺点:淘气、不听话、不爱学习、不讲卫生、说谎……于是一些父母就觉得很失望,责罚孩子,严厉地教导孩子,希望他们能很快改正缺点,结果他们更失望了,孩子越管反而越糟糕。这些父母是很负责的父母,只不过他们用错了教育方法。

生活中,很多父母总是盯着孩子的缺点和错误不放,就如同只看到墨点而看不到大张的白纸,这种情形对教育孩子是极为不利的。因为父母看到缺点,就会不停地斥责孩子,责令孩子改正。而儿童心理学家告诉我们,孩子是越骂越糟、越夸越好的。只有运用"赏善"的手段,发现孩子的优点,肯定孩子的优点,才能帮助孩子战胜缺点,不断进步。

一个孩子在奶奶家和父母家判若两人。

每次在奶奶家,奶奶都对他赞不绝口:"这么好的小孩子真是难得，小小年纪就懂得礼貌，还知道吃东西的时候要分一份给奶奶！而且呀，我的宝贝孙子都知道帮奶奶干活了。真了不起，奶奶要做你最喜欢吃的鸡蛋糕奖励你！"

可回到自己家里却是另一番景象了。

一进门，妈妈就开始数落："像你这么调皮的孩子真是天下难找，要多捣蛋有多捣蛋，看衣服脏得，多么讨厌啊。"

爸爸也跟着骂他："一天游手好闲，不爱学习，什么也不知道做，我怎么会有你这个没出息的孩子！"

再看看孩子，帽子歪戴着，鼻涕也不擦，一副毫不在乎的样子。

什么原因？

奶奶总夸他的优点，于是，越夸越好，在奶奶家，他就是好孩子；父母老是训斥他的缺点，于是，越骂越糟，在自己家里，他就是坏孩子。

儿童心理学家经过千百次的实验与观察发现：小孩子总是在无意识中按大人的评价调整自己的行为，以达到父母奖励，或者抱怨中屡次提到的"期望"。因此父母应掌握赏善的策略，不要只顾批评孩子的缺点，而是要反过来多对孩子的优点进行奖赏，这样，孩子就会在不知不觉中改正缺点，成为父母所期望的样子。

在很多家庭中，有缺点的孩子被呵斥与责骂是件毫不奇怪的事，因为父母们认为，这完全是为了孩子好，不骂孩子怎么会改正错误呢？然而这只是父母一厢情愿，几乎百分之百的孩子会认为，大人们这些无休止地唠叨与责骂，简直就是黑暗统治，特别是对一些有缺点的孩子来说，更是一场灾难。父母们也许不知道，没完没了的唠叨与责骂，会彻底击垮孩子的自信，会促使孩子更加沉沦。

有时候，许多孩子丧失上进心，并不是因为他们不求上进，而是因为他们在取得一些进步并表现出自己有上进心的时候，被父母、老师所忽视。而当他们不经意地表现出一些缺点和不足之处时，却会遭到父母们不分场合、不讲分寸、不讲方式、无休止地呵斥打骂，或者是一而再、再而三地批评、唠叨。

首先，聪明的父母们应该知道，与其揪住孩子的缺点和毛病不放，不如多下些功夫，多发现他们的优点与长处，加以赞扬与肯定。用肯定优点的方法去纠正缺点，逐步将他们引导到积极上进的道路上来。

其次，每个孩子身上都有了不起的地方，都有闪光点。作为父母，应该抓住这些闪光点，通过鼓励，使它成为孩子进步的启动点，用这小小的星星之火，点亮孩子智慧的火炬。每个孩子都能迸发出智慧的火花，认真对待每一颗心灵迸发出的火花，抓住它，强化它，也就是说努力去发现、鼓励、扩大孩子的每一个优点，把每一个优点都当作潜在的启动点。

用谎言给孩子加油

为了给孩子制造出"我很棒"的感觉，智慧而坚定的"谎言"不可缺少。儿童心理学家因此建议说，如果父母把这种效应用在教育孩子方面，那么一定会给孩子带来非常好的作用。

父母对孩子的影响力是无与伦比的。如果父母告诉孩子"你是最棒的"，那么孩子就一定会相信自己是有前途的，随之变得更加自信、自强。因此，即便你的孩子不那么优秀，你不妨也给孩子一个善意的谎言，用这种虚拟的手段，你可以把你的孩子变成天才，让他们在各方面都取得异乎寻常的进步。

一位年轻的妈妈第一次参加家长会，她满怀期待，老师会怎样评价自己的孩子呢？轮到她了，幼儿园的老师说："你的儿子可能有多动症，在板凳上连三分钟都坐不住，你最好带他去医院看一看。"

回家的路上，儿子高兴地问妈妈，老师都说了些什么？她鼻子一酸，差点流下泪来。因为全班28位小朋友，唯有他表现最差；唯有对他，老师表现出不屑。然而她还是告诉她的儿子："老师表扬你了，说宝宝原来在板凳上坐不了一分钟，现在能坐三分钟。其他妈妈都非常羡慕妈妈，因为全班只有宝宝进步了。"

那天晚上，她儿子破天荒吃了两碗米饭，并且没让她喂。

转眼儿子上小学了。家长会上，老师说："这次数学考试，全班43名同学，你儿子排第41名，而且他的反应奇慢，我们怀疑他智力上有些障碍，你最好能带他去医院查一查。"

回去的路上，她坐在街心的长椅上哭了一场。然而，当她回到家里，却不安地对坐在桌前的儿子说："老师对你充满信心。他说了，你并不是个笨孩子，只是有点马虎，要是能细心些，就会超过你的同桌。这次你的同桌排在第23名。"

说这话时，她发现儿子黯淡的眼神一下子充满了光，沮丧的脸也一下子舒展开来。她甚至发现，儿子好像长大了许多。第二天上学，也没用妈妈叫他起床。

孩子上了初中。初三时，她又去参加儿子的家长会。她坐在儿子的座位上，等着老师点她儿子的名字，因为每次家长会，她儿子的名字总是在差生的行列中被点到。然而，这次却出乎她的预料——直到结束，都没有听到。她有些不习惯，临别时特意去问老师，老师告诉她："按你儿子现在的成绩，考重点高中有点危险。"

她怀着惊喜的心情走出校门，此时她发现儿子在等她。路上她扶着儿子的肩膀，心里有一种说不出的甜蜜，她告诉儿子："老师对你非常满意，他说了，只要你努力，就一定能考上重点高中。"

后来，儿子从重点高中毕业了。第一批大学录取通知书下达时，学校打电话让她儿子到学校去一趟。她有一种预感，她儿子被北京大学录取了，因为在报考时，她给儿子说过，她相信他能考取这所大学。

她儿子从学校回来，把一封印有北京大学招生办公室的特快专递交到她的手里，突然转身跑到自己的房间里大哭起来，边哭边说："妈妈，我知道我不是个聪明的孩子，可是，这个世界上只有你能欣赏我……"

这时,她悲喜交加,再也按捺不住十几年来凝聚在心中的泪水,任它打在手中的信封上……

没有一个孩子会在批评贬低声中对学习产生兴趣。这位伟大的妈妈一直在"骗"他的孩子,然而她善意的谎言却给她的孩子带来了信心和勇气,年幼的孩子相信了妈妈的话,妈妈一直都在用语言、用行动暗示他:"你是最棒的孩子!"

首先,父母要像对待天才一样爱他、欣赏他、教育他,给他一个天才的感觉。对于父母来说,鼓励孩子并且为孩子未来的发展前景考虑,为他们提供最适当的教育方式,这才是教育的最佳体现。

其次,父母应该给予孩子更多的激励,运用虚拟的手段让他们相信,自己确实是最出色的孩子。赏识和喜爱优秀的孩子是每位父母能轻而易举做得到的,但是,我们目前所谓的好孩子毕竟只有很小一部分,更多的孩子则属于"普通孩子"甚至"顽劣的孩子",对于那些没有达到父母预期效果的"坏孩子",关爱才是真正的雪中送炭,他们更需要格外精心的关爱和呵护。而一些教育学家也通过实验证明了,对于任何一个孩子,只要他所崇拜的人给他热情的肯定,就能得到希望的效果。

第三,孩子的成长方向在很大程度上来自父母的期望。你期望孩子成为什么样的人,他就可能成为什么样的人。因此,在孩子表现得不那么尽如人意时,父母们就可以利用"虚拟计"鼓励孩子,用善意的谎言把孩子的心理调整到一个最活跃的状态,使孩子真的如自己期望的那样达到一个个目标。

巧妙激发出孩子的好胜心

适度刺激孩子的自尊心，就很容易激起孩子的好胜心，让孩子潜在的积极性得到发挥，以收到出奇制胜的功效。

俗话说"请将不如激将"，这是什么道理呢？心理学上讲，每个人都有自尊心，但有的人自尊会受到压抑，这时你故意刺激他，使他的自尊心解放出来，形成一种好胜心理，这也被称为人的心理代偿功能。"激发计"就巧妙地运用了人的这种心理特点，而把这个计策运用到孩子身上去，也同样有效。

爱因斯坦有一个叔叔叫雅各布，是一个工程师，也是一个数学爱好者。

爱因斯坦小时候成绩不好，但却爱问叔叔一些奇奇怪怪的问题，叔叔总是耐心地给他解答。到读中学时，爱因斯坦对数学产生了浓厚的兴趣，数学成为他中学时代最大的业余爱好。而叔叔雅各布就经常关心爱因斯坦的数学学习。有一天叔叔和爱因斯坦聊天，谈到了代数。"究竟什么叫代数？"爱因斯坦问叔叔。

叔叔解释道："代数很简单呀，凡是不知道的东西，都把它叫做 x，然后我们一步步地来找 x，一直到找到 x 为止，只有找到 x，我们的题目才解出来了。"

从此以后，爱因斯坦常常听叔叔讲趣味数学题，他对这种藏有 x 的趣味数学题开始着了迷，一放学就一个人在自己的桌子上又写又算。

有一天叔叔在纸上画了一个直角三角形，在各个角顶处标上了符号 A、B、C，并写出 $AB^2 + BC^2 = AC^2$ 这样一个公式，然后严肃地对爱因斯坦说："这就是大名鼎鼎的'毕达哥拉斯定理'。阿伯特，你在数学方面有天赋，你也来试试吧，毕达哥拉斯在两千多年前就会证明了。难道两千多年后的阿伯特就不能证明出来？"

那时爱因斯坦还未学习过任何课程，12岁的他对几何一无所知。但爱因斯坦自尊心强，而且生性好强，尤其在科学的探讨上从不肯认输，有一股钻研的蛮劲。他被叔叔的一席话激发了。他想："毕达哥拉斯两千多年前就会证明了，难道我阿伯特·爱因斯坦就不会做？我又算什么呢？"强烈的好胜心驱使着他下决心试试。他每天苦苦思索，努力寻找证明的方法，第一周过去了，第二周也过去了，还没有任何结果。爱因斯坦并不气馁，他继续反复琢磨和思考，终于在第三周独立地把这个定理证明出来了。

爱因斯坦的叔叔雅各布在引导爱因斯坦做几何题、证明毕达哥拉斯定理时巧妙地运用了"激发计"，他那句"难道两千多年后的阿伯特就不能证明出来"的话极富挑战性，故意刺激爱因斯坦的自尊心，激起了爱因斯坦的好奇心和好胜心。于是12岁的爱因斯坦虽然从未学习过几何课程，但自尊心、好奇心、好胜心驱使着他试一试。凭着他的天赋和一股不服输的蛮劲，经过三个星期的苦苦思索，爱因斯坦终于把这个定理证明出来了。由此可见，雅各布在侄儿爱因斯坦身上运用"激发计"的教育方法收到了很好的效果。

而"激发计"之所以能奏效，还在于人体内的高级神经系统有敏感地反映外界刺激的功能，这种刺激还会引起身体内部物质的分泌，从而影响人的活动。如人生气时食欲大减，高兴时食欲大增。

要使用好"激发计"，除了有生理机能做基础外，还要注意方法得当。

首先，被刺激的孩子要有较强的自尊心。如果被刺激的孩子自尊心不强，你用"激将法"激他，也不会有什么作用。

其次，要考虑孩子的实际能力。有的孩子虽然有一定的自尊心，但天赋平平，纵使你的激将法用得再巧妙，也难以调动他的积极性，就是把积极性调动起来了，也难以达到理想效果，有时反而适得其反。

第三,激发孩子要把握一个"度"。因为"激发计"所使用的言辞都是比较激烈的,所以,在使用这个方法时应建立在知己知彼的基础上,建立在孩子能经受"刺激"并转化为"精神能源"的基础上,如果失去了这一基础,就难以如愿以偿。另外,还要注意掌握"激"的度,即分寸,"激"不到一定程度,则引发不起"奋",但如果"激"过了头,又会适得其反。

鼓励孩子的冒险精神

因为害怕危险而不敢让孩子去冒险,无异于因噎废食。父母当帮助孩子权衡轻重,鼓励孩子去冒合理的风险。

孩子都有一点冒险精神,总喜欢做一些在大人看起来很"危险"的事,比如他们喜欢爬高,喜欢碰一些他们不认识、不了解的东西。这种行为常常会引起他们父母的忧虑,有的干脆对孩子的冒险行为大加训斥,结果慢慢地孩子们就再也不敢去冒险了。然而教育学家告诉我们,不能因为危险,父母就禁止孩子去做,这样会使孩子渐渐形成胆小懦弱的性格。而通过冒险取得成功,就会使孩子对自己的能力产生自信;就算失败,孩子也能从中学会如何应对挫折。因此,父母应鼓励孩子适当地去冒险。

一位年轻的母亲殷切地盼望自己的孩子将来能够成才。

一天,她带着6岁的孩子找到一位著名的化学家,想了解这位大人物是如何踏上成才之路的。知道来意后,化学家没有向她历数自己的奋斗经历和成才经验,而是要求他们随他一起去实验室。来到实验室,化学家将一瓶黄绿色的溶液放在孩子面前。

孩子好奇地看着它,显得既兴奋又不知所措,过了一会儿,终于试探性地将手伸向瓶子。这时,他的背后传来了一声急切的喝斥:"危险！快放下！"母亲快步走到孩子旁边，孩子吓得赶忙缩回了手。

化学家哈哈大笑了起来，对孩子的母亲说："我已经回答你刚才的问题了。"母亲疑惑地望了望化学家。化学家漫不经心地将自己的手放入溶液里，笑着说："其实这不过是一杯染过色的水而已。你的一声呵斥出自本能，但也呵斥走了一个天才。"

要锻炼孩子的勇气，常常对父母自身的勇气是一个考验，他们往往对孩子的安全过于忧虑，为防止发生危险，而宁愿牺牲孩子锻炼的机会，就像这位母亲做得一样。然而，这样做事实上是很自私的。父母更多地是为了保护自己的孩子不受可能发生的危险的伤害，害怕自己不能承受由此而来的打击，所以为求保险而加倍保护，造成孩子缺乏勇气的弱点。我们需要克服这种自私，为孩子的将来着想，大胆鼓励他们去做力所能及的事情，做一个勇敢的孩子。

运用"励勇计"教育孩子，父母就应当多鼓励孩子，少打击孩子。一位儿童心理学家说："人应该有探索，有追求。而这些都要从培养独立性和主动性做起。""初生牛犊不怕虎"，孩子本来是无所畏惧的，他们喜欢冒险，积极探索的精神就是从这里产生的。

西方幼儿教育很注意让孩子们在各种冒险活动中去体验成功的滋味，锻炼勇气和信心。

当然，也有些孩子过于胆怯，回避所有的冒险情境。如果是这样，父母就有必要跟孩子谈谈他们所回避的情境，鼓励孩子去冒险，因为在这些情境中的冒险体验有助于他们勇气与身心的发展。

首先，引导孩子说出回避风险的感受会让他们明白，他们之所以错过有趣的事情，是因为胆怯而不是不感兴趣。而且通常孩子一旦说出了自己的恐惧，那么他们对自己承担风险、处理后果的能力也会更为自信。

其次，在冒险之前，父母必须教会孩子先做好各种考虑，要让他们知道只有事先考虑好了各种情况，到时才不会出问题。而对于冲动的孩子，你则可以通过对话帮助他们学会对所冒的风险做出考虑，而后

孩子无小事

再让他们去冒险，就能使他们从中受益。如果冒险十分危险，你就应该坚决反对他们去冒险。但如果危险较小，可以控制的话，你就可以根据上述的问题让孩子在决定做某事之前，先考虑其中涉及的危险。一旦养成了事先思考的习惯，孩子自己就能去区别鲁莽的冒险与合理的冒险。

三、小尊重代表大信任

善于和孩子亲近的父母懂得，和孩子交谈是一件乐事，而绝不是一种负担或任务。反之，那些习惯于向孩子发号施令，对孩子采用"高压政策"的父母不会认识到这一点的。只有平等，才能让孩子的个性充分发挥，孩子的潜能才能充分得到展现。在平等的环境下长大的孩子，他们是独立的、有主见的、意志坚强的。他们的思想是自由的，有独创精神的。

给予孩子足够的尊重和信任

信任是一种尊重。如果你对孩子说"你当然可以的，妈妈相信你"，那么这就是对他的价值和能力的肯定。虽然他可能还无法意识到这一点，但是他肯定明白自己是受到了"重视"。而这，往往可以激励孩子为他的目标付诸努力。一旦孩子有了"今后总会有成就"这种希望，他就会产生主动做事情的积极性。

追求他人的尊重与信任是一种积极的心态，是每个正常人的普遍心理，也是一个人奋发进取、积极向上、实现自我价值的内驱力。尊重与信任的心理机制，对孩子良好心理品质的形成具有积极的鼓励作用。

在父母教育孩子的时候，是通过双方的语言交流与情感交流来进行的。父母与孩子的相互尊重与信任是成功家教的重要因素。

在他们看来，只有父母的尊重与信任，才是最真实、可靠的。父母的尊重与信任意味着关爱、重视与鼓励，这是真正触动他们心灵的动力。从教育效果上来看，尊重与信任是一种富有鼓舞作用的教育方式。

父母的尊重与信任，可以促使孩子感到他们与父母处在平等的地位上，从而对父母更加地尊重、敬爱，更加地亲近、服从，内心的话也乐于向父母倾吐。这既增进了父母对孩子内心世界的了解，又使父母教育子女更能有的放矢，获得更好的效果。

因此，父母应该尊重与信任孩子，从而更有效地帮助孩子健康、快乐地成长。

李昕的儿子，被她视为宝贝。已经十岁了，她从来不肯撒手让儿子独行，甚至离家几步之遥的地方都不让他一个人去。李昕的想法很多：怕孩子遇到突发事件不会处理、过道车碰着等。孩子曾多次想挣脱李昕的手，想一个人去干一些事情，都被她强行给拽回来了。之所以如此，是李昕对孩子处理这些事的能力缺少尊重与信任，更进一步说，是对孩子自身缺少一种尊重与信任。

一天，孩子想一个人上书店看书，李昕却没答应，孩子严肃地对她说："妈妈给我一次机会，请尊重我的选择，信任我吧，我一定可以的！"面对孩子的祈求语气，李昕决定给孩子以尊重与信任。

很快，孩子高高兴兴地从书店走出来，一种自豪的表情挂在脸上。

从此以后，孩子能自己处理的问题，李昕都开始放手让他尝试着去做，有时还把一些重要的事交给孩子办，完成得都还不错。同时，孩子也感觉到了李昕对他的尊重与信任,也变得懂事多了,还告诉她好多的知心话,把她视为自己的好朋友。

从该案例我们可以总结出,实际上,孩子从懂事开始,便有了自己的思想,与大人一样,渴望被理解、被尊重以及被信任。但是,有部分的父母往往都忽略了这一点。

教育的奥秘在于坚信孩子"行"。每个孩子心灵深处最强烈的需求与大人一样,就是渴望受到尊重与信任。父母要自始至终给予孩子前进的信心与力量,哪怕是一次不经意的表扬、一个小小的鼓励,都会让孩子激动很长时间,甚至还会改变整个面貌。

对孩子尊重与信任,能够激发孩子内心的动力,让孩子体会到被尊重与认可的快乐。他们会在父母充满信任和友好的目光与言语中,一步一个脚印地走向成功,实现他们心中的理想。

首先,培养孩子的自信心。有位哲人说:"自信心是每个人事业成功的支点,一个人若没有自信心,就不可能有所作为。有了自信心,就能把阻力化为动力,战胜各种困难,敢于夺取胜利。"

其次,正确对待孩子的缺点。当孩子存在错误的时候,不要用偏激的言辞去斥责,而要循循善诱,晓之以理,与孩子一起分析事件的来龙去脉,指出孩子犯错误的原因及造成的危害,然后,帮孩子改正错误。

第三,与孩子一起面对挫折。孩子缺乏经验与技术,有时失败了,或存在什么失误,这是很正常的现象。当孩子遇到挫折与失败时,父母应多进行安慰与鼓励,帮助他们找出原因,使他们的自信心得到充分的保护。

第四,切忌对孩子说"你懂什么"之类的话。这是很多父母经常挂在嘴边的一句话,殊不知,这是伤害孩子自尊心、自信心的"恶语"。每当孩子听到它,自然会泛起难言的苦涩:父母都不信任我,我还有什么前途呢? 甚至会因此而自暴自弃,一蹶不振。

尊重孩子自己的选择

每个孩子都是一个独立的个体,他有他的身高、体重,有他的志趣、爱好,有他的长处、短处,他的道路主要应该由他自己来决定和选择。当然,由于孩子知识经验的不足,看问题的不全面,父母给予应有的指导和帮助是无可厚非的,问题在于父母该采取何种方式与子女交流。

每个孩子都有自己的爱好和志向,都有自己选择道路的权利。随着年龄的增长,孩子的独立意识会不断增强,他们逐渐会有思维、有见解、有个性、有自己的兴趣爱好、有自己的人生追求。他们不喜欢做父母的唠唠叨叨,更不喜欢父母强迫他们只能干什么、不能干什么,他们希望得到的是父母的尊重。

在英国,一位中国母亲带着5岁的儿子到公园里玩。儿子在与英国小朋友的交往中,用一只纸飞机换回了一辆玩具小汽车。中国母亲大为吃惊,因为那只纸飞机充其量只值5英镑,而这辆小汽车少说也要20多英镑。当中国母亲找到小汽车的主人——英国小孩和他的妈妈时,这位英国母亲却说:"小汽车是属于孩子的,该由孩子做主。如果你儿子喜欢,小汽车就归他了。"她还表示,过一会儿要领孩子上玩具店,让他知道这辆小汽车值多少钱,能买多少个纸飞机,以后孩子就不会再做这样的蠢事了。

同一般中国父母的做法相比,这位英国母亲显得更为高明而有策略。首先,她十分尊重孩子的选择,并不担心孩子选择的错误可能带来的后果;其次,英国母亲把孩子的这一失误,当作是帮助孩子提高认识的机会,从而充分加以利用。事实上,孩子在自己选择的活动中主动去探索,正是他认识世界最自然、最有效的方法。

孩子无小事

也许有的父母会说："因为孩子毕竟还小,他们的选择不一定正确。"的确,尊重孩子的选择并不能保证孩子的每一次选择都是正确的。这就要求父母在尊重孩子选择权的同时,还应培养孩子的辨别能力。不过辨别能力也只有在选择的实践中培养。因此,最好的培养办法还是多为孩子提供"自作主张"的机会。

当然,父母尊重孩子的自主选择,并非是推卸责任,而是在培养孩子的自主能力和社会责任感,让他们逐渐成熟起来。为此,父母要做到以下几点:

首先,不要代替孩子做出生活的选择,要经常倾听孩子的心声,尊重孩子的想法,让孩子做出选择,可以给孩子提出合理的建议并加以指导。

其次,对孩子既要充满爱心,又要不失理智,懂得什么是孩子最需要的,能够巧妙地将理智和情感融合在一起。

第三,拒绝或阻止孩子不恰当的要求和行为时,应心平气和地说明原因,绝不能简单粗暴地诉诸大人权威。

第四,父母要明白自己的价值观可能与孩子存在较大差异,既然不能改变自己,那么就应该宽容地对待孩子,让他们持有自己的价值观。孩子不是"物",他们有自己的情感和意志,有自主选择生活道路的权利,父母切不可横加干涉。

弯下腰和孩子交流

教育孩子最重要的是要把孩子当成与自己人格平等的人,给他们以无限的关爱。

"蹲下来"吧,只有"蹲下来",不再居高临下,与孩子完全处于平等时,孩子才会把他的真实想法告诉你——这就是孩子为什么喜欢把心里话对自己的朋友说，却不愿与父母说的原因。"蹲下来"，这一步十分关键，因为无论孩子的想法是对还是错、有无道理，你只有在了解了孩子的真实想法后，才有可能有的放矢地与孩子交流。

假如父母能在自己的家中创造一种平等、民主的氛围，那这就是孩子的幸运。在这样的家庭氛围里，孩子会感觉到父母是自己的好朋友，而不是高高在上的权威。

"弯下腰"和孩子说话，是增强孩子独立意识的有效方式。"弯下腰"说话，不仅仅是一种行为的表现，还是一种教育观的体现。只有怀着崇高的责任心和热切的期望才能"弯下腰"；只有把孩子看作是平等的个体才能"弯下腰"。

只有当你"蹲下来"的时候，父母才能平视孩子，才能获得与孩子真正交流的机会，才能真正明白孩子的想法以及他们行为的真正动机。

一天，刘女士接到老师的电话，说儿子在学校与人打架了，被扣留在学校，老师让父母到学校领人。刘女士听完电话，当即火冒三丈，决定这一次一定要狠狠教训一顿这个调皮鬼。

在去学校的路上，刘女士忽然产生了一个想法：假如我打儿子一顿，就真的能收到预想的教育效果，保证儿子以后不再打架了吗？有了此念头，在学校见到儿子后，刘女士没有发作，而是平静地将儿子带回家中。

回到家后，刘女士也没有发作，而是耐心地帮儿子在伤口上贴上创可贴，并且又下厨为儿子做了可口的饭菜。当儿子一口一口吃着饭菜时，刘女士才开口述说，述说自己是如何担心儿子，自己是如何盼望儿子早点回家。儿子听着听着，声音变得哽咽了，哭着扑进了刘女士的怀中，说自己错了，对不起妈妈，以后再也不打架了，不让妈妈为他担心了。

听了儿子的承诺，刘女士会心地笑了。

刘女士从孩子的角度出发看待孩子的过失，使孩子能感受到母亲

孩子无小事

对他人格的尊重,感受到他与母亲在地位上的平等。在现实生活当中,有大多数父母喜欢用成人的思维方式来看待孩子的行为,孩子稍微有点失误,就对孩子进行指责和批评,这是错误的做法。

孩子自身就是一个独立的个体,有他自己的思想,自己的人格与尊严,他们都希望父母能够给予他们尊重与平等。

"弯下腰"与孩子交流,是增强孩子独立意识很有效的方式。

人与人之间往往需要思想上、感情上的平等交流,任何一个成长中的孩子,即使是刚刚学步的孩子,也同样有这种渴求。

首先,忌用过激的话语。良好的意识通过好的语言来表达才可以。父母的情感与孩子的幸福密切相连,自然没有哪位父母能在任何时候都沉得住气。越是激动时,越有可能把不该说的话说出来。

其次,语言一定要发自真心。关系融洽的家庭,在与家人交谈的时候,语言都充满着爱心与亲切感,态度和蔼。不讲究方式的语言,直来直去,用意虽说是好的,但也会得到相反的效果。具体的语言方式,应该因人而异。

第三,与孩子交流不宜啰嗦。很多父母与孩子交流费尽心力,但是效果不是很理想。表面上来看,他们是在和孩子公开交谈,却未曾意识到他们的某些话,恰恰是堵住了孩子的嘴巴与耳朵。

第四,尊重孩子自身的意见。在讨论一般的普通家事时,不妨也让孩子"参政"一下。无论最后是否采纳他的意见,也让他感受到自身在家庭中的重要性,是家庭中的一员。

好父母胜过好老师大全集

大全集

周成龙　主编

第四卷

吉林大学出版社

第四卷 目录

父亲和孩子一起成长

第一章 父亲的上岗执照

父亲，请"持证上岗" ………………………………………………………… (591)

和孩子妈妈的教育态度达成一致 ……………………………… (593)

父亲，需要良好的爱的表达习惯 ……………………………… (597)

给孩子一个幸福的家 …………………………………………………… (600)

家庭残缺了，爱不能残缺 …………………………………………… (603)

第二章 孩子的成功来自父亲1％的改变

让孩子在掌声中长大 …………………………………………………… (607)

别让比较伤了孩子的自尊心 ……………………………… (611)

给孩子一个拥抱 …………………………………………………………… (615)

要想批评有效，就要有方法、有原则 ………………… (618)

第三章 另类眼光看孩子

爱，需要彼此信任 ………………………………………………………… (621)

偶像崇拜，让人欢喜让人忧 ……………………………… (625)

别戴有色眼镜看待孩子与异性交往 ……………………（629）

用真诚和尊重的态度对待孩子 ……………………………（633）

第四章　换位思考，做亲如好哥们的父子

不做暴君型父亲 ……………………………………………（638）

别端"老子"架子 ……………………………………………（641）

与时俱进，化解代沟 ………………………………………（644）

第五章　"让孩子拥有一片空间"

孩子的成长需要空间 ………………………………………（647）

让雏鹰自己飞起来 …………………………………………（650）

把快乐还给孩子 ……………………………………………（653）

让孩子"e"路阳光 …………………………………………（657）

第六章　培养孩子的责任感

教会孩子孝顺自己 …………………………………………（662）

男子汉，敢做敢当 …………………………………………（666）

教会孩子感恩 ………………………………………………（670）

第七章　成长中，逐渐完善孩子的人格

再富也要穷孩子 ……………………………………………（674）

让孩子懂得爱、学会爱 ……………………………………（677）

学会控制自己的情绪 ………………………………………（681）

别让孩子轻言放弃 …………………………………………（685）

身教胜于言传

第一章　家长的"上岗执照"

好父母,言传不如身教 …………………………… （691）

"爸爸你看,我正踩着你的脚印!" …………… （693）

母亲的影响力 ……………………………………… （695）

做孩子最愿意接近的父母 ……………………… （699）

跟上孩子成长的脚步 …………………………… （701）

第二章　用"身教"有效"言传"

"一次"就把孩子教育好 ……………………… （706）

诚信是立身之本 ………………………………… （708）

不要只"言教"不"身教" …………………… （712）

第三章　父母的好习惯,决定孩子的大未来

教孩子学会"金金计较" ……………………… （715）

善于利用时间,才能做出大成绩 …………… （718）

做事有条理 ……………………………………… （722）

引导孩子学会一定的劳动技能 …………… （724）

良好的阅读习惯,使孩子受益终生 ………… （726）

第四章　别拿自己的"尺子"量孩子

孩子需要有自己的朋友 ……………………… （730）

分数,能代表什么 …………………………… （733）

第五章　理解孩子,提高教子艺术

和孩子沟通,家长的必修路 ……………………………………（737）

家长,也要有良好的自制力 ……………………………………（741）

第六章　复制给孩子一颗健康的心灵

良好的心态,让孩子健康一生 …………………………………（744）

和环境相融,才能走自己的路 …………………………………（748）

把爱心植入孩子的心灵 …………………………………………（750）

让孩子有一个健康的心理 ………………………………………（755）

第七章　优秀的孩子是"教"出来的

让孩子学会为自己负责 …………………………………………（759）

教孩子学会自我激励 ……………………………………………（762）

培养孩子与人合作的能力 ………………………………………（766）

教孩子如何与别人友好相处 ……………………………………（769）

乐于助人将得到更多 ……………………………………………（771）

好父母胜过好老师大全集

父亲和孩子 一起成长

第一章 父亲的上岗执照

父亲，请"持证上岗"

有研究表明，孩子小时候对于父亲的崇拜，基本源于对其强壮的身体和力量的羡慕。所以给一个小孩子当父亲，是很容易就被孩子崇拜的。但是随着孩子的成长，他们对父亲的崇拜不再是力气和体魄了，而开始转向了学识和能力。

在孩子的眼里，无所不知、无所不能的父亲，才是他们骄傲的资本，才是他们心目中的偶像。因此一旦他们发现自己崇拜的父亲，知识结构很陈旧，能力也很有限的时候，多数孩子都会对父亲感到失望。从而不愿意再听从和认同父亲的教诲。

所以，身为父亲，千万不能放弃对自身知识和素质的提高，否则将丧失令孩子信服的资本和威信。

有家报纸报道，奥地利儿童缺乏纪律性，政府为了从根本上扭转这种状况，准备推出一项计划，让那些打算或刚刚为人父母的奥地利父母，都去学校专门学习家庭教育。只有当他们取得家庭教育执照了，确保他们有能力担当教育儿女的重任，才允许他们"上岗"当父母。

要取得执照，这些父母们必须重返学校，学习全套教育子女的本领，执照到手后，方有资格享受社会提供的各种家庭福利。如果父母拒绝上课，将与这些福利无缘。此外，今后夫妻离婚时，领有父母执照的一方在获得子女抚养权方面将得到优待。

媒体刚刚报道了此事，就引起了全国舆论的关注。"什么，要想生孩子,得先去学习?还得取得执照?"不少人对政府的这一举措都相当不解。也有一些人公开在媒体上诋毁政府的这项举措,认为是政府在变相"剥夺公民合法权益"。

推行一项新政策远比取消一项政策更难,为了让新政策能够执行下去,政府只得给全民洗脑:主张推行这一计划的议员们认为,人的一生,几乎什么事都要接受像驾驶汽车那样的训练,偏偏在教育子女这一人生最重要的事情上,却缺乏足够的培训。所以,培训合格的父母是政府的责任,关系国民的整体素质的提高,必须执行。

奥地利政府是明智的。当然,要推行父母执照,既需要重大的观念变革,也需要强大的财力和人力保障。在有着十几亿人口的中国,短时期是难以做到的。

你会当爸爸吗?如果有人问父亲们这个问题,可能多数父亲都会嗤之以鼻,怎么不会当?都当了这么多年了。没错,会不会当都当了,这也是中国家庭教育的现状,大多数父母都在没有取得"上岗证"的情况下,就稀里糊涂地做上了父母,担当起教育子女的重任。

马克思说过做父母是门职业。可是,几千年来,谁来考核过父母的资格?哪位父母获得过教子执照?进入 21 世纪之后,尤其进入互联网时代,几乎有一半以上的父母都认为,教育孩子越来越难了,尤其是爸爸,更加难当了。

"当你有了孩子,你就有了问题。"对这句话的理解,每一位为人父亲的人都有自己的感悟。随着孩子的降生和成长,我们必定会面临孩子形形色色的问题,许多爸爸从此被拖入无穷无尽的无奈当中。成长在传统权威环境下的父母,沿袭了上一代的教养方式,面对成长在 E 时代的孩子,缺乏应对的教育理念和方法,往往感到茫然和焦虑。

现今的社会,各行各业都需要专业的知识和能力。然而,在亲子教育这个最伟大的事业当中,爸爸们往往忽略了学习一定的知识和技巧,其实当爸爸也要持证上岗,才能胜任这个神圣的职位。

教育子女看似简单,其实却是一门很深的学问。生个孩子很容易,把他教育好,却需要付出相当大的精力。尤其是在这个地球村的时代,孩子接受新鲜事物非常快,如果父母不知道学习和进步,不重视家庭教育观念的转变,不提高自身素质和研究教育方法,那么教育水平就跟不上孩子的成长,孩子怎么会听父母的话呢?所以教育孩子,绝不是千年不变的照本宣科。而应该是与时俱进,不断学习的过程。

开车要有驾照,做父亲,几乎是人世间第一艰难而复杂的"职业",怎么能不需要执照呢?父亲的"上岗执照",要具备五个方面的素质:现代的教育观念、科学的教育方法、健康的心理、良好的生活方式、平等和谐的亲子关系。如果把这五个方面的知识都能领悟透彻并应用于实践,那么教出一个好孩子,应该不是一件难事了。

古人云:活到老学到老。尤其是在教育孩子方面,作为父亲,更是应该不断学习,不断进步,和孩子一起成长。

父亲必读

评判一个父亲是否合格,不是看他的腰包鼓不鼓,也不是看他的学历高不高,而是看他教育孩子的素质。一般而言,教育素质包括五大要素——现代的教育观念、科学的教育方法、健康的心理、良好的生活方式、平等和谐亲子关系。如果能在这五大要素上,有所研究和突破,相信距离一个合格的父亲也就不远了。

和孩子妈妈的教育态度达成一致

启示案例

丁丁上了中学,学习成绩不错。为了节省时间,妈妈让他住校,每周末才回家一次,尽管他很想家。

一个周六的下午，学校提前放了假，这可乐坏了丁丁，多了半天的假期，可以好好回家和伙伴玩个够了。

丁丁回到家里，饱餐了一顿丰盛的美食后，就抱起足球，准备和小伙伴一起去踢球。

"丁丁，先把作业写完，再出去玩。"妈妈一边洗碗，一边督促丁丁学习。

一听说不让自己出去玩，丁丁嘟嘟囔囔地放下了足球。

"就让孩子玩一会儿吧，都在学校待一个星期了。"爸爸一边翻看着手里报纸，一边给儿子求情。

一看老爸求情，有戏。丁丁暗自高兴。

"那怎么行，不做完作业，不能出去玩。你这个当爸爸的也真是的，孩子想玩，你怎么也支持呢？"妈妈擦着手里的碗筷，埋怨着爸爸。

"玩是孩子的天性嘛，适当的玩耍对学习是有好处的。你没有听过会玩的孩子才会学习吗？"看来爸爸是很支持丁丁劳逸结合了。

"你怎么回事？"妈妈很生气，"你什么时候管过孩子，要是学习落下了，不知道什么时候才能赶上去。你就知道当好人！"

妈妈很生气，看来今天出去踢球的梦想彻底破灭了。丁丁垂头丧气地回到了自己的房间，拿出课本，他搞不懂，为什么爸爸和妈妈的观点不一样呢？要是爸爸说了算就好了。

这件事，应该怎么看呢？妈妈埋怨孩子，爸爸赞成孩子。我们且不说孩子的想法正确与否，仅就父母双方教育孩子的方法和态度来说，是不应该出现不一致的。

看看我们的身边，有丁丁这样遭遇的孩子一定不少。许多父母认为，要管教孩子，必须是一个家长要"严"，另一个要"慈"；一个"唱红脸"，一个"唱白脸"。家长们以为只有"一严一慈"、"一软一硬"、相互配合、"软硬兼施"，才能教育好孩子。这种说法，似乎颇有道理，其实却犯了家庭教育中的大忌。

在家庭教育中，父母双方对孩子的要求或多或少都存在着差异，这是难以避免的。尽管双方都是为了孩子好,目的也是一致的,但是方法和态度不同,不能结成教育孩子的统一战线,也会使家庭教育的效果大打折扣。

首先,父母态度不一致,会使孩子学会钻空子,谁能答应他们的要求他们就去磨谁,并且会把父母分成谁好谁坏。一些孩子就是在这种搭配组合中钻空子,出了事只告诉护着自己的一方。长期以来,孩子在家里找到了保护伞,以致家庭教育失去了约束力。

其次,如果父母教育孩子时出现矛盾,母亲这样说,父亲那样说,孩子就无所适从,分不清谁是对的,谁是错误的。由于年龄和阅历的限制,孩子们往往不能明辨是非,他们习惯于追随胜利者的脚步。一般如果父母发生争执时,往往谁在争吵中取得了胜利,孩子就会认为谁是对的,就会听从谁的观点或者安排。事实上,胜利一方未必正确。

教育的根本宗旨是教会孩子明辨是非,掌握真理,而不是把孩子拉拢到哪一方的阵营当中。所以,家庭教育最重要的方针就是父母要保持步调一致。

小健从小不吃羊肉,每当家里买来羊肉的时候,他都吃别的菜。为了纠正孩子挑食的坏毛病,爸爸想了一个办法。在小健九岁那年的"五一"节,爸爸妈妈带着小健骑车到很远的江边去野游。

等到了江边时,小健又累又饿,嚷着要吃东西。

"妈妈,我们中午有什么好吃的呀?"小健迫不及待地打开了随身书包。

"没有其他食物,我们只带了羊肉馅饺子。"爸爸代替妈妈回答。

"啊,爸爸,我最不爱吃羊肉,你明明是知道的呀!"小健生气地放下了书包。

"今天我只带了羊肉馅饺子,你想吃就吃,不想吃就饿着。这里是前不着村,后不着店,什么也买不到,你看着办。"爸爸根本不理睬儿子,自己拿起饺子吃了起来。

妈妈看了爸爸一眼,也开始吃饺子了。一边是爸爸妈妈香甜的午餐,一边是生气的儿子。妈妈首先就憋不住了,和爸爸商量:"要不我们回去吧,买些吃的,别把孩子饿出病来。"

"不行,我们不能让他养成挑食的习惯。"爸爸低声对妈妈说着。

又过了好长一段时间,儿子果然顶不住了,说:"爸爸,要不我尝尝?"结果一大饭盒的羊肉馅饺子全让小健给吃光了,他一边吃还一边说:"没有想到羊肉也挺香的。"

其实,五月的天气,早把饺子吹得又硬又干了,可是在没有其他食物可以选择的情况下,没有人可以依靠的情况下,难以下咽的食物也别具风味。

这次野游的收获很大,让小健知道了如何面对困难,吃自己不喜欢的东西,也是一种难能可贵的勇气。从那以后,小健再也不像以前一样挑食了,还把这次经历,当成自己对其他同学炫耀的资本。

小健的爸爸无疑在教育孩子的问题上,做出了明智的选择。当然,重要的是妈妈的配合,和爸爸站在同一条战线上,彻底地断了孩子求援的后路,就使得纠正孩子错误变得异常容易。

著名教育家陶行知先生认为:"做父母的对子女的教育应有一致的措施。中国家庭教育素来刚柔并济。父亲往往失之过严,母亲往往失之过宽,父母所用的方法是不一致的。虽然有时相辅相成,但弊端未免太大。因为父母所施方法宽严不同,子女竟至无所适从,不能了解事理之当然。并且方法过严则易失子女之爱心,过宽则易失子女之敬意。这都是父母方法不一致的弊病。"

父亲必读

教育步调一致,两种力量拧成一股绳子,才能产生较强大的合力。当父母双方对孩子的行为表现出不一致意见时,可以有两种解决办法:一种方法是把父母双方的意见都摆出来,让孩子一起参与讨论。这样做,父母双方既能做到意见统一,又能通过说明情况教育孩子;另一种方法是,如果一方对另一方的意见不满意,不要当着孩子的面表现出来,应该在背后,通过交换意见的方法达成一致,然后,再向孩子进一步讲明道理。

父亲,需要良好的爱的表达习惯

启示案例

我国著名作家冰心的父亲谢葆璋,是一个舐犊情深的父亲。他不同意冰心穿紧鞋。小冰心深知父亲对她的疼爱,若她感到鞋子哪怕有一点点紧,就故意在父亲面前一瘸一瘸地走。父亲一见,就立刻埋怨妻子:"你给她做的鞋又小了!"冰心母亲生气了,把剪刀和纸裁的鞋样推到丈夫面前:"你会做,就给她做,将来长出一对金刚脚,我也不管!"

谢葆璋还真的拿起剪刀来剪鞋样,逗得母女俩笑了起来。

在封建思想依然浓厚的年代,一个父亲,能毫不掩藏地表达对孩子的爱,是多么难能可贵的事。即使是今天,能淋漓尽致地向孩子表达父爱的人也不太多。

父亲节快要到了,女儿预先在附近的花店为父亲订了一束花。父母生活的那个年代不流行送花的思潮。当女儿在母亲节给妈妈送花的时候,她能明显地感到妈妈的欣悦。所以在父亲节来临的时候,她同样觉得应该送给父亲一束花。

小时候的日子多美好啊,父亲经常把女儿抱在怀里,亲了又亲。他的胡子常常把女儿的小脸扎得又痛又痒,女儿就笑着躲开了……

每每想起这些,女儿心头都漾起别样的心酸。自己长大了,和父亲的距离也大了,父亲再也不肯和自己主动表达感情了,尽管她也知道父亲的爱从来就没有变过。

父亲老了,也在表达感情方面显得很拙笨,他永远也找不到适合的方式去表达对孩子的关爱,只是默默地去付出……

父亲和孩子一起成长

每当女儿拿起话筒与父亲对话时，父亲都显得那样地"尴尬"，共同话语不多。每到这一刻，父亲都很自觉地将听筒递给母亲……

在我们的周围，这样的父亲实在占有太多的比例。一般说来，父爱往往是严肃的、含蓄的、粗线条的，一如父亲在家庭生活中扮演的角色：威严的一家之长。但是他们对子女的爱，无须质疑，只是千百年来形成的思维习惯，让很多父亲都羞于向孩子表达自己的感情。他们常常把爱深埋在心底的思维习惯，让孩子经常对父亲的爱感到怀疑、感到饥渴。这样，孩子就会放弃从父亲那里得到爱抚的要求，转而向妈妈寻求安慰。这也是通常在中国的家庭里，孩子与妈妈的关系要好于爸爸的原因。

无情未必真豪杰，怜子如何不丈夫？父爱，可以如水，亦可如山，父爱真正的表达，是不必囿于一定形式的。

一位父亲，就经常用这种方式跟儿子交流。一是写便条，在没有时间跟儿子坐下来谈心的情况下，他会把自己想说的话、想跟儿子交流的想法，写在便条上，放在儿子的房间。儿子看到后，也会给父亲留下一张便条，上边是儿子想说的话和想法。这样的便条让他们父子的交流，始终处于一种很愉快的状态，彼此都很了解，让他们成为了知己。

还有一种是儿子有了困惑以后，有些事情不太方便用语言交谈，父亲便会给儿子写封长长的信，在信里面把儿子的困惑一一解开，并给儿子正面的引导，帮助儿子尽快走出困惑。

再就是这位父亲经常在儿子遇到挑战的时候，譬如中考、高考等等，为了让儿子有信心迎接挑战，有斗志打赢这场战争，用良好的心态面对这一切，父亲会摘抄很多名人的格言，写很多鼓舞斗志、树立信心的小卡片送给儿子，让儿子时时得到精神上的鼓舞。这些格言在某种意义上起到了很大的激励作用，让这位大男孩在关键时刻总是敢于出击，赢得喝彩。

现在，这位父亲的儿子已是一位很成功的企业管理者，对于父亲的爱,他印象最深的便是那一张张浸满了父爱的便条、信笺、卡片,他说这些父爱的表达,将是他人生最值得珍惜与收藏的财富。

也有很多父亲在困惑,过去孩子小的时候,你可以亲吻他的小脸蛋,可以抱抱他,可以牵着他的手,这些都可以是爱的表达,可现在孩子大了,长得比父亲都高了,他还需要父亲爱的表达吗?

亲爱的爸爸们,不管你的孩子已经有多大,他是不是长得比你高,只要他是你的孩子,还在你的身边,他就永远需要父亲的爱,这毫无疑问。只是你需要掌握的是,更适合这个年龄段的孩子接受和喜欢的爱的表达方式与技巧。这需要你充分观察你的孩子的特点,了解一些这个年龄段孩子的心理特征,针对他们的接受习惯,调整你爱的表达方法。

现在还有不少爸爸会用物质形式,表达自己对孩子的感情,用对孩子的物质要求有求必应的方式,来传递自己对孩子的爱。如果你有足够的经济能力,这种方式本也无可厚非,可如果你在孩子的感情天平上,永远只是一个可以满足他的物质要求的筹码,那当你一旦失去了这种力量,你就会被孩子的感情天平所遗弃,这将是一种很可悲的后果。

所以,与给孩子换最新款的手机,不断给他零花钱,满足他的各种愿望相比,真正发自内心的父爱的表达,有时更能让你与孩子有真切的情感交流,有实实在在的情感碰撞,从而建立深厚而相互依恋的父子关系。

而且,父亲如果有了良好的爱的表达习惯,孩子也一定会成为一个善于表达爱、乐意表达爱的人,他会把他的这种好习惯、好性情带进他未来的家庭,给他的未来增添几分幸福的保障。

父亲必读

爱是教育的润滑剂。作为父亲,不要吝惜对孩子说"我爱你,孩子!"尽管口头表达这几个字有些难为情,但也要试着去说,也许因为

父亲和孩子一起成长

你的这一句话,会改变孩子一生的命运。或者,你可以通过其他方式传递父爱,比如说临睡前给孩子一个亲切的吻,或者婉转地告诉他:"谢谢你,我的孩子,爸爸和你在一起真开心。"

给孩子一个幸福的家

启示案例

一个小学生在日记中写到:一个月前的一天,爸爸妈妈从客厅吵到卧室,我蹲在客厅的角落里拼命地掉眼泪。父母的争吵,让我很害怕,怕他们离婚,没有人要我了。我刚学会幸福两个字怎么写,以为我的家庭可以用这两个字形容,可是他们的争吵,却让我怀疑了。我不想他们吵架,就跑进卧室,叫道:"别吵了!"

我看见爸爸握着妈妈的手腕,不让她挣扎,妈妈那时候已经气得连说话的力气都没有了。他们看见我在哭泣,就松了手,然后爸爸走了出去,妈妈把门反锁了。我其实连他们为什么争吵都不清楚,我只知道我不想让他们争吵。这是爸爸妈妈之间的第一次争吵,之后他们也经常吵架。而且有时候,他们还问我:"如果我们离婚了,你跟谁过?"

我不知道该怎么选择。我既不想失去爸爸,也不想失去妈妈。但是他们常常吵架,我不知道是不是有一天,我真的需要做出这个选择?

夫妻相处久了,难免会发生摩擦,可是,就算有一百个吵架的理由,也不应该当着孩子的面吵架。因为对于孩子来说,家庭是一个气氛安详的安全岛,如果家里一旦发生争吵或更为激烈的冲突,常常会使他丧失安全感。尤其是父亲当着孩子的面与母亲吵架时,孩子就会觉得家"反"了,天塌了,就会感到无所适从。孩子甚至会以为这都是自己的错,自己再也得不到父母的爱了。每一个孩子的心灵都是纯洁美好的,他们需要成人的精心呵护。

在现实生活中,有些丈夫不仅不会体贴妻子,甚至还会作威作福、沉迷酒色、疏忽责任。他们总认为事业重要,自己为了家庭在外面奔波,而妻子只不过是在家做些小家务事而已。因此,他们从不会替在家辛劳的妻子设想。而且一旦工作不顺,还会把那种不良情绪带回到家中来,他们会喋喋不休地指责妻子这里不对、那里不好。

一个孩子这样诉说了他对父亲的"怨"。他说:爸爸酗酒,打妈妈,令我厌恶与痛恨。现在他去世了,或许有点不舍,但是若他的个性不变,让我再选择与他相处的方式,或许也会再选择漠视吧!父亲死后,有时都还会梦见他在杂货店喝酒,回家大闹,找母亲出气。那种心理的压力,无时无刻不在压迫着我,总希望自己与他隔得愈远愈好……

在孩子的心目中,爸爸的雄伟力量,应该表现在对妈妈的细致温柔上。若是爸爸以他的粗壮手臂欺负妈妈,会被孩子们瞧不起。而且,夫妻之间总是争吵不休,最后使孩子失去安全感,有时甚至可能让孩子失去生存的意志力。很多孩子的性格封闭,学习成绩明显下滑,人际关系也越来越坏。究其原因,都是父母不和造成的结果。如果我们有机会走进少管所,就会发现来到这里的孩子,几乎都有一个破碎的家庭。

要使孩子身心健康地发展,必须有一个和谐的家庭环境,父母间即使有矛盾冲突也应避开孩子冷静处理,以免孩子受到不良的刺激,让孩子幼小的心灵蒙上阴影,更不能把孩子作为自己与对方较量的筹码,或攻击对方的工具,让不懂事的孩子,卷入大人的是是非非之中。所以,父母之间形成的温馨和谐的家庭氛围,是让孩子健康成长的基本保证。

吕蓓卡·罗伯是美国 WNBA 纽约队的著名运动员。在她事业的背后,有一个和睦的家庭在默默地支撑着她,使她无论面对什么样的困难,都能够坚定自信地克服。对她来说,父亲母亲无疑是她最大的支柱,尤其是父亲对母亲的关爱。

父亲和孩子一起成长

吕蓓卡说："我很羡慕我的妈妈，因为爸爸非常爱她。"小的时候，如果父亲或母亲要出去，他们就会彼此吻别。当时吕蓓卡不以为然，但等她长大一些之后，她不得不为父母彼此的那份深深的爱而震惊。几十年如一日般彼此相爱，有几人能做到？最让她感动的是，父母从来没有在孩子们面前吵架，而且总是彼此说"我爱你"。

有一次，吕蓓卡竟然看见，父亲和母亲在街上手牵手走着，看上去就像一对年轻的恋人。还有一次，母亲煮饭，吕蓓卡做功课，父亲回来了，径直走进厨房，只见他趋近妈妈，轻轻地在她背后拍了一下。母亲回眸嫣然一笑，两人讲起悄悄话来了。

吕蓓卡那时虽然幼稚，却依然为这份深情而感动。后来，吕蓓卡的母亲得了乳腺癌，痛苦地与病魔作斗争。父亲对母亲的不幸尤为痛苦，但是尽管为母亲的病焦虑万分，父亲仍然是家里的精神支柱，是母亲的精神支柱。同时，他不忘对孩子们的关爱，在母亲的整个治疗过程中，父亲总是询问几个孩子的感受，时刻关心着他们的衣食住行。

成年后的吕蓓卡，当了一名运动员，她非常感谢父亲，能给自己一个幸福的童年，幸福的家庭。她曾经说过，如果我有了孩子，我一定给他们幸福。

在孩子的成长过程中，家庭和睦是个关键的因素，孩子会从中获得安全感。家庭的温暖，会让孩子感觉到生活的幸福，未来的希望。父亲对母亲的爱，是营造家庭幸福的基础，父亲经营婚姻的能力，与教育孩子的能力是一脉相承的。一个好父亲，不仅仅应该具备科学的育子观念，更应该是一个对孩子、对家庭负责的人。只有给孩子一个幸福的家庭氛围，才能让他们健康地成长，才能拥有美好的亲情。

父亲必读

家，是孩子幸福的港湾，是孩子成长中的避风港和天堂，有温暖，有陪伴。我们从来都想给孩子们幸福，可是往往却忽略了他们的内心需求。对他们而言，美丽的玩具，漂亮的衣裳，都没有一个幸福安稳的

好父母胜过好老师大全集

家庭更令他们神往。

家庭残缺了，爱不能残缺

启示案例

　　丁丁原本是个聪明活泼的孩子，学习成绩也很好。但最近一段时间，老师发现丁丁变了很多，胆怯、沉默寡言，不愿与其他孩子交往，上课时常常发愣，放学后孤零零地背着书包在街上游荡，挨到天黑才回家。学习成绩明显下降。这是什么原因呢？

　　丁丁在作文中有这样一段描写："爸爸妈妈要离婚那天，正是我的生日。因爸爸妈妈要离婚，再也没有人对我的生日关注了。放学后，我久久不愿离开学校，我不知今天的生日该怎么过……晚上，我做了个梦，梦见一家人围在桌前为我庆贺生日。忽然，天上掉下了一个大大的生日蛋糕，我欢喜极了。可是仔细一看，生日蛋糕上写的并不是往日的'生日快乐'，而是两个令我痛心的大字'离婚'……"看到了丁丁的作文，老师才了解到原来他的父母在闹离婚。每天不是争吵不休，就是互不理睬，谁也不管家里的事，生气了还拿丁丁来出气，把一个原本聪明活泼的孩子变得沉默寡言，整天处于焦虑不安的状态中。

　　近年来，我国离婚率逐年上升。离婚虽然是夫妻之间的事，但对于有子女的家庭来说，不能不考虑离婚对孩子的影响。

　　有人说："父母离婚对子女造成的打击和伤害，仅次于亲人的死亡。"

　　孩子为什么怕父母离婚呢？孩子都希望有一个温暖而安宁的家，父母恩爱，也爱自己。但父母一旦感情破裂，准备离婚，就会没完没了地吵闹、打架、砸东西、摔家伙，时不时拿孩子出气，闹得家无宁日，四邻不安；要不就是分居、冷战，家庭气氛冷漠而紧张。孩子感到以前的家再也不存在了，自己再也感受不到父母的关怀、家庭的温暖，自己无依无靠，仿佛是弃儿，因此倍感焦虑、伤心。

晶晶真的太想回到小时候了，她记得那个时候，父母恩爱，他们也很爱自己。每当星期天的时候，爸爸都骑着自行车，带着晶晶和妈妈，一起去郊游，然后全家就在外面野炊。晶晶好高兴啊！

可是幸福生活，现在被打破了。

这几年，爸爸的事业已上巅峰，是一家公司的总经理，年薪数十万元，可谓春风得意，而妈妈还是在政府机关，做着波澜不惊的公务员工作。

有一天，爸爸突然和妈妈提出离婚。原来他在外面另外有了喜欢的女人。一听到这个消息，晶晶害怕极了，他恨爸爸，恨他对妈妈和家庭的不忠。她依然盼着爸爸能回头。

一天，晶晶放学后坐在沙发上一直沉默不语，突然她哽咽着说："爸爸要离开我们了，我觉得很难过。"

此时妈妈正沉浸在丈夫背叛的痛苦之中，根本没有意识到女儿同样痛苦的内心感受。晶晶接着说："我希望爸爸能够一辈子和我们在一起。"这句话把妈妈内心的怒火给激了起来："他这种人一辈子也不会回头，你就死了这条心吧！"

那时妈妈并没有意识到，当女儿的感觉受到这样的伤害，其内心最深处所经受的沉重打击，到了何种程度。这是妈妈在暴怒之中，对女儿不负责的精神上的虐待。

妈妈的话，让晶晶的心更凉了。那是一段不堪回首的岁月。爸爸的彻夜不归，与人到中年突遭婚姻危机的痛苦，让妈妈像一个疯婆子，白天不停地找人哭诉。但与此同时，妈妈的恨意也达到前所未有的高度，喋喋不休地向晶晶提起爸爸的种种不是与缺点。每当妈妈说到爸爸不要她，从此以后，妈妈将和晶晶相依为命时，晶晶就想哭，她太害怕家庭破碎了。于是在一个深夜，她给妈妈和爸爸分别留了一封遗书后，就割腕自杀了。

据统计,每年因为父母离婚导致自杀的孩子,在所有青少年自杀理由中的比例最大。孩子之所以选择这种极端的方式,来结束自己的生命,是因为他们对未来的生活感到恐惧和迷茫,曾经的幸福家庭瞬间就瓦解了,他们稚嫩的心灵无法承受住这种沉重的打击。

不管爸爸妈妈谁对谁错,孩子总是不愿离开任何一方。但离婚则意味着他必须选择一方,舍弃另一方,孩子难以选择。而且,如果选择了一方,那以后还能与另一方常见面吗?如果爸爸又找了新妈妈,妈妈找了新爸爸,他们会不会嫌弃他,虐待他?这些都是孩子担忧的问题。如果父母离婚时,逼着孩子选择一方,或背信弃义不管孩子,或出于对另一方的厌恶,阻止孩子见另一方,都会加重对孩子的伤害。

正因为如此,孩子大都不愿父母离婚,有些还会千方百计阻止父母离婚。这时父母应该明确:不可草率离婚。如果一定要离婚,父母要做的,就是尽量减少离婚对孩子的伤害。

首先,要牢记父母的身份和责任。

不论是在离婚前还是离婚后,父母都不应把双方的问题扩展到孩子身上。也就是说,不管你们之间有多大的问题,一旦面对孩子,你们就要承担保护他、爱护他的责任。父母应告诉孩子,之所以离婚,完全是因为父母之间的矛盾难以解决,并不是孩子的错。

离婚后和孩子住在一起的父亲或母亲,应该明白,你对孩子的幸福,负有更重要的责任。你首先要让孩子有一种安全感,虽然你们的家庭暂时可能还不完整,但孩子的安全感,在于家庭的力量和温馨,它将在很大程度上决定孩子的性格——是内向,还是外向;是开朗,还是抑郁。同时,在孩子与你的前配偶的交往中,你应当积极主动地予以配合,让孩子依然能感受到自己没有离开亲人的爱。要告诉孩子,父母虽然离婚了,但他们仍是孩子的父母,他们会一如既往地爱护孩子、关心孩子、帮助孩子。

其次,作为单亲家庭的家长,在家庭教育时尤其要避免两种倾向。

一种是自感离婚亏待了孩子,对孩子补偿心切,不忍对孩子严格要求,一味迁就、溺爱;另外一种是由于感情破裂,自己家庭生活不幸,便把所有的希望寄托在孩子身上,对孩子期望过高,所以对孩子过于严格,不能容忍孩子的微小错误。这两种极端的教养方式,对孩子的心理健康和以后的成才都是非常不利的。

每个孩子都是独立的个体,他有权选择自己的生活道路,父母应为孩子创造一个宽松的家庭环境,不要利用离婚对孩子施加无形的压力。离婚后的父母应该更加努力,让孩子健康而快乐地生活,这对孩子今后家庭生活的美满,是非常有好处的。

父亲必读

离婚,是无奈的选择,表明双方在夫妻角色上的失败。但是,尽管已经失去了幸福的婚姻,也必须要成功地扮演自己作为家长的角色,即使不能给孩子一个完整的家,也一定要给他们完整的爱。不能让自己的不幸毁了孩子的一生。

好父母胜过好老师大全集

第二章　孩子的成功来自父亲1‰的改变

让孩子在掌声中长大

启示案例

小威特的父亲老威特,是一名优秀的伯乐,他懂得如何教化千里马。小威特一生下来就是一个很不称心的婴儿,表情呆傻,就连小威特的母亲都说:"这样的孩子,好好教育他也不会有什么出息,只是白费力气。"

而在老威特的心里,小威特是一个非常聪明、非常好的孩子。这也是他经常说给孩子的一句话。每当卡尔·威特痛苦和失落时,父亲就会对他说:"你一定行的,我相信你。"每当卡尔·威特做了一件好事,父亲总会夸奖一番。老威特认为,只要孩子不是一无是处,就应该毫不吝惜地给予夸奖。即使他有些地方做得不好,也不能挖苦讽刺。孩子做错了,只要他能够诚恳地改正,做父亲的就应该既往不咎。这样,困难时给予鼓励,进步时给予夸奖,孩子就会越来越有信心。

尽管老威特只是普鲁士乡村的一名普通牧师,他的教育思想却极具批判性、建设性,他的教育观点是:"对于孩子来说,最重要的是教育而不是天赋。孩子成为天才还是庸才,不是取决于天赋多少,而是取决于生下来后到五六岁时的教育。诚然,孩子的天赋是有差异的,然而这差异是有限的。"

所以,不用说生下来就具备非凡天赋的孩子,就是那些具备一般天赋的孩子,只要教育得法,也都能成为非凡的人。

如果我们稍微留意一下就会发现,在西方电视剧中,父母会经常性地对孩子进行赞美,哪怕是那些在我们看来不值得一提的小事,也会被他们的爸爸妈妈用非常真诚的话来表扬。这不是编剧杜撰出来的情节,而是西方人在教子方面的一个非常值得推荐的做法。

许多美国父母认为,多一些赞美,少一些指责,对孩子的成长,是十分重要的。尤其是来自父亲的欣赏和赞美,对优化孩子的心理十分有利。一个恰到好处的赞赏,不仅使孩子感到自己得到了父亲的尊重,还能让孩子获得一种成就感和满足感,让他在不断的成长中,永远信心十足。

自信心就如同人的能力的催化剂,将人的一切潜能都调动起来,将各部分的功能推到最佳状态。而高水平的发挥在不断反复的基础上,巩固成为人的本性的一部分,将人的功能提高到一个新的水准。

美国的心理学家做过一个残酷的实验:把一群孩子随机分成两部分,假设认定一半是聪明、可爱的孩子,大家经常夸奖他们聪明;假设认定另一半孩子是不聪明的、令人不满的孩子,大家经常取笑、指责他们。结果许多年后跟踪调查发现,那些被认为是聪明的孩子,果然事业非常成功,生活也很美满,比一般人都优秀。而那些被认为不聪明的孩子,有口吃的、离婚的、失业的,无论生活还是事业上的成就,都低于一般人。可以看出,欣赏和鼓励孩子,对孩子的成长极其重要。

在实际生活中,不少父亲为了让自己的孩子出人头地,盲目地引导孩子向"高标准"看齐,总是指出孩子的不足,使孩子丧失了信心,慢慢觉得自己不行。父母的鼓励,是孩子获得家庭之爱的不可缺少的一部分。孩子也可以从这里得到一种成就感,会增强自信心。

有这样一位父亲,他的儿子学习很差,他和妻子经常为孩子的成绩吵架,每次考坏了,不但父母之间相互埋怨,而且还指着儿子的鼻子骂"笨蛋",结果孩子的成绩越来越差。有一次考试,竟然落到了全班的最后一名。这位父亲反省了一下自己,觉得自己的教育存在问题。

于是,他换了一种方式教育儿子。他微笑着对儿子说:"太好了,儿子,这回你再也没有什么负担了!"他的儿子感到非常恐慌,以为这是暴风雨的前兆,这位父亲理解儿子的心情,他说:"你的确没有什么负担了,你不用再担心落后了,但只要你肯向前跑,你就永远在进步。"儿子大受启发,内心轻松起来。

第二次考试,他的成绩上升了几位,这位父亲兴奋地说:"太好了,儿子,你比上次进步多了。"第三次,孩子考了前十几名,父亲激动地说:"太好了,你真了不起。"在父亲的赞美和鼓励下,这个孩子的成绩最后上升到了全班第一。

有的父亲也知道赏识教育很有道理,只是他们困惑:自己的孩子有许多缺点,没什么优点,怎么去赞赏他?

孩子个性中缺点的另一面就是优点,比如,淘气的孩子就很勇敢,也很爱劳动,乐于助人。所以,父亲要看到孩子好的一面,多鼓励和欣赏他好的一面,当孩子做得好的时候,就去表扬他;当孩子遇到挫折、失败时,去鼓励他,这就是父亲所要做的。

作为父亲,要学会赞美孩子的特长和进步,鼓励孩子去做得更好,而不是强迫孩子达到"最好"。

心理学家杰米斯莱尔曾说:"赞扬就是给人类心灵带来温暖的阳光,每个人的成长都离不开它。"爱听好话,这是人们的正常心理。获得他人和社会的认可,这是人的正常需要。

社会心理学认为,受人赞扬,被人理解和尊重,能使人感受到生活的动力和自身价值。从某种意义上说,人去拼搏,去努力取得成就,目的就是为了赢得他人和社会的赞许和重视。

一个人的辛勤努力,长期得不到肯定,那就有可能失去继续努力的动力。孩子也是如此,家长对他们的闪光点,加以恰当的赞扬,会使其光点更加耀眼,以至照亮他们的前程。有些孩子失去了学习的勇气,主要是他没有得到家长和教师的适时赞扬,减少了生活的能量,陷进了自卑的恶性漩涡。

换言之,渴望赞赏是每一个人内心的基本愿望。赞扬是件好事,但并非易事。赞扬是一门艺术,如果不掌握一定的技巧,往往会弄巧成拙。

第一,赞扬要建立在事实的基础上。

当你的赞扬之词,尚未说出口时,一定要在心里掂量一下,这种赞扬是否符合实际。赞扬之词是否能激起孩子的自豪感、成就感,但绝不能让孩子产生骄傲的情绪。

第二,赞扬要及时。

很多孩子都有好表现的特点,对他们来说,他们所做的一切都是为了引起父母的注意,受到老师的赞扬。赞扬由此也成了推动孩子内驱力的一个有效方法。因此一定要对他们的"功",给予及时的赞扬,否则就会扼杀了他们原有的那份积极性,久而久之就会使他们失去在集体中竞争的信心和勇气,随之的兴趣也会消失。

第三,赞扬要适量。

"久居兰室,不闻其香"。赞扬也是如此,如果孩子一直生活在"赞扬"中,就感受不到赞扬的存在了,不知不觉中就会失去赞扬的榜样力量,从而显示不出赞扬本身所具有的魅力;另一方面,如果孩子一直生活在"赞扬"中,他们就只看到自己的长处,看不到自己的短处,对别人的意见、建议根本不加理会,一切感觉非常好。

鲁迅有句话说得很在理,"物以稀为贵"。因此绝对不能再让"高帽子"满天飞了,否则赞扬就会贬值,我们不是为了形式而赞扬,而是为了"赞扬"才赞扬。赞扬应该有它的内涵,只有这样,才能让赞扬发挥"马达"的功能,使孩子取得更大的进步。

第四,赞扬要真诚。

虚伪的赞扬,不但起不到树立孩子自信心的作用,有时孩子还以为这是老师、家长对他的嘲弄、讥讽。因此,赞扬孩子应持真诚的态度,使孩子感受到你对他的劳动是尊重、赏识的,愿意欣赏他的劳动成果。这样可以激励孩子取得更加优异的成绩。

当然,赞扬要根据具体情况而定,无论怎样我们都应该为孩子的成长而多给予合适的赞扬,让他们生活在掌声当中。

父亲必读

各位父亲,请不要再吝啬你的赞美、泛滥你的批评了。对于孩子来说,尤其是女孩子,他们更希望得到父亲的表扬和赞美,被父亲肯定,更能增加他们在人际交往中的自信。

赞美,是鼓励孩子建立自信的一个重要方面,每一个孩子都需要不断地鼓励,这就像植物需要阳光雨露一样。

别让比较伤了孩子的自尊心

父亲和孩子一起成长

启示案例

歌德从小贪玩,不爱学习。有一次,他的数学成绩又不及格,一向对儿子就不太满意的爸爸大为恼火,把歌德叫到身边。

"你是怎么搞的,成绩居然这么差? 你每天学习了吗?"

"学了啊,只是我没有学会。"歌德小声分辩。

"你一定是学习时还想着玩了,不然不会是这个结果。"爸爸得出了这个结论,"你太让我失望了! 你看看隔壁的布朗,和你一样大,他的成绩一直都很好。"

听了爸爸的话,歌德什么也没有说。这时候妈妈走了进来。

"亲爱的,你们在谈论什么呢?"

"你看看我们的儿子吧,这次数学考试又没有及格。"爸爸气愤地向妈妈汇报着儿子的劣迹。

"哦,55分。不错嘛,儿子,比上次提高了整整10分啊!"妈妈兴高采烈的态度,让爸爸很不高兴。"55分和45分没有什么差别,都是不及格。隔壁布朗却几乎每次都能得到满分。"

"亲爱的,布朗是布朗,我们的儿子是歌德。不要拿布朗的标准来要求我们的儿子。他已经在进步了,你没有看到吗。这次比上次多了10分啊。"显然妈妈不同意爸爸的比较。

父母的这次对话,在歌德的心里留下了很深的印象。妈妈的支持和鼓励,让他幼小的心灵中,充满了希望。从那以后,他更加努力学习了,他期望着有一天,爸爸也和妈妈一样,为自己而感到骄傲。

后来,歌德成为了伟大的诗人。不仅他的父亲,整个德国都把他当作骄傲。

激励孩子,是我们都知道的教育方法,然而在实践过程中,很多人把激励的本意给领会错误了,常常是不合时宜地拿别人的长处和自己孩子的短处比较。

有些父母在传媒上,看到同龄孩子的优秀事迹,特别是介绍他们丰富的知识和杰出的才华时,往往会对自己的孩子说:"你看,他和你一般大,可人家就这么优秀了。你呢,我看你连他的一半都没有。"或者说:"你瞧,人家的条件那么差,可学习这样好。你呢,正好相反,条件不知道要比他好多少,可学习却一团糟。不知道你都干了些什么?"话语中,充满埋怨和责备。

应该说"反比"的出发点是好的,目的是让孩子向榜样学习、看齐,但通常效果却不理想。因为这一"比",往往使孩子失去信心,进而产生逆反心理。许多孩子会说:"像他这样的有几个?全国恐怕也就这么一两个。""他好你让他给你当儿子去吧!"等等。一旦有了这种心态,榜样的意义就不复存在,甚至会产生条件反射,本能地拒绝学习。这就是"反比"带来的副作用。

父母拿各自孩子做比较,更容易造成孩子之间的相互攀比或排斥,比如让孩子间相互产生嘲笑,或者互相攻击。

小敏聪明伶俐,学习成绩自打小学一年级起,就一直是班级里的前三名。爸爸常常以此为骄傲。

初中二年级的时候,小敏的班级里转来了一个外地同学,叫乐乐。可巧,乐乐也住在小敏家附近。这下子小敏可高兴了,有了一起上学放学的小伙伴。

两个孩子经常在放学后一起做作业,小敏的成绩好,经常帮乐乐解决难题。爸爸看在眼里,喜在心上,有这样一个共同学习的伙伴,孩子的学习兴趣会更大的。

乐乐虽然来自乡下,但是成绩也非常好,而且她的逻辑思维非常敏锐,解决问题能力也很强,这些都是小敏的弱项。有好几次数学竞赛和物理竞赛,乐乐都拿了年级第一名。

奇怪的是,乐乐再也不上小敏家学习了,爸爸问小敏两人是否闹什么别扭了。

小敏回答:"没有。人家现在是老师的红人,再也不用我来给解答问题了。"

"你这孩子,怎么说话阴阳怪气的,乐乐身上有很多优点啊,你得多向她学习。"

"向她学习?凭什么?"

"凭她在学习方法上,比你有优势啊。"

"哼,不就乡下来的丫头吗,有什么可狂的!"

爸爸简直不敢相信,这是女儿说出的话。

一直以为女儿挺虚心的呢,看来孩子是不能看到别人比自己强,一旦有人超过了自己,就会把她当成敌人了。

在很多孩子的心中,确实有着和小敏一样的嫉妒心理。他们不愿意和别人比,一旦发现自己在比较中处于下风,心里就会不舒服,甚至产生攻击对方的想法和做法。

这种现象应当引起父母们的注意,这绝不是正常的心理反应。其实孩子之所以不愿意被比较,害怕别人比自己强,归根结底都是因为自尊心太强的原因。他们习惯于自己处于被人赞扬的位置,一旦这个位置被占据了,他们会本能地感到恐慌,感到自己将被否定,从而自尊心受到伤害。

孩子之所以有这种反应，完全是因为，他们把"比较"的真正含义领会错了。父母也好，老师也好，之所以习惯用比较的方法教育孩子，就是希望可以通过类比，来激起孩子的斗志，使他努力向前。可是任何比较，都必须要考虑孩子的自尊心能否承受的问题，倘若比较的方式欠妥当，会让孩子觉得这是长别人志气灭自己威风。

俗话说，"人比人，气死人"，我们大人不都明白这样的道理吗，又何以忍心让孩子也过早地体会这样的感受。孩子小，他们不会像我们大人这样随意发泄出来，可往往的确是伤了他们的自尊心，怕的是，他们把这些不快乐藏在心里，不肯说出来。长此以往，造成孩子性格的错位，而他们就错误地认为自己很差，不去努力，没有自信和勇气去挑战更多的困难。即使是有意无意地要比一比，也是可以原谅的，但一定要用一种平和的心态，去对待孩子的优缺点，不要拿别的孩子的优点，跟自己孩子的缺点比，要看到自己孩子的优点，积极引导，帮助他提高。

一位专家曾经谈到这样一个奇怪的现象。有一次，几十个中国与外国的孩子一起进行某项测验，测验后的分数让孩子分别拿回家给各自的父母看，结果中国的父母看了孩子的成绩后，有80%表示不满意，而外国的父母则有80%表示满意。而实际成绩又是怎样的呢？实际上，外国孩子的成绩还不如中国孩子。这件事情说明中国的父母习惯用挑剔的眼光来看待孩子，看待别人和世界。而外国父母，则习惯用欣赏的眼光看待自己、孩子和世界。

所以，专家建议父母们用欣赏的眼光去看待孩子，不要总把注意力集中在孩子的不足与缺点上，而忽略孩子的优点。如果孩子在我们眼中，总是存在这样那样的缺点，那么，他们就会觉得自己就是那样的一个人了，再也没有勇气去改变自己；相反，多强调孩子的优点，这会让孩子更加自信，从而以更高的标准要求自己，此时，缺点就会在不知不觉中被克服了。

好父母胜过好老师大全集

作为家长,我们千万别拿自己孩子的缺点和别人孩子的优点比,如果你经常这样,那你的孩子将永远不如别人。要正确地认识自己的孩子,善于发现孩子的特长与闪光点,欣赏孩子的长处,接纳孩子的短处。

给孩子一个拥抱

启示案例

六月份,是高考的季节。高三的学生都称之为"黑色六月"。因为这一次的考试,往往决定着他们一生的命运。

高考前,儿子很紧张。爸爸妈妈送他上考场。入场前,妈妈简单地说了两句祝福的话,以缓解儿子的紧张情绪。但是,效果并不好,儿子仍然有些信心不足。

但快到考试时间了,也不容他们再多说些什么。妈妈催促儿子快点进考场。儿子磨磨蹭蹭地走着,还不住地回头,好像在等待着什么。

就在那一刹那,父亲的脑海里闪过一个念头,于是他快速地走到儿子跟前,凝望着和他一样高的儿子,结结实实地给了他一个拥抱。儿子的眼睛里顿时晶莹闪烁,一股快乐幸福的劲头。旁边的考生,纷纷投来了羡慕的目光。

后来,儿子考上了理想的学校,但是每当回想起高中生活时,他最难忘的竟然是高考前父亲送给自己的那个拥抱。

这位父亲,不过是无数位普通父亲中的一分子。对于儿女的成长,他可能没有更多的东西给予他们,但是他却懂得在适当的时机,给予孩子适当的激励,完成了他作为一位父亲的使命,让孩子学会勇敢选择,勇敢面对,他也因此成为了让孩子永远景仰的一位父亲。

父亲和孩子一起成长

拥抱孩子,这在西方是很常见的举动,然而对于东方的父亲来说,却不善于此种表达方式。曾经有位教育家在一所中学做过一次问卷调查,其中有一个问题是:"你经常会得到爸爸的拥抱吗？爸爸的肢体语言在跟你的相处中多吗？"

对于前一个问题,收回来的 1 000 份问卷中,90%以上的孩子回答"很少,几乎没有"。对于后一个问题,大多数孩子都问,"肢体语言是什么？爸爸跟我们话说得都不多,还会有什么肢体语言吗？"

对于这个结果应该是意料之中的。因为中国父母在家庭里的肢体语言本来就很少,更何况充满含蓄、内敛气质的中国的父亲们。可真正的问题是,爸爸不善于拥抱自己的孩子、用肢体语言跟孩子交流。那我们的孩子就不需要爸爸的拥抱了吗？

在孩子小的时候,每一个父亲都不会吝啬对孩子的拥抱。认为向他们表达自己的爱,是很正常的。可是出于习惯,中国人在孩子大了之后,亲人间不再有拥抱一类的亲密动作。尤其是孩子的个子长高了,像个大人了,因而父亲会对在肢体上的接触有一些顾忌,羞于表达。其实这种想法完全是错误的。现在的孩子,普遍存在着生理和心理成长发育不平衡的状况。有许多孩子看着长得高高大大,像个大人了,可他的内心却还稚嫩,单纯得像个小孩子,这个时候,父亲的爱对他来说,仍然意味着一种依赖或一种依恋。

与我们相比,西方人一般都很善于用肢体语言表达自己对孩子的感情。在美国的家庭教育里,肢体语言是一种非常重要的载体,它可以传达很多父母与孩子之间的信息、情感以及喜怒哀乐,它甚至可以作为父母奖赏或惩罚孩子的一种方式。尤其是父亲的拥抱,对于孩子们来说,那更是他每天表现得是否让人满意的晴雨表。

在美国人的家庭中,常常会看到这种情景:孩子犯了错误,他最渴望的就是父亲的拥抱,那意味着他已经得到了原谅,如果他表现得很出色,最令他兴奋的奖赏,也常常是爸爸和妈妈的拥抱,那个时刻,孩子常常骄傲得像个将军。

因此。爸爸的肢体语言对于孩子的成长来说,绝不是可有可无的东西,它是对孩子的健康成长非常有利的一种情感表达。

有一天,在上海的一家百货商店里,发生了这样一件事。一个十几岁的外国小女孩因为与弟弟争执一件事,气愤得脸色绯红。眼泪劈里啪啦地往下掉。孩子的妈妈正在试衣间里试衣服,根本不知道外面发生了什么事情。小女孩眼看争不过弟弟了,气愤地扭头就走。就在这时,女孩的父亲放下手里的东西,上前抱住了女儿,一边轻轻抚摸着女儿的头发,一边嘴里不停地说着安抚女儿的话。

过了大约两三分钟,女孩安静了下来,擦干了眼泪,默默地走过去,拥抱了一下也在生气的弟弟,姐弟俩好像在一瞬间互相理解了对方。等妈妈试完衣服兴高采烈地回到丈夫和两个孩子身边时,迎接她的是三张平静的笑脸。一场如果处理不当就会陷入大人吵、孩子闹的"家庭纷争",就这么悄无声息地结束了。

我们不得不佩服这位西方父亲的聪明举动,倘若他大声呵斥两个孩子,不仅不会让他们和好,有可能更加痛恨对方。而这位父亲没有大声斥责,却又轻而易举地就把问题解决了。这就是一种做父亲的艺术,而这艺术最重要的一种表现形式,便是父亲那温暖而宽厚的拥抱。

试想,夫妻之间,父母孩子之间,如果每天都有拥抱等亲密的行为,家庭的氛围是完全不一样的。有时拥抱了孩子,就不再需要更多的言语,拥抱传达了支持、理解、信任、鼓励、呵护、安全等所有信息,孩子会因为父母的拥抱,获得更多情感满足,母子父子关系也更加和谐。

父亲必读

在孩子面前,我们无须戴上面具。怜子如何不丈夫呢?伸出你的臂膀,给孩子一个真诚的拥抱,它会让孩子明白,有了父亲的支持和信赖,他可以面对任何困难和挑战。

父亲和孩子一起成长

要想批评有效，就要有方法、有原则

启示案例

一位高三女生数学成绩总是提高不上去，一次数学测验后，她的数学老师批评她："你为什么总是学不好数学？上高一时，有一道题只有你一个人做对了。现在怎么不行了呢？"

老师一提醒，她突然想起来，高一时，老师确实让她在黑板上演算过一道很难的题，但是她不知道，这道题全班只有她一个人会做，老师也从没提起过，只是批评她笨，于是渐渐对数学失去了兴趣。

与数学老师形成对比的是语文老师。一次，她在考试中没有写完作文，心情很不好。但是，在公布考试成绩时，语文老师却拿着这篇作文，当作范文在班级上朗读，读完后说："可惜文章没有写完，要扣分。"从此，她对语文产生了浓厚的兴趣。

由上述案例我们可以得出这样一个结论：批评是柄双刃剑，用得恰当，它就是一剂良药，能促使孩子改正错误；用得不好，就会伤害孩子的自尊心和自信心，甚至破坏亲子关系。

没有人喜欢被人批评，不管是成年人，还是孩子，都是如此。可是成长中的孩子总会犯错，听不得批评，不接受批评，孩子怎么能纠正错误，怎么能健康成长呢？所以，批评是必须进行的。可是实际操作中，家长们却发现，对孩子的批评教育，进行起来非常有难度。

"孩子根本不听你说，你说一句，他立刻'回敬'你三句。"一位高三男生的家长说。

"我女儿自尊心特别强，连一句轻描淡写的批评都受不了，躲在房间里哭好长时间，我们根本就不敢批评她。"一位高一女生的母亲，在谈到对孩子批评难以进行时，也非常无奈。

作为教育方式的一种,批评,毕竟是对人的否定,难以被人接受是很正常的。但是如果能把要批评的内容,用一种比较友好的方式表达出来,就容易让人接受。比如,给批评穿一件表扬的外衣。

苗冉的英语成绩一直不是很好,因为不受英语老师重视,所以,他自己也开始放弃英语了。每天不做英语作业,老师要求的英语会话也不完成。老师批评了他几次,但效果并不理想,于是便把他父亲叫到学校,反映了这一问题。

晚上,父亲从学校回来了。苗冉心里忐忑不安,生怕父亲训斥自己。但饭桌上,父亲谈笑风生,没有任何不快。苗冉便把心放下了,同往常一样,吃完晚饭回房间做作业,后来便到客厅准备看一会儿电视。但他刚走到客厅,父亲就笑着问:"是不是该爸爸陪你练习英语口语了?"苗冉只能低头说是。

父亲笑着对母亲说:"儿子现在长大了,把自己的学习安排得很好。老师说他前几天的英语会话没做,我还以为是他偷懒,原来是那几天在准备数学考试,没时间做。这不,考试刚过,就赶紧补上了。"回头对苗冉说,"咱们赶快走吧",儿子干脆地回答一声"好!"父子俩在书房里一会朗读,一会背诵,一会听写,很快就把英语作业做好了。此后,一向不大喜欢和父亲讲话的苗冉,每天晚上都主动请爸爸和自己一块练习口语,不但融洽了父子关系,英语成绩也飞快提高。

批评孩子,不是信口列举孩子的劣迹,也不是全盘否定他们,而是应该遵循一定的原则进行,否则是很难收到良好效果的。

原则一:切忌在第三者面前批评孩子。

批评孩子一定要在自己家里进行,而且要等到所有的客人、孩子的同学都走了之后进行。批评之后也不要向别人提起,尤其不要在孩子的同学、朋友面前揭孩子的底。

一般来说,当孩子犯了错误后,往往心里已经产生了愧疚。所以,父母在批评时,没必要一遍一遍诉说自己多么痛心,这种做法无异于在孩子心灵的伤口上撒盐。对于已经具备是非判断能力的孩子而言,批评只要点到为止，就会使孩子记忆深刻。如果过度批评，不但不会加深孩子的印象，相反还会使孩子更加反感。

原则二：批评一定要言之有物。

很多家长在批评孩子时，习惯翻旧账，本来是要批评孩子吸烟不对，但往往就"跑题"到几年前孩子做过的一件错事上了。这种批评是不会产生任何好的效果的。批评要就事论事，批评孩子吸烟，只要指出吸烟对孩子身体的负面影响就可以了，这样才有助于孩子接受。

原则三：不要强迫孩子改正。

很多家长在批评孩子时，方法过于粗暴，结果不但没能纠正孩子的错误，还导致了亲子关系的破裂。一位父亲在多次对孩子吸烟的行为进行批评之后，发现孩子竟然恶习不改，一气之下便把孩子绑在厨房的暖气管上，丢给孩子一条烟，强令儿子在两个小时内抽完，让儿子"过足烟瘾"。还有位家长发现孩子早恋后，对孩子进行了粗暴的鞭打。事实证明，这种强迫孩子改正错误的方法，不但无助于纠正孩子的错误，还会导致很多悲剧的发生。所以，在批评教育孩子上，我们要有耐心，给孩子一段理解和接受的时间。不要因为孩子没按照自己说的去做，就对孩子动"粗"。孩子之所以没有改正自己的错误，要么是父母的批评方式不能被他们接受，要么就是父母的建议，他们未能理解。只要父母改变批评的方式方法，或者更明确地提出自己的建议，等孩子明白之后，自然就会改正错误。

原则四：提出明确的建议。

批评不是为了发泄怒气，而是为了改正孩子的错误思想和行为。所以，我们不能对孩子发一通火之后就结束了，而应该提出明确的建议，告诉孩子什么样的思想和行为才是正确的，为什么这样做可以，那样做就不可以。等到孩子明白自己错了，错在哪里，才会知道如何改正错误。

总之，做父亲的要充分考虑孩子的心理感受。根据孩子的具体情况，采取"朋友般"的做法，通过谈心、启发、聊天等方式，用委婉的口气指出孩子的不足,用商谈的口气消除孩子的对抗心理,与孩子一起共同分析错误,允许孩子申辩,及时澄清问题真相。这样不仅可以使孩子真正感觉到自己在人格上和父母一样平等,而且可以拉近父母与孩子之间的距离,消除彼此间的隔膜,收到积极良好的教育效果。

父亲必读

在批评孩子时,最忌讳不假思索脱口而出伤人心的话,所以,不管孩子犯了多么不该犯的错误,在批评孩子之前,我们都要平息一下自己的情绪。如果无法心平气和地面对孩子,不妨过几天等情绪稳定了再对孩子进行批评。

第三章　另类眼光看孩子

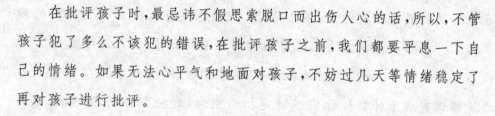

爱,需要彼此信任

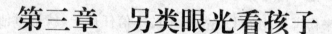

启示案例

自从 17 岁生日那天,姜珊如愿以偿得到一部手机之后,她的麻烦也随之开始了。麻烦的制造者不是别人,而是她的爸爸妈妈。

姜珊的父母在给女儿买了手机的第二天就后悔了。他们发现,有了手机之后,女儿就很少用家里的固定电话了,接打电话都在自己的房间里。这样他们很难弄清女儿在和什么人交往。而且,很多电话是在女儿学习的时间打过来的,这无疑会影响孩子的学习。更让他们担心的是不良短信侵扰孩子。

为了弄清女儿是否收到了不良短信，夫妻俩每天都要趁女儿不在时，翻看她的电话记录和收到的短信息，并对所有"可疑"短信进行调查——给发信息者打电话，询问对方是谁，为什么发这样的短信，以及警告对方不要再发了。令他们感到惊奇的是，这些"可疑"短信绝大多数出自女儿的同学之手，于是，教育的重点又转移到监督女儿不要和这些"不三不四"的同学来往上。

这种教育很有效果，不久之后，就再也没有人给女儿发这样的短信了。正当夫妻俩为自己的努力感到欣慰的时候，女儿终于发怒了。

一天下午，女儿进门就把手机摔到了地上，愤怒地说："你们闲着没事调查我干什么！你们不就是担心它嘛，我把它摔碎，你们就不用再调查我了。现在班里所有的同学都笑话我，你们称心如意了吧！"

爱孩子是每一个做家长的本能，但是，爱往往会超过一定的界限，给孩子带来伤害。比如上述故事中的不信任孩子，就是对他们最大的伤害。不管是什么年龄段的孩子，都和成人一样，渴望被理解、被尊重以及被信任。可是，很多父母往往忽略了这一点。

一些教育专家在家庭调查中发现，子女对父亲有特殊的信赖。他们往往把父亲看成是自己学习上的蒙师、德行上的榜样、生活上的参谋、感情上的挚友。他们也特别希望能得到父亲的信任。他们认为，只有父亲的信任，才是真实、可靠的。父亲的信任意味着压力、重视和鼓励，这是真正触动他们心灵的动力。

不少老爸都感叹，孩子越大越难管教了，说重了吧，怕伤害他们，说轻了，又没有效果。于是就不免感慨，如今老爸是越来越难当了。很多教育专家们都做出了这样的结论：要想当好爸爸，先要和孩子做朋友。只有充分相信孩子，把他们当成大人，当成朋友看待，才能让他们敞开心扉，主动和自己交流。

约翰爱上了一位漂亮的女同学，他把所有的时间都用来照顾女同学上，而自己的功课落下了一大截。约翰的父母也为此感到担心，但他们并没有把他叫过来训斥一顿了事，而是决定找一个合适的机会，郑重其事地和儿子谈一谈。一天晚上,约翰很晚才回家。父亲询问他为什么这么晚回来,他说那位女同学生了病,自己去照顾她了。父亲让他在沙发上坐下,并给他端来一杯咖啡,然后漫不经心地说:"你们准备结婚吗?"约翰郑重地点点头。

父亲接着问:"很好。但是结婚需要准备漂亮的礼服和婚纱,你还需要为漂亮的新娘准备镶有钻石的戒指和其他珠宝首饰,结婚后你们得有自己的房子、花园,还得有一部汽车,这要花好多好多钱。你现在有多少积蓄?"

约翰吃惊地望着父亲,显然他没有想到这些。父亲接着说:"我知道,现在你除了帮妈妈做些家务,赚一些零用钱以外,没有什么积蓄。如果你现在不上学,出去工作的话,也只有很少的收入,要想娶到那位漂亮的姑娘,你最少得准备奋斗10年。"

"10年?太长了吧?"约翰沮丧地说,"本来我希望明年就娶她为妻呢。"

"如果你想尽快和这位漂亮的姑娘结婚,从今天起就得努力学习,尽快得到结婚所需要的一切东西。明白吗,儿子?"父亲关怀地说。

约翰想了想,觉得爸爸的话很有道理,于是郑重地点点头。从此之后,约翰学习十分用功,再没因为"恋爱"而耽误学习。

处理孩子早恋问题,曾经困扰了多少老爸们。可是约翰的爸爸很轻松地就把这个问题解决了,靠的是什么呢?靠的是信任,是一个父亲对儿子的信任。这个故事让我们发现,倘若一个父亲放低架子,以一个朋友的身份和孩子对话,远比空洞的说教和正面否定更容易实现教育的目的。

在家庭教育中,父亲的信任可使子女感到他们与父亲处于平等的地位,从而对父亲更加尊重、敬爱,更加亲近、服从,心里话乐于向父亲倾吐。这既增进了两代人之间的感情,又使父亲教育子女更能有的放矢,获得更好的效果。反之,若父亲对孩子持不信任或不够信任的态度,就无法了解孩子的愿望和要求,孩子的自尊心和自信心必然会因

父亲和孩子一起成长

此而受到伤害,他们对父亲的信赖也势必减弱。这样,家庭教育的效果也会相应减弱。所以,家长在教育孩子的过程中应该信任孩子。怎样才能做到这一点呢?

首先,要培养孩子的自信心。有位哲人说:"自信心是每个人事业成功的支点,一个人若没有自信心,就不可能大有作为。有了自信心,就能把阻力化为动力,战胜各种困难,敢于夺取胜利。"因此,父母要注重培养孩子的自信心,要引导孩子尊重别人,要用科学的态度对待别人的成功与失败,正确看待自己的进步,要有成功的自信心。

其次,要正确对待孩子的缺点。当孩子有了错误时,不要用偏激的言辞去斥责,而要循循善诱,晓之以理。和孩子一起分析事件的来龙去脉,指出孩子犯错误的原因,以及造成的危害,然后,帮助孩子改正错误。一生中不犯错误的人是没有的,特别是人生观和道德观正在形成中的儿童,有缺点、犯错误的可能性更大。做家长的要充分理解他们,信任他们,引导他们正确对待错误。

再次,要为孩子提供施展才能的机会。在日常生活中,对孩子的一切,切忌热心包办和冷淡蔑视。凡是孩子能做的事,只要是有益的,都要支持他们去做。孩子缺乏经验和技术,有时失败了,或者有什么失误,这是正常现象。当孩子遇到挫折和失败时,家长应多进行安慰和鼓励,帮助他们找出原因,使他们的自信心得到充分的保护。

教育的奥秘在于坚信孩子"行"。每个孩子心灵深处最强烈的需求和成人一样,就是渴望受到赏识和肯定。父亲要自始至终给孩子前进的信心和力量,哪怕是一次不经意的表扬,一个小小的鼓励,都会让孩子激动好长时间,甚至会改变整个面貌。

父亲必读

信任是父爱的最好体现,它既能迅速缩短父亲和孩子之间的距离,又能让教育的效果事半功倍。孩子的自信心不是天生的,而是在后天的生活学习中培养的,家长要对孩子多鼓励,多表扬,让孩子拥有积极的心态。千万不要轻率地否定孩子的努力，永远对他说："你能行"。

偶像崇拜，让人欢喜让人忧

启示案例

妈妈在给上高二的彭永滨整理书包时，发现书本里夹杂了六七张大小不一的婚纱照。再一细看才发现，照片上衣冠楚楚的新郎官，竟然是自己的儿子。惊讶不已的妈妈当即就把儿子从被窝里拽了出来，一番责问后才真相大白。原来这些照片，是儿子花钱在"人像艺术制作室"里"加工"出来的，男主角是自己，新娘子则是他的"梦中情人"——清纯玉女梁咏琪。

面对老妈半天也合不拢的嘴，彭永滨不以为然地说："这有什么好奇怪的，我们班里好多同学都有这种照片。"

听了儿子的话，妈妈一边收拾手上的东西，一边自言自语："这叫什么事儿啊，追星怎么还流行起拍婚纱照呢？真是搞不懂现在的孩子都怎么了。"

其实不光彭妈妈对现在的孩子越来越不懂了，很多家长都对孩子的追星难以理解。"追星"，对于现代孩子来说，早就不是什么新鲜事儿。在人头攒动的演出和比赛场地，有不少中学生影迷、歌迷、球迷狂热地为自己崇拜的明星摇旗呐喊，如醉如痴。还有一些中学生，把自己的零用钱都用来收集自己偶像的照片，他们还模仿偶像的发型、衣着、言行等等，有时甚至因为别人对自己的偶像出言不逊而与之大打出手。

由于社会舆论的误导，以及孩子特定的心理特点，使得他们在崇拜偶像的问题上，很容易走入极端。很多孩子受到偶像的影响，而产生了不切实际的明星梦。还有一些过于狂热的高中生产生心理偏执，因为明星不给自己回信，而伤心到自残甚至自杀的地步。

所以，家长必须对孩子崇拜偶像的问题，进行正确的引导，帮助孩子全面了解明星们的成长历程，了解在成名之前他们所进行的艰苦奋斗。让孩子明白，做任何事情都可以成功，但任何成功的取得，都必须付出艰苦的努力，帮助孩子形成正确的成功观。

在生活中，仅靠简单的说教，是很难实现教育目的的，尤其对崇拜明星这一敏感问题更是如此。所以，要想引导孩子，家长首先要找出孩子崇拜明星的心理动机。

在心理学上，人做任何事情都是有动机的。比如吃饭是因为饿了。同样地，孩子崇拜明星也是有动机的。一般来说，孩子崇拜明星源于两种动机：第一，孩子将他人或团体当作崇拜的对象，期望自己也能成为对方，或将对方视为学习的目标，以享有对方的尊荣，获得心理上的满足与慰藉。另外，是孩子为逃避现实，减少挫折带来的痛苦。

罗宁是个不折不扣的球迷。和多数足球迷一样，他狂呼"地球因足球而转动，我们因足球而生存"，"生命诚可贵，球赛更重要"。一个不大的"球"，主宰了罗宁全部的生活。他的房间是足球明星汇聚的"殿堂"——马拉多纳、罗伯特·巴乔、贝利、罗纳尔多、欧文、菲戈、贝克汉姆……这些闪光的名字和精彩的图片，在他那小房间里各显其风采。还有精彩的射门镜头、疯狂的角逐场面、无奈的红牌罚下……他对这些简直如数家珍。意甲联赛、欧洲杯冠军赛、德甲联赛、世界杯……精彩的赛事他是场场不落、废寝忘食。

每天放学后，同学们总能在学校的绿茵场上看到他的身影，看到他那高人一等的足球技术，很多人都会为之赞叹。但他对足球的痴迷却令父母倍感担心。原因很简单，罗宁的学习成绩随着他的足球技术的提高而频频下跌，大有为足球而不惜放弃学业的意向。

一次家长会后，爸爸铁青着脸质问罗宁："老师说，你上课精神不集中，学习劲头不足。下课整个班级就你的声音最大，一有时间就去踢球。那你说说，你计划考什么大学？考体校吗？"爸爸强压怒火问儿子。

"考大学还远着呢，现在说有什么用？"罗宁接茬儿。

爸爸一听就气不打一处来："什么有用？这个有用，还是这个有用？"爸爸一边说，一边把写字台上面摆着的足球杂志和球星照片统统都扔到了地上。

儿子大怒："您干什么呀？您干嘛扔我的东西？"

"你的东西？就这些破烂你还留着干嘛？没有它们你能整天心不在焉吗？没有这些东西勾着你，我就不信你会考得这么差！"爸爸一边说，一边动手撕墙上贴着的海报。

这下可激怒了罗宁，他抓起书包，冲出了家门，很多天都没有回家。罗宁在一个同学家借宿，心里充满了对父亲的恨，恨他不尊重自己的选择，摧毁了自己的梦。

如果孩子崇拜明星是为了寻求成就感、编织自己的梦，那么父亲粗暴地斥责或反对，都会给孩子造成很大的打击，甚至会导致父子反目。对于这样的孩子，教育的重点，应该是帮助孩子在学习和自己的梦想之间达成平衡，使孩子在不影响学习的前提下，培养一种爱好。

相反，教育最忌父母不分青红皂白地批评孩子。父母应该抱着欣赏的态度，告诉他们把明星作为自己学习的榜样是很好的，这样孩子就能心平气和地接受父母的建议，乐于与父母交流。接下来父母应该帮助孩子确定学习的重点。孩子由于认识问题比较浅显，所以，经常把学习的重点偏向一些没有意义的地方。父母应该帮助他们纠正过来。将孩子的注意力从偶像的外形、发式，或者花边新闻、动作手势等等，转移到他们的奋斗历程、敬业精神、公益形象等积极的方面。这样孩子的追星梦，就不会对学习产生负面影响了，而且还有助于孩子形成正确的人生观和成功观，对孩子的一生都有所助益。

正常的偶像崇拜，不会对孩子有任何伤害，只有过度的、盲目的崇拜，才会导致糟糕的结局。很多孩子都正处于感情狂热时期，过度的偶像崇拜经常发生，因过度崇拜偶像而导致的悲剧也屡见不鲜。

2004年6月21日，大连一名16岁的少女自杀，起因只是母亲没有给她买偶像张国荣的CD碟。她在日记中写道："看着他我不知道哭过多少次。我喜欢他，不是因为他长得帅，而是因为他的那种与众不同的性格。他的一举一动、一喜一悲都令我心动。""在我的世界里只存在张国荣，我只为他而活。"

2002年，浙江温州一名17岁的中学生，因无法亲眼见到自己的偶像赵薇而服毒自尽。

在太原，某中学的5名男生模仿台湾电视剧《流星花园》中的F4，身着奇装异服结伴出入，在学校内打骂同学、辱骂老师、借钱不还、调戏女生……被师生们称为"春秋五霸"。

还有4个黎明的疯狂影迷，因不满自己心中的偶像与舒淇交往，竟扬言要结束黎明的生命……

在心理学上有一种晕轮现象。所谓晕轮现象，就是当人们注意到交往对象的某一突出特点时，就会在自己的头脑中把这一特点与其他某些相关的特点联系起来，然后带着一种期待的心理，从对方的言谈举止中继续寻找相似的特点，以验证自己的推理和联想。在绝大多数过度的偶像崇拜中，人们所抱持的就是这一心态。于是就会产生"以偏概全"、甚至"颠倒黑白"的情况，不能真正地看清一个人。高中生对歌星的崇拜，大多数都不是出于对这些歌星的全面了解，他们一般都是从喜欢歌星的歌声开始，到喜欢歌星，直到痴迷的地步。要想帮助孩子走出过度崇拜的陷阱，父母应该帮助孩子全面了解明星。让孩子明白，再耀眼的明星也有缺点、也有不足，他们的成功，不是因为他们是天才，而是艰苦努力的结果。将明星人性化、平常化，就可以帮助孩子，从盲目崇拜和过度狂热中解脱出来，正确面对有关明星的负面消息以及批评，在崇拜中抱持理智和独立的思想。

父母不应该盲目地认定崇拜偶像、追星是错误的行为，或者是堕落的表现。正处在成长成熟时期的孩子，更需要偶像的激励。"榜样的力量是无穷的"，在偶像身上，寄托着他们对人生的梦想，和对完美境界的欣赏与向往。青少年需要英雄作偶像，引领他们走上光辉的人生之路，成为他们强大的精神力量。

偶像崇拜，是青少年成长过程中不可避免的事，成人应以平常心待之，给予正面的引导。为人父母者应走入孩子的内心世界，了解孩子的兴趣和需求，引导孩子在偶像的激励下独立思考，自律成长，帮助孩子树立独立的人格和正确的观念，这样才能使孩子的一生受益。

父亲必读

为人父母应走入孩子的内心世界，了解孩子的兴趣和需求。协助孩子认识自己，培养健全的自我概念，增进自我选择与自律的能力，才不至于因丧失自信心而盲目崇拜，失去自我意识。

人生是一个不断模仿、学习与创新的历程。当发现孩子有自己的偶像后，不要一味地消极抵制，应该抱着积极的态度、欣赏的眼光，与孩子一起探讨怎样向偶像学习其优点。偶像崇拜的正面引导，有助于良好行为的塑造，了解它、接受它并应用它，才是积极之道。

父亲和孩子一起成长

别戴有色眼镜看待孩子与异性交往

启示案例

关静霞从小就生活在一个家风严谨的家庭里，很小的时候，父母就严令禁止她和男孩子往来，怕她学坏，更怕她吃亏。

还是在上小学的时候，她亲眼目睹了母亲把读高中的姐姐痛打了一顿的情景。那是因为妈妈看到了姐姐和一个男孩合照的照片。这件事在关静霞的心里烙下了深深的印痕，所以她从来不敢和任何男孩子有往来。

小学、中学都平安度过了。到了大学，她突然发现自己很"白痴"。大学里的一切都非常活跃，与男同学交往变成了必不可少的社交活动。这个时候，关静霞多年养成的对异性避而远之的习惯，越来越让她感到苦恼。她离群索居，不能和任何一个男孩子说两句以上的话。毕业找工作时，也因为不敢和男性招聘主管说话，而失去了很多很好的工作机会。再以后，她的婚事成了全家人最头疼的事，已经快30岁的她还没有一个男朋友……

这个例子给了我们深刻的反省，孩子与异性正常的交往是必要的，这是孩子走入社会的重要一步，也是奠定孩子人际交往能力的基础。

在正常条件下与异性交往，不仅能够满足高中生的心理需要，而且能帮助孩子正确认识异性，消除对异性的神秘感、好奇心或恐惧感，从而有利于他们的身心健康发展。

在中学阶段，如果孩子没有和异性正常交往的经历，那么极有可能导致他们的性格偏执、狭隘、消极、沉闷，对孩子的心理健康是十分不利的。

可以这样说，绝大多数家长对孩子的异性交往，抱有坚决拒绝的态度，认为异性交往是早恋的前兆，会严重影响孩子的学习，甚至还会导致其他更坏的恶果。

事实真的是这样吗？恰恰相反，很多孩子的异性交往都是单纯的、无害的。有个西方学者说，中学时代的爱情，是小猫小狗式的爱情。也就是说，这个年龄的孩子，不可能真正懂得爱情，他们在一起只是因为互相吸引，这是因为他们长大了，性别角色分得更清楚了，因此很渴望和异性交往。

对于青少年来说，学习如何与异性相处是他们人生中必须进行的一项课程。中学阶段是人的思想和观念大发展、大调整的重要时期，一个人一生的价值观，都会在中学阶段定性。高中阶段形成的异性交往观，对于孩子今后的感情生活以及社会交往，都会产生重要的影响。

好父母胜过好老师大全集

所以,这个年龄段的异性交往是必需的。也正因此,家长应该帮助孩子形成正确的异性交往观,而不是阻止他们这一生存能力的获得和提高。

当你发现自己的孩子变得羞涩了,变得爱打扮了,变得会想心事了,那么他们多半是已经开始有了懵懂的爱慕对象了。对此,家长不必过于紧张,更不要强行阻止孩子与异性进行交往,而应该对此持顺其自然的态度。因为适当的异性交往,会加速孩子的成长和成熟。

适度的异性交往,还可以让孩子获得心理平衡。我们都知道,女生心思较为细腻,而男生则较粗犷且更有胆识。这种两性在气质上的差异,可以通过适当的异性交往,使孩子的心理得到一种平衡和补偿。女生因此变得爽快、洒脱,避免优柔寡断、遇事犹豫不决,加速心灵的成熟。同时,男生也能从女生身上学到细心、耐心等优点,改掉马虎、鲁莽的习性。

适当的异性交往,还有利于孩子人格的和谐发展。性别不同,对世界的体会和看法也会有不同。只有通过和异性交往,孩子们才能了解异性对世界的看法和体会。此外,与异性的交往也会有助于本身性格的发展。心理学研究表明,和父亲的关系良好的女性,往往更具有温柔的特点,而在实际生活中,我们也发现与母亲有良好沟通的男性,往往更能够体贴伴侣。由此可以看到,人的情感发展,需要在异性中得到补充和完善。心理学家也发现,有很多人在成人后所面临的许多心理困境,都是由于缺乏与异性交往、过度压抑所致,严重的会导致婚后的不幸福。所以适度的异性交往,有利于孩子心智的健全发展。

家长不但要鼓励孩子与异性交往,还要将自己的人生经验传授给孩子,成为孩子异性交往的指路灯,引导他们正确进行异性交往,帮助孩子掌握交往的尺度与分寸。

家长要教会孩子尊重异性,让孩子学会与异性交往必须懂得的礼仪,学会倾听异性说话。当异性的观点与自己的不同时,不要强行打断。不但要尊重异性的观点,还要接纳对方给予自己的批评和建议,改正自身的缺点。告诉孩子与异性交往的准则，这对孩子以后的社会交往很有帮助。

在一次班级联谊会上，宵笛认识了一个很出色的女生。那个女生很热情，见宵笛一个人来的，就主动陪他聊起了天。第一次和女生这么近距离地接触，宵笛很紧张，也很兴奋。

女生大宵笛三岁，戏言让宵笛叫自己姐姐。内向的宵笛信以为真了，就真的把女孩当成了姐姐交往。

宵笛的交友能力差，处事不灵活，而姐姐比自己强，所以很听姐姐的话，什么事都由姐姐做主。

交往一段时间后，宵笛感到离不开姐姐了，每天上学一起走，下课一起活动，回家后每天打电话给姐姐，一聊就是半小时至一小时，宵笛感到从未有过的兴奋与愉快。

后来在一次班级组织的征文比赛中，女孩的作文得了一等奖。宵笛很为姐姐高兴，他觉得自己已经爱上了姐姐，决定和他表白。

在姐姐得奖的那天晚上，宵笛用零花钱买了三支红玫瑰，深情款款地送给了姐姐。

姐姐愣了，她怎么也没有想到，平日里沉默寡言的小弟弟，竟然爱上了自己。

原来，开朗的女孩，一直都把他当成一个不错的朋友，更是因为他的内向、讷言，而让自己对他产生了帮助的念头。

与异性交往，是人际交往的重要内容之一，也是高中生成长中的必修课和应掌握的生活技能，无法回避，也无法靠简单的"禁令"而绝对禁止。

恰当的异性交往，可以使人变得性格豁达开朗、情感体验丰富、自制力强、心理平衡、情绪波动小，而这些又可以帮助他们获得良好的人际关系，有助于他们的工作和生活。

现实生活中，中学生与异性交往存在两个极端：一是男女同学间交往过密，乃至发生早恋或者发生单相思，影响学业。另一个极端是不敢与异性交往，羞于谈异性，与异性说话时则脸红、出汗、心跳、呼吸加快、语言不连贯，出现异性交往障碍。

这两个极端，都不是家长愿意看到的。所以，家长要积极主动帮助孩子，把握好与异性交往的尺度，建立健康、正面的友情。

学会与异性相处的方法，懂得用合适的方式欣赏异性，是孩子人格成熟的开端，是孩子人生幸福的保证，家长必须为此付出努力。

建立正常、恰当的异性交往的前提条件之一，在于不要将异性交往神秘化。神秘化很容易导致早恋的出现，坦然地面对异性交往，才会培养健康的友情。

父亲必读

父母要帮助孩子，在与异性交往中，把重点放在学习异性的优点上。由于性别差异，男女在性格和气质方面各有长处，男生坚毅、刚强、勇敢、独立；女生细腻、温柔、严谨。不同异性交往，少男少女们很难发现异性身上特有的优点，而这些优点又恰恰是其本身所缺少的，因此，男女生之间进行正常交往，有利于共同学习、共同提高。

用真诚和尊重的态度对待孩子

启示案例

李东明是洛阳二中的高一学生，在高一下学期，他和同班的一个女生谈上了恋爱。开始时，两个人偷偷摸摸，生怕家里人知道。但是爸爸还是从儿子的行踪上发现了痕迹。经过进一步验证，他终于证实儿子已经开始恋爱了。

怎么办呢？16岁的孩子谈恋爱肯定是太早了，毫无疑问会影响到他的学习，更主要的是，这个年龄，谈恋爱不可能有结果。

可是，如果强烈制止，可能会适得其反，让处于叛逆时期的儿子，索性无所顾忌，那样就更麻烦了。

想来想去，老李决定和儿子进行一次男人与男人之间的对话。

爸爸："听说你和一个女孩在谈恋爱？"

李东明开始还不承认，后来爸爸告诉他，自己已经知道了，不用掩藏了。

李东明一时乱了阵脚，不知道该怎么应付。

老李笑着说："儿子，你是不是觉得她是最好的女孩？"

李东明自豪地说："我觉得我认识的女孩里她最可爱。"

老李拍了拍儿子的肩膀，赞许地说："爸爸相信你的眼光。但是，你才上高一，你认识的女孩有多少？"

李东明沉默了。老李趁热打铁："你说你要上学，将来还要出国深造，想成为一名律师或金融家。你知道你将来会遇上多少好女孩？爸爸并不反对你现在谈女朋友，但是爸爸最反感的是见异思迁。你16岁就有了女朋友，这女朋友是你到目前为止，认识得最好的女孩，可是，你将来会有更多认识女孩的机会，到那会儿你怎么办？你会不会后悔？"

李东明一听，赶紧声明："爸爸，我不会后悔的，我肯定能爱她一辈子。"

"哦！"老李不说话了，不经意地问儿子，以前买的那个"随身听"怎么不见了。

李东明说，现在有了更高级的MP3了，又不用买磁带，直接下载歌很方便，就把那个"随身听"送人了。

老李笑了："傻孩子，你忘了吗，当初你买它的时候，也说我肯定不再买了，就听它了。这就叫一山更比一山高。你如果把握好每一个属于你的机会，你以后的成绩只会比今天更大，你面对的世界只会比今天更宽阔，到时候你的选择只会比今天更好，更适合你。如果你现在与这女孩真有那份情缘，到那时再让它开花结果多好。儿子，一个人一生不可能不做些让自己后悔的事。但是，人生大事只有几件，后悔了，就遗憾终生。"

李东明不说话了，半天他抬起了头，对爸爸说："我知道该怎么做了。"

后来，李东明很委婉，但也很坚决地和女孩子分手了。

这位父亲是一位很有智慧，也很开明的家长。他的教育方法，既让儿子断了早恋的念头，又让他明白了爱情的责任，实在是一种不错的引导方法。

究竟该如何面对孩子的早恋，人们的看法并不一致。有人认为，恋爱是一个人的私事，别人无权干涉，但绝大多数家长和老师则认为，早恋可能会影响到孩子的学习，会对孩子的未来产生负面的影响，所以应该"干涉"。还有人认为，凡事不应该过激，父母老师在孩子的早恋问题上，管得太严会影响孩子心理的正常发育，甚至阻碍孩子正常的人际交往。一个不懂交际的人，如何能适应现代社会？可是有的家长站出来反对："如果不管，这么小的孩子怎么会有严格约束自己的能力？"

尽管对于早恋的看法，仁者见仁，智者见智，但毫无疑问，如果父母对孩子的早恋问题不加以指导，听之任之，早恋就会为孩子的未来蒙上一层阴影。

当然，每个孩子都是不一样的，都用同样一种方法来处理，也不一定管用。但是总的来说，对于孩子的早恋问题，所有的家长，都应该遵循一条原则——尊重孩子，不强行制止，避免让他们产生逆反心理，做出反抗行为。

王英是在女儿刚上高二不久后，发现她恋爱的。一天，直到九点半还不见上晚自习的女儿回家，王英很着急，就顺着女儿每天走的路去找她。

不料，走到街心花园的长廊下，王英发现了女儿正和一个高大的男孩子在一起。

顿时，王英的脑袋轰的一下。她呆立在那里，一时不知道该怎么办。是冲上去挥起无情大棒，打散这对"鸳鸯"，还是装作没有看见而离开？

想来想去，王英决定装作不在意的样子，走上前去和女儿打招呼，并礼节性地跟那个背着书包的男孩打招呼。

妈妈的突然出现，把女儿吓傻了。她十分尴尬地看着妈妈。王英一边催女儿快点跟自己回家，一边热情地邀请男孩日后来家里做客。

回家后，王英装作什么事情也没有发生一样，照顾女儿吃完宵夜，就回去睡觉了。

躺在床上，王英一直都没有睡着，她一直在考虑如何处理好这一难题。可是一直也没有想出稳妥的办法。于是决定在没有想好之前，什么也不做。

一天过去了，女儿没有反应，两天、三天过去了，女儿还是没有反应。就在王英将要沉不住气的第四天，女儿终于来找她了。

那天家里就王英母女俩人，女儿忐忑不安地问妈妈："妈妈，您怎么不骂我啊？我和男孩子在一起呢。"

王英笑了，看来女儿还是心里装着这事呢。这样一想，她突然有了主意。

"傻孩子，你想错了。妈妈不是老封建，绝不会伤害你们的。我倒是觉得那个男孩子很不错，我不反对你们交往。"

女儿简直不敢相信自己的耳朵，当她确定妈妈没有跟她开玩笑以后，她大呼了一句："妈妈万岁！"冷静下来，女儿说："其实我们没有谈恋爱，我们只是志趣相投的朋友。"

在女儿的描述中，得知男孩是个很本分、也是很有责任心的男孩。为了进一步了解这个孩子，王英决定请男孩到家里来做客。

星期天，女儿把惴惴不安的男孩领到了家里。通过交谈，王英发现他的确是个不错的男孩。王英把两个孩子叫到了一起，明确地告诉他们，自己不反对他们交往，但是不能因为交往而影响学习，更不能做出轨的事情。他们都是独生子女，不妨把对方当成兄妹往来。

男孩走后，女儿很快就跑回来说："妈妈，他说您特伟大，我也这样觉得。放心吧，老妈！我们约好了，考不上大学，是不会谈恋爱的。"

女儿说到做到，从那以后，她学习更努力了。

应该说这位母亲对这件事处理得相当明智，在见到女儿和男孩子在一起时，虽然非常震惊，但却没有表现出来。假如她当时毫无顾忌冲上去，把女儿训斥一顿，然后强行带回家，那会出现什么样的结果呢？这个年龄段的孩子自尊心都非常强，家长的这种行为，会使他们在自己喜欢的人面前感到丢了面子，这对他们的自尊心，无疑是一种巨大的打击。这种打击对于青春期的孩子而言，无异于致命的一击。如果心理承受能力差，极有可能因此一蹶不振。请女儿的朋友来家里做客，也是一个出乎两个孩子预料的做法。通过这种方式，母亲和女儿之间完成了又一次坦诚的沟通。同时，也有了一个接触女儿朋友的机会，既可以不动声色地教育两个孩子，又不会伤害他们的尊严。这种教育是一种润物细无声的教育，其中透露着母亲对孩子的信任和尊重。孩子虽然不够成熟，但并不是不通情达理，当成人用真诚和尊重的态度去对待他们时，他们也会回报更多的真诚和尊重。

此外，面对孩子的早恋，父母应该把早恋的危害讲明白，让孩子利用自己的分析和判断的能力，判断自己的行为究竟对不对、该不该、值不值。比起他律，自律的效果会更显著、更持久，也更易于接受。

父亲必读

作为家长，在孩子的恋爱观上，进行正确引导就可以了，不可强行阻止，而且这时候的孩子处在叛逆期，不能正确理解孩子的情绪，一味地阻止他，往往会适得其反。

第四章 换位思考,做亲如好哥们的父子

不做暴君型父亲

启示案例

琪琪有个严肃的父亲,从她记事起,就很少看到父亲的笑容。琪琪很怕爸爸,因为他对孩子的教育,可以说是到了一种苛刻的地步。每天琪琪放学,都不能在外有片刻逗留,要赶在爸爸下班前回到家里,摆好鞋,规规矩矩坐在小凳子上。爸爸进屋如果看不到琪琪,就会大发雷霆,认为孩子太贪玩了。

家里的气氛压抑极了,在琪琪的记忆里,几乎没有快乐可言。最让她难忘的,就是中学时期的一件事情。

琪琪上中学时,学校流行玩一种叫"嘎拉哈"的游戏,就是把动物的踝骨剔除干净,拿来玩。妈妈也给琪琪买了四个羊"嘎拉哈",还刷上了漂亮的油漆。

有一天,趁着父亲还没有回来,琪琪就邀请几个女同学到家里一起玩。家里好久没有欢快的笑声了,琪琪和伙伴玩得很开心,妈妈看着也高兴。谁也没有想到,琪琪的爸爸突然回家了。

看到门口突然出现的爸爸,琪琪吓得目瞪口呆。同学们一时间也不知道如何是好,大家纷纷找了个借口,赶紧离开了。

"怎么不写作业,还领一帮人玩?"琪琪的父亲,显然已经压不住火气了,因为他曾经告诫过琪琪,不允许她带伙伴来家里。

"作业写完了。"琪琪小声分辩着。

"孩子嘛,总不能光学习啊!"妈妈也替琪琪求情。

"玩,玩,玩,就知道玩!"母亲的话不仅没有给琪琪带来好运,反倒激起了爸爸的愤怒,"我让你玩!我让你玩!"爸爸不由分说,就把琪琪的"嘎拉哈"丢到了窗外。

"他爸,你干什么?"妈妈企图拦住暴怒的父亲,但是结果徒劳。

"老子整天辛苦地在外边赚钱,你就知道玩,你怎么这么没有出息!"暴怒之下,父亲的巴掌挥向了琪琪。

可怜的琪琪,一边哭一边埋怨,不就是玩了一会儿吗,至于发这么大的火吗?

故事中的父亲,似乎过于暴戾,属于个案。但经常向孩子发脾气的父亲,却是很常见的。曾经有人对一个学校的学生,做过这样一个问卷调查:"你心目中的父亲是什么样的?"结果,几乎有一半以上的孩子都认为,自己的父亲是"脾气暴躁的暴君"。这个调查结果出人意料,也引起了很多父亲的关注。

也许多数父亲会有这样的想法,如果在孩子面前不严肃,就难以维持父亲的威信。要想教育出好孩子,家长就必须严。严是没有错的,但严不等于暴力和乱发脾气。教育的目的就是让孩子知书识理、明辨是非,而不是惧怕家长。作为家长,维持威信应该靠渊博的学识,靠高尚的品格,而不是武力和长辈的身份。

在现代家庭一般结构中,父亲往往都承担着过于繁重的经济负担,有时候心情不好或者缺乏耐心是可以理解的。但是如果父亲把在外面的不良情绪带到家里,尤其是把火气撒到孩子身上,是非常不理智的表现。而且,揪住孩子的小错误不放,或者干脆无端发脾气,对于无辜的孩子来说,也是不公平的。

很多教育家都认为,父亲如果对孩子过于严厉,其结果必然是孩子对父亲敬而远之。因此,脾气暴躁的父亲,会导致父子亲情的淡漠。

某青少年心理咨询中心,走来了一位心事重重的父亲。

"您想咨询什么?"心理师试探询问来访者。

"老师,我的孩子已经有一年多没有叫我一声爸爸了。您看这是为什么呢?"这个父亲满脸疑问。

"您的孩子有多大了,男孩还是女孩?"心理师一边问一边记录。

"男孩,19岁。已经读大学了。"父亲回答道。

"你平时和孩子的关系怎么样? 经常打或者骂他吗?"心理师问道。

"以前不听话的时候,也打过。但是自打上高中就没有打过了。我以前脾气是不大好,但是我可都是为他好啊。现在他长大了,不搭理这个爸爸了,只有在要钱的时候,才想起我。我有时想讨好他,放学后要陪他打球,儿子说累了不去,可吃饭的时候,他却拿着拍子说下去打球,真是故意跟我过不去。"说起儿子对自己的冷淡,父亲的眼睛湿润了。

心理咨询师要来了儿子的电话,约了个时间,把这个不搭理父亲的小伙子请到了心理咨询中心。经过小伙子的一番陈述,心理师终于解开了父亲心中的那个谜团。

原来,这位父亲的脾气确实很糟糕,经常打骂孩子。所以,童年时期的恐怖记忆,给孩子心灵造成了极大的伤害。

尤其是那一次,父亲当着同学的面骂了儿子一顿。这让已经上了高中的儿子感到非常伤自尊。从那以后,他就渐渐地开始和父亲疏远,尽管他也渴望得到父亲的疼爱,但他知道,父亲能给予自己的除了打骂,几乎没有什么了。所以一天天长大的儿子,就盼望着能独立,离开家和父亲,自己就解脱了。

当心理师把儿子的心里话,告诉了那个父亲的时候,他惭愧不已,他没有想到自己的坏脾气,竟然把亲生儿子从身边推走了。

身为父亲,不可以经常对孩子发脾气,因为不管你的理由有多么充分,不管你的出发点对孩子多么有利,都会在客观上对孩子的心灵造成伤害。无端受到来自父亲的暴力,会让孩子身心俱伤。尤其是心理受到的伤害,更是很难愈合的。

　　一方面,暴躁的父亲,除了会亲手葬送掉和孩子之间的感情外,还会直接造就一个同样粗暴的孩子。我们都知道,孩子的行为习惯,主要是学龄前形成的,这个时期父亲的行为,则会直接影响孩子性格的形成。在与父亲的交往中,孩子会不知不觉地模仿父亲,父亲也会有意无意地把自己的观念灌输给孩子。因此,脾气暴躁的父亲,多半会有个脾气暴躁的孩子,这就是典型的父亲的影响。更可怕的是,早期的习惯一经养成,以后想改都难。

　　那么,如果你是脾气暴躁的爸爸,一定要学会在孩子面前控制情绪,当然更不能把自己的情绪宣泄在孩子身上,打骂他们。父亲要性情温和,把孩子当作朋友对待,才更容易获得他们的认同,教育起来也更加容易。

父亲必读

　　父亲的角色是家长,是孩子的长辈,但不是孩子的统治者,更不是孩子的主宰。父亲的使命是抚养孩子长大,教育孩子成人,而不是把孩子当成私有财产,更不能当成出气筒。

别端"老子"架子

启示案例

　　米勒在一年以前和妻子离婚了,带着儿子独自生活。在外人的眼里,一个单身父亲和一个 14 岁的男孩子,日子不一定过得多糟糕呢。事实却恰恰相反,父亲和儿子都很快乐。因为,在他们家里充满了和谐和友爱的气氛,父亲不拿自己当老子,儿子也不拿自己当小孩。他们都尽量为对方着想,都把对方当成是朋友。

每当米勒加班后回到家里时，都能吃上儿子给他做的宵夜。

又一个加班的夜晚，米勒给儿子打了个电话。

"小伙子，我饿了，二十分钟后回家。"

"注意安全爸爸，"儿子迅速地从被窝里爬起来，"我会给您准备好宵夜。"

窗外是繁星满天，厨房里是儿子在快乐地忙碌。煎熏肉，煎鸡蛋，烤面包。很快，父亲的宵夜都已经摆上了餐桌，就等爸爸进门了。

爸爸回到了家里。厨房里立刻洋溢着快乐的气氛。

"小伙子，给老爸做饭不辛苦吗？这以前都是你妈妈的活呢。"老爸一边吃面包一边和儿子聊天。

"爸爸，这是我愿意的。而且您那么辛苦。"儿子真诚地回答。

"孩子，让你和你妈妈分开，我很遗憾。"

"爸爸，我已经是大人了，我理解你们在一起不快乐。没有关系，我尊重你们的选择。"这哪里像一个 14 岁孩子说的话啊，可它确实是出自一个孩子之口。

父亲听了儿子的话，感到非常欣慰，他很高兴儿子能理解自己。更高兴的是，他不仅仅是自己的儿子，更是自己最好的朋友。看来，从小就把儿子当成"小伙子"的教育方法，实在是高明的。

一顿宵夜不足以证明什么，但是它却折射出了一个儿子对父亲的爱，更透露出了平等的家庭氛围。父亲不因为儿子年纪小，就娇惯他，也不因为他年纪小，就凡事自己做主不征求他的意见。儿子也不因为自己年纪小而自己惯自己。这不是最好的教育结果吗？有谁还能说父亲的权威必须建立在对孩子的训斥上呢？

在所有糟糕的父子关系中，最为常见的就是"领导"风格的家长式父亲。这样的父亲在家中常常是发号施令的角色，而孩子只有乖乖听话的份儿，连辩解几句都会被认为是"顶嘴"，从而遭到父亲的处罚。这样的氛围怎么能奢望有和谐的父子关系呢？

父亲对孩子发号施令，独断专行，只会让孩子的内心产生更加强

好父母胜过好老师大全集

烈地叛逆。小的时候,孩子可能会屈服于家长的威严之中,但是,一旦他们长大了,就很可能干脆事事都与父亲对着干,处理问题也特别容易激化。

有研究表明,如果父亲是一个脾气不太好的人,尤其是在对待孩子的问题上过于严厉,往往不会收到很好的教育成果。往往在这种环境下长大的孩子,脾气都很暴躁,走入社会很难与人相处。

凡事都有个度,物极必反。父亲的严厉应该适可而止,尊重孩子,是我们保持权威的最好办法。而放弃成人主义,和孩子平起平坐,才能保持良好的父子关系,才能让教育子女的任务变得简单起来。

年轻的爸爸们,怎么样才能让父子关系和谐起来呢?

首先,要沟通,不要粗暴管制。

很多父亲就失败在这个管制上面,他们往往把孩子看成是私有物品,很少认为孩子是独立的个体。也应该有自己的尊严和权利。大多数父亲的教育,都仅仅限于管制水平。这种观念上的不平等,是造成父子关系紧张的关键因素。

其次,要放手,不能简单管教。

舍得放手,并不是让父亲一切都撒手不管,而是要给孩子体验生活、经历生活的机会,让他在这些经历中,建立起征服生活的能力和勇气。

父亲必读

尽管我们对孩子所做的许多事情不满意,但是也不能显出不屑一顾的样子,更不应该挑剔指责过多。我们的任务是引导和扶持,而不是教训和摆布。

与时俱进，化解代沟

好父母胜过好老师大全集

启示案例

网友见面会上，一个瘦高男孩在人群中很扎眼。他前额的一绺头发染成了金黄色，脸上贴了亮亮的金属片，既酷又新潮。这个男孩的网名叫"金蝉子"，是海淀区一所中学的高一学生。

见面会上一个重要的节目是，每个人即兴说一段话。轮到"金蝉子"时，他不慌不忙地走到了麦克风前面，刚一亮相就博得了满堂彩。

"亲爱的各位哥们姐们，你们觉得我很酷，是吧？其实你们不知道我在家里的苦啊！"开门见山式的演讲，吸引了全场所有人的目光。"金蝉子"接着说，"你们觉得我脸上贴这些亮片怎么样，不错吧？可是在家里，我都得把它藏起来，可不能让老爸老妈看见，要不然他们一准儿认为我有问题了，又得给我开会。"

"金蝉子"的话引起了现场好一阵骚动，他的话确实引起了很多年轻网友的共鸣。见有人支持自己，"金蝉子"接着说："我喜欢看动画片，可是他们却说我思想幼稚，说动画片是哄小孩的玩意儿。你们可不知道我上网有多难，跟做贼似的。我喜欢上网，而且也能控制得住自己，从来没有因为上网而影响学习。我的老爸、老妈根本不懂网络，总是说上网不好，并给我一一列举网络的弊端，严格禁止我上网聊天，而且强制性地规定，我每天只能上一个小时的网。我整天没事的时候，老是琢磨，咱爸咱妈他们才不过四十多岁，怎么就变成这样了呢？他们年轻的时候，就没有什么新潮的事让他们感兴趣吗？难道他们小时候就没有喜欢过什么影片吗？如今都是新世纪了，为什么我们的父辈们还那么落后，却一点儿也觉不出来。他们从来不考虑我们想什么，当然他们也不稀罕知道。他们唯一想的就是，让孩子考大学。"

"金蝉子"讲完话,潇洒地走下讲台。可是现场的大龄网民们却陷入了沉思。

当前,在父亲与孩子之间,最棘手的就是代沟问题。所谓代沟,即两代人不同的世界观、人生观。在一些问题上的不同看法,会影响两代人之间正常的感情沟通。

人们常说,代沟是时间的痕迹,是变革的脚步。不同年代的人,选择信息角度的不同,也就决定了他们之间的变化和差异,于是代沟的出现也就不可避免了。

事实上,形成代沟的不是年龄之间的差异,而取决于上代与下代是否能对这些不同持一种接受的态度。时代不同了,吃的、穿的、玩的、喜欢的、厌恶的、向往的、回避的……统统都不一样了,这是产生代沟的充分条件。如果两代人对这些"不一样",都能坦然地接受甚至乐于尝试,那么代沟就不会产生。反之,如果持排斥的态度,拒绝尝试和欣赏,代沟自然就形成了。

由此可见,代沟之所以形成,不仅是因为时代变了,而主要因为父母看孩子的眼光变了。父母觉得孩子的打扮很怪、行为很怪、思想很怪,便认为孩子"有病",甚至认为孩子已经不可救药了。

相信很多父亲都有过这样的经历,年轻时自己的行为在同龄人眼中颇受羡慕,但在父母看来却很不顺眼。实际上,孩子正在经历与自己年轻时同样的情形。为什么这种事情,会不断地在代与代之间上演?原因在于,自己已经被孩子这一代的流行所抛弃了。

时装流行年年不同,裤腿从窄变宽,又从宽变窄;衣摆从松变紧,又从紧变松;鞋跟从低变高,又从高变低……无论哪个年代,都有其独特的时尚,都有人引领潮流,都有人担心自己落伍。追赶时代潮流的人,并非特立独行者,恰恰是他赶他那一代人的时髦,如同你赶你那一代人的时髦一样。

80 年代初期,国外电影中的年轻人,都流行穿喇叭筒型的裤子。建华经常看港台电影,也对这种裤子很着迷。

一次他出差到广州,买了一条非常时髦的喇叭裤,虽然花掉了半个月的工资,但是他依然很高兴,毕竟在厂里,他是第一个拥有喇叭裤的人。

回到家里后,他迫不及待地就把裤子穿上了,在镜子前面走来走去。不想被刚刚下班回来的父亲看到了。

"你看看你都穿成了什么样子?赶紧给我换掉!"父亲果然看不惯儿子的时髦装扮。

"你懂什么呀,这是时髦,叫喇叭裤。"建华得意地向父亲传播最新思想,不想引起了父亲的愤怒。"什么时髦?我看你是思想有了问题!"

"穿个新裤子就思想有问题了?都什么年代了,思想还那么古板!"建华气咻咻的回到了房间。

想必今天的父亲们,当年也曾经有过和建华一样的遭遇,追求时髦,反被父母斥为腐化堕落。其实这就是不同年龄的人,有不同的审美和观点。如果双方不能互相尊重,求同存异,那么出现代沟是在所难免,两辈人之间的距离也会越来越大。所以,化解代沟是拉近彼此间距离的需要,也是顺利实施家庭教育的前提。

理解和尊重,是恢复亲子间良好沟通的基础。父辈不要对孩子的行为评头品足,尤其是那些在孩子同龄人之间流行的行为,更不要用是非对错来评价。要抱着欣赏的眼光,看待孩子的行为,这样才能消除两代人之间的思想和认识差异。

现代社会,科技日新月异,信息瞬间万变。孩子们没有旧观念、旧模式,凭着对新文化的敏感、认同以及接受能力的优势,必然会走在父母的前面。父母应主动学习那些孩子感兴趣的东西,甚至可以向孩子学习请教。与时俱进,可以有效地拉近亲子之间的距离,与子女建立共同语言。

此外,家长还要注意,不要时时处处用学习来压制孩子正常的娱乐和休闲活动,不要把学习好、成绩好看成唯一的追求,这样才能使孩子的心理得到适时的放松,降低亲子间的冲突,实现父亲与孩子的思想和观念的沟通,在沟通中,家庭教育就完成了。

父亲必读

代沟之所以形成,不是因为时代变了,而是因为父母看孩子的眼光变了。只有经常主动和孩子交流一些当前流行的观点主张等,主动学习一些孩子感兴趣的东西,才能让双方在一起时,有共同语言和谈话内容。

第五章 "让孩子拥有一片空间"

孩子的成长需要空间

启示案例

佳明已经是高中二年级的学生了,可是,从小学开始,他学习睡觉都在客厅里,他感觉自己随时随地都有爸爸妈妈盯着,非常不舒服,多次要求搬到相对封闭的小卧室去住。

可是爸爸就是不同意,说:"在我们眼皮底下还不好好学习呢,给你单人一屋没人看着,更贪玩了。"

"您怎么就知道我不能好好学习呢?"佳明反驳父亲的观点。

"你说,哪天我们在看电视时,你的眼睛不往电视上瞟,如果没有人盯着,你能管得住自己?"爸爸的理由似乎很充分。

"我都这么大了,还没有自己的房间,真不可思议。我们班同学就没有人住在客厅里！"

"别人怎么做我不管，我就是要看着你好好学习。"爸爸非常固执，不肯让步。

没有办法，儿子不再争吵了，他想着，如果等我有了孩子，一定不会把他看得这么紧。

每个人都有不愿意被别人知道的东西，这就是隐私。孩子也一样，也会有很多他们认为是秘密的东西。出于本能，他们习惯把这些秘密放在不被人注意的角落，而不愿意拿出来和别人分享。不少父亲都有这样的感慨："孩子越大越琢磨不透了。小时候什么事情都和家里人说，如今大了，什么事情也不爱和家里人讲了。做父母的很难把握他们心里到底都在想些什么。"

家长的感慨并非无病呻吟，成长中的孩子，确实不太愿意把自己的隐私或者秘密告诉长辈。有些事情，他们并不在意同学或者朋友知道，但一旦他们发现父母知道了这些事，就会表现得很尴尬。所以，他们对于个人隐私，保持着高度的小心警惕，并采取了很多措施保护自己的隐私，比如把自己的日记锁起来等方式。

保护个人隐私，是适应社会生活的一个方面，保护隐私就是保护自己。当孩子的隐私意识逐渐增强时，家长应当感到高兴，因为这证明他们已经长大了。所以，父母不但不能偷看偷听孩子的隐私，还要帮助他们学习更多保护隐私的方法，为他们日后适应社会生活奠定基础。

尊重孩子的隐私，就要给他们足够的成长空间。有一次，在一个学生论坛里，看到一个名为《妈妈别再当我是孩子》的帖子。帖子中，孩子很诚恳地跟妈妈说："妈妈，其实我是爱您的。我需要您的关怀，可是不需要您依旧当我是孩子，处处干涉我的生活。我希望有自己的空间。我希望您能支持我的决定。而不是处处打击我、干涉我。"

干涉孩子的个人空间，限制孩子的自由，表面上看，似乎能起到监管的目的，但是实际上往往收效甚微。因为，随着孩子的成长，个人空间对于他们而言,越来越重要,也越来越需要了。

每个孩子都希望有一个自己的空间,而我们却习惯自以为关心他,像警察看犯人一样,整天盯着他的行为,只要出现小小的差错,便对他进行说教。而这些,不光使孩子个人从心底里反感,也使得他的同学们认为他缺点很多,他的自信心会受到很大的打击。在他的内心世界里,很多事情要经历过才知道对与错,才知道如何做得更好。而我们总是以自己多年的所谓经验,遏制了他的许多行动。于是孩子就会产生很多反抗的行为。

很多时候,大人们关心的是将来,而孩子们永远只关心现在。他们的生活应该是自由自在、新奇好动。有时他们看着风中摇曳的树枝,眼里会发出兴奋的光芒,好像发现了一个新世界,而作为大人的我们,却总是以认真学习、不能浪费大好光阴为理由,迫使孩子把目光转向早已看厌的书本;有时他们会问及一些他们很奇怪的话题,而作为大人的我们,却总是以太幼稚为名,随意堵塞住萌芽的创造;更为残忍的是,当孩子怯怯地告诉我们,他们想去一个非常向往的地方,我们又以工作忙为理由推托掉,既而又趴在电脑上聊天或不知疲倦地进出于无数的时装屋……

我们需要自己的空间,孩子又何尝不是呢?没有空间,也就没有了体验,没有了创造。不要以为给孩子空间会使孩子养成不良习惯,会以自我为中心,会不了解他们的成长情况,大可不必有这种"杞人忧天"的想法,因为给孩子自由的空间,他会成长得更快乐、更迅速、更优秀。

况且,监管是有效的管理孩子的手段,但却不是永恒的法宝。教育的最终目的是为了不教育,因为真正的教育是自我控制,逐渐学会自觉和自律。

遗憾的是,在物质生活条件越来越好的今天,孩子成长,却出现了"三大三小"的现象:生活的空间越来越大,生长的空间越来越小;房屋的空间越来越大,心灵的空间越来越小;外界的压力越来越大,内在的动力越来越小。

著名教育家陶行知先生早就呼吁过："解放儿童的创造力,解放儿童的头脑,解放儿童的空间,解放儿童的双手,解放儿童的时间,解放儿童的嘴。"如果我们做家长的把给予孩子自由的时间,看作是对孩子的施舍,那便是对孩子心灵的摧残。因为,从小在压抑和施舍中长大的孩子,失去的不仅仅是自由,还有人的尊严。

父亲必读

解放孩子的前提是尊重孩子。人类最不能伤害的就是自尊,在家庭中建立起亲情乐园,创造和谐、宽松的环境,要从尊重孩子开始,要从尊重孩子的秘密开始。

让雏鹰自己飞起来

启示案例

9月1日,辽宁某高中开学,一些高一新生在家人的陪同下前来报到。领钥匙住进寝室,可最忙的不是学生,而是他们的父母,妈妈忙着给孩子打扫屋子、打开行李,爸爸在拖地板,而孩子则一动不动地坐在床上……

芊芊已经上高三了,但连最简单的家务都不会做,比如做饭、洗衣服、整理房间,都由母亲代劳。这让她的父母很头疼。

每次父母训斥芊芊,她都顶撞说自己已经长大了,可是每周放假回家,她都会带回积攒了一周的脏衣服,理直气壮地让妈妈帮她洗。

通常情况下,孩子缺乏独立性,往往是父母事事包办产生的后果。很多父母在孩子小时,就对孩子的所有事情大包大揽,不给孩子自理自立的机会。孩子从小就没有学会洗衣做饭等生活技能,上学以后,学习压力更大,事情更多,也就更不愿意再做这些事了,而且他们已经习惯了接受父母的包揽,一旦父母不在身边,或拒绝再为他们提供"服务",他们就会感到无法接受,心理上就会有受挫的感觉。

一位母亲为她的孩子伤透了心,她不得不去找心理专家。专家问:"孩子第一次系鞋带的时候打了个死结,你是不是不再给他买有鞋带的鞋子?"

母亲点了点头。专家又问:"孩子第一次洗碗的时候,弄湿了衣服,你是不是不再让他走近洗碗池?"

母亲称是。专家接着说:"孩子第一次整理自己的床铺,整整用了一个小时,你嫌他笨手笨脚,对吗?"

这位母亲惊愕地看了专家一眼。专家接着说,孩子大学毕业了去找工作,你又动用了自己的关系和权力。

这位母亲更加惊愕了,从椅子上站起来,凑近专家说:"你怎么知道的?"

专家说,从那根鞋带知道的。

母亲问:"以后我该怎么办?"专家说:"当他生病的时候,你最好带他去医院;他要结婚的时候,你最好给他送钱去,这是你今后最好的选择。别的,我也无能为力。"

德国诗人歌德曾说过,"谁若不能主宰自己,谁就永远是一个奴隶"。在世界上所有的爱中,父母之爱的酒杯是盛得最满的。有人说,爱的缺失造就了罪恶,然而,"超载的爱"也不是一件好事,也会直接把孩子变成生活的奴隶。

国外的一个小女孩在爬山,她身患残疾,走路不便。但是随行的父母并没有人搀扶她,也没有人替她背沉重的背包。

此景让一位中国妈妈见到了,深感西方母亲的冷漠之余,就萌发了帮助女孩背背包的念头。不想刚把意思说明白,女孩就谢绝了,然后继续前行。

中国母亲诧异不已,旁边的外国朋友揭开了谜底。原来那个母亲

父亲和孩子一起成长

正是借助爬山，来锻炼残疾女孩的意志力。之所以不帮助她，是让她知道每个人的路都应该自己去走，没有人可以永远帮助她。

如果把我们东方人的教育比做温情教育的话，那么西方人则擅长于残酷教育。大部分西方的父母，从孩子会走路起，就从来不把他们抱在怀里。目的是从小就让他们学会自己去面对任何事情。

在丹麦，父母总是把孩子"置之不理"。孩子很小的时候，换尿布这种简单的工作，都是爸爸来做，妈妈则不管也不问。大多数父母都把很小的孩子，独自放在院子里的草坪上晒太阳，自己则在屋子里呆着，偶尔会看一下窗外的孩子。如果忘记孩子还在外面玩，自己又去干别的事情了，往往最后是孩子自己回来或者由警察送回来。

丹麦的孩子两岁的时候，就得自己做很多事情了，比如孩子想拿冰箱里的饮料喝，爸爸妈妈往往不会帮他们从冰箱里拿，而是让孩子自己去取。在父母看来，两岁的孩子做这些事情是非常正常的现象，如果父母帮孩子做了，反而是不可想象的。和西方的孩子相比，我们的孩子简直是泡在蜜罐里长大，难怪他们的独立性差。

作家北野曾提出这样一个观点：民族的较量实际上是年轻女人的较量。有一次，他在中国农村看到几个小孩在一起玩，一个被另一个欺负了。那个被打的孩子的母亲，听见哭声赶过来，厉声吼道："你干吗打他，再打他我揍死你！"

这使他想起，在英国曾见过的同样一个场景，那位被欺负的小孩的母亲，却对另外几个孩子讲："你们为什么欺负他呢？难道你们不友好吗？"

孩子的成长谁也代替不了，将来的风风雨雨必须要亲自经历，未来的路也必须是靠自己走出来。因此，我们应该给孩子的成长创造条件、创造锻炼的机会，而不是凡事包办代替、做孩子的"代言人"，所以这需要父母理智的爱。

好父母胜过好老师大全集

身为父亲,就要放手与指导相结合,当孩子的坚强后盾,而不是为他们去冲锋陷阵。专家建议,父母对孩子的爱,千万别过头。他们总要长大的,你总要老的。你能陪他"走"多远,你能陪她"飞"多高?这一切都是有限的。一旦你力不从心,那么对孩子来说就是致命的打击。因此,要想让孩子长大成才,自立于社会,一定要从小就重视培养孩子的独立性,提高他们的独立意识与能力。

把快乐还给孩子

启示案例

周末一大早,妈妈就把小新叫了起来。"快点起床,今天我们先得去少年宫学琴,然后再去学画画。你要不快点可来不及了。"妈妈一边催促女儿起床,一边准备着早点。

小新在甜美的睡梦中呓语:"妈妈,怎么周末比上学还累啊。我都好久没有睡个好觉了。"

"丫头啊,有你睡懒觉的时候,但是现在不行。"

"妈妈,等我学完了这个钢琴班,就别报下期了,我连一个周末都没有休息过。"

"妈妈也知道你辛苦,可是现在要不学,将来你到社会上就没有饭吃了。"

"为什么我就得学习这么多啊,雯雯就不用学。每个周末他爸爸都带他去游乐场玩。"小新一边嘟着嘴,一边穿衣服。

"玩有什么出息呢?你想想,将来你又会弹琴、又能画画,找工作时,多吃香啊。"

"妈妈，我找工作是猴年马月的事情啊，我不想找工作的事，我就想睡个懒觉，然后和小朋友去玩。"小新倔强地反抗着妈妈。

"你这孩子怎么这么不懂事呢？我这可都是为了你好。"妈妈也生气了，"不管你爱学不爱学，反正你得学。别想着出去玩的事情，没有考上重点中学，你就踏踏实实地学习吧！"

妈妈生气了，小新也不再说话了。只是她弄不明白，难道我生来就是为了学习吗？

像小新一样，除了正常上课外，还要参加各种培训班的孩子不知道有多少。"钢琴班"、"跆拳道班"、"奥数班"等等名目众多的培训班，占去了孩子所有的课余时间。我们暂且不去探讨这些课外辅导对孩子究竟有多少好处，单单看看课外留给孩子的时间几乎为零，就不免替孩子们委屈。

孩子本是快乐的天使，在文学作品中，人们总是喜欢用无忧无虑来形容童年，而调查结果却让人们大吃一惊，竟有 78% 的孩子说自己不快乐。究竟是谁剥夺了孩子的快乐？

为了对孩子练钢琴能起到监督作用，仅仅有一点简谱底子的父亲还去加强班学习了几个月的五线谱。可是，孩子对练习钢琴却非常反感，一点都不配合。

钢琴没有给这个孩子带来一丝的乐趣，孩子认为是钢琴带走了他的快乐，终于有一天，她冲着钢琴举起了菜刀，将一台崭新的钢琴劈了个"伤痕累累"。

父母的一片苦心，换来的是女儿怒劈钢琴。想一想，父母确实很可怜，搭上金钱之外，还要赔上时间、精力，但从孩子这个角度来讲，他可能就根本体会不到弹琴的快乐，只认为它是负担，也许孩子根本就不知道为什么要学琴！而热衷于此类的父母，这样做的目的是想给孩子培养点兴趣，增加竞争实力！

在如今，我们的家长似乎很注重竞争，从小就灌输给孩子"竞争"意识，其实这也无可厚非，但这"血淋淋"的竞争观念，是否将孩子那点可怜的剩余的灵性抹掉了呢！每到小学升初中、初中升高中时，就有一大批家长，削尖了脑袋把孩子往名校里送，以为进了名校、读了重点，孩子的"竞争力"就加了膜。可是孩子满脑子"考试"、"竞争"、"赶超"，在这种残酷的竞争中，会逐渐丧失快乐的天性。这种以孩子的快乐为代价的交易，是得不偿失的。

爱玩，渴望自由自在地玩，是每一个孩子的天性，让小小的孩子整日处于高度紧张的学习当中，无疑会抹杀孩子的天性，剥夺他们玩耍的权利。这对孩子来说，实在有些残酷。而且，任何的学习都应该是建立在兴趣之上，强迫学习不仅不会取得好的成效，反而会让孩子产生逆反厌学情绪。

德州大学教育系终身教授乔·弗罗斯特，是一位儿童游戏研究专家。他说："从儿童发展的角度来看，他们需要能够自由玩耍的环境，需要体能的、剧烈的、富有建设性的和积极的游戏。"爱玩是人类的天性，玩不仅仅能让孩子放松心灵，而且还可以锻炼他们的思考能力，改进思维方法，提高动手能力，尤其是让孩子融入群体中玩耍，更是有助于提高他们的智商，使孩子变得更聪明。

1994年，由于单位效益不好，李健下岗了。跟妻子商量后，李健向朋友借了钱，租了一个小柜台，做起了小电器的生意。

转眼，戴瑛瑛上小学了。李健知道女儿爱玩，于是每天一放学，就将女儿接到自己的柜台前，让她摆弄各种各样的小电器。趁此机会，李健还给她讲解一些浅显的物理知识和制作原理。

一次，因为家中断水，李健带女儿到附近的小饭店吃饭，正吃着，看到门口有人换煤球，就问女儿："瑛瑛，煤球为什么是12个孔，而不是10个呢？"这可把瑛瑛问住了，可她想了想反问道："爸爸，你戴的手表为什么是12格，而不是10格呢？"

就这样，在与女儿的一问一答中，李健觉得女儿的"为什么"越来越多了，常常会问到自己答不上来。于是回到家中，父女俩就分头行动，李健查的是专业书籍，戴瑛瑛看的则是李健给她买的《十万个为什么》、《世界101名科学家的故事》等科普读物。

由于李健一直没有给女儿太多的压力,所以从小学一年级到四年级,戴瑛瑛几乎都是在玩耍中度过的。在学校里,她的成绩并不理想,但是"小聪明"倒是很出名。

1999年6月的一天,戴瑛瑛见妈妈正用电熨斗烫衣服。凝神之间,她突然觉得电熨斗跟自行车座板很相似,于是联想到爸爸平时跟她讲的科普知识,脑海里立刻蹦出来一个奇特而大胆的构想:取暖凳＝自行车座板＋电熨斗。

戴瑛瑛迫不及待地把自己的构想告诉了爸爸。李健略加思索后,觉得女儿的构想富有创意,而且具有实用价值。第二天,李健就帮女儿买来了电熨斗和自行车座板等材料,经反复设计,制作模型,一种方便实用的取暖凳便发明成功了。不久,李健帮女儿向国家专利局提出了专利申请。很快,国家专利局为戴瑛瑛颁发了专利证书。这样,年仅10岁的戴瑛瑛,便"玩"出了她的第一项国家发明专利。

玩耍,不仅仅是孩子放松自己的好办法,也是他们学习书本上没有的知识的最佳途径。尽管竞争激烈,是孩子将来必须要面对的事实,可是我们也不能揠苗助长。给孩子足够的空间,把快乐还给孩子,他们才能身心健康,全面发展。

对于爱玩的孩子,作为家长要做到的,就是如何利用"玩",让孩子在"玩"中学到更多的东西:通过参加游戏,可以促进孩子的手眼配合能力及思维能力,提高孩子解决问题的能力;通过与小伙伴玩耍,孩子能学会如何与人相处、表现自我,增强孩子的耐心和韧性;通过到大自然中去观察千姿百态的各种自然景观,可以提高孩子的观察力、锻炼孩子的生存能力;在轻松愉快的氛围中提高孩子的学习兴趣,让孩子学而不厌,真正使孩子由"要我学"变成"我要学"。

好父母胜过好老师大全集

爱玩是孩子的天性,玩耍是孩子生活的重要部分,只要不要太过度就行了。多让他接触一些新鲜事物,慢慢地分散他的注意力,逐步向你所要求的方面引导。我们家长应该让孩子拥有一个快乐的童年。

让孩子"e"路阳光

启示案例

"今天在网上,有一个男孩儿好像对我有意思。他约我明天见面。我确定他爱上我了。"一名女中学生洋洋得意地对同伴说。

"要不要我陪你一起去,恋爱中的女人?"同伴问。

"当然不要,我可不想让你去当电灯泡。"女中学生回答。

"那你可要小心点。"

"没关系,又不是第一次见网友,有什么可怕的。对了,咱俩今天说的这些话,你千万别告诉我爸妈,不然我又要挨训了……"

一对高二女生星期五放学一起回家,在即将分别时,其中一个对另一个说:"明天不能和你逛街了,我和我'老公'有约会。"

"没关系的,我'家'明天也要装修。"

……

两个女孩的对话,乍一听吓人一跳。细一听,才明白她们说的是网上的虚拟生活。两个女孩经常在一起大谈特谈自己的网络生活,这个说自己和老公如何"结婚"、"同居",那个兴奋地说自己如何在网络上赚钱、做生意。沉醉之态,令人惊诧不已。

随着互联网的普及和发展,网络恋情作为它的一个附属物也日益流行起来。有人做过一个调查,上网的人60%以上发生过网恋。面对网络上可爱的"MM"（妹妹）、帅气的"GG"（哥哥），沉醉迷失者大有人在，和网上异性聊天、发贺卡、说情话，成了网民们乐此不疲的一件事。

在数以万计的网民中，中学生的数量超过了一半。这个数字十分惊人。很多中学生已经把兴趣从网络游戏转移到了网上聊天，这其中不乏有网恋的人。

一位母亲在女儿的衣袋里，发现了一张从电脑上打印下来的聊天记录单。整日忙于上班的母亲简直不敢相信，一向文静的女儿居然正和一个网名叫"情哥哥"的男孩谈恋爱。聊天记录上的"甜言蜜语"，令妈妈都"羞"红了脸。女儿还要"情哥哥"称自己是他的"最佳老婆"。

青岛一名18岁的女高中生，整日沉迷于网络聊天室，在两个月的时间里，竟然悄悄约见了8个网上"情人"。家长多次在晚上从网吧里找回女儿。

早恋本来就充满变数，很难有一个最终的结果，可是为什么还有那么多孩子选择更具有不确定性、更加充满变数的网络恋情呢？

首先，网络恋情在今天的社会是一种流行，而一向喜欢走在流行前沿的孩子们，就抱有一种追流行的心态，开始了网恋。实际生活中，很多人只是因为好奇、好玩、刺激而开始网恋的。

有些孩子网恋与青春期的心理发育有关。青春期的孩子渴望和异性交往，渴望排解内心成长带来的苦闷，渴望得到别人的理解和关注。当这些渴望在现实生活中都得不到的时候，他们就会自然而然地把目标转向虚拟的网络世界。

网络世界无需面对面地交流，这会给人一种安全感。很多孩子都不愿意把自己的秘密告诉自己熟悉的人，他们希望在自己熟悉的人面前树立一种自立、强大的成人形象，所以，他们就会把自己的苦闷发泄到网络世界中。这样既不会让自己周围的人知道，又可以缓解自己心灵的苦闷。

渴望恋爱或者和异性交往，是每一个青春少年的内心需求。但是

好父母胜过好老师大全集

现实生活中,这种需求是不被允许的,当真实的恋爱谈不成的时候,很多中学生就转向了网络恋爱,来满足一下内心的需要。虚拟的网上恋爱、结婚,会让他们体验到被人关爱的满足,和承担一个"家庭"的责任等等。这些东西远比枯燥的书本更能吸引他们的眼球。

不管孩子因为何种原因开始网恋,迷恋网络上的虚拟情感,对于孩子来说都是有害无益的。网恋所带来的危害,往往比早恋更严重更深刻。因为在网络上有太多的欺诈和骗局,孩子又往往不具备识别骗局的能力,所以往往造成令人惋惜的后果。

17 岁的吕英是个很清秀的女孩,学习好,人缘也好。人们都认为,她一定能够考上一所不错的大学,幸福快乐地生活。然而,谁也没有想到,一场不该发生的网恋几乎毁了她的一生。

在闺中密友琳琳的介绍下,单纯的吕英在 QQ 上成了琳琳的网友"蜻蜓"的好友。"蜻蜓"风趣诙谐的话语,给吕英带来了极大的欢乐。不久,吕英就对"蜻蜓"想入非非,经常幻想对方的样子,甚至有了心动的感觉。终于在五一长假中,两人约定见上一面。

假期里,吕英瞒着家人,带了过年时父母给的压岁钱,搭乘火车到北京。然后转车,三十多个小时后,到达冰天雪地的东北吉林。又花了好几个小时,才辗转到了一个偏僻的小城,来到"蜻蜓"家中。虽然现实中的"蜻蜓"没有自己想象中的帅气和幽默诙谐,但两人还是很聊得来。就这样,吕英在"蜻蜓"家住了下来。

假期结束后,吕英便收拾行装,准备回学校。"蜻蜓"却不放她走了,要她和自己结婚。这个时候,吕英才知道自己认识的人,其实就是一个找不到媳妇的光棍。此刻她再也感觉不到曾经的一丝丝浪漫了,她好想回到家里,回到父母的身边。

可是身上的钱已经快花光了,又没有办法和家人联系。就这样,一个花季少女一念之间,走上了一条后悔终生的路。

一年后,父母千辛万苦地找到她时,她已经是一个孩子的母亲了……

诸如此类在网上上当受骗的事情，在实际生活中还有很多，有些甚至更加荒唐。

据某媒体报道，一个女孩在网上认识了一个网友，两个人聊得情投意合，女孩不远千里到另外一个城市去看网友。网友在电话里推托再三，才答应见面，结果"男孩"却是一个五十多岁的中年人。

一个女中学生失恋后，为寻求心理安慰，就选择了上网聊天。当化名为小惠的她遇见了一个网名为"茄子"的男孩后，感到非常投缘，两人就你来我往地聊了起来。直到下网了，还不甘心，相约第二天网上见面。

就这样一场旷日持久的网恋开始了，两人在网上结婚、生子等等，乐此不疲。网恋消耗了她大量的精力。

这个故事实在有些可怕，但是网络生活中，发生这样的事情并不奇怪。在一个虚拟的世界里，什么事情都有可能发生。

现在，由于网络的普及，上网的人群已经不像当初网络刚开始出现时那样，都是一些高素质的人。现在，很多无聊的人在网上做着无聊的勾当，心存不轨的人开始借网络生事。

很多孩子思想单纯、理想化，对外界的警惕性不高，容易上当受骗，尤其是女孩子受骗的机会更多。再加上他们对网络了解的程度有限，容易轻信对方，更容易让人钻空子。除了可能会被骗财骗物之外，孩子的身心也受到很大的伤害，严重的还会导致对社会失去信任，失去对未来生活的信心和勇气，这种伤害是很难治愈的。

其实，要想让孩子远离网络、远离网恋的陷阱，家长首先就应该用知识武装自己。只有自己对网络知识熟悉了，才能在根本上引导、约束孩子。

比如父母可以利用一些网络技术管理自家的电脑，帮助孩子屏蔽一些不健康的网站，删除一些不利于孩子成长的聊天软件等等。这样最起码能让孩子在家里没有上网聊天、恋爱的机会和条件。

其次，最好父母能掌握孩子不在家时的行踪，如果他们有了迷恋网络的迹象，就要快刀斩乱麻，将他们从网络中拉回自己的身边。

父母可以多让孩子走出家门，多交同龄朋友。有了"现实"的选择，他们多半会放弃"虚拟"的网络。

正确的、适当的青春期性教育，是让孩子避免早恋和网络恋情的有效保障。只有让孩子明白自己好奇的东西，才能消除他们想亲自去体验的欲望。

增强孩子的安全意识。很多孩子和网友还没有聊上三句，就把自己的电话号码留给了对方，尤其是男生更容易犯这种错误，甚至还不以为然地说："我是男的，我怕什么？"这是安全意识薄弱的表现。家长应该帮助孩子识别网上的骗局，教给孩子一些保护自己的方法和措施，防止孩子上当受骗。

父亲必读

网络是柄双刃剑，用得好，可以让孩子出类拔萃。倘若沉湎于此，则孩子前途尽毁。父亲的责任就是握住这柄剑，使之发挥有益的作用。

第六章　培养孩子的责任感

教会孩子孝顺自己

启示案例

从前在日本,有一位非常孝顺的年轻人,他没有母亲,只与父亲相依为命。他们的生活穷得连买米的钱都没有。父亲很爱喝酒,可家境贫寒,哪来的钱买酒喝呢? 年轻人知道父亲一直想喝酒,每天出门的时候总会对父亲说:"爸爸,我一定会努力工作,给您买些酒回来。请您多忍耐!"

可是,砍了一整天的木柴所卖的钱也只能买一顿饭菜回来。一想到父亲有酒喝时高兴的样子,年轻人不禁难过起来,一步一步拖着疲惫的身子回家。

父亲实在不忍心看着儿子每天从早到晚工作,吃不饱一顿饭,还要顾虑他有没有酒喝。他赶紧安慰儿子:"别烦恼了,我的好儿子啊,我觉得现在的生活已经很好了,酒不喝没什么关系的。"听到父亲反过来安慰他,年轻人更难过,他发誓,一定要让父亲喝上酒。

第二天一大早,年轻人便出门往山里头去。从清早到黄昏,年轻人拼命砍柴,得到的数量也比平常多,这样应该够买一壶酒了。年轻人很满意地看着今天努力的成绩,然后背起木柴,准备下山去卖。

不料,天黑路滑,年轻人一不小心滑了一跤,掉进山谷里去了。当他朦朦胧胧醒来时,发现就在附近的悬崖上有一条小瀑布,散发着酒的香气，他非常诧异，他弯下腰来捧起水尝了一口，真的是酒啊。

年轻人赶紧将系在腰间的空葫芦取下来，装满了瀑布里的酒水，他要把这神奇的水带回家去给父亲喝。看到儿子满身泥水却兴高采烈地把酒拿给自己喝的时候，父亲落泪了。他说："好孩子，这一定是你的孝心感动上天，才会赐给我们这么宝贵的礼物。"

从此以后，父亲不仅每天都有酒喝，而且常年的驼背竟然变直了。这件事情传开来后，日本的天皇也知道了年轻人的孝行，他特意封年轻人为日本国武士。从此以后，人们便把那条流着酒水的小瀑布，称为"养老瀑布"，年轻人的故事也在日本流传开来。

多么美丽的故事！它的美丽不在于离奇曲折，而在于它影射出了人性中最美丽的一面。自古以来，我们都讲究孝顺，古语说：万恶淫为首，百善孝为先。"孝"是怎么回事？孔子说，"父母唯其疾之忧"。朱熹解释为，"言父母爱子之心，无所不至，唯恐其有疾病，常以为忧也"。

儿女先要有孝心才谈得上孝道，没有孝心，孝道从何而来？即便有也是假的，那不是孝。那么这个孝心又是什么？当我们读"临行密密缝，意恐迟迟归"时，感念到父母之心，体会到父母的恩德与亲情，这就是孝心。一切孝的行为，都是从这个心开始的。

故而曰："父母唯其疾之忧"，父母担心我们生病，或者我们生病时父母的焦急忧虑，这种心境我们首先要能够体会，这是孝的出发点。说得明白一点，孝道对做子女的要求，首先是要知父母心。

自古以来，父母给子女的爱，无一不是感人肺腑。他们的爱是无私的，不图回报，不求索取，不附加任何条件的，为了孩子的成长和幸福，父母甚至可以牺牲自己的一切。

可是，能以父母之爱来回报父母的人，却少之又少。前苏联当代教育家苏霍姆林斯基，曾经叙述这样一位母亲的经历：村里有一个对女儿百依百顺的母亲，在自己心脏病十分严重的情况下，还挣扎着到学校打听女儿参加野游要带些什么。老师发现她病重，劝学生留下照顾母亲，但女儿却号啕大哭起来，不愿意失去野游的机会。

这是一个悲剧。母亲没有把孩子培养成一个有道德品质的人，没有使孩子懂得她需要欢乐。母亲也应当有欢乐的权利，母亲照顾她，她也有义务照顾母亲。

这种悲剧外国有，中国也有。报上常有登载，子女不愿赡养含辛茹苦把他们带大的父母，有的甚至把孤寡老母赶出门外，以乞讨为生……

孝敬老人是我们中华民族的传统美德。撇开法律规定不说，单从道德来讲：父母含辛茹苦地养育一帮儿女，到头来换来的是寂寞、孤独、冷落，甚至是虐待。是什么让今天的孩子对父母缺乏感情和孝心？又是什么让今天的父母在辛苦半生以后，还要孤独地面对残存岁月？这不能不说是我们教育的失败。

如今的孩子大多是独生子女。因而许多父母以孩子为中心，却忽视了自己的感受。长此以往，导致父母在孩子心中没有地位。当今家庭教育中表现出过高的期望、过分的关心、过分的呵护、过分的保护，这导致孩子普遍出现无情、无能、无责任感。过分的溺爱只会导致"孤犊触乳，骄子骂母"的结果。

有一位老人得了尿毒症，不得不住进了医院。听说父亲病重，远在美国的儿子立刻放下工作，专程搭飞机回来陪他。看着病床上无比痛苦的父亲，儿子落泪了。他找到医生，求他们无论如何要救活自己的父亲。

可是医生也无可奈何，老人的病已经很严重了，恐怕回天无力。医生拍着这个年轻人的肩膀，安慰他道："还是抓紧准备后事吧。"

听见医生如此说，儿子痛哭流涕，他扑通一声给医生跪下了："医生，我求求你，无论如何也不能让我爸爸死啊，我只有他一个亲人了！"

医生也无奈，只好告诉他，病人的肾已经濒临衰竭，要想保命只能换肾。不仅换肾要花费巨额费用，而且肾源也非常稀缺。

一听说父亲还有救，儿子欣喜若狂，他对医生说："只要能救活父亲，我倾家荡产也愿意。如果可以的话，把我的肾捐一个给我的父亲吧。"

年轻人的话感动了在场所有的人。作为医生,还是劝道:"你可要想好啊,献出一个肾,你的身体毕竟也受影响的。"

"父亲生我、养我,给我一切! 现在,我只是把一个器官还给他罢了。"

多么孝顺的儿子,多么难得的亲情。现在许多父亲,往往只关心孩子的考试成绩,而忽视对他们思想道德的教育。一屋不扫,何以扫天下? 父母不爱,何以爱他人?

所以,我们应赶快补上亲情教育、孝敬教育这一课。把孩子是否拥有善心、爱心、孝心作为"大是大非"的问题来看。

在孩子的成长过程中,爱和教育是孩子奋飞的一对翅膀。高尔基说过:"爱孩子,这是连老母鸡都会做的事,但要善于教育他们,却是一个伟大的事业"。

这要求父亲们不仅要有足够的时间和耐心,还要有良好的素质,更要有一份硬下心来的严厉和一丝不苟。尤其是要把握好爱和教育之间的辩证法。我们每位家长都能从提高自身的素质做起,做让孩子值得尊敬的好父母。

父亲必读

自古身教更胜言传,父母是孩子最好的老师。我们平日里如何对待父母,若干年之后,我们就会得到相同的待遇。只有自己做一个孝顺的人,才能收获一个孝顺的孩子。

男子汉，敢做敢当

启示案例

有一位年轻人想到外面闯荡世界，去做一番轰轰烈烈的大事。临走的时候，他去拜访村中有"哲人"之称的老者。

当这个年轻人说明他的想法后，哲人告诉他："孩子，我衷心地支持并祝福你，我给你的忠告只有六个字，先告诉你三个，那就是'不害怕'；后三个字等你干出些名堂后再告诉你。"

年轻人带着哲人的忠告上路了。

十年后，年轻人成为著名的企业家，他又回来想听听哲人后三个字的忠告。但是，哲人已经去世了。

哲人的后人交给他一张纸条，上面写着"不后悔"。

不后悔，多么简单的话，却又多么富有哲理。每个人都会有后悔的事情，常常会在事情发生以后，责怪自己"如果当初我不那么做就好了。"

是的，世界上没有卖后悔药的，不论错得多深，都是我们自己的决定与行动导致的结果，我们可以悲痛欲绝，但是在情绪宣泄完毕之后，必须继续上路。跌倒了爬起来依旧是好汉，跌倒了再也爬不起来，只能成为他人的笑料。"吃一堑，长一智"，有失败的教训为垫脚的阶梯，你会攀登得更高。男子汉就要这样敢做敢当，错了，对了，什么样的结果都要勇敢地承担！

现在的孩子都是独生子女，娇纵，是很多家庭对待孩子的方式，家长对孩子的要求百依百顺，特别是在物质上不断满足，结果在孩子心中，就会形成"没有什么是不可能的"概念。因此，只要他渴望得到的，就会毫无顾忌地去要。这样的孩子长大后，就会缺乏对社会和他人的责任心。而且,即便犯了错误,也不当回事。在他们的心里,我是家里的宝贝,犯了错误别人也不敢把我怎么样。

事实证明,家长如果过分娇惯孩子,会让他们藐视家庭教育,更会让他们漠视自己的错误,而且会为自己的错误开脱,而不是负责。

为自己的行为负责,为自己的错误负责,这应该是父亲教给孩子的人生第一课。敢做敢当,不仅仅是电视中英雄的形象,我们每一个普通人,也应该有这份责任感。对一个常有过失或错误的孩子,我们采取什么样的方式方法去对待,这里面是有教育内涵的。让孩子学会为自己的过失负责,这仅仅是教育的开始。让孩子为自己的过失负责,也是让孩子为自己的将来负责。

一天,一位30多岁的父亲,叫住了一位卖玩具的商贩,说:"对不起,您能听一下孩子的话吗?"商贩抬头一看,有一个七八岁的男孩紧张地站在他旁边。那男孩闭着嘴,眼睛只是向下看。他父亲以严厉的语气说:"快点,这位叔叔很忙!"

商贩感到空气骤然紧张起来,到底是什么事呢?商贩一边猜想着,一边仔细地看着这父子俩。他发现那男孩手中捏着什么东西。他那双小手还有点颤抖,当他张开手的时候,掌心里出现的是当时很受男孩子欢迎的弹力球。

"怎么了,你说话呀!"他父亲很生气,眼眶里充满了泪水。这时男孩已经上气不接下气地哭了。卖玩具的商贩很紧张,他转向了孩子。

这时,男孩子慢慢地停止了哭泣,开始道歉,"我没想拿……"他费了很大力气才说出这句话。最后孩子泣不成声地说了句"对不起",他父亲那时的表情难以形容。

商贩赶紧说:"我收下这个玩具钱。这件事就作为我们三个人的秘密吧,孩子也明白自己做错了事,这就够了。"孩子的父亲又让孩子向玩具商道谢鞠躬,然后就离开了。

很多父亲可能会觉得,这位父亲对孩子有点残忍:不就几个玻璃球吗,算什么?下回注意点就行了。古语常说,不以善小而不为,不以恶小而为之。对于孩子的错误而言,不论大小,作为家长都不能等闲视之。倘若因为孩子错误小而姑息,孩子下次不但不会改正,反而会想:一点小错算什么,反正有父亲保护着。还有一些父亲,孩子犯了错误,不让孩子去承担责任,而是批评一通,然后自己去承担,诸如赔礼道歉这样的责任。用这种方式进行教育,孩子恐怕一辈子也学不会承担责任,因为父亲根本没有给他承担责任的机会。

每个人的一生中,都有无数次改变人生航向的机会。机会越多,人生就越精彩。坚强的人要想拥有更多机会就要敢做敢当。敢做是自己创造机会;敢当是勇于承担责任,而这无疑可以赢得别人的尊重与信任,由此,就可以获得更多的机会。

一天早上,老师刚走进教室就有同学对她嚷:"老师,张小斌把你的温水瓶打破了!"

老师一听,赶紧把温水瓶拿起来,一看,外表还是好好的,可是里面的瓶胆全碎了。年轻的老师不由得生气了,"张小斌过来!"他大声喊他。

张小斌小心翼翼地走到老师的身边。老师正想大声责问他是怎么打破温水瓶的,却首先看到了正在他眼眶里打转的泪水和一脸的无辜。老师的心一下子软了。他摸摸孩子的头,轻声问他是怎么一回事。张小斌哽咽着说,是走路时不小心踢到的,然后温水瓶就破了。老师拍拍他的肩膀,安慰他说:"破了就算了,以后小心点就是了。"以后再也没有人提起这件事。

一个月过去了,一天午饭后,张小斌拿着一个温水瓶来到老师的办公室,说是赔给老师的。老师惊讶地问他:"谁让你拿过来的?"

"爸爸。"

"老师不是说打破就算了吗?"

"爸爸说小孩子做错事了就要负责。"

"那是爸爸给你钱买的吗?"

"不是,是我用自己的零用钱买的,我已经很久没有用过零用钱了。"看着孩子清澈的目光中，老师的心里一片感动。想不到，自己天天给孩子们上课，而孩子的父亲不动声色地就给自己也上了一堂课。

让孩子勇于为自己的错误负责，那位父亲真的是深谙教育的真谛呀！孩子幼小的心灵是需要我们小心地呵护，但是却不能让他养成推卸责任的坏毛病。自己做了而且错了，就要为自己的行为负责，小孩子也不能例外。让孩子从小勇于承认错误，不推卸责任，并为之负责，这才是给他们最好的教育。

要想让孩子为自己的过失负责，父亲首先要做好榜样。现实中，有很多父亲对于自己的行为一概不负责任，抛妻弃子的新闻屡见报端，杀妻害母的家庭暴力时有发生，驾车肇事后逃逸的现象频频出现……在这种父亲的影响下，孩子是不会有责任心的，甚至也可能走上犯罪的道路。

作为父亲，如果你爱孩子，就让孩子摔了跤自己从原地爬起；爱孩子，就让孩子犯了错自己去承担责任；爱孩子，就应该为孩子做出榜样。只有这样，才能从小培养孩子的责任心；只有这样，孩子才不会被斥为"垮掉的一代"。

父亲必读

要培养孩子敢做敢当的性格，家长必须做一个有心人，留心周围发生的事件，并就此事与孩子进行交流，倾听孩子的心声，在与孩子的交流中，进行点拨、帮助。培养他们勇于承担自己的责任，敢于对他人负责，他们长大也会自觉承担起社会赋予他们的责任。

父亲和孩子一起成长

教会孩子感恩

好父母胜过好老师大全集

启示案例

暑假的一天,天气晴朗,小明和爸爸妈妈一起去著名的风景区玩耍。因为是到了旅游旺季,所以客人非常多。很久都没有出来玩了,小明玩得非常高兴。傍晚的时候,全家来到了车站,准备乘公交车回家。

可是人非常多,连续过来了三辆车,都没有挤上去。好不容易挤上了第四辆车,人也很多,没有座位。小明虽然已经上了二年级,可是个子还很矮。在拥挤的人群中,没有办法抓住车厢上面的扶手,有好几次都差点被挤倒了。

这时候,一个坐着的中年妇女动了恻隐之心,让小明坐到自己的腿上来。看到儿子有了稳当的座位,妈妈很高兴,赶紧向那位妇女道了谢。

回家的路程很长,大约颠簸了一个多小时,才到了终点。汽车一停稳,小明就匆忙地下车了,也没有向一路上抱着他的阿姨道谢。可怜的阿姨,腿都麻了,歇息了一会才下了车。

生活中,不懂得感谢别人的孩子,不在少数。在现实生活中,有不少孩子大把挥霍父母的血汗钱,却依然心安理得,享受着父母提供的细致周到的照顾。甚至偶有一点不如意,就给父母脸色,甚至以出走、自杀相威胁。这类现象的出现,在一定程度上说,家长难辞其咎。这也折射出了我们在家庭教育中的一个盲点——感恩教育的缺失。

我国自古以来就有"施恩不图报"的美德,但也有"受人滴水之恩,当以涌泉相报"的古训。"感恩"是每一个人都应该坚守的基本道德准则,是做人的起码修养,也是人之常情。不会感恩或者不愿意感恩,既是缺乏修养的表现,又是缺乏人文关怀、情感冷漠、缺少人情味的反映。

每个人不仅应该孝敬父母、尊敬师长，而且对于曾经帮助过自己的人，也应该报之以发自内心的感激，而不应该忘恩负义。

可是我们的孩子，却很少有人懂得感恩。现在的孩子，尤其是独生子女，是在"再穷不能穷孩子"的娇宠中长大的，自幼娇生惯养，不知道一粥一饭来之不易，过惯了"饭来张口、衣来伸手"的日子，很少体谅父母谋生的艰辛。在应试教育环境中，考试成绩"一俊遮百丑"，只要学习成绩好，其他事情父母都可以代劳，造成个别孩子由骄而横、唯我独尊、由爱生恨，甚至有的还恩将仇报。

有位著名的教育家说过，很多时候，孩子如果有病，需要治疗的人是家长。孩子冷漠，缺乏感恩之心，在很大程度上是和父母的教育有关。是父母教育孩子时毫无原则地溺爱，才"造就"了一批以自我为中心，且独立意识很差的孩子。另外，中小学教育没能跟上，由于中小学教师，在高考指挥棒的魔力下，成为唯分数论的忠实执行者，对孩子的道德教育不重视，使得孩子们在情感教育上的漏洞更大。

"鸦有反哺之义，羊有跪乳之恩。"对孩子来说，感恩意识绝不是简单的回报父母养育之恩，它更是一种责任意识、自立意识、自尊意识，和追求一种人生成就的精神境界。不懂得感恩，就失去了爱父母的感情基础。连自己的父母都不爱，又怎么可能爱家庭、爱事业、爱社会、爱国家、爱人类？没有一颗感恩的心，就永远不能真正懂得关心他人。

泰国教育部没要求学校将道德品质教育作为一门学科来教授，学校课程表上也没有思想品德课。但泰国各类学校却都设有类似"感恩"或"祈祷"的仪式。每天上午课程结束和放学后，学生们都要进行一个"感恩"仪式。老师告诉孩子，要利用下课后简短、静默的几分钟，在自己心中感谢上帝、家人对自己的爱和自己拥有的一切。

和泰国一样，日本也很重视对孩子的感恩教育。日本的孩子从很小的时候起，就得学会说"谢谢"，当妈妈给自己盛了一碗饭的时候，要说谢谢；当爸爸下班回家时，要说"您辛苦了"。不仅如此，他们每次乘公交车下车时,都会向司机致谢。

懂得感恩是一个人的重要素质。感恩是一种品德,也是一种生活态度。得到别人的帮助,应该向别人表达谢意甚至报恩。拥有一颗感恩的心,是孩子走向成功的第一步。孩子若常怀感恩之心,不仅能培养其与人为善、与人为乐、乐于助人的品德,促进其健康人格的形成,而且对其今后和谐人际关系的建立,有重要作用。让孩子学会感恩,对其一生的发展很重要。

在邻居的眼中,考拉是个懂事的孩子,学习成绩优秀,懂得体贴父母,喜欢干家务,与同学关系融洽。其实,她的这些好品质不是与生俱来的,是爸爸妈妈教育的结果。

考拉参加过各种竞赛,拿过很多奖状。每当女儿取得好的成绩时,父母们不是先夸奖,而是首先提醒她,无论取得什么样的荣誉,都离不开你身边的同学和老师的帮助。从小教她学会感恩,让周围的人都来分享自己的快乐。

从小就接受了很多这类感恩的教育,知恩感恩已经成了考拉的生活习惯。每当全家用餐时,从妈妈手中接过饭碗,卡拉会以微笑来感谢父母对她的关爱;当从父母手中接过新文具、新衣服、好吃的食品时,她都会懂事地对爸爸妈妈说一声谢谢。

每当女儿生日时,爸爸都要带考拉去医院,看望当年的产科医生,感谢她将孩子带领到这个世界,是她高明的医术才迎来孩子的第一声啼哭。有时候,考拉的生日不是休息日,没有办法去医院。考拉就一大早给妇产医院打电话:"医生,您好!今天是我的生日,请您分享我生日的快乐,谢谢您在 13 年前,为了我的降临整整一个晚上没有休息……"

多么好的孩子,好像生活在遥远的童话中。其实,倘若我们也从小就对孩子实行这种细致入微的感恩教育,那么我们也一样可以拥有一个懂得感恩的好孩子。

要使感恩意识成为人的一种思维习惯,成为人的品德中的组成部分,无疑是要经过长时间的引导和熏陶的。我们应该怎样引导孩子去体味人世间最美好的真情,怎样对生活心存感恩之情呢?

首先是家长的言传身教作用。父亲的模范榜样作用早已为人们所共识,要引导孩子学会感恩,父亲本身就必须是一个懂得感恩的人。感谢朋友的帮忙,感谢父母的养育之恩。尤其是要习惯于对妻子表达感激。每当妻子给你洗了衣服的时候,当她为你和孩子准备好了一桌饭菜的时候,你都要真诚地表示感谢。常常向妻子表达感激之情,不仅仅会增进夫妻间的感情,而且也会让孩子受到良好的熏陶。倘若爸爸对于妈妈的奉献熟视无睹,那么孩子也会理所当然地接受,根本就不会知恩,更不可能感恩了。

其次,感恩教育要注意从小事做起。应该引导孩子从小事做起,从体谅父母、孝敬父母、感谢老师、帮助老师做起,让感恩的种子在平凡的生活中发芽、成长,成为年轻一代的思想品格之一。

对孩子进行感恩教育,不能空谈一些口号,一定要结合生活中的一些例子,比如说当孩子的妈妈生病了,孩子的爸爸在陪床的时候就可以引导孩子给妈妈端杯水、洗个水果等等。要从日常生活中渗透给孩子报答父母的意识。

另外,我们也有必要让孩子知道父母工作的含义,让孩子明白父母工作的不易之处。但感恩教育绝不能只局限于对父母的感恩,同样要教育孩子对他的老师、对帮助过他的同学有感恩的意识,应该培养孩子,对为他付出过的人有报答的意识。感恩教育应该从多方面来展开,才能更好地促进孩子的发展。

父亲必读

在孩子的成长过程中,爱和教育是孩子奋飞的一对翅膀。高尔基说过:"爱孩子,这是连老母鸡都会做的事,但要善于教育他们,却是一个伟大的事业。"它要求家长不仅要有足够的时间和耐心,还要求家长有良好的素质,更要有一份硬下心来的严厉和一丝不苟的态度。

第七章　成长中,逐渐完善孩子的人格

再富也要穷孩子

启示案例

有这样一个孩子,他是一个农民的儿子,家境贫寒。却凭借着自己的努力,考取了一所著名的大学。

为了供这个光宗耀祖的儿子读书,老父亲变卖家产,勉强凑足了他的学费,把他送到学校后,家里就再也拿不出钱来了。为了生活,老父亲不得已去城里做了"扁担族",专门靠替别人扛货物来维持生计。

刚刚进入大学读书的时候,这个农村娃还是很节俭的,读书也非常用功。渐渐地,城市里的灯红酒绿吸引了他的目光,校园里丰富多彩的生活让他流连忘返。他开始追求快乐的生活,懂得享受青春了。

很快,他的衣服都换成了名牌,配上了手机,假期也不再打工,而是和同学结伴旅游去了。这一切都离不开钱,而他花掉的每一分钱,都是年迈的父亲靠卖苦力换来的。为了源源不断地得到钱,他总是变着理由向父亲撒谎。

一日,老父亲接到儿子要求送资料费的通知,手里却没有钱。情急之下,老人来到了医院,卖掉了400毫升鲜血。

当老人把1000块卖血的钱,交给了儿子以后,他无论如何都不会想到,这些钱眨眼之间就被儿子领着一帮哥们挥霍一空了。

是什么让一个原本淳朴勤奋的农家学子蜕变成挥霍无度的浪荡

青年呢？毫无疑问，是盲目攀比，是金钱的诱惑。

攀比不仅发生在一些家境富裕的孩子身上，很多家境贫寒的孩子也加入到了这个行列，他们勒紧肚皮摆阔气，维持"体面"的形象。洞察这些高消费的背后，人们不难发现，一切都是攀比心理在作祟。随着物质生活水平的提高，孩子钱包里可供支配的物质财富越来越多，再加上孩子喜欢追求新鲜事物、喜欢猎奇的天性，攀比消费的心理就会在孩子中间慢慢地滋长起来。许多学生认为，吃得高级、穿得时髦、用得高档，才是跟得上时代的标志，才能"直着腰杆说话"，否则就会被人看不起。

当父亲们对孩子的攀比消费扼腕顿足、毫无对策时，可能没有想到自己也许就是问题的根源。许多父亲自身就没有一个健康的消费观念。他们害怕自己的孩子在消费上比别人差，担心孩子会产生自卑心理，所以宁可自己省吃俭用，也要让孩子与其他孩子一样，穿好吃好玩好。家长这样做，虽然能让孩子不自卑了，但是同时也助长了他们大手大脚花钱的习惯。

还有一些父亲，虽然在那些高档文具面前常常咂嘴，但他们想：孩子要买的是学习用品，又不是吃喝玩乐，买就买吧！自己小时候艰苦，不能再让孩子艰苦！于是，在这种补偿心理支配下，一次又一次地满足了孩子不断膨胀的欲望。

虽然家长的爱心是孩子健康成长的基础，但是爱心不一定能造就出好的孩子。有的时候，恰恰由于家长们不正确的爱，才让孩子走入了歧途。

英国哲学家培根有句名言："金钱虽然是好仆人，有时候也会摇身一变，变成坏主人。"事实上正是如此，对金钱的过度欲望，往往是使人堕落的助推器。因此，帮助孩子树立一个正确的消费观念，引导他们合理消费，是每一个合格的父亲都必须要做的"家庭作业"。

包头市有个作家，他在教育孩子方面很有一套方法。当他的女儿看到有些同学花钱如流水时，也产生了攀比的心理。作家没有直接教

父亲和孩子一起成长

育女儿如何节约，也没有直接告诉她攀比不利于学习，而是建议女儿可以利用假期去打工，既能体验生活，又能赚到钱。而且当爸爸的向她承诺，女儿赚到的钱想怎么花都由她自己做主，家长绝不干涉。

女儿同意了爸爸的建议，请他给自己联系了一个打工的单位。暑假到了，女儿兴奋地来到了打工的地方。那是一个食品批发部，女儿每天早上 7 点上班，下午 4 点下班，一天工钱 10 元钱。刚开始，女儿感到很新鲜，时间一长，她开始厌倦这种单调枯燥的生活。一个月下来，除去每天 2 块钱的车费，她只剩下 240 块钱，还不够买一套运动服的。攥着自己辛辛苦苦挣来的 240 块元钱，女儿第一次觉得钱来得不容易。

虽然爸爸不干涉女儿如何处理这笔钱，可是女儿还是舍不得把钱花掉。想来想去，她把钱存了起来。每当自己有了想花钱的欲望的时候，她就把这张存折拿出来看看。一看到这张浸透着自己汗水的存折，女儿就再也不想和别人比着消费了，因为她知道赚钱要比花钱难多了。

另外，引导孩子学会量入而出、计划消费，也是控制他们乱花钱、克服盲目攀比的有效方法。即便家庭条件好的家长，在给孩子零用钱的问题上，也应该定期定量，而不是随要随给、多多益善。家长平时要多和老师沟通，了解一下学校近期有无缴费，再根据情况给孩子规定零用钱的额度。

家长在限定了零用钱的额度以后，可以给孩子一定的支配权力。告诉他们在规定的时期内，不会再给他们零花钱了。那么是提前花光还是细水长流，就让孩子自己决定吧。有的孩子肯定会提前花光，然后再来朝父母伸手。他们不相信父母真的是"铁石心肠"。这时候家长就一定要硬起心肠，坚决不能妥协。让他们尝尝不计划乱花钱的苦头，等拿到了下一个周期的零用钱时，他们就会考虑计划消费了。养成计划消费的习惯，对孩子以后的生活将受益无穷。

美国著名的洛克菲勒家族，拥有的财产难以数计。但是老洛克菲勒每个月才给儿子几美元零花钱。有人问他："你有这么多钱，为什么还要如此吝啬？"

洛克菲勒回答说："这不是吝啬，而是责任。我之所以这样做，是要让他从小就知道，钱来之不易。只有养成节俭的习惯，长大后才能有所作为。"

父亲必读

如果说有一种爱叫伤害，那么放任孩子畸形消费就属于这种爱。不要用金钱和百依百顺来表达我们的爱心，即使家境富裕，也要"穷"孩子，限制孩子的消费，决不可放任自流。

让孩子懂得爱、学会爱

启示案例

有个住在山上的孩子，有一天，因为做错一件事被父亲责骂后，内心愤愤不平。为了发泄情绪，一个人跑到屋外，坐在山腰哭了一阵，然后大声喊叫："我恨你！"山谷远方立刻传来同样的回声，他顿时被吓住了，以为有人很凶恶地在和他对骂，又继续哭了起来。

他边哭边往家里跑，看到父亲后，他气急败坏地告诉父亲方才的遭遇。父亲听了反而露出微笑，温柔地替儿子擦干眼泪，拉着他的手，来到山崖边，要小孩大声叫："我爱你！"

孩子喊完以后，满怀期待地等着。几秒钟以后，奇迹出现了：对面山谷也传来同样的回声，小孩破涕为笑。

父亲拥着他，说："孩子，你给别人什么，别人就会给你什么。"

通过这个故事，我们应该得出这样的结论：爱和恨都是相对的，如果你是以爱去对待别人，别人也会同样爱你。

没有任何一个父母不爱自己的孩子,而且往往父母对子女的爱都是无私不求回报的。而子女对父母的爱,相对而言要少很多了,"儿行千里母担忧,母行千里儿不愁。"就是父母子女之间关爱的真实写照。

爱是一个家庭的灵魂,如果缺少爱,就失去了快乐与和谐。心中有爱的人,总是充满朝气,情绪平和,乐观、进取,令人愿意接近,且具有自尊心与自信心,克己而又乐于帮助别人,与人相处经常表现出亲切、仁慈与关怀,因此善结人缘。

爱是一盏灯,照亮别人也温暖自己,捧一颗爱心上路的人,一生也将生活在爱里。爱是一种非常美好的人生情感,像花开,美丽给别人,自己也结果实。为何要隐藏在心底?奉献爱心,去爱每一个人,是人人都很容易做到的事,一句话,一个微笑,一束花就够了。这时我们并不损失什么,却可能因此帮助别人走出困境,同时也美丽了自己的一生。

约翰·刘易斯是美国国会议员,是美国政坛最具威望和影响力的人物之一。作为人权运动的老兵,他曾经与马丁·路德·金并肩工作,是 20 世纪五六十年代人权运动的领导人之一。在人权运动中,父亲对他的支持是他最大的精神支柱。

刘易斯的父亲在诸多方面给孩子们以教诲,他是一个热心付出的人,总是无私地分担他人的困难。在父亲的影响下,刘易斯意识到,不能只关心自己的境地,还必须关心他人,这奠定了他为人权而斗争的思想萌芽。

父亲常常说这样一句话:"仁爱,能创造一切。"他相信父亲的话,即使面临再大的困难,他也毫不退缩。

当时,在亚拉巴马有很多可怕的事情发生,种族隔离现象非常严重。刘易斯一家是有色人种,他们只能走在街道的一边。父亲考虑到孩子年龄小,可能会受到影响,于是想方设法让孩子们在这种可怕的环境中活下去,而且不带痛苦、愤怒或仇恨。

刘易斯在提到他的父亲时,总是说:"我从来没有听到他说谁的坏话,相反,在没有明确的反对证据时,他总是肯定别人。从父亲行为里,我看到所有的人都应该心胸宽广地生活在一起。"

刘易斯后来能够积极地参加民权运动,与父亲的这些潜移默化的影响是分不开的。他没有告诉父亲,自己参加了静坐示威活动和非暴力讨论会。直到他被捕进了纳什维尔的监狱,父亲才知道他所做的事。父亲非常关心刘易斯的安危,但他从来不对他的所作所为发表反对意见,而且非常支持刘易斯,并且以儿子为傲。他会对别人说:"那是我儿子。"这对刘易斯来说有非常重要的意义,得到父亲默默地支持,刘易斯更加坚定了自己的信念。

父爱如山,母爱如海。不但父亲所具备的自立、勇敢、逻辑思维清晰、活动能力强等品质对孩子有一定的影响力,父亲的爱心也会对孩子产生很大的影响。一个能够关爱别人的父亲,他的孩子一定更早地学会关爱别人。这对孩子的健康成长是极其重要的。"大海"带给人温情和浪漫,"高山"的挺拔和坚强却能够撑起孩子成长的脊梁,有"爱心"的高山会培育出挺拔俊秀的栋梁。作为父亲,如果相信平等相待、和睦共处,他就会这样对待人们,也希望人们这样对待他,他就能看到人类共有的善良。父亲这样的行为,对孩子有潜移默化之功。

一般来说,孩子都视父亲为心目中的英雄,做到这一点并不困难,父亲并不需要渊博的知识、显赫的地位,但一定要有一颗关爱之心。父亲与孩子之间的血缘关系的天然性和密切性,使父亲的道德品行对孩子有无可替代的强烈的感染作用。孩子对父亲的言行举止往往能心领神会。

在处理发生在周围的人与事的关系和问题时,孩子对父亲所持的态度很容易引起共鸣。此时父亲的示范作用十分重要。父亲对孩子的教育,应贯穿于家庭生活之中,把自己关爱、帮助别人的品行展现给孩子,用自己坦荡的心胸为孩子的未来作好铺垫。在互相关心、和睦协调、文明礼貌环境中长大的孩子,会潜移默化地养成尊重别人、关心别人、助人为乐的良好品德。

爱是人间一种道德,爱心是人类最美好的一种情操。然而我们做父母的,目光总是被知识教育这一叶所障而不及其他。你想你的孩子具有乐观而又积极的心态吗?你想你的孩子成为一个幸福的人吗?你想你的孩子朋友遍天下,成为一个事业成功的人吗?天下所有的父母对上述问题的回答一定都是肯定的。那么,怎样才能实现这些愿望呢?这里有一条实现目标的重要途径,那就是从小培养孩子的爱心。

有一位父亲,他和妻子把所有的爱都给了独生儿子,但儿子却很自私:好饭菜要独吃、先吃;衣服鞋帽要父母帮着脱掉;只知道伸手向父母要这要那,对父母却从不关心,父母生病不闻不问。一位儿童教育家说:"只知索取,不知付出;只知爱己,不知爱人,是当前独生子女的通病。"

在我们周围,有许多家长对孩子的爱心教育并不重视。有的家长认为,现在就这么一个子女,只要自己有能力,孩子想要什么,我就给他什么,图的就是让孩子快乐、幸福;也有的家长认为,对孩子来说,最重要的就是多学点知识、技能,在聪明才智上超越其他的人,至于其他的方面,用不着这样教,孩子大了自然就什么都会了;更有甚者,把孩子的任性、自私、霸道等表现视为孩子的聪明,而加以纵容。这样长久下来,就会让孩子失去爱心,变成一个冷漠的人,一个与社会脱节的人。

"自私自利"、"自我中心"是爱心的大敌,但它不是孩子与生俱来的,不是孩子的天性。它根源于父母的私爱和溺爱。为了不让孩子的爱心枯竭、泯灭,为人父母者不仅要爱孩子,更重要的是让孩子学会爱。假如只管耕耘不问收获,那么这种父母之爱,就很容易变成一种对孩子的私爱、溺爱。"溺爱是父母与孩子关系上最可悲的事,用这种爱培养出来的儿童,不肯把爱献一点儿给别人。"所以,如何培养孩子的爱心,在家庭教育中也就显得尤其重要了。

那么,如何培养这些孩子的爱心呢?

第一,从小养成爱和怜悯的习惯。大海靠一滴滴水汇集而成,爱的殿堂是靠一沙一石来构建。自小给予孩子同情心和怜悯心的情感，是在他身上培植善良之心。

第二，当好孩子的榜样。家长对他人的爱心言行，会潜移默化地影响着孩子。如果家长能用有声的爱心语言和行动，去强化孩子的爱的意识，就会使孩子产生一种积极的仿效心理。

第三，给孩子创造实施爱心行动的机会。如引导孩子主动帮助左邻右舍干些力所能及的事。而当孩子付出行动后，以微笑的表情、赞扬的语气及时地给予表扬。

俗话说种瓜得瓜，种豆得豆。孩子爱心的培养，需要父母的爱心浇灌。只要家长用心浇灌，总能收获好孩子。

父亲必读

在人的一生中，财富、地位并不是最重要的，最重要的是有一颗爱心。一颗崇高善良关爱的心，能使人获得全部的尊重和爱戴。作为父亲，不要一味地沉迷于自己的事业，一味地创造物质财富，而应为孩子的幸福生活做准备，积极地奉献自己的爱心，从而去塑造孩子的爱心。

学会控制自己的情绪

启示案例

山东某重点中学，一位女生学习成绩向来不错，多次模拟考成绩均在 600 分以上，满怀上名牌大学的希望，没想到今年高考砸锅了，只考了 400 多分。不但"名校梦"未圆，其他二类学校也没希望，这一打击对她来说非常沉重，高考后行为表现反常，沮丧，偏激，变得不近人情，常常一个人呆着不说话。

一天，她趁人不备，出了家门。开始父母还以为她出去玩了，可是到了晚上还不见人，觉得事情不妙。随后他们在小英的包里发现了一封遗书，上面写着她没考上大学对不起家人、不想活了之类的话。他们立即分头寻找，但最终寻找了一天一夜后也没有找到人。

第三天下午，他们突然接到了即墨市医院的电话，才知道女儿在即墨出事了。

原来，她留下了一封遗书后来到火车站附近，一口气喝下半瓶农药。多亏被人发现，及时送往医院救治。经过医生 1 个多小时的抢救，她才脱离了生命危险。

一个有惊无险的故事，这个女孩子是被救活了，可是每年因为考试成绩不理想或者高考落榜而出走或者自杀的孩子不在少数。面对这些不拿生命当回事的孩子，作为父亲，该如何对孩子进行教育呢？

多数孩子在面对挫折和失败的时候，选择极端方式来面对，在很大程度上，是因为平时父母给他们施加的压力过大造成的。父母们对他们寄予厚望，一旦他们不能实现目标，就会感到自己没有能力，会感到无颜面对父母。在这种强大的压力面前，选择逃避几乎是他们唯一的出路了。

所以，从很大程度上来看，孩子不能面对失败，是我们当父母的给他们施加了过多的压力造成的。当然我们也不能忽视另外一个重要的原因，那就是今天的很多孩子都是在顺境中长大，他们没有机会体验失败，自然也无法承受失败了。

对于正在读书的孩子来说，他们可能经历的最大失败莫过于高考落榜了。孩子在得知自己落榜后，会承受巨大的心理压力，失去自信，家长应该给予孩子感情上的支持，不要在孩子面前表露出消极情绪。一个明智的父母，面临孩子的失败不应该表现得过于在意，应该像面对孩子成功一样坦然。父母的坦然，会让孩子受伤的心感受到温暖和慰藉，能更大程度地缓解挫败感。

如果孩子落榜了，父母首先应该调整好自己的心态，要勇敢面对孩子失败的事实。很多时候，当孩子高考失利时，家长表现得往往比孩子更加激动,更加不理智。很多家长会因为难以控制自己的失望情绪,对孩子大喊大叫、横加指责。这种做法是十分危险的。

回想起高考失利后的那段日子,杨浦区某中学高三毕业生于敏感触最深的就是那个夏夜,父亲在阳台上和她说的话:"你小的时候,我们总在想,要把你培养成科学家、文学家……其实,不管是什么家,只要你好好学习、工作,爸爸妈妈就满足了。"那一刻的于敏好感动,她下决心再不能让父母为自己操心,坦然面对失败的事实。心理压力缓解了,她也不再觉得受挫和自卑了。

任何困难都只是人生中的一道小坎儿,努力地迈过去,也许会是另一种命运的起点。

1997 年 7 月,王博听到了落榜的消息。尽管父亲对这一消息感到失望,但还是心平气和地和孩子一起探讨了以后的出路。父亲希望他复读,明年再考,但他却选择了一所计算机学校。面对儿子的选择,父亲做出了让步。9 月,父亲亲自把王博送到了长沙一所计算机学校。

在这里,17 岁的王博第一次接触了电脑,虽然仅是 DOS 界面,虽然对电脑一窍不通,但他却不由自主地喜欢上了这个笼罩着神秘气息的家伙。在那一刻,王博暗暗立下了一个目标:三年内,不仅要征服电脑,还要成为这个行业最顶级的专家!

在接下来的日子里,王博把所有的精力都放在了学习上,他的电脑水平飞速提高。后来,他参加了微软公司的系统工程师认证培训,结业后成了一名优秀的网络工程师。此后,他又先后拿到了近十个不同的工程师认证。

凭着这些金字招牌,再加上丰富的电脑知识和实际操作经验,王博成了各大公司的"抢手货"。最后王博选择了一家新加坡的电脑公司,公司开出了税后 9000 元的高薪。公司总经理直言不讳地说,他看中的是王博的学习能力以及拼搏精神,这种精神远比名牌大学的学历更重要。

父亲和孩子一起成长

高考落榜不等于人生失败，教会孩子面对失败，是孩子人生中最重要的课题，家长一定要担负起这一职责。

面对高考，人们常说的一句话就是：一颗红心，两手准备。当孩子不得不面对失败的结果时，父母首先要调整好自己的心态，再帮助孩子坦然地面对失败，树立起坚强的自信。父母不但要坦然面对孩子的失败，还要帮助孩子接受现实。只有让孩子勇敢地面对现实，他们才能勇于分析失利的原因，总结经验教训。

成功固然是每个人的理想，但是失败往往会在成功到来之前来考验我们，面对失败的机会可能会比面对成功的机会多得多，怎样重整旗鼓、争取胜利，可能是我们在以后的人生中遇到最多的问题。

一个人在成长的过程中，可能更多的是会遇到一次又一次的失败。如果我们总结失败和成功的次数，可能失败的次数要远远多于成功。

泰戈尔有句名言："当你把所有错误都关在了门外，真理也就被拒绝了"。这句话意味深长且发人深思，向人揭示出了失败挫折也有不菲的价值。泰国企业家施利华曾讲过："人倒霉不一定是坏事，就看你怎么去看待它，你一旦把腰弯下去，就可能会趴下，直起腰杆才有希望。不管在哪个国家，人们瞧不起的不是失败者，而是失败以后自甘堕落的人。"

从某种意义上来讲，一个人面对失败的能力，也就决定了这个人是否能成功。每一个父亲在教育子女时，千万别忘记了对他们实现挫折教育——如何面对失败。

父亲必读

人生旅途，难免会碰到一些挫折与失败，这些坎坷的经历，对孩子而言也很有用。它能够培养孩子对挫折的容忍力，特别是目前的孩子，物质享受丰富，忍受挫折的能力却非常差，禁不起一点失败。因此，不妨多给孩子一些机会，多鼓励他们勤奋工作，培养他们坚强的毅

好父母胜过好老师大全集

力,还要鼓励他们从挫折中吸取教训、总结经验,稳步地走上自己的成功大道。

别让孩子轻言放弃

启示案例

田中角荣是日本的一位前首相。他小时候生活艰苦,但是他还是克服了艰难和困苦,最终达到自己事业的顶峰,成为日本首相,这些都是因为他有面对困难的乐观态度和永不言败的自信心。

田中角荣在两岁的时候,有一次高烧不退,持续了好几天。高烧好了后,他留下了长期咳嗽的毛病。这以后,不停地咳嗽常常使他说不完整话。这样一天天地,他就落下了口吃的毛病。

有一次上课时,有个同学在下面说话,老师误以为是田中角荣在扰乱课堂秩序,就对他说:"你不愿意听课就出去,不要在这里影响课堂秩序。"

田中角荣急了,站起来说:"不——"他想说"不是我说话"。结果一着急说不出来,说了好几个"不"字。老师生气了,说:"不什么啊?你还真不服气啊。你给我出去。"这下田中角荣委屈得直掉眼泪。

在回家的路上,同学们也因为这件事嘲笑他。回到家后,田中角荣气呼呼地坐着,谁都不理。他爸爸一看,心想:这孩子肯定是在外面受了什么委屈了。他爸爸了解了事情的经过后,出人意料地笑了:"孩子,有什么好气的。好好练习说话,总有一天,你能清楚地表达意思,到那时,就再也不会有人嘲笑你了。"

田中角荣一听就泄了气,"我一喘气就咳嗽,怎么改掉口吃呀?要能改我早改了。"

"你要对自己有信心。孩子,有比别人更强得多的信心就是你胜

父亲和孩子一起成长

过他们的最大的资本。所以你要靠自己纠正口吃。我知道你一定能够克服这个毛病的，只要你坚持，孩子，爸爸相信你一定可以的。加油孩子！"

田中角荣一下子明白了自己该怎么做。从此，他每天早上起来练唱歌，练发声，练上一个小时才休息。在课堂上，在家里，他都不停地练习朗读课文。

一个有了好几年口吃习惯的孩子，想要变得能正常说话，难度可想而知。很多时候，练习了很久都没有明显的进步，田中角荣都想到了要放弃。

每当这个时候，爸爸的话都会在耳边响起，"只要坚持，就一定能成功。"

靠着爸爸的鼓励，田中角荣坚持锻炼自己说话的能力。功夫不负有心人。几年过去了，田中角荣不仅可以流利地说出自己想说的话，还大大提高了语言表达能力和逻辑思维能力。后来，他不仅在任何场合都能流利地表达自己的想法，而且，还成了万人瞩目的首相。

做事不能坚持到底、半途而废，是很多孩子都有的坏习惯。许多家长都抱怨自己的孩子缺少坚持性，做什么事都没有长性：刚吃饭时很香，没吃两口就东张西望；积木搭了一半就丢在地上不管，做起事来一拖再拖；想法也总在改变，今天想打乒乓球，明天发现象棋更有意思，后天看了科幻小说又想当科学家。

坚持是自控能力的一个方面，缺乏坚持性、思想易变是孩子尚不成熟的表现，也是孩童时期难免的弱点。但是随着孩子年龄的增长，孩子的坚持性就会拉开档次。家长们总是信誓旦旦地说，不让孩子输在起跑线上，但过不了几年，那些曾经位于同一起跑线上的孩子，在前进的过程中会渐渐地拉开了距离。究其原因会发现一个事实，就是家长在孩子们坚持性的培养与发展上存在着差异。不少孩子稚嫩的心中不乏雄心壮志，但如果不是着力于坚持性的培养和发展，他们就经不起主客观各种因素的干扰和引诱，就会出现或半途而废，或望洋兴

好父母胜过好老师大全集

叹的结果。久而久之,便会积淀成一种思想上的巨人,行动上的矮子。

孩子是否具有坚持性,对孩子的一生具有很大的影响。许多人一事无成,不是因为缺少能力,也不是因为缺少学识,只是因为缺少自控能力,缺少坚持到底的精神。

而那些成大事者,大都是具有很强的自控能力,不管环境怎样恶劣,条件怎样苛刻,他都能够坚持下去。无论做什么事,只要能够坚持,不断努力,就一定会胜利,甚至当你觉得必败无疑的时候,也有成功的希望。

1973 年 4 月里的一个周末,这是郎平值得记忆的一个日子。北京工人体育场业余体校排球班的老师来学校挑选队员了。已升到了六年级的郎平,因身高而被选中去参加测试,这消息使她的心头掠过一阵喜悦。经过严格的测试和选拔,身高 1.69 米的郎平榜上有名。

从这一天起,排球闯进了她的生活,与她结下了不解之缘。排球班的训练从 6 月份开始,一直练到了骄阳似火的 8 月份。起初,训练的内容还让人感到比较轻松,可后来,难度随之加大起来。在与排球最初接触的日子里,郎平经受了体质与意志的考验。一些队员产生了畏难情绪,甚至败下阵来。

特别是当初与郎平一块参加训练的同班同学小陈,也已偃旗息鼓。她对郎平说:"虽说咱俩在学校里都酷爱体育,可这么大运动量的训练,我可从没经历过。我父母可不愿意让我受这份罪,每天累得什么似的,他们可心疼了。"

在以后的时间里,郎平都是独自一人去体校。枯燥、乏味、艰苦的训练,也曾使她产生过动摇,可每当此时,父母就叮嘱她:"平平,吃点苦算什么,你既然喜欢打排球,就不能半途而废。"

郎平始终不忘父母的鼓励,顽强地坚持下来了,并且凭着自身良好的条件和素质,凭着突飞猛进的球技,从短训班到了长训班,成了北京工人体育场业余体校排球班的一名正式队员。

郎平对排球情有独钟,她参加了排球队,参加训练时肯于摔打拼杀,弄得一身泥土也不在乎。她比一般女孩子能吃苦,没有一点娇气。有时练球接球练得两臂红肿,她仍能咬牙坚持。

郎平性格上的淳朴、坚毅和执著越来越鲜明地表现出来,她迈向成功的步子也越来越坚实了。凭着自己始终不渝的韧劲儿,经过顽强的努力,终于成了群芳之冠,以"最佳人选"的身份进入了她日思夜想的北京队。

从此,她向着顶峰开始了新的攀登。

1978年,郎平参加全国排球甲级队联赛,崭露头角,被袁伟民教练看中,进了国家队。经过刻苦磨炼,她成了"世界三大扣球手"之一。出色的高位拦网和落地开花的扣杀技术,让世人为之惊讶。

不经一番风霜苦,哪得腊梅扑鼻香。人生之路向来坎坷崎岖,如果我们作为家长的,不给孩子实施挫折教育,那么他们长大后就无法应对各种困难。从小培养孩子做事有始有终、坚持到底的个性和习惯,会让他们在未来的生活道理上比别人更容易成功。

父亲必读

平庸的人和杰出的人,其不同之处就是看能不能坚持。坚持下去就是胜利,半途而废,则前功尽弃。如果你的孩子从来就是有始无终的人,那么就不要指望他能给你带来惊喜了。

身教胜于言传

第一章 家长的"上岗执照"

好父母,言传不如身教

身教案例

有这样一则寓言:

蟹妈妈对年幼的小蟹说:"孩子,你不要总是横着走,要向前直走,不是方便很多吗?"小蟹回答道:"亲爱的妈妈,您的话一点都没错。不过,您若能示范给我看,我就会照您的样子走下去的。"蟹妈妈同意了孩子的建议,试了数次也没能成功,面对孩子的不服,她也就无话可说了。正所谓"言传不如身教",能以具体的行动作表率,胜过无数次的训示和说教。

曾有报纸刊登过这样一则消息:

1977 年 1 月 8 日早晨,正值上班的高峰期间,美国迈阿密市的一辆运钞车不慎从立交桥上翻落,顿时,从车厢里飞出许多美元。路上的行人纷纷挤上前去哄抢漫天飞舞的钞票。没多长时间,几十万美元被一抢而光。

第二天,为了追回银行的损失,警方宣布一道特别令,要求捡钱的人将钞票如数归还,否则将以偷窃论处。

结果,只有两人去警察局交还捡到的钞票。其中一位是带着 6 个孩子的母亲,她交出一把钞票。当别人问她为什么要交出钱的时候,她说:"我有孩子,我要为他们树立一个好榜样!"

言传不如身教，这是教育的第一原则。

年幼的孩子，他的心灵是敞开的。他总会情不自禁地模仿自己看到的、听到的一切。对他来说，一切东西都是他的榜样——行为方式、体态姿势、言语、习惯和品格等。

父母的一举一动，孩子都会看在眼里、记在心里。家长说得再多，也往往不如亲自做一件事对教育孩子更有说服力。

曾有教育专家说："孩子的眼睛是录像机，孩子的耳朵是录音机，孩子的头脑是计算机。"这个比喻形象地告诉家长们，教育孩子不仅要言传，更要注意身教，示范和榜样的力量是无穷的。家庭教育寓于日常生活之中，家长毫无掩饰的言谈举止时时刻刻都会被孩子模仿，这种模仿对孩子的品格影响是潜移默化的。

作为孩子的第一任老师，如果家长希望能够把自己的孩子教育好，就应该给孩子提供良好的榜样，用自己的言行来感染孩子。

春秋时期的曾子，是我国著名的思想家。有一次他的夫人要去集市，儿子说什么也要跟着一起去。曾子的夫人觉得集市人多，孩子跟着会很不方便，想让孩子留在家里，于是对儿子说："儿子乖，别哭，你在家里等着，妈妈回来杀猪给你炖肉吃。"儿子听说有肉吃，停止哭泣，就答应留在家里。曾子也把夫人的话记在了心里。

过了一段时间，曾子的夫人从集市上回来了，看到曾子正在磨刀，便疑惑地问曾子磨刀做什么。曾子说："杀猪给儿子炖肉吃。"夫人说："我那只是随便说说哄孩子高兴的，你怎么能当真呢？"

曾子看着妻子，语重心长地说："你要知道，孩子是欺骗不得的。如果父母说话不算数，孩子长大后就不会再讲信用。"最后，曾子与夫人一起把猪杀了，给儿子做了顿香喷喷的肉。

曾子夫妇的这种诚信行为直接影响到了儿子。这天晚上，刚睡下的儿子又突然爬了起来，从枕头下拿起一把竹简向外跑。曾子便问他去做什么，儿子回答："我从邻居那里借的书简，说好要今天还的。现在已经很晚了，我要尽快还给他，我不能言而无信呀！"曾子看着儿子跑出门,会心地笑了。

所以,父母在孩子面前一定要注意自己的言行,承诺孩子的事情,一定要做到;让孩子遵守的事情,自己首先要遵守;教育孩子不能做的事情,自己首先不能做。

任何工作都需要"执证上岗",更何况是做父母这一人世间艰难而复杂的"职业"呢? 所以父母也要"执证上岗"。家长的"上岗执照",要具备五个方面的素质:现代的教育观念、科学的教育方法、健康的心理、良好的生活方式、平等和谐的亲子关系。如果把这五个方面的知识都能领悟透彻并应用于实践,那么教出一个好孩子,应该不是一件难事了。

古人云:活到老学到老。尤其是在教育孩子方面,作为家长,更是应该不断学习、不断进步,和孩子一起成长。

身教感悟

父母作为孩子的第一任老师,言行举止都将会是孩子模仿和学习的范版,父母们若言行不一,会给孩子造成"言教"与"身教"的困惑。生活中,家长总是对言传过于重视,却往往忽视了身教。与其苦口婆心,不如以身作则身先示范。

"爸爸你看,我正踩着你的脚印!"

教育案例

一位父亲,每天都要到酒馆里喝上一杯酒,这已经成为他的一种习惯。在一个大雪纷飞的日子,他依然在吻别了妻子后,又径直走向酒馆。没有走多远,他感觉有人跟在他的后面,当他转身时,发现不满8岁的儿子正踩着他留在雪地上的脚印,并且兴奋地说:"爸爸你看,我正踩着你的脚印！"

孩子的话让这位父亲为之一振，他陷入了深深的思索："我这不是身教吗？我嗜酒成性，儿子却在踩着我的脚印，跟随着我的脚步！"

从那天开始，他再也没有去过酒馆。

在家庭教育中，家长的行为是孩子最容易模仿的，上行下效，"上梁不正下梁歪，中梁不正倒下来"。无论是做父母当家长，都是同样的道理。

言传不如身教的道理相信很多家长都懂，只是在日常生活中常常忽略了，往往是无意识地就给孩子带来了一些不良的影响。很多时候，我们总是要求孩子要做到行正矩方，而自己却在不经意间给了他相反的身教。

家庭，是人生的第一课堂，是孩子生长成长的摇篮。孩子，在这里生活、成长；习惯，在这里养育；教育，从这里开始；情感、是非、好坏、善恶和信念，在这里奠定。家庭最初及持续灌输的是非观念、善恶标准、为人原则和习惯养成等将影响孩子的一生。

有这样一则广告，许多人都被深深地感动。

一位母亲在临睡前用热水给老人洗脚。老人看着工作了一天的女儿，心疼地对女儿说："忙了一天啦，歇歇吧！"

女儿轻轻地笑笑，回答道："我不累！妈，泡泡脚，对您的脚有好处！"

整个过程，都被站在房门外的几岁的儿子看在眼里，她们的对话也被儿子记在了心里。于是，孩子幼小的心灵受到了强烈地震撼，扭头就跑！

给老人洗完脚，妈妈回到房间找儿子，结果儿子却不在房间，便到房外找，映入这位母亲眼帘的是：幼小的儿子，晃晃悠悠地端来了满满一脸盆热水，水洒了出来，溅到他的脸上、身上。可他嘴里却喊着："妈妈洗脚！"

相信所有看过这则广告的家长都会记得那句结束语："其实，父母就是孩子最好的老师！"

从头到尾，整个广告没有一句豪言壮语，就这样非常自然贴切流畅地完成了。可广告使中华民族的传统美德得到了很好的传递与承接。

这个广告给父母做了一个很好的榜样。就是要告诉所有父母，让他们都记得，家长在孩子面前的一言一行，都会被孩子模仿。

可见，教育很难，也很容易。天天对孩子耳提面命，不如身体力行示范给他看。如果父母做不到的事情，自身都言行不一，却总希望孩子要做到做好，那就很难；如果父母能够做到的事情，就是不用刻意要求，孩子也会照仿，有如风行水上、自然成纹般轻松。

孩子是面镜子，是父母的影子，孩子的一言一行往往是父母言行的再现。做父母的要想给孩子一个良好的教育，先要教育好自己才行，父母首先得身体力行做孩子的表率。孩子有了错，纠错应先从父母开始。所谓教育其实就是一件日常化的事情，家长的一言一行，无时无刻不耳濡目染着孩子。

身教感悟

言传在于指点，身教示以典范，教育孩子，身教胜于言传。父母是孩子的第一任老师，父母在教育孩子的时候要注意自己的言行。

母亲的影响力

身教案例

美国一位著名的心理学家为了研究母亲对孩子的影响，曾经做过一个研究。他在全美选了50位成功人士和50位有犯罪记录的人，分别写信给他们，请他们谈谈母亲对自己的影响。

其中有两封信让这位心理学家很震撼，一封来自白宫的一位著名人士，一封来自监狱的一位服刑犯人，巧的是，他们写的是同一件事情：母亲给他们分苹果。

那位来自监狱的犯人这样写道：

在我很小的时候，有天妈妈拿来了几个苹果，大小不同。我一眼就看中了中间那个又大又红的苹果。这时，妈妈把苹果放在桌子上，问我和弟弟："你们想要哪个？"我刚想说我要那个最大最红的，这时，弟弟抢先说出了我想说的话。妈妈听了，瞪了他一眼，责备他："好孩子要学会把东西让给别人，不能总想着自己。"

于是，我灵机一动，说道："妈妈，我要那个最小的，大的给弟弟！"

妈妈听了很高兴，并亲了我一下，还把那个最大最红的苹果递给了我，说："你真是个懂事的孩子，这个大苹果奖励给你。"

我得到了我想要的东西，而弟弟只好气呼呼地拿了个小苹果。

从此，我学会了说谎，每次我都能得到自己想要的东西。后来，我学会了打架、偷窃，为了得到自己想要的东西，我总是不择手段。终于有一次，我被送进了监狱。

那位来自白宫的人士是这样写的：

在我很小的时候，有天妈妈拿来几个苹果，大小不同。我一眼就看中了中间那个又大又红的苹果。我和弟弟们都争着要那个最大最红的苹果。妈妈笑眯眯地拿着那个最大最红的苹果，却又严肃地对我们说："这个苹果最大最红最好吃，谁都想得到它。为了分配公平，现在，你们要来进行一个比赛，妈妈把家门前的草坪分成三块，你们一人一块，负责修剪好，谁干得最快最好，谁就有权利得到它。"

毋庸置疑，我们兄弟几个都要去修剪草坪，最后，我赢得了那个苹果。

我要感谢我的母亲，她让我懂得了一个最简单最重要的道理，那就是，如果想要得到最好的，就必须努力争取第一。在我们家里，有这样一个游戏规则：你要想得到什么东西，都要通过比赛来赢得。只有通过自己的努力付出，才能得到想要的东西。这也是我现在成功的原因。

教育家苏霍姆林斯基在《家庭教育学》一书中说："孩子道德发展的源泉以及根部在于母亲的智慧、情感和内心的激情，人在自己的道德发展中变得如何，取决于有什么样的母亲。"

孩子最早的教育来自于家庭，来自于母亲。母亲既是孩子的家长，又是同孩子朝夕相处的朋友，母亲的一言一行，为人处世，人生观、价值观等，都会潜移默化地影响着孩子，并在孩子的心间打下深深的烙印。

总体来说，家庭是母亲的管辖区。如果孩子要获得任何东西，他首先要经过母亲的批准。所以，在家庭教育中，母亲的榜样作用是至关重要的。

孩子对行为的模仿，这种影响是潜移默化的。几次的模仿无足轻重，但是重复不断地模仿，最终将形成难以改变的习惯，从而影响孩子的一生。

在现实生活中，母亲如果是一个懒惰、自私、粗鲁的人，那么，她的孩子身上则一定会或多或少地反映出一些。英国伟大的诗人拜伦就是一个活生生的例子。

拜伦在人们的印象中，一直是一个目中无人、刚愎自用、恣意妄为、性情暴躁的人，而这些不良的性格都来自于他的母亲。

拜伦自从出生后，母亲那自以为是、目空一切、脾气暴躁而且任性固执的性格，就影响着拜伦幼小的心灵。这个粗暴的母亲根本不懂得教育孩子，她甚至嘲笑自己儿子的生理缺陷。拜伦与母亲经常发生激烈的争吵，在拜伦逃离疯狂母亲的时候，他的母亲却经常拿着火钳或拨火棍向他猛掷过来。这种近乎疯狂的虐待行为造成了拜伦成年后的精神不健全。他焦虑、脾气暴躁、体弱多病，身上带着母亲自小就留给他的"毒素"。在《柴尔德·哈洛德》一诗中，拜伦这样写道：

"是的，我的思想应该少一点野性，

我在黑暗中苦思冥想得太久，

大脑已经形成了旋转不停的涡流，

就像湾流紧张过度。

当初年幼，心灵未被驯服，

生命的春天已被人毒害。"

从诗人拜伦愤怒的诗中可以想象，母亲对拜伦的负面影响是多么深刻。正如乔治·赫伯特所说：一个好的母亲胜过一百个学校的老师。

卡尔·威特的教育取得成功后，其父亲老卡尔在谈到他的成就时，这样说道："我认为卡尔取得的成就，首先应该归功于他的母亲。因为他不仅心地善良，而且具有丰富的知识。无论在儿子的教育方面还是在日常生活方面，她都堪称为一名合格的母亲。事实上，她在儿子的培育上表现得更为优秀。"

拿破仑·波拿巴说："一个孩子行为举止的好坏完全取决于他的母亲。"他说自己能取得这些成就，很大程度都应该归功于母亲对他意志、力量、自制等方面的锻炼。一个拿破仑的传记作家这样写道："除了母亲以为，几乎没有人能指挥得了他。她总是通过诸如温柔、严厉而又极有分寸的方法，让他热爱、尊敬和服从自己。从她这里，他学到了顺从的美德。"

身教感悟

说到母亲，一定会有许多人把母亲与伟大等同起来，由此可见母亲的神圣与其所承担的责任。在家庭教育中，母亲的影响力远远大于父亲。有调查研究证明，孩子和母亲接触的时间要远远大于父亲，所以母亲在孩子面前要合理掌控自己的言行，避免自己的不良言行影响到孩子。

做孩子最愿意接近的父母

教育案例

上海浦东三林镇妇联在一次名为"母亲素质大调查"的调研活动中，曾遇到这样一种两极分化明显的情况：一边是望子成龙的母亲沉甸甸的爱，一边却是孩子对这份母爱的排斥和抗拒。

这个以全镇学生为对象的调查结果，令家长们大吃一惊。孩子们对母亲提出了许多建议，让那些自认为在孩子心中是完美形象的母亲，终于看清了孩子对自己的评价。有孩子认为母亲的思想平庸、语言粗俗、缺乏魅力；有孩子认为母亲要加强学习、提高自身修养；有孩子希望母亲可以改变教育方式，和他们交朋友；也有孩子要求母亲尊重个人爱好，给自己一个独立的成长空间。而另一方面，只有少数的孩子能接受母亲现行的教育方式，认为母亲令自己敬佩、仰慕。

从这份调查研究中可以看出，母亲在孩子们心目中的理想形象，并不是自认为的传统的"慈母形象"。孩子们将他们理想的"现代母亲"可以概括为五个"一点"：少一点说教，露出一点微笑，化一点淡妆，懂一点电脑，多给一点空间。

家长不要以为孩子的要求很苛刻，其实，孩子们的要求一点都不过分。时代在变，教育在变，孩子在变，孩子衡量父母的标准也就随着在变。

可是，让"传统父母"一下子变为"现代父母"，还是有挺大的难度的。当孩子倾诉对父母的种种"不满"时，要劝解他们对父母多一点体谅和宽容，孩子们有时却并不服气。

一位母亲和上中学的儿子关系平时并不是很融洽。有天，妈妈的一位朋友到家做客，孩子不但对这个阿姨一点也不陌生，反而待她很热情，很乐意和她聊。

"我妈总是莫名其妙地大发脾气，却对别人客客气气。她每天下班回来，我只要见她脸拉得老长，便会立刻跑回自己的房间，把门关紧，省得再挨骂。"接着儿子便如数家珍地举出几件实例。

阿姨见儿子对他妈妈的意见那么大，便劝解道："你妈妈也不容易，操心的事不少，她在单位是领导，回到家又要做饭，收拾家务，还要照顾你，可够累的，她爱发脾气可能是因为到了更年期……"

"更年期？"还没等这位阿姨讲完，男孩就迫不及待地接过话来，"自从我上学开始，我妈脾气就这么坏，更年期怎么这么长？您给我来个倒计时，更年期哪天结束？我也好有个盼头！"

阿姨被孩子的话逗得忍不住笑了起来。

听了这个男孩的一番抱怨，相信很多家长都深有感触，所以平时也不能怪孩子不理解父母，父母也该改变改变自己了，尽管改变自己不容易。

平时，父母总是很在乎孩子的物质要求，也很注重对孩子生活上的照顾，却忽视了孩子内心情感世界，特别是忽略了自己在孩子心目中的形象定位。

有的父母不仅感慨道："如今当父母真难，我们小时候哪有那么多事！看来真的需要改变自己对孩子的态度了。"可仔细想想，若从另一个角度看，现在当父母真好。孩子随着时代的改变也跟着进步。如果家里有一个上学的孩子，就会时常带进来时代气息，也会使父母的教育理念和态度随着改变，从而跟得上这个时代家庭教育的步伐。

时代在变，家庭教育在变，家长接收的信息也在变。尤其当数字化、网络化、全球化这些新名词进入人们的生活后，带来了很大的影响，特别是当我们进入信息时代后，人们的生活方式都发生了意想不到的变化。而老祖宗沿袭下来的传统教子模式，越来越不适于今天的孩子。在家庭教养方面，教育专家建议父母们不妨学会在孩子面前"化化妆"，用新知识、新技能包装自己，每天花上几十分钟，学点新知识，用自己的变化影响孩子,用孩子感兴趣的、新鲜的话题引导孩子。

在与孩子交流时,父母特别要注意沟通的方式方法。可以在谈话之前先反思一下:自己平常是否唠叨;是不是开口就要讲有关学习方面的事;是不是在窥探孩子的隐私,并作为话题教训他;在与孩子讲话是不是居高临下,不断提出各种要求;有没有经常倾听孩子说话;在训斥孩子时有没有认真听过他的辩解。之所以让家长反思,是因为孩子在成长过程中,或多或少会表现出逆反心理。最好的做法是家长要改变自己的沟通方式,打开与孩子交流的那扇门,缩短与孩子的心灵距离。

孩子们在成长的过程中,接触的新事物越来越多,思想和眼光也同时在改变,开始由小时候的言听计从变为一点点地反抗,并时常用"现代"的眼光审视家长,迫使父母去学习新东西,督促父母紧跟时代的教育步伐,继续做让他们曾经崇拜的家长。因此,家长也要不断地学习新知识,改变自己在孩子心目中的"形象定位"。

身教感悟

家长想要孩子成为什么样的人,首先就要改变自己的观念行为,让孩子也认同你,这样的教育才会更快见到成效。家长只有不断地学习新知识、接收新概念,用自己的行为影响孩子,用孩子感兴趣的、新鲜的话题引导孩子,才会成为孩子最愿意接近的人。

跟上孩子成长的脚步

身教案例

父亲下班回家已经很晚了,身体疲倦,心情也不太好。这时,他发现5岁的儿子正靠在门边等他。

"我可以问你一个问题吗,爸爸?"儿子问。

“什么问题？”疲惫的父亲有些不耐烦。

“爸爸，你1小时能挣多少钱？”

“这与你无关。为什么要问这样的问题？”父亲生气地说。

“我只是想知道。”儿子望着父亲，恳求道：“请告诉我，你1小时挣多少钱？”

“假如你一定要知道的话，那我就告诉你吧。我1小时挣20美元。”父亲有点不耐烦了。

“喔。”儿子沮丧地低下头。

过了一会儿，他又抬起头，犹犹豫豫地说：“您可以借给我10美元吗？”

父亲终于发怒了：“如果问这种问题，就是想要向我借钱去买毫无意义的玩具，那你还是回房间去，躺到床上好好想想为什么你会那么自私。我每天长时间辛苦工作，现在需要休息，没时间和你玩小孩子的游戏。”

被父亲骂了一顿，儿子一声不吭地走回自己的房间，轻轻关上了门。

儿子走后，父亲还在生气。过了一阵儿，他渐渐平静下来。想到自己刚才有些粗暴，他走进孩子的房间，轻声问：“你睡了吗？”

“爸爸，还没呢。我还醒着。”儿子回答道。

“爸爸今天心情不太好，所以刚才可能对你太凶了，我向你道歉。”父亲说，“这是你要的10美元。”

“爸，谢谢你。”儿子欣喜地接过钱，然后又从枕头下拿出一些皱皱的钞票，仔细地数起来。

“你已经有钱了为什么还要？”父亲不知道儿子要钱干什么。

“因为只有那些还不够，不过现在足够了。”儿子回答道。然后他将数好的钱，全部放在父亲手里，认真地说：“爸，我现在有20美元了，我可以向你买一个小时的时间吗？明天请早一点回家，我想和你一起吃晚餐。”

一瞬间，爸爸愣住了，随后，他一把搂过儿子，歉疚地说："爸爸答应你，一定陪你吃晚餐。"

因为忙碌而忽略了陪伴孩子成长的父母，绝不仅仅是在故事中才会出现的。现代人的生活节奏越来越快，人们的生活压力也随之越来越大。越来越多的父母如今已难得有充足的时间来陪伴孩子。

给家人一个幸福的生活，是每一个父母的梦想。为着这个梦想，他们在努力奋斗着。为事业、为金钱打拼，使他们无暇顾及成长中的孩子。这些孩子或者被送到了寄宿学校，或者被托给了爷爷奶奶，有的孩子甚至一两年见不到父母一面。

这些父母双全却好似孤儿的孩子，就在孤独和无助中慢慢长大。常常是父母有时间了，可以经常跟孩子们在一起的时候，却发现根本不知道如何跟孩子们相处与沟通。长时间缺乏交流造成的隔阂，就连亲情也无法穿透。

有一次，一位教育专家在台上讲课，台下有一位 40 岁左右的妈妈，抱着一个只有 6 个月大的婴儿，认真地听着。天气很热，婴儿不时地哭闹，可这位妈妈的认真态度，让工作人员几次打消让她离开会场的念头。

课程一结束，这位妈妈抱着婴儿穿过人群，挤到专家面前，我刚想夸她几句，她却眼眶里噙着泪说："老师，我们要是早听到你的课，就不会要这个孩子了。"她晃晃怀中的婴儿："这是我家的老二，是个女孩，我还有个儿子，已经 16 岁了。这么多年，我和他爸光顾着忙生意，没顾上管孩子，现在事业有成、想要管管孩子了，却发现儿子已经变得没法管了，整天不是泡网吧就是逃学，父母的话一句也不听，尤其是见了他爸爸跟仇人似的。我们两口子特别失望。觉得这儿子将来也肯定不会有什么出息，我们都已经放弃他了，于是去外地偷偷生了这个老二。这回我们俩准备什么也不干了，要把全部的时间和精力都放在培养女儿身上。我自从有了老二，就到处跑去听家庭教育的课，还买了好多这方面的书，我还让她爸爸也跟着我听课、看书，要是我们以前懂得教育孩子这么重要，这么需要父母的用心，我那儿子何至于这样啊。"

说着，这位妈妈竟有些啜泣，一直在旁边没有说话，但却神色凝重的父亲，一边让妻子控制点情绪，一边叹息地说："不瞒您说，我那儿子可是真聪明，没有他不会玩儿的游戏，可就是因为我们从来都不管他，让他一个人任意发展，现在……唉，都是我这个做爸爸的错。我一直以为只要家里有了钱，只要我的企业做大了，一切就都会水到渠成，没问题了。可是我没想到，这孩子要是不教育、不引导，就是你再有钱，也会因为孩子的不成才而烦恼。

在现在的社会中，像这样的家庭，还只是一小部分。但是像他们一样因为事业或其他原因，对孩子缺少足够的教育和关爱、从来不把陪伴孩子成长当作自己的责任的父母却大有人在。

有一天，儿子出生了，他很可爱，但是父亲没有时间陪他，他要挣钱养家，他要出人头地。父亲不在他身边时，儿子学会了走路；父亲知道儿子会说话时，儿子已经能说长句子了。

儿子对父亲说："爸爸，我长得像你，我长大后会像你一样。"

父亲摸了一下儿子的脸颊算是回答，然后夹起公文包往外走。儿子抱住他心爱的猫，抬头问父亲："爸爸，你什么时候回家？"

父亲回答："哦，说不准。不过，爸爸有空一定陪你玩，我们一定会玩得很开心的。"

儿子十岁那天，父亲送给他一个篮球作为生日礼物。儿子说："谢谢爸爸。我们一起玩吧，你能教我打篮球吗？"

父亲说："今天恐怕不行，我还有许多事情要处理呢。"

"那好吧。"儿子说完后转身离开，脸上没有显出失望，他很坚强，越来越像爸爸了。

有一天，儿子从大学放暑假回家了。嘿，他魁梧挺拔、朝气蓬勃，完全是一个男子汉的模样，父亲对他说："儿子，你让我感到自豪，你能坐下来和我说一会儿话吗？"

儿子摇摇头，笑着对父亲说："暑假长着呢，我约了同学出去兜风，你能把车子借给我用一用吗？谢谢，再见！"

父亲退休了，儿子也结了婚搬出去住了。有一天，父亲给他打电话，说："如果可以，我想见见你。"

儿子说："爸爸，我很想去看你，但是今天恐怕不行，我还有许多事情要处理呢。"

父亲忽然感到这些话是那么熟悉。是呀，儿子长大了，他真的很像当年的自己。父亲抚摸着怀里的猫，最后对着话筒问道："儿子，你什么时候回家？"

"哦，说不准。不过，我有空一定会去看望你，我们一定会谈得很开心的。"

上面这则故事是在一本杂志里看到的，令人感触很深。故事中的父亲，为了让孩子的生活和学习更优越更舒适，所以拼命地工作。把大量的时间和精力花费在了工作上，却没有给自己和孩子留下一点相处的时间。等他的儿子长大后，他才发现，他忽略了儿子成长历程中心灵的需要。可见，由于他的疏忽，给孩子造成多么大的影响。

陪伴孩子成长的过程，非常重要，如果没有这个过程，因父爱缺失造成的直接后果，就是亲子关系的淡漠。目前在我国家庭中，母子关系一般都很融洽，而父子关系却相对淡薄了许多。有好多爸爸为此而困惑，其实这个问题非常简单，"男主外，女主内"的家庭格局，让孩子能和妈妈频繁地接触，自然容易产生亲近感。而把大部分时间都放在事业上的父亲，在赚钱的同时，却也丧失了和孩子亲密接触的机会，当然也容易被孩子疏远。

愉快的亲子关系，是需要父母投入时间和精力的，孩子的成长是不能等待的，小时候没有建立起来的感情，长大了很难弥补。作为父母，不能等事业成功了再回头来关心孩子，那就太晚了。因此，在孩子身上多投入一些时间，陪伴他们成长，是每一个父母的责任，更是一种难得的享受。

身教胜于言传

钱赚少了，只要有能力，你一定还会再有机会。可孩子的教育耽误了，你这个家长要背一辈子的包袱。赚钱和教育就是一杆秤的两端，如何平衡，就是你这个做家长的水平了。

第二章　用"身教"有效"言传"

"一次"就把孩子教育好

身教案例

孙冉看到妈妈在洗碗，于是也要求洗，可是一不小心，孙冉打碎了一只碗。妈妈见状并没有批评她，而是和蔼地对孩子说："没关系，打碎一只碗算什么呀？妈妈第一次洗碗还打碎了两个呢！多练习几次就行了，你看妈妈都是这样洗的，只要你像妈妈这样抓住碗的边缘，就不会掉下来了！"妈妈边说边向孩子示范正确的洗碗方法，结果孙冉把剩下的碗洗得很干净，从此再也没有打碎一个碗。

在孩子成长的过程中，任何事情都是新鲜的，孩子会遇到许多"第一次"。"第一次"指的是孩子第一次做一件事情，第一次产生一个行为，是一件事情、一个行为的开始。

不要小看这"第一次"的作用，要知道"第一次"的好坏与成败，直接关系到孩子对这件事、这个行为的认知和信心，进而会影响孩子的一生。因此父母要正确对待孩子的"第一次"，尤其是面对孩子的第一次不良行为,许多父母都会怒不可遏,因为这些事情会给孩子的一生带来许多问题。

一位日本早期教育研究者在他的作品中谈到这样一个例子:如果母亲给孩子哼唱一千次走了调的歌曲,那么,为了纠正音调,她即得给孩子播放四千次正确的歌曲录音才行。这也说明了"第一次"的重要性。对孩子的一些不良行为和习惯,如果能在一开始就给予及时的纠正,就可以避免孩子养成不良的习惯,从而影响孩子的一生。

孩子做错事是难免的,有位哲人说:"孩子是伴随着错误长大的。"做父母的责任就是不断地纠正孩子的错误,让孩子从错误中逐渐成熟。不管是良好的行为还是不良的行为,在面对孩子的"第一次"时,父母一定要有良好的心态。

身教胜于言传

有一次,妈妈带着欣欣去阿姨家玩。阿姨拿出自己从香港买来的衣服向妈妈展示。看着阿姨满脸幸福的表情,妈妈也兴奋地对阿姨说:"哎呀,真是漂亮极了,香港买来的衣服就是和内地的不一样,看着款式、料子,内地是买不到的!"

晚上回家后,妈妈跟爸爸说起了这件事,她说:"其实这件衣服并不好看,也许是香港人觉得这种衣服好看吧。"

一旁的欣欣听到妈妈这样说,歪着小脑袋疑惑地问道:"妈妈,你不是对阿姨说衣服很漂亮吗? 现在又说不好看?"

妈妈意识到欣欣有点迷惑了,对欣欣说:"其实,妈妈个人觉得那件衣服并不是很漂亮,当时,妈妈说很漂亮,主要是为了不让阿姨的心里难过。"

欣欣似懂非懂。

妈妈继续说:"其实,在生活中,每个人的想法是不一样的。尽管妈妈觉得不漂亮,但在阿姨的眼里是很漂亮的。妈妈不想自己的评价让阿姨伤心。"

"在这里,妈妈并不是要说谎,而是考虑到阿姨的感受。"妈妈对欣欣说,"一个人是不可以撒谎的,但是,我们也不能让对方感到伤心。"

通过妈妈的解释，孩子明白了善意谎言的意义，他就能够正确理解这种语言背后的动机，从而避免他认为撒谎是正确的。

经教育专家研究发现，正面教育是孩子比较容易接受的一种方式，当然，这要建立在父母在教育孩子的时候要入情入理的基础之上，注意感情的沟通，千万不能讲大道理，空洞说教，引起孩子的反感。

身教感悟

任何一个人都不可能生下来就会做一件事情，在第一次做的时候难免会犯错误。当孩子有过错的时候，其内心肯定会出现自责和冲突，针对这种情况，父母要抓住时机，以宽容的心态对孩子进行正面教育，反而能够让孩子学会如何做好一件事情。

诚信是立身之本

教育案例

佟伟刚满 17 岁，高中毕业，个头儿已经和父亲一般高了。不幸的是，他高考落榜了。也许是因为心里压抑，他想借着一些疯狂的举动来释放这种压抑，于是经常做一些"坏孩子"做的事情。父母为此忧心忡忡。

这天上午，有个收古董的小贩到他们小区"寻宝"，他和伙伴拦住了这位"寻宝人"，"寻宝人"一副不屑的样子，说："我忙着呢，没时间和你们这群孩子磨牙！"

佟伟哈哈大笑地说："爷们儿，你怎么知道我们就不卖古董？"

"寻宝人"十二分的怀疑："瞧你们这群毛孩子，能做主卖你们家里的古董？"

这句话搅得佟伟火起，他拍着胸脯说："别以为我做不了主，今天我们非把古董卖给你不可!"于是他回家把父亲深爱的那件景德镇瓷器拿来了,并充起买卖行家里手的模样,和"寻宝人"讨价还价。

最后他们谈定这件瓷器300元钱,"寻宝人"眉开眼笑,一叠声地叫:"好好好,我这就付钱给你。"

这时,刚好父亲和母亲从外面回家。一看到那件瓷器,母亲立刻惊叫起来。母亲说:"你怎么能卖这件瓷器?"

佟伟不理睬母亲,斜着眼对惊慌失措的"寻宝人"说:"给钱吧!""寻宝人"迟疑地征询母亲说:"这瓷器……还卖吗?"母亲一口回绝。

"卖!"这时父亲从人群后挤过来果断地拍板说,"就按你们刚才说定的价格卖吧。"母亲不解地看着父亲说:"300块钱,你卖!?"

"300元?"父亲愣了一下,又转身问佟伟说:"这价钱你们刚才说定的?"佟伟这时才知道,刚才自己做了一桩大亏本的买卖,他有些不好意思地说:"是300元。""寻宝人"这时忙讪笑着对父亲说:"如果300元不行,再商量商量,3000元行不行?"父亲叹了口气说:"价格是太低了,可是你们刚才已经说定了,怎么能反悔呢?就按你们说定的卖。""寻宝人"一愣,但马上就掏出一沓钱数数递给父亲说:"就按3000元吧。这是3000元,你数数,你数数。"父亲把钱推回去说:"300元,多一分钱我们也不要,已经说定的,不能说反悔就反悔了。"

"寻宝人"把300元钱递到父亲手里,慌慌张张地赶快走了。

父亲轻轻拍了拍佟伟的肩膀说:"你已经17岁了,该是个男子汉了,说出的话就如同泼出去的水,怎么能随便就反悔呢?长大了,就要对自己说出的每一句话、做下的每一件事负责,人不这样,怎么能活成个顶天立地的人呢?"由于自己的过失,造成了几千元损失的佟伟既后悔自己的做法,同时也深深记住了老爸的教诲。

古人云:君子无信而不立。言而有信、说话算数是君子的标志,也是一种情操。为人讲究诚信是一切人性优点的基础,是立身之本。它能让孩子保持正直、光明磊落、挺直脊梁地做人,还能给孩子以力量和耐力。

身教胜于言传

孩子是否成为守诚信的人，在很大程度上取决于家长的教育。对于孩子经常出现不履行诺言、言行不一的行为，家长不要把孩子的这种行为单纯地看成是道德败坏的行为而打骂孩子，应该多从儿童的认识发展上来找原因。

作为成人，也许有过这样的经历：上个月，公司说要给你加薪，为此你兴奋、期待，并以二十倍的热情努力工作着，但是至今，你的工资分文未涨。而作为父母，你也一定做过这样的事：孩子想要买一架遥控飞机，你当时答应了，可是最终这个承诺你都迟迟没有兑现。作为前者，你郁闷，生气，甚至可能丧失工作热情；可是，作为后者，你是否想过孩子在想什么？

不要觉得你偶尔的一次失信，孩子不会受到伤害就可以随意失信；也不要以为孩子面对失信时的承受力比你想象得要大，更不要忘记孩子有样学样，将来他所做的事有可能就是你的翻版。因此，虽然承诺是每个人都常做的事，可是如果面对孩子，若不能言必信、行必果，就不要轻易做出承诺。

"怎么会有那么严重？孩子哪会记得这些？"很多父母对此不以为然。那么，看看心理学家的调查，一定会让你感到震惊：只要是孩子喜欢的东西，包括电视节目、书本、玩具以及父母的郊游承诺，孩子起码可以牢记半年以上。

中国青少年研究中心曾做过一个调查，就是在北京、上海等六省市进行了一个针对中小学生学习和生活现状与期望的调查，结果显示，近半数的中小学生最渴望得到父母的信任，最不满父母说话不算数。

在日常生活中，为了诱导孩子做某件事或者为了安抚孩子一时的情绪，随口许下诺言却没有做到的家长更是数不胜数。也许父母并没有在意，可当孩子一次次地失望时，父母在他们心中就会变成"狼来了"，不仅不再信任父母了，父母对他的教育，恐怕他也无法再接受。

有心理学家曾说过，许多家长都不能容忍孩子哪怕很小的错误，其实他们不知道孩子的很多错误、缺点都是从家长身上学来的。比如言行不一、虚荣心强、目中无人等等，这些看似很小的事，孩子可能都记在了心里。在某些方面，身教比言传更重要。

有些父母在进行家庭教育时，明明要求孩子吃完饭要在房间里学习半小时，结果却每隔几分钟就对孩子进行突击检查；还有的父母要求孩子去买东西，却总担心孩子用剩下的钱买玩具或者零食。其实这些在父母看来最平常不过的行为，却往往容易导致孩子用撒谎来对抗。

前苏联教育家马卡连柯在方面就非常注意，他坚持认为，对孩子信任可以培养他的诚信。

有一次，马卡连柯派一个学生去取一笔数额不算少的钱，而这个孩子曾被其他人称作小偷。现在马卡连柯让这个学生去几十里外取一大笔钱。

在接到任务后，他简直不敢相信，他问教育家马卡连柯："校长，如果我取了钱不回来了，你会怎么办呀？"

教育家马卡连柯平静地回答："我相信你是一个诚信的孩子，你会回来的。"

当这位不被其他学生认同的孩子把钱交给马卡连柯的时候，他要求校长再数一遍。而马卡连柯平静地说："你数过了就行。"

事后，这位学生是这样描述当时的心情的：当我带着钱在路上时，我一直在想，要是有人来袭击我，哪怕有十个人，或者更多，我都会像狗一样扑上去，用牙咬他们、撕他们，除非他们把我杀死！

马卡连柯就是运用信任的方法，培养了这位学生诚信的品质。因为，只有信任才能换来诚信。因此，父母一定要信任孩子，不要总把孩子当作监视的对象。

身教感悟

教育专家说，父母是孩子人生中第一任老师，父母的一举一动孩子都会去模仿。因此，父母要求孩子不可以做某件事时，自己首先不要做；父母要求孩子对承诺要兑现，那么自己对孩子许下的承诺首先要兑现。如果家长因为某些原因无法实现承诺，也一定要向孩子解释清楚。这样孩子才能对诚信的重要性有一个深刻的印象和理解。

不要只"言教"不"身教"

多数的父母都强调父母应以身作则，以良好的身体力行示范教育孩子，在管教孩子之前，先把自己管好。若父母能有良好的言教、身教，孩子耳濡目染、潜移默化之下，父母即可"无为而治"，快乐地分享孩子的成功。

许多研究指出，父母是对孩子影响最大的人。从许多事实中，我们也发现，孩子的一言一行与父母极为神似，不论是否刻章塑造，的确令人感到非常奇妙。

教育专家说："父母亲对孩子的影响力是超乎我们想象的，爸爸妈妈平日的一言一行，孩子会全盘模仿。当你领悟到时，可能为时已晚。你抽烟，孩子也抽烟；你懒惰，孩子也懒惰；你有好的价值观念，孩子也会有好的价值观念，你根本不必逼他们。"

许多父母常常对孩子说教，但常常说破了嘴，孩子依然故我，或者只是稍有改变。原因在于父母在教养孩子时，常常持有双重标准，比如，大人可以抽烟、打牌，孩子不行；大人可以看连续剧，却要小孩用功读书；大人可以边看报，边吃饭，孩子不准；家长要求孩子尊敬长辈，自己却对长辈没礼貌等等。孩子每天眼睁睁地看着父母的一言一行，他们模仿着大人的行为与价值观念。不论好或坏，一律接受，这种双重标准让孩子迷惑、不服，当然也就减低了教养的效果。

一般家长对孩子都非常关心，家长以怎样的态度来关心，孩子就会被塑造成怎样的形象。家长关心孩子的方式，有时候还是需要修正,也有不少家长因为忙着赚钱和社交,把家长应该做的事情委托给别人去做,这方面效果可能会大打折扣。

因此,父母要求孩子做什么的时候,首先想想自己是否也做到了这些要求。父母的身教往往比言教的效果大得多,言教必须和身教配合,必须身体力行,才能发挥出最大的功效。孩子的模仿力很强,他们常常在不知不觉中便受到父母潜移默化的影响。因此,你希望孩子做什么,你本身也要做个好榜样,让孩子学习、模仿,如果只是单方面要求孩子,自己却不以身作则,总是难以奏效。事实上,良好的身教是父母给孩子量宝贵的财富,也是引导孩子迈向成功最有效的方法。

父母在教育孩子时,态度一致,其效果较佳。反之,如果父母教养态度前后矛盾、不一致,容易造成孩子混淆不清、无所适从,减低他对规则限制的信服力,效果将大打折扣。

许多夫妻常常为了孩子的管教问题而争吵,最常发生的就是双方教养态度、观念不一致。聪明的孩子面对父母双方不同的态度,常常投向对自己有利的一方,这种投机的心理对孩子有不利的影响。因此,父母对孩子的管教问题,应经常讨论沟通,彼此配合,立场取得一致后再行教导。当然,父母所给予的规范要明确、清楚,而且要在孩子做得到的能力范围内,坚定地去执行它。如果能事先与孩子讨论这些规则,再行决定,那么孩子更容易接受。

拥有一个好孩子是值得高兴的,但他们的父母所担负的责任也不轻。有对夫妇对孩子的每一阶段的发展都保持着谨慎的态度,随时研讨、修正教育的方向,最终使孩子有所成就。他们成功的经验,令不少家长羡慕,有些甚至兴起把孩子送到他们家的念头,但被他们婉拒。母亲说:"我的教育方式不一定适合其他的家长与孩子。有家长说,你们教一个也是教,干脆我孩子也来你们家住,跟你们一起学。我说,你们孩子来,成绩会一落千丈。那位家长对孩子实行的教育是填鸭式的;而我儿子是很自由,念了不会才来问,方式不一样,我们也没教。她不相信。后来据了解,她的孩子成绩并不理想。"

高成就学生的父母多主张在关爱子女的前提下,小时候可以用较严格的管教方式,待孩子稍大、懂事了、良好习惯养成了,就可以逐渐改用较民主的方式。但是,一定要注意,宽严应视孩子的个性适度地运用。孩子小的时候,用硬挤、硬压的方式还可以。但越大越没办法。到了初中、高中,他们更不服压制,成绩当然就越来越退步。

身教感悟

家庭教育中,父母是孩子的第一任教师,是孩子崇拜和模仿的最直接对象,是影响孩子行为习惯最重要的信息来源。前苏联教育家马连柯说:"父母对自己的要求,父母对自己家庭的尊敬,父母对自己一举一动的检点,这是最基本的教育方法。"俗话说:话千言、道万言,不如做个好样子。可见父母的言行对孩子人格的形成起着潜移默化的作用。

第三章 父母的好习惯,决定孩子的大未来

教孩子学会"金金计较"

身教案例

蓓蓓今年 10 岁了,在她上小学的时候,妈妈就开始给她一些管理财务的权利。比如,夏天到了,家里的冰淇淋就是蓓蓓负责"进货"的。以前,妈妈给她买冰淇淋的时候,她每次都要买最贵的那种。后来,妈妈给了她支配钱的权利,让她自己负责冰淇淋的供应,很快就弄明白如果买便宜一点的那种她可以多享受几次。

出去旅行的时候,妈妈也会给蓓蓓一点钱让她自己买东西,她很快就发现了不同地方的物价差异。有一次,父母带她去欧洲旅游,按照惯例,妈妈也给了她一点钱让她去自行支配。在银行兑换外币的时候,父母适时地给她灌输了一些汇率知识,那一次旅行,蓓蓓弄清了汇率。

家长在对孩子进行"金钱教育"时,应该正视现实,以积极主动的态度确认金钱的重要性,要让孩子从小明白并懂得金钱的积累方式及金钱与人格的关系等,树立健全的经济意识,成为有着精明头脑和管理能力的人。正如一位经济学家说:"孩子不能在金钱无菌室里培养。"

另外,家长要让孩子知道不能想要什么就要什么,也不可以没有节制地乱花钱,想要的东西是需要金钱换取的。家长除了给孩子提供

最基本的生活必需品之外，有些消费要让孩子用自己的积蓄去开支。例如，孩子想买心仪的衣服、足球、自行车或去旅游等，家长可以指导他花费一部分储蓄。这样，孩子就体会到用自己的存款来买自己想要的东西的愉快和兴奋，而且也培养孩子学会有计划地管理金钱的能力。

滔滔今年13岁，每月自由支配的零花钱大约有300元，最多还可拿到500元。这些钱是父母分星期给的，采取的是"周薪制"。滔滔的父母告诉他，这零花钱可不白给，首先学习上要在班上进前十名，进前五名可以获得额外加奖。其次，家里拖地板、倒垃圾等力所能及的事情滔滔都要做。滔滔的父母说："这是要让他明白付出劳动并得到别人的满意才能赚钱。在钱的支配上，我们规定用钱必须记账，得接受爸爸妈妈的不定期查账。同学聚会、生日礼物的花费得自己负责，学习用具、文化用品、玩具也得自己买。"

一个13岁的孩子可以支配这么多钱，滔滔的父母可不担心，他们早就做好了准备。一是花钱要记账说明用途，对于用途不明的支出有一笔扣除一笔，二是由于滔滔得自己负责文化用品和玩具的花费，其中包括滑板车、溜冰鞋等较贵的物品。因此滔滔经过3年的培养已经知道如果乱花钱是会影响到他自己的生活水准的。

滔滔的爸爸说，有较多的钱支配可以让滔滔早点理解钱的用途。在添置自己喜爱的物品时用钱、在与小伙伴们的交往中用钱、在孝敬长辈买礼物时用钱，当然他也曾经在电子游戏厅内请客用掉整整100元，这一切用钱后产生的后果不管是对是错，他都已经尝过滋味了。这就像是更小的时候学走路一样，跌倒是不怕的，不跌几跤怎会学会走路，"晚跌"不如"早跌"。此外，滔滔有较多的钱的前提是在一系列项目上"达标"。首先学习成绩要好，而要获得额外奖赏包括压岁钱等，都必须礼貌懂事，从而让父母和亲戚朋友满意。实际上他这3年间有2次期中考试成绩没有达标，结果停发零花钱半年，他已经尝过"经济危机"的滋味。

好父母胜过好老师大全集

最近，教育专家在上海进行的一项调查显示，现在家庭大多数的孩子都有或多或少的零花钱，而其中绝大部分的孩子存在乱消费、高消费和理财能力差的问题。在相当多的家庭，孩子的消费水平高于家庭人均消费水平的情况是客观存在的，尤其是独生子女家庭中，偏重子女的消费模式成为当今城市家庭消费的一个突出特点。专家预计，不久之后孩子们在家庭消费决策中的影响力将会越来越高。

随着独生子女的增多，一些孩子在消费方面存在很多的问题，比如不知道钱财来之不易，花钱大手大脚，盲目攀比名牌时尚等，这都不利于他们的健康成长。

为了孩子的健康成长，家长教育孩子提高理财能力是非常必要的。作者罗伯特·清崎在自己的著作《富爸爸，穷爸爸》中写道："今天我们的教育体制已经不能跟上全球变革和技术创新的步伐。我们不仅要提高年轻人在学术上的技能，也要教给他们理财的技能。这不仅是他们在这个世界上生存下去的本钱，而且是生活得更美好所必须具备的技能。"

在当今市场经济迅速发展的新形势下，每个父母都必须教会孩子从小就树立正确的金钱观和金钱意识，让孩子懂得金钱需要通过劳动获得，而且要学会节约用钱，绝对不能"一掷千金"地挥霍，从小就要有意识地培养孩子自主理财的能力。实际上，理财教育只是一种工具和手段，教育的目的并不是让孩子学会攒钱，或一定要让他经商，而是要让他成为一个能干的、健全的、有自制力的人。

良好的理财教育，本质上是一种品质的教育。因为，这关系到孩子将以何种态度去从事那些与钱财有关的活动，也关系到孩子在生活中为人处事的价值观。

在生活中，父母还可以给予孩子一定的机会去买菜、交水电费、电话费等等，让孩子知道家里的钱是怎么花出去的，同时让孩子了解一个家庭的必要开支，体验到生活的艰难。父母在平时买东西时，也可以带着孩子，在不断地比较、挑选中，让孩子理解金钱的价值，从而培养孩子爱惜金钱的良好品格,有效地避免孩子养成胡乱花钱的坏习惯。

此外,家长必须要注意用自己的理财观念和消费行为来影响孩子。父母花钱的计划、决定、次序、信念及习惯,会潜移默化地影响孩子,所以家长处处都要以身作则。

身教感悟

家长要注意使用金钱奖励孩子的行为,不能因为自己高兴或者其他原因,而慷慨大方地给孩子钱花;也不能因为孩子取得了好成绩或做了家务而奖励过多的金钱。如果已经奖励了,也应该教育孩子合理使用,千万不能让孩子在得到钱后,任凭他胡花,而家长却不闻不问。

善于利用时间,才能做出大成绩

身教案例

10月31日,是阿道夫·冯·拜尔10的岁生日。前一天晚上,拜尔就兴奋地盘算着:明天爸爸妈妈一定会带自己上街采购各种生日礼物,然后在家里热热闹闹地庆祝一番,或者带自己去痛痛快快地玩一玩。因为德国人对生日特别看重,小朋友们过生日也是这个样子的。谁知事情并不是他想象的那样,天一亮,父亲照例早餐后就戴起老花眼镜伏案攻读,母亲则领着他到外婆家去消磨了一整天,直到黄昏时刻才返回。

对父母这样的安排,拜尔感到很不高兴。细心的母亲看出了这一点。在回家的路上,母亲边走边开导拜尔:"我生你时,你爸爸已41岁,还是一个大老粗。现在他跟你一样,正在努力读书,明天还要参加考试。我不愿意因为你的生日,耽误他的学习时间。妈妈现在只能尽

好父母胜过好老师大全集

心尽力,使我们的家庭生活丰富多彩一些。你长大了,可要使我们这个世界更加多姿多彩啊!"

拜尔的母亲出身名门,是德国一位著名律师的女儿,她见多识广,通情达理。她在拜尔 10 岁生日时给拜尔的这番教诲,成了拜尔受用终身的座右铭。拜尔在 1905 年 70 岁时获取诺贝尔化学奖之后写的一部自传中回忆说:"这是母亲送给我的 10 岁生日时最丰厚的礼品。"

拜尔的父亲约翰·佐柯白原先是普鲁士总参谋部一位陆军中将,军衔虽高,科学文化水平却不高。在军队服役时曾有一位牧师劝告过他,叫他退役后一定要学习,掌握一门科学技术,以便更好地立足于社会。他父亲认为牧师的话很有道理,自己又很爱好自然科学,所以 50 岁退役后,不顾别人笑话,拜师学习地质科学。小拜尔 10 岁时,正是他已经 51 岁的父亲苦心攻读地质科学、积极准备应考的第二个年头。父亲的好学上进、勤奋刻苦,形成一种无形的力量,给拜尔的学习以有力的推动和深刻的影响。

父亲对拜尔既严格管教,又时时给予鼓励。1858 年,年仅 23 岁的拜尔以出色的论文获得了柏林大学博士学位,父亲特意赶去参加了他的学位授予盛典,向他表示祝贺。因为拜尔是取得博士学位的人当中年纪最小的一个。盛典结束时,校长特别关心地问起他今后的去向。拜尔向在座的化学家们看了一眼,耳边又响起了父亲那深沉的声音,于是从人群中请出了年轻有为的奥古斯特·贾古拉教授,对校长说:"我要追随他!"父亲看到儿子接受了自己昔日的批评教育,脸上露出了满意的笑容。

拜尔年少得志却不自满。他牢记父母的教诲,学习父亲那好学不倦、珍惜时间的精神,几十年如一日地不断向科学高峰登攀,终于在 1905 年获得了诺贝尔化学奖。

伟人、名人视时间为生命,对时间无比珍惜,他们的成功是他们做出了超出常人的努力。时间对每个人都是平等的,谁有紧迫感、谁珍惜和善于利用时间、谁勤奋,谁就可以得到时间老人的奖赏。这个道理并不深奥。

然而,时下许多孩子沉溺于网络和游戏之中,一连数个小时甚至熬通宵。还有沉溺于武侠小说和电视的孩子,偶像剧、古装片,连球赛等一个都不拉下,再加之爱睡懒觉、磨磨蹭蹭等坏习惯,使许多好时光白白地浪费掉了。

家长要教会孩子懂得善于利用时间的重要性,要他明白,善于利用时间的人往往站在成功的前列,而不会利用时间的人则通常与失败为伍。帮助孩子安排好自己的时间,就会让孩子成为时间的主人,并将成功牢牢握在手中。

欧阳修幼年家境贫寒,家里没有钱供他上学,他学习得靠借书来抄,然后背诵。有一次他在一个小朋友的家中看到六卷韩愈的文集,对这本书爱不释手,于是就恳求人家答应将这本书借给他。

欧阳修如获至宝地将那本书捧回家中,连夜秉烛夜读直到倒背如流为止。

欧阳修不仅善于向古人学习,而且还善于利用空余的时间写作。他对他的朋友说:“我的文章,多数是利用‘三上’进行构思、打好腹稿的。‘三上’,就是马上、枕上、厕上。”

欧阳修通过惜时如金的刻苦,精益求精的努力,终于成为后人称颂的“唐宋八大家”之一。

如果你的孩子不善于利用时间,那么,一定要帮助孩子改正不良习惯。通常情况下,孩子自我控制能力较差、随意性很强。常常一边吃饭,一边玩耍;一件事情还没有做完,心里又想着另一件事情;并且做事情总是杂乱无章,缺乏条理。这时候,家长如果稍不注意,孩子就会养成做事拖拉的坏习惯。

对孩子来说,时间是非常抽象的一个概念,他们一般体会不到时间的重要性。因此,家长一定要让孩子养成有规律的作息习惯,因为良好的作息习惯是养成时间观念的前提。

另外,许多家长不想让孩子把时间都浪费在玩的上面,所以就不断地催促孩子、埋怨孩子,甚至给孩子添加许多额外的学习任务。其实,任何一个孩子都不满意家长把自己的时间安排得满满的,这样完全没有了自己可支配的时间,对学习自然失去了兴致。孩子一旦没有目标,没有兴趣,往往心烦意乱、错误百出,时间就拖得更长,结果造成了恶性循环。因此,家长必须给孩子一定的自由支配时间,让孩子去做自己想做的事情,注重培养孩子学习的主动性和积极性。等孩子有了稳定和愉快的情绪时,就比较愿意开始较长时间的艰苦学习,学习效果也会更加理想。

世界上许多有成就的专家、学者、教授都十分善于利用零星的时间。著名的数学家苏步青说过:"我把整段的时间称为整匹布,把点滴时间称为零布头。做衣裳有整料固然好,没有整段时间就尽量把零星的利用起来,天天二三十分钟,加起来也可观得很。"爱因斯坦的"狭义相对论",就是在伯尔尼专利局当小职员时利用在办公室的一些短暂的时间,用小纸片计算、画图、推演出来的。世界著名数学家科尔论证了一道 200 年无人攻克的数学难题,人们在惊叹之余问科尔:"你解这道题目用了多长时间?"科尔答道:"我用了近 3 年的全部星期天。"

身教感悟

零零碎碎的时间具有极大的利用价值,要想让孩子有效地利用时间,家长对孩子的"身教"非常重要。要让他试着根据自身情况自己制订生活和学习计划,这样一定会获益良多。孩子在努力实践属于自己的计划时,做事情的效率自然而然就会提高,也能领悟到每一分每一秒的可贵。

做事有条理

身教案例

在一次时间管理的课上，教授先在桌子上放了一个装水的罐子，然后又从桌子下面拿出一些正好可以从罐口放进罐子里的鹅卵石。教授把石块放完后问他的学生：

"你们说这罐子是不是满的？"

"是！"所有的学生异口同声地回答。

"真的吗？"教授笑着问。

然后再从桌底下拿出一袋碎石子，把碎石子从罐口倒下去，摇一摇，再加一些，再问学生："你们说，这罐子现在是不是满的？"

这回他的学生不敢回答得太快。最后班上有位学生怯生生地细声回答道："也许没满。"

"很好！"

教授说完后，又拿出一袋沙子，慢慢地倒进罐子里。倒完后，再问班上的学生："现在你们再告诉我，这个罐子是满的呢？还是没满？"

"没有满。"全班同学这下学乖了，大家很有信心地回答。

"好极了！"

教授再一次称赞这些"孺子可教"的学生们。称赞完之后，教授从桌底拿出一大瓶水，把水倒进看起来已经被鹅卵石、小碎石、沙子填满了的罐子里。

当这些事都做完之后，教授正色问他班上的同学："我们从上面这些事情得到什么重要的结论？"

班上一阵沉默，然后一位自以为聪明的学生回答说：

"无论我们的工作多忙，行程排得多满，如果要挤一下的话，还是可以多做些事的。"

这位学生回答完后心中很得意地想:"这堂课到底讲的是时间管理啊!"教授听到这样的回答后,点了点头,微笑着说:"答得不错,但这并不是我要告诉你们的重要知识。"说到这里,这位教授故意顿住,用眼睛向全班同学扫了一遍说:"我想告诉各位,最重要的知识是,如果你不先将大的鹅卵石放进罐子里去,也许以后你永远没机会把它们再放进去了。"

其实,孩子所有的行为问题,不管是好的坏的都反映着父母的行为方式。孩子自出生时,如果把他看成是一张白纸,那么,最早在白纸上面绘制的就是父母。白纸上逐渐增多的图案,就是孩子逐渐表现出来的行为现象。

在生活中,父母做事一定要有条理、有计划。比如,家里要整理得井井有条,东西不要乱放,看完的书要放回原处,衣柜里的衣服要分类摆放等,这些细小的行为都可以使孩子养成做事有条理的好习惯。当然,让孩子养成做事有条理的习惯不是一朝一夕的事,需要家长的耐心和恒心,还要善于抓住教育的契机进行适时引导。

当孩子做事情没有条理、手忙脚乱时,家长就要帮他好好找一下原因,通常都是由于孩子没有把事情的顺序安排好、计划不到位才造成的。家长可以教育孩子,对于生活中林林总总的事情可以按重要性和紧急性的不同组合确定处理的先后顺序,先集中时间做大事情,剩余的时间再处理小事杂事,这样按照事情的轻重缓急安排好,再进行全面的时间管理,就不会出现忙乱的状况了。

比如,孩子在早晨起床后,常常出现找不到袜子、学习用品或者生活用品的现象,这便是做事缺乏计划性和条理性的坏习惯。做事情缺乏条理、没有计划是儿童时期的一种自然反应,但是,如果父母不注意引导,孩子们往往会养成不良的习惯,给以后的生活带来麻烦。

对于孩子来说,做事有计划是非常重要的。它可以帮助孩子有条不紊地处理应该处理的事情而不会手忙脚乱。做事没有条理的人,将无法很好地料理自己的生活，也无法很好地进行学习和工作。在走向成功的道路上，做事没有条理、没有计划的孩子将会比其他孩子走得更辛苦。在日常生活中，不管做什么，父母都要帮助孩子养成做事有条理的好习惯。

身教感悟

要让孩子做事有计划，父母平常做事就要有条理，可以向孩子示范自己的计划。即把自己的计划告诉孩子，并且征求孩子的意见，让孩子帮着计划。让孩子习惯了在行动之前做计划后，他就会养成先计划后办事的好习惯。作为父母，你可以耐心地与孩子讨论他的计划，并使计划趋于可行，那么，孩子也就逐渐地养成了良好的习惯。

引导孩子学会一定的劳动技能

身教案例

芬妮已经满 13 岁了，开始懂得追求漂亮了，最直接的表现就是她换衣服的频率越来越高，这就直接加重了妈妈的负担。于是，妈妈决定找她谈谈。妈妈说："宝贝，妈妈工作很忙，你已经满 13 岁了，可以为妈妈分担些家务，做一些自己的事情了，以后你的衣服要自己洗。如果你忘记的话，就只好穿脏衣服了。"芬妮很痛快地点点头。

一周过去了，妈妈发现洗衣机里塞满了芬妮的脏衣服，她很生气，很严厉地批评了芬妮，芬妮向妈妈保证下次不会忘记了。

然而，接下来的一周，芬妮还是没有洗，脏衣服更多了，洗衣机里已经放不下了，此时，芬妮已经没有干净衣服可以换洗了。妈妈决定对此置之不理，借此机会可以好好地教育教育她。可芬妮却从脏衣服堆里找出稍微干净些的衣服继续穿，就是不肯自己动手把它们洗干净。

　　几天过去了，芬妮已经没有一件干净衣服可以换了，而妈妈的态度丝毫没有改变，芬妮没有办法，只好把衣服一件件洗干净了，此后的衣服都是由她自己洗，而且她发现洗衣服并没有她想象得那么难。甚至渐渐开始帮妈妈做其他的家务了。

　　古人要求孩子"黎明即起，洒扫庭除"。现在的孩子似乎不能完全理解，有的孩子会说："这样简单的道理为什么还要特意拿出来讲呢？早上起床打扫房间，也值得小题大做吗？"其实，有些道理是一通百通的，而且往往越是简单的道理越难做到。因此，家长一定要加强对孩子的劳动观念和意识教育，让孩子真正懂得在劳动中真正体会快乐的道理。

　　在中国，父母为了孩子的学习，很少让他们从事家务劳动，没有培养从小爱劳动的习惯。其实，让孩子自己整理个人的小床、收拾玩具、打扫卫生这些劳动，既能提高孩子的动手能力，也可以增强他们的各种情感体验。事实证明，不做家务劳动的孩子，在长大成人后会有各种性格上的缺陷。

　　在一家民企供职的冯女士说，现在的中学生在信息获取方面处于"营养过剩"状态，可是却缺乏劳动观念和劳动技能。她身边熟人的子女，十有八九是一点家务都不做的。某中学的张老师说："现在的独生子女，60％未做过家务劳动，30％很少做，即使做也大多是老师布置的'家务劳动'，只有10％经济相对困难家庭的孩子经常帮父母做家务。这其实是一种'爱的误区'，容易让孩子变得好逸恶劳、懒惰自私。完全可以让孩子利用空闲时间多做些力所能及的家务活，既可以培养孩子的劳动技能，又能成为家庭的帮手。"

　　因此，在日常生活中，家长们应注意培养孩子的劳动意识和动手意识，并通过劳动磨炼意志，增强体质，掌握一定的劳动技能。使他们明确我们所指的劳动锻炼不单是洗碗、扫地一类劳动习惯和生活能力的培养，而且要注意掌握一定的工业、农业等方面的劳动技能，把课堂

身教胜于言传

上所学的知识转化为一种实际应用的能力。家长们应启发孩子将文化课的知识应用于实际，培养起劳动、动手能力，让孩子体验劳动实践的乐趣和动手应用的喜悦。

现在，许多孩子生活能力差。为了使孩子获得自理的能力，掌握自我服务的本领，父母应教给孩子一些简单的劳动技能，让孩子学会自己的事情自己做。

在生活中，父母也要做孩子的表率。由于孩子的自我判断能力有限，他们只是凭直觉去模仿他人的行为，而没有考虑过这种行为是否正确、适当，所以，父母要为孩子提供良好的榜样：家中收拾整洁有条理、办事独立自主、干净利索……这样，家长就给孩子树立起一个可供他们学习的范例，孩子在潜移默化中就会逐渐养成生活自理的习惯。

身教感悟

父母在孩子的劳动过程中，要给予指导和鼓励，培养孩子的劳动技能是比较重要的。在孩子取得进步的时候，哪怕这个进步是非常微小的，父母也要鼓励孩子，让孩子从劳动中体验到快乐和幸福，增强孩子的自信心。

良好的阅读习惯，使孩子受益终生

身教案例

勃朗特姐妹是英国文学史上颇具传奇色彩的女作家，她们之所以能写出蜚声世界的经典文学巨著，这与她们良好的阅读习惯密不可分。勃朗特姐妹年幼的时候，她们的父母就开始让她们阅读世界名著，并经常陪她们一起阅读，春暖花开的时候，秋风微起的时候，她们常常聚集在野外，朗诵自己或别人的诗作；消闲漫长的冬夜，她们围坐

好父母胜过好老师大全集

在熊熊的炉火前,共同阅读优美、抒情的文字。在家长的影响下,文学的种子深埋在了她们的心底。因此,她们才能写出享誉世界的《简·爱》和《呼啸山庄》。

一位知名作家忧虑地写道:"现在的中学生课外阅读的范围越来越窄,能用于课外阅读的时间也越来越少,很多人已经丧失了阅读文学名著的兴趣和欲望,而其他与课程和考试无关的书,他们更是难有机会涉猎。这是一个令人担忧、也多少使人感到悲哀的现象。"的确,伴随着电子产品尤其是网络长大的孩子,他们不但阅读时间和阅读范围日益缩减,而且他们的阅读兴趣也会随之削弱,许多孩子甚至养成了排斥文字的坏习惯。他们的课余时间被影(音)像、电子游戏和卡通所占据,文字在他们的阅读中只是一个小点缀而已。

教育专家说:"孩子对文字的冷漠态度就像一种隐形液体,正慢慢渗透到社会文化中。当逃避阅读成为习惯,孩子的阅读能力便会退化,从而直接影响他们的成长。"

2001年8月6日,《中国青年报》刊登了一篇题目为《网络与影视横行的年代,你冷淡了文字吗?》的文章。文章说:"只要留心人们就会发现,如今两三岁的孩子简直都是'古灵精怪',一张小嘴表达能力特强。教育学家认为,这是电视中的大量信息对儿童刺激的结果,电视使他们的语言能力得到开发。但奇怪的是,这些孩子长到十几岁时却大多归于平庸,读写能力更差,比如前段时间传出的某次全国性考试,有学生面对考题竟引用《大话西游》里的台词!教育学家认为,清晰表达思想的能力,必须通过大量的阅读才能获得,而电视无法培养人们的这种能力。在与电视'依存'的日子里,人们养成了一种远离书籍的坏习惯,就像与一位朋友在一起久了,他的坏毛病会感染你一样。"

影响孩子阅读能力的主要因素是家庭。研究表明,家长的语言表达能力和方式是影响孩子阅读能力的一个重要因素。大体上可以把家庭环境分为两种类型:

一种是缺少语言刺激的家庭。家长或是沉默寡言,或是讲话简单,不讲究用词的丰富与规范性,孩子生活在一个缺少语言刺激的家庭中,没有意识到语言的重要性,所以从小就缺乏语言经验。这类孩子很可能重视操作与活动,动手能力较强,而语言能力很差。长此以往,养成了孩子不爱阅读的习惯。

另一种是重视语言的家庭。在这种家庭中,家长经常与孩子交谈,用词准确而规范,有较高的文化素养。在这种家庭中长大的孩子,从小就受到良好的语言刺激,知道语言的重要性,所以养成了重视阅读的行为习惯。

两种不同的家庭环境,造就了孩子两种皆然不同的阅读习惯。前者将直接影响孩子的学习成绩和智力发展,而后者将有助于孩子学习成绩等诸方面的提高。

有一个有阅读障碍的孩子,其他方面样样都行,就是不爱阅读。父母也认为他只是贪玩,学习不专心、懒惰。但事实上,他是由于阅读能力低下而导致的厌学。阅读能力差的孩子往往在学习上会遇到许多困难。比如有的孩子,计算能力很强,但在解应用题时就一筹莫展了。他们遇到用文字叙述的应用题时,由于阅读不连贯,就很难理解题意。当家长给他们读一遍题之后,他们往往能立即列式子解题。这种孩子不是智力低下,而是阅读障碍所造成的。

因此,对孩子而言,养成阅读习惯的好处是显而易见的。看一则故事,读一份知识小报,看一本科普画报,读一本名人传记……静心捧读,十分轻松、惬意,没有压力,也不必定任务,可以随心所欲,反正书报捏在手上,主动权完全在自己手里。遇上精彩的句子和段落,可以回头多欣赏咀嚼几遍;有心的孩子,还可摘抄、剪辑,加以累积;需要时,便能信手拈来一用。如此自由灵活,何乐而不为?

知识的积累源于读书学习,而读书学习则需要很强的主观能动性。从素质教育要求来说,要改变传统"贮藏式"的求知习惯,转变为发展能力和掌握方法,养成"会学习"的本领并形成习惯,非常重要。

帮助孩子从小养成主动读书学习的习惯,将影响他以后的学习和

好父母胜过好老师大全集

事业。家庭教育要十分重视对孩子主动读书学习能力的培养。

让孩子爱读书、会读书并形成习惯，父母应做到以下几点：

1. 父母要以身作则。以身作则是说父母首先要有阅读习惯，这是一种潜移默化的影响，因为孩子会不断地询问："书里到底有什么有趣的故事？"如果父母不读书，却想让孩子读，孩子自然会反驳："你们都不看书，凭什么让我看？"

2. 激发孩子的阅读兴趣。在家中摆满各种有趣的书籍，让孩子可以顺手拿来翻看与欣赏，并随时给予鼓励。要使阅读成为孩子生活中不可缺少的内容，使阅读成为一种享受而不是负担，这需要身教。如若父母视阅读为生活乐趣的一部分，孩子自然会乐于读书。父母对待书报总是兴趣盎然，经常津津有味地读书看报，孩子便会觉得读书一定很有趣，对书籍就会充满好奇。

3. 帮助孩子选择好书。教育学家认为，孩子需要那些与他们的年龄、兴趣及能力相宜的图书，他们也喜欢图书题材的丰富色彩。所以建议父母可以让孩子多接触不同方面的读物，如报纸、杂志乃至街头标语广告、商品包装等等。通过这些文字读物会让孩子懂得：语言文字在生活中的各个方面都是非常重要的。

4. 要把读书作为一项消遣活动。在轻松的气氛下，安排一小段时间，与孩子一起读几分钟书。可在外出时，带上一两本书，在公园里，在河边，在鸟语花香的环境里，在清新的空气下，与孩子一起读上几段书。这样，自然而然地把孩子引入图书世界，使读书成为孩子的消遣活动。

5. 与孩子一起读书。在孩子能独立阅读以后，仍坚持同他们一起读书。大部分孩子在 12 岁以前，其倾听理解能力要比阅读理解能力强，所以，父母为他们念书比他们独立阅读收益会更大。在孩子读书过程中，父母应先抽出时间，看看孩子要看的书，提一些问题写在纸上，让孩子仔细阅读，然后回答问题，这样可以避免囫囵吞枣。同时，帮助孩子纠正错误，这样，即使父母内向，孩子也照样能培养起良好的阅读习惯。

身教感悟

万贯家财不如满室书香。因为文化资产的影响力更胜于物质财富。家里图书的数量、种类越多，父母越要常和孩子讨论书籍的内容，孩子的阅读能力就越强，就为孩子将来参与社会竞争赢得了一张最有价值的通行证。

第四章　别拿自己的"尺子"量孩子

孩子需要有自己的朋友

身教案例

小慈在日记里写道：

今天，妈妈参加了我们班的家长会。

刚回到家，她便递给了我一个小本子，那上面记着我这次考试的成绩和名次，还记下了班里前十名的名单及成绩。忽然，我看到了我的铁杆姐妹玲玲的名字，写在小本子显眼的地方，倒数第一，283分。妈妈为什么要记这个？我正疑惑着，妈妈开口了：仔细看看你那个什么最铁姐妹的分数，成绩那么差，你还整天和这种人在一起？原来这就是妈妈记我好朋友的成绩的原因。我有一种极不舒服的感觉，"她的成绩差，并不代表她人不好，这跟与她做不做朋友没有什么关系。"可妈妈却不这样认为，她依旧坚持，"关系大了，不准和这种差生在一起！无论如何，你不能和她来往了！你看看她那个分数，你以后会被她影响的！"妈妈张大嘴巴嚷着。"我不会的，不会受她的影响的！"我为我好友抱不平，"她不是坏孩子，她虽然学习不好，可她人不坏，她很善良，待人友好，她是我的好朋友。"我继续和妈妈争辩。就这样，争得面红耳赤，我仍坚持着自己的立场，妈妈也一直坚持不许我们来往。我觉得很委屈，更为我的朋友委屈。我看和妈妈无法沟通，便不再理会，径直走进自己的小屋，把门反锁起来。

　　我躺在床上，看着我与好朋友玲玲的照片：两个姐妹般亲密无间的女孩搂在一起开心地笑着。我无法想象妈妈对我们的不理解。也许，在她眼中只有学习好的才是好学生，而且和学习不好的同学在一起就一定会变差。可能，这就是妈妈所说的什么"近朱者赤，近墨者黑"的道理吧。可是，我与玲玲在一起都两年了，我的学习成绩也并没有变坏啊。就算妈妈说得对，但没有玲玲，我怎么会学到那么多待人接物的方式呢？我不知谁对谁错，我还是要按自己的想法去做，我认为这样没什么不好，反而能使我从别人身上学到了不少东西。学习成绩并不能代表一个人的好与坏。

　　上面这个例子，相信许多家庭都有过类似的情况。做父母的都希望自己的孩子与优秀的同学交朋友，向成绩好的同学学习，可一旦发现自己的孩子与成绩差的同学交朋友，便会感到惊恐万分，就像孩子已经变坏了似的。

　　父母们都盼望孩子健康成长，但是，什么样的孩子能成长得好呢？留心一下，我们会发现一个规律：孩子与同伴和谐相处，就平安健康，孩子没有朋友则容易发生问题。

　　1996年，中国青少年研究中心做了一份调查，发现有72.6%的父母表示："我希望孩子和他喜欢的人交朋友。"甚至79.8%的父母表示："我愿意孩子邀请他的朋友们到家里来。"但是，75.8%的父母表示："我对孩子选择朋友有严格要求。"81.6%的父母表示："我要求孩子选择学习好的同学做朋友。"64.9%的父母表示："我不愿意孩子有较亲密的异性朋友。"45.3％的父母表示："为了学习,我要求孩子减少与朋友的交往。"49.3％的父母表示："怕孩子学坏,所以我严格限制孩子交朋友。"

可见,父母对于孩子的朋友标准是以学习为主要参照,这就对孩子的交友有了一定的限制,为此孩子们有一肚子的苦水。

一位女孩抱怨道:

真不知道父母怎么想的,他们对我的朋友总是会特别敏感。假如我想和女同学交朋友,得需要经过他们的"资格审查"。太注重打扮的不能交,学习差的不能交,眼神太灵活的不能交。假如我想和男生交朋友,那想都别想,干脆免谈。在这种"高压政策"下,我能交到朋友吗? 谁还愿意和我交朋友啊?

有次,在回家的路上,我和班上的一位男生同路,被妈妈发现了,便又开始"例行审查":"刚刚和你在一起那个男生是谁? 他是你们班的学生吗?"我真受不了妈妈这种询问的态度,但我没有别的办法,因为在他们眼里,我已经是个心里有秘密的半大不小的人了。

还有一次,在放学回家的路上,碰见两个男同学,平常大家都挺熟的,学习上经常相互帮助。他们说想到我家去聊聊,顺便熟悉一下。我还是爽快地答应了。虽然我知道父母将会怎样为难我,但我找了个理由,要他们对我父母说是我的同学,是来找我交流学习经验的。我之所以这样做,是担心父母不知道又要给我出什么样的难题。

总算有惊无险,父母还算给我面子,没有当时把他们赶走。但是,爸爸还是不时地到我的房间来看看,我知道他是来监视我们的。那两个男同学也觉得很别扭,聊了一会儿便走了。

那天晚上,我都不知道自己是怎么上床睡觉的。

交朋友是再正常不过的事情,任何人都需要朋友。有一句名言:人的实质是社会关系的总和。我们的孩子应该在朋友圈中长大成人,这对于今天的独生子女来说,尤为重要。了解孩子交友的情况,并不是对他们满怀疑虑地搞什么"监督",况且这种对孩子"不信任"的做法会让他们很反感,甚至会使家长失去了解真实情况的机会。家长可以与孩子谈谈朋友之间的交往,了解孩子对朋友的看法,作为"过来人"的父母与孩子推心置腹地谈心。孩子的朋友来"串门"了,大人正好从旁观察,得到直接的印象,并且还要很客气地对待孩子的朋友,以免伤了孩子的面子。

对于孩子和朋友的交往,父母既不能草木皆兵,任意破坏孩子与朋友之间的感情,也不能听之任之,使孩子陷入不当的交际圈。而是要充分利用他们喜欢交往的心理,因势利导,正确地引导和帮助他们建立纯真的友谊。

身教感悟

家长在对待孩子的朋友时,切不可以貌取人,比如发型、穿着打扮或是对音乐的选择。你应该尽量从孩子的角度来看他的朋友。在孩子与朋友的交往过程中,虽然需要家长的指导,但家长也要尊重孩子的意愿,让他们有一定的自主权。然后在他们交往的过程中,进行积极的引导和帮助。家长应尊重孩子的朋友,欢迎他的朋友到家里来做客。父母这样做,既可以表示自己对孩子的尊重,也可以进一步拉近与孩子的关系。

分数,能代表什么

身教案例

古希腊有一个神话。国王皮格马利翁发现了一块难得的玉石,晶莹剔透,令人爱不释手,于是将石头雕成了一座美丽的少女像。少女像十分动人,每天早晨起床后、晚上就寝前,国王都会含情脉脉地凝视少女像,期待有一天石像能变成真人。国王的诚意感动了上帝,锲而不舍的期望造就了传奇。有一天早晨，皮格马利翁欣喜地发现，美丽的石像真的变成了少女，端坐在自己的床头。

虽是一个神话，但心理学家却对这个美丽的故事做了一系列试验。试验发现，期待往往能产生创造奇迹的神力，使人不断肯定自己，取得良好的成就，从而产生令人难以想象的结果。心理学家将这一现象命名为皮格马利翁效应。

皮格马利翁效应告诉人们，期望具有神奇的效力，你期望什么，往往就会得到什么，有什么样的梦想，就会有什么样的未来。

很多家长都在自觉不自觉地运用皮格马利翁效应。他们对孩子寄予厚望，不断地提高对孩子的要求，希望孩子能从自己的期望中产生奋斗的动力，好好学习，考上好的大学，最终功成名就。于是寸步不离地陪孩子读书，督促孩子学习。然而实际结果却令人失望，那些被寄予厚望的孩子，往往被父母的要求压得喘不过气来，结果，学习成绩不但未能提高，还染上了严重的心理疾病。

为什么皮格马利翁效应在高中生的教育上没能产生好的结果呢？问题的关键在于期望的程度。皮格马利翁效应只会发生在适度的期望之中。过度的期望只会使人产生过大的压力，使人不堪重负，如此还怎么可能创造奇迹呢？对孩子抱持适度的期望，才能达到鼓励督促孩子的目的，期望值过高，不仅达不到这样的目的，反而会给孩子带来难以承受的压力。

很多父母都习惯于把孩子的成绩作为向亲朋好友炫耀的资本，一旦孩子学习成绩差，他们就会觉得自己很没有面子，会觉得自己在别人面前抬不起头来，在亲戚、同事面前"脸上无光"，这种思想是十分有害的。父母对孩子分数的过分在意，会让孩子时刻感受到压力，也强化了他们把分数当成命根的思想。过高的期望、过重的精神压力会使他们做出不理智的行为。

2004年7月3日，长沙铁路总公司赵李桥火车站的信号员在当班。上午九点多，他吃惊地发现有三名十八九岁的女孩儿，竟然坐在了车站内一道铁路的铁轨上。3 个人不停地擦着眼睛,好像是在哭泣。

这个火车站是京广线的必经之地,每 5 分钟就有一列火车经过,而且当时下着大雨,铁轨上方的电线电压为 2.7 万伏,随时有触电的危险。情况太紧急了,信号员马上向铁路公安报了警。

铁路局的驻站民警接警后火速赶往现场。然而,当民警即将到达铁轨边上时,一列火车已经驶了过去。

尽管民警们已经是飞一样的速度冲向那三名女孩,可是依然没能挽救他们的生命——火车鸣叫着从她们的身上驶了过去。刹那间,血肉横飞……

当她们的父母赶到时,人们才知道,这三个孩子的自我毁灭,仅仅是因为没能考上自己理想的大学。

全国每年因为落榜而自杀的考生数目惊人。一项调查数据显示,在落榜生中,存在心境苦闷、失望、悲观,甚至有自杀倾向的学生达 4.82%。中学生已经成了自杀率最高的人群,在中学生自杀的案例中,因为考试不理想而导致自杀的占有一半以上。这样高的比例,足以说明父母对孩子过高的、不切实际的期望,会带给孩子多么大的压力。

面对孩子,我们的教育是不是有些失败呢?我们在督促孩子学习,鼓励他们拿高分的时候,脑子里往往是他们功成名就时的鲜花和掌声,很少会想到此刻孩子心理在承受的压力。

长久以来,社会中形成了一种根深蒂固的观念,似乎考分越高,就越能证明孩子就是个品学兼优的好学生,而分数不高,则意味着孩子是个不求上进,没有出息的人。这种错误的分数观,使得很多家长的教育方式倾向于粗暴、蛮横,也使很多孩子因为自己分数差,而产生严重的自卑心理。所以,正确面对分数,对于家长和孩子都是非常重要的。

自古以来,"学而优则仕、学而优则达、学而优则发"的观念深入人心,使一部分家长的望子成龙之心完全寄托在孩子的学习成绩上,把注意力放到升学率上、放到与升学率紧密相连的分数上。在他们的眼里,只要孩子的分数能上去,其他什么都可以忽略不计。

关于分数这个问题,社会各界众说纷纭,有人说这是素质教育的绊脚石,素质教育只是个幌子,应试教育还是主流;有人说,素质教育和应试教育并不矛盾,素质教育也要分数,没有分数,如何能把学生区分开来?公有公理,婆有婆理,个人认为重要的不是分数存在问题,而是我们在对待分数上的态度问题。

学生要有好出路,就得有好成绩。为分数,学生埋头苦读、挑灯夜战;为分数,家长心情郁闷、责骂孩子、质问老师,这样,又何苦呢?分数固然重要,尤其是高考,正所谓分数定终身,但马都有失蹄的时候,人有时也难免考差一点,一两次的考试并不能说明一切,分数低的学生能力并不一定弱,分数高的学生能力也未必强。分数是学生一个阶段的学习情况的反映,是了解学生对知识的接受情况的重要手段。学生也可以根据分数检验一下自身的学习情况,及时弥补漏洞和不足,达到牢固掌握知识的目的。但分数不是绝对的,考分不高的学生,不一定掌握的知识一定比分数高的人少。所以,单凭分数衡量一个人的成败,是非常不科学的,也是不准确的。

在看分数的同时,我们也应看到孩子的潜能。很欣赏一个家长的话:"老师,你认为我的孩子在班上处于什么位置?不要只说这一次期末考试,而是综合平时考察。"

分数只能代表孩子一时的学习成绩,只具有暂时的相对合理性,并不能说明孩子今后会怎样。所以说不能把分数看绝对了,要尊重孩子,善待孩子,淡化分数,只有这样,才会为孩子带来更多的希望。

作为家长,我们应当积极鼓励孩子,将学习的重点,从考试转移到学习的过程中来,不为考试而学习,而应为获得知识学习,这样就可以有效地避免孩子产生厌学情绪使孩子在学习中获得乐趣。让分数成为促进孩子不断进步的推动力,不要让它成为维系孩子生存的一棵脆弱的救命稻草!

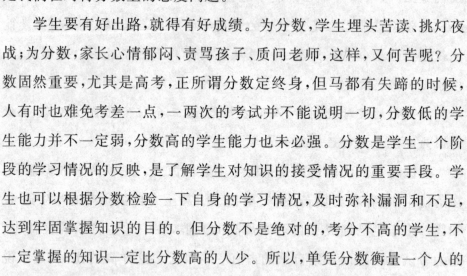

好父母胜过好老师大全集

分分分,学生的命根。这样的年代早已过去了,希望家长能够更开通一些,把眼光放远一些,淡化孩子的分数,尊重孩子的人格,让孩子真正地热爱学习。

第五章 理解孩子,提高教子艺术

和孩子沟通,家长的必修路

身教案例

美国明尼苏达州有一名中学生,他叫杰夫·韦斯,生活在一个极不健全的家庭:父亲4年前自杀,母亲因车祸脑部重伤。他性格孤僻,常独来独往。有一天,也不知道杰夫受到了什么刺激,异常暴躁,居然拿枪对准了自己的爷爷。

年迈的爷爷在孙子的枪口下惊呆了,他怎么也不敢相信眼前的事实。就在他麻木的瞬间,子弹穿透了他的头颅。

鲜血染红了老人的衣衫,更加刺激了杰夫。他在枪杀祖父后,又携枪冲到自己就读的红湖中学大开杀戒。红了眼的杰夫见人就杀,想都不想。一时间校园里血雨腥风,人心惶惶。

很快就有人报了警,在警察到来之前,杰夫吞枪自杀了。疯狂的杰夫,这次血腥屠杀,竟然酿成10死14伤的惨剧。

杀人凶手虽然自尽了,可是他留给世人的,却是无限的悲痛和疑问。人们在为无辜死去的亲人哀悼之后,也不免疑问:这个孩子,究竟为什么要做出如此丧尽天良的事情? 他究竟是和谁有不共戴天之仇恨?

警察们调查了很久,也没有查出杰夫的杀人动机,最后还是精神病研究专家下了定论:杰夫·韦斯有严重的心理疾病。他的疯狂杀人举动就是病情发作没有得到正确疏导所造成的。

直到这时,人们才想起来杰夫的身世,一个父亡母病的家庭,一个缺少爱的孩子。从来没有人关注过他想些什么,他需要些什么。

如果杰夫有个完整的家庭,他的心理问题就能得到及时疏导,那么这个惨剧就不会发生了。杰夫的悲剧,归根结底是缺少正常的交流所致。对于成长中的孩子来说,交流不仅仅是要向父母表达些什么,重要的是希望得到来自于家长的理解或者支持。

孩子来到这个世界,成为家庭中的一员,按理说父母应该是最了解孩子的人。事实却并非如此,越来越多的家长发现,自己根本就不了解自己的孩子。我们常常听到这样一些抱怨:与自己的孩子很难沟通,甚至无法沟通。由于平日很少沟通,到了真的有事要与孩子谈时,就无法谈下去了,因为天长日久已经形成了很深的成见和隔阂。这也就是人们常说的代沟。代沟是横亘在孩子和家长之间的最大障碍。

女儿上大学已经很久了,父亲虽然很想念她,却也不能常常去看女儿,毕竟孩子要学习,自己要工作。就这样日子一天天过去了,女儿也一天天长大了。每次看到女儿的时候,总是感到有好多话要说,可是似乎又很难聊到一起。父亲不禁感慨,自己老了,和孩子有代沟了。

原本以为父女的关系就会如此日渐冷淡地进行下去呢,岂料,一天,女儿从学校回来探亲,打破了这种局面。

"爸爸,我们班的同学,都已经开始谈恋爱了。"女儿一回来就给老爸扔了一颗超级"炸弹"。

"是吗?"老爸一时不知道该怎么应对,毕竟和女儿谈论这种话题,是从来也没有过的事情。

"老爸,我要是谈恋爱你反对吗?"女儿再一次把话题扔给了老爸。

"我倒是不反对你在大学谈恋爱,毕竟你已经是大人了。"父亲没有一开始就反对女儿,这种态度大大出乎了女儿的意料。

接下来两人就恋爱、结婚、工作等话题,继续深入地谈了很久。不知不觉就谈到半夜三点多。女儿带着对父亲的崇拜睡去了。父亲也非常满足,因为这是孩子长这么大,他第一次单独和她谈这么长时间。

凝望着女儿睡梦中的脸庞,父亲感慨万千,能和孩子开诚布公地谈话,也是一种难得的幸福啊。

和女儿的一次长谈,竟然能让父亲激动不已,由此可见,和孩子沟通也是家长十分渴望的事情。但是在生活中,很多家长却发现,孩子的年龄越大,和他们之间的距离也越大,沟通也就越困难。

目前,不少家庭普遍存在与孩子谈话不足的问题。美国教育部曾做过一次调查,美国妈妈每天与孩子谈话时间少于 30 分钟,有工作的妈妈平均为 10.7 分钟,父亲就更少。与此相比,美国成人平均每周花 6 小时购物,30 小时看电视。我国虽然未进行过权威的调查,但据了解,父亲每天与孩子沟通的时间,仍然远远少于母亲。因此,就亲子关系的疏密程度而言,孩子和母亲的感情,普遍比和父亲的感情深厚。

其实和孩子无法沟通,主要是自己没有站在孩子的角度去思考。像上述故事中的父亲,如果听到女儿一提到恋爱问题,马上大加否定,那么交谈还能顺利进行下去吗?

由此可见,化解彼此之间的代沟,首先家长就要做孩子的朋友,而不是家长。双方没有了代沟,沟通就不是难题了。

孩子的心灵是一个没有杂质的净地,没有谎言,没有欺骗,一切都直来直去,他们的行为都是基于想满足自己的某种单纯需要所致。一个孩子的变化也并非一朝一夕。但如果家长不经常与孩子沟通,就无法及时发现孩子的心理变化,对于他们的成长很不利。

心理咨询中,大量案例证实,多数有心理障碍的儿童和青少年,都缺少与父母沟通的经历。经常与孩子沟通,有利于培养孩子开朗、乐观、平衡、向上的心理素质，减少和预防心理障碍的发生。

不管是从孩子的教育成长出发，还是从身心健康考虑，作为家长，养成与孩子谈话的习惯非常重要。

沟通，应该是建立在互相尊重的基础上。很多时候，家长的行为都是不尊重孩子的，家长接受不了的文化，就采用批判或者漠视的态度。孩子也是有自尊心的，自己喜欢的东西，当然希望家长也喜欢，并且对他们给予肯定。但是，往往家长会觉得不可接受，就给予负面评价，这样很容易就造成了孩子的隔阂心理，怎么可能真心地沟通呢？作为家长，更多的不应该是管教而是聆听。当孩子发现你肯定他认为好的东西的时候，他们自然就把你当做可以打开心扉的对象了。

所以，家长不要总是以高孩子一等的地位来说话，可能你并没有感觉到，甚至认为自己态度很温和，但是孩子对于这些语言是很敏感的，而且孩子的自尊心比大人更重。当你盛气凌人地指出了孩子的某些缺点时，即使你说对了，也很少有孩子当场承认自己的错误，或者表示认同，大部分孩子表现出来的，都是一幅愤世嫉俗的态度。这个时候家长觉得，自己的孩子死不认错，或者倔强无理，若加以呵斥的话，反而更加重了孩子的叛逆心理，即使他认为你是对的，也决不会照着做的。

与孩子沟通，最好是以聊天的方式进行，说出你的观点慢慢引导他向你希望的方向思考。认真听取他的意见这样效果会更好。不要直接强加给他你认为对的结论，很多东西要他们自己去体会才能达到真正地沟通。

最重要的是身教远远大于言教，自己不喜欢的东西不要强加于孩子，希望孩子做的事情自己要先做到，这样才不会让孩子觉得家长很烦或者产生逆反的心理。

身教感悟

代沟恐怕是每位家长都很惧怕的词语，因为它的存在，让自己和孩子之间无法正常沟通，教育工作自然就无法进行下去。其实消除代沟的方法也很简单,就是家长在和孩子沟通的时候,不要总是站在自己的立场考虑,要多从孩子的角度看问题,多做换位思考。

家长,也要有良好的自制力

身教案例

高倩从小就来到了美国,妈妈在一所大学里工作。为了了解美国、提高英语能力,妈妈每晚与电视相伴。当时正热播安吉拉·南斯伯利主演的系列侦探片《书写谋杀》,这个系列片极为罕见地制作了200集,从1984年开始,不间断地播出了近15年。妈妈在来美最初的那一两年间成了这个系列片的俘虏,几乎一集不漏地看下来。

那时高倩家住的是单卧室带客厅的公寓,电视机和录像机放在客厅里,高倩的书桌放在卧室内,客厅和卧室间只有一道门。只要客厅的电视机一打开,她就从卧室里钻了出来。看侦探片,对于培养逻辑分析及推理能力很有帮助,妈妈认为,对她以后从事律师工作很有帮助,就让高倩和她一起看这类电视节目。

渐渐地,妈妈发现,高倩对电视的兴趣已经超过了对书本的兴趣。只要电视机一打开,她从门缝里悄悄钻出来,"没商量"地看起来。虽然看电视并没有很大害处,但是它会耽误孩子学习的时间,也会消磨掉她读书的斗志。

所以妈妈总是劝她回到卧室里,回到她的书桌边去。小高倩总是说:"等一会儿,再等一会儿吧。"催急了,她会退到门边,手掩着门,眼珠子盯着电视机,眼皮都不眨,口里还是说着"再过一会儿,就一会儿啦!"

看见孩子对电视的依赖,妈妈开始反省了。孩子不肯专心读书,不就是因为自己在这里看电视的原因吗?想想看,妈妈在一旁娱乐,孩子怎么可能专心读书呢？

　　为了让女儿集中精力读书，妈妈决定忍痛割爱，舍弃看电视的爱好。要成事，必须要下决心，有坚忍的自制力！妈妈规定，除了对高倩确实有意义的节目大家一起看以外，绝大部分时间家里的电视都不开。后来一两个星期才开一次。妈妈也逐渐把兴趣转移到报纸和杂志上来。

　　女儿也看出了妈妈的决心，乖乖地回到她的书桌旁读书了。后来，高倩以优异的成绩考上了哈佛大学。这个时候，妈妈由衷地感到自己舍弃了爱好，是多么正确的选择。

　　无疑，高倩的妈妈是值得我们学习的。倘若高倩的妈妈一边督促孩子学习，一边自己终日以电视为伍，那么高倩怎么可能专心读书？身为父母，我们在教育孩子用功读书的同时，也应该检视一下自己，是否自己的兴趣爱好已经对孩子造成了不良影响，是否已经起到了反面的表率作用。

　　我们还记得古代孟母三迁的故事吧。孟子小的时候，他家住在一片坟地旁边，孟子就玩一些哭丧、埋人之类的游戏。孟子的母亲认为，这种环境极不利于孩子的成长，就举家搬迁到一个集镇上住下，结果孟子又玩些做买卖的游戏。孟子的母亲还是不满意，又迁居到了一所学校旁边，孟子受到良好的影响，逐渐变成勤奋学习、彬彬有礼的孩子。于是，孟子的母亲决定，在学校旁边定居下来。

　　孟母为何要三迁呢？为了给孩子创造一个良好的学习环境。古时候的一位目不识丁的母亲，尚有如此觉悟，今天的我们，难道还不知这个道理？

　　父母是孩子的第一任老师，孩子理所当然地把父母树立成自己模仿的偶像。因此，父母的行为，会直接影响孩子的认知和发展。

　　如果父母勤奋读书，钻研业务，孩子也自然不敢放松学习；如果父母下班回到家，就没有离开过电视，那么孩子也不可能对电视没有兴趣。正所谓"近朱者赤，近墨者黑"，父母给孩子树立什么样的形象，那么孩子就会朝什么方向发展——那些成天在网上浏览的父母，别指望用大道理让孩子远离电脑、不痴迷网络和电脑游戏；常常呆在电视机前的家长和坐在牌桌旁的父母，他们的孩子无所事事、没有生活目标是很自然的。

家长的榜样是重要的。正如人们常说的："孩子是父母的影子。"可以说，良好的家庭教育，是培养优秀人才最重要的一个环节。

身教感悟

托尔斯泰指出：教育孩子的实质，在于教育自己。所以，要教好孩子，父母当务之急，是要加强学习，努力提高自身素质和修养，改正自身不良习惯和毛病，树立好的榜样。只有这样，才能改善父母自身的教育观念，和具体的教育方法与技巧，并以实际行动作表率，培养孩子良好的品格和学习、生活习惯，为孩子的成长创造一个良好的家庭环境。

为了孩子的教育，家长应该检点自己，要有顽强的自制力，对自己的爱好应有所选择，而且全家老少都要以一贯之。

身教胜于言传

第六章　复制给孩子一颗健康的心灵

良好的心态，让孩子健康一生

身教案例

2005 年 3 月 14 日，对于家住北京市展览路附近的高妈妈来说，是个噩梦。这一天，他的儿子——从美国留学归来的儿子，当着她的面自杀了。

原来儿子是公派的留学生，原来以为留学归来，会有很好的工作机会和收入。可是他一连找了好几份工作，都不满意。而且如今像他一样的"海归"，似乎并不如预期一样吃香。他很失望，绝食了好几天。

高妈妈急坏了，请来了儿子昔日的同学、朋友劝导他，可是收效甚微。3 月 14 日下午，儿子在院子里走来走去，又把自己关在屋子里写了半天。任凭妈妈怎么敲门也不开。

高妈妈就这一个儿子，她真怕儿子想不开做了傻事。于是马不停蹄地赶到了展览路派出所求援，希望民警能帮助把房门打开。

谁知，就在两个民警陪着高妈妈刚刚走到小区的时候，悲剧发生了——高妈妈唯一的儿子，那位 26 岁的海归博士，从自己家 11 楼的阳台上跳了下去……

高妈妈亲眼目睹了儿子自杀的全过程，这是多么惨痛的人间悲剧。任何一位母亲也受不了这种巨大的打击。儿子死后，高妈妈也住进了医院。

无独有偶,2007年4月18日,山东一个曾在区里竞赛中获得总成绩第一名的14岁女中学生,因为没有考上重点高中,而吞服了安眠药结束了自已的生命。

　　2007年5月,安徽5名小学女生集体自杀,其中两名溺水而亡。原因是经常被同班的男生欺负、侮辱,无处可诉。

　　近年来,此类青少年自杀案例,常常见诸报端。也许很多人对此类的报道已不感新鲜,但想想这些事情的背后又有多少位父母伤心欲绝,怎能不让人扼腕叹息。

　　不难看出,引起这些花季般的少年自杀的原因都极为简单。难道仅因个人的一点小事或生活的不顺,就足以让这些脆弱的灵魂轻易地放弃生命吗? 叹息之余,我们不禁要问:今天的孩子争强好胜、个性十足,却为什么脆弱得不堪一击,如同易碎的蛋壳?

　　心理学家认为,没有良好的对待挫折的心理,才导致了那么多不应该发生的悲剧。不要单纯责怪这些孩子的心理脆弱。孩子的脆弱,其实都是家长一手造成的。

　　所以家长要用达观的心态感染孩子,让孩子在面对挫折的时候,也会以一个乐观的心态去面对。

　　当父母看到孩子显示出自己才能的时候,或表现出对某方面很有兴趣的时候,家长要以积极的心态去鼓励孩子,孩子也会努力去实现他们的梦想。

　　有一个长得丑陋的女孩,因同学开玩笑说选她当班长,她就回家对爸爸说,她想竞选班干部。爸爸说你去努力吧,想想怎么获得同学们的支持,你会成功的。经过半年的努力,她在同学中树立了威信,当选了班长。她想参加芭蕾舞比赛。爸爸说:"孩子,去尽力做你喜欢做的事。"女孩经过刻苦努力,终于获得了参加芭蕾舞比赛的资格。

　　家长并不需要教孩子如何去做事情,他只需要给孩子积极的心态,使他不断进取,心想事成。家长的这种信念对孩子来说是至关重要的。

　　英国天才球星欧文的成功,深受父亲积极态度的影响。

身教胜于言传

1990年意大利世界杯赛期间,10岁的欧文和父亲及两个哥哥一起观看球赛。一家人兴高采烈,欧文睡觉的时间虽然到了,但父母并未阻止小欧文看球,因为他们知道不让他看完全场,觉也睡不安宁。但他们怎么也想不到八年后爱子能够代表英格兰出战世界杯赛。虽然球队在八强止步,但小将欧文却脱颖而出,被全世界公认为最有潜质的新世纪球星。

　　在成名以后,欧文接受英国一家杂志记者专访,细谈了他的成长过程。

　　记者:你很早便开始踢球,爸爸又是职业球员,你如今的成功是否有赖于此?

　　欧文:我六七岁便踢球并参加比赛,爸爸也常常教我。在我的足球生涯中,爸爸对我影响最大。小时候,爸爸常带我们三兄弟踢球,但他从不说该怎样踢,我们只是娱乐。我一上场总想赢哥哥他们,始终渴望射门,因而总比他们勤奋。

　　欧文在潜能未被证实之前,父亲给了他宽松的环境。父亲不是板着脸教孩子如何踢球,而是在轻松的娱乐中,使孩子更热爱足球,并且无形中也让孩子学到了踢球的方法。

　　很多父母恨铁不成钢,对孩子期望值过高,动不动就指责、批评孩子。欧文的父亲,用积极达观的态度,使孩子的潜能得到更大的表现。

　　家长们在开发孩子的自我表现潜能时,未必需要很多专业知识,但要多给他们一些积极的、乐观向上的精神熏陶,帮助孩子们体验生活的美好事物。愉快乐观的态度比滔滔不绝的说教更有效。

　　一位心理学教授曾专门研究了情绪对学习成绩的影响究竟有多大,她进行了大量的实验,对比不同情绪的学生在同一功课上的表现。结果表明:学习情绪高涨、轻松、愉快的学生,比之情绪低落、忧郁、烦闷的学生成绩要高出20%左右。

　　这位教授解释说,学生在心情轻松的情况下,大脑处于积极的接收和运转状态,可以吸收较多的信息,而且脑筋转得快,联想丰富。在情绪低落的时候,学生常常心扉紧闭,反应呆板僵化,无法主动思考问题。因此,若想让孩子发挥出最佳的学习效果,父母一定要设法使孩子保持一种良好的心境。尤其在孩子学习时和学习前,更要保持良好的情绪。如果必须要批评孩子时,也最好选择一个避开孩子学习的时间,并尽量做到摆事实、讲道理,让孩子心悦诚服。

另一位哈佛大学心理学教授霍尔德·加德纳近年来用新方法检测发现:人的大脑存在着多种互不相关的智力领域,不能只用一种尺度来衡量聪明与否。每个人的智慧发展并不平衡,往往是几个侧面较为突出。

这一发现给了人们一个重要的启示:每个人都存在智力潜能,孩子们的智力发展各有千秋。家长们有责任积极创造条件,开发孩子的智慧领域,激励孩子多方面的兴趣。北京师范大学心理系教授刘翔平指出:每个孩子的学习能力是各不相同的,有些孩子擅长语言学习,有些孩子擅长于空间图形的学习,而有的人则对运动的学习情有独钟。

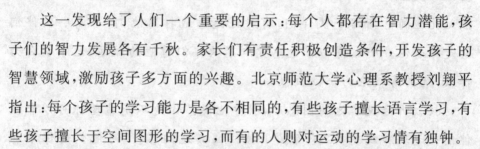

当发现孩子的"聪明"与其功课之"差"产生巨大反差时。大多数老师和家长会怪罪孩子贪玩、不努力、犯懒、没出息……其实,这只是一个学习能力发展不平衡的问题。

和批评、责备相比,赞美是一种聪明、巧妙的肯定别人的方式。通过恰当的赞美之词,可以给人以无比信任的满足感,他会感到自己有价值,因此特别快乐。在这种积极的心理状态下,人们就有可能把事情做得更好。大人们尚且如此,孩子们就更不用说了,小时候在某些方面受到的赞美,往往能影响孩子一年、十年甚至一生。所以,家长们不要吝惜赞美,因为你的赞美会让孩子感到快乐,并进而对这个世界更加充满信心。

身教感悟

要使孩子有良好的心态,或者说是积极的人生观,家长首先要有积极的心态。作为父母无论什么时候都不要把心理压力加在孩子身上。培养孩子良好的心态、健康的人格，家长的作用不可缺。

和环境相融，才能走自己的路

身教案例

彼得大帝小时候十分喜欢玩游戏，他特别喜欢玩军事游戏。可是，他是皇帝的继承人，在和伙伴们做游戏的时候，他总是做首领，骄傲无礼地随意指挥小伙伴们，有时还随意地打骂他们，所以小伙伴们总是躲着他。小彼得似乎也感觉到了伙伴们对他的疏远，他不明白为什么，就去请教他的一位叔叔。

叔叔听他说了他的困惑后，引导他说："你是不是希望你可以和伙伴们一起玩游戏啊？""是呀。"小彼得高兴地回答。"可他们好像不喜欢和你一起做游戏，你知道为什么吗？"叔叔问小彼得。"我就是因为不知道才来问您的。"彼得不高兴地回答。叔叔这才告诉他："虽然你是皇帝的继承人，但他们还是很乐意和你一起玩，可你总是以皇帝自居，高高在上，在游戏中没有礼貌地使唤他们。你喜欢争强好胜是对的，但你总是利用你的地位来达到这一切就不好了。""他们原来是因为这个啊。"听了叔叔的话，彼得高兴得跳了起来。随后，他又为难地问叔叔："那我以后应该怎么做呢？"

叔叔也希望小彼得成为一位人人尊敬的好皇帝，就进一步引导他："首先，在游戏中你应当把自己当成他们中的一员，和他们一样，要平等地对待他们。然后，在游戏中对你的伙伴要讲道理，有时听听他们的想法，不可无理取闹。总之，你要融入到他们当中去，去体会和了解他们的感受和想法，和他们合作，共同完成游戏，这样你就会从中学到很多东西。"

第二天，小彼得对大家说："从今天开始，我在游戏中不当司令了，我就当一个士兵吧。"大家感到很奇怪。小彼得接着说:"你们以后就叫我彼得好了,我希望大家在游戏中互相合作,打好我们的仗。"

慢慢地,在军事演习中,小彼得身先士卒,和小伙伴们一起冲锋陷阵,摸爬滚打。经常是一场游戏结束,衣服磨破了,手脚也擦伤了,但他毫不介意,还对小伙伴们说:"不要紧的,你们不是也和我一样吗。在这里我只是一个小兵而已。"

研究显示,常和父母在一起的孩子,比较容易适应新环境。专家们发现,由父母负主要养育责任的孩子,社交能力较强,在面对新环境时,孩子的焦虑感较低。父母在与外界联系的过程中,无形地影响到孩子对于交往的判断力。在面对某些类似情况时,孩子会以父母的处理方式为参照物,去处理某件事情。

普遍认为,父母的作用不在家庭内部,而在家庭与社会之间。父母似乎是家庭中的社会,又似乎是社会中的家庭,有观点认为,在孩子的成长过程中,父母的教育方式会使孩子更社会化,为他走进现实世界做准备。因此,父母对周围环境的态度,会直接影响到孩子对周围环境的处理方式。

只有让孩子融入到生活的环境中,才能得到充分的锻炼和发展。所以,孩子在学校里要多参加一些集体活动,只有在集体中才能真切体会到与人和睦相处、共同合作的好处。这可以让孩子意识到他人的存在,学习到与他人相处的经验。

父母经常与孩子为伴,不仅扩大了孩子的社会活动范围和社交内容,影响孩子的社交兴趣和需要,还有助于孩子积累社交经验和社交技能。父母引导孩子游戏,与之频繁地交往,激起孩子的积极反应和兴趣。这类交往的一个重要特点是双方更多地以平等的、有来有往的方式进行,有助于孩子理解对方语言、体会对方感情,继而调整自己的行为。在此期间,孩子不但学习了行为准则,而且懂得了许多与周围环境相处的技巧。

身教胜于言传

当孩子进入一个新环境后，也许会出现不适应、不习惯的现象，这时，父母不应该溺爱、舍不得，更不应在一旁陪伴。父母要尽量让孩子自己多发现并解决一些问题，让他们在新环境中能够锻炼适应能力。当孩子在遇到诸如在新环境中的疑惑时，家长应正确引导，以便让其迅速溶入到新环境之中去。

把爱心植入孩子的心灵

身教案例

一位幼儿园老师曾经给班里的孩子出了这样一道题目："一个小妹妹生病了，她又冷又饿，你会把自己的外衣借给她穿吗？"

结果孩子们你看看我、我看看你，谁也不回答。于是，老师只好点名叫孩子来回答。

第一个孩子说："她病了会传染的，我才不把衣服借给她呢，要是我被传染了，那妈妈得花好多钱呢！"

第二个孩子很干脆地说："我妈妈不让我这么做，她会打我的！"

结果，大部分孩子都找出各种理由表示不把外衣借给生病的小妹妹。

老师又问另一个孩子："一个小朋友没吃饭，饿得哭了，你正在吃面包，你愿意给他吃吗？"

这个孩子干脆地回答："不给！"

老师不甘心，诱导他："可是，那个小朋友都饿哭了呀！"

这个孩子竟然回答："他活该！"

也许大多数人都对这种场景非常熟悉。仔细观察我们的周围，不难发现不少家长对孩子的爱心教育并不尽如人意。有的家长认为,现在就一个孩子,只要我有能力,孩子要什么,我就给他什么,图的就是让孩子快乐幸福;也有家长认为,对孩子来说,最重要的是多学点知识技能,在聪明才智上超过别人,至于其他方面,用不着怎么教;还有一些家长认为,孩子小时候自私任性一点很正常,大起来自然会好的;更有甚者,还有一些家长把孩子任性、自私、霸道的表现视为孩子的聪明、好玩,而加以纵容。

从婴儿咿呀学语开始,他就经常会说:"我、我的、给我、我要!"可见,婴儿的自我意识很强烈,他们最早想到的是自己,由此,心理学上认为"人生来是自私的"。但是,对于一个人的个性发展而言,没有什么能比爱和善良更重要的了,这是孩子将来融入社会的基础和前提。一个没有爱心的人,就是一个冷漠的人,一个与社会脱节的人。

爱心的产生,是基于个体的社会性情感需要,它不是人与生俱来的品质,而是在后天的环境和教育的熏陶下,逐渐形成的习惯性心理倾向。孩子的爱心是通过自然而然的模仿,潜移默化的渗透而逐渐形成的,是一个从外在到内在、从量变到质变的发展过程。在这一发展过程中,家庭是最重要的爱心培育基地,父母是最直接的爱心播种者。

怎样才能将爱心植入孩子的心灵呢?

首先,父母要以身作则,平常就要注意多关心别人。俗话说:言传身教,榜样的力量是无穷的,也是最有效的。要使孩子富有爱心,父母必须从自己做起,从孩子一生下来就开始做起。

有一对父母意识到自己的言行对孩子的成长有重要的作用,因此,他们总是在日常生活中以身作则,用自己的言行去感染、引导孩子。

在家里,他们非常孝顺长辈,总是给长辈倒茶、盛饭、搬凳子;逢年过节给长辈买东西、送礼物,父母总是让孩子知道,还常常请孩子发表意见该送长辈什么礼物。出去游玩,他们不仅带上孩子,也带上长辈,让孩子能够从中体会到父母对长辈的关心。

身教胜于言传

对于孩子,他们总是温和地、体贴地与孩子说话,还常常与孩子进行情感的交流,给孩子适当的鼓励和表扬,让孩子直接感受到父母对自己的爱。

另外,他们也极力让孩子体会到他们夫妻之间的关爱。在餐桌上,爸爸总是不忘给孩子的妈妈夹一筷子她爱吃的菜。每逢出差,爸爸在给孩子买礼物的同时,总不忘给妻子也买一份。吃东西的时候,他们总会提醒孩子给爸爸或妈妈留一份。他们还注意使用爱的语言,比如"你辛苦了,先歇一会儿!"、"别着急,我来帮助你!"、"谢谢你为我所做的一切!"等等。这样,孩子在父母的引导下,也学会了去关爱家人。

不仅如此,他们还非常注意自己在家庭以外的场合的表现,他们关心邻居朋友,从来不在孩子面前议论别人的长短,经常帮助同事拿报纸、取牛奶等,同时提醒孩子也要这样做。

因此,他们的孩子也懂得怎样去关爱他人。

正是这些切切实实关爱他人的事例,使爱的种子在孩子的心中开花结果。

另外,在日常生活中,父母还应注重培养孩子的同情心。同情他人是爱心的一种体现。缺乏同情心的孩子只关心自己,只顾自己的快乐,无视别人的痛苦,甚至会把自己的快乐建立在别人的痛苦之上,这种孩子是很可怕的。有同情心的孩子往往比较会关爱他人,更容易与周围的人打成一片。因此,父母要在生活中培养孩子的同情心。

父母要学会利用生活中的事例,从侧面来教育孩子关心他人、关心动物,让孩子把自己痛苦状态时的感受,与别人在同样情境下的体验加以对比,体会别人的心情,将心比心,这样可以让孩子学会理解别人,同情别人。

例如,看到小朋友摔倒了,你可以启发孩子:"想想你摔倒时,是不是很疼?小弟弟一定很难受,我们快去扶起他,帮他擦擦脸。"这样,孩子的同情心就可以在不知不觉中培养起来了。

除此之外，如果父母想让孩子有爱心，父母就不要太过于关心孩子，应该多让孩子了解父母的艰辛。

父母们总是担心孩子受苦受难，担心孩子遭受挫折。尽管我们自己面临着许多生活的曲折和坎坷，尽管我们有许多不快乐和情绪不稳定，但我们总是竭力在孩子面前保持平稳。父母们总是希望孩子不要过早地承受生活重担，其实这是错误的。正如教育学家刘绍禹所说："不要太关心儿童，太关心了容易养成孩子的自我中心心理，结果变成自私自利的人。"

事实上，父母要学会与孩子成为朋友，要学会让孩子了解一些生活的真实情况。有些父母总是自己累死累活，但对孩子的各种要求却无条件地满足。这样孩子就会越来越缺乏爱心。

还有一点值得强调的是，父母应该学会向孩子"索求"爱。

2004 年"三八"节的时候，柴洁心老师曾经做了个试验。她让小区里几个孩子想办法给母亲过节。孩子们决定给母亲送上一杯浓浓的糖水，让妈妈们感到生活是非常甜美的。事后，柴洁心找到孩子们了解情况。

一个孩子说："那天，我早早就等着妈妈下班，一听到她下班的脚步声，我就跑上前去，给她递上浓浓的、甜甜的糖水。妈妈一饮而尽，脸上露出幸福的笑容，还亲了我一口！"

另一个孩子说："我可没有你那么幸运。我跟你一样，早早做好了准备，可是妈妈一见到我，就说："这是干吗？你少来这套，多得几个100 分比什么都强。""

第三个孩子说："我妈妈的脸，是在喝了一口糖水后耷拉下来的。她说："傻丫头！你到底放了多少糖啊？""

这三位妈妈中，只有第一位妈妈懂得父母应该接受孩子的爱。其他两位妈妈都忘记了应该向孩子索取一些爱，培养孩子的爱心。孩子们会想，"原来父母是不需要爱的，他们只需要成绩。"一旦孩子产生了这样的想法，以后他就什么都不会过问了，他们会变成不懂爱、不会爱

身教胜于言传

的冷漠的人。

这种分享训练是比较实用的培养孩子爱心的方法。父母要善于运用家庭中的分享活动,来塑造孩子的爱心。

这里的分享有两层意思,父母既要教孩子学会与他人分享,也要与孩子分享东西,而不要把好吃的、好玩的、好用的都往孩子面前堆。

如果父母把好东西都留给了孩子,孩子只会越来越缺乏爱心。因此,父母应该在孩子几个月大的时候,就要让孩子学着与别人分享好吃的、好玩的东西,通过这样一次次的行为模仿和强化,孩子的爱心就会逐渐形成。

在分享训练中父母要注意,当孩子诚心诚意请父母分享时,父母千万不要推辞,哪怕只是象征性地和孩子分享,都能让孩子的爱心得到培养。

随着孩子的年龄增长,分享训练不能中断,要根据孩子年龄的特点提供一些培养爱心的分享活动。例如,鼓励孩子在餐桌上给长辈夹菜;鼓励孩子给爸爸妈妈拿东西;鼓励孩子在公共汽车上给老弱病残者让座;鼓励孩子在公共场合考虑别人的利益等等。对孩子的这些举动,父母要及时夸奖,让孩子在做这些力所能及的事的同时,品尝帮助他人的喜悦,从而逐步培养起孩子的爱心。

身教感悟

想要孩子成为一个有爱心的人,父母首先要以身作则,平常在孩子面前就要注意多关心别人。要使孩子富有爱心,父母必须从自己做起,从孩子出生就开始做起。当家长意识到自己的言行对孩子的成长有重要作用的时候,就要在日常生活中以身作则,用自己的言行去感染、引导孩子。

让孩子有一个健康的心理

身教案例

肖强的家原来在吉林,后来搬到了天津。但是直到肖强上了高中,他的户口仍未能调进天津。父母为这件事没少想办法,但多次努力之后,户口还是没能办下来。高考时,肖强不得不打点行李回到老家去参加考试。

虽然平时肖强的学习成绩不错,但回到老家他才发现,要想考上自己梦寐以求的南开大学,简直比登天还难。首先,天津的教材和老家的教材有很多不同之处,学起来很费劲儿。而且老家的分数线要比有天津市户口的学生多出五六十分才有可能被录取。所以,尽管肖强很努力,但还是与南开大学失之交臂。

闷闷不乐的肖强回到了天津,以前的同学吴小凡听说他回来了便来看他。谈话间,肖强得知小凡已被南开大学录取了。看着小凡眉飞色舞得意的样子,肖强心里有种说不出的滋味。他记得自己曾多次和父母一同到小凡家拜访,求他那掌管户籍大权的爸爸给自己开个后门,让自己能以天津考生的身份参加高考,但是每一次都被小凡的爸爸当场拒绝了。

肖强愤愤地想,凭什么他就可以坐在重点大学里读书?凭什么他的分数没有自己的高也能堂而皇之地成为大学生?带着这种想法,肖强故作高兴的样子,说要给小凡庆祝一下。席间,肖强趁小凡不备,就用酒瓶和木棒殴打他。小凡不断地挣扎叫喊,这更加激怒了肖强,他扯断挂衣服的细绳子,勒在了昔日同窗的脖子上,直到对方咽气也没有撒手……

心胸开阔,是一个人心理成熟的标志,也是一个人取得良好人际关系的关键。但是现实生活中,很多孩子的种种表现,却令人十分担忧。一项对全国近 30 000 名中学生的调查发现,有 42.73% 的学生"以自我为中心",有 55.92% 的学生"对一些小事情过分担忧"。

心胸狭隘是当代高中生普遍存在的一种心理状况。这种心理对于孩子的成长是十分有害的,它会使孩子的思维极端化。

很多教育学家认为,现在的孩子 80% 都不同程度地存在思想狭隘的心理问题。这一问题如果不能解决,他们的未来令人担忧。狭隘是许多不良个性的根源,比如嫉妒、猜疑、孤僻、神经质等不良表现都源于狭隘心理。孩子终归是要离开家庭走入集体或者社会的,这种狭隘的心理,会使他们很难获得良好的人际关系,很难在面对一些不可避免的困难和挫折时冷静地思考,从而妥善地解决问题。可以说,狭隘的不良心理会影响人的一生。

狭隘的思维必然会导致狭隘的行动,也必然会和正常的人际交往规则产生激烈的碰撞。他们会把"人人为我"当成天经地义,而不会认为自己有义务去"为人人"。一个既不懂规矩,又狭隘自私;既不懂约束自己,又不会宽容他人的人,在社会中是很难赢得别人的尊重和友谊的。可以说,狭隘的心理,是阻止高中生正常地与人交往的绊脚石。

孩子的任何一种不健康的心理状况,都与家长的教育方式有着直接的关系。在现实生活中,不少家长对孩子都百依百顺,很少去规范、限制孩子的行为。特别是一些独生子女家庭,父母生怕孩子受委屈,在生活上满足孩子的一切要求,而在道德品质、人格特征、心理素质等方面同样放松要求。家长对孩子的过分放纵,会让他们无法正确地认识和对待自我,无法正确地认识和对待他人,更无法正确地认识和对待现实。

父母是孩子的第一任老师,孩子的性格特征,与父母的性格和习惯有着直接的关系。一个人如果从小就生活在"拔一毛而利天下,不为也"的家庭里,接受父母所谓"为人只说三分话,不可全抛一片心"的教育,以"各人自扫门前雪,莫管他人瓦上霜"为人生信条,那么,在这

好父母胜过好老师大全集

种环境里成长的孩子,必定是心胸狭隘的。所以,许多孩子的性格完全是父母性格的翻版也就不足为奇了。

因此,要想预防和改变孩子狭隘的性格特征,家长首先要优化自己的性格,给子女以良好的熏陶和感染。家庭教育要力求采用民主型教育方式,有助于培养子女诚实、开朗、团结协作、亲切友好的良好性格。

阿兰家曾经和邻居发生过纠纷,具体原因现在也说不清楚了。只是到现在两家关系也很紧张。

一天,正在家里玩耍的阿兰,突然发现楼梯里面有水不断地溢出。她赶紧把爸爸叫了过来,父女俩研究起了水的源头。

原来水是楼上的邻居家流出来的。"一定是他们家人没有扭紧水龙头。"阿兰猜测。

"可能吧。"爸爸也认同阿兰的观点。

"爸爸,我们回去吧,管它流多少水呢。"阿兰依然记恨着上次和楼上阿姨吵架的事情呢。

爸爸没有说话,直接敲起了楼上马阿姨家的门。可是一直没有人应声,显然家里没有人。

回到家里以后,爸爸马上就拿起了电话:"喂,是小马吗,我是老张啊。"

"是这么个事,你们家里没有人,可是不断有水从你家流出来,是不是忘了关水龙头了?"

对方接到爸爸的电话,非常感动,并马上回家处理了漏水事情。

对于爸爸的做法,阿兰很生气:"爸爸,你忘了上次她怎么说我们的了吗? 干吗要管他们家的闲事儿?"

"孩子,上次的事情我们也有错误,再说楼上楼下住着,互相照顾是应该的。"

阿兰不再说话,爸爸接着说:"孩子,我们不能因为一次纠纷,就记恨别人一辈子。心胸狭隘对自己对别人都没有好处。"

"知道了,爸爸。"

一个父亲用自己的行动，向女儿诠释了豁达的定义。我们一定要相信这样一句话：有其父必有其子。父母的一言一行，就是孩子的指路明灯，就是孩子最好的楷模。所以要想让孩子有豁达的心胸，父母就一定不能做个狭隘的人。

另外，帮助孩子形成正确的人生观、价值观，也可以有效地避免孩子形成狭隘的思维方式。我们可以就一些具体案例，教导孩子为人处世时，把眼光放远，把心胸拓宽，事事从长远考虑，处处以集体为重，不要总想着维护自己的利益。一旦孩子把眼光从狭隘的个人小圈子里转移出来，抛开"以自为我中心"的人生观，那么，他们就不会遇事斤斤计较。心地无私才能天地宽。

给孩子创造一些交往的机会，是锻炼孩子心胸开阔地为人处世的好办法。我们可以尽可能地创造多方面的条件，扩大孩子的交际面。比如经常带孩子去别的亲友家做客，或者在假期里把别人的孩子接到自己家生活一段时间等等，对于纠正孩子的狭隘思想很有效果。

多数孩子的狭隘性格是因为家庭中没有可以与自己竞争的人所造成的。因此，只要打破父、母、孩子的"铁三角"关系，增加一个家庭成员，孩子的周围出现了"竞争者"，在交往中，孩子就能转变自己错误的交往观。通过他们的交往，家长也可以发现很多问题，然后再根据具体问题来具体分析教育。这对于使心胸狭窄的孩子学会"谦让"、"爱别人"、"互相帮助"、"与别人合作"等为人处世的道理，是非常重要的。

身教感悟

狭窄的交往空间，往往会塑造狭隘的心灵；肤浅的知识，往往会使人形成偏激的思维方式。父母在给予孩子优越的物质生活和无微不至的关爱的同时，切忌对他们放纵和放任。用一句话来概括，那就是：对待孩子，关爱和教育要两手抓，而且两手都要硬。

好父母胜过好老师大全集

第七章 优秀的孩子是"教"出来的

让孩子学会为自己负责

身教案例

安娜小时候经常不肯按时起床,无论父母催促多少遍都不起,每次叫她的时候她都赖床,等快要迟到了就向父母抱怨:"你们怎么回事,也不早点叫我,如果我迟到了,老师要批评我的。"

为了这事,安娜的爸爸想了好多办法。有一天,安娜爸爸对女儿说:"上学是你自己的事情,从明天早晨开始,该几点起床,你自己上闹钟,你要是不起床,你就睡着吧,你睡到中午我们也不会来叫你的。"

女儿知道爸爸说到做到,而且,安娜爸爸还嘱咐妻子不要去叫女儿起床。那天晚上,安娜早早就把闹钟调好了。第二天早上,闹钟一响,她就马上起床了。从此以后,孩子养成了对自己负责的态度。

在现实生活中,父母要试着把孩子生活中的每一项责任都放到他自己的身上,让孩子自己承担。当家长要孩子记住做某事时,与其经常提醒他,还不如让孩子自己记下要做的事情,这样孩子也会慢慢学会对自己的行为负责。

父母应该让孩子明白自己的行为会产生什么后果。只有让孩子懂得自己的行为将会产生什么后果,他才会对自己的行为负责。

生活中孩子犯了错误时,父母通常会有两种态度:打骂不休或者袒护溺爱。这两种方法的后续动作都一样,即由父母来为孩子的错误

身教胜于言传

买单。这两种做法显然都是错误的，要培养孩子的好习惯，就要让孩子学着为自己的错误负责。

比如，当孩子遇到麻烦的时候，父母应该说："这是你自己选择的，你想想为什么会这样？"而不要对孩子说："你已经努力了，是爸爸没有帮助你。"这虽然只是一句话，却反应出了你的观念。如果你无意中帮助孩子推卸了责任，孩子将会认为自己无需承担责任，这对他以后的人生道路是很不利的。

也就是说，不论孩子有什么过失，父母都应当让孩子自己承担后果，以便孩子能够正确认识自我，积极地进行弥补和改进。

一般说来，孩子有了过失的时候，恰好是培养孩子责任心的良机。因为一个人知道自己犯错的时候，内心都有一种接受惩罚的准备，这是一种心理需求，为自己的愧疚承担责任，取得心理平衡。因此，我们认为不论孩子有什么过失，只要他有一定的能力，就应当鼓励他承担责任，这才是现代父母的教育理念。

管孩子如果只是一味地打骂，也许能让孩子改正毛病，但这样管教很可能伤害孩子的心灵，而最有效的方法还是应该指出孩子的错误，产生或即将产生怎样的后果，鼓励孩子为这个后果负责，承担过失，培养孩子的责任心。其中，重要的是一定要树立起家长的威信，坚持原则，不屈从于孩子的无理要求，同时也不要惩罚孩子，给孩子一个为自己的过失承担责任的机会。

在现实生活中，经常有这样的事：如果小朋友闯了祸，家长大多会为他们收拾残局。比如，孩子洒了牛奶，家长就会一边拖地一边指责孩子。这说明了一般家长常有的"孩子做错事，家长应负责"的不正确的观念。

他们认为孩子还没有承担责任的能力，因而替代他们善后或道歉。这种管教方式，对孩子只能是有百害而无一利。对于能够分辨是非的孩子，家长应使他树立自己的事情自己负责的观念，家长只需要在旁协助提醒。只有让孩子从小树立责任感，将来步入社会后，他才会敢于承担责任，并成为富有责任感的人。

这天，健健的妈妈带着他到邻居小双家去做客，大人们在客厅里喝茶聊天，两家的小朋友在一边玩，把玩具撒得满地都是。

忽然，传来了孩子的哭声，原来是健健弄破了小双心爱的玩具，两个孩子起了争执。

这时，健健的妈妈马上代替孩子道歉："噢，小双不哭，是健健不乖，我替他向你赔不是！给你重买一个新的好吗？"

而小双妈妈则先了解清楚事件发生的原因，再告诉自己的孩子说："小双，向健健道个歉，请他原谅你。看看能不能帮他把那辆火车修好。"

接着便具体告诉孩子怎样做，并让他立即实行。小双妈妈的这种行为，也就是向他灌输了应对自己行为负责的思想。

这两种教育方式孰优孰劣，不辩自明。

要知道，没有原则的家长不能使孩子养成对自己负责的习惯。一味地替孩子向人道歉，而不让孩子做事来弥补过失，孩子也就不知道是否应该负责任。代孩子道歉会削弱孩子内心应有的责任感，也使他丧失了自己独立处事的机会。

孩子多以自我为中心，所以一旦出了差错，往往推脱说："不怪我，都是他不好……"他们以此为借口逃避责任。所以家长一定要改正孩子的这种坏习惯。如果孩子将全部责任都推卸到他人身上，家长应该让孩子明白自己和他人的立场不同。告诉他："如果你是他，你又会怎么做？"提醒孩子改变立场看事情，他不但会发现自己也应负责任，而且会反省自己敷衍塞责这种行为是不对的。

总之，只有从小就训练孩子冷静地站在他人的立场上来分析问题，他们长大后才能设身处地为他人着想，成为坚毅、负责、体谅他人的人。

身教感悟

如果不能让孩子理解种什么因收什么果的道理，孩子就很难真正改掉错误。只有让孩子学着为自己的错误负责，孩子才能吸取教训、逐渐养成好习惯。孩子只有学会了对自己的事情负责，才能逐步地发展为对家庭、对他人、对集体、对社会负责。

教孩子学会自我激励

身教案例

张明自从上学之后成绩一直处于中等水平，但张明似乎并不在意自己的成绩，学习起来也挺轻松。张明的父母认为，不应该让孩子为分数而拼命，所以他们非常支持孩子对学习的这种态度。

可是，现在张明已经是六年级的学生了，下学期就要升入初中，但他的学习成绩还是老样子，不好也不坏。这可急坏了张明的父母。如果照这样的成绩，进入重点中学的可能性不是太大。而张明好像不太在乎自己能够进什么学校学习，他非常满足于现状。

一个人在成长的过程中需要不断地进行自我激励，因为教育的本质是自我教育，自我激励是最重要的激励方式。

许多父母已经意识到自己的鼓励对孩子来说是一种良好的激励方式，但往往还是会忽视教孩子学会自我激励。实际上，只要孩子学会了自我激励，他就能够不断地从自我激励当中获得前进的动力。

怎样才能教孩子学会自我激励呢？

首先，父母的激励是孩子自我激励的最初来源。对于年幼的孩子来说，他还不知道应该如何进行自我激励，因此，在日常生活中，每当孩子进步时或者失误时，父母都要善于鼓励孩子，让孩子找到自己的长处，不断地扬长补短。

当然，父母在激励孩子的时候，不要仅仅赞扬孩子所做的事情，还要激励孩子做事过程中的精神和表现，这样，孩子才会找到自我激励的方向。比如，当孩子在一次考试中取得好成绩的时候，你不应该仅仅对孩子说"这次考试考得非常好，真是个好孩子！"这会让孩子误会成只有考试好的人才是好孩子,下次要是考试不好了,就不是好孩子了。明智的父母应该强调一下孩子付出的努力,比如:"这次考试考得非常好,是因为你每天回来按时复习,这样有利于加强白天学习过的内容,这真是一种好方法!"这样,孩子才会意识到自己取得好成绩是因为每天按时复习,他就会加强按时复习,保持这种优良的习惯,在下次的考试中取得好成绩。

你可以教孩子在遇到困难和挫折时自我激励,比如,当孩子失去了参加奥数比赛的资格时,可以教孩子这样激励自己:"尽管这次奥数比赛没有让我参加,但却让我的数学成绩明显提高了!"当孩子在做作业的时候产生烦躁、懈怠的情绪时,可以教孩子这样激励自己:"再坚持一下吧,只剩下最后一道题目了,做完题目就可以看一会儿动画片了!"

其次,目标可以给孩子提供自我激励的原动力。一个人在人生的道路上,总是需要一个目标、一个梦想来引导自己不断前进。

尼尔斯·玻尔的父亲是诺贝尔物理学奖获得者,他为了激励儿子产生强烈的求知欲和良好的行为,常常给儿子提供一些有意思的激励方法。

有一次,小玻尔帮助邻居修好了自行车,父亲专门摆了一桌"庆功宴"以示激励。

还有一次,玻尔与父亲争论关于水的张力问题。这对身为物理学家的父亲来说,并不是一件难事,但是,父亲的讲解并不能使玻尔信服。为了激励孩子自己探索的精神,父亲与儿子达成了一项协议,即由儿子去父亲的实验室做实验,让实验的结果来说明问题。在这项协议中,父亲要求玻尔自己动手制作仪器,而玻尔则要求父亲担任仪器制作和实验的顾问。结果,玻尔的实验成功地证实了自己的看法是正确的!

对于孩子来说,学会自己设定目标是自我激励的前提。在学校里,老师们经常会教孩子们在班级中寻找一个"对手",这个对手就是孩子心中的假想的"比赛对手",孩子往往会以对手为目标,希望超越他。这实际上就给孩子树立了一个目标，从而激励孩子不断努力，去打败"对手"。可见，教孩子从小就树立理想和目标对孩子来说作用是非常明显的。

目标是努力的方向，没目标就没有奔头。如果父母能够帮助孩子树立奋斗的目标，孩子就会有方向。当然，由于每个孩子的情况不同，制定的目标要切合实际，不能定得太高，也不能定得太低。如果目标定得太高，总也达不到，孩子就会失去信心，要让孩子能够"跳一跳，够得着"。比如，争取每次考试能够提高五分，争取每天学习的时间不少于半小时，争取自己的事情能够自己完成等。如果孩子自觉性很差，父母就不要给孩子定太多的目标，多了孩子也达不到，目标要少一些，内容要具体一些。当孩子达到一个小的目标，就及时肯定，肯定孩子的努力，增强孩子的上进心。

当孩子制定了具体的奋斗目标时，父母还必须帮助孩子制定具体的达到目标的措施，比如制定怎样才能每次考试提高五分的学习计划，具体的内容要求、检查办法等。在此，父母要负起一定的责任，在孩子遇到困难时支持、鼓励孩子，给孩子提供具体的帮助。如果孩子没有信心，父母要转换思维方式，善于寻找孩子的优点，善于肯定孩子的长处，比如："这次很有进步。""已经很不错了，如果再努力一些，肯定会更好。""这次虽然失败了，但从失败中吸取教训，以后就会做得更好了。"有了父母的不断鼓励，孩子就会从自己的小进步中体验到成功的乐趣，从而增强自己的自信心，激发自己的上进心。

孩子在学习和生活中总是喜欢拿自己与优秀的人相比，盼望自己能够像优秀的人一样。父母可以抓住孩子的这种崇拜心理，帮助孩子寻找一个学习的榜样，让孩子运用榜样来激励自己。

伦敦大学的罗博·博哈利博士在教弱智孩子学习时说："想一个你认识的、很聪明的人，然后闭上双眼，想象你是那个聪明人。"在接下来的测试结果，孩子们的分数果然有显著的提高！

最后，自我暗示也是一种很有效的自我激励的方法。

在生活中，有些孩子没有认识到自己的价值，缺少良好的自我期

望,从而产生自暴自弃的行为。这时父母要教给孩子一些良好的自我暗示的方法。

王悦在高考前的第一次模拟考试中考得很不理想,她心里很不好受。考完后的王悦哭着给妈妈打电话,回到家后,王悦依然挂着泪水,神色黯然。

妈妈看到女儿自我挫败的神态,就对女儿说:"没事,你考得不错,你现在这个成绩上大专够了,又不是没有上线,没问题。现在离高考还有两个月呢,只要你努力,是有可能进步的。"

然后,妈妈从某大学买了一本报考手册,手册上面印着这样几句话:"相信自己! 相信自己的选择! 相信自己选择的成功的人生!"

妈妈让女儿每天早晨起床后到阳台上把这几句话大声地喊三遍。

第一天,王悦的声音非常小,只有她自己一个人听得见。

妈妈对她说:"你这样是不行的。你这样就是不相信自己,要大声地喊,使劲地喊。"

后来,女儿真的放开嗓子喊了,而且感觉精神抖擞。

于是,王悦一直坚持这种自我激励。在高考中,王悦的成绩比第一次模拟考试的成绩提高了整整 100 分!

这似乎很神奇,实际上这就是自我暗示、自我激励的重要作用。

在自我激励的时候,一定要教孩子学会用正面而积极的语言,比如,应该说"我一定能够成功的",而不要说"我不可能失败",应该说"考试对我来说太容易了",而不要说"考试并不难",尽管两句话表示的意思一样,但是,因为前者出现了正面的积极的语言,大脑就会指挥孩子去"成功",而后者出现了负面的消极的语言,大脑就会引导孩子去"失败"。

当孩子需要参加一些富有挑战性的活动的时候,父母更要教孩子学会自我暗示,提醒自己沉住气,别紧张,胜利一定是属于自己的。这样自我激励能够让孩子增强自信心,避免因不良情绪造成的不良后果。

身教胜于言传

让孩子学会自我激励，家长要以身作则，为孩子树立良好的榜样。如果家长一味地要求孩子不断努力进步，而自己却只担当督促孩子战胜困难的"监督员"，孩子一定会产生不满心理。所以家长要身体力行地做孩子的榜样，这样，"自我激励"作用才能在孩子的行为中见成效。

培养孩子与人合作的能力

好父母胜过好老师大全集

身教案例

有一位小学老师在课堂上让学生们做了一个游戏。他先请一个孩子走上讲台，伸出自己的小手，分别谈一谈每根手指头的优势和长处。学生说："大拇指以用来赞扬别人，可以按图钉；食指可以指东西，可以挠痒痒；中指最长，可以……"小孩子的思维挺活跃，一口气说了不少，其他同学纷纷补充，可谓数尽每根手指的功能。

这个时候，老师笑眯眯地发给学生们每人一个他事先准备好的道具——装着一个小玻璃球的杯子。他对大家说："那么，现在就请你们用你们认为最有本事的那根手指把玻璃球从杯子里取出来！记住，只能用一根手指。"

老师刚一宣布完，教室里的气氛顿时热烈起来，学生们积极地动起手来。可是，不论他们怎么努力，玻璃球就是取不出来，急得小家伙们一个个抓耳挠腮。

老师这才微笑地宣布说："好吧，你们可以邀请另外一根手指同原先的那一根合作。"问题于是迎刃而解。

这位老师的用意在于要使孩子们懂得，无论一个人多么有才能，总是有所局限的，总有他无法独立完成的工作，因而合作是必要的。进一步深入下去，孩子们还能够认识到，任何一根手指要实现夹东西的功能,都需要其他手指的参与才能完成。

同样,任何一个人要体现出他的才能,也都必须以承认参与者的价值为前提。就好比说一位将军,要施展他的军事指挥才能,就一定要有可供他调遣的士兵,还要有作为对手的敌人。也就是说,承认别人就是认可了自身的价值。合作是一般意义上的人际交往,是为了一个共同的目标结成的互助互利的"双赢"的关系。

在这样的关系中,利他行为是最为基础的要素,自己的成功以帮助别人成功为前提。但是,利他行为不是一个人天生存在的,它需要后天的培养。

托尼从小就是个自强自主的孩子,什么事都不要父母操心。由于父母工作较忙,小学升初中的事情都是托尼自己去跑的。妈妈为此非常自豪。

进入中学后的托尼还是什么事都不用父母操心。托尼上的是住宿学校,他生活自理能力强,能够自己洗衣服,每次回家从来不给父母添麻烦。但是,妈妈发现孩子越来越孤僻了。后来,妈妈特地到托尼的学校去了解情况,托尼的同桌告诉托尼妈妈,托尼是一个特别要强的人,他从来不让其他同学帮他做什么事情,比如打开水,他都自己去打。但是,他也从来不帮其他同学去打。

妈妈得知情况后,觉得这孩子实在太要强了,现在的社会只凭一个人的力量是不行的。应该怎样让托尼知道这个道理呢?

刘邦曾经说过:"夫运筹帷幄之中,决胜千里之外,吾不如子房;镇国家,抚百姓,给饷馈,不绝粮道,吾不如萧何;连百万之众,战必胜,攻必取,吾不如韩信。三者皆人杰,吾能用之,此吾所以取天下者。"一个人不可能对所有的事都精通,所以人必须学会与他人合作。合作是人际交往的一项基本素质与品格。如果一个人不能与他人真诚合作,他就不可能成功。

不会与他人合作的孩子,往往习惯于凡事靠自己,尽管孩子有较强的自理能力,但是,再优秀的孩子也不可能事事都能做好;而善于与他人合作的孩子,尽管有时候自己不会做一件事,但是,他能够通过与伙伴合作而把事情做好。可见,培养孩子与他人合作的能力是非常重要的。

事实上,在日常生活中,经常会有许多行为是需要两个或两个以上的人合作才能完成,比如家里要搬动柜子的时候,父母在相互合作的同时,可以顺便给孩子讲讲合作的好处;如果孩子有能力帮忙,可以让孩子也参与进来。再比如,在做游戏、比赛的时候,必须几个人一起合作,父母就可以抓住机会让孩子明白要学会合作。如果孩子不屑一顾,则可以让孩子尝尝由于独立操作而遭受失败的挫折感。

心理学研究表明,在群体生活中,待人友善、乐于合作的孩子往往人际关系协调,能更好地运用自己的优势和别人的长处。相反,那些爱挑刺儿的孩子,那些喜欢捉弄别人的孩子,往往容易引起人际关系紧张,树敌过多,使自己处于一种被孤立的地位。人际关系的状况会影响到孩子的心理状态。如果人际关系协调,孩子往往会性情开朗乐观,对学习和他人会更热情;如果人际关系紧张,孩子往往会感到有压力,出现烦躁、抑郁、焦虑、做事不专心等不良心理状况。

在当今社会日益多元化的背景下,学会共处是一种极为重要的能力。在共处中,既有竞争,也有合作,而更重要的是合作。乐于合作与共处的孩子,在竞争中会更有优势,会拥有更广阔的发展空间,也可能取得更大的成就。对于孩子来说,从小既要拥有良好的竞争意识,更要拥有良好的合作意识。

身教感悟

在生活中,父母要学会经常与孩子一起做游戏,让孩子们尽力通过合作去完成任务。同时,父母应该让孩子明白,成功的合作不一定要达到现实的目标,虽然有些合作的结果是失败的,但是,在合作过程中,参与者都尽了自己的努力并得到了锻炼,同时,每个参与者都感到非常愉悦,这就是一种成功的合作。

教孩子如何与别人友好相处

身教案例

萧芳是个文静可爱的女孩,每天上学放学都按时回家,学习也从来不用父母操心。上初中以后,萧芳虽然还像小孩子一样,喜欢粘着妈妈,但是,基本上还算比较懂事听话。但萧芳的妈妈却发现孩子整天呆在家里,周末也基本上呆在家里,从来都不出去玩,也没见她带同学回家。有一次,妈妈在下班的路上碰到了萧芳的老师,老师对萧芳的妈妈说,萧芳在学校里不太与同学交往,在同学中人缘也不好,同学也不太愿意与她一起玩。妈妈才明白萧芳整天都呆在家里的原因。

孩子是否善于同别人打交道,在人群中人缘如何,对他以后的学习和人生的发展有着很大的影响。

有研究分析表明,从小善于与人交往的孩子,不仅容易与人相处,而且可以从其他人那里学到一些更广阔的知识。如果孩子过于封闭自己、不爱与人交往、在同学中的人缘不好,都会影响孩子的交往能力,使孩子无法适应复杂多变的社会,更有甚者,会让孩子形成孤僻、抑郁、偏执等心理障碍。

人是具有社会性的,人们生活的方方面面都离不开与他人的联系,心理的健康发展同样离不开群体的影响。特别是孩子,他们只有在群体中才能感受到快乐:因为当孩子融入群体之中的时候,他不但能得到心理上的满足和平衡,他的困惑和痛苦通过与人交流也会得到化解。因此说,孩子只有融入群体,他才能自觉地调整自己的行为去适应社会的需要,才有更多的机会去学会生活享受快乐……可是,不幸的是,许多孩子由于生活的限制和学习的压力,失去了与同龄人交往的机会,合群的需要无法得到满足,久而久之造成心理上的孤独与寂寞,产生许多心理问题。

不合群的孩子往往性格内向、孤僻、多疑、冷漠，在人格的发展上存在着一定的障碍，对心理健康的影响很大。1991 年发生的中国留美博士卢刚枪杀学校指导教授的事件，其内因就是卢刚封闭、孤独的人格。卢刚是一个非常不合群的人，长期的孤独使他内心积压了越来越多的郁闷和痛苦，终于因对指导教授的不满而采取了破坏性的行为。作为一个高学历、高层次的青年人，本应该大有作为，不想却因人格的偏差导致了这样一幕悲剧，不能不引起我们的警惕。

因为缺乏与同龄人的交流和沟通，不合群的孩子常常有着更多的困惑和迷茫，容易形成对社会和自己的不合理看法，产生自负或自卑心理，或者患得患失，情绪的波动比较大，心理承受力差，甚至走向极端。

曾有一个读初中的女孩子，从小母亲倍加呵护：一个人出门怕出事，跟别的孩子玩耍怕被欺负，参加班级活动怕影响学习。在母亲的精心安排下，她犹如生活在"一尘不染"的真空里。可是，进入青春期以后，她的苦恼逐渐增多，学习渐感吃力，又总是形只影单，心灵的孤独使她常常自悲自叹、顾影自怜。一次因为考试不理想被母亲说了句"你越来越没用了"，于是她觉得自己"活着没什么意思"、"是个多余的人"，结果吞下大半瓶安眠药自尽，幸亏发现及时，才保住她的生命。

不合群的孩子在人际关系上也会出现明显的障碍。由于缺乏正常的人际交往，他们往往不懂得理解和尊重别人，不知道宽容和谦让，有的甚至不会应酬平常的人际往来，不仅给自己带来许多麻烦，还会造成社会适应困难。

有一位大学一年级的男同学，就是因为从小不合群，所以当他进入大学以后，常常对周围的生活环境感到无所适从。他无法和同宿舍的人打成一片，也交不到其他的朋友，甚至当一个女同学对他表示好感时，他却不知如何是好，为自己和别人都增添了许多苦恼。

因此，父母一定要注意培养孩子的合群意识。所谓合群，不仅仅是指和众多的人在一起，更重要的是能适应群体，把自己和群体结合起来，被群体中的人认可，在群体中得到快乐。合群更多地表现为孩

好父母胜过好老师大全集

子的一种主动的行为。当孩子融入群体之中的时候,他才会有集体荣誉感,才知道什么是团结协作,才真正明白竞争的意义,才更懂得生命的价值。

身教感悟

培养孩子的交际能力,家长要经常与孩子为伴,不仅扩大了孩子的社交活动范围和交际内容,影响孩子的社交兴趣和需要,还有助于孩子积累社交经验和社交技能。要培养孩子合群,家长首先要以身作则,为孩子创造一个良好的家庭环境。比如,全家人的和睦相处,不以孩子为中心,不事事从孩子的角度出发,不让孩子凌驾于父母长辈之上。同时,家长也要尊重孩子,切忌随意打骂、训斥,要让孩子在平等和睦的家庭气氛中形成合群的性格。

乐于助人将得到更多

身教案例

"丹尼斯,你只要把上午的功课做完,爸爸就可以带你出去玩一个小时。"罗斯先生对正在学习的儿子说。

没过多久,丹尼斯就把功课做完了。10岁的丹尼斯是一个品学兼优的好孩子,对于像他这样年纪的小孩,玩耍是非常具有诱惑力的一件事。

罗斯先生最爱到附近那条河上的渔夫家船上看打鱼,对他来说,这可以使他放松心情、缓解压力。今天,他也带丹尼斯来了。

渔夫打鱼,他的妻子纺线,他们无忧无虑地生活着。尽管生活贫苦,但是他们生活得很快乐,他们还有一个聪敏可爱的孩子。他们唯一担心的就是儿子的上学问题。因为他们都不识字,自己不能教孩子,而且他们也没有钱送儿子去学校。

丹尼斯和爸爸看见渔夫的儿子正坐在桌子旁,用粉笔在桌上画着什么,于是他问:"你在画画吗?"

"不,我在学写字。"小男孩回答,"我在站牌上看到两个字,我正在把它们写下来呢。如果我能读书和认字,那我一定会是世界上最快乐的人。"

"这就是你最大的愿望?我想我们能够帮助你。"爸爸很高兴能帮助这个小男孩。

于是,爸爸每天让丹尼斯利用出去玩的一个小时教这个孩子读书和写字。小男孩学习很用心,很快就会写很多字了,而且发音也很准确。

就这样,丹尼斯一直坚持着做这样的事。有天,丹尼斯的一位伙伴威廉来拜访,当问及丹尼斯到哪儿去了时,罗斯说:"他可能去渔夫家了。"

就在不远的地方有个小木屋,那是渔夫的家。罗斯带着威廉来到渔夫家。威廉和罗斯先生走了进去,他们看到了令人感动的一幕:丹尼斯正坐在桌子一旁,桌子的另一边有个小男孩,他正在那里写着从丹尼斯嘴里念出的字,还不时把自己写的字拿给丹尼斯看,并且问道:"老师,我写得对吗?"

丹尼斯看到了父亲和威廉,高兴地看着他们,他为自己的行为感到骄傲。第二天,罗斯先生还为丹尼斯和那个小男孩买了书、纸、钢笔和墨水。因为他为丹尼斯能够学会帮助别人而高兴。

乐于助人是一种美德,罗斯先生是每个父亲都应该学习的榜样,只有关心和帮助他人,生活才会变得美好。

帮助别人就是帮助自己,在孩子的学习问题上,这句话具有深刻的含义。

首先,当孩子主动地帮助别的同学的时候,上进心也是最强的时候。俗话说"要给别人一杯水,自己得先有一桶水",为了能帮助同学,首先在心理上就会为自己提出更高的要求朝着这个目标努力,就会很容易取得进步了。

其次，当孩子无私地帮助同学的时候，心中一定是自豪的、宽容的，当孩子全身心地投入的时候，无形之中增强了自己的自信心。对于下一步的学习，就会更加充满热情和活力，因为孩子学习的价值在帮助别人的时候得到了充分的展现。

第三，当孩子乐于帮助同学的时候，形成了良好的习惯，对于竞争和合作就会有更加准确的理解。孩子甚至会认为，竞争实质上就是一种合作，在这样的情况下，对于学习就会有更高层次上的主动性和积极性，学习起来，就更加从容、豁达、有效。

对他人的关爱不仅仅是付出，同时也会得到他人的尊重和关爱。这种关爱是广泛的，既有来自成人的，也有来自同伴的。懂得关爱的人会赢得同伴更多的信任，会有更多的朋友，能更好地与人建立起合作与信任。如果孩子生活在一个充满伙伴关爱的集体中，他们之间就能建立起真诚的友谊。相反，在一个过于强调自我、缺乏关爱的集体中，人与人之间的矛盾和冲突会更多，更容易形成小团伙，更容易沾染不良习气。

心理学研究表明，懂得关爱的孩子会更好地认识自我和他人的能力。对他人的认知和人际关系的理解是孩子社会认知的基础。

良好的社会认知源于孩子良好的自我认知和人际认知。良好的社会认知是孩子良好社会交往的关键。孩子在社会交往方面遇到的许多问题都源于社会认知上的偏差或偏离。提高自己的社会认知是有效地解决社交困难的主要途径。

有这样一个广为流传的故事。

在一个多雨的午后，一位老妇人走进美国费城一家百货公司，大多数的柜台人员都不理她，只有一位年轻人问是否能为她做些什么。当她回答说只是在等雨停时，这位销售人员并没有转身离去，反而拿给她一把椅子。

雨停之后，这位老妇人向这位年轻人说了声谢谢，并向他要了一张名片。几个月之后，这家店主收到封信，信中要求派这位年轻人往苏格兰收取装潢一整座城堡的订单！这封信就是这位老妇人写的，而她正是美国钢铁大王卡耐基的母亲。

当这位年轻人打包准备去苏格兰时,他已升格为这家百货公司的合伙人了。

这个年轻人之所以得到这样的幸运,就在于他比别人付出更多的关爱和礼貌。而且这种行为是一种道德上形成的"本能"行为,也就成为了一种习惯。它体现了做人最重要的一个品格——关心他人的精神。这种精神不是一朝一夕可以形成的,它必须从小抓起、从小培养。

如果让孩子从小养成关心他人的好习惯,将会使孩子富有同情心和责任感,成为一个情感丰富、广受欢迎的人。

从小养成乐于助人的好习惯,孩子会因此培养出更强的责任感,能够更好地完成学业任务,更能够积极应对来自生活的任何挑战!

身教感悟

想使孩子乐于助人,首先家长要以身作则。最重要的就是:如果家长希望孩子表现得大度、体贴、肯帮忙,就必须先身体力行,亲自示范给孩子看。要是家长自己都言行不一,孩子就只会模仿你言行不一的行为,即使你把原则和指令天天讲给孩子,并讲得头头是道,也不会起任何作用。这反映出孩子效仿了你的行为。